Romans du réalisme magique

Gabriel García Márquez, *Cent ans de solitude*
Salman Rushdie, *Les Enfants de minuit*
Lianke Yan, *La Fuite du temps*

Caroline Lepage, agrégée d'espagnol, docteure en littérature latino-américaine et professeure des Universités à Paris Nanterre a rédigé les sections portant sur *Cent ans de solitude* de Gabriel García Márquez.

Marianne Hillion, agrégée d'anglais, docteure en études anglophones et maîtresse de conférences à l'Université de Strasbourg a rédigé les sections portant sur *Les Enfants de minuit* de Salman Rushdie.

Philippe Postel, agrégé de lettres modernes, docteur en littérature comparée et maître de conférences HDR en littérature comparée à Nantes Université, a coordonné le volume et a rédigé les parties portant sur *La Fuite du temps* de Lianke Yan ainsi que la synthèse.

La collection *Clefs-concours - Littérature comparée* est dirigée par **Anne Tomiche**.

Direction scientifique des *Clefs-concours* : **Philippe Lemarchand**.

Édition et mise en pages : Marina Genel.

ISBN : 978-2-35030-898-2

CLEFS-CONCOURS LITTÉRATURE COMPARÉE

Caroline Lepage Marianne Hillion Philippe Postel

Romans du réalisme magique

Gabriel García Márquez, *Cent ans de solitude*
Salman Rushdie, *Les Enfants de minuit*
Lianke Yan, *La Fuite du temps*

Atlande

SOMMAIRE

THÉMATIQUES

SYNTHÈSE

OUTILS

NOTICE

Un système de renvois à l'intérieur du volume est pratiqué sous cette forme : "(v. Thématiques, Histoire)" signifie : "Voir, dans les Thématiques, Histoire, pouvoir et nation".

Les renvois aux textes du corpus au programme se présentent sous cette forme : "(*CAS* ou *EM* ou *FT*, p.)", ce qui signifie : "*Cent ans de solitude* ou *Les Enfants de minuit* ou *La Fuite du temps*, p." suivant les éditions au programme :

YAN, Lianke, *La Fuite du temps*, traduit du chinois par Brigitte Guilbaud, Arles, Philippe Piquier, "Picquier poche", 2018 [*Riguang liunian*, 1998].

GARCÍA MÁRQUEZ, Gabriel, *Cent ans de solitude*, traduit de l'espagnol (Colombie) par Claude et Carmen Durand, Paris, Seuil, "Points", 1995 [*Cien años de soledad*, 1967].

RUSHDIE, Salman, *Les Enfants de minuit*, traduit de l'anglais par Jean Guiloineau, Paris, Gallimard, "Folio", 2010 [*Midnight's Children*, 1981].

Nous nous dispensons de préciser le titre (abrégé) du roman dans les parties entièrement consacrées à un des trois romans (les Repères et Analyses ainsi que les Thématiques), ou bien quand le titre a déjà été mentionné dans une référence précédente dans le même paragraphe.

Les renvois aux ouvrages figurant dans les bibliographies sont donnés entre crochets et précisent le nom de l'auteur ou du premier auteur en petites majuscules, la date de publication, et la page : "[WEISGERBER, 1987, p. 11]".

INTRODUCTION

Réfléchissant sur le réalisme magique, Franco Moretti fait tout d'abord valoir deux positions opposées. S'appuyant sur Alejo Carpentier, il le définit comme "un élargissement de l'horizon", la "possibilité d'une libération politique" ; V.S. Naipaul, en revanche, y voit quelque chose de "dangereux", car il s'agit de mettre en scène un système politique dictatorial ; toutefois, Carlos Fuentes se félicite que ce courant réhabilite une mythologie oubliée ; citant enfin Frantz Fanon, le critique italien évoque "l'effet paralysant" que peuvent comporter les mythes [Moretti, 2022, p. 232, notre traduction]. Puis, il formule sa propre définition du réalisme magique qui, à ses yeux, conjugue deux postulations, à savoir la profondeur du mythe et la pression d'une histoire mondiale qui impose ses règles, occidentales, au monde entier : "le mythe (entendu dans son sens le plus large) est le signe et l'instrument d'une résistance symbolique à la pénétration occidentale. *Homme de maïs* [*Hombres de maíz* (1949) de Miguel Ángel Asturias], qui est, à bien des égards, le prototype du réalisme magique, raconte précisément comment la pensée mythique se voit renforcée par la modernisation contrainte, à laquelle il cherche à s'opposer par tous les moyens" [*ibid.*, p. 233].

Sans entrer dans un commentaire de cette citation, remarquons que Moretti résout à sa façon la contradiction dans les termes que porte l'expression oxymorique *réalisme magique* : *réalisme* du fait de l'incorporation dans le roman d'une actualité historique (la modernisation), *magique* car la réponse romanesque à cette actualité recourt au "mythe", ou s'appuie sur une "pensée mythique". La critique académique, mais peut-être plus souvent encore médiatique, associe le courant du réalisme magique à la littérature latino-américaine des années 1950 et, non sans simplification, tend à ériger comme son emblème *Cent ans de solitude* (*Cien años de soledad*), le roman que l'écrivain colombien Gabriel García Márquez fait paraître à Buenos-Aires (Argentine) en 1967.

Le programme proposé à l'étude intègre le roman phare de García Márquez, mais lui adjoint deux autres romans plus récents : *Les Enfants de minuit* (*Midnight's Children*, 1981) de Salman Rushdie et *La Fuite du temps* (*Riguan liunian*, 1998) de Yan Lianke. Les trois romans sont l'expression de pays extra-européens – Colombie, Inde, Chine –, qui s'inscrivent toutefois dans ce que l'on a coutume d'appeler la *littérature mondiale*, c'est-à-dire la littérature qui, tant du point de vue des écrivains que de leur public, opère à l'échelle du monde entier [Casanova, 2008]. Il s'agit donc, *a priori*, de se placer dans la perspective du "comparatisme planétaire" proposé autrefois par Étiemble [*Ouverture/s/ sur un comparatisme planétaire*, 1988], afin d'observer ce qui se joue dans l'histoire récente de la littérature mondiale.

Le volume propose tout d'abord une contextualisation approfondie, à la fois biographique, historique, littéraire et intellectuelle, des trois romanciers et de leurs romans respectifs. Ensuite, une série de thématiques convergentes sont abordées : le temps est traité du point de vue de la temporalité narrative, mais aussi à travers la façon dont l'histoire intervient dans les romans ; l'espace, de même, est abordé du point de vue de l'organisation spatiale dans la fiction, mais une thématique spéciale est consacrée aux mouvements qu'effectuent les personnages à l'intérieur de cet espace ; la thématique portant sur les mythes, les croyances et la "magie" était attendue concernant le réalisme magique ; nous nous intéresserons également au thème de l'amour et de la sexualité, ainsi qu'à celui des sens en jeu dans les romans ; la dernière thématique est une analyse des romans en termes de littérature populaire et de littérature savante.

Sont ensuite développées cinq problématiques portant sur l'ensemble du programme. Les guillemets dont l'expression *réalisme magique* est pourvue dans le libellé de la question invitent à réfléchir sur la façon dont la critique mais aussi les auteurs, les journalistes, les éditeurs, etc., ont créé, puis fait évoluer l'appellation ; mais on se demandera aussi ce qu'il faut entendre par *réalisme magique* au regard d'expressions connexes comme le *fantastique*, le *merveilleux* et d'autres catégories critiques, afin de savoir s'il est pertinent de qualifier nos trois romans de magico-réalistes. Une deuxième problématique porte sur l'incorporation de la grande histoire dans l'histoire individuelle des personnages : selon quels modes s'opère-t-elle et quels effets de sens produit-elle ? L'étude des enjeux politiques fait l'objet d'une troisième problématique :

nous verrons que l'interprétation, longtemps défendue, selon laquelle le réalisme magique serait l'expression de peuples anciennement colonisés, n'est que partiellement vérifiée dans nos romans, où l'essentiel porte sur une interrogation concernant le pouvoir, quelle que soit l'échelle considérée : internationale, nationale ou locale. Nous terminerons par deux problématiques qui relèvent peut-être davantage d'une approche plus spécifiquement littéraire (adjectif entendu dans un sens restreint). Nous réfléchirons tout d'abord sur la catégorie de *romans-monde(s)* dont pourraient relever nos romans qui, à des degrés divers, semblent contenir le monde entier, ou du moins se présentent comme des *imagines mundi*, non sans opposer à cette tendance mondialiste une forme de "résistance", pour reprendre le terme employé par Franco Moretti. Nous tenterons enfin de cerner les romans en termes génériques, et serons amenés à repenser les catégories de l'épopée et de l'arcadie.

REPÈRES ET ANALYSES

GARCÍA MÁRQUEZ, *CENT ANS DE SOLITUDE*

REPÈRES

Pour se convaincre de l'importance de l'écrivain et du personnage public qu'est devenu et qu'a lui-même contribué à devenir Gabriel García Márquez – plus ou moins volontairement –, et de la place qu'ils occupent dans les panoramas littéraire et intellectuel mondiaux, il suffira de dire que le Colombien compte parmi les six écrivains latino-américains ayant reçu le Prix Nobel (aux côtés de Gabriela Mistral, Miguel Ángel Asturias, Pablo Neruda, Octavio Paz, Mario Vargas Llosa) en 1982, qu'il est l'auteur du sous-continent le plus connu du grand public, probablement aussi son favori, suscitant encore des commentaires fanatiques (sur la plateforme Babelio, mira16_92 écrivait encore en juin 2020, après sa lecture du roman *De l'Amour et autres démons* : "Je continue ma découverte de mon écrivain préféré, et encore un chef-d'œuvre. J'ai adoré chaque mot, chaque phrase, chaque chapitre. Un réel plaisir. Je crois que je ne peux jamais être objective quand il s'agit de Gabriel García Márquez"), et qu'il aura assumé la fonction d'"ami", de confident et de conseiller spécial de nombre de puissants, bien au-delà des seules frontières colombiennes, pendant de nombreuses années.

On connaît le rôle déterminant qu'il a joué au moment des accords de paix menés entre les gouvernements colombiens et les FARC (Forces armées révolutionnaires de Colombie). Dans son ouvrage *La batalla por la paz*, l'ancien Président de la Colombie Juan Manuel Santos a notamment expliqué en détail en quoi et comment il était intervenu, jugeant qu'avec l'ex-Président du gouvernement espagnol, Felipe González, García Márquez était apparu à tous comme l'un des deux "meilleurs candidats pour être garants du processus" et estimant: "Nous devons à García Márquez beaucoup plus que des livres et la gloire littéraire. Nous lui devons son engagement permanent et très efficace en faveur de la paix" [Santos, 2019, p. 12, notre traduction].

On a en outre suffisamment glosé sur sa relation presque fraternelle avec le dirigeant cubain Fidel Castro. Ce qui, on s'en doute, lui a valu un bon nombre de reproches (en avril 2014, le magazine en ligne *Slate.fr* n'hésitait pas à évoquer: "un long aveuglement le liant à Fidel Castro" [Pudlowski, 2014]), voire l'opprobre d'une grande partie de l'exil cubain et au-delà. L'essayiste et historien mexicain Enrique Krauze jugeait ainsi à l'heure des bilans: "pour moi et pour beaucoup d'autres Latino-Américains, ses réussites littéraires sont ternies par une tache morale: sa longue amitié intime avec Fidel Castro et (pire encore) son acceptation indéfectible des pires abus commis par le régime cubain" [Krauze, 2014, notre traduction]. Il faut dire que si la plupart des grands auteurs latino-américains de l'époque, Carlos Fuentes, Mario Vargas Llosa, Julio Cortázar, etc., ont d'abord soutenu la révolution castriste, ils ont fini par prendre, plus ou moins tôt et de manière plus ou moins virulente, leurs distances. García Márquez sera, lui, resté le dernier, ne formulant jamais la moindre critique ouverte. Il a toujours choisi de s'abriter derrière l'argument que son amitié avec le leader cubain était avant tout d'ordre intellectuel et que quand ils se rencontraient, ils parlaient surtout de littérature. Le Colombien a même signé un long texte publié dans *Granma*, organe majeur de la presse officielle à Cuba, en 2009 de surcroît (alors que la révolution fêtait ses 50 ans), intitulé "Le Fidel Castro que moi, je connais", pour chanter les louanges [García Márquez, 2009].

On pourrait aussi évoquer ses relations privilégiées avec la France (pour rappel, une place Gabriel García Márquez a été inaugurée à Paris par sa maire Anne Hidalgo le 23 juin 2017, en présence du Président colombien d'alors, Juan Manuel Santos), en particulier avec Jack Lang et François Mitterrand, qui lui décerna la Légion d'honneur à l'Élysée, le 21 décembre 1981. À en croire les déclarations de Jaime Paz Zamora, ancien Président de la Bolivie, au quotidien espagnol *El País*, García Márquez aurait même sollicité plusieurs chefs d'État latino-américains pour financer la campagne du candidat socialiste à l'élection présidentielle de 1981 [PAZ ZAMORA, 2017]. Information démentie par les trésoriers de ladite campagne.

Pas étonnant, en somme, qu'en avril 2014, au moment de dresser la nécrologie de l'auteur à peine décédé, le quotidien *Libération* ait parlé d'"un véritable symbole littéraire et politique, une pop star du rêve latino-américain et de ses luttes dans les années 1960" [LANÇON, 2014].

Une place et un statut incontestablement à part, enviables, au point que le Colombien a longtemps été considéré comme la voix littéraire et politique par excellence de la Colombie et de l'Amérique latine par nombre de ses compatriotes et de Latino-Américains eux-mêmes: leur représentant jugé le plus justement et savamment représentatif, une sorte d'incarnation, une synecdoque, c'est-à-dire, en fin de compte, le plus conforme à l'image que la Colombie et l'Amérique latine ont pu vouloir, un temps, renvoyer d'elles-mêmes à l'extérieur. Au vu des éloges reçus par García Márquez comme écrivain colombien/latino-américain, la tentation était certes grande de forcer l'équation pour arriver à un "nous, c'est lui et lui, c'est nous"... quand il s'agissait que l'Amérique latine dépasse ses propres doutes, diverses formes d'autodénigrement et, tout simplement, se contemple elle-même rejoignant enfin, par la grande et belle porte des lettres, le concert des nations, à travers la reconnaissance et une hypervalorisation par les pays européens et les États-Unis. De même, elle correspondait à l'idée que l'on se faisait à l'époque dans le reste du monde d'un Latino-Américain typique. On s'en tiendra à dire que cet exotisme-là était à la mode et servi abondamment (aujourd'hui Frida Kalho, jadis García Márquez), avec son inévitable cortège de caricatures. Par exemple quand le journaliste Olivier Merlin déplorait, dans un article du quotidien *Le Monde* intitulé "Sombre dimanche à Roland-Garros" et daté du 11 juin 1974, la teneur trop "vigoureuse" des échanges lors d'un double entre l'équipe tchèque Kodès-Zednik et la paire colombienne Molina-Velasco, arguant que: "Velasco comme un des violents personnages de *Cent ans de solitude*, faillit en venir aux mains avec Kodès...".

À quoi il faut ajouter que, comme nous le suggérions, García Márquez a lui-même fini par se trouver à l'aise dans ce rôle-là et dans ces scénographies-là, exécutées sur les innombrables tribunes où l'on a bien voulu l'inviter et lui donner la parole, en particulier, évidemment, à celle de l'Académie suédoise, où, le 8 décembre 1982, il prononça son fameux discours de réception du Prix Nobel, "La solitude de l'Amérique latine" [García Márquez, 2012, p. 25]. Il s'y exprima sans la moindre hésitation au nom d'un "nous" latino-américain. Il devenait, de fait, logiquement et même naturellement, le porte-parole légitime entre tous de l'Amérique latine, entérinant l'idée que la réalité latino-américaine posséderait en soi ce je-ne-sais-quoi de différent, un heureux bonus par rapport aux mondes pauvrement et stérilement rationnels. Dès ses premiers mots, il s'appuie sur les textes fabulateurs emblématiques des chroniqueurs de la Découverte et de la Conquête de l'Amérique latine. Il semble choisir de les lire au premier degré, comme des sources historiques, pour étayer cette thèse de la supposée singularité latino-américaine essentielle. Une idée qu'il reprendra ensuite encore et encore, par exemple dans son discours intitulé "Préface pour un nouveau millénaire", prononcé au Venezuela en mars 1990 : "Nous entrons dans l'ère de l'Amérique latine, premier producteur mondial d'imagination créatrice, la matière première la plus riche et la plus nécessaire du monde nouveau..." [*ibid.*, p. 73]. Une Amérique latine dont il se présenterait en quelque sorte comme l'émanation, l'apôtre enflammé, bien plus que le modeste porte-parole, pour le versant de sa vie publique, ou le simple scribe, pour le versant de sa vie d'écrivain. On a suffisamment décrit García Márquez comme le sorcier et le magicien d'un continent ensorcelé et magique.

Il ne faut pas négliger la donnée très importante qu'on l'a (et de nouveau avec sa complicité) rangé/cantonné dans la catégorie des auteurs populaires, avec toutes les connotations, y compris les plus péjoratives, que cela comprend. Entretien après entretien, il n'a ainsi pas cessé d'insister sur le fait qu'il ne se considérait pas comme un écrivain intellectuel, certainement pas non plus comme un écrivain théoricien, qu'il fallait plutôt comparer son travail d'écriture à la façon dont sa grand-mère, entre autres femmes de son village d'origine, lui racontait des histoires pendant son enfance. À la question de Plinio Apuleyo Mendoza, "Parlons de l'aspect artisanal du métier d'écrivain. Au cours de ton apprentissage, qui t'a le plus aidé ?", il a répondu : "En premier lieu, ma grand-mère. Elle me racontait les histoires les plus atroces sans se troubler, comme si elle venait de les voir. J'ai découvert que cette manière imperturbable et cette richesse d'images étaient ce qui contribuait le plus à la vraisemblance de ses histoires. C'est en appliquant sa méthode que j'ai écrit *Cent ans de solitude*" [García Márquez, 1982, p. 41]. Pour finir, il a toujours manifesté une grande sévérité à l'égard des lectures critiques "sérieuses", en particulier scolaires et universitaires de ses œuvres (les jugeant réductrices et, pour la plupart, ineptes), estimant que les mieux à même de les apprécier et de les comprendre étaient à n'en pas douter des lecteurs lambda, sans le moindre lien avec le monde de la littérature et le monde académique. Le 30 juillet 1972, il déclarait, dans un entretien accordé au quotidien *El Tiempo*, de Bogotá : "Je connais des gens du peuple qui ont lu le livre avec beaucoup de soin et en l'appréciant beaucoup, mais sans manifester d'admiration particulière à l'égard d'un auteur qui, au bout du compte, ne leur raconte rien qui ne sorte de leur propre vie" [García Márquez, 1972, notre traduction]. Belle posture ou belle démagogie – chacun évaluera.

À la convergence de ces connotations et de ces déclarations épitextuelles, on relève des conséquences désastreuses, que résume à elle seule la rocambolesque anecdote de la "fausse vraie"/ "vraie fausse" lettre d'adieu de García Márquez. De quoi s'agit-il ?

Le 29 mai 2000, le quotidien péruvien *La República* publiait dans ses colonnes un long poème intitulé "La Marionnette", présenté par l'auteur de l'article, Mirko Lauer, comme une œuvre posthume puisque, en parallèle, il l'associait à l'annonce de l'agonie du Nobel Colombien dans un hôpital de Los Angeles. Sans surprise, l'information se répandit immédiatement comme une traînée de poudre, reprise en boucle dans les médias. En réalité, ces vers n'étaient pas de García Márquez, mais d'un ventriloque mexicain, Johnny Welch, lus lors de nombreux événements publics – entre autres au cours du Téléthon au Chili – et surtout publiés quelques années auparavant. On organisa une conférence de presse exprès afin de permettre à García Márquez de démentir sans la moindre ambiguïté être en fin de vie et l'auteur de ce texte. Il affirma même se sentir choqué, voire vexé, que l'on pût l'imaginer écrivant une chose aussi mièvre et que cela oui, pourrait causer sa mort. Or, en dépit de ces précisions apportées à de nombreuses reprises, "La Marionnette" a continué, jusqu'à aujourd'hui, de se propager dans le monde, générant des milliers et des milliers de réactions émues, parfois aux larmes, et admiratives. Outre une énième réflexion sur le phénomène du *fake* généré, propagé et amplifié, notamment par l'intermédiaire des réseaux sociaux, il nous semble significatif – la véritable question réside là – que l'on ait attribué ledit texte précisément à García Márquez et que, contre l'évidence, la logique et les dénégations, on se soit ensuite entêté à lui en attribuer la paternité. Cela y compris dans des déclarations de lecteurs avouant pourtant connaître la vérité, mais préférer le considérer comme son œuvre. On en arrive à la conclusion, d'une part, qu'avec l'appréhension de son œuvre (depuis une optique "populaire", donc) et probablement aussi avec ce qu'il suscite à travers ses autogloses, le lien entre "La Marionnette" et le Colombien a paru, d'abord, naturel, et, ensuite, nécessaire. Il fallait que l'auteur de ce poème soit García Márquez et, qu'il le veuille ou non, il le restera. On remarquera que pour lui rendre hommage après sa mort, on a davantage cité "La Marionnette" que ses textes à lui…

On comprend aussi pourquoi c'est García Márquez, plus qu'aucun autre, qui aura émergé, dans de tels habits et de telles fonctions, au sein de l'incroyable panthéon d'auteurs que comprend la littérature latino-américaine depuis qu'elle s'appelle littérature latino-américaine, en particulier pour sa génération, dans ce qu'on a appelé le *Boom*.

De manière synthétique, on expliquera que le *Boom* renvoie à une période allant des années 1960 aux années 1970, et qu'il s'agit avant tout d'un phénomène éditorial, quand, notamment grâce à l'intervention d'une agente littéraire particulièrement habile, la Catalane Carmen Ballcels, une poignée d'auteurs de grand talent – parmi lesquels, outre García Márquez, figurent le Péruvien Mario Vargas Llosa, l'Argentin Julio Cortázar, le Mexicain Carlos Fuentes, le Chilien José Donoso – furent largement diffusés en Europe. Et de là, par le biais des traductions assurées par des éditeurs prestigieux, dans le reste du monde, avec des auteurs et des figures d'auteurs changées en véritables modèles et icônes. Ils ouvraient une large brèche à/pour un continent littéraire. La circulation et disponibilité des œuvres devenaient essentielles ; les auteurs latino-américains, grands lecteurs jusque-là des littératures européennes et étasuniennes, pouvaient enfin se lire entre eux et, à travers cela, prendre conscience qu'il existait en effet bel et bien une littérature latino-américaine, pas seulement de la littérature en Amérique latine. On voyait émerger des identités propres dans ce qu'ils imaginaient et on écoutait les spécificités de leur art d'écrire, de leurs aspirations d'auteurs. En cela, le *Boom* doit être envisagé comme bien davantage qu'un simple emballement publicitaire. On a souvent insisté sur l'importance de l'année 1962, envisagée comme un grand tournant, notamment parce que s'y publient trois romans de premier plan : *La Mort d'Artemio Cruz*, de Carlos Fuentes, *Le Siècle des Lumières*, d'Alejo Carpentier et *La Ville et les Chiens*, de Mario Vargas Llosa. Ce dernier reçoit le prestigieux prix Biblioteca Breve. Ce qui fait dire à José Donoso, dans son essai intitulé *Histoire personnelle du "boom"* : "C'est à partir de *La Ville et les Chiens* que le public se demanda : [...] Qu'est-ce que le roman latino-américain contemporain ?" [DONOSO, 1972, p. 125]. Difficile, toutefois, précisons-le d'emblée, de parler d'école ou de mouvement littéraire, comme on a pu le faire auparavant, avec, par exemple, le romantisme et le modernisme tels qu'ils se sont développés localement... Les œuvres offrent un tableau disparate, avec des univers, des écritures et, tout simplement, des projets artistiques très différents, quand cela n'est pas diamétralement opposé, au-delà de ressemblances et rapprochements strictement liés au contexte. On pense en particulier, pour le plus significatif, à la petite famille d'œuvres que l'obsession critique pour la catégorisation a voulu regrouper sous le terme de "roman du dictateur". Il y a eu des débats et polémiques sur la question des origines et, plus encore, de l'œuvre matricielle du *Boom*. Certains désignent *Fils d'homme* (1960), du Paraguayen Augusto Roa Bastos ; d'autres, *Marelle*, de Cortázar (1963) ; d'autres encore, *La Ville et les chiens*, de Vargas Llosa. On remarquera au passage qu'avec son *Cent ans de solitude*, publié en 1967, García Márquez n'est définitivement pas le père du *Boom*, même si l'on peut considérer qu'il en deviendra, à juste titre ou pas, un paradigme, le soleil autour duquel on fera orbiter tous les autres... et aussi depuis lesquels on les comparera et, souvent, interprétera. Mais, au-delà de cela, nous intéresse ici ce que ces auteurs apportèrent à la littérature latino-américaine, plus exactement – car il serait naïf de considérer qu'il y a là une génération spontanée (même si on a trop souvent présenté les choses de la sorte) –, ce qu'ils auront su entendre et prendre du legs des prestigieux aînés qui les ont immédiatement précédés pour, effectivement, rénover la littérature du sous-continent, la brandir en tant que littérature latino-américaine et la placer au firmament des littératures les plus fertiles et plus importantes du XXe siècle. Pour aller à l'essentiel, jugera-t-on excessif de considérer qu'ils auront surtout contribué, grâce aux immenses œuvres qu'ils ont signées, à sauver le roman ? La forme du roman tout court, pour ne pas dire l'art de raconter et le plaisir d'entendre raconter, laissés à peu près exsangues par le Nouveau Roman, non pas, justement, en tournant autour du malade avec cynisme et dégoût, mais en faisant le pari du recommencement, de la re-sémantisation et de la re-signification ?

Or, pour rester sur le cas de García Márquez – puisqu'on l'a placé comme emblème du *Boom* –, son apport au roman latino-américain serait concentré dans cette sorte de label du *réalisme magique*, envisagé, pour résumer, comme l'outil qu'un petit artisan écrivain aurait dû façonner presque *ex nihilo* pour dire une réalité qu'il n'était jusque-là pas possible de dire, faute d'avoir conscience de son contenu véritable et, par voie de conséquence, faute d'avoir disposé des instruments et d'une langue aptes à la traduire dans la fiction. En s'équipant du réalisme magique, García Márquez pouvait ainsi, estime-t-on, opérer cette grande traduction, locale (pour la Caraïbe), nationale (pour la Colombie) et continentale (pour l'Amérique latine). La boucle est alors bouclée : cette (re)- "découverte" d'une façon d'écrire ou de raconter aurait fait de lui l'écrivain le plus apte, le plus crédible et le plus légitime au moment d'offrir une littérature à des réalités…

Dans le prélude à son essai *Histoire véritable du réalisme magique*, de 1998, Seymour Menton explique qu'avoir assuré des cours pendant vingt-cinq ans sur les romans de García Márquez lui a donné la sensation d'être "converti au réalisme magique, c'est-à-dire que [pour moi] le monde est un labyrinthe extrêmement drôle où les choses les plus inattendues peuvent se produire. Par exemple, grâce à Gabo, j'ai élaboré une méthode pédagogique destinée à conserver en permanence l'attention des étudiants en leur apprenant à se méfier de leur professeur, et, par extension, du discours hégémonique. La méthode GGM/SM consiste à distordre, hyperboliser et même, de temps en temps, à mentir… sans se départir jamais d'un sérieux magistral" [Menton, 1998, p. 9, notre traduction].

Y aurait-il donc là, derrière cette anecdote racontée sous forme de boutade, une définition du réalisme magique ? Dans tous les cas, il faut y voir une position de principe particulièrement intéressante pour nous. Le réalisme magique renverrait avant tout une attitude non tant à l'égard de la réalité en soi qu'à l'égard des autorités et discours d'autorité qui la conditionnent et la restreignent. En bref, l'esprit de sérieux. Reste à savoir si cette capacité à décaler, déconditionner, littéralement déformater le regard porté sur le réel relève effectivement de la latino-américanité de ce regard, passant du centre vers la marge, pour créer et imposer de nouvelles modalités d'appréhension du monde, avec les représentations et les discours qui vont de pair. Pour Menton, la chose est entendue ; à l'instar des thèses que l'on trouvera développées dans le volume *Le Réalisme magique. Roman, peinture et cinéma* [WEISGERBER, 1987], “Le réalisme magique est une tendance universelle et n’a pas été engendré sur le sol américain” [MENTON, 1998, p. 10, notre traduction]. Dans cette perspective, il faudrait associer le réalisme magique à la personnalité de l’écrivain García Márquez et au choix qu’il aurait fait au moment de l’établissement de son rapport avec l’extérieur. Il n’y a dès lors qu’un pas à franchir vers une prise en compte des données biographiques, au-delà de strictes considérations esthétiques (les premières éclairant d’ailleurs sans doute les secondes), pour expliquer que le Colombien ait opté pour une approche “différente” du monde.

Rappelons que García Márquez fut élevé par ses grands-parents jusqu’à l’âge de sept ans dans une grande maison de la petite ville d’Aracataca, entouré d’une atmosphère assez particulière, indéniablement propice à le pousser à adopter le magique comme ordre naturel des choses.

Son grand-père lui racontait inlassablement le passé, mythifié jusqu’à la légende, d’Aracataca et de ses habitants, ainsi que les événements de la “guerre des Mille Jours”, le conflit ayant opposé le camp des conservateurs au camp des libéraux entre 1899 et 1902. Il y avait participé lui-même en tant que soldat, côté libéral, et il évoquait pour l’enfant les exploits de héros qu’il décrivait tantôt vivants, tantôt mourants sur le champ de bataille… pour mieux revenir à la vie et tout recommencer une fois le récit relancé. En somme jamais vraiment morts, puisque ressuscités par la seule volonté du conteur.

Quant à sa grand-mère, elle l’installait sur un petit tabouret auprès d’elle dans la cuisine pour l’abreuver de ses propres récits distordus sur le passé du village, et conjurer, tout aussi inlassablement, les disparus de la famille. Par exemple, l’oncle Lázaro et la tante Petra que l’on ne voyait pas, mais qui logeaient encore dans des pièces isolées de la maison, occupés à leurs affaires et que, donc, il ne fallait pas déranger. Là encore, l’absence de frontière entre vie et mort est déterminante pour les “apprentissages” du jeune Gabo, pour ses connaissances et sa compréhension de la réalité. En l’occurrence, tout n’était que récit. Plus exactement, la réalité n’existait pas en dehors du récit dans lequel elle entrait et ne sortait plus.

Rien d'étonnant à ce que García Márquez ait, bien plus tard, tracé les grandes lignes de son autobiographie par le biais d'une sorte de fiction et qu'il l'ait intitulée *Vivre pour la raconter* (2002), comme si vivre n'avait en fin de compte d'intérêt et de prix que si cela offrait la matière d'un interminable auto-récit à écrire au fur et à mesure, une fiction autobiographique à imaginer à son seul gré, pas à pas.

Pour avoir une appréhension globale de ce parti pris du magique par García Márquez, il faut ajouter, toujours sur le versant du biographique, qu'à l'âge de sept ans, ses parents décidèrent qu'il était temps pour lui de quitter Aracataca pour aller faire ses études dans un pensionnat, loin de là. S'ouvrit alors une période de solitude et de tristesse pour le garçonnet puis l'adolescent, souffrant de la terrible mélancolie de son cocon aux mille et une histoires et d'un proportionnel rejet à l'égard de son environnement actuel, à plus d'un titre, on s'en doute. L'unique refuge qu'il aura trouvé, c'est en toute logique la littérature, la seule capable de prendre le relais des interminables et enchanteurs récits familiaux et de recréer un lieu et un temps hors des lieux et des temps du réel. García Márquez s'enferme littéralement dans les bibliothèques et dévore des romans d'aventures (Verne et Dumas, entre autres)... On mesure, par conséquent, le choc que constitua pour lui de revenir ensuite à Aracataca pour la première fois, en 1952, à l'âge de 25 ans ; un voyage au cours duquel il accompagna sa mère pour l'aider à vider la maison de ses grands-parents, décédés dans l'intervalle. Là, il découvrit que non seulement Aracataca n'avait jamais été tel que son grand-père et sa grand-mère le lui avaient raconté, poussés par la nostalgie de leur propre jeunesse idéalisée, mais qu'il n'était pas tel que lui-même se l'était raconté au fil des années, lui prêtant toutes les vertus pour créer un monde imaginaire dans lequel se réfugier afin d'échapper à une réalité jugée sordide, mesquine et plate. Fatalement, après ce retour sur place, il ne s'agit pas du centre de l'univers, mais d'un banal village colombien parmi quantité d'autres. Et, très concrètement, suite à de graves circonstances sociales et économiques (en relation avec l'installation et le départ de la fameuse United Fruit Company), il se trouve en pleine décadence. García Márquez se voit soudain privé de la possibilité de situer dans le monde réel l'utopie de l'enfance éternelle, faite seulement d'histoires extraordinaires. On le comprend bien : la réalité d'Aracataca, passée aussi bien que présente, n'est plus perçue comme magique. Cette prise de conscience réside dans la découverte que seuls les récits peuvent la rendre à ce qu'elle a toujours été et représenté pour lui. Voilà comment, de notre point de vue, il convient d'abord d'envisager le réalisme magique pour García Márquez, à savoir comme l'art de (se) raconter ce qui est vu et aimé comme vrai, tout ce que l'imagination sait produire, sans la moindre limitation. On pourra légitimement parler de contre-réalité ou de réalité parallèle, d'une réalité composée d'une autre matière, purement et simplement. On le voit, dans cette perspective, le réalisme magique tel que le pratique le Colombien a une dimension éminemment personnelle. Il cherche à recréer ce qui n'a jamais existé, plus encore que ce qui a existé et a disparu, car cela constitue paradoxalement son identité profonde, viscérale, intime – bien davantage que son identité collective. On ira même jusqu'à affirmer que l'une et l'autre se contredisent, ne peuvent cohabiter. C'est la démonstration que mène *Cent ans de solitude.* La réalité collective annule de fait la réalité magique de l'enfance.

Raison pour laquelle il nous semble indispensable de tracer une ligne de frontière très nette entre le réalisme merveilleux tel que l'a théorisé Alejo Carpentier dans le prologue de son roman *Le Royaume de ce monde*, de 1949, et le réalisme magique tel que le détourne et module García Márquez à son profit. L'objectif consiste moins à écrire à destination d'un "nous", pour essayer de comprendre et de valoriser *lo latinoamericano*, dans ses ressemblances et dans ses différences, qu'à permettre à un "je" de se réfugier dans un monde fictionnel taillé sur mesure afin d'héberger un Aracataca de souvenirs et de fantasmes. Un autre Aracataca où l'on pourrait parler la langue de ceux qui y croient, le magique (car il faut bien un coup de baguette magique pour engendrer tout un monde, autoréférentiel et autosuffisant) et se re-raconter l'histoire *ad libitum*. On préférera donc désormais parler de *réalisme magique marquézien.*

Dans cette perspective, il se révèle particulièrement étonnant que ce soit précisément à l'univers fictionnel de García Márquez que l'on ait associé/que l'on ait tenu à associer une pseudo-essence latino-américaine, qu'on ait lu, résumée dans cette œuvre, l'Histoire entière d'un continent, qu'on ait entendu et écouté cette version du réalisme magique comme la voix d'un peuple… et, *in fine*, que ce soit sur la base de ce projet intime, qui déploie une immense et originale entreprise d'écriture du "je", que l'on ait juché l'auteur sur tous les trônes possibles pour qu'il y règne en Latino-Américain par excellence. Il y a là, nous semble-t-il, si ce n'est un contresens, du moins un malentendu, avec des conséquences inévitables pour la "réputation" de García Márquez auprès de la génération d'écrivains arrivée immédiatement après, et donc, pour la place et le rôle qu'il eut dans la formulation de la nécessité absolue de refonder la littérature latino-américaine sans le *réalisme magique marquézien.*

Reste à voir cela dans et à travers *Cent ans de solitude.*

ANALYSES

Sources

García Márquez a lui-même déclaré, à de nombreuses reprises, que ses auteurs préférés étaient Sophocle, Faulkner, Woolf et Kafka. Pour ce dernier, cela relèverait de la révélation ; il a expliqué qu'en substance, la lecture de *La Métamorphose* l'aurait convaincu que s'il était possible d'écrire ainsi, alors il pouvait embrasser la carrière d'écrivain. Il a en outre évoqué quantité de noms, pour une raison ou une autre, dont Dickens, Curzio, Malaparte, Louÿs, Salavin, Duhamel, García Lorca, Julien Green, Alexandre Dumas, Victor Hugo, Hemingway... Mais il faut préciser ceci : quand il s'est expliqué sur ces "influences", il cherchait finalement moins à s'étendre sur le fétichisme d'un lecteur à travers le récit de ses expériences de lecture, qu'à expliquer les préoccupations d'un auteur au moment de trouver, dans les textes des autres, ses propres outils. Plus encore (car il ne s'agit pas là seulement de mécanique textuelle), l'élan nécessaire afin de découvrir la matière et les mots adéquats pour exprimer ses démons personnels – expression que l'on reprend souvent à son sujet après que Vargas Llosa l'a employée dans son volumineux essai intitulé *García Márquez, Histoire d'un deicidio* (1971) –, précisément hors du cadre de la réalité colombienne, fatalement génératrice d'une identité personnelle conditionnée, réductrice et limitative... en somme contingente et insuffisante. Des démons personnels plus que des démons collectifs, donc. Plus exactement : une cohabitation complexe et concurrente entre des démons personnels et des démons collectifs.

À travers l'évocation de la grande diversité culturelle des auteurs cités par García Márquez (dans des entretiens, mais aussi dans les très nombreux articles, chroniques, billets, reportages, critiques… qu'il aura écrit pour la presse depuis le début des années 1940 – on n'oubliera pas qu'il fut longtemps journaliste, avant de devenir auteur de nouvelles puis auteur de romans), principalement des Européens et des Étasuniens, on a en effet beaucoup glosé sur sa supposée volonté de faire franchir à la littérature colombienne, presque de force, le strict périmètre local auquel, lui semblait-il, elle s'était jusque-là tenue, se contentant de représenter une réalité immédiate passéiste et essentialisante, etc. Les modèles à suivre étant massivement ailleurs, il fallait donner à la Colombie une littérature digne de ce nom à partir de ceux-là. L'objectif aurait consisté à insérer ce qui relèverait de la littérature régionale dans la littérature mondiale, la littérature-monde. Voilà la base sur laquelle on a dressé le portrait de l'auteur García Márquez dans l'histoire littéraire de la Colombie. Et d'ailleurs, il ne suggère pas autre chose concernant ses intentions dans l'autoglose qu'il fait de son œuvre – ne serait-ce que pour l'avantage de se placer *de facto* dans le rôle de père de la littérature colombienne "moderne". Toutefois, il nous semble que cette quête de l'universel *via* la littérature d'ici et d'ailleurs traduit surtout son besoin d'inscrire sa propre production dans le concert des langages de la fiction pour et sur la fiction, afin de l'extraire de celui des langues de la réalité, c'est-à-dire de la référentialité et de la figuration. Il s'agissait de s'inventer une littérature en soi et pour soi depuis la littérature, comme jadis on s'était cherché une pièce (*room*) à soi et pour soi…

Qu'elle assume ou non le réseau de ses sources ou "influences" plus ou moins masquées à travers des jeux transtextuels et transfictionnels, toute création littéraire n'est jamais que le prolongement des lectures de son auteur, une somme d'avant-textes dont le roman se nourrit et qu'il régurgite en un interminable *continuum* de nature hypertextuelle. Ainsi a-t-on avancé plusieurs titres pour évoquer la généalogie visible – et à travers elle, les dialogues ouverts entre auteurs – de *Cent ans de solitude*.

La liste pourrait être longue ; raison pour laquelle on s'en tiendra ici à ajouter une poignée d'exemples.

– La Bible ; même un lecteur peu attentif aura remarqué que le roman s'organise autour des points de départ et d'arrivée de la *Genèse* et de l'*Apocalypse*.

– *Les Mille et une nuits*.

– *Amadis de Gaule*, dans la version de Garci Rodríguez de Montalvo. Juan Manuel Cacho Blecua a consacré une étude à cette lecture croisée dans un article intitulé "Del Amadís de Gaula al nostálgico Gerineldo en *Cien años de soledad*" (1997).

– Rabelais ; il n'est pas sans signification que le personnage de Gabriel quitte Macondo juste avant sa destruction avec pour tout bagage : "deux costumes de rechange, une paire de souliers et les œuvres complètes de Rabelais" (p. 447).

– *Don Quichotte*, de Cervantes. Jacques Joset a proposé de ce point de vue une démonstration magistrale dans un article intitulé "Autores *traduttori traditori : Don Quijote* y *Cien años de soledad*" (1989).

– La saga de Yoknapatawpha, de William Faulkner. Macondo fait immanquablement penser au comté imaginaire de l'Étasunien. Ernesto Volkening a mené une convaincante lecture croisée aux pages 19 et 20 d'un article de 1963 intitulé "Gabriel García Márquez ou le tropique désensorcelé" (repris dans le volume collectif de Peter Earle en 1981, *García Márquez, l'écrivain et la critique*), estimant notamment que :

> Macondo, de même que Yoknapatawpha pour Faulkner, représente pour García Márquez quelque chose comme le nombril du monde, non parce qu'il est poussé par une sentimentale idéalisation d'us et coutumes régionaux – ce journaliste voyageur, globe-trotteur et inquiet explorateur de lointains horizons n'est en rien provincial, même s'il est né à Aracataca –, mais, simplement, parce qu'en écoutant les conseils de son solide et sain instinct de conteur, il s'oriente vers "le point de repos au milieu de la fuite perpétuelle des phénomènes", l'axe autour duquel viennent tourner les constellations planétaires de son univers narratif…
>
> [Volkening, 1981, notre traduction].

– *Orlando*, de Virginia Woolf.

– *Ulysse*, de James Joyce.

– Juan Gustavo Cobo Borda évoque, dans un essai intitulé *À la rencontre de García Márquez*, un lien entre *Cent ans de solitude* et le texte de Mark Twain, *Les Jumeaux extraordinaires* [p. 39].

– Pour notre part, nous avons vu un rapprochement possible avec *L'Enfer*, de Dante Alighieri [LEPAGE, 2008, p. 60 sqq.].

S'y ajoutent quelques auteurs latino-américains :

– Carlos Fuentes. À la page 329, on lira une référence lourde de sens à *La Mort d'Artemio Cruz*.

– Julio Cortázar. Rocamadour, le fils de La Maga de *Marelle*, y apparaît à la page 442.

– Marie-Magdeleine Chirol établit un rapprochement avec *Batailles dans le désert* de José Emilio Pacheco, dans un article intitulé "Autobiographie et consumérisme : *Cent ans de solitude* de García Márquez dans les inter-ruines de *Batailles dans le désert* de J. E. Pacheco" (1995).

– Dans son essai intitulé *Le miroir parlé : une étude de* Cent ans de solitude (1975), Suzanne Jill Levine décèle la présence de Jorge Luis Borges, d'Alejo Carpentier (Victor Hugues, le protagoniste de son roman *Le Siècle des Lumières*, fait une apparition intéressante à la page 107) et de Juan Rulfo (on retrouvera quelques phrases de *Pedro Páramo* ici ou là) dans le roman.

Cette enquête pour traquer jusque dans les replis de l'œuvre les signes de la présence et l'impact d'autres textes s'avère évidemment des plus stimulantes et fructueuses, et elle apporte chaque fois de nouveaux éclairages sur *Cent ans de solitude*, démontrant aussi, quel que soit leur degré de crédibilité, la richesse interprétative d'une œuvre à l'évidence capable de prévoir une place infinie pour le *lector in fabula*.

Toutefois, le rhizome intratextuel se montre non seulement beaucoup plus vaste et ostensible (on peut parler de prolifération pour qui sait opérer des repérages parfois microscopiques), mais sans doute aussi bien plus incident pour comprendre l'entièreté des enjeux de ce roman, en particulier en rapport avec l'usage du réalisme magique, d'une forme spécifique ou propre du réalisme magique. Une lecture attentive révélera, en effet, dans le roman de 1967, la présence d'éléments issus de la presque totalité des romans et nouvelles qui l'ont précédé, voire d'une partie de ceux et celles qui l'ont suivi. Si l'on a situé la source de Macondo dans la “réalité réelle” colombienne et dans la réalité affective, presque psychique, de l’auteur, il faut également, dans un même mouvement de dissociation “nous”/“je”, s’inquiéter de celle, bel et bien présente, dans la “réalité fictionnelle” marquézienne, en marge de celle des tiers.

Le delta de Macondo se situe, il est vrai, très en amont de *Cent ans de solitude*, à regarder comme son point d’aboutissement, plus exactement, car l’œuvre de García Márquez constitue un maillage inextricable dupliquant et déclinant incestueusement le même, son point d’aboutissement le plus visible, bien que le village ne revienne ensuite plus jamais sous cette forme et sous ce nom, définitivement clos, à l’abri des pages-frontières-barrières-barbelés du roman.

Les autres, qui viendront par la suite et sont identifiés depuis d’autres coordonnées (par exemple, dans le recueil de nouvelles de 1972 *L’Incroyable et triste histoire de la candide Erendira et de sa grand-mère diabolique*, publié immédiatement après *Cent ans de solitude*, ainsi que dans le roman *De l’Amour et autres démons*, publié près de trente ans plus tard, en 1994, en deviennent des sortes de déclinaisons. Aux pages 64-66 de *Cent ans de solitude*, on lira ainsi l’ébauche de l’argument du texte bref de 1972 – intégré au recueil auquel il a donné son titre ; de même, à la page 264, la référence à la douleur et à l’indignation ressenties par le colonel Aureliano Buendia “devant le cadavre de la femme massacrée à coups de bâton parce qu’un chien enragé l’avait mordue”, constitue l’embryon de l’histoire qui deviendra ensuite *De l’Amour et autres démons*).

Pour ce qui est du pré-Macondo de *Cent ans de solitude*, García Márquez a souvent expliqué qu’il avait eu l’idée et le projet d’écrire le roman de Macondo dès l’âge de 18 ans – à l’époque, cela s’appelait significativement *La Maison* – et il a commencé à l’écrire très tôt, alors qu’il était encore journaliste, plus que nouvelliste ou romancier.

On trouvera, en effet, les premières traces de l’univers macondien dans des textes publiés dans la presse au début des années 1950 et significativement regroupés sous une étiquette commune, “Notes pour un roman”. Il y eut d’abord, entre juin et novembre 1950, “La fille du colonel”, puis “Le fils du colonel”, ensuite “Le retour de Meme” et finalement, deux ans plus tard, en décembre 1952, un lieu pour héberger cette ébauche de personnel du roman (pour reprendre l'expression de Philippe Hamon) macondien et un nom de baptême, “La maison des Buendia”. On se souviendra de l'élément biographique déterminant lié à cette même année 1952 : le “retour”-pèlerinage de l'auteur, du “fils” (puisqu'il joua pour lui le rôle de père au cours de sa petite enfance, on l'a dit) ou petit-fils du colonel Nicolás Ricardo Márquez Mejía, avec sa mère, la “fille” du colonel, à Aracataca, pour mettre en vente la maison de famille, vide depuis leur décès. Là se trouve le noyau du psychisme de la personne d'un écrivain et, à travers cela, de la fixation de son imaginaire d'auteur, qu'il déclinera telle une variation musicale. Pour reprendre Gilles Deleuze : “Répéter, c'est se comporter, mais par rapport à quelque chose d'unique et de singulier, qui n'a pas de semblable ou d'équivalent. [...] Non pas ajouter une seconde et une troisième fois à la première, mais porter la première fois à la ‘nième’ puissance” [Deleuze, 2011, p. 7-8]. Or, des répétitions, il y en aura un certain nombre entre ces fragments matriciels, les nouvelles et romans écrits entre les années 1940 et 1962, et *Cent ans de solitude*, avec, au passage, d'étonnants jeux de discontinuités et de continuités.

Pour l'essentiel et sans s'attarder au repérage et à l'analyse des multiples ingrédients biographico-littéraires ou littéraro-biographiques semés et bâtis en macrostructure de la langue du texte et hyperstructure du récit :

On lira notamment avec profit une nouvelle de 1952 intitulée “Monologue d'Isabel regardant la pluie tomber sur Macondo” (que l'on trouvera dans le recueil *Des Yeux de chien bleu*, assemblé en 1972), où l'espace originel-intime de la maison s'insère dans l'espace collectif-intime, le village, à son tour baptisé : Macondo. On y retrouvera un colonel, sa fille Isabel et son petit-fils à naître, et on y découvrira notamment le motif du déluge, dont on sait l'importance symbolique qu'il aura dans le roman de 1967 (voir à la page 344, qui ouvre le seizième chapitre – “Il plut pendant quatre ans onze mois et deux jours” et l'ensemble de la description du déluge qui afflige le village).

On lira également le premier roman de García Márquez, *Des Feuilles dans la bourrasque*, publié en 1955. Cette fois, tout repose sur l'enchâssement des regards et des voix de chacun des rôles préétablis : l'enfant, à présent âgé de quelques années à peine, sa mère Isabel, et son grand-père. Par le biais de ce système de focalisations internes, Macondo est décrit dans sa détérioration sociale, politique et historique ultérieure à l'installation puis au départ de la United Fruit Company. Ce que l'on retrouve à l'identique aux pages 248-254 de *Cent ans de solitude.* Les courtes allusions à un médecin français, aux pages 348 et 350, constituent également des réminiscences fort significatives d'un roman dans l'autre. Où l'on comprend que García Márquez a commencé le projet Macondo par la fin – quand le Macondo de l'époque glorieuse des mythes et des légendes n'existe plus, rattrapé et dévoré par la réalité – et qu'il cherche à présent, depuis la position d'un enfant réapprenant tout depuis le début, à remonter le courant jusqu'à la source, pour comprendre comment mythes et légendes se sont justement laissé rattraper et dévorer par le réel.

On lira aussi *Pas de Lettre pour le colonel*, le roman de 1961, car les pages 198, 200, 221-222 de *Cent ans de solitude* reprennent l'argument du deuxième roman de l'auteur, à savoir le non-respect des clauses du traité de paix de Neerlandia, en particulier celles qui garantissaient l'attribution de pensions aux anciens combattants de la guerre des Mille Jours, conservateurs comme libéraux. On sait que ce fut une obsession du propre grand-père de l'auteur.

Et on lira enfin trois nouvelles du recueil *Les Funérailles de la Grande Mémé*, de 1962 ; les pages 151-152 de *Cent ans de solitude* évoquent l'épisode de l'arrivée du Juif errant, la mort de centaines d'oiseaux venus s'échouer dans le village, et l'assassinat par Rebecca d'un voleur "qui tentait de forcer la porte de sa maison", qui renvoient à "Un jour après le samedi" et "Il n'y a pas de voleurs dans ce village". Quant au Père Antonio Isabel, apparaissant à la page 206 du roman de 1967, il s'agit du curé de "Un jour après le samedi". Plus importante encore, la lecture du texte intitulé "Les funérailles de la Grande Mémé", absolument préparatoire à la fois pour *Cent ans de solitude* et pour *L'Automne du patriarche* quant à tout ce qui relève de la réflexion de fond sur le pouvoir, sa nature et ses acteurs. Entre autres choses, on réfléchira à la portée de la mort apothéotique de la matriarche du royaume de Macondo. Néanmoins, le changement entre la nouvelle et *Cent ans de solitude* est des plus significatifs. Pour la nouvelle, une lecture littérale depuis le prisme du social, du politique et de l'historique s'imposait et il se révèle donc d'autant plus parlant que cette figure, en tant que telle, ne vient pas peupler le Macondo du roman de 1967, comme s'il s'agissait de lui donner la mort avant de commencer (pire : comme s'il s'agissait de se repaître de son décès, avec une forme de délectation sadique il est vrai, à travers une exposition carnavalesque du motif du cadavre, que l'on retrouvera en 1975 dans *L'Automne du patriarche*), lui donner la mort à elle comme à tout ce qu'elle représente dans et pour le réel colombien et latino-américain. Avant quoi ? Avant de partir sur une page vierge… celle que l'auteur tient à offrir à son cher Macondo, celui de *Cent ans de solitude*. Précisons que cette évacuation s'opère à présent, tout aussi significativement, depuis une écriture réaliste magique marquézienne, génératrice de ces disproportions, fabulations et ensorcellements qui, dit-on, la caractérisent. C'est donc bien depuis l'affirmation de la toute-puissance d'une arme-écriture ou d'une écriture-arme que l'auteur fait un sort à cette part du réel qu'il ne veut pas dans son monde fictionnel idéal – tout au moins, qu'il refuse dans sa dimension originelle. Au début était le Verbe littéraire, point. Tel est bien le sens de l'évacuation, dans la description d'une agonie carnavalesque, du personnage de la Grande Mémé dans la nouvelle, faire place nette à la fiction.

Cette intratextualité pré- et post- *Cent ans de solitude* nous semble d'autant plus porteuse pour l'étude qu'en effet, elle a bel et bien pour matière première des éléments étroitement liés à la biographie de l'auteur : le schéma village/maison/grands-parents/petit-fils, mis en place et cristallisé dans "Monologue d'Isabel regardant la pluie tomber sur Macondo" (*Des Yeux de chien bleu*) et dans *Pas de lettre pour le colonel* ; la figure centrale du vieux colonel oublié par une Histoire ingrate, mise en place et cristallisée dans ces deux textes. García Márquez a d'ailleurs souvent déclaré que le protagoniste de *Pas de Lettre pour le colonel* était une réplique de son grand-père significativement apparente dans *Cent ans de solitude*. Une lecture croisée des deux romans le fait deviner sous les traits du jeune soldat attendant le reçu du trésor de guerre des troupes libérales, à la page 198, et dont on comprend qu'il désapprouve la "trahison" du colonel. Intratextualité traduite aussi en langage de littérature quand García Márquez a commencé à écrire des nouvelles (on lira avec profit "La troisième résignation" [de 1947 et insérée dans le recueil de 1972, *Des Yeux de chien bleu*] depuis une perspective autofictionnelle) et jusqu'au dernier recueil ayant précédé le roman de 1967.

Il convient donc de prendre là en compte une intratextualité de nature autobiographique, autrement dit autoréférentielle. Ira-t-on jusqu'à parler d'intranarration biographique ? La question se pose d'autant plus qu'à cette intratextualité autoréférentielle se mêlent quantité d'anecdotes liées aux récits entendus par l'auteur durant son enfance, de la bouche de ses grands-parents et de ses tantes, innombrables vieilles filles qui formèrent son entourage à Aracataca. Dans *Une Odeur de goyave* [GARCÍA MÁRQUEZ 1982, p. 14-15], Plinio Apuleyo a raconté : "La tante Francisca Simonosea [...] se mit un jour à tisser son linceul. 'Pourquoi fais-tu un linceul ?' lui demanda Gabriel. 'Parce que je vais mourir, mon petit', répondit-elle. En effet : quand elle eut achevé son linceul, elle se mit au lit et mourut." On aura reconnu l'épisode où Amaranta, la fille de José Arcadio et Ursula Buendia, entreprend de tisser son linceul parce que la mort lui a conseillé de se préparer à mourir, etc. Autant d'histoires agglomérées aux histoires du texte.

Structure

En marge des diverses propositions avancées au fil des années pour dégager une structure dans *Cent ans de solitude*, en fonction de l'approche méthodologique, de l'outillage théorique et de la grille disciplinaire privilégiés, celle que nous commentons ici repose sur ce qui nous semble être la piste la plus pertinente pour comprendre comment s'organise le roman, et pourquoi : la stratégie mise en place par l'auteur pour exposer une délinéarisation systématique du récit.

• Linéarité-délinéarité

Toute la question consistant à savoir ce que représente la ligne et ce que signifient ses perturbations et ses interruptions. La ligne et le continu comme absolus occidentaux, à saper pour accéder à la réalité latino-américaine, proprement latino-américaine, délinéarisée et discontinue, cristallisée dans Macondo ? Ou la ligne et le continu comme absolus macondiens, à préserver du chaos généré par l'Occident ? En réalité, ce sont les deux à la fois et il faudra systématiquement mener des interprétations combinatoires. Car en dépit des circonvolutions que trace le récit tel qu'il se propage dans l'espace et le temps du roman (à ce sujet, il est permis de voir le filet de sang de José Arcadio Buendia [fils aîné du patriarche fondateur, mystérieusement tué d'une balle dans la tête], qui s'écoule à travers le village comme une métaphore du récit lui-même : telle une sangsue, il se nourrit de la vie de cette famille afin de parcourir et imprégner un lieu qu'il s'agit de reprendre à la réalité "réelle" et à sa logique, pour le livrer à la réalité fictionnelle et à sa logique), il y a bel et bien deux horizontalités continues et deux formes de délinéarisations-discontinuités dans la diégèse.

D'une part, une horizontalité-cadre et (faussement ?) englobante, qui présente la naissance du village, son développement, son apogée, sa décadence et sa mort, calquée sur le parcours biblique allant de la Genèse à l'Apocalypse, avec une grande partie des étapes intermédiaires. À quoi cela sert-il ? Il existe au moins deux interprétations (complémentaires) possibles.

Il peut s'agir d'exhiber une performance d'horizontalité et de linéarité absolues, destinée à montrer que l'auteur-narrateur dispose de toutes les capacités requises pour parfaitement se couler dans le moule référentiel et modélique par excellence, pour mieux, à travers une série de "contraventions" et même d'"attentats" (en référence aux diverses modalités de la délinéarisation que propose *Cent ans de solitude*), lui soustraire cette frange de réalité qu'est destinée à devenir Aracataca-Macondo. On a amplement décrit le García Márquez du roman de 1967 en démiurge et dieu de son propre monde… L'idée subséquente à ne pas perdre de vue reste toutefois que cet autre monde doit certes s'affirmer comme monde à part entière, indépendant, mais, plus encore, comme monde foncièrement autre et supérieur, en l'occurrence pour prouver la prééminence de l'inventivité et de la virtuosité avec lesquelles on l'a conçu – là où, d'une certaine manière, le Créateur n'aurait su proposer qu'un seul ordre du récit, qu'un seul ordre du réel, qu'un seul ordre du monde et de l'humain. Il y aurait en somme ici la traduction d'une lutte entre créateur et Créateur, pour permettre au créateur d'arracher une part du réel au Créateur (la part dont le jeune Gabriel se trouva privé lorsqu'il dut quitter et qu'ensuite il retourna à Aracataca – en référence au pèlerinage malheureux de 1952).

La tentation est évidemment grande d'ajouter une dimension plus collective, identitaire en l'occurrence, depuis la volonté (éventuelle) de García Márquez d'interroger les fondements de la pensée occidentale judéo-chrétienne, à travers une remise en question de la rationalité, dont la pierre angulaire repose effectivement sur la finalité... une trajectoire allant d'un point A à un point B, en ligne droite. Il chercherait en quelque sorte, par le recours à la non-linéarité et au discontinu, à jeter le soupçon sur le principe de l'unicité de l'appréhension du monde et d'imposer une conception pluridimensionnelle du réel.

D'autre part, comme indiqué, cette lecture peut parfaitement être renversée à partir de la prise en compte d'une autre linéarité et de sa survalorisation. On considérera alors que la continuité telle qu'elle aurait pu ou dû perdurer dans le Macondo premier ou primitif (bâti par l'entreprenant José Arcadio Buendia), représentait la perfection (l'utopie de la reconstruction du monde et de son recommencement), depuis l'idée de la linéarité généalogique idéale (la répétition des prénoms, génération après génération, et l'indistinction que cela génère devraient nous convaincre que c'est davantage le motif de la ligne que celui de l'arbre qui structure la reproduction chez les Buendia). Cette perfection aurait progressivement été sapée puis détruite par l'embrouillement *délinéarisant* et générateur de discontinuité causé par l'Occident, *via* ses différents représentants, ses savoirs, ses techniques, ses instruments et machines, ses objets en général. À ce titre, l'inceste ne serait alors jamais qu'une tentative désespérée de revenir, depuis la généalogie, à la ligne de cette perfection – la perfection de l'imaginaire marquézien préservé de la "réalité réelle", en quelque sorte autoalimenté et autoengendré et (éventuellement) la perfection d'une utopie latino-américaine recommencée par elle-même et pour elle-même.

Le constat s'impose : ces deux continuités ou linéarités ne peuvent se combiner et se fondre l'une en l'autre – chaque génération en fait la preuve... ou a vocation à en faire la preuve.

- **"Contraventions" et "attentats" à l'ordre du récit**

Ce qu'il faut par conséquent détecter et analyser pour comprendre les emboîtements structurels dans *Cent ans de solitude*, ce sont ces "contraventions" et ces "attentats" à l'ordre du récit et, conséquemment, à l'ordre du monde (nous devrions parler plutôt des mondes, puisqu'on lira depuis deux versants d'interprétation).

Nous en retenons trois parmi la quantité qui existe, simultanément à des micro- et des macro-échelles, car une observation à la loupe du roman montrerait que cela se joue au niveau de la phrase (voir la toute première), au niveau du paragraphe, au niveau du chapitre et, donc, au niveau global – comme autant de jeux d'échos et de miroirs parasites, destinés à produire des zones si ce n'est d'illisibilité, du moins de reformatage des paramètres et périmètre de la lisibilité (*i.e.* notre rapport au réel, etc.). Nous les décrirons du moins "important" au plus "important".

- **Parcellisation**

La première de ces contraventions à l'ordre du récit, donc à l'ordre du monde, repose sur la parcellisation. Si l'on dépasse les préjugés liés à une conception figée de *Cent ans de solitude*, comme roman "classique" d'un petit artisan guère imaginatif sur le plan technique, on se penchera rapidement sur le sujet de l'appartenance générique de ce texte et, à travers cela, sur la remise en question qu'il formule à l'égard de la forme roman en soi. En l'occurrence, sur sa prétention (héritée du roman du réalisme et du naturalisme) à embrasser et représenter "scientifiquement" le réel (ou, en tout cas, la frange du réel qui intéresse García Márquez). Car à y regarder de près et en se souvenant des liens indissociables qui existent entre le roman de 1967 et *L'Automne du patriarche* (lequel radicalise le processus), on pourrait estimer qu'avec *Cent ans de solitude*, il s'agit justement moins d'un roman (en tant que tout, producteur de sa propre cohésion et cohérence – par exemple par l'intermédiaire du narrateur, *a fortiori* dans sa version omnisciente, de la diégèse, des espaces, du temps et, évidemment, des personnages) que d'un savant montage de microrécits ; voire, parfois, de simples fragments, emboîtés ou tissés les uns aux autres, juste hébergés, pour de stricts besoins mécaniques, dans une sorte d'ensemble anthologique. On questionnerait en effet les souveraines capacités agglomérantes ou digestives du roman pour la production du sens et, par là, le statut. L'artificialité de l'illusion romanesque éclate dans l'exposition répétée de ce qui est un immense patchwork bariolé, croissant sans cesse.

Pour exemple de la façon dont cela fonctionne et de ce que cela induit, on prendra le cas extrême des récits brefs qui constituent des fragments relevant de l'intratextualité, puisqu'ils sont soit recyclés de la période pré-Macondo de *Cent ans de solitude*, soit accouchés dans le Macondo de *Cent ans de solitude* et prolongés dans le monde marquézien post-*Cent ans de solitude*, avec la série de rétrolectures suscitées. En l'occurrence, celui contenu dans le chapitre III ; ces trois pages (p. 62-65) qui semblent à peine destinées à illustrer, au passage, le décalage (délinéarisation) dans la gémellité (linéarisation) entre les initiations sexuelles de José Arcadio, l'aîné des enfants du couple Buendia fondateur de Macondo, et son frère, Aureliano. Il s'agit de l'épisode de la jeune femme prostituée par sa grand-mère et dont on nous raconte ici brièvement l'histoire; un personnage qui deviendra la protagoniste de la nouvelle "L'incroyable et triste histoire de la candide Eréndira et de sa grand-mère diabolique", écrite en 1972 et donnant son titre au recueil que García Márquez a publié immédiatement après *Cent ans de solitude*. Outre qu'il y a bel et bien ici un récit en soi, qui parcellise la diégèse et contribue à l'établissement de son sens par les effets de continuité et discontinuité générés, l'auteur tente bien d'ouvrir son roman en tant que tout continu, cohérent et suffisant, plus exactement encore, de le déchirer pour lui reprendre de sa matière de roman et la resignifier dans le bref, plus apte à délivrer l'intégralité des informations nécessaires pour comprendre. La non-consommation de l'acte sexuel par Aureliano prend d'autant plus de sens, en effet. Depuis cette perspective, les microrécits en question ne seraient plus vus et interprétés comme des parenthèses, des digressions, produisant du discontinu et de la délinéarisation, mais, au contraire, comme les endroits et les temps de monstration des coutures du "roman" en tant que roman, le liant sans quoi le tout ne forme plus vraiment un tout ni ne fait plus vraiment sens... ou, du moins, plus de la même manière. À cela, il convient d'ajouter que si l'on entre dans le champ des écritures brèves, il faut lire depuis d'autres paramètres et davantage d'échelles, avec ce que l'on désignera sous le terme d'effet anthologique, forme particulièrement riche de l'intratextualité, combinée à l'autotextualité s'agissant de l'histoire d'Eréndira.

- **Les deux spirales inversées**

La deuxième de ces contraventions à l'ordre du récit et, par conséquent, à l'ordre du monde, repose sur la combinaison de deux spirales inversées; inversées, mais dont l'effet se conjugue pour aboutir à l'anéantissement de Macondo dans le tourbillon d'un vortex qui absorbe tout.

La première spirale part du minuscule point de "réalité" (d'une réalité), minuscule point de récit qu'est la fondation de Macondo dans l'incipit. Elle progresse jusqu'à la fin avec des volutes croissantes (en ampleur et en puissance), laissant les lieux de plus en plus béants et générateurs de détériorations progressives pour le village tel qu'il avait initialement été pensé et, donc, tel qu'il aurait pu devenir ; sachant (c'est essentiel) que chacun de ces enroulements est systématiquement généré par l'arrivée d'un étranger, à assimiler à une sorte de virus (ou, selon la lecture que l'on en fera, d'un contrepoison inefficace à réduire le fameux "précédent abominable" de l'inceste, p. 29). Ainsi pourra-t-on lire *Cent ans de solitude* depuis la structure créée dans le récit par cette succession d'interruptions et de perturbations, paradoxalement supposée produire de la structure dans un monde premier ou primitif supposé ne pas en avoir. Précisons que ces perturbations interviennent presque systématiquement en deux temps, avec une première version, plus ou moins inoffensive ou (faussement) perçue comme telle, et finalement agglomérée au monde macondien (par le biais de l'amitié, de l'amour, du mariage, etc.) ; puis, avec une seconde version de l'étranger, bien moins inoffensive et impossible à agglomérer au monde macondien, forcé de muter, de plus belle, dans une version chaque fois plus dégradée de lui-même.

Le mécanisme se dupliquant indéfiniment, nous nous contenterons de mentionner les deux exemples les plus importants : les gitans et les Étasuniens. L'arrivée des seconds constituant d'ailleurs également une duplication et une amplification des effets produits par l'arrivée des premiers.

Dans le chapitre I, Melquiades fait l'objet d'une description qui brosse le portrait d'une sorte de bonimenteur, cherchant à vendre sa camelote avec un mélange de discours scientifique et d'histoires à dormir debout juste bonnes à émerveiller les enfants et les "sauvages" du nouveau monde, ou Nouveau Monde ("Ses récits fantastiques lui valurent l'admiration béate des enfants", p. 14). Avec une double conséquence.

D'une part, concrète : la génération d'un cataclysme matériel ("Il passa de maison en maison, traînant après lui deux lingots de métal, et tout le monde fut saisi de terreur de voir les chaudrons, les poêles, les tenailles et les chaufferettes tomber tout seuls de la place où ils étaient") et la fragilisation des fondations du village ("le bois craquait à cause des clous et des vis qui essayaient désespérément de s'en extraire", p. 9).

D'autre part, symbolique : la génération d'un cataclysme mental chez le fondateur de Macondo, José Arcadio Buendia, et la fragilisation des fondements de sa raison, désormais la proie d'une démence grandissante qui le conduira à finir sa vie attaché sous un arbre, perdu dans son propre monde. L'ambiguïté autour du personnage de Melquiades ne fait pas l'ombre d'un doute et se trouve sciemment soulignée à gros traits, entre la fascination aveugle du patriarche (à qui il livre le savoir et les outils du savoir, avec l'inquiétante précision qu'il faut réciter "à haute voix les formules qu'avait employées Melquiades", p. 10), la méfiance dégoûtée d'Ursula (qui l'associe au diable : "Ursula, au contraire, conserva un bien mauvais souvenir de cette visite...", p. 16-17) et les considérations, au passage, l'air de rien, assez ambivalentes du narrateur apparemment omniscient (prêt à concéder que Melquiades "était un homme honnête", p. 10, tout en le décrivant comme "un personnage lugubre", p. 14), significativement poursuivi par la maladie où qu'il se trouve, en quelque sorte le porteur de contagion par excellence et, finalement, en le comparant à un "corbeau", *ibid.*). On ne s'étonnera guère que, quelque temps plus tard, il mette la mort sur le chemin de Macondo. L'individualisation de Melquiades est importante.

L'écart paraît en tout cas d'autant plus flagrant quand arrive, dans la deuxième partie du chapitre, la deuxième vague des gitans – "C'étaient de nouveaux gitans" (p. 25) dont la venue est comparée à un "prodigieux cauchemar" (p. 26). Et ce qu'ils apportent dans leurs bagages n'a plus rien à voir avec le savoir et la science : "la poule qui pondait un cent d'œufs en or au son du tambourin, et le fagotin qui devinait ce qu'on avait en tête, et la machine à tout faire qui servait en même temps à coudre les boutons et à calmer la fièvre, et l'appareil à oublier les mauvais souvenirs, et l'emplâtre pour passer son temps à rien faire". On passera sur l'importance, de nouveau, de l'oubli et de l'inactivité associés aux apports extérieurs et on remarquera les longues descriptions des effets produits sur les macondiens : "on eût dit le village en émeute" ; "Ils métamorphosèrent le village en un rien de temps." ; "Les habitants de Macondo se sentirent tout à coup perdus dans leurs propres rues, abasourdis" ; "José Arcadio Buendia marchait comme un fou" (p. 33)... Comme un fou "en extase" (p. 27), alors même qu'il semblait pourtant s'être enfin remis du mal causé par Melquiades et sa troupe, être un peu redevenu lui-même à travers la prise en charge de l'éducation de ses enfants. Les digues cèdent de nouveau et le tourbillon recommence, définitivement vainqueur : tandis que José Arcadio ferme le chapitre en s'écriant : "Voici la grande invention de notre époque" (*ibid.*), ses fils, José Arcadio et Aureliano, quittent leur salle de classe, où leur père leur avait parlé des "merveilles du monde, non seulement dans les limites de ses propres connaissances, mais en forçant celles de son imagination jusqu'au comble du fantastique" (p. 24) à travers des "exposés hallucinants" (p. 25), et se précipitent vers la fête foraine pour, à leur tour, chacun à leur manière, se laisser envoûter et "contaminer" – on peut anticiper en rappelant que José Arcadio quittera le village pour suivre une gitane, dans un nouveau mouvement centrifuge (p. 44), en dépit de la (vaine) tentative d'Ursula de reformer le cercle (p. 44 *sqq*.).

Il en va de même pour les Étasuniens, qui font leur entrée sur la scène macondienne dans le chapitre XII, pour rapidement y occuper le rôle de protagonistes. Le premier est "le souriant et replet Mr Herbert", qui arrive "un mercredi comme les autres", parmi quantité de voyageurs et commerçants ambulants et qui, comme tant d'autres, "vint déjeuner à la maison", amené par Aureliano le Second, "comme il le faisait souvent avec nombre d'étrangers" et que, comme tant d'autres, "nul ne remarqua" ; nul ne le remarqua et, de surcroît, il n'impressionna personne avec sa marchandise – des "ballons captifs" – parce qu'"à Macondo, on considérait cette invention comme une régression par rapport aux tapis volants des gitans". Il apparaît donc comme inoffensif, sans intérêt, n'ayant rien à apporter au village. Pourtant, alors qu'il s'apprête à s'en retourner par le train, il a l'occasion de goûter au "régime de bananes tigrées qu'on suspendait parfois dans la salle à manger à l'heure des repas…" et là, tout change. En une première expérience de dévoration aux proportions extraordinaires (version prémonitoire de celles qui viendront ensuite et mèneront aux insectes de la grandiose scénographie finale), il mange, il savoure, il mastique (pour reprendre le texte) deux régimes de bananes, "avec une distraction d'intellectuel plutôt que l'air de se régaler d'un gros mangeur" (p. 249). Il sort enfin de sa "boîte à outils" "une série d'instruments" et commence son opération de dissection. La portée symbolique de cette scène, ou cérémonie mystérieuse (du point de vue des Macondiens), est limpide dans la construction d'une synecdoque : le régime de bananes représente le village, placé sous le microscope et le "bistouri spécial" de son bourreau-médecin légiste. Pour l'heure, cela ne donne lieu qu'à une (apparente) légère perturbation : "Tout le monde était si intrigué par cette cérémonie que personne ne put manger tranquillement". Nul ne peut deviner ce qui s'apprête à advenir, car Mr Herbert "ne dit rien qui permît d'avoir même une légère idée de ses intentions" (p. 250). On insistera sur le fait que c'est un Buendia qui a fait entrer le loup dans la bergerie... pour ne pas dire qui a engendré une vocation de loup dans la bergerie, alors même qu'il s'était naïvement contenté de jouer son rôle d'extraordinaire amphitryon.

Or, si du temps s'était écoulé entre l'arrivée des premiers gitans et celle des seconds, quelques jours à peine s'écoulent entre l'arrivée de Mr Herbert et celle de Mr Jack Brown – dans le texte, le paragraphe qui suit. Et, en effet, comme dans le cas des gitans, tout prend une forme dégradée, une ampleur gigantesque (à la page 254, on parle bien d'une "sorte d'éruption volcanique"), avec des conséquences désastreuses pour le village et ses habitants. Accompagné d'une nuée "d'avocats pleins d'emphase" (p. 250), derrière lesquels il faut encore voir une référence aux insectes dévorateurs, Mr Jack Brown métamorphose en effet immédiatement les lieux : "à peine les habitants de Macondo eurent-ils commencé à se demander, méfiants, ce que diable il était en train de leur advenir, que leur village s'était déjà transformé en un campement de bicoques en bois recouvert de zinc, peuplé d'étrangers qui arrivaient en foule par le train" (p. 250-251). Il va jusqu'à construire un autre Macondo ("Les Amerloques [...] constituèrent un village séparé de l'autre côté de la ligne de chemin de fer, avec des rues bordées de palmiers, des maisons aux fenêtres grillagées, avec des petites tables blanches sur les terrasses et des ventilateurs en forme de croix suspendus au plafond, et de grandes pelouses bleues pleines de cailles et de paons", p. 251), causant le chaos dans la population locale : "ils avaient [...] provoqué un énorme chamboulement, beaucoup plus perturbateur que celui qu'avaient créé jadis les gitans et à la fois moins passager et moins compréhensible" (*ibid.*) ; "Ce fut une invasion si tumultueuse et intempestive..." (p. 258).

Et cela ouvre de plus en plus la maison des Buendia, en l'occurrence jusqu'à l'écartèlement. Si du temps des gitans, seul Melquiades avait été "invité" et admis dans la famille, cette fois, ce sont des hordes qui déferlent et le processus de la dévoration s'intensifie ("Au moment de déjeuner, un tumulte de foire faisait trembler toute la maison et les convives en sueur, qui ne savaient même pas qui étaient les amphitryons, accouraient en troupeau pour occuper les meilleures places à table..."). Les perturbations n'épargnent personne : "Fernanda fut bien obligée de recevoir comme des rois des invités représentant le comble de la dépravation" ; "Amaranta fut tellement scandalisée par cette invasion de la populace qu'elle se remit à manger à la cuisine" ; "Le colonel Aureliano Buendia, persuadé que la majorité de ceux qui venaient le saluer dans son atelier ne le faisaient nullement par sympathie ou par estime mais poussés par la curiosité, pour être admis à voir une relique de l'Histoire, un fossile de muséum, préféra s'enfermer et mettre la barre à sa porte..." (p. 253). Et ce qui est désigné à la page 256 comme la "peste bananière" mènera finalement à la destruction du village quand, la United Fruit Company repartie, tout le monde pliera bagage, à commencer par Mr Jack Brown (p. 330) et, après le massacre des ouvriers des plantations de banane et de leurs familles, elle ne laissera que ruines et ordures.

La seconde spirale part du point d'une minuscule queue de cochon, au XVIe siècle, dans le chapitre II ("Une tante d'Ursula, mariée à un oncle de José Arcadio Buendia, eut un fils qui porta toute sa vie des pantalons flottants aux jambes réunies en une seule, et qui mourut, vidé de tout son sang, après quarante-deux ans d'existence dans le plus pur état de virginité, car il était né et avait grandi pourvu d'une queue cartilagineuse en forme de tire-bouchon avec une touffe de poils au bout. Une queue de cochon", p. 29). À partir de tentatives successives d'élargissement des volutes (plusieurs générations de Buendia en viennent ainsi à cohabiter dans la même maison...) qui répètent et dégradent le même, elle se termine par le rétrécissement (quand il ne reste plus que deux Buendia, Aureliano et Amaranta Ursula, puis un seul, Aureliano, après la mort en couches d'Amaranta Ursula) qui conduit de nouveau à une queue de cochon au XXe siècle, dans le dernier chapitre – un enfant à queue de cochon (p. 448) dévoré à peine né par des hordes d'insectes (p. 451). Un seul, puis aucun. Il est intéressant ici de remarquer que cette spirale, avec la logique qu'elle contient et reproduit, ne peut justement pas être coupée, malgré l'arrivée des étrangers. Cela ne fonctionne pas dans le cas de l'embryon de couple qui semble se former entre Meme et "un rouquin du Nord qui était venu passer ses vacances auprès de ses parents" et qui "s'en était retourné dans son pays et n'avait plus donné signe de vie" (p. 308). Cela ne fonctionne pas davantage avec le couple, beaucoup plus concret, formé par Amaranta Ursula et Gaston, son mari belge, qui a accepté de la suivre et de s'installer un temps à Macondo. Si dans le premier cas, il ne s'agissait guère que d'une amourette d'été, dans le second, on nous aura bien précisé qu'un amour profond unissait Amanta Ursula et Gaston. Et qu'en outre, leur vie sexuelle était des plus épanouies (le narrateur n'aura pas ménagé les descriptions de leurs ébats pour bien nous en convaincre). Or, cela n'y fait rien. L'une comme l'autre revient à la ligne, dans un nouveau processus de duplication et d'amplification, puisque Amaranta Ursula s'adonne finalement à l'inceste – d'où naît l'enfant à queue de cochon qui éteindra la lignée.

- **L'entrecroisement**

La troisième (et donc, plus "importante") de ces contraventions à l'ordre du récit et, conséquemment, à l'ordre du monde, se produit au début, comme une déclaration d'intention, et délinéarise l'ordre du récit ou l'ordre du monde *via* le procédé de l'entrecroisement.

Nombreux ont été les critiques à se pencher sur l'incipit de *Cent ans de solitude* (pour notre part, nous y sommes souvent revenue, notamment dans un article de 2008 intitulé "*Cien años de soledad* de la première à la dernière page : l'incipit et l'excipit de la "Bible" de l'Amérique latine", *in* "Les débuts hors la norme : étude de 5 cas" [Lepage, 2020]) et on trouvera par ailleurs toute une palette de lectures didactisées sur internet (parfois par l'intermédiaire de créatifs montages vidéos) pour les élèves du secondaire et les étudiants des universités d'ici et d'ailleurs. Eu égard à l'importance en soi de cette zone du texte – en ce qu'elle établit en quelque sorte le capital génétique d'un texte depuis l'affirmation de son identité générique dans le champ de l'architextualité, avec, à travers cela, l'établissement d'un pacte de lecture et la génération d'un horizon d'attente – et, précisément, eu égard à la forme très particulière et complexe qu'elle prend dans le roman de 1967, on comprend qu'on lui ait porté une attention spéciale…

Ce qu'elle a de particulier, c'est qu'elle comprend en réalité non pas un début, (cohérent, homogène, avec des frontières clairement définies,) mais une sorte d'avant-début et quatre débuts, plus exactement trois ébauches de début et un début.

Une sorte d'avant-début, en effet, parce que la formule "Bien des années plus tard" (p. 9), reprise en leitmotiv dans l'œuvre (en particulier à la p. 21 et à la p. 25 du premier chapitre, significativement toujours à propos du colonel Aureliano Buendia) génère immanquablement la question de savoir combien d'années plus tard et, bien davantage encore, plus tard que quoi ? Elle implique la présence d'une zone de l'histoire non narrée, mais dont la présence s'affirme d'autant plus signifiante dans son absence de la sphère du dire et de l'écrit. Est-ce là que se situe la clé de l'œuvre ? L'histoire déborde du récit, quelle que soit sa forme, déborde de l'espace et du temps du livre – en rapport, entre autres, avec l'importance de l'oralité du récit pour García Márquez. Largement de quoi dialoguer, en tout cas, avec la notion de roman total proposée par Vargas Llosa. S'il y a totalité, elle est transpercée de toutes parts et déborde.

Quoi qu'il en soit, un constat s'impose : impossible de situer la "frontière gauche" de cet incipit, alors qu'elle relève habituellement de l'évidence. Où commence le début ? Impossible à dire, puisque cela se situe dans un très longtemps avant, même depuis l'hypothèse de l'existence d'un récit différé, plus loin dans l'espace et le temps textuels. C'est le cas, mais très partiellement, avec, d'une part, l'ajout de la pièce du puzzle que constitue le début du chapitre suivant, qui nous ramène au XVIe siècle et à Riohacha, avec l'arrière-grand-mère d'Ursula ; d'autre part, dans les chapitres XVI et XVII, nous accédons à des bribes d'informations quand, la matriarche perdant la tête, le narrateur-pilleur de mémoire complète enfin quelques cases perdues de l'histoire de la famille pré-Macondo (p. 358, p. 373-374). Et avant ? Nous n'avons aucune information sur le sujet. On pourrait d'ailleurs en conclure qu'il n'y a purement et simplement pas de début et qu'à travers cela, c'est la notion même de genèse qui s'annule et, de fait, la possibilité même d'envisager la moindre horizontalité linéaire, faute d'un point de départ. Et s'il n'y a pas de début, il n'y a pas de fin et pas de finalité. Le système qui structure la pensée occidentale rationnelle s'effondre.

Puis, donc, trois ébauches de début :

1) "Bien des années plus tard, face au peloton d'exécution, le colonel Aureliano Buendia" (p. 9) – cette sous-histoire-là s'interrompt au milieu même d'une phrase ;

2) "devait se rappeler ce lointain après-midi au cours duquel son père l'emmena faire connaissance avec la glace" (*ibid.*) – cette sous-histoire-là, qui constitue le deuxième bloc de la deuxième phrase, ne nous est pas non plus racontée, elle est court-circuitée ;

3) "Macondo était alors un village d'une vingtaine de maisons en glaise et en roseaux, construites au bord d'une rivière dont les eaux

diaphanes roulaient sur un lit de pierres polies, blanches, énormes comme des œufs préhistoriques. Le monde était si récent que beaucoup de choses n'avaient pas encore de nom et pour les mentionner, il fallait les montrer du doigt." (*ibid.*) – là, il faut se demander si cette sous-histoire est, à son tour, laissée en suspens ou alors si elle compose une unité complète, mais de courte durée…, à lire comme un microrécit inséré dans un récit-cadre, en quelque sorte subordonné à lui. Le cas échéant, pourquoi ?

Et enfin, donc, un début : "Tous les ans, au mois de mars, une famille de gitans déguenillés plantait sa tente près du village et, dans un grand tintamarre de fifres et de tambourins, faisait part des nouvelles inventions" (p. 9). Ouvrons une autre parenthèse pour faire remarquer que là encore, ce point de référence crucial se trouve de nouveau déplacé, définitivement instable, quand, subrepticement, on nous précise : "La première fois que la tribu de Melquiades s'en vint à Macondo" (p. 18).

Ce qui ouvre un vaste champ d'interprétations autour de questions importantes. Quelle extension pour chaque fil narratif? Quels lieux et quelles places? Quels acteurs? Pour quels discours? Et pour finir, il faudrait s'interroger sur les effets de sens produits par les jeux de continuités et de discontinuités entre chaque sous-histoire. Un exemple, dans l'incipit : le parallèle établi entre l'enfance ou les apprentissages du colonel Aureliano Buendia sous la tutelle de son père, José Arcadio Buendia, et l'enfance ou les apprentissages de Macondo sous la tutelle de la figure paternelle que deviendra Melquiades pour la famille et le village n'est certainement pas neutre.

La question centrale ici consisterait à déterminer :

1) d'une part, si le récit ne se décide volontairement pas à commencer, par exemple pour reporter son accomplissement, son fatal accomplissement, comme on tergiverse devant l'inéluctable – un tel mécanisme force une perspective métanarrative et métalittéraire des plus intéressantes pour le type de relation que cela établit entre auteur et lecteur au moment de la métamorphose en narrateur et narrataire ;

2) d'autre part, s'il ne parvient tout bonnement pas à démarrer, avec ou à cause d'un enchaînement de faux départs, comme autant d'univers fictionnels avortés – désignés comme tels, avec toutes les explications

attendues, par exemple sur le plan historique (tout pourrait commencer avec l'arrivée des gitans porteurs non seulement des grandes inventions européennes, mais aussi des mots pour dire les choses et, avec elles et eux, l'arrivée de la "civilisation" ou, encore, tout aurait pu continuer à commencer – en référence au microrécit de la naissance de Macondo – si ça n'avait pas immédiatement commencé autrement, à cause de l'arrivée des gitans, etc.) ;

3) ou, enfin, encore plus stimulant, s'il commence bel et bien, mais en s'auto-identifiant comme hybride sur le plan génétique-générique : donc en proposant non pas une annulation, mais une accumulation des récits successifs et, à travers eux, des pactes de lecture et des horizons d'attente. De sorte que *Cent ans de solitude* serait à lire à la fois comme un roman politique, comme un roman de formation, comme un roman génésique et comme un roman historique. Resterait alors à s'interroger sur les raisons qui font que ces étiquettes s'enchaînent dans cet ordre précis. Il serait tout cela à la fois, mais pas simultanément, nous indique le texte. On pourrait parler d'intermittence générique. Dans ces conditions, il faudrait non pas lire le roman au sens habituel du terme, mais l'envisager comme un enchâssement de récits et le reconstituer avant de le lire. Une sorte de montage à réaliser par le lecteur.

La structure proposée ici serait celle qui repérerait et s'attacherait de façon autonome à repérer tout ce qui manque dans l'avant-début (surtout, très curieusement, une histoire précolombienne de Macondo-l'Amérique latine, car tout commence au XVIe siècle), puis à agglomérer tout ce qui entrerait dans l'ébauche :

1) de début 1.

Cela se trouve disséminé un peu partout dans le roman, avec, d'une part, une extension plus ou moins grande, qui renseigne sur la façon dont l'auteur construit ses personnages, physiquement et psychologiquement, par petites touches subreptices qui se cristallisent progressivement en un portrait bien plus porteur qu'une description en bonne et due forme, initiale, complète, suivant le modèle conventionnel hérité du réalisme :

– p. 62, on nous parle d'un daguerréotype de famille, "le seul qui fût jamais pris", où Aureliano "apparaissait tout habillé de velour noir [...] avec la même expression languide et ce regard pénétrant qui devaient être encore les siens, des années plus tard, face au peloton d'exécution" ;

– p. 95, c'est à l'occasion des noces d'Aureliano avec Remedios Moscote qu'on nous décrit la tenue du marié, "chaussé de ces mêmes bottines vernies à crochets métalliques qu'il devait porter quelques années plus tard devant le peloton d'exécution" ;

– p. 110-111, on nous donne encore une précision très importante lorsque le personnage formule son opinion au sujet du report indispensable du mariage de Rebecca et de Pietro Crespi ; une "opinion" qui, ajoute-t-on, était la seule qu'il "pouvait alors exprimer en restant sincère avec lui-même, non seulement pour ce qui était du mariage, mais pour toute autre préoccupation qui n'était pas la guerre. Lui-même, face au peloton d'exécution, ne devait jamais comprendre très clairement comment s'était enchaînée cette suite de hasards ténus mais déterminants qui l'avaient conduit jusque-là".

Avec, d'autre part, des effets de resignification constante plus ou moins incidents qui, eux, renseignent sur la façon dont l'auteur façonne son "message"-discours sur la question politique et de l'Histoire et, plus encore, construit sa relation avec le lecteur :

– p. 119, on nous livre l'information ambiguë selon laquelle "[l]e colonel Aureliano Buendia [...] échappa à quatorze attentats, à soixante-trois embuscades et à un peloton d'exécution" ;

– à partir de la page 138, le chapitre VII est pour une bonne partie consacré aux événements ayant immédiatement précédé la présence du colonel Aureliano devant son peloton d'exécution...

Le fil avec le début semble directement repris à la page 146, à travers la description des soldats en armes se mettant en joue, presque le doigt sur la gâchette. Voici enfin la suite, semble-t-il. Or, après une tension narrative maintenue pendant presque un tiers du roman, ce récit enchâssé ou distillé qui semblait de la plus haute importance avorte bel et bien, de surcroît en quelques lignes à peine, au terme desquelles le personnage n'est pas fusillé, mais sauvé dans une scène assez grotesque. Au-delà du fait que le colonel Aureliano Buendia n'aura pas le loisir de mourir en héros au faîte de sa gloire (ce qui alimente la réflexion sur la politique et l'Histoire dans le roman – v. Thématiques, Histoire, pouvoir et nation), le narrateur déjoue sciemment les attentes de son pauvre destinataire dupé, qu'en l'occurrence, un Cortázar aurait très certainement désigné sous l'étiquette de lecteur femelle (traduction de l'expression qu'il a employée : "lector hembra")... – une preuve supplémentaire de sa volonté d'exprimer sa toute-puissance (il affiche qu'il peut décider de la vie et de la mort de ses créatures) sur le monde qu'il régit, y compris dans l'accomplissement de parodies de miracles ;

2) dans l'ébauche de début 2.

Ce fil-là est repris, complété par des informations déterminantes savamment distillées en cinq espace-temps :

– p. 25, "Ces exposés hallucinants demeurèrent tellement gravés dans la mémoire des enfants que, bien des années plus tard, une seconde avant que l'officier des troupes régulières ne lançât l'ordre de tirer au peloton d'exécution, le colonel Aureliano Buendia eut le temps de revivre ce doux après-midi de mars où son père interrompit la leçon de physique et resta soudain médusé, la main en l'air, le regard fixe, prêtant l'oreille, dans le lointain, aux fifres, aux tambourins et aux grelots des gitans qui revenaient une fois de plus pour exhiber la dernière et ahurissante découverte des savants de Memphis" ;

– p. 146, "Quand les hommes du peloton d'exécution le mirent en joue, cette rage avait pris une consistance visqueuse, au goût amer, qui lui endormit la langue et l'obligea à fermer les yeux. Alors s'éteignit pour lui l'éclat d'aluminium du lever du jour et il se revit lui-même, tout petit enfant, en culottes courtes et ruban autour du cou, et il revit son père, par un après-midi splendide, le conduisant jusque sous la tente de foire, et il revit le bloc de glace" ;

– p. 169, alors qu'on amène à Macondo l'un des fils du colonel Aureliano Buendia, "[p]ersonne ne mit en doute les origines de cet enfant sans nom : il ressemblait trait pour trait au colonel de l'époque où on l'emmena faire connaissance avec la glace" ;

– p. 190, alors que le colonel Aureliano Buendia est revenu de tout, il prend conscience que "Ses seuls instants de bonheur" sont à mettre en relation avec "ce lointain après-midi où son père l'avait emmené faire connaissance avec la glace" ;

– p. 296, le fil est repris au moment de la mort du colonel : "À quatre heures dix, il se rendit au jardin quand il entendit retentir des cuivres dans le lointain, des battements de grosse caisse et des enfants joyeux, et pour la première fois depuis son jeune âge il se laissa délibérément tomber dans un piège que lui tendait la nostalgie, et revécut le prodigieux après-midi des gitans, quand son père l'avait emmené faire connaissance avec la glace."

Mises bout à bout, ces informations complémentaires tracent une sorte de rhizome pour donner un accès éblouissant au sens, par le biais d'un crescendo dont le but consiste à bâtir une scène primitive de l'enfance et à la projeter dans le texte pour produire tout un système d'ondes concentriques. Une scène primitive de l'enfance qui relie en effet intrinsèquement les questions de la magie et de la paternité ou de la filiation, les place, là aussi, au cœur de la construction du personnage d'Aureliano Buendia et, à travers cela, décrit, encore de manière métaphorique et symbolique, la relation entre l'auteur et son lecteur telle que l'entend García Márquez dans *Cent ans de solitude.* Le lecteur doit redevenir l'enfant qui accepte de se laisser emporter par la figure auctoriale paternelle, pour découvrir et entrer dans la réalité magique… la progéniture émerveillée, crédule et "passive" d'un auteur-géniteur – nous y reviendrons.

3) dans l'ébauche de début 3.

Ce dossier-là s'épaissit à deux reprises seulement :

– p. 17 : "Au début, José Arcadio était une sorte de jeune patriarche qui donnait des directives pour les semailles, des conseils pour élever les enfants et les animaux, et collaborait avec chacun, jusque dans les travaux manuels, pour la bonne marche de la communauté" ;

– p. 223 : "Macondo sombrait dans une prospérité miraculeuse. Les maisons en glaise et en bambou édifiées par les fondateurs avaient fait place à des constructions en brique, avec volets en bois et sols cimentés, qui rendaient supportable la chaleur suffocante de deux heures de l'après-midi. De l'ancien hameau de José Arcadio Buendia ne subsistaient que les amandiers poussiéreux, destinés à tenir bon en dépit des circonstances les plus tragiques, et la rivière aux eaux diaphanes dont les pierres préhistoriques se trouvèrent broyées par les coups de masse endiablés de José Arcadio le Second, du jour où celui-ci se mit en tête de déblayer le lit de la rivière pour établir un service de navigation."

La démonstration ne présente guère d'ambiguïtés et nous fait comprendre quelle portée symbolique, métaphorique et emblématique est finalement associée au personnage du patriarche. Il s'agit de montrer le décalage entre les José Arcadio Buendia et le Macondo d'avant l'arrivée des étrangers, du savoir, des sciences et des techniques, et les José Arcadio Buendia et le Macondo d'après. Ce qui interroge évidemment de façon assez inquiétante sur l'incapacité de l'un et l'autre, du créateur et de sa création, à agglomérer la "civilisation" et ses "progrès".

Interrogation d'autant plus prégnante quand le "vrai" début, c'est-à-dire cette frange de la diégèse qui se déroule avec l'arrivée des gitans, porteurs de "la huitième merveille du monde des savants alchimistes de Macédoine", semble devoir sortir Macondo et les Macondiens du temps mythique et légendaire des "œufs préhistoriques" (p. 9) pour entrer dans celui de l'Histoire. C'est en effet parce que – en dépit des nombreuses mises en garde de Melquiades –, José Arcadio Buendia a tout compris à l'envers et a tout détourné (savoir, sciences et techniques) de son "sain" usage, que créateur macondien et créature macondienne ont sombré dans la folie et une décadence inévitables. On sait à qui revient cette sorte de péché originel.

Une œuvre symbole, métaphore et emblème au cœur de grands enjeux critiques

Posons comme prémices que ce que l'on entend par réalisme magique, à propos de García Márquez, concentre l'essentiel des polémiques et des débats critiques autour de *Cent ans de solitude.* C'est sur ce point que nous porterons notre attention : ce que l'on *entend* par réalisme magique, car le "problème" se situe précisément là – moins dans ce que concrètement, il délimite et comprend, que dans ce que l'on a espéré qu'il soit, ce que l'on a voulu qu'il soit, voire, ce que l'on a exigé qu'il soit, à partir des premières lectures du roman et, plus encore, à partir de la nature du succès qu'il a obtenu.

Nul ne peut nier à *Cent ans de solitude* le statut de roman hors norme, quel que soit le plaisir que chaque lecteur aura pris à sa lecture, quelle que soit l'interprétation qu'il lui aura donnée et quelle que soit la valeur qu'il lui aura finalement attribuée. Car s'il a suscité des adhésions passionnées et durables, certaines fort célèbres (par exemple, celle de l'ancien Président des États-Unis Barack Obama qui, dans un entretien de 2017 avec Michiko Kakutani pour le *New York Times*, le comptait parmi la poignée de livres l'ayant le plus influencé, il n'a pas que des adeptes. Pensons au jugement sans appel d'Angelo Rinaldi dans un article intitulé "Cent ans de platitude" d'un numéro de l'hebdomadaire *Le Nouvel observateur* de février 1999, où il estimait : "En France, il serait plutôt rangé parmi les auteurs régionalistes dans la catégorie des Pourrat, Bosco, Arène, Daudet, qui tiraient d'aimables récits des contes, légendes, dits et dictons de leur campagne. [...] *Cent ans de solitude* [...] est un roman distrayant, assez proche de la facétie, où les rebondissements sont de nature à conforter les naïfs et les paresseux dans l'illusion que c'est cela, le roman : des événements en cascade, une bousculade de personnages devant le portillon".

Il compte même des détracteurs acharnés. C'est le cas, par exemple, de l'écrivaine d'origine cubaine Zoé Valdés qui cite son compatriote Reinaldo Arenas, lequel ne concède que de maigres qualités littéraires à García Márquez : "Je ne crois pas qu'il soit le grand écrivain latino-américain, ni même colombien, par excellence. C'est un auteur médiocre pour des Européens affamés d'un imaginaire bas de gamme." Entre autres arguments, sur la base que *Cent ans de solitude* ne serait jamais qu'un plagiat : "En réalité, il y a plus de vingt ans que García Márquez aurait dû comparaître devant les tribunaux nord-américains pour avoir constamment plagié William Faulkner. Sauf que les Étasuniens ont si peu de mémoire qu'ils ont probablement oublié qui est Faulkner. Concernant la misérable 'intelligence' des Yankees, elle souffre d'un complexe de culpabilité tellement profond qu'elle préfère négliger l'original 'impérialiste' au bénéfice d'une version colombienne, version par ailleurs populiste et moins compliquée" [Arenas, 1989, notre traduction].

Hors norme, donc, d'abord en termes purement comptables – un critère qui, quoi que l'on en pense ou affiche d'en penser, indique également l'importance et la portée d'une œuvre. Actuellement, et alors que l'édition argentine initiale comptait 8 000 exemplaires, il en aurait été vendu plus de 40 millions dans le monde, avec des traductions dans plus de 35 langues, y compris en wayuunaiki, la langue de la communauté wayú, qui vit à cheval entre la Colombie et le Venezuela, évoquée dans le roman à travers les personnages de Cataure et Visitacion.

En mars 2023, lors d'une vaste opération d'analyse de données destinée à établir une nouvelle carte mondiale de la traduction depuis 1950, l'Institut Cervantès, chargé de la promotion de la langue et de la culture espagnoles dans le monde, a déclaré le Colombien auteur de langue espagnole le plus traduit au monde avec *Cent ans de solitude* (sur la base de 483 langues), détrônant rien moins que Cervantès et son *Don Quichotte*. On imagine aisément les réactions en Amérique latine. *Cent ans de solitude* se classe en outre au 33e rang de la fameuse liste des 100 meilleurs livres de tous les temps, élaborée en 2002 par le Cercle norvégien du livre, à partir des propositions de 100 écrivains issus de 54 pays différents. En France, outre qu'il a obtenu le Prix du Meilleur livre étranger en 1969, sa popularité est telle qu'il figure dans la liste des 100 meilleurs livres du XXe siècle établie par le quotidien *Le Monde* en 1999 ; *Le Monde* qui, à lui seul, lui a d'ailleurs consacré plus de 200 entrées dans ses colonnes depuis sa sortie dans notre pays, en 1968.

Hors norme ensuite, pour ce qu'il aura représenté, et continue de représenter, en Colombie, en Amérique latine et dans le monde entier – on peut rappeler que Netflix prépare actuellement l'adaptation sérielle du roman.

Pour la Colombie, on dira, sur le versant des anecdotes significatives, qu'en 2011, la ligne ferroviaire desservant Aracataca, pourtant arrêtée pendant de très nombreuses années, fut remise en service dans le cadre du développement d'un circuit touristique thématique, la "Route de Macondo" ; qu'on peut circuler dans les rues de la bourgade en prenant la ligne de bus "Prix Nobel 1982", par exemple pour aller se restaurer dans l'établissement "La Cuisine d'Ursula", visiter la Maison Musée où l'auteur vit le jour, découvrir la Statue de Remedios-la-belle, inaugurée en 1992 sur la place principale, ou, même, se recueillir devant la tombe de Melquiades ; qu'en 2019, on inaugura le Parque Lineal Macondo, agrémenté d'une quarantaine de fresques et de monuments à la gloire des personnages de l'œuvre ; et que, quelques années plus tôt, en 2006, Pedro Sánchez, alors maire, lançait un référendum pour proposer qu'Aracataca prenne désormais le nom de Macondo – le résultat donnait 93 % de votes favorables, mais seuls 3 900 résidents sur 22 000 s'étant exprimés, le projet fut abandonné. Où l'on constate qu'un village de littérature se trouve, de gré ou de force, voire contre toute logique eu égard au projet initial de son auteur, inscrit dans la réalité, une réalité localisable, ouverte à la visite et disponible en cartes postales, affiches, magnets et autres produits dérivés. On comprend bien l'intérêt mercantile qu'il y a derrière un tel phénomène. Toutefois, cette *macondisation* d'Aracataca dépasse cet aspect-là, comme on l'a expliqué précédemment. À l'évidence, l'œuvre a modelé Aracataca et la Colombie autant qu'Aracataca et la Colombie se sont complus à être modelés par l'œuvre.

Certes, on trouvera bien le nom *Macondo* sur une carte de la région, mais il ne s'agit que d'une exploitation de bananiers située à quelques kilomètres d'Aracataca. Ce serait lors d'un voyage en train avec son grand-père que le garçonnet aurait lu pour la première fois le mot *Macondo*, dont il aurait apprécié la sonorité, et qui serait ensuite resté dans un recoin de sa mémoire. Ce qui nous semble fort intéressant ici, dans la mesure où ce léger décalage dans l'espace et cet important décalage dans le temps (passage de l'enfance – où l'on entend les histoires des autres – à l'âge adulte – où l'on raconte des histoires aux autres) permet d'amarrer le Macondo de *Cent ans de solitude* à la réalité, mais de manière ténue et, surtout, par le seul fil de la mémoire, d'un éblouissement d'enfant pour un mot plus que pour une chose, pas assez, en somme, pour qu'il soit cette réalité, qu'il s'y réduise, de quelque manière que ce soit. Macondo est Aracataca et dans le même temps, Macondo n'est pas Aracataca (pas plus, pas moins, en fait, que Marcel est et n'est pas Marcel Proust dans *À la recherche du temps perdu*). Nous avons, avant tout, affaire à une traduction littéraire du réel, et c'est exactement ainsi qu'il faut lire le texte – vaine entreprise que de chasser la version originale quand on lit une traduction. Autre circonstance de l'œuvre, autre vie de l'œuvre, autre champ d'interprétation de l'œuvre, en l'occurrence depuis les fables et les jeux du "je".

Et pourtant, donc, il y a, du côté des destinataires, validation implicite que la réalité magique macondienne ne serait jamais qu'une façon d'identifier et de nommer la réalité colombienne tout court. Dans cette perspective, on touche à la dimension identificatrice (ou auto-identificatrice et même définitionnelle, ou autodéfinitionnelle) de *Cent ans de solitude*. Ce qui nous place sur le versant de la reconnaissance, pour ne pas dire de la connaissance de soi. Là, en figure paternelle, presque démiurgique, García Márquez aurait en quelque sorte révélé une identité, ou un capital génétique aux Colombiens, à travers le portrait des Buendia. Pour beaucoup (qu'ils aient lu ou non l'œuvre), par exemple Sebastián Hurtado, un lecteur de Calí auto-présenté comme “avocat et politologue écrivant sur l’Amérique latine, en particulier sur la Colombie […], amateur de romans historiques”: “L’histoire de la famille Buendia et de Macondo […], c’est l’histoire de la Colombie”. Ce qui l’a poussé à passer en revue la théorie des personnages “les plus importants” du roman pour “analyser comment ils sont exemplaires de traits très communs en Colombie”, en somme afin d’y mettre en évidence le tracé de ce qu’il considère comme une sorte de psychologie de l’*homo columbianus*. Ainsi lit-il Ursula comme “la figure matriarcale que l’on trouve dans nombre de régions colombiennes […], entièrement dévouée à sa famille […]” et représentative de “la dévotion catholique des familles colombiennes”, tandis que José Arcadio, son mari, renverrait, lui, à “diverses facettes”, notamment à celle “du paysan illettré qui se laisse facilement entraîner vers les idées folles et exotiques lorsqu’il se trouve confronté à des phénomènes qu’il ne comprend pas dans leur totalité” ou encore à celle de “l’homme travailleur et infatigable qui, face à un problème, ne se décourage pas et, au contraire, fait preuve d’encore plus d’acharnement à la tâche” [HURTADO, 2017, notre traduction].

Au-delà des boniments du commerce, des sornettes de la récupération politique et des historiettes empiriques – qui feraient les délices des spécialistes de la psychologie des peuples (Wilhelm Wundt) pour nous mener à la conclusion que *Cent ans de solitude* constitue aussi un miroir aux alouettes que les lecteurs ont eux-mêmes en très grande partie inventé, afin de s’y abîmer de fascination –, il nous semble intéressant d’évoquer le mouvement critique que l’on voit émerger en Colombie au début des années 2000 pour revendiquer, avec véhémence, la colombianité de García Márquez, en particulier celle qu’il aurait bâtie dans son roman symbole, métaphore et emblème. L’essai le plus représentatif de cette tendance s’intitule *Les Origines du récit. Les liens entre fiction et réalité dans l’œuvre de Gabriel García Márquez,* rédigé par la chercheuse colombienne Carmenza Kline en 2003.

Loin d’être neutre et purement informatif, le titre de cet ouvrage formule déjà, d’une part, une revendication (aux origines du récit, il y a la Colombie et rien que la Colombie), d’autre part, un projet : montrer que la fiction est avant tout l’émanation de la “réalité réelle”. Pour que l’intention apparaisse bien clairement, le texte de la quatrième de couverture souligne :

> Pour Carmenza Kline, colombienne d'origine et de conviction, une part considérable de l'œuvre critique spécialisée produite autour de l'œuvre de Gabriel García Márquez, en particulier celle générée hors de la Colombie et que l'on mène dans les cercles littéraires internationaux, a transformé l'écrivain colombien en étranger. Les formulations théoriques, les évaluations supranationales, les analyses symboliques enracinées dans les archétypes universels, ont dépouillé García Márquez de son environnement naturel, de ce que l'on appelle les contextes. De sorte que, pour beaucoup de ses concitoyens, l'œuvre de l'écrivain colombien a fini par devenir quelque chose d'inconnu, pour ne pas dire d'étranger. L'objectif de ce livre sera, par conséquent, d'essayer de rendre à l'œuvre de García Márquez de nombreux éléments qui font partie intégrante de la nationalité colombienne et qui constituent les fondements originels de son œuvre littéraire. [Kline, 2003, notre traduction]

Verrouillage à quadruple tour quand on ajoute un prologue intitulé "Un étranger appelé Gabriel García Márquez" de Conrado Zuluaga Osorio, où on peut lire : "Celui pour qui ce livre est un outil indispensable, c'est le lecteur étranger. Pour tous ceux qui sont nés hors de nos frontières colombiennes et qui se pencheraient sur l'œuvre de l'écrivain, ils trouveront assurément, si ce n'est toutes, du moins quelques-unes des explications sur ce qu'est le monde colombien qui les entoure ou qu'ils ne réussissent qu'à entrevoir dans sa configuration désordonnée et violente. Pour les étudiants et lecteurs étrangers, accablés par les tonnes d'informations généralisantes et schématiques, imprégnés par qui sait quels types "d'interprétations fantaisistes", étouffés par la prolifération troublante de théories littéraires bâties en marge de la production artistique…". Et une introduction éristique consacrée à "L'industrie de l'interprétation".

Ainsi, dans le chapitre consacré à *Cent ans de solitude*, Kline affirme : "*Cent ans de solitude* doit être considéré d'abord à un niveau régional et national, et ensuite seulement au niveau continental. Le roman de García Márquez a un caractère profondément idiosyncrasique, car il représente la nature et l'histoire colombiennes, la vie et les caractères nationaux, les problèmes politiques et sociaux actuels du pays et, par extension, des autres pays latino-américains" [Kline, 2003, p. 81].

Au-delà de ce que d'aucuns décèleront comme de curieux relents nationalistes derrière la démarche en soi, la terminologie employée et la démonstration menée, on pourrait sans peine faire du mauvais esprit en rappelant que García Márquez a volontairement vécu bien plus longtemps à l'étranger qu'en Colombie (principalement au Mexique, mais aussi à Paris, en 1956 et 1957) et qu'il a écrit *Cent ans de solitude* au Mexique (l'argument que Gabo a préféré prendre de prudentes distances à l'heure d'écrire des pages difficiles pour son pays, avancé par certains pour expliquer l'inadéquation entre lieu du récit et lieu d'écriture, gênant leurs théories, ne tient pas), et qu'il l'a d'abord publié en Argentine… Il nous semble plus sérieusement significatif qu'après s'être réjoui d'imaginer le monde entier admiratif de la Colombie à travers son roman-monument modélique et son grand auteur, qu'après s'être réjoui de se considérer comme sortis de la catégorie des barbares en marge de l'Histoire et du progrès pour entrer dans celle des citoyens du monde moderne (une sorte de normalisation du "cas colombien") grâce à l'étiquetage valorisant de l'universalité, on en vienne à faire de García Márquez l'icône d'une supposée colombianité et l'instrument par excellence de revendications identitaires – sur la nature desquelles on pourrait en effet longuement s'interroger. Évidemment, une œuvre est toujours le reflet et l'expression, même déformés, même chiffrés à l'extrême, de son contexte, des coordonnées du point d'énonciation de l'auteur, quel que soit le poids que cela puisse représenter pour lui, et aussi impétueux que soit son combat pour s'en libérer. Et évidemment (on l'a assez répété), la critique tomberait dans le contresens à faire la sourde oreille à cette dimension, comme si la littérature flottait au milieu de nulle part. Il ne s'agit pas de déconnecter un monde du monde, aussi autonome qu'il semble ou qu'il prenne le soin d'être (à notre avis, du moins), au bénéfice d'une lecture du texte pour le texte seul. D'autant qu'en l'occurrence, l'essai de Kline contient quantité d'informations extrêmement précieuses pour situer tel ou tel épisode dans la société et l'histoire colombiennes, et conduit une réflexion intéressante. Néanmoins, nous n'oublions pas la leçon donnée par le Borges de "Pierre Ménard auteur du Quichotte", à savoir qu'une œuvre se révèle bien plus riche quand l'auctorialité et la référentialité ne sont envisagées que comme une stricte circonstance, finalement à voir comme une fiction de plus dans le processus de l'interprétation et de l'appropriation ou de la co-construction du sens. À ce titre, *Cent ans de solitude* s'inscrit dans la catégorie des romans qui ont l'étoffe de dépasser le récit d'une circonstance. Avec des postulats et des postures comme ceux qu'affiche et adopte Kline, l'œuvre se trouve de plus belle clouée au sol, entravée par ses amarrages dans de pseudo-vraies origines. En dehors du fait que cela ne correspond pas du tout à l'esprit des auteurs de la génération de García Márquez – tous ont beaucoup voyagé, vécu à l'étranger, parlé plusieurs langues, lu et pensé la littérature-monde, envisagé leur propre production en son sein, etc. –, on voit là l'immense piège de la pensée essentialiste qui s'ouvre de nouveau devant l'œuvre…

Le débat se situerait donc là, en termes d'échelle : *Cent ans de solitude*, roman régional ou régionaliste (?), national ou nationaliste (?), continental ou continentaliste (?), universel ou universaliste (?). Tout à la fois, peut-être, mais alors dans quel ordre ?

Cobo Borda semble bien persuadé que c'est la perspective universelle qui subsistera : "Nous pouvons gager que, passé un siècle de *Cent ans*, ce roman sera encore lu. Que verront dans la figure et l'œuvre de cet écrivain les futurs lecteurs ? Le fait d'avoir créé des êtres humains avec des mots et de régir un monde bien à lui avec un libre arbitre souverain. Dès lors, les références aux temps révolus, à une histoire, à un pays : la Colombie, de ses origines à nos jours, deviendront superflues ou seront perdues. Seul subsistera Macondo, passé au crible avec un intérêt acharné, y compris dans ses détails infimes les plus sibyllins" [Cobo Borda, 2000, p. 9-10, notre traduction].

Du côté des jeunes écrivains colombiens, tandis que, on s'en doute, certains ont cherché à imiter le maître, faisant du sous-García Márquez, d'autres ont revendiqué une position intermédiaire, entre un héritage accepté et une liberté créative assumée.

Dans un article de 2006 publié dans le quotidien argentin *La Nación*, intitulé "L'héritage de García Márquez continue d'ouvrir de nouveaux chemins", trois auteurs colombiens reconnus comme les plus talentueux de leur génération, Juan Gabriel Vásquez, William Ospina et Antonio Caballero, se positionnaient chacun vis-à-vis de l'auteur.

À la question : "Qu'est-ce que la littérature colombienne actuelle doit à García Márquez ?", Ospina répondait : "Moi, je lui dois la découverte de beaucoup de choses de la littérature. Son œuvre, je l'ai découverte pendant l'adolescence et pour moi, ce fut une révélation. Mais également un poids, le poids que l'on ressent vis-à-vis d'un grand auteur qui emplit tous les espaces de son époque. García Márquez, c'est la conquête d'un langage qui a ouvert de nouveaux chemins, sans lesquels aujourd'hui, nous ne pourrions pas écrire" ;

Vásquez répondait : “Avec la figure de García Márquez il y a un gigantesque malentendu, à savoir que l’influence littéraire relève d’une condition territoriale. De sorte que si quelqu’un est né dans le même pays que García Márquez, il doit se positionner par rapport à lui, d’une manière ou d’une autre, pour ou contre. Or, avec une telle perspective, on oublie que la littérature est une transposition poétique de sa réalité propre, et qu’elle ne peut pas être répétée. Voilà ce qu’a fait García Márquez : il a pris sa propre expérience et il l’a transformée depuis une méthode qui n’avait rien à voir avec la Colombie dès lors qu’il s’agissait de la méthode de Faulkner” ;

Caballero répondait : “Je suis le plus vieux et, en conséquence, García Márquez pour moi a été présent alors que j’étais dans la pleine maturité de mon écriture. Je ne crois pas avoir ressenti son influence ni son ombre” [CABALLERO, 2006, notre traduction].

Du point de vue de l’histoire de la critique et de la manière dont chaque pays pense et, plus exactement, en l’occurrence, invente et, enfin, écrit son histoire littéraire autour de l’étalon d’une littérature nationale imaginaire ou fantasmée, il n’en demeure pas moins que cette évolution (relativement) récente de certains chercheurs spécialistes colombiens de l’auteur est significativement inverse à d’autres, parmi les plus intéressantes, que l’on observe dans le reste de l’Amérique latine autour de *Cent ans de solitude*.

Remontons le fil.

Carlos Fuentes eut le privilège de lire quelques pages du roman deux ans avant sa parution, et, selon ses dires, il comprit immédiatement qu’il tenait entre les mains un monument : “Quand, en 1965, j’ai reçu et lu, à Paris, les premières pages de *Cent ans de solitude*, ni une ni deux, je me suis assis pour écrire ce que j’avais ressenti : je venais de lire la Bible de l’Amérique latine” [FUENTES, 1992, p. 13, notre traduction]. Au-delà de son usage purement rhétorique pour créer l’emphase, le terme “Bible” comprend clairement une portée symbolique très forte, à travers l’idée d’entièreté d’un monde associé à un credo, l’un et l’autre chrétiens et occidentaux, tout le reste – si tant en est qu’il existe bien dans *Cent ans de solitude* – se trouvant aggloméré et assimilé, de fait ou, purement et simplement, nié. Nous aurons l’occasion d’y revenir, car cela revêt évidemment la plus haute importance. Outre Fuentes, chacun parmi les auteurs d’ampleur de l’époque, y est allé de son dithyrambe sur le talent de García Márquez et sa représentation d'une Amérique latine enfin ramenée à elle-même. Et c'est bien à partir de ces premières prestigieuses interprétations, précisément du fait de l'importance des plumes qui les ont exprimées, que se produisit, avec la matière de *Cent ans de solitude*, ce qu'il faut bien désigner comme une durable cristallisation amoureuse entre un continent et un roman… ou plutôt entre un "peuple" et son continent par la médiation d'un roman.

En 1997, c'est-à-dire trente ans après la parution de *Cent ans de solitude*, on n'observe semble-t-il toujours pas de distance vis-à-vis de l'adéquation établie entre réalité fictive et "réalité réelle" quand Cobo Borda écrivait :

> Toute l'Amérique a vu ainsi incarnées les vicissitudes de son histoire grâce à la puissance de persuasion de personnages uniques […] et les anecdotes qui les campent. […] En dépit de sa démesure énumérative, c'était un territoire où il était possible de vivre. Grâce à lui de nombreux Latino-Américains ont appris enfin qui ils étaient et d'où ils venaient au moyen de cette métaphore de leurs vies qui laissait derrière le paradis, admettait les fléaux bibliques, et aboutissait aux risques de la modernité, à travers l'alchimie médiévale, le piano mécanique de Pietro Crespi, le train des gringos ou l'aéroplane qui n'en finit pas d'arriver, du Belge Gaston. Les inventions venaient d'ailleurs. Le noyau dur de la solitude persistait ici et à l'intérieur. [Cobo Borda, 2000, p. 81]

Le constat, "En dépit de sa démesure énumérative", pourtant lourd de sens possibles, se trouve jeté aux oubliettes alors qu'il devrait ouvrir le débat sur la dimension intime centrale de, ou dans *Cent ans de solitude*, et, on l'a suggéré en exposant ce qu'aura été pour García Márquez Aracataca et sa métamorphose fictionnelle en Macondo, ouvrir tout un pan d'analyse de l'œuvre depuis la notion d'autofiction et de fiction autobiographique. Le Prix Nobel 1982 n'a-t-il pas pratiqué avec son roman la forme la plus incroyable des autoscénographies pour s'inventer et s'offrir sa généalogie idéale, de pure littérature ? Et, à travers elle, son mythe et sa légende biographiques, dépouillés de toute contingence "réelle" ? A-t-on prêté assez d'attention à l'inclusion, à la fin de *Cent ans de solitude*, d'un Gabriel, dans le rôle du petit-fils du colonel Gerineldo Márquez, compagnon d'armes du colonel Aureliano Buendia, d'une Mercedes (prénom de l'épouse de l'auteur), installée dans le rôle de la pharmacienne du village, fiancée de Gabriel, et des noms de ses amis de l'époque, le fameux groupe de Barranquilla ?

Ne devrait-on pas davantage se demander ce qui se joue quand Gabriel devient l'ami intime d'Aureliano, le dernier des rejetons Buendia ? Il y a davantage à voir là qu'un simple badinage.

Pas davantage de distance dix ans plus tard, en 2007, quand l'Académie Royale Espagnole et l'Association des Académies de la Langue Espagnole proposent une "édition commémorative" (le fait que ce soit précisément l'Espagne qui se soit chargée de cet hommage constitue déjà en soi un symbole fort... – ou comment brandir et récupérer les gloires latino-américaines pour faire la promotion de l'hispanophonie) avec, en avant-propos au roman, cinq textes, dont trois signés par des représentants du *Boom*, Álvaro Mutis (à qui l'on se souvient que *Cent ans de solitude* est dédié), Carlos Fuentes et Mario Vargas Llosa, pour leur faire redire ce qu'ils avaient pu dire à l'époque de la sortie du roman. On tourne en rond.

Celui de Carlos Fuentes s'intitule significativement "Pour donner un nom à l'Amérique" et il y retranscrit un fragment de lettre qu'il aurait envoyé à Julio Cortázar pour lui exprimer son engouement : "Cher Julio, je t'écris poussé par la nécessité impérieuse de partager avec toi mon enthousiasme. Je viens de lire *Cent ans de solitude* : une chronique exaltante et triste, une prose sans faille, une imagination libératrice. Je me sens comme neuf après avoir lu ce livre, comme si j'avais tenu la main à tous mes amis. Je viens de lire le *Quichotte* américain". Fierté latino-américaine de voir un roman latino-américain au rang de chef-d'œuvre universel en langue espagnole qui vire au lyrisme dans les dernières lignes : "Et quelle émotion quand chaque grand roman latino-américain nous libère un peu, nous permet de délimiter dans l'exaltation notre propre territoire, d'approfondir la création de la langue avec la conscience fraternelle que ces autres écrivains qui écrivent en castillan complètent notre propre regard, dialoguent avec nous" [FUENTES, 2007, p. XXIII, notre traduction].

Celui de Vargas Llosa s'intitule "*Cent ans de solitude*. Réalité totale, roman total" ; après avoir postulé que Macondo représente un univers à part entière, le Péruvien explique ce qu'il entend par "Une matière totale", à la jonction entre "un volet réel objectif" et un volet "subjectif" (ce qui relève de la réalité imaginaire). Pour le volet réel objectif, il écrit ainsi que *Cent ans de solitude* se lit comme une chronique historique et sociale :

> De même que la famille synthétise et constitue le reflet de Macondo, Macondo synthétise et constitue le reflet (en même temps qu'il le nie) de la réalité réelle : son histoire condense l'histoire humaine, les états qu'elle traverse correspondent, dans leurs grandes lignes, à ceux de n'importe quelle société, et dans leurs détails, à ceux de toute société sous-développée, même si, en l'occurrence, cela renvoie plus spécifiquement aux sociétés latino-américaines. Ce processus est "totalisé" ; nous pouvons suivre l'évolution depuis les origines de cette société, jusqu'à son extinction : ces *Cent ans* de vie reproduisent les péripéties de toute civilisation (naissance, développement, apogée, décadence, mort), et, plus précisément, les étapes par lesquelles sont passées les sociétés du tiers-monde, les pays néo-coloniaux.
>
> [Vargas Llosa, 2007, p. xxx-xxxi, notre traduction]

On retrouve ici les deux perspectives complémentaires : l'hypervalorisation à travers une lecture universaliste, et l'affirmation des spécificités latino-américaines à travers une indéniable forme d'autodénigrement dans lequel on entend un discours sur soi bien particulier, à propos duquel la pensée décoloniale aurait fort à dire. À ce sujet, on lira avec profit l'essai de Philippe Colin et Lissell Quiroz intitulé *Pensées décoloniales. Une introduction aux théories critiques d'Amérique latine* [2023]. Sans compter qu'on en revient, comme chez Fuentes, à l'idée de totalité, telle qu'elle est pensée et posée en l'occurrence, avec tous les problèmes que cela soulève quant à l'effacement implicite de l'Histoire précolombienne, de ses populations, de ses cultures et de ses héritages… Une lecture systématique depuis cet outillage théorique et méthodologique nous semble aujourd'hui plus que nécessaire. En particulier pour mettre en perspective et prolonger les lectures que l'on a pu mener sur la question de la mémoire et de l'oubli dans *Cent ans de solitude*. On pense notamment à l'intéressante démonstration menée par Joël Fauchier dans un article intitulé "L'amnésie chez G. García Márquez. De la disparition physique des peuples à la disparition de la mémoire collective". Pour ce critique, qui a remarqué que ce sont Rebecca et ses deux accompagnateurs "indiens", Visitacion et Cataure, qui amènent avec eux la fameuse peste de l'oubli à Macondo : "L'amnésie, c'est donc ici un mal indien qui frappe d'abord les Indiens eux-mêmes. Elle porte ainsi en elle la malédiction qui accompagne les Indiens depuis la colonisation : la perte des ancêtres, la fuite et l'oubli de tout passé et de toute identité ; bref, la disparition de leur mémoire" [Fauchier, 2006]. Le problème est justement que, d'une part, les

“Indiens” soient vus et décrits comme malades, de surcroît malades de leur mémoire, une mémoire dont d’aucuns pourraient surtout considérer qu’elle a systématiquement été niée ou dérobée dans les littératures latino-américaines comme reflets des réalités latino-américaines, dont García Márquez serait finalement l’une des plus éclatantes manifestations, le plus évident symptôme d’une maladie des *criollos* (précisons qu’il s’agit de descendants d’Espagnols nés dans le Nouveau Monde ; raison pour laquelle la traduction retenue – “créoles” génère, à notre avis, de dommageables confusions pour le lecteur francophone). Car qui est réellement malade, dans tout cela ? D’autre part, on place les Indiens dans la position d’avoir contaminé les sains et vigoureux macondiens *criollos*. Est-ce que cela ne mérite pas plus ample réflexion ? Il ne s’agit pas de tomber dans l’anachronisme (García Márquez est, comme tout auteur, un homme de son temps, plus ou moins réductible à son temps, le produit de son milieu social, plus ou moins réductible à son milieu social, etc.), mais, justement, de dé-universaliser et dé-atemporaliser l’œuvre et de la ramener (rien de péjoratif dans notre propos) à son contexte et à la façon dont les années 1960 latino-américaines pensaient ledit contexte, depuis quoi, depuis qui et depuis où. À ce titre, *Cent ans de solitude* et ses lectures contemporaines seront aussi une matière historique à étudier. Impossible, en effet, de ne pas prendre en compte que Visitacion et Cataure sont à peu près les deux seuls personnages d’autochtones présents dans la diégèse, présentés de surcroît comme n’importe quels autres étrangers arrivant en ces lieux. On mesure la dimension hautement symbolique de ce renversement et de cette disproportion numérique – faut-il en déduire, par exemple, que l’Amérique latine n’aurait été qu’une terre à peu près vierge et à peu près vide de toute population à l’arrivée des Espagnols ? Cependant, on relèvera une différence de taille : si les autres étrangers mettent les Buendia et, à travers eux, les Macondiens à leur service, Visitacion et Cataure, eux, se mettent au service de la famille, et de bonne grâce, semble-t-il. Nous aurons l’occasion d’y revenir.

Toujours est-il que le *réalisme magique marquézien* ayant fait figure de modèle absolu en matière d’expression de l’Amérique latine la plus adéquate et la plus désirable (avec la validation de l’existence d’une latino-américanité), et son “inventeur” ayant, à travers cela, reçu toutes les louanges, les distinctions et les récompenses, ils sont naturellement devenus la cible à atteindre et l’idole à abattre pour les générations venues juste après, et pas uniquement dans la logique générationnelle imposant de se situer par rapport à ses pairs et de tuer le père.

La raison et le contenu de leurs récriminations nous intéressent au plus haut point ; nous y voyons une émanation directe de ce fameux contresens ou malentendu dans la réception de l'œuvre marquézienne. On pense aux mouvements *McOndo* (parmi ses principaux représentants : le Chilien Alberto Fuguet, le Colombien Jorge Franco, la Portoricaine Giannina Braschi, le Cubain Pedro Juan Gutiérrez, le Colombien Mario Mendoza et le Bolivien Edmundo Paz Soldán) et *Crack*, qui ont fleuri dans les années 1990, mouvements pour qui le *réalisme magique marquézien* et son apôtre canonisé constituaient un repoussoir pour ce que, à leurs yeux, devait être et devait faire la littérature latino-américaine ici et maintenant.

McOndo a germé quand une poignée de nouveaux auteurs, notamment le Chilien Alberto Fuguet, ont essuyé des refus au moment de présenter leurs œuvres à des éditeurs aux États-Unis, lesquels, en substance, leur reprochaient précisément de ne pas assez ressembler à ce que les lecteurs attendaient – ou supposément attendaient –, à savoir la reconduction mimétique des thématiques et modalités d'écriture du *réalisme magique marquézien*. Le public avait pris goût aux tapis volants et séances de lévitation de *Cent ans de solitude*. Le cocktail n'apparaissait en somme pas assez exotique pour la grande moulinette du marketing et les portes de la traduction, et de la publication, leur restaient irrémédiablement fermées. Situation d'autant plus frustrante que, dans le même temps, certains auteurs (Laura Esquivel et Isabel Allende en tête – une lecture croisée de *La Maison aux esprits* et de *Cent ans de solitude* a d'ailleurs fait conclure à une forme de plagiat) acceptaient au contraire de jouer le jeu qu'on attendait d'eux, de chanter la petite ritournelle magique, d'alimenter l'enchantement. Ils étaient largement traduits, édités et diffusés. Le problème naissait du contexte complètement différent dans lequel cette génération, aussi bien les *McOndo* que les *Crack*, venait à l'écriture : outre que la littérature latino-américaine avait à présent trouvé sa place en tant que telle, en quelque sorte délestée de l'obsession de la reconnaissance de ses spécificités et qualités (cette conquête-là était derrière elle), la plupart de ces jeunes écrivains avaient grandi et s'étaient formés au contact d'internet et d'une culture hybride, nomade, mutante… car foncièrement transnationale

(Fuguet, par exemple, est né au Chili et a vécu en Californie une partie de son enfance et de son adolescence, avant de retourner dans son pays d'origine – il a d'ailleurs la double nationalité ; quant à Edmundo Paz Soldán, il est né en Bolivie, a fait ses études en Argentine et aux États-Unis, pays où il réside depuis 1991 : il y occupe un poste de professeur de littérature latino-américaine à l'Université Cornell), et plus largement globalisée. Ces figures incarnent clairement une autre Amérique latine, résolument tournée vers ailleurs et vers demain – l'autre, celle de leurs prédécesseurs, ne pouvait que leur sembler figée sur elle-même et décalée…, déjà dépassée parce que vieillissante, logiquement, et même, plus grave : passéiste, volontairement enclavée dans l'hier imaginaire pour y débusquer et y exalter, superficiellement et artificiellement, ses racines – ou, donc, ses racines supposées.

Dans ces conditions, on comprend et on mesure bien pourquoi le *réalisme magique marquézien* constituait pour eux une double entrave : identitaire et créative. Ils ne se reconnaissaient pas dans une identité qui leur apparaissait comme relevant du mythe et de la légende (l'Amérique latine semblait ne jamais devoir sortir des récits imaginaires dans lesquels ses découvreurs, *conquistadores* et colonisateurs, l'avaient tôt définie, cernée et enfermée) ; leur réalité, la réalité qu'il leur fallait écrire pour opérer la mue qui mènerait du mythe et de la légende à l'Histoire (cette Histoire que le "nous" de *L'Automne du patriarche*, de García Márquez n'avait, en 1975, fait qu'entrapercevoir dans l'excipit du roman, au balcon du palais du dictateur disparu), n'avait certes plus rien de magique. S'exprimait à travers *McOndo* une aspiration profonde à un renouvellement radical de la littérature latino-américaine et, à travers cela, à un renouvellement radical du périmètre et des paramètres identitaires du sous-continent.

Voilà comment, en 1996, était publié un volume intitulé *McOndo*, regroupant dix-sept jeunes auteurs, dont l'introduction permettait à ses compilateurs (Alberto Fuguet et Sergio Gómez, un autre Chilien) de déclarer "la guerre au "réalisme magique macondien" qui a fait date dans les lettres hispano-américaines, au nom d'un "réalisme virtuel mcondien" (sans le "a" !), jugé plus à même de rendre compte de la réalité latino-américaine de cette fin de siècle. *McOndo*, McDonald's, Macintosh… autant de déclinaisons possibles pour ce titre, qui se veut emblématique d'une certaine "modernité latino-américaine" [Decante, 2000, p. 105]. Et dans un article intitulé "La société des écrivains 'Mac'",

Fuguet enfonçait le clou : "Nous en avons par-dessus la tête d'entendre dire que l'Amérique latine n'est que réalisme magique, que si on ne sait pas voler, on n'est pas latino-américain. [Les nouvelles publiées dans *McOndo*] n'ont bien évidemment rien à voir avec la magie du réalisme macondien de García Márquez, et au contraire tout à voir avec le réalisme des grandes cités cosmopolites et les avatars de la vie privée des auteurs" [FUGUET, 1996, notre traduction].

Crack émerge au Mexique, autour de Jorge Volpi, Ignacio Padilla, Eloy Urroz, Pedro Ángel Palou, Ricardo Chávez Castañeda et Vicente Herrasti. C'est également en 1996 que ce groupe fait paraître son *Manifeste Crack*. Pour eux, les épouvantails à abattre sont principalement les épigones du *réalisme magique marquézien*, souvent regroupés sous l'étiquette de post-*Boom* latino-américain, et surtout considérés comme responsables de produire une littérature d'une grande médiocrité, d'avoir imposé le réalisme magique comme paradigme en le caricaturant... Il faudrait au contraire, selon eux, revenir au *Boom* et à ses exigences créatives, par là, à la question thématique ou stylistique. Nous intéresse surtout, dans leur démarche, le fait que si *McOndo* tire sa raison d'être de la nécessité d'observer et de dire une Amérique latine depuis ce que l'on pourrait désigner comme un réalisme contre-magique ultra-contemporain et mondialisé, *Crack* paraît encore plus radical, en renonçant purement et simplement à la scène latino-américaine comme objet d'observation obsessionnelle – en quelque sorte vidé de tout sens et finalement dissous dans la littérature-monde. Symptomatiquement, les deux romans emblématiques de *Crack*, à savoir *À la recherche de Klingsor*, de Volpi et *Amphitryon*, de Padilla, déroulent une diégèse située en Europe, pendant la Première et la Seconde Guerre mondiales.

En 2005, le Cubain Ottmar Ette parlait à propos de la littérature cubaine d'une "littérature sans résidence fixe", en relation avec la situation d'exil, intérieur ou extérieur, permanent qu'auront connue les auteurs de l'île depuis le XIXᵉ siècle, concluant en ces termes : "De fait, cette littérature est devenue une chambre d'échos, une boîte de résonance frictionnelle et le réceptacle de mouvements transculturels, transnationaux, et transterritoriaux dont la dynamique et renationalité ne peuvent se réduire ni à une résidence unique ni à une logique binaire. Plus encore, la littérature cubaine met en évidence les possibilités et les risques de ce qu'il y a pour les cultures au-delà de l'État national. Voilà précisément où réside son avenir" [ETTE, 2007, p. 753, notre traduction]. Volpi n'hésite pas à considérer, dans un essai de 2009 intitulé *L'Insomnie de Bolívar* (non traduit à ce jour), que l'Amérique latine n'existe purement et simplement pas. Par conséquent, l'écrivain latino-américain non plus.

Dans son article "Regards transatlantiques", Loreto Gutiérrez expliquait :

> Le concept d'Amérique latine qui perdure dans le subconscient collectif de l'Occident, celui d'une région du monde faite de dictateurs, de guérilleros, de *cantautores*, de coups d'État militaires, de grands footballeurs et de réalisme magique, ce "parc thématique de l'absurde" où se produisaient les choses les plus insolites sans que personne ne s'en étonne, n'a existé, affirme Volpi, que durant le bref laps de temps où tous ces éléments ont convergé, mais depuis les dernières années du XXe siècle, cela ne reste que dans les guides de voyage et dans la nostalgie occidentale. Aujourd'hui, l'Amérique latine est devenue, avec toutes ses disparités, quelque chose de très différent.
>
> [GUTIÉRREZ, 2020, notre traduction]

Précisons qu'aujourd'hui, le *réalisme magique marquézien* ne fait plus guère l'objet de polémique ; il est surtout considéré comme un jalon de l'histoire littéraire d'Amérique latine, ni plus ni moins, un phénomène de littérature. Ce qui inscrit Gabriel García Márquez au panthéon des plus grands, mais, de notre point de vue, le fige dans une interprétation qui prend à l'envers ce qu'est et ce qu'aura représenté pour lui l'outil réalisme magique… et donc, réduit considérablement les véritables ampleur et portée de son œuvre depuis la perspective tracée précédemment, à savoir celle d'une écriture autocentrée et autoréférentielle, une vaste machine et machination pour produire de la fiction autobiographique. Le réalisme magique offre bien plus de sens et de poésie dans cette optique.

Et puis, au-delà des polémiques sociopolitiques et historiques, au-delà des débats de critique littéraire, *Cent ans de solitude* demeure une source d'inspiration pour un certain nombre d'écrivains en Amérique latine. C'est par exemple le cas de l'Équatorien Ramiro Oviedo Valdivieso, qui a rendu hommage au roman de 1967 à travers un recueil de poèmes intitulé *Los poemas del coronel Buendia*, en 2007.

Pour le monde entier, *Cent ans de solitude* est LE roman latino-américain, il a longtemps été lu comme le roman de la latino-américanité par excellence. Afin d'illustrer cela, on prendra l'exemple (représentatif, selon nous) de sa réception française, en particulier depuis la façon dont on en a parlé au fil du temps dans le quotidien *Le Monde* (nous précisons la date des articles).

En 1980, Denis Aimé dressait un portrait de la Colombie contemporaine depuis le filtre de *Cent ans de solitude* pour montrer que son authentique osmose entre réalité et fiction tenait justement au réalisme le plus pur et le plus strict, au sens presque balzacien du terme : "García Márquez n'est pas un écrivain fantastique, magique, c'est au contraire un écrivain réaliste". Et d'avancer les arguments pour démontrer comment fonctionne le calque :

– "Les colons perdus de Macondo, en Colombie, imaginés par Gabriel García Márquez, dans *Cent ans de solitude*, paraissent finalement avoir essaimé partout, entre la mer des Caraïbes et les Andes, avec leurs malheurs extravagants" ;

– "Comme dans le village du roman, la population n'a pas d'âge, ou plutôt celui qui convient aux circonstances. Un enfant peut être déclaré nouveau-né à l'âge de six ans, ou un étudiant rajeunir de quelques années pour obtenir un diplôme. Le problème d'être ou ne pas être à Macondo, Colombie rend difficile le décompte des morts autant que celui des vivants" ;

– "Comme Macondo, la Colombie tout entière est dominée par l'action des forces telluriques. Écrasée par de fatales calamités, la population en appelle à la magie. Les gens du roman avaient recours au magicien Melquiades qui leur apportait le miracle de la glace, les gens de Bogota viennent d'élire au conseil municipal la voyante Regina XI, qui est la cartomancienne la plus célèbre de la ville."

La conclusion étant que "le génie" de García Márquez "a été de trouver une forme littéraire qui puisse traduire une réalité qui déborde de tous les récipients, qui sort de tous les cadres, qui fait éclater toutes les syntaxes, qui rend accessible à des esprits rationnels une réalité déraisonnable, une vérité invraisemblable, enfin qui rend supportable par l'humour et la puissance vitale une réalité intolérable" [16 avril 1980].

Cent ans de solitude devenant le roman réaliste d'une réalité hors réalité – hors réalité parce que trop déraisonnable, trop invraisemblable et trop intolérable..., d'aucuns se demanderont si finalement, il ne valait encore pas mieux cantonner *Cent ans de solitude* au rayon des histoires à dormir debout. Car c'est sur cette équation entre roman et réalité que le "prestige" acquis par *Cent ans de solitude* le hisse bien au-delà d'une simple référence littéraire ; il s'agit à proprement parler d'un emblème de et pour la Colombie. L'interprétation *Cent ans de solitude* serait donc que la réalité colombienne est scellée...

Dans "Voyage : la Colombie", Janick Arbois signe un texte où elle évoque les *Lettres d'un bout du monde*, le récit du séjour de trois mois en Colombie de Jean-Émile Jeannesson ; or, voici certaines des raisons avancées par le journaliste et réalisateur français pour expliquer son choix de ce pays en particulier : "[il] m'a été dicté par des amis colombiens, et en particulier par la rencontre de Gabriel García Márquez, l'auteur de *Cent ans de solitude*, un roman indispensable pour la compréhension de son pays" [2 octobre 1970].

Dans "Toujours *Cent ans de solitude*", Aimé a encore cette formule on ne peut plus claire : "Macondo, c'est la Colombie" [21 juillet 1981].

On retrouve ce genre d'assimilation encore dans "Colombie : quinze mois après la catastrophe 'La complainte d'Armero'", quand *Le Monde* revient sur la catastrophe naturelle d'Armero (qui a entraîné la mort de 25 000 personnes) : "'Pourquoi sommes-nous si violents ?', demandent parfois les Colombiens, sans trouver de réponse. Pourquoi sont-ils aussi surréalistes ? Gabriel García Márquez a répondu sur ce point avec son Macondo de *Cent ans de solitude*. Et Armero, c'est un autre Macondo, mort et enterré, mais qui a suscité mille vies et mille aventures" [19 février 1997]. Les Colombiens violents en soi ? Surréalistes en soi ? Et ils le diraient eux-mêmes, García Márquez en personne le confirmerait...

Trente après sa parution, *Cent ans de solitude* demeure au service de la reconduction des pires clichés de l'essentialisme à la française. Au-delà de la seule Colombie, *Cent ans de solitude* devient en France un symbole de l'ensemble de l'Amérique latine, la référence à ne pas omettre dès qu'on parle du sous-continent, d'une manière ou d'une autre.

Dans "L'auteur de *Cent ans de solitude*", Couffon parle, lui, de Macondo comme de "ce merveilleux microcosme de l'Amérique latine" [22 octobre 1982].

Quand Patrick Francès évoque dans “Laisser partir les touristes et rester seul sous le ciel” le tourisme dans la Lima des années 1980, il écrit : “Ici, ce ne sont pas Cent ans mais près de quatre siècles de solitude et d’oubli que fouillent chaque jour, avec plus ou moins de tact, des centaines de paires d’yeux” [20 octobre 1984].

En 1990, c’est une citation de *Cent ans de solitude* qui est reprise : “Si tu ne crains pas Dieu, crains les métaux” dans l’article “Un enfer à Mexico” consacré à la vie des pauvres gens dans les banlieues de la capitale mexicaine [8 décembre 1990].

Pour annoncer la mort du psychanalyste argentin Emilio Rodrigué, le compte rendu du *Monde* s’achève sur ces mots : “Rodrigué [...] un personnage sorti tout droit de *Cent ans de solitude*” [1er mars 2008].

Et plus encore qu’un symbole de l’Amérique latine en général, *Cent ans de solitude* devient l’emblème d’une certaine Amérique latine. Dans “L’ambassadeur de Grande-Bretagne est libéré par les Tupamaros”, où est évoquée la captivité de deux cent quarante jours de Geoffrey Jackson retenu en otage par le mouvement politique uruguayen d’extrême gauche, on remarquera la “piquante” précision : “Ses relations avec les ravisseurs étaient cordiales. Ces derniers lui avaient donné à lire *Cent ans de solitude*, un roman de l’écrivain colombien Gabriel García Márquez” [9 novembre 1971] – portrait d’intellectuel militant pour la cause des gauches encore et sans cesse consolidé dans cette période. Par exemple dans un article publié sous le titre et sous-titre “L’écrivain colombien Gabriel García Márquez a décidé de donner les 100 bolivares (24 000 dollars) du prix Romulo-Gallegos qu’il a reçus pour son roman *Cent ans de solitude* au parti marxiste-léniniste vénézuélien MAS (Mouvement vers le socialisme). En annonçant sa décision, l’écrivain a dit : ‘Je suis convaincu que le MAS fera un jour la révolution au Venezuela’” [9 septembre 1972].

Dans “Un anniversaire célèbre en présence de M. Fidel Castro. L’an I de la révolution sandiniste”, un papier consacré aux festivités organisées au Nicaragua pour célébrer le premier anniversaire de la chute de la dictature de Somoza, finit par : “Au même moment, plusieurs milliers de personnes dansaient sur la place de la Révolution, au rythme de musiques de tout le continent. MM. Sergio Ramirez, membre de la junte, et Gabriel García Márquez, le romancier colombien auteur de *Cent ans de solitude*, donnaient l’exemple” [20 juillet 1980].

García Márquez ne devient-il pas définitivement l'incarnation de cette gauche culturelle d'Amérique latine si chère à la France quand *Le Monde* rapporte, dans une courte note informative du 18 novembre 1975, que François Mitterrand en personne "a écrit à M. Lopez Michelsen pour protester contre la récente mise à sac, par un commando d'extrême-droite, des locaux de la revue *Alternativa*, dirigée par M. Gabriel García Márquez, auteur de *Cent ans de solitude*. Le premier Secrétaire du Parti socialiste français demande au Président de la République de Colombie d'intervenir pour 'protéger l'exercice des libertés démocratiques' dans son pays"? L'assimilation entre García Márquez et son roman ne nous paraît pas anodine, car il faut voir ici davantage qu'un strict rappel. García Márquez est *Cent ans de solitude*, et réciproquement : c'est depuis cette fusion et cette confusion que le discours et l'action de la personne et du personnage public de l'auteur se justifient, ont du poids.

On n'achèvera pas ce parcours sans revenir sur ce que *Cent ans de solitude* représenta au-delà de l'Amérique et de l'Europe, en Asie ou en Afrique, par exemple. García Márquez a d'ailleurs déclaré dans un entretien : "Voyageant en Afrique, j'ai constaté de nombreuses similitudes entre certaines manifestations d'art populaire africain et celles de divers pays des Caraïbes" [*in* Osorio, 1991].

Dans un article intitulé "Congo-Brazzaville : Lire ou relire *Cent ans de solitude* de Gabriel García Márquez", Boris Kharl Ebaka écrit pour *Les Dépêches de Brazzaville*, une Agence d'Information d'Afrique Centrale : "l'écrivain colombien [...] était l'un des derniers géants des lettres d'Amérique latine dont les livres composent les bibliothèques de nombreux écrivains africains" [2018].

Les critiques ont en particulier vu un lien très étroit – parfois trop [Devésa, 1996] – entre l'œuvre de García Márquez et celle du Congolais Sony Labou Tansi. Yves-Abel Feze estime que "se dessinent de nouvelles relations interculturelles entre la littérature hispano-américaine et la littérature francophone subsaharienne. Cette dernière se tourne avec Sony, délibérément, vers la littérature latino-américaine avec laquelle il entretient des relations palimpsestueuses. C'est qu'il s'agit pour l'écrivain congolais dans la réception qu'il fait de Márquez, de re-créer l'esthétique marquézienne qu'il adapte à sa culture" [Feze, 2002, p. 347].

Pour Jean-Claude Rédjémé : "Dès la parution de *La Vie et demie*, la critique a vite remarqué un lien de parenté entre cette œuvre et celles de l'écrivain colombien Gabriel García Márquez, à savoir : *Cent ans de solitude* et *L'Automne du patriarche*" [RÉDJÉMÉ, 2014, p. 119]. Le jeu intertextuel présent dans le titre de l'un de ses romans, *Les Sept Solitudes de Lorsa Lopez*, illustre cette influence, affichée.

Dans un essai de 1986 intitulé *Nouvelles écritures africaines : Romanciers de la seconde génération*, Séwanou Dabla voit dans *La Vie et demie* une suite "d'agrammaticalités", qui laisserait transparaître *Cent ans de solitude* et *L'Automne du patriarche* [DABLA, 1986, p. 124].

Le critique Nicolas Martin-Granel propose pour sa part une lecture croisée des deux auteurs depuis la relation entre le *réalisme magique marquézien* et un *réalisme tropical* [MARTIN-GRANEL, 1998, p. 117].

Daniel-Henri Pageaux, qui a beaucoup travaillé sur cette question, se montre on ne peut plus explicite : "C'est bien García Márquez, classique du XXe siècle (et non pas tel ou tel maître parisien ou provincial par affectation de la prose française) qui explique et cautionne les 'emprunts' de Sony Labou Tansi, comme s'il s'agissait de prouver le caractère universel du style de Márquez et son application possible au contexte, au continent africain" [PAGEAUX, 1982, p. 48].

Un modèle posé en même temps en contre-modèle (les Latino-Américains et non plus les Français), donc. Dans un article éclairant, significativement intitulé "Écrivains africains en quête d'un tiers monde" consacré à Labou Tansi, au Guinéen Tierno Monénembo et au Togolais Sami Tchak, Florence Paravy a montré comment "Le miroir sud-américain" constituait "un nouvel angle de réflexion" pour les auteurs africains, avant de préciser au sujet de Labou Tansi : "c'est dans l'écriture même que se révèle la présence d'une très forte intertextualité, notamment avec les romans de G. García Márquez, *L'Automne du patriarche*, *Chronique d'une mort annoncée* et *Cent ans de solitude*. Qu'il s'agisse des thèmes récurrents, des procédés narratifs, du caractère dédaléen des récits, de la mise en scène carnavalesque du monde" [PARAVY, 2011]. Labou Tansi a lui-même souvent expliqué la nature proprement identitaire de cette recherche, et même de cette quête, au sein de la littérature latino-américaine : "Quand je lis les romans latino-américains, j'ai le même plaisir de me découvrir comme ça" [*in* MARTIN-GRANEL, 1998, p. 109].

Des raisons politiques, sociales et identitaires ont ainsi fait de García Márquez et de *Cent ans de solitude* en particulier des symboles, des métaphores et des emblèmes parmi les auteurs et les romans latino-américains, dans lesquels nombre de leurs homologues africains se sont reconnus, ou ont voulu se reconnaître, continuent de se reconnaître et de vouloir se reconnaître (en 2022, le romancier tunisien Yamen Manai, Prix Orange du Livre en Afrique, plaçait *Cent ans de solitude* dans la liste de ce qu'il désigne comme ses dix livres de chevet), à travers le décryptage d'une réalité, puis la récupération et l'appropriation d'une démarche et de revendications…

RUSHDIE, *LES ENFANTS DE MINUIT*

REPÈRES

Écrivain de la démesure, romancier et essayiste prolifique (auteur de quinze romans et d'un recueil de nouvelles), Salman Rushdie est aussi un personnage public, qui n'a cessé de se mettre en scène depuis le début de sa carrière, et a été au cœur de l'un des conflits les plus sensibles de la fin du XXe siècle autour de l'autonomie de l'œuvre d'art. Aussi protéiforme que soit son œuvre, nous pouvons garder à l'esprit l'une des tensions qui la caractérisent : célébrant les vertus créatives du déplacement, la métamorphose féconde provoquée par la migration et la lucidité tirée la marginalité, l'œuvre de Rushdie est aussi tout entière ancrée dans des lieux, habités et réinventés. Cartographe nostalgique de Bombay, lucide de Londres et enthousiaste de New York, l'auteur revient sans cesse par l'écriture à ces "patries imaginaires" qu'il ne parvient jamais totalement à quitter.

Naissance d'un écrivain, entre l'Inde et l'Angleterre

Né à Bombay le 19 juin 1947, huit semaines seulement avant l'indépendance de l'Inde, Salman Rushdie voit d'emblée sa destinée liée à l'histoire fracturée de la nation indienne. Une plaisanterie familiale veut que sa naissance ait précipité le départ des Anglais, et c'est cette plaisanterie qui, selon l'auteur, sera la source des *Enfants de minuit* [RUSHDIE, 1993, p. 38], roman tout entier construit sur la conviction du protagoniste d'être "au centre de l'univers" (II, p. 225). Rushdie grandit avec ses trois sœurs cadettes au sein d'une famille musulmane libérale du Cachemire ayant émigré de Delhi à Bombay au milieu des années 1940. Il est scolarisé à la Cathedral School de Bombay, école tenue par une mission anglo-écossaise, et grandit donc en parlant à la fois l'ourdou et l'anglais. *Les Enfants de minuit* évoquent cette enfance dorée au sein de l'élite anglophone de Bombay, ville qui symbolise à ses yeux l'Inde plurielle et tolérante qu'appelle de ses vœux Jawaharlal Nehru, Premier Ministre de l'Inde de 1947 à 1964.

Toutefois, les années post-indépendance sont une période troublée pour la nation indienne. L'indépendance, marquant la libération du joug colonial qui pesait sur le pays depuis près de deux siècles, est le point culminant du mouvement nationaliste, né à la fin du XIXe siècle sous les auspices du Parti du Congrès, et prenant son essor suite à la Première Guerre mondiale et à l'influence décisive des actions de désobéissance civiles menées par Mohandas K. Gandhi. Mais c'est une Inde divisée qui devient indépendante, séparée en deux par une frontière tracée à la hâte (la ligne Radcliffe) entre l'Inde et les deux régions qui forment le Pakistan, à l'ouest le Pakistan occidental, comprenant une partie du Pendjab, et à l'est le Pakistan oriental, comprenant une partie du Bengale. La Partition de l'Inde, tragédie matricielle de ces deux nations voisines, résulte de facteurs complexes, dont la montée de tensions intercommunautaires (nourrie dans une certaine mesure par la politique coloniale britannique) et l'échec des négociations entre leaders nationalistes du Congrès et ceux de la Ligue Musulmane autour de la représentation politique des musulmans, formant à l'époque un quart de la population. Cette séparation du sous-continent indien en deux engendre un mouvement de migration gigantesque de part et d'autre de la frontière (12,5 millions de personnes déplacées), accompagné de violences entre Hindous, Sikhs et Musulmans. L'histoire post-indépendance de l'Inde est traversée par le conflit avec le Pakistan (guerres de 1947, 1965, 1971, 1999), qui contribue à la marginalisation des musulmans restés en Inde [GAYER, 2012], une situation que dénonce Rushdie dans *Le Dernier soupir du Maure* (1996). La reconstruction du pays, fondé sur des idéaux démocratiques, laïcs, socialistes et tiers-mondistes, passe d'abord par une économie planifiée et protectionniste et un État-providence, visant à assurer la subsistance de cette population énorme, un idéal reflété dans la production cinématographique de l'époque (*Mother India*, 1957), dont Rushdie s'inspire beaucoup.

L'état d'urgence (1975-1977), déclaré par le Président de la République d'Inde sous l'impulsion d'Indira Gandhi (fille de Nehru et premier ministre de 1966 à 1977, puis de 1980 à 1984), autorisant la suspension des libertés civiles, la censure de la presse, les arrestations massives d'opposants et les campagnes de stérilisation, suite à des accusations de malversations lors des élections de 1975, marque un tournant dans la vie politique indienne, amorçant une dérive autoritaire du pouvoir [Prakash, 2019 ; Jaffrelot, 2020] ainsi que la conversion de l'économie au libéralisme, achevée au début des années 1990, face aux difficultés économiques grandissantes et sous la pression des institutions financières internationales.

Tout au long de la période, les liens de l'Inde à l'ancienne puissance coloniale persistent, comme en témoigne la politique d'immigration britannique des années 1950-1960, qui vise à attirer des migrants du Commonwealth, dans le contexte de la reconstruction nationale, politique qui n'empêche pas les préjugés racistes de perdurer dans une Angleterre encore très attachée au souvenir de l'Empire. Rushdie part ainsi étudier dans la prestigieuse école de Rugby en 1961, puis poursuit des études d'histoire à Cambridge entre 1965 et 1968, où son intérêt pour l'histoire de l'islam se développe. Il ne fera désormais plus que de brefs séjours en Inde et au Pakistan, où ses parents déménagent en 1964 et où il fait brièvement l'expérience de la censure en 1968. Tandis qu'il débute une carrière de publiciste dans diverses agences de publicité à Londres, activité qui nourrira d'ailleurs son goût pour les jeux de mots et la flexibilité de la langue anglaise, il publie *Grimus* (1975), roman de science-fiction philosophique et humoristique peu remarqué, et que l'auteur considère comme un échec. Il contient en germe les traits distinctifs de la fiction rushdienne, telle que la place majeure de la magie et de la fable ainsi qu'une ambition encyclopédique, mais les critiques s'accordent pour dire que l'on n'y trouve pas la voix singulière de l'auteur.

C'est avec *Les Enfants de minuit* (publié chez Jonathan Cape en 1981) que Rushdie trouve sa voix, à travers celle de son protagoniste, Saleem Sinai, qui fait le récit à la première personne de sa vie et de celle de l'Inde, l'une comme l'autre mouvementées. Écrit à Londres à la suite d'un court séjour en Inde en 1974, ce roman remporte le prestigieux Booker Prize (puis, douze ans plus tard, le Booker of Bookers) et fait de Rushdie une célébrité, d'autant que la remise du prix est retransmise à la télévision pour la première fois, devenant un événement public majeur [Huggan, 2001, p. 108]. Romancier à succès, Rushdie devient aussi critique littéraire et cinématographique, commentateur de la vie politique de l'Inde, du Pakistan, et du Royaume-Uni, personnage mondain fréquentant des écrivains mais aussi le monde du cinéma, de la musique et de la politique.

La porosité entre ses textes critiques (rassemblés en recueils tous les dix ans depuis 1991) et ses romans est frappante. Ses réflexions sur l'expérience de la migration et de la marginalité nourrissent toute son œuvre et trouvent un écho particulièrement fort dans son troisième roman, *La Honte (*1984). Ce roman, qui porte sur le nœud inextricable entre honte, impudence et violence dans un Pakistan ré-imaginé dont il dénonce l'hypocrisie et le fantasme d'une culture islamique "pure", met en scène le conflit qui déchire deux familles de l'élite et offre une satire de la vie politique du pays. Intimement lié aux *Enfants de minuit* par son exploration du trouble des origines, le texte thématise l'hostilité de la patrie vis-à-vis du sujet diasporique, désormais intrus "à la langue fourchue", qui aurait perdu la légitimité à représenter ce pays [Rushdie, 1984, p. 31]. On retrouve la critique du "mythe conservateur" des racines [*ibid.*, p. 98] dans ses premiers essais : tout en étant conscient de la perte et de la douleur qu'implique la migration, et surtout l'exil, Rushdie met en avant la lucidité créative permise par le déplacement, qu'il associe à une forme de transgression des frontières politiques, sociales et culturelles et au gain d'une double perspective sur la société, interne et externe, une "vision stéréoscopique" [Rushdie, 1993, p. 30] qui fait écho à la conscience "contrapuntique" (ou en contrepoint) décrite par Edward Saïd, avec qui Rushdie entretient un dialogue très riche [Said, 2008, p. 256].

Cette défense et illustration de l'apesanteur ne l'empêchent pas d'avoir dans un premier temps une perspective éminemment critique sur l'Angleterre, pays dans lequel il vit pendant près de quarante ans (de 1961 à 2000), n'hésitant pas à mettre au jour les discriminations que subissent les minorités, sujets d'un "nouvel empire" au sein même de la Grande-Bretagne [Rushdie, 1993, p. 143] et soulignant la nécessité du combat pour la liberté. C'est aussi l'objet de l'essai "Hors de la baleine" (1984), critique féroce vis-à-vis du gouvernement Thatcher (1979-1990) et de sa rhétorique nationaliste, de la montée des violences raciales et de la résurgence d'un nationalisme fondé sur la nostalgie pour l'Empire [*ibid.*, p. 97-113]. L'Angleterre des années 1980 est la toile de fond des *Versets sataniques* (1988), qui donne à voir l'expérience des marges de la nation et de sa capitale, vue au prisme des migrants, visant ainsi à contester par la satire les représentations stéréotypées des minorités en Angleterre. Souvent satiriques, ces romans renouvellent ainsi les représentations de l'Angleterre comme de l'Inde post-coloniale, critiquant en creux les discours hégémoniques sur l'anglicité et l'indianité, identités ossifiées des récits nationalistes.

Un espace littéraire tripartite

À l'image du contexte politique pluriel qui imprègne toute l'écriture de Rushdie, l'espace littéraire dans lequel cette œuvre protéiforme s'inscrit peut être divisé en trois ensembles.

Tout d'abord, si *Les Enfants de minuit* a propulsé l'Inde sur le devant de la scène littéraire et éditoriale globale, le roman indien de langue anglaise est né bien avant 1981. Claudine Le Blanc rappelle qu'en regard de l'histoire millénaire de la littérature indienne, celle des *Vedas* sanskrits, des épopées du *Mahābhārata* et du *Rāmāyana*, mais aussi celle des contes, du théâtre, et de la poésie en langues vernaculaires, le roman est une création récente en Inde, un genre importé dans le cadre de la colonisation européenne qui se nourrit des formes et des systèmes littéraires locaux [Le Blanc, 2006]. L'histoire de cette intégration littéraire distingue trois périodes majeures, dont la première commence à Calcutta avec *Rajmohan's Wife* (1864), premier roman indien écrit en anglais par Bankim Chandra Chatterji, écrivain de la "Renaissance bengalie" qui inaugure la tradition du réalisme social au Bengale. C'est dans les années 1930 que le roman anglophone prend son essor dans le contexte de la montée de la lutte pour l'indépendance, prenant ainsi des accents nationalistes. Chez Raja Rao, Mulk Raj Anand ou R.K. Narayan, le village ou la petite ville sont des incarnations de la nation indienne, lieux de tradition à rebours de la grande ville coloniale, symbole d'une modernité européenne destructrice, dans la ligne de l'idéologie gandhienne de "l'Inde des 700 000 villages" [Prakash, 2002]. Les romans de Mulk Raj Anand, fervent socialiste, se distinguent en se concentrant sur la condition des castes et classes marginalisées, paysans et subalternes urbains venus du Pendjab dans les grandes villes. Si les romans d'Anita Desai ou de Khushwant Singh connaissent un certain succès dans les années 1970, la troisième vague est véritablement inaugurée dans les années 1980 par Salman Rushdie, qui ouvre la voie à une interrogation sur les fractures et les échecs de la nation indienne à travers la fiction, plus qu'il ne contribue à la construction d'une "communauté imaginée" [Anderson, 1983]. Comme le montre Jon Mee, cette déconstruction des récits factices d'unité nationale va de pair avec le choix d'un univers social urbain, anglophone, mettant en scène des personnages bourgeois aux identités fragmentées ou incertaines, correspondant au lectorat anglophone en pleine expansion de cette littérature [*in* Mehrotra, 2003].

Les Enfants de minuit a été perçu par la critique anglo-américaine comme "un continent qui trouve sa voix" [Blaise, 1981, p. 1]. Amit Chaudhuri regrette la création de ce mythe de la "naissance" de la littérature indienne à partir de Rushdie, qui assimile toute la littérature indienne à cette esthétique de l'excès et de l'abondance, dans une logique mimétique simpliste qui ferait de ces traits formels les marqueurs de *la* culture indienne, exubérante et chaotique [Chaudhuri, 2008, p. 308-312]. La critique de Chaudhuri ne porte pas tant sur l'écriture de Rushdie que sur sa réception, qui enferme la littérature indienne dans une altérité totale (ce que critique Rushdie lui-même), mais serait aussi partie prenante de la célébration de la renaissance de l'Inde dans les années 1980-1990 sous les auspices de la mondialisation. Si la canonisation de Rushdie a en effet conduit à l'occultation de formes littéraires importantes, il a indéniablement contribué à l'émergence de l'un des deux courants de la littérature indienne anglophone contemporaine, celle de l'exubérance stylistique et linguistique, de la satire, et d'une esthétique du choc, une veine que l'on pourrait qualifier d'épique [Hillion, 2021], dans laquelle on peut placer Kiran Nagarkar, Amitav Ghosh, Vikram Chandra, et Arundhati Roy, l'autre courant étant plus proche du réalisme social (Rohinton Mistry, Vikram Seth) ou d'une poésie du quotidien (Amit Chaudhuri).

En raison du contexte multilingue de l'Inde, qui ne compte pas moins de 23 langues officielles et 122 "langues majeures" (chiffres du recensement de 2011), l'anglais y a toujours été nécessairement hybride, comme en témoigne le célèbre dictionnaire anglo-indien *Hobson Jobson,* ouvrage que connaît bien Rushdie [1993, p. 91-94] et qui recense les occurrences de cette langue à mi-chemin de l'anglais et des langues vernaculaires. Les romanciers anglophones des années 1930 s'essayent à la transcription de l'infléchissement de la langue anglaise par le contexte indien, mais nul ne va aussi loin dans l'expérimentation linguistique que G.V. Desani, précurseur du tour de force de Rushdie. Publié en 1948, *All About H. Hatterr* (non traduit en français) retrace le parcours d'un personnage anglo-malais dans une langue hybride, mélange de l'anglais ampoulé des aristocrates bengalis, de l'argot de Londres et de celui des bazars de Calcutta. Rushdie, qui fait référence à Desani dans ses entretiens, poussera jusqu'au bout cette "conquête" de la langue anglaise, qu'il considère comme une "lutte linguistique" [1993, p. 28]. L'expression "l'empire vous répond" ("the empire writes back"), devenu leitmotiv des études postcoloniales, vient d'ailleurs d'un article de Rushdie publié dans le *Times* en 1982.

Jon Mee rappelle à juste titre que les romanciers indiens anglophones n'utilisent pas l'anglais indien parlé dans les rues par les gens ordinaires, mais "font entrer différentes langues en collision comique, testant les limites de communication entre elles, célébrant la diversité linguistique de l'Inde, prenant possession de la langue anglaise pour l'adapter au contexte indien" [*in* MEHROTRA, 2003, p. 320, notre traduction]. Cet "anglais vernaculaire" [GHOSH, *in* BOOKER, 1999, p. 129] est si ancré dans un espace d'énonciation spécifique qu'il ne peut être décodé qu'en s'appuyant sur des connaissances contextuelles (historiques, culturelles, linguistiques) spécifiques. Chez Salman Rushdie ou Amitav Ghosh, cette langue n'est pas la simple reproduction d'une variété indienne de l'anglais (l'anglais étant travaillé par des substrats vernaculaires différents selon les régions de l'Inde) mais la création d'un idiome poétique [GUILHAMON, 2007], faisant entrer l'étrangeté et la polyphonie des langues indiennes dans la langue anglaise, y compris par des hybridations lexicales inventées, dans un désir de "disloquer" la langue anglaise, sur le modèle de Joyce [RUSHDIE, 1982, p. 20].

Cependant, l'appropriation du genre européen du roman et l'usage de la langue coloniale par les auteurs indiens ont suscité de nombreuses controverses, opposant les défenseurs d'une "vernacularisation" de l'anglais, devenu langue vernaculaire [GHOSH, *in* BOOKER, 1999, p. 129-153] à ceux qui insistent sur l'inadéquation de la langue anglaise à la représentation de la société indienne. Ce soupçon d'inauthenticité, d'élitisme, voire de complicité impérialiste, de nivellement des différences régionales [MUKHERJEE, 1993], résulte parfois d'une vision simplificatrice du mimétisme de la littérature, ou bien d'arguments nativistes, qui associent de manière rigide une langue à un espace, sans historicisation [Guilhamon, 2007, p. 73-79]. Au-delà de l'héritage colonial et de la position dominante de l'anglais dans la société indienne contemporaine (parlé couramment par seulement 11 % de la population, classes moyennes et supérieures urbaines), on peut aussi souligner la portée globale de la forme romanesque et surtout de l'anglais, "langue hégémonique" [Lecercle, 2004 ; Casanova, 2015], moyen pour les auteurs de s'insérer dans le marché littéraire mondial. La place de Rushdie dans ce débat est ambiguë. D'une part, il est accusé de participer à l'invisibilisation des littératures en langue vernaculaire (ou *bhasha*) par sa défense de l'anglais, comme en témoigne son affirmation hâtive et provocatrice selon laquelle la littérature indienne anglophone en prose écrite depuis 1947 est "la contribution la plus précieuse que l'Inde ait apporté au monde des livres" [Rushdie,1997, p. viii] qui lui valut un torrent de critiques. D'autre part, il est en réalité lecteur de la littérature dite vernaculaire, notamment de poésie ourdoue [Yaqin, *in* Stadtler, 2003, p. 67-77].

Timothy Brennan affirme que Rushdie se situe au "carrefour de la scène littéraire anglaise", à l'intersection du roman de l'Empire, de la littérature du Commonwealth et de la tradition anglaise de la polémique anticoloniale [1989, p. xiii]. Il fait de cette situation liminale la base de son analyse de Rushdie comme un "cosmopolite du tiers-monde", jouant le rôle d'interprète de ce dernier auprès des lecteurs métropolitains, et devenant ainsi complice de leur rejet du nationalisme dans son ensemble, y compris des mouvements de décolonisation. Au-delà de la charge critique, son analyse permet de situer Rushdie dans un deuxième espace littéraire, celui de la littérature britannique.

Son lectorat se situe en effet principalement dans la sphère anglo-américaine, et son œuvre tout entière témoigne de l'influence de la littérature britannique. Morey analyse le rapport complexe de Rushdie au canon littéraire britannique, qu'il contribue à ouvrir en puisant dans une tradition partiellement occultée, celle qui fait une large place à l'irrationnel, la démesure, l'épique et le fantastique [Morey, *in* Gurnah, 2007, p. 30], comptant parmi ses inspirations Jonathan Swift, Laurence Sterne, Lewis Carroll, Charles Dickens ou encore James Joyce et Samuel Beckett. Le chevauchement de plusieurs niveaux de réalité se retrouve dans *Grimus*, *Les Enfants de minuit, Les Versets sataniques,* et *La Terre sous ses pieds*, entre autres. En puisant dans ce canon non-réaliste et en dressant des ponts avec une littérature mondiale, il décentre la tradition littéraire anglaise et offre ainsi une critique de la vision étriquée de la littérature anglaise tout comme de l'*anglicité*.

Rushdie se situe aussi par rapport aux romans dits "anglo-indiens", notamment ceux de R. Kipling, de E.M. Forster, ou encore à la saga plus récente de Paul Scott (publiée entre 1965 et 1975), qu'il voit comme le signe d'une nostalgie renouvelée pour l'Empire. En nommant l'un des personnages principaux des *Enfants de minuit* Aadam Aziz, il fait une allusion directe à *La Route de l'Inde* (1924) de Forster, roman qu'il admire et auquel il affirme avoir voulu répondre par son écriture foisonnante et débridée, qui correspondrait à l'Inde qu'il connaît, à rebours du style calme et détaché de Forster [Rushdie, 2021]. Rushdie s'intègre aussi au paysage littéraire britannique des années 1980, "l'âge d'or" de Martin Amis, Graham Swift, Ian McEwan, Julian Barnes ou Angela Parker. Il partage avec eux le goût postmoderne de la satire et de la parodie, de la coexistence du réel et du surnaturel et de la réécriture des récits historiques et littéraires.

Pascale Casanova souligne "l'éclatement géographique des espaces littéraires les plus éloignés des centres", qui transcendent les frontières territoriales, signe de la "non-coïncidence de l'espace littéraire et la nation politique, c'est-à-dire de l'autonomie relative de l'espace littéraire mondial" [Casanova, 1999, p. 297]. La littérature indienne, produite depuis l'Inde, l'Angleterre, la Tanzanie, la Caraïbe ou les États-Unis, correspond en un sens à cet espace atomisé, autonome, qui réfracte les rapports de force mondiaux, et dont Rushdie est un emblème. Casanova fait aussi de l'auteur un exemple de la stratégie de subversion des formes littéraires du centre par la périphérie, un "révolté" qui s'approprie et disloque le canon littéraire européen, notamment par une dislocation de la langue. Il faut donc le situer dans un paysage que l'on peut appeler "espace littéraire mondial" [*ibid.*], ou encore "littérature-monde" [Moretti, 1996]. Rushdie lui-même refuse d'être assigné à un espace littéraire national ou encore à la catégorie de "littérature du Commonwealth" [1993, p. 77-87] et se révèle un penseur de la littérature-monde dès ses premiers essais et entretiens, dans lesquels il se crée une ascendance internationale, un "arbre généalogique polyglotte" [*ibid.*, p 31] qui comprend des écrivains aussi divers que Cervantès, Rabelais, Gogol, Melville, Machado de Assis, Kafka, Borges et García Márquez. Il identifie l'émergence d'une tradition satirique, anti-épique, fantaisiste à l'échelle mondiale [Rushdie, 1982, p. 20], qui va parfois de pair avec des trajectoires de migration. Il évoque en effet ses affinités avec une "communauté d'écrivains déplacés", tels que Grass, Joyce, Singer, Kundera ou Hong Kinston, qui, dit-il, sont à même de trouver de "nouveaux angles par lesquels pénétrer la réalité" [*ibid.*, p. 26]. Franco Moretti fait d'ailleurs de son œuvre, aux côtés de celle de Gabriel García Márquez, un exemple de ce qu'il appelle "l'épique moderne", forme qui émerge des périphéries du système-monde capitaliste et se distingue du roman en ce qu'elle transcende les cultures nationales et tente (et échoue) de représenter les contradictions de ce système planétaire, notamment par la polyphonie [1996].

La fatwa et ses conséquences : vie cachée, personnage public

À la suite du succès des *Enfants de minuit* et de *La Honte*, Rushdie poursuit son exploration de l'expérience minoritaire et de l'exil dans *Les Versets sataniques* (1988), roman encyclopédique qui peut être considéré comme le dernier pan d'une trilogie consacré aux différentes facettes de son identité tripartite : l'Inde, le Pakistan et l'Angleterre. On y retrouve en effet la même veine satirique que dans ses deux premiers ouvrages, tournée cette fois vers l'Angleterre mais aussi l'islam. La triple trame narrative suit les pérégrinations et métamorphoses de deux personnages indiens en Angleterre. À travers le rêve de Gibreel Faristha, le roman offre une histoire révisionniste de la naissance et du développement de l'islam, et fait du Coran un texte pluriel et incertain, et du prophète Mohammed, incarné par la figure faillible de Mahound (terme d'injure médiévale), une figure sujette aux erreurs, dont celle de transcrire des versets inspirés par Satan. Au-delà de la continuité avec ses deux premiers romans, Brennan souligne deux différences majeures qui expliquent en partie la naissance de "l'affaire Rushdie" : le titre provocateur, d'une part, et la visibilité dont jouit Rushdie au Royaume-Uni lorsque ce troisième roman est publié, d'autre part, qui permet à celui-ci d'accéder à un lectorat international [Brennan, *in* Booker, 1999, p. 110].

La représentation controversée du prophète vaut tout d'abord au livre d'être interdit en Inde dès sa publication, puis au Bangladesh, au Soudan, et dans une dizaine d'autres pays. Deux manifestations, à Londres et à

Bradford (foyer d'une grande communauté sud-asiatique) s'en suivront, avant que l'ayatollah Khomeini, chef politique et religieux de l'Iran depuis 1979, ne prononce une fatwa contre Rushdie le 14 février 1989, mettant sa tête ainsi que celle de ses traducteurs et éditeurs à prix pour blasphème. Cela obligera l'auteur à vivre caché, sous protection des services secrets britanniques, pendant une dizaine d'années, période mise en récit dans son autobiographie à la troisième personne *Joseph Anton* (2012). Les répercussions de la fatwa sont tragiques : en 1992, deux de ses traducteurs, japonais et italien, sont poignardés, le premier à mort, tandis que son éditeur norvégien survit de justesse à une attaque par balles en 1993. Si la situation s'apaise à partir de 1998 lorsque le gouvernement iranien prend officiellement ses distances avec la fatwa, la tentative de meurtre d'août 2022 à Chautauqua (dans l'état de New York), qui a grièvement blessé l'auteur, rappelle que la menace n'a pas totalement disparu.

Cette vie en réclusion, réduite au silence, fait paradoxalement de Rushdie une figure publique, un symbole de la liberté d'expression et un objet de discours médiatique, opposant ses défenseurs à ses détracteurs dans le monde entier. Nadia Tazi, dans un texte de défense de son œuvre, résume bien la manière dont Rushdie est à la fois prisonnier et dépossédé de son livre : "Or, privé de son roman, Rushdie signifie autrement : il n'est plus qu'une rumeur par intermittence, une cause que l'on instrumentalise, au mieux une victime spectrale avec laquelle on compatit tout en la maintenant implicitement sous le jugement" (Tazi, 1993, p. 294).

Les motifs des condamnations sont divers. En plus du blasphème, Nadia Tazi souligne que Rushdie, cultivant sa singularité jusque dans sa compréhension de l'islam, est considéré comme un apostat, refusant l'appartenance à l'*oumma*, la communauté des musulmans (comme à toute communauté d'ailleurs, si ce n'est celle des déplacés). Brennan, lui, insiste sur le ressentiment social qui sous-tend les attaques de la part de musulmans issus de classes sociales défavorisés en Inde, au Pakistan et au Royaume-Uni, offensé par le détachement de l'écrivain, fruit de son appartenance à une élite venue des écoles d'élite anglaises. Vijay Mishra souligne le bouleversement radical que constitue la fatwa pour Rushdie qui ne peut plus s'exprimer au nom des minorités, dont une partie lui est aliénée [Mishra, 2019, p. 13]. De l'autre côté du spectre, la défense de Rushdie donne lieu à des alliances baroques, telles que celle du gouvernement de Margaret Thatcher (cible favorite de la plume satirique de Rushdie) et d'artistes et écrivains habituellement dans l'opposition. Si Brennan rappelle à raison que Rushdie n'a rien à voir avec ceux qui instrumentalisent la fatwa pour agiter l'épouvantail du terrorisme islamique et du choc des civilisations, il affirme que la trajectoire malheureuse des *Versets* a renforcé la croyance en une liberté qui serait l'apanage de l'Occident [BRENNAN, *in* BOOKER, 1999, p. 126].

Comme l'écrit Rushdie dans un essai marquant les dix ans de la fatwa, toute prise de parole de sa part "risque de contribuer à la disparition du vrai Salman Rushdie derrière le Rushdie scandaleux et sulfureux de l'Affaire" [2003, p. 271]. La profession de foi qu'il fait en 1990 ("Why I have embraced islam"), conjoncturelle, défensive, en est un bon exemple, puisqu'elle lui est immédiatement reprochée comme un aveu de faiblesse et qu'il la désavouera par la suite. Il exprime ensuite sa position dans deux essais, "De bonne foi" et "N'y a-t-il rien de sacré ?" [1993, p. 418-456], dans lesquels il défend l'autonomie de l'œuvre d'art. En 1990, il dira aussi sa détermination "à créer un langage et une forme littéraires à travers lesquels l'expérience des peuples anciennement colonisés, de ceux qui sont encore défavorisés, puisse s'exprimer de manière totale" [1993, p. 419].

Le premier texte de fiction qu'il publie suite à la fatwa prend la forme d'un conte, *Haroun et la mer des histoires* (1993), dans lequel Rushdie se détourne d'une réalité sombre pour se plonger dans l'univers de la magie et le pouvoir du récit, à travers la figure du conteur Rachid Khalifa, qui, comme l'auteur, a perdu la parole. Le roman puise dans *Les Milles et une Nuits*, les contes indiens du XIe siècle, mais aussi les talents de conteur d'Italo Calvino. C'est aussi dans ce roman que l'influence du *Magicien d'Oz* (1939), présent en filigrane dans toute son œuvre, est la plus palpable : l'auteur tente d'y reproduire le même brouillage entre œuvre pour enfants et pour adultes, réalité et fiction, et poursuit sa méditation sur la migration, qu'incarne selon lui Dorothy dans le film de Victor Fleming. Le film lui inspirera aussi un essai et une nouvelle du recueil *Est, Ouest*, publié en 1994.

Le Dernier soupir du Maure (1996) marque quant à lui un retour aux tensions politiques qui agitent l'Inde au début des années 1990, celles de la montée des extrémismes religieux, notamment du nationalisme hindou. Loin de l'enchantement des *Enfants*, le roman dresse un portrait noir d'un Bombay qui aurait perdu son ethos cosmopolite, et donne à voir l'appropriation de l'espace urbain par le parti hindou régionaliste du Shiv Sena, et, en réaction, la mainmise souterraine sur la ville par la mafia musulmane. Toutefois, poursuivant son exploration de l'histoire de l'islam par la fantaisie, le roman fait se télescoper le Bombay des années 1990 et l'Espagne musulmane de la fin du XVe siècle, par l'identification du protagoniste au roi Boabdil (Abu 'Abd Allah), qui fait ses adieux à Grenade en 1492, d'où le titre du roman.

En 2000, Rushdie retourne au pays natal avec son fils, expérience dont il fait le récit dans un essai intitulé "Rêve d'un glorieux retour" [2003, p. 164-200], titre qui est une citation des *Versets sataniques*. Cette année marque aussi un tournant puisque Rushdie s'installe à New York. Soulignons aussi la visibilité accrue que choisit Rushdie à partir des années 2000, moment où il devient président de PEN America (2003), et s'exprime de plus en plus au sujet de la liberté d'expression et l'autonomie de l'art dans des interventions rassemblées dans son dernier recueil d'essai *Langages de vérité* (2022).

Le tournant américain,
Rushdie écrivain de la mondialisation

La Terre sous ses pieds (1999) et *Furie* (2001) marquent en effet un glissement de sa géographie imaginaire vers les États-Unis, et en particulier New York, nouveau cœur de son écriture, ce que confirmeront ensuite dans une certaine mesure ses romans suivants : *Deux ans, huit mois et vingt-huit nuits* (2016), *Golden House* (2018) et *Quichotte* (2020). Toutefois, *Shalimar le Clown* (2006), situé en partie au Cachemire, *L'Enchanteresse de Florence* (2008), et plus récemment *La Cité de la victoire* (2023) incarnent l'intérêt durable de l'auteur pour l'Inde et en particulier les empires pré-coloniaux. Pour Anshuman Mondal, ce déplacement de l'écriture du Sud au Nord global est aussi idéologique : il va de pair avec un repositionnement profond du discours de l'auteur, passant des marges culturelles et économiques au centre hégémonique du capitalisme global, et glissant de la critique postcoloniale, qui s'attache à mettre au jour l'impact toujours palpable de l'impérialisme, au "cosmopolitisme", une vision plus philosophique de l'errance et de l'absence de racines : "Cette non-appartenance – j'y vois une *désorientation*, une perte de l'Orient – est désormais ma patrie artistique" (MONDAL, 1993, p. 273). L'auteur affirme lui-même que le rock, qui structure *La Terre sous ses pieds*, lui est apparu comme la forme idéale pour explorer l'histoire de la globalisation (avec une pirouette, puisque le héros, artiste de Bombay, aurait entendu les premières chansons avant même que le rock ne naisse en Europe). Dans son analyse, Mondal affirme que Rushdie met aussi en récit dans ce roman la tension entre diversification et homogénéisation culturelle qui caractérise la globalisation [*in* GURNAH, 2007, p. 171]. Cette homogénéisation de la culture est aussi au cœur de *Furie* (2001), roman dans lequel le protagoniste passe du monde universitaire à celui de la télévision, et du roman satirique *Quichotte*, dont le protagoniste est obsédé par la télévision.

Rushdie envisage désormais en effet la traversée des frontières comme condition existentielle, comme en témoigne l'essai "Franchissez la ligne" : "Au plus profond de notre nature nous sommes des êtres franchisseurs de frontières. Nous le savons par les histoires que nous racontons ; car nous sommes aussi des animaux conteurs d'histoires" [RUSHDIE, 2002, p. 388]. Cette vision plus abstraite va parfois de pair avec un alignement idéologique, comme en témoignent plusieurs essais, dans lesquels il cherche à désamorcer les critiques envers la politique extérieure américaine et finit par épouser le discours des États-Unis comme garants de la liberté [2003, p. 274-277]. Il affirme à plusieurs reprises que le problème ne réside pas dans le capitalisme mondial mais dans l'inégale distribution des ressources globales, reprenant à son compte le discours d'Amartya Sen et plus largement celui d'intellectuels libéraux. L'anoblissement de Rushdie par la Couronne britannique en 2007 est aussi analysé par Priyamvada Gopal comme une "récompense pour l'abandon de sa position contestataire" [GOPAL, 2007]. Selon Sneharika Roy, la grande originalité de Rushdie réside dans la manière dont il transforme sa propre marginalité en métaphore de l'identité indienne et de la mondialisation [ROY, *in* CASTAING, 2023], sans résoudre cette contradiction.

Le manque de recul historique tout comme la nature protéiforme et toujours changeante de l'œuvre de Rushdie rendent difficile l'analyse de l'évolution récente de sa carrière, mais notons tout de même un intérêt persistant pour la culture savante et la culture populaire, une passion pour les développements culturels et politiques les plus récents (l'élection de Trump dans *La Maison Golden* par exemple) combinée à sa curiosité sans bornes pour l'histoire de l'époque précoloniale, qu'il ne cesse de réécrire. Après la rencontre imaginaire entre la Renaissance italienne et celle de l'empire Moghol sous le règne d'Akbar dans *L'Enchanteresse de Florence* (2008), *via* le peintre officiel de l'empereur moghol et un conteur sans pareil, avatar fictif de Machiavel, c'est à un empire médiéval puissant mais méconnu d'Inde du Sud, dans lequel les femmes jouent un rôle politique important, qu'il a consacré son dernier roman, *La Cité de la victoire* (2023). Cette fable d'une mosaïque de cultures va aussi à l'encontre de l'histoire indienne telle qu'elle est présentée, simplifiée et déformée par un récit nationaliste hindou de plus en plus puissant, qui en fait une suite de conflits entre un bloc monolithique hindou et un ensemble d'envahisseurs, Moghols et Anglais, discours que Rushdie conteste ouvertement dans ses entretiens.

ANALYSES

Écrire l'Inde depuis l'Angleterre

À l'image de celle du protagoniste, la naissance des *Enfants de minuit* est une affaire tortueuse. Le roman naît du désir de Rushdie d'exhumer ses souvenirs d'enfance et de se réapproprier par l'écriture un passé perdu, celui de l'Inde au lendemain de l'indépendance, du Bombay cosmopolite des années 1950, autant de souvenirs qui ne remonteront jamais intacts à la surface. Rushdie raconte en effet l'heureux échec de cette quête proustienne, qui lui a fait prendre conscience des possibilités offertes par la fragmentation même de ces souvenirs, morcelés, qui fait la force de son récit [1993, p. 20-23].

Ce désir de reconstitution du passé découle aussi d'un séjour de 1974 en Inde avec Clarissa Luard en 1974, où il retourne après de nombreuses années d'absence. La vue de sa maison d'enfance, Windsor Villa, vendue par son père en 1964, suscite le désir de retrouver la ville de Bombay : "j'avais, moi aussi, une ville et une histoire à conquérir" [1993, p. 20]. L'auteur joue sur la polysémie du verbe *reclaim* (traduit par "conquérir"), puisque le terme renvoie à l'idée de réappropriation par le sujet post-colonial de la ville construite par les colons, mais aussi à un processus concret, celui des séries d'assèchement ("reclamation") qui ont permis de relier entre elles les sept îles de l'archipel qui forment la ville de Bombay. Ce sous-texte colonial suggère la position intermédiaire de l'auteur, à la fois indigène et étranger à l'Inde. En effet, Rushdie écrit l'Inde depuis l'Angleterre : c'est à Londres qu'il réinvente cette "patrie imaginaire", fantasmée comme une polyphonie perdue, au prisme d'une mémoire faillible et fantasque, pendant les quatre ans et demi de gestation de ce roman. Sa position diasporique est déterminante dans la création de cette Inde aux multiples visages, faisant fi des frontières temporelles, religieuses ou raciales [Biswas, 2020, p. 104].

Enfin, *Les Enfants de minuit* émerge pour de bon lorsque Rushdie abandonne à la fois le récit à la troisième personne et l'autobiographie, se rapprochant du réalisme magique. Les archives de l'auteur révèlent que le roman reprend des éléments de deux manuscrits non publiés, "The Antagonist" (1975) et "Madam Rama" (1976), dont l'un est centré sur un seul enfant de minuit, Saleem, et l'autre est une satire située dans le monde du cinéma de Bombay, qui prend pour cible le personnage d'Indira Gandhi [Mishra, 2019, p. 10], tous deux portant la marque de l'autobiographie, dont l'auteur se détache en multipliant l'enfant de minuit par mille et un. C'est la découverte d'une voix à la première personne, celle de Saleem Sinai, qui donne naissance au roman tel qu'on le connaît et lui impose sa langue, déformant la syntaxe anglaise, jouant avec la ponctuation, partant à l'assaut de ses structures et métaphores. Les premiers brouillons révèlent en effet que la langue de départ est beaucoup moins familière et ironique que celle de la version finale [Mishra, 2019, p. 81].

C'est ainsi qu'advient ce roman-monstre, roman-monde au sein duquel se croisent la vie d'un protagoniste au corps difforme, en proie à des obsessions qui le conduiront à sa perte, et celle d'une nation, prise dans la tourmente de l'après-indépendance. "Épopée comique" [Rushdie, 1985, p. 9] ou anti-épopée de l'Inde, le roman mélange l'histoire sociale, la farce, le conte, l'exubérance des films de Bombay, la tragédie de familles dispersées. Il rencontre un succès immédiat, confirmé par la récompense prestigieuse du Booker Prize, grâce auquel Rushdie élargit son lectorat et atteint le statut de célébrité et d'intellectuel public.

L'éclectisme des sources

Le roman témoigne de la *libido sciendi* débordante de Rushdie, qui se nourrit de sources culturelles hétéroclites, traversant les époques et les continents, les pôles savants et populaires de la culture. Son rapport au savoir est à la fois passionné et irrévérencieux, et l'auteur n'hésite jamais à faire entrer en collision deux univers de références sans rapport apparent, croisant les *comics* américains de Superman et la religion parsie par la transformation comique de Cyrus en Lord Khusro par exemple (II, p. 472), ou bien les légendes germaniques du Joueur de flûte de Hamelin et la *Conférence des oiseaux*, conte persan réécrit par le poète soufi Farid Al-Din Attar au XIIe siècle, en la personne de Mian Abdullah (I, p. 80). Il affirme que la pensée du flux et du changement qui traverse le roman tient à la fois de l'hindouisme, de Marx, du surréalisme et du modernisme [1993, p. 443]. Cet omnivorisme culturel génère un réseau intertextuel et intermédial hétéroclite qui insuffle son énergie au roman et qui lui permet, selon Joel Kuortti, de toucher un public divers [*in* STADTLER, 2023, p. 94]. Dans la profusion de sources des *Enfants de minuit*, deux grands ensembles, qui ne cessent de s'entrecroiser, peuvent être identifiés, l'un tiré de la culture indienne et persane, l'autre de la culture européenne et américaine.

Rushdie est fin connaisseur des formes littéraires indiennes, arabes et persanes. Les mythes et épopées hindous sont un bon exemple du rapport oblique de Rushdie à la culture traditionnelle. Élevé dans une famille musulmane, comme Saleem, l'auteur baigne néanmoins dans la mythologie tirée de ces récits épiques, notamment le *Mahābhārata* et le *Rāmāyana*. Mais son immersion dans la culture hindoue vient davantage de sa réception de ces récits sous forme orale, et de sa lecture des adaptations des mythes pour la jeunesse en bande dessinée, tout aussi nourriciers que les multiples versions savantes du *Mahābhārata* [MISHRA, 2019, p. 11]. Sur un mode ironique, il tisse ainsi des liens entre le protagoniste et Ganesh, dieu à la tête d'éléphant protecteur des arts et des lettres, entre son jumeau maléfique et Shiva, dieu de la fertilité et de la destruction, entre Parvati-la-sorcière et l'épouse de Shiva. Le motif des bébés échangés renvoie à la fois à la mythologie hindoue (le dieu Krishna est échangé à la naissance avec l'enfant de paysans) et à un *topos* des contes et du cinéma Hindi. Au-delà de ces références distanciées aux épopées sanskrites, les critiques ont décelé dans le texte des traces de modes narratifs indiens traditionnels, tels que le cycle d'histoires (ou *sakalakatha*), mais aussi de formes narratives populaires, tel que le cycle de fables animalières du *Panchatantra*, que l'on retrouve dans *Haroun et la mer des histoires* [Goonetileke, 1998, p. 18-19]. Néanmoins, on ne peut affirmer fermement que les modèles littéraires indiens traditionnels expliquent la forme narrative des romans de Rushdie – il rejette lui-même l'hypothèse d'un emprunt à la logique allégorique traditionnelle indienne [1989, p. 3], et il faut garder à l'esprit que les connaissances qu'a Rushdie de la culture persane, par exemple, sont toujours médiées par une épistémologie occidentale [Mishra, 2019, p. 21]. C'est à Cambridge qu'il étudie l'histoire de l'islam et c'est par un prisme européen qu'il accède au Coran ou à la *Conférence des oiseaux*. Rappelons aussi que les épopées et légendes de l'Antiquité indienne ont été traduites et publiées dans le cadre d'un projet orientaliste de fixation et de textualisation des cultures indiennes sous domination européenne, et que l'on ne peut donc interpréter l'utilisation de ces sources comme un simple geste de contestation ou de décentrement vis-à-vis de l'Occident [Niranjana, 1992, p. 21].

La référence aux *Mille et une nuits*, chef d'œuvre de la littérature arabe classique, est omniprésente dans le texte, – notamment par des références explicites (I, p. 14, p. 41) et la récurrence du nombre magique mille et un – et rapproche le roman de la légende orale, du conte, mais aussi de l'idée d'un "récit sous tension" [Gurnah, 2007, p. 93]. Tout comme Schéhérazade raconte son histoire au prince Shahryar pour survivre, Saleem retrace sa vie et celle de son pays en s'adressant à Padma, pour repousser sa mort imminente. La transposition d'une figure royale en une auditrice illettrée, néanmoins fiable, déesse du lotus et de la bouse plongée dans ses conserves de condiments, marque déjà le renversement des hiérarchies à l'œuvre dans la réécriture rushdienne des mythes.

La forme digressive des *Enfants de minuit*, ses résumés et prolepses incessants, son oralité et son anti-réalisme ont été interprétés par les critiques à l'aune de la tradition orale du conte indien, et le romancier met lui-même en avant l'influence de la littérature orale indienne sur son récit sinueux [Rushdie, 1985, p. 7-8]. Toutefois, on ne peut manquer d'y voir aussi l'influence de Rabelais, du roman anglais du XVIIIe siècle, du roman moderniste, ou encore du roman d'Amérique latine, qui, de manières distinctes, éclatent la structure narrative. De fait, l'éclectisme de Rushdie et ses emprunts à de multiples formes non-réalistes rendent difficile l'identification d'une filiation unique, et brouille les frontières entre tradition et modernité.

Le roman témoigne en effet de l'influence prépondérante de la culture occidentale. Les trois romans-sources identifiés des *Enfants de minuit* sont *Tristram Shandy* (1759-1767) de Laurence Sterne, *Le Tambour* (1959) de Günter Grass, et *Cent ans de solitude* (1967) de Gabriel García Márquez.

Roman-monstre, roman encyclopédique, roman le plus libre qui soit, parodie des conventions génériques du roman réaliste à peine codifiées, *Tristram Shandy* est présent en filigrane des *Enfants de minuit* à la fois par des allusions intertextuelles et, plus profondément, par la technique narrative même. Les allusions au roman de Sterne sont nombreuses, à commencer par le récit différé de la naissance du narrateur, ou encore le motif proliférant du nez hors du commun, "signifiant phallique et patriarcal par excellence" [HAWES, 1993, p. 152], faux indice d'ascendance noble dans les deux romans, qui fait signe vers une contestation du mythe des origines [GURNAH, 2007, p. 99]. Plus largement, l'obsession du corps, de son impuissance et de sa dégénérescence, est commune aux deux romans, qui sont tous deux dictés par l'imminence de la mort, et adressés, dans l'urgence, à une interlocutrice (Padma et Jenny). La question des origines problématiques et de leur reconstruction rétrospective est centrale à l'intrigue et sert aussi de support à une réflexion plus large sur l'historiographie, selon Hawes, qui voit dans cette référence une stratégie postcoloniale de "domestication" de la tradition anglaise et de réappropriation d'une référence qui conteste l'idée de dynastie et, par extension, de tradition occidentale continue, des Grecs à l'Europe des Lumières [HAWES, 1993, p. 163-164], plutôt qu'une trace de l'histoire impériale britannique en Inde (dont le protagoniste anglo-indien, serait l'incarnation) [HUTCHEON, 2002, p. 100].

La méthode narrative adoptée dans *Les Enfants de minuit* est tributaire de la liberté narrative de *Tristram Shandy,* et, plus largement de celle des romans du XVIIIe siècle, tels que *Tom Jones* (1749) d'Henry Fielding, défini par son auteur comme une "épopée comique en prose", et dont Rushdie admire la progression apparemment décousue derrière laquelle se cache un édifice sophistiqué [*in* CHAUHAN, 2001, p. 22]. Les romans de Sterne et Rushdie fonctionnent tous deux par digressions et interruptions, retours et anticipations, livrés à la parole toute-puissante du conteur, qui compte sur la posture active du lecteur, souvent interpelé, tour à tour cajolé et vilipendé. Les multiples digressions (sur l'art de la guerre chez Sterne, sur l'histoire de Bombay ou la légende du Christ bleu chez Rushdie), naissent aussi de l'ambition démesurée de ces romans de contenir la totalité de l'expérience du protagoniste : chaque détail est signifiant et mérite d'être raconté lorsque l'on essaie d'offrir le récit exhaustif d'une vie. L'image du kaléidoscope de Lifafa Das, qui permet de voir le monde entier (I, p. 132), offre une analogie féconde de l'esthétique encyclopédique du roman, et comme le dit Saleem : "pour comprendre une seule existence, il nous faut avaler le monde entier" (I, p. 191-192).

Rushdie s'identifie volontiers à l'impulsion totalisante de ces romans, qu'il retrouve chez Dickens, et fait de ces "livres sur tout" (*everything books*), ces monstres de papier informes que méprisait Henry James, des équivalents littéraires de la multitude de l'Inde [1997, p. 55]. Rushdie affirme que l'innovation de Dickens qui l'a le plus inspiré dans l'écriture des *Enfants* est celle qui consiste à faire évoluer des personnages non-réalistes ou d'élaborer des images surréalistes (le Bureau de la Circonlocution dans *La Petite Dorrit*) par exemple [2003, p. 39] dans un décor naturaliste, un contexte historique et social observé à la loupe [*ibid.*, p. 64 et p. 71]. Il se construit ainsi une généalogie littéraire anti-réaliste qui fait se rencontrer Sterne, Dickens, Grass et García Márquez.

Le Tambour est publié par Günter Grass en 1959, traduit pour la première fois en anglais en 1961, et Rushdie le lit en 1967. Il évoque à plusieurs reprises son admiration pour ce roman et pour l'œuvre de cet auteur émigré [1993, p. 301-311]. Pour Patricia Merivale, *Le Tambour*, roman encyclopédique et picaresque qui met en scène la quête d'identité et de sens du narrateur, constitue l'un des parents ambigus du roman de Rushdie [1990, p. 6]. L'intertextualité apparaît à travers la caractérisation de Saleem, dont les faiblesses physiques et morales, comme celles d'Oskar, le rendent peu sympathique auprès du lecteur [Brennan, 1989, p. 66]. Comme Oskar (prénom de l'un des amis allemands d'Aadam Aziz dans *Les Enfants*), Saleem est doté d'un corps grotesque mais aussi de pouvoirs magiques, et adresse son récit à une personne dans un lieu clos, sous la menace de sa dissolution imminente. Les images puissantes du *Tambour*, telle que la voix stridente du protagoniste, et sa capacité à "visiter" l'Histoire et à la modifier lorsqu'il joue du tambour, sont ainsi transposées, et parfois démultipliées, dans le roman de Rushdie, pour devenir le don de télépathie de Saleem, qui le lie ainsi à l'histoire de son pays, vue de manière oblique et souvent déformée. Ces pouvoirs miraculeux sont aussi la source de l'illusion mégalomane de ces personnages messianiques, celle de sa responsabilité dans les événements qui ponctuent l'histoire de leur pays, l'Allemagne (et Dantzig en particulier) de l'entre-deux-guerres, l'Inde du début des années 1950 à la fin des années 1970, sentiment qui se retourne finalement contre eux.

L'univers urbain, polyphonique, multiculturel des *Enfants* contraste avec le monde isolé du village de Macondo dans *Cent Ans de solitude*, mais la question des généalogies ambiguës, la vision apocalyptique de l'extinction d'une famille qui tient lieu de synecdoque pour un anéantissement plus général, la coexistence du réel et du surnaturel, la dimension carnavalesque de l'écriture, témoignent de la proximité de ces deux grands romans. Rushdie se situe en effet dans la lignée du réalisme magique de García Márquez, tout en soulignant les limites du terme et en insistant sur la dimension réaliste de cette esthétique, dont l'émergence résulte selon lui de la situation périphérique, ou post-coloniale, qui implique que le magique se niche au cœur du quotidien. L'omniprésence des mythes de la religion hindoue, ou encore du cinéma populaire de Bombay dans la vie quotidienne en Inde, inscrit le fabuleux dans l'ordinaire. Franco Moretti, rappelant que le terme *real maravilloso*, que le critique associe au *réalisme magique*, fait référence à un état du monde plus qu'à une poétique, affirme ainsi que les techniques de la littérature moderniste sont *re-motivées* dans les romans des périphéries du système-monde tel que *Les Enfants de minuit*, au sein duquel la polyphonie, loin d'être uniquement un artifice littéraire, est aussi le reflet des multiples langues et cultures de l'Inde qui se chevauchent sans cesse. En d'autres termes, ces romans font "redescendre le modernisme sur terre" [Moretti, 1996, p. 234-235, notre traduction]. Timothy Brennan reconnaît aussi chez Rushdie une théorie qui relie le magique ou le fantastique à l'expression critique de la colonialité et de ses contradictions [Brennan, 1989, p. 68]. Dans sa recension de *Chronique d'une mort annoncée*, Rushdie développe l'idée que le réalisme magique se développe à partir du surréalisme pour exprimer "une conscience du tiers-monde" [1993, p. 334], celle de sociétés où le neuf se juxtapose à l'ancien, où les contradictions sont plus extrêmes et plus visibles que dans les centres métropolitains, un monde caractérisé, comme le dit Saleem, par “l’imbrication de l’improbable et du terrestre” (I, p. 14). Rushdie insiste sur la dimension “réaliste” de l’œuvre de García Márquez, au sens d’une reconfiguration mimétique d’une réalité qui est elle-même improbable, et affirme à nouveau dans un texte plus récent que le réalisme magique est une simple intensification de la réalité, ou encore une manière de parvenir au réel “par une porte différente” du roman naturaliste, mais qui ne fuit pas la réalité [Rushdie, 2022, p. 38 et p. 148].

La structure du roman

Texte monumental, *Les Enfants de minuit* fait partie des “livres sur tout” qu’évoque Rushdie lui-même. Il met en jeu une vaste galerie de personnages parcourant des lieux divers (de Srinagar à Delhi et Bombay, en passant par Dacca et Karachi) et soixante ans d’histoire indienne, et englobe une multitude de récits aux formes diverses. Cette force centrifuge qui pousse le roman dans de multiples directions et semble faire fi de tout impératif d’unité pourrait menacer le récit de dissolution. Toutefois, à l’image de l’édifice invisible qui sous-tend les romans débridés de Fielding et de Sterne, une structure émerge derrière le chaos apparent des fils narratifs. Le texte est unifié par la voix et la conscience de Saleem, mais aussi à travers le réseau serré de motifs qui constellent le texte et lui donne ainsi une forme [Rushdie, 1985, p. 3-4] : le drap troué, le doigt tendu du pêcheur, le crachoir en argent, etc. Le roman est aussi divisé en trois livres et en trente chapitres non numérotés, qui suivent un ordre chronologique global, brouillé cependant par des va-et-vient temporels constants, qui miment les liens tissés entre les époques par la mémoire désordonnée du narrateur.

Abdulrazak Gurnah rappelle à juste titre que ce roman monumental et exubérant est également un roman de l’intime, fondé sur des souvenirs d’enfance, ponctué par des micro-événements – agrandis et exagérés, certes – tirés de la vie quotidienne d’un quartier de Bombay [Gurnah, 2007, p. 91]. Cette intimité étrange, cette familiarité et ce sens de l’observation du quotidien sont des traits peu mis en valeur par la critique rushdienne. La tension entre le macroscopique et le microscopique, l’épique et l’ordinaire, le grandiose et l’intime se retrouve dans les trois livres du roman.

Le premier livre, composé de huit chapitres, se déroule de 1915 à 1947, et met en scène la vie de la génération des grands-parents et parents de Saleem Sinai. Gurnah souligne que cette partie est placée sous le signe de la perte et met en place la chaîne de désillusion initiée par la crise de foi d'Aadam Aziz de retour d'Allemagne, son scepticisme et ses doutes figurés sous forme de trou dans sa poitrine. Cette béance, redoublée par le drap troué à travers lequel il découvre sa future femme Naseem, et que l'on retrouve sous d'autres formes tout au long du roman, symbolise la perception fragmentaire du réel par le narrateur, mais aussi l'idée que le savoir est toujours lié à la perte dans le roman. Ce premier livre suit ensuite la transformation de ce mariage en une confrontation sans fin entre le médecin sceptique et la pieuse Naseem, devenue "mère révérende", et mêle leur vie familiale, d'Amritsar à Agra, à l'histoire agitée du pays à l'approche de l'indépendance. Le débat autour de la Partition y est présent à travers la figure du militant Mian Abdullah et du poète Nadir Khan, qui vit caché dans la cave de la famille Sinai. La vie souterraine du poète et de Mumtaz, avec qui il se marie, est brutalement interrompue et celle-ci, devenue Amina, se marie avec Ahmed Sinai, avec qui elle déménage à Delhi, où les tensions entre hindous et musulmans s'intensifient, puis à Bombay, où naît le protagoniste (au dernier chapitre du livre I, "Tic-Tac"), quasiment deux cents pages après le début du roman.

Le deuxième livre va plus loin dans l'entremêlement du récit personnel et du récit public, puisque la naissance de Saleem Sinai coïncide avec celle de l'Inde indépendante, et que le protagoniste imagine qu'il est à l'origine des événements tragiques qui ponctuent l'histoire de la jeune nation. Cette partie de quinze chapitres couvre la période de 1947 à 1965, avec en son cœur l'enfance à la fois heureuse et douloureuse de Saleem, nourrisson au nez monstrueux, et de ses voisins du domaine de Methwold. La découverte de ses capacités télépathiques, qui lui permettent d'entendre toute l'Inde, puis de communiquer avec tous les enfants nés le 15 août 1947, fonde l'espoir d'une unité nationale à travers le Congrès des enfants de minuit. Cet espoir sera toutefois de courte durée puisque le parlement est peu à peu déchiré par les conflits entre idéalistes et pragmatiques, la corruption et le cynisme, version miniature de la désintégration de la nation. Rythmée par les conflits familiaux et amoureux, les amours non réciproques, les trahisons et infidélités, et même le crime, cette partie est la plus mélodramatique, comme si le récit était contaminé par le mode narratif mélodramatique du cinéma de Bombay.

Le déménagement (en deux fois) de la famille au Pakistan marque un retour dans l'univers de la famille Aziz, qui se désintègre elle aussi. Entre temps, l'opération des sinus de Saleem lui fait perdre ses pouvoirs télépathiques, mais lui confère un odorat surpuissant, capable de sentir les affects. Le Pakistan, "terre des Purs", est construit en opposition radicale à l'univers hybride et joyeusement "impur" de Bombay, et le narrateur est le témoin direct de la prise de pouvoir par l'armée en 1958. Le point culminant de ce livre est la guerre indo-pakistanaise de 1965, au cours de laquelle Saleem perd toute sa famille, puis, heurté par le crachoir en argent transmis de génération en génération, perd la mémoire.

Le troisième livre, composé de sept chapitres, court de 1970 à 1978, et est placé sous le signe de la perte d'identité de Saleem, qui ne contrôle plus ni le récit ni la réalité, et devient de plus en plus périphérique à l'histoire de la nation. L'absence de maîtrise du discours "se manifeste dans la fragmentation du réel, dans la fragmentation des corps par exemple, corps des femmes, corps de l'Inde, corps du narrateur dont la mutilation est aussi un des sujets du roman" [MASSERY, 1996, p. 52]. Saleem devient "le bouddha". Le texte est alors écrit à la troisième personne, comme si la perte de mémoire avait séparé le personnage de lui-même. C'est un protagoniste amnésique, aphasique et anesthésié, "libéré du poids de l'histoire" que l'on retrouve comme soldat-limier engagé dans l'armée du Pakistan occidental. Il participe à la guerre contre le Bangladesh en 1971, avant de retrouver miraculeusement la mémoire dans la jungle des Sundarbans. Après un passage à Dacca, il est rapatrié à Delhi par Parvati, une autre enfant de minuit. Son séjour dans le "ghetto des magiciens" est néanmoins marqué par les atrocités commises pendant l'état d'urgence imposé par Indira Gandhi, qui aboutissent à la stérilisation forcée du narrateur et, par extension, à la désintégration de son corps tout entier. Pour le narrateur (et pour l'auteur), le régime autoritaire établi par le premier ministre, métamorphosée en Veuve maléfique dans le roman, marque la défaite de l'Inde démocratique, laïque et plurielle que souhaitait faire advenir Nehru. La naissance d'Aadam, fils biologique de Shiva et fils adoptif de Saleem (qui recrée la connexion naturelle avec les Aziz et les Sinai), suggère l'espoir de renouveau de la nation indienne, mais le roman se termine tout de même sur l'anéantissement du narrateur, qui se désintègre en une multitude de fragments sous la pression des myriades de vies qu'il a "avalées".

Un roman postmoderne ?

Aussi épineuse que soit la définition du postmodernisme, on peut dans un premier temps considérer avec Linda Hutcheon que la réflexivité, l'usage de la parodie, la mise en scène de l'écriture et la remise en question constante de l'autorité du narrateur et de la causalité du récit font des *Enfants de minuit* un roman postmoderne [2002, p. 60-65]. Hutcheon affirme que sa structure "établit et subvertit simultanément la téléologie, la clôture et la causalité du récit, qu'il soit historique ou fictif" [*ibid.*, p. 63, notre traduction]. En effet, le démon de l'analogie et de la correspondance qui anime Saleem, persuadé d'être à l'origine des événements tragiques de l'histoire de l'Inde, est d'emblée exhibé comme une erreur. Son désir de mettre en forme le chaos de son histoire et de celle de son pays, de lui donner un sens, est confronté à la perte de contrôle de la narration, qui semble par moments succomber sous le poids des myriades d'histoires qu'elle cherche à saisir, minant ainsi l'autorité de tout mode de pensée historique totalisant. Si l'ère postmoderne est celle de la production et de la consommation en masse de récits, alors la littérature postmoderne, y compris celle de Rushdie, réfracte et conteste cette omniprésence, en mettant au jour la construction de ces récits, dont la validité est sans cesse interrogée, comme le montrent les nombreux passages métafictionnels du roman.

En plus d'être une fiction sur la fiction, c'est la question de la possibilité de représenter le passé qui est au cœur des *Enfants de minuit*, que l'on peut ainsi qualifier avec Hutcheon de "métafiction historiographique", puisqu'il est habité par la question des modes de connaissance et de mise en récit du passé dans le présent. L'usage de la parodie dans le roman vise donc à restaurer l'histoire et la mémoire contre les tentatives de distorsions et les formes d'amnésie collective, mais aussi à remettre en cause l'autorité de tout acte d'écriture en plaçant les discours historiques et fictionnels au sein d'un réseau intertextuel en expansion constante, qui tourne en dérision toute notion d'origine unique, de causalité simple et d'histoire linéaire [Hutcheon, 1989, p. 11-12].

La déconstruction des grands récits, notamment de l'Histoire, passe aussi par la parodie et l'humour. Dès l'incipit, l'annonce grandiloquente de la naissance du protagoniste est minée par l'ironie et annonce le mode parodique du roman. Rushdie affirme qu'il a voulu écrire "une épopée comique" de l'Inde, dans la tradition satirique de Rabelais, Gogol, Boccace et Fielding [1982, p. 22], et l'on observe aussi la présence du carnavalesque bakhtinien [GURNAH, 2007, p. 97]. Loin de célébrer l'avènement d'une nation par le biais des exploits d'un héros, l'épopée se fait ici grotesque, devient une "épopée de l'échec" [SU, 2001], celui du narrateur, anti-héros dont le rapport au monde est celui de l'erreur et de l'errance, et celui de la nation indienne, qui se morcelle à mesure que le roman avance.

Un roman postcolonial ?

Cette déconstruction d'un récit historique d'unité nationale peut être lue à l'aune du postmodernisme, mais elle doit aussi être replacée dans un contexte postcolonial. Elleke Boehmer met ainsi en garde contre une lecture postmoderne trop hâtive de la littérature postcoloniale [1995, p. 238]. Si la mise en cause des grands récits, et notamment de l'universalisme des Lumières, rapproche les récits postmodernes des récits postcoloniaux, cherchant à remettre en question l'ethnocentrisme de la production des savoirs, l'écriture de la décolonisation, dit-elle, dépasse le glissement et la désintégration postmodernes, notamment par le projet politique et esthétique de ces textes, inscrits dans un contexte de lutte politique et d'un combat non achevé pour l'autodétermination et la représentation, qui est en partie celui des *Enfants de minuit*. Rushdie est certes un produit de l'éducation britannique, mais il faut tout de même garder à l'esprit l'intraduisibilité de certains éléments culturels qui sont en jeu dans son roman, accepter l'altérité du texte postcolonial et les limites de l'analogie et de la traduction culturelle. Ainsi, on ne peut comprendre le roman si l'on fait l'impasse sur la multiplicité culturelle, religieuse et linguistique de l'Inde, sur l'importance de la religion, de la mythologie mais aussi du cinéma hindi dans la vie quotidienne, sur le système des castes, et surtout, sur l'impact du contact colonial sur la société indienne.

À bien des égards, *Les Enfants de minuit* transcende les catégories qu'on a voulu lui assigner, notamment celle de roman "du Commonwealth" ou roman "postcolonial". À l'inverse, le roman a contribué à définir les catégories du postcolonial [TADIÉ, 2012] : les notions d'hybridité, de marginalité et de mimétisme (*mimicry*) ont été théorisées par Homi Bhabha à partir de Rushdie et notamment de ce roman (BHABHA, 2019, p. 167-178). La lecture postcoloniale du roman permet aussi de dégager des enjeux fondamentaux du roman, dans son rapport aux lieux, à l'histoire, à la langue, au réalisme.

Si l'on considère que le postcolonial est un rapport critique au legs de la domination coloniale, faire de l'Inde le cœur de son roman de langue anglaise est un geste postcolonial. *Les Enfants de minuit* dit en effet à la fois la fragmentation du monde résultant du colonialisme et l'éclatement de la nation, fruit de l'échec des promesses faites au moment de l'indépendance. Le rapport du roman à l'histoire nationale est caractéristique d'un moment du postcolonial dans les années 1980 : contrairement aux romans de la période antérieure, les romans de cette époque, ne prennent pas en charge la construction de la "communauté imaginée" de la nation [ANDERSON, 1983], et ce en partie à cause de l'effacement de l'idéal nationaliste dans les pays nouvellement indépendants [BOEHMER, 1995, p. 225]. Il s'agit véritablement pour Rushdie de réimaginer l'Inde à nouveaux frais par le biais de la fiction, pour renouveler et contrer la représentation orientaliste offerte par les romans "anglo-indiens", les images d'exotisme nostalgique de l'Empire, et pour faire parler les "multitudes disparues" du récit national qui se bousculent en lui. *Les Enfants de minuit* inscrit la complexité et les contradictions de l'Inde contemporaine dans le paysage littéraire anglophone, tout en représentant une Inde fantasmée, *une* Inde parmi les multiples "Indes de l'esprit" existantes [RUSHDIE, 1993, p. 20]. L'Inde de Rushdie est géographiquement et politiquement orientée, c'est celle de l'Inde du Nord et de Bombay, de la culture musulmane, mais aussi celle des identités plurielles, hybrides, bâtardes, qui coexistent harmonieusement [MASSERY, 1996, p. 38-40]. Le roman est fondé sur une analogie entre l'Inde, Bombay et le texte lui-même, unis à travers la figure de l'amalgame des différences (II, p. 184). Toute l'ambiguïté de Rushdie réside dans son refus de la lecture documentaire ou allégorique de son roman comme étant représentatif d'une nationalité, tout en ayant souvent recours à une analogie entre son écriture foisonnante et la société indienne. La métaphore de la “chutnification” de l’Histoire, sa préservation comparée à ce processus de fermentation typique de la cuisine indienne, est un exemple de cette ambiguïté.

La centralité de cette métaphore culinaire pour figurer à la fois l’écriture, la mémoire et l’histoire de l’Inde fait signe vers ce que Graham Huggan appelle “l’exotisme postcolonial” de Rushdie, un exotisme stratégique et politique qui recycle avec ironie les mythes orientalistes d’une Inde excessive, mystérieuse et dangereuse. La posture de Saleem comme fabricant et vendeur de chutneys (tout comme les motifs du serpent, de la magie, de la foule) offre une parodie de la rencontre entre Orient et Occident, et repolitise ainsi l’exotique pour suggérer aux lecteurs leur position de consommateurs-voyeurs ainsi que l’imbrication du roman dans une économie culturelle de l’altérité [HUGGAN, 2001, p. 12]. À rebours des critiques de Timothy Brennan ou d’Aijaz Ahmad à l’endroit de Rushdie et d’autres auteurs diasporiques, qui seraient partie prenante d’un processus de fétichisation et de marchandisation de la différence culturelle, Huggan affirme que Rushdie “rejoue de façon ironique une histoire continue de perceptions impérialistes d’une Inde ‘autre’”, objet de fascination et de terreur, refuge du fabuleux, espace interdit de la romance transculturelle, ou encore lieu de tourisme romantique afin de déstabiliser les attentes d’altérité culturelle d’un public métropolitain [2001, p. 62]. Ce qui fait la marque d’un roman postcolonial pour Huggan est précisément la conscience de l’auteur d’être à la fois contestataire et inévitablement pris dans cette économie de la postcolonialité. On peut ainsi lire le régime esthétique de la prolifération et de l’excès chez Rushdie comme une manière de subvertir la position qu’on lui assigne en tant que commentateur culturel, intermédiaire, décodeur d’une Inde que le centre aimerait à la fois déchiffrer et maintenir dans son altérité fascinante.

En parallèle de l’innovation stylistique de Rushdie, la subversion langagière à l’œuvre dans le roman participe d’un geste postcolonial, revendiqué par l’auteur lui-même. Une première étape de défamiliarisation de la langue anglaise consiste à incorporer au texte anglophone des mots en langue vernaculaire non traduits pour faire référence à la culture matérielle locale, ayant trait au transport (*shikara*, I, p. 19; *ikkas* et *gharries*, I, p. 55 – avec pluriel anglais accolé à un mot hindi), à la nourriture (*khichri*, I, p. 122; *laddoos*, II, p. 544), ou au vêtement (*kurta*, I, p. 185), participant à l’effet de réel mais créant aussi un degré d'opacité pour le lecteur anglophone non familier de ces réalités. Il est intéressant de noter que le traducteur français choisit parfois de gloser ou d'ajouter une note de bas de page explicative, gommant ainsi en partie l'opacité, tandis que la traduction allemande laisse ces termes tels quels [Kirca, 2021]. Notons aussi que dans l'adaptation cinématographique (dont Rushdie a écrit le script), certains personnages (Ghani, Tai) parlent ourdou ou alternent entre l'anglais et l'ourdou (Aadam Aziz, Naseem), une stratégie réaliste différente de la modulation de la langue anglaise de l'intérieur à l'œuvre dans le roman.

Lise Guilhamon analyse de manière très précise l'altération de la langue anglaise dans les romans de Rushdie, inévitablement plus sensible dans la version originale qu'en traduction. Les modifications morphologiques sont notables dans *Les Enfants*, où l'auteur ajoute parfois un suffixe hindi (*khana*, qui signifie "maison", ou *ji*, marque de respect) à un substantif anglais : *jailkhana* pour "cellule de prison" (traduit par "prison", II, p. 492), ou encore *cousinji* (I, p. 122-123). On observe aussi que la répétition du même mot à des fins d'insistance, mécanisme fréquent en hindi, est aussi transposée directement en anglais : *his boring-boring scripts* ("scénarios enquiquinants" en français, II, p. 428). Les derniers exemples sont tous tirés de répliques de Pia et contribuent à la caractérisation comique du personnage, caricature de l'actrice de Bombay, mais ses particularismes vont parfois au-delà du sociolecte, à l'image de néologismes tels que *pumpery-shumpery* (II, p. 429, 578). En effet, certaines occurrences non-standard sont de pures créations verbales, qui participent de la dislocation de la langue et de l'esthéthique rusdienne de l'hybridité, comme dans le cas de la fusion de mots entre eux, marqueurs d'oralité : *roundandroundandroundandroundand* ("rond-rond-rond", II, p. 338), *Iswearonmymother'shead* ("jelejuresurlatêtedemamère", II, p. 417). Cette créativité verbale se confirme lorsque l'on remarque les particularités de la langue de Rushdie qui n'ont pas de rapport évident au contexte indien, tels que l'usage de mots archaïques (*tomfoolery*, I, p. 50), de mots à racine latine qui ont des alternatives plus courantes en anglais (*expectorate*, *defenestrate*, *liquescent*) [Gane, 2006, p. 180].

Il faut aussi mentionner que *Les Enfants de minuit* thématisent la langue comme lieu de cristallisation des enjeux politiques, dans le contexte de la division des États indiens le long de "murs de mots" (II, p. 336) mais linguistiques en 1956. L'implication accidentelle du protagoniste, enfant anglophone ne maîtrisant ni le gujarati ni le marathi, dans les manifestations violentes pour le rattachement de l'État de Bombay au Marathi ou au Gujarati donne à voir ces luttes linguistiques comme une forme de "pétrification identitaire régressive" [GUILHAMON, *in* CASTAING, 2009, p. 227]. On peut aussi y voir une défense oblique de l'anglais comme un moyen de dépasser les particularismes régionaux et les essentialismes identitaires, une ligne qui apparaît dans la bouche d'Aurora dans *Le Dernier soupir du Maure*.

YAN LIANKE, *LA FUITE DU TEMPS*

REPÈRES

Nous allons replacer Yan Lianke (né en 1958) dans un contexte historique, puis biographique, avant de retracer son parcours en tant qu'écrivain.

Une histoire traumatique

Nous évoquerons tout d'abord le contexte historique, particulièrement mouvementé, dans lequel Yan Lianke a grandi puis exercé son activité d'écrivain, contexte qui est aussi celui de *La Fuite du temps*. Pour tenter de dater les événements relatés dans le roman, on peut s'appuyer sur certains repères temporels, notamment la mention de la fabrication de l'acier dans les petits hauts-fourneaux (p. 559), qui renvoie au Grand Bond en avant, et précisément à l'année 1958, ainsi que sur la mention de l'âge des personnages principaux : ainsi, en suivant la temporalité inversée qui caractérise le roman (v. Repères et Analyses), Sima Lan naît à la fin du livre V, pour atteindre quatre ou cinq ans au début du même livre (p. 569) ; puis il a sept ans au début du livre IV (p. 431), environ dix ans au livre III (p. 332), vingt ans au livre II (p. 220) et finalement entre trente-neuf et quarante ans au livre I (p. 9). Le livre V couvrirait donc approximativement une période allant de 1949 (on fait l'hypothèse que le romancier fait naître son héros au moment de la création de la République populaire) à 1954, le livre IV poursuit jusqu'en 1958 (avec la référence à la fabrication de l'acier pendant le Grand Bond en avant), le livre III jusqu'aux environs de 1968, puis le livre II jusqu'à l'année 1988, enfin le premier livre correspondrait aux années 1988-1989. L'ensemble du roman s'étend donc sur une période de quarante ans, où s'opposent grossièrement deux périodes historiques : la dictature maoïste d'une part (1958-1976), puis l'Ouverture (à partir de 1978), conduite par Deng Xiaoping.

- **La dictature maoïste**

La République populaire de Chine a traversé deux expériences traumatiques sous l'ère maoïste, mais plus que la Révolution Culturelle (1966-1976), c'est le Grand Bond en avant et la famine qu'il a provoquée (1958-1961) qui ont marqué le plus les campagnes. Entre ces deux périodes, les paysans connaissent une relative accalmie (1961-1965).

Nous commençons néanmoins par la toute première phase de l'histoire de la République populaire, entre la fondation du régime en 1949 et le Grand Bond en avant. La Chine applique alors le modèle soviétique. Ce n'est pas la première fois que le pays s'ouvre à des modèles étrangers, mais il s'agissait jusqu'alors de modèles européens ou américains (transmis souvent par l'intermédiaire du Japon, qui avait opéré cette ouverture dès la Révolution Meiji en 1868). Joël Thoraval qualifie de "processus d'autodestruction" [*in* GENTELLE, 2004, p. 73] cette tendance qui, en particulier au moment du Mouvement du Quatre-Mai (1919), conduit la Chine à se détourner volontairement et même violemment de ses repères traditionnels. L'introduction en Chine, à partir de 1949, des valeurs marxistes reformulées par l'URSS s'inscrit donc dans un mouvement plus ancien, qui remonte au moins au début du XXe siècle.

Le marxisme confirme et accentue en particulier une foi indéfectible dans le progrès social et politique, que le romancier thématise à travers les entreprises menées par les chefs de village successifs et censées améliorer le sort des villageois – Sima Xiaoxiao et la monoculture du colza, Lan Baisui et les champs en terrasses, enfin Sima Lan et le canal de Lingyin –, entreprises qui toutes se soldent par des échecs retentissants. Le marxisme, appliqué par le régime communiste à partir de 1949, marque une autre rupture dans l'histoire de la Chine : il tend à écarter l'élite lettrée qui, traditionnellement, détenait les rênes du pouvoir dans la Chine impériale, pour la remplacer par des "technocrates idéologiquement sûrs" [Fairbank, 1989, p. 405], c'est-à-dire au service du Parti.

Lors de cette première phase historique, dans les campagnes en particulier, on met en œuvre une réforme agraire qui rompt avec l'ordre social traditionnel. D'une part, les cadres du Parti, remplaçant la "petite gentry de la fin de l'époque impériale" sont, comme celle-ci autrefois, "en position d'imposer, conscrire, organiser et tyranniser la population agricole" [Fairbank, 1989, p. 439-440]. D'autre part, on retire aux catégories considérées comme privilégiées leurs avantages et parfois leur vie (on estime à 5 millions le nombre de propriétaires fonciers exécutés) [*in* Bergère, 1990, p. 19], et l'on redistribue les terres que, dans un premier temps, les paysans "peuvent louer ou vendre", de même qu'ils peuvent "embaucher des ouvriers agricoles et faire du commerce" [*ibid.*, p. 20]. Mais ce système libéral prend fin dès 1953, où l'on passe à la collectivisation : les terres, les animaux et les outils deviennent propriété collective et les paysans, organisés en "coopératives de production" (*hezuoshe*, v. Outils, Glossaire chinois, pour les caractères chinois) regroupant de 20 à 30 familles pour les coopératives de niveau inférieur et jusqu'à 150 pour les coopératives dites "socialistes", sont rémunérés au forfait. Il existe toutefois des aménagements : dans les coopératives de niveau inférieur, on perçoit une part de revenu proportionnel à l'apport initial ; de même, en 1956, on peut passer des "contrats familiaux" (*baochan daohu*) qui introduisent une logique libérale [*ibid.*, p. 154].

Mais, à la fin des années 1950, la croissance économique est jugée insuffisante. Mao Zedong (1893-1976), fondateur du régime et Président du Parti, entend réformer l'organisation de la production en lançant en 1958 le "Grand Bond en avant" (*Da yue jin*), archétype d'une politique à l'ambition irréaliste qui se traduit non seulement par un recul sur le plan économique, mais par une véritable catastrophe sur le plan humain. Le système pyramidal instauré dans les premières années du régime pour assurer, espérait-on, une gestion efficace des hommes et des ressources, est redéfini : les coopératives de production deviennent, en fonction de leur taille, soit "équipes de production" (*shengchan dui*), soit "brigades de production (*shengchan dadui*), et, à l'échelon supérieur, on crée des "communes populaires" (*renmin gongshe*), qui couvrent chacune le territoire d'un canton (*xiang*) et rassemblent environ 5 000 familles (p. 589-590). Cette organisation n'est pas étrangère à l'époque impériale si l'on se réfère au système du baojia, mais, sous le régime communiste, le contrôle s'exerce à un niveau inférieur et, les brigades pouvant être déplacées pour effectuer des travaux sur tout le territoire de la "commune" (*ibid.*, p. 360), le "lien territorial" qui formait la base de la vie rurale se voit rompu [*in* BERGÈRE, 1990, p. 155].

Le Grand Bond en avant fixe surtout une politique générale qui marque une rupture avec le modèle soviétique, notamment avec l'idée que la croissance doit s'appuyer prioritairement sur l'industrie : l'économie doit "marcher sur ses deux jambes", c'est-à-dire sur l'agriculture autant que sur l'industrie. Une autre différence est la méfiance de Mao Zedong à l'égard des technocrates de l'administration centrale : d'une part, le Bureau des statistiques est démantelé, ce qui rend difficile, voire impossible l'évaluation des résultats de l'économie [FAIRBANK, 1989, p. 421] ; d'autre part, les initiatives locales sont favorisées, si bien que la politique volontariste et irréaliste du gouvernement, dont témoignent les petits hauts-fourneaux censés fabriquer de l'acier dans les campagnes (*FT*, p. 559), s'est vue démultipliée à l'échelon local, ce qu'illustrent les entreprises infructueuses des chefs de village successifs dans le roman : "[L]es cadres locaux [...] saisissaient avec empressement l'occasion de diriger les masses dans les nouveaux projets. [...] La conjoncture politique était plus favorable à celui qui rassemblait l'enthousiasme des masses, grâce à sa ferveur idéologique, qu'au spécialiste compétent" [FAIRBANK, 1989, p. 422]. Les paysans sont alors exploités jusqu'à l'usure : "Les paysans travaillaient 24 heures sur 24 pour battre leurs propres records de rendement, les responsables locaux continuaient à faire état de chiffres de production totalement irréalistes" [*ibid.*, p. 426], ce qu'illustrent dans le roman les conditions de travail sur le chantier du canal, où périt un quart de la main-d'œuvre (p. 261). La conséquence d'une telle politique fut "la plus grande famine jamais provoquée par l'homme" [FAIRBANK, 1989, p. 424] ou, selon la terminologie officielle, "Trois Années de Grande Famine" (*sannian da jihuang*), entre 1959 et 1961, dont les victimes se comptent par dizaines de millions (entre vingt et trente selon les historiens). Ce traumatisme collectif fait l'objet d'un long développement dans le livre IV du roman, mais il est imputé à une invasion massive de sauterelles et non à une décision politique.

On peut penser, avec Alessandra Pezza, que Yan Lianke, né en 1958, n'a pas de souvenir direct de cette première période, et qu'il puise cette connaissance dans une "post-mémoire", c'est-à-dire dans les discours que lui a transmis son entourage [PEZZA, 2019, p. 221]. Il n'en est pas de même des périodes suivantes, pour lesquelles il est possible qu'il mobilise des souvenirs directs. Après les premières années de mise en place du régime, puis la période du Grand Bond en avant, les Chinois connaissent une période de transition (1961-1965), que Claude Aubert nomme la "collectivisation aménagée" [*in* BERGÈRE, 1990, p. 155] : dans les campagnes, la gestion de la production n'est plus le fait des communes populaires, qui, cessant d'être des unités de production pour devenir des unités administratives, se confondent, de fait, avec les cantons (*xiang*), mais elle est confiée aux équipes et aux brigades de production qui, dans un esprit libéral, "possèdent les terres collectives, organisent le travail et distribuent les récoltes" [*ibid.*]. Il est difficile, dans le roman, de repérer des références à cette période spécifique. Mais il est probable que le projet du chef Lan Baisui consistant à "aménager des champs en terrasses" (*xiu jian ti tian*), tout d'abord formulé par le slogan "retourner la terre" (*fan di huan tu*), correspond à une campagne lancée par Mao en 1963 visant à ériger un village du Shanxi nommé Dazhai en village modèle (avec le slogan "Dans l'agriculture, étudier Dazhai", *Nongye xue Dazhai*) : en effet, le "village-pilote" (*shidiancun*) dirigé par le "responsable Lu", que visitent Lan Baisui et Sima Lan (p. 345-351), ressemble fort au village de Dazhai dont on a voulu appliquer les méthodes dans d'autres villages de Chine dans les années 1960 (p. 354).

La Révolution Culturelle (1966-1976), qui constitue la quatrième phase historique, est souvent analysée comme le résultat catastrophique des moyens qu'a mis en œuvre Mao pour reconquérir le pouvoir, après qu'il eut perdu la face lors de l'échec du Grand Bond en avant et alors qu'il était sur le point d'être marginalisé par Liu Shaoqi (1898-1969, Président de la République) et Deng Xiaoping (1904-1997, Secrétaire Général du Parti). Pour ce faire, il ne tente plus de rectifier le Parti de l'intérieur, mais s'appuie sur des groupes situés à l'extérieur, les Gardes Rouges formés parmi la jeunesse. Les scènes d'autocritique faites d'humiliation et de violence extrême qui caractérisent cette période semblent bien transposées dans le roman, notamment dans la déconfiture de Lan Baisui face aux villageois, après le départ des travailleurs venus prêter main forte pour l'aménagement des champs en terrasses (p. 399-404).

Dans son autobiographie *Songeant à mon père* (2008), Yan Lianke rapporte deux souvenirs de la Révolution Culturelle. Dès 1966, le principe collectiviste est rétabli :

> Les 8 ou 9 octobre, ce sont les rosées froides ; quinze jours après, suivent les gelées blanches. Mais lorsque les rosées froides arrivèrent, la brigade de production organisa un meeting. Un texte officiel, émis depuis le gouvernement central vers les provinces puis les districts, et enfin vers chaque brigade de production, décrétait que les communes populaires ne pouvaient absolument pas autoriser les familles à posséder une parcelle individuelle ; ces parcelles, il fallait les rendre à la communauté dans les trois jours suivant la promulgation du décret.
>
> Cela se passait en 1966. [YAN, 2017b, p. 36]

Un second souvenir est évoqué, situé deux ans plus tard :

> Un jour que je rentrais à la maison, [...] je m'aperçus que les peintures qui ornaient les murs avaient été retirées. Il s'agissait de représentations des Huit Immortels traversant les mers, du Bouvier et de la Tisserande et des Fées visitant la terre. Sur la table de la pièce principale, la tablette des ancêtres avait disparu et le délicat brûle-encens était cassé en mille morceaux sur le sol. La pièce était en désordre, poussiéreuse, comme mise à sac. C'était en 1968. L'époque étaient particulière, la Révolution Culturelle était en cours et il fallait "détruire l'ancien et créer le nouveau" ; les maisons étaient ainsi fréquemment fouillées.
>
> [YAN, 2017b, p. 116]

Toutefois, selon les historiens, la Révolution Culturelle ne concerne les campagnes que de façon indirecte ou bien tardivement [FAIRBANK, 1989, p. 454], c'est-à-dire dans les années 1970, après la dissolution des Gardes Rouges devenus incontrôlables et le recours à l'armée à la fin de l'année 1968, et après la fin officielle de la Révolution Culturelle lors du Congrès du Parti d'avril 1969 : "[D]ans les années 1970, la Grande révolution culturelle prolétarienne étendit son action coercitive sur les campagnes, où l'on demanda par exemple aux paysans d'abandonner toute occupation parallèle, comme l'élevage de porcs, de poulets et canards afin de 'couper la queue de l'impérialisme'. Pour un grand nombre, cela signifiait mourir de faim" [*ibid.*, p. 467]. Dans les campagnes, la principale conséquence de la Révolution Culturelle est somme toute "une profonde désillusion à l'égard du gouvernement socialiste et un renouveau de l'importance de la famille" [*ibid.*, p. 479].

Il est à nouveau difficile de trouver dans le roman des événements qui fassent clairement écho aux troubles de la Révolution Culturelle. Peut-être la monoculture du colza que le chef Sima Xiaoxiao impose aux paysans (p. 438) renvoie-t-elle à l'orientation politique décrite dans la citation ci-dessus ? Néanmoins, si l'on se fie au calcul exposé en introduction, le livre IV où l'on décrit les conséquences désastreuses du choix de Sima Xiaoxiao après le déferlement de sauterelles dans les champs, ne correspond pas à la période de la Révolution Culturelle (1966-1976), mais à une période antérieure (1954-1958). Comme nous le verrons en abordant les liens entre le roman et l'histoire (v. Thématiques, Histoire), Yan Lianke n'entend pas illustrer de façon scolaire les étapes successives de l'histoire de la Chine. Il met en scène des événements qui parfois peuvent renvoyer à plusieurs époques à la fois : c'est en fait le cas de la monoculture du colza (Sima Xiaoxiao, livre IV), des champs en terrasses (Lan Baisui, livre III) et de la construction du canal (Sima Lan, livres I et II).

- **L'Ouverture**

Après la mort de Mao Zedong (1976), puis le procès de la Bande des Quatre, et, ensuite, une période de transition d'environ deux ans, une nouvelle ère commence, sous les auspices de Deng Xiaoping qui entend "éliminer le chaos [de la Révolution Culturelle] et revenir à la normale" (*bo luan fan zheng*). Dans les campagnes, la nouvelle orientation se traduit par une décollectivisation progressive, entre 1979 et 1984, date où disparaissent les communes populaires, qui n'étaient déjà plus des unités de production depuis 1962. Sous la supervision des équipes de production, qui demeurent propriétaires de la terre, les familles deviennent peu à peu responsables de leur production, dont elles assurent l'investissement et dont elles retirent des profits. Dans le livre II du roman, Sima Lan apprend de la part de la femme qu'il rencontre dans le village de Xiaomazhai les changements survenus dans les campagnes : "Ici nous avons partagé les terres ; maintenant chaque foyer est responsable de ses cultures" (p. 267). À la fin du livre II, les terres ont été distribuées, comme Du Bai l'explique à un Sima Lan vieilli : "C'est la réforme de l'Ouverture maintenant ! Les paysans peuvent librement cultiver leurs terres et s'adonner au commerce"

(p. 322 ; le texte original peut être traduit littéralement ainsi : “Dans toute la Chine, les communes populaires sont devenues des cantons [*xiang*] et les brigades de production [*shengchan dadui*] des villages [*cun*]”.) L’étape suivante consiste à créer des comités de village (*cunmin weiyuan hui*), qui, à la fin des années 1980, remplacent effectivement les anciennes brigades de production : “Au bourg, on nous pousse à créer un comité du village” (p. 138), déclare Du Bai à Sima Lan.

Dans les années 1990, on passe à l’instauration d’une “économie socialiste de marché” (*shehuizhuyi shichang jingji*), formule prononcée à l’origine en 1992 par le Secrétaire Général du Parti Jiang Zemin (1926-2022). Il s’agit certes d’adopter, progressivement, le système libéral qui a cours en Occident, mais uniquement sur le plan économique, car la visée politique reste le “socialisme”, lui-même censé conduire à terme au communisme. Sans compter le motif de la vente de la peau ou de la chair qui y font allusion, le thème du commerce est mis en scène dans l’épisode où Sima Lan tente de récupérer l’argent récolté au dispensaire par la vente de la peau, en vue de financer la construction du canal : il apprend que les villageois ont déjà tout dépensé, en “faisant du commerce” (quatre occurrences p. 312-318).

Un homme entre deux mondes

Yan Lianke ouvre son écrit autobiographique intitulé *Songeant à mon père* par cette question : “Qui suis-je ?”, et le premier souvenir qu’il évoque est un dîner en ville, où il est présenté aux convives par la formule : “‘Voilà l’écrivain Untel, il a écrit tel roman’” ; il qualifie ensuite la soirée de “sinistre” [Yan, 2017b, p. 5]. À cette expérience de l’anonymat il oppose ses retrouvailles avec les siens, dans son village natal : “Je descendis du train et traversai la foule, les villageois m’enfoncèrent quelque chose dans la poche, me reconnurent soudain : ‘Ah ! C’est toi, Lianke ! Tiens, prends un œuf, nous l’avons fait cuire nous-mêmes’” [*ibid.*, p. 6]. Yan se voit et se présente lui-même comme un être appartenant à la communauté paysanne qui l’a vu naître et grandir. Et pourtant, il n’a cessé de s’éloigner de cette communauté, d’élargir son expérience, de s’ouvrir à d’autres mondes tant géographiques que culturels. “‘Qui est-il’ au fond ? Doit-on le définir comme le fils de paysans illettrés auxquels la plupart de ses romans font une place en décrivant le monde de la campagne dont il est issu ? ou bien est-il l'écrivain accompli, reconnu tant en Chine que dans la "République mondiale des lettres" [Casanova, 2008] ? Nous allons retracer le parcours de Yan Lianke entre ces deux positions à la fois opposées et complémentaires, qu'il tente de maintenir ensemble dans une construction identitaire complexe.

- **Un ancrage paysan**

Yan Lianke est né en 1958 à Tianhu, un village de la province du Henan, situé à une cinquantaine de kilomètres au sud-ouest de la ville impériale (aujourd'hui "ville-préfecture") de Luoyang, à l'intérieur du district de Song. Même s'il compte tout de même environ 6 000 âmes, le "lieu d'origine" ou plus exactement la "communauté de départ" (*jiguan*) [Thoraval *in* Gentelle, 2004, p. 74] de Yan se situe à l'échelon le plus bas dans le découpage territorial de la Chine. Si son village (*cun*) semble ainsi écrasé sous un empilement de strates administratives successives – le bourg (*zhen*), le canton (*xiang*), le district (*xian*), la ville-préfecture (*dijishi*) et la province (*sheng*) – qui forment un relais avec le pouvoir central, son pays natal présente toutefois des traits culturels qui constituent aussi des repères identitaires :

> Ces "pays" (cantons, districts, préfectures) sont aussi les lieux d'une infinie variété de cultures locales se traduisant par des différences dialectales, gastronomiques, artistiques ou rituelles parfois considérables. Ce qu'on appelle "culture chinoise" a longtemps été un ensemble disparate de microcultures, recouvert par le symbolisme et le ritualisme d'une culture mandarinale lettrée qui en assurait la cohésion et l'intercommunication. [*ibid.*, p. 75]

L'empreinte culturelle paysanne est manifeste dans la langue que parle le romancier, "un dialecte teinté de mandarin" [Yan, 2017b, p. 126] : en effet, les habitants de la région parlent la langue des Han (groupe ethnique majoritaire de la Chine), mâtinée de traits dialectaux. Mais, comme nous le verrons, Yan n'utilise pas cette langue vernaculaire dans ses romans.

L'ancrage dans la culture paysanne se repère davantage dans une sensibilité aux paysages, au changement des saisons et plus encore au passage des vingt-quatre "périodes solaires" (*jieqi*) qui rythment la vie rurale, comme, dans le roman, la "pluie des céréales" (*guyu*, correspondant à la période du 20 avril, p. 543), ainsi qu'aux gestes quotidiens, comme dans ce paragraphe de *Songeant à mon père*, où il décrit celui-ci en train de lutter avec sa houe contre les pierres qui encombrent la terre :

> Lorsque nous arrivions au champ, mon père se tenait droit comme un I ; mais à force de creuser, quand arrivait midi, il ressemblait à un arbre sur lequel on aurait accroché un lourd sac, le tronc encore dressé ployait déjà visiblement. Après le déjeuner, l'arbre semblait s'être délesté de son fardeau et s'efforçait à nouveau de se maintenir droit. Et lorsque le soleil déclinait, l'arbre était terriblement courbé, comme lesté par deux ou trois sacs toujours plus lourds, comme s'il ne pouvait désormais plus se redresser. [2017b, p. 31]

Cet extrait montre un autre aspect de la sensibilité populaire encore vivante dans les campagnes chinoises : dans une logique que nous dirions holiste, il s'agit d'une perception des hommes en résonance avec les éléments naturels, si bien qu'un homme peut être non pas comparé (car la comparaison relève d'un acte intellectuel réfléchi) mais associé, assimilé, relié à un arbre. On peut faire remonter ce mode de perception au fonds culturel qui s'élabore sous la dynastie des Han postérieurs (Ier-IIe siècles après Jésus-Christ) et que l'on nomme la "cosmologie corrélative" qui adopte "une perspective plus symbolique que cognitive, [s'attachant] moins à connaître qu'à maintenir dans le monde humain un équilibre constant sur le modèle le plus incontestable qui soit, celui du cours naturel des choses" [CHENG, 1997, p. 286]. On peut aussi repérer cette habitude d'associer dans une même perception la nature et l'homme dans le procédé poétique du *xing*, qui consiste à juxtaposer un élément naturel puis un élément humain de façon à les faire résonner l'un au contact de l'autre, comme cela est pratiqué dans un grand nombre de poèmes du *Classique des poèmes* (*Shi jing*), anthologie dont on attribue l'établissement à Confucius, et qui s'inscrit dans la même tradition paysanne :

> Aux champs sont liserons
> Tout chargés de rosée !
> Il est belle personne
> Avec de jolis yeux !
> J'en ai fait la rencontre :
> Elle est selon mes vœux.
> [*Anthologie de la poésie chinoise classique*, p. 48]

La jeune fille n'est pas comparée aux liserons, mais liserons et jeune fille sont appréhendés dans une perception globale où l'un et l'autre résonnent ensemble.

L'extrême pauvreté, la maladie et la mort forment l'horizon de ce monde paysan, du moins à l'époque et dans la famille de Yan Lianke. Concernant l'expérience familiale *stricto sensu* et indépendamment des événements historiques qui assombrissent encore davantage le tableau, c'est en effet la pauvreté qui, selon l'écrivain, expliquerait pourquoi on ne connaît pas la date exacte de sa naissance : "En raison de la pauvreté, la famille n'avait pas l'habitude de fêter l'anniversaire de la naissance, et personne ne sait quel jour je suis né" [*in* GAN, 2022, p. 30]. De même, c'est pour subvenir aux besoins de la famille qu'à dix-sept ans, il interrompt ses études pour aller travailler à Xinxiang, à quelque 200 km de chez lui [*ibid.*, p. 32]. Enfin, le tout premier roman qu'il écrit, vers 1976, aurait été brûlé par sa mère pour chauffer la maison familiale [PEZZA, 2019, p. 191]. La maladie, quant à elle, atteint presque tous les membres de sa famille : sa sœur souffre d'ostéonécrose, au point qu'elle ne peut poursuivre son activité de professeur [YAN, 2017b, p. 21 et 57] ; Yan rapporte notamment que, lors d'une opération qu'elle a subie, ses parents, son frère, une autre sœur et lui-même ont dû fournir leur propre sang [*ibid.*, p. 57]. Son père, comme de nombreux paysans, devient asthmatique avant l'âge de trente ans, et meurt à cinquante-huit ans [*ibid.*, p. 42 et 56]. Enfin, Yan lui-même est atteint de lombodiscarthrose à partir de 1993, ce qui l'oblige à écrire en position couchée [GAN, 2022, p. 27]. Cette expérience familiale et personnelle se retrouve dans *La Fuite du temps*, à travers en particulier le motif de la maladie de la gorge obstruée et les scènes de vente de peau au dispensaire du chef-lieu de canton.

- **Un arrachement au pays natal**

Yan Lianke entend certainement rendre justice à la culture paysanne qui l'a nourrie, dans un mouvement de résistance à une tendance de fond de la politique chinoise du XXe siècle, privilégiant la construction d'une identité nationale : "Le XXe siècle chinois est resté dominé par l'activisme d'élites intellectuelles et politiques ayant considéré que le secret de l'arriération et de la sujétion de la Chine était à trouver dans les effets persistants d'une culture traditionnelle globalement jugée "féodale" et incompatible avec la modernité" [THORAVAL, *in* GENTELLE, 2004, p. 73]. Mais Yan est en même temps un homme qui, dès son plus jeune âge, s'est arraché à son pays natal, non sans en concevoir un fort sentiment de culpabilité. Relevons les étapes de cet éloignement progressif.

À environ douze ans, il visite l'ancienne capitale Luoyang, qui lui semble encore plus extraordinaire que le chef-lieu de district (Song). Il décide alors de quitter la campagne pour étudier et s'installer en ville : "[E]n rentrant de Luoyang, je tournai et retournai dans ma tête l'idée d'étudier, de quitter la campagne, de fuir la terre pour aller organiser ma vie en ville" [2017b, p. 109]. Comme nous l'avons vu, c'est en fait la nécessité de contribuer aux dépenses de santé de sa famille qu'il quitte une première fois son village, en 1977, afin d'aller travailler dans une cimenterie à Xinxiang. La même année, il se présente au concours d'entrée à l'Université (le *gaokao*), mais il échoue. Il doit retourner travailler à la cimenterie.

La véritable rupture date de 1978, lorsque, sur le conseil de sa mère, il décide d'entrer dans l'armée, suivant l'exemple de Mo Yan (1955-) qui a rejoint l'armée deux ans plus tôt. Il semble que ce fût à cette époque une des rares voies que pouvait emprunter un jeune homme sans diplôme, venant de la campagne et souhaitant s'ouvrir à un autre monde. Yan Lianke associe son départ au sort malheureux que connaît par la suite sa famille, et dit éprouver un sentiment de culpabilité : "Plutôt que de dire que je m'engageai, il serait plus juste de dire que je pris la fuite ; que je trahis les miens, plutôt que je pris la fuite ; que je rejetai les responsabilités d'un fils envers son père et sa famille, plutôt que je trahis les miens" [2017b, p. 64]. Il pense avoir manqué à un des principes fondamentaux de la tradition confucéenne : la pitié filiale (*xiao*).

Une autre étape de son éloignement vis-à-vis des siens est son mariage avec une femme de la ville. Yan Lianke rapporte l'anecdote où, lors du Nouvel An de 1988, il rend visite à sa mère, accompagné de son fils, mais sans son épouse ; sa mère lui demande de repartir aussitôt car, selon elle, sa place est auprès de sa femme : Yan vit cela comme une nouvelle rupture [2017b, p. 11].

Il fait enfin l'expérience d'un autre type d'arrachement, lorsque, pour écrire ses romans, il élabore une langue qui n'est pas celle que l'on parle dans son pays natal : il s'agit d'une langue littéraire, ressentie parfois par les lecteurs chinois comme une langue quasiment étrangère, résultant d'un processus de "défamiliarisation linguistique" (*yuyan moshenghua*), sentiment souvent formulé également à l'égard de la langue de Mo Yan ou de Gao Xingjian (1940-).

Un écrivain local, national et international

Passer du monde paysan où Yan Lianke a vécu enfant et adolescent au monde littéraire et intellectuel de la ville l'éloigne encore davantage de son "origine". Sa vocation littéraire est souvent expliquée par deux circonstances anecdotiques. D'une part, lorsqu'il était adolescent, il était chargé d'aller chercher des livres pour sa sœur malade : il aurait alors été séduit par le monde de la fiction. D'autre part, vers 1977-1978, en lisant la quatrième de couverture du roman de Zhang Kangkang (1950-) intitulé *La Ligne de démarcation* (*Fenjiexian*, 1975), il découvre que l'écrivaine, grâce à ses publications, avait pu quitter sa terre natale et devenir une romancière à part entière [Gan, 2022, p. 32]. Il entend dès lors suivre l'exemple de cette aînée : écrire pour trouver une forme de liberté.

Ce n'est en fait qu'au sein de l'armée qu'il recevra une "formation à la création littéraire" [Yan, 2017b, p. 65], que les troubles historiques de la dictature maoïste ne lui avaient pas permis de recevoir. En effet, en 1966, alors qu'il vient d'entrer à l'école primaire, le jeune Lianke, huit ans, subit la "suspension des cours au bénéfice de la Révolution" (*tingke nao geming*), mesure prise au début de la Révolution Culturelle, qui se traduit par un arrêt de l'enseignement à tous les niveaux. En réalité, il se rend bien à l'école, mais il étudie les citations de Mao Zedong ainsi que certains de ses textes, dont celui qui est intitulé "Servir le peuple". Nous avons vu que, par la suite, il a dû interrompre ses études en raison des circonstances familiales. Ce n'est donc qu'une fois entré dans l'armée qu'il suit un parcours académique : en 1985, il est diplômé du département de sciences politiques et d'éducation de l'Université du Henan, puis il étudie la littérature à l'Institut des arts de l'Armée populaire de libération, dont il sort diplômé en 1991.

- **Un écrivain au service de l'armée**

Parallèlement à cette formation, Yan Lianke écrit des récits de fiction. Avant même d'entrer dans l'armée, alors qu'il travaille encore dans la cimenterie de Xinxiang, il écrit un premier roman, vers l'âge de dix-neuf ans : *Sang et feu dans les campagnes* (*Shanxiang xue huo*). C'est le manuscrit de ce roman que sa mère aurait brûlé pour servir de combustible [PEZZA, 2019, p. 191]. Ce texte, qu'il renie [TOY, 2007], portait sur la lutte des classes pendant la Révolution Culturelle, et s'inscrivait probablement dans la lignée du réalisme socialiste revu à la lumière de la propagande révolutionnaire maoïste. Au sein de l'armée, il est chargé de formuler des slogans, ce qui lui a sans doute servi lorsqu'il a pris un tournant satiriste. Surtout, pendant plus de dix ans, il écrit sur commande des romans et des nouvelles publiés dans des revues militaires.

On peut parfois déceler un discours critique dans certains de ces premiers écrits, comme dans la nouvelle *Petit Village, Petite Rivière* (*Xiao cun, xiao he*, 1986), où le personnage principal est un soldat qui exprime son souhait de fuir les combats lors de la guerre contre le Vietnam (1979), ou dans *Chemins sinueux dans la campagne* (*Cunlu wanwan*, 1987), qui met en scène un vétéran que son village n'accueille pas comme un héros militaire [GAN, 2022, p. 33].

- **Romans sur la campagne**

Après les écrits de propagande qui prennent place le plus souvent dans le milieu de l'armée, Yan pratique, dans les années 1990, une fiction "folklorique", s'employant à décrire les mœurs des paysans de Yaogou (le "Ravin de jade"). L'écrivain juge ces œuvres, "maladroites mais sincères, extrêmement rustiques et aimables" ; il ajoute : "Ce sont des descriptions réelles du sentiment de la vie, aimées par les gens ordinaires, en particulier par les jeunes gens qui viennent de la campagne" [*in* GAN, 2022, p. 34].

Un tournant sans doute se produit en 1994, avec le petit roman intitulé *Xia Riluo* (titre qui désigne le nom du héros mais qui évoque aussi "le soleil couchant de l'été") : deux officiers, entrés dans l'armée non par esprit patriotique mais pour s'élever socialement, voient leur carrière ruinée par le suicide d'un soldat cuisinier sous leurs ordres.

La nouvelle est interdite et Yan Lianke, menacé un temps d'être renvoyé à la campagne, doit rédiger une autocritique [Gan, 2022, p. 65] : il s'agit de la première confrontation connue du romancier avec la censure. Non sans paradoxe, le roman *Xia Riluo* a été publié au-delà du cercle des revues de l'armée : dans le *Mensuel de la fiction* (*Xiaoshuo yuebao*) ainsi que dans les *Publications choisies de la littérature de Chine* (*Zhonghua wenxue xuankan*), si bien que c'est à cette occasion que Yan Lianke pénètre le milieu littéraire et intellectuel chinois.

À partir de la seconde moitié des années 1990, Yan Lianke publie une autre série sur le monde paysan : c'est la "série des [monts] Balou" (*Balou xilie*), dont le ton est moins complaisant et plus critique que la "série du Ravin de jade" (*Yaogou xilie*). Mais, d'une publication à l'autre à l'intérieur de la série, les tonalités sont assez différentes. Ainsi, *Les Jours, les mois, les années* (*Nian yue ri*, 1997), qui s'apparente à un conte, est l'histoire d'un vieil homme et de son chien qui luttent contre la sécheresse, au prix de leur vie. *Un Chant céleste* (*Balou tiange*, 1999) décrit les efforts d'une mère qui finit par guérir ses filles handicapées : la nouvelle comporte une dimension fantastique (c'est grâce au fantôme de son mari que la mère trouve le remède qui permet de rétablir ses filles), mais la tonalité générale est grave et sombre. Le motif du handicap est au centre d'un autre roman des Balou, qui, au contraire, s'inscrit dans une veine burlesque et satirique : *Bons Baisers de Lénine*, publié en 2004 (le titre, *Shouhou*, signifie "prendre du plaisir" dans le dialecte du Henan, terme que Sylvie Gentil traduit par le néologisme "benaise"). Le village de Benaise ne rassemble presque que des habitants handicapés, qui, sous la direction du chef du village, constituent une troupe de théâtre itinérante qui collecte de l'argent afin d'acheter la dépouille de Lénine susceptible d'attirer des touristes et d'enrichir les villageois. *La Fuite du temps* (1998) s'inscrit dans la série des monts Balou, et se situe entre les deux tendances évoquées, étant à la fois sombre comme *Les Jours* et *Un Chant céleste*, et burlesque comme *Bons Baisers de Lénine*.

Grâce à ces publications, Yan Lianke obtient une reconnaissance nationale. Il reçoit par deux fois le prix Lu Xun du roman court (*zhongbian xiaoshuo*), attribué tous les trois ans : en 1996, pour *La Grotte d'or* (*Jinhuang dong*), puis, surtout, en 2000, pour *Les Jours*. Il obtient encore en 2005 le prix Lao She pour *Bon Baisers de Lénine*. Il manque de peu le prix Mao Dun, pour lequel son roman *La Fuite du temps* est sélectionné : il aurait alors remporté les trois prix littéraires considérés comme les plus prestigieux au plan national. Mais, comme en 1994 lors de la publication de *Xia Riluo*, cette reconnaissance est ambiguë : après avoir donné une interview à propos de *Bons Baisers de Lénine* sur la chaîne Phénix de la télévision de Hongkong, Yan Lianke doit démissionner de l'armée, et, dans le même temps, il est accueilli au sein de l'Association des écrivains : sans doute est-ce là une façon de le contrôler.

- **Romans critiques**

Le contrôle et la censure s'exercent plus manifestement dans les années suivantes, quand Yan Lianke publie des romans ouvertement critiques vis-à-vis du pouvoir (ce qui est déjà le cas du roman *Bon Baisers de Lénine*). Un premier roman, *Jianying ru shui (Dur comme l'eau*, 2000, non traduit), est une critique de la Révolution Culturelle. Les scènes érotiques qu'il comporte annoncent *Servir le peuple* (*Wei renmin fuwu*, 2005), dont l'essentiel consiste en une satire du culte de la personnalité de Mao Zedong. De nouveaux problèmes avec la censure ont lieu : les numéros de la revue *Huacheng* dans laquelle le récit a été publié sont saisis et Yan Lianke doit faire son autocritique.

Le Rêve du village des Ding (*Dingzhuang meng*, 2006) lui vaut à nouveau des tracas. Le roman résulte d'une enquête qu'il mène avec un chercheur américain [VEG, 2009, § 6] dans sa province natale, le Henan, où une partie de la population a été contaminée par le virus du SIDA en raison d'une mauvaise gestion sanitaire dans la récolte de sang et d'un encouragement appuyé à vendre son sang pour s'enrichir. Le roman est interdit quelques jours après sa publication.

Un autre roman, non traduit en français (sauf un extrait, dans la revue en ligne *Impressions d'Extrême-Orient*), *Feng Ya Song* (*Airs, Odes et Hymnes*, 2008), est une satire des intellectuels qui fut peu appréciée des milieux qu'il visait : il n'a pas été censuré ; en revanche, à la suite de ce roman, Yan Lianke doit quitter l'Association des écrivains. Toutefois, nouveau signe de l'ambiguïté avec laquelle le pouvoir se comporte vis-à-vis d'un écrivain à la fois reconnu par un certain public et critique à l'égard du régime, il obtient un poste de professeur à l'Université du Peuple de Pékin (*Renmin daxue*).

Après 2008, comme il l'affirme dans un certain nombre d'entretiens publiés dans le journal britannique *The Gardian*, il exprime le regret de s'être auto-censuré, notamment dans *Le Rêve du Village des Ding* [Postel, 2020, p. 85-86]. En 2010, il écrit et fait imprimer en Chine un nouveau roman, intitulé *Les Quatre Livres* (*Si Shu*), qui décrit la vie dans un camp de rééducation où ont été rassemblés des intellectuels, victimes de la campagne anti-droitière de 1957. Mais il ne parvient pas à le faire éditer. Finalement, le texte sera publié l'année suivante à Hongkong et à Taïwan.

Avec *Les Chroniques de Zhalie* (*Zhalie zhi*), publié en Chine puis à Taïwan en 2013, Yan situe à nouveau l'intrigue romanesque dans les monts Balou, pour décrire, sur environ trente années, l'expansion économique et la transformation culturelle du village de Zhalie, devenant une mégalopole. C'est une satire de la période de l'Ouverture, c'est-à-dire de l'application en Chine à partir des années 1980 du libéralisme économique le plus débridé. Même si le mot forgé par Yan Lianke dans *À la découverte du Roman* (2011) peut s'appliquer à des romans bien antérieurs à celui-ci, à commencer par *La Fuite du temps*, c'est peut-être avec ce roman, *Les Chroniques de Zhalie*, que l'on peut véritablement parler de "mythoréalisme", mot sur lequel nous reviendrons dans les Analyses. Faisons l'hypothèse pour l'instant que le recours au surnaturel est une autre façon de contourner la censure : le roman est non seulement paru en Chine continentale, mais il y est devenu un véritable *bestseller*. Le roman intitulé *La Mort du soleil* (*Rixi*, 2015), publié à Taïwan, relève de la même veine "mythoréaliste", mêlant registre surnaturel, voire allégorique, et visée satirique : le pays est plongé dans une longue nuit, si bien que les personnages deviennent des somnambules qui se livrent les uns envers les autres à une violence sans retenue, que semblent nourrir des années de frustration et de répression. "Somnambules" se dit en chinois *mengyouzhe*, c'est-à-dire "marcheurs de rêve" : le roman est une satire du "rêve chinois" (*Zhongguo meng*), slogan forgé en 2012 par Xi Jinping (1953-), l'actuel Président de la République et Secrétaire Général du Parti, comme une alternative au "rêve américain" (*American Dream*).

Ce sont ces romans clairement critiques à l'égard du pouvoir qui ont sans doute permis au romancier de connaître une reconnaissance internationale. À partir de 2013, il est régulièrement invité à l'Université de science et de technologie de Hongkong, où il réside une partie de l'année. La même année, il donne une série de conférences dans des universités américaines : Berkeley, Duke, Harvard, Yale entre autres [GAN, 2022, p. 41, note 2, ces conférences sont publiées l'année suivante]. Il apparaît souvent dans les sélections des prix littéraires internationaux comme le prix international Booker, qui récompense une œuvre traduite en anglais (en 2011 pour *Le Rêve du Village des Ding*, en 2016 pour *Les Quatre Livres* et en 2017 pour *Les Chroniques de Zhalie*). Il reçoit le prix Franz-Kafka à Prague en 2014 et, en 2021, le prix Newman, délivré aux États-Unis pour une œuvre littéraire écrite en chinois, ainsi que le prix *Hongloumeng* en 2016, délivré par l'Université baptiste de Hongkong.

Cette reconnaissance internationale se traduit également par les nombreuses traductions de son œuvre : on en compte douze en français (aux éditions Philippe Picquier, réalisées par Sylvie Gentil, Brigitte Guilbaud et Claude Payen), onze en anglais (la plupart étant le fruit du travail de Carlos Rojas) et neuf en italien (avec pour traductrice principale Lucia Regola), mais *La Fuite du temps* n'est traduit qu'en français. La jeune chercheuse Gan Lu a rédigé une thèse sous la direction de Pierre Kaser à l'Université d'Aix-Marseille, portant sur les traductions en français des œuvres romanesques de Yan Lianke. Concernant *La Fuite du temps*, elle reconnaît la qualité du travail de Brigitte Guilbaud qui, selon elle, a su restituer la compréhension de la mentalité des paysans dont fait preuve le romancier, ainsi que son style. Elle explique les adaptations et parfois certaines suppressions, soit par des contraintes éditoriales, soit par la nécessité de proposer aux lecteurs français un texte compréhensible [GAN, 2022, p. 153-274].

Dans son parcours de romancier, Yan Lianke connaît donc une évolution assez radicale : après avoir écrit des nouvelles et des romans de propagande destinés *a priori* au personnel de l'armée, il situe ensuite ses romans à la campagne, rencontrant alors un accueil positif de la part d'un large public chinois, puis, même si une dimension critique transparaît dans de nombreux écrits relevant des deux catégories précédentes, il publie des romans qui, empruntant un mode volontiers allégorique afin de dénoncer tantôt les travers, tantôt les horreurs et tantôt les absurdités de l'histoire récente de la Chine, connaissent une certaine audience à l'étranger. En octobre 2014, dans un texte intitulé “Il existe un village qui est au centre du monde”, le romancier déclare :

> Je ne suis pas simplement un Chinois, je suis un Chinois de la Plaine centrale. [...] [A]près tout la Chine est au centre du monde et le Henan est au centre de la Chine. D'un point de vue géographique, la contrée de Song est au centre de la province du Henan, et mon village de six mille habitants se trouve au centre de la contrée de Song. [*in* PEZZA, 2019, p. 214]

L'écrivain, issu d'une région reculée et marginalisée à l'intérieur d'un pays qui lui-même a été longtemps écarté de la scène internationale, se place, non sans humour, au "centre du monde". Pour réaliser ce tour de passe-passe, il joue d'une part sur le mot *Zhongguo*, littéralement "Pays du Milieu", qui, avant de désigner la "Chine", renvoyait en effet à la "plaine centrale" (*zhongyuan*) où se trouve le Henan, la province où il est né, et d'autre part sur le traditionnel sino-centrisme qui veut que la Chine se considère sinon comme le monde "sous le ciel" (*Tian xia*), du moins comme l'"empire du milieu", entouré de pays tributaires. Ainsi Yan Lianke semble rejoindre le vœu qu'Homi Bhabha exprime au début de son ouvrage *Les Lieux de la culture* (1994) : "J'estime pour ma part que la globalisation doit toujours commencer chez soi", écrit-il : une mondialisation qui s'opère non par le haut – le "cosmopolitisme de prospérité et de privilèges relatifs fondés sur les idées de progrès complices de formes néolibérales de gouvernances et de forces du marché en concurrence" [BHABHA, 2007, p. 14] –, mais plutôt par le bas, du point de vue des minorités, qu'il s'agisse de minorités ethniques ou religieuses ou encore de catégories de population minorées par un pouvoir central autoritaire.

ANALYSES

Nous allons à présent tenter de situer le roman de Yan Lianke à l'intérieur d'un champ littéraire très vaste, celui de la littérature chinoise à la fois ancienne et contemporaine, puis nous tenterons de préciser la relation entre le réalisme magique et ce que l'auteur lui-même nomme le "mythoréalisme" dans son essai *À la découverte du Roman*, publié en 2011, avant d'analyser la structure de *La Fuite du temps*, puis d'étudier la réception de son œuvre. Mais auparavant, nous précisons quel fut le cadre officiel de la création artistique jusqu'aux années 1980.

Le réalisme socialiste

L'acte fondateur de la littérature chinoise est, pour le régime communiste, le discours de Mao Zedong intitulé *Interventions aux causeries sur la littérature et l'art à Yan'an* (*Zai Yan'an wenyi zuotanhui shang de jianghua*, 1942), discours tenu à Yan'an (Shaanxi), où s'est réfugiée l'armée Rouge au terme de la Longue Marche et où Mao et les autres combattants communistes créent l'embryon de la future Chine Nouvelle. La littérature doit se subordonner à la visée révolutionnaire et par conséquent se soumettre aux directives du Parti : "La littérature et l'art [doivent] s'intégrer parfaitement dans le mécanisme général de la révolution, [et] dev[enir] une arme puissante pour unir et éduquer le peuple" [Mao, 1968, p. 68]. En fait, Mao reprend la position de Lénine dans "L'organisation du Parti et la littérature de parti" (paru le 13 novembre 1905 dans la *Novazïa Jizn*) : "La littérature doit devenir un élément de la cause générale du prolétariat, "une roue et petite vis" dans le grand mécanisme social-démocrate, un et indivisible, mis en mouvement par toute l'avant-garde consciente de la classe ouvrière. La littérature doit devenir partie intégrante du travail organisé, méthodique et unifié du Parti social-démocrate [*qui se divisera ensuite entre Bolcheviks et Mencheviks*]" [*ibid.*, p. 99]. Il s'agit du principe même du réalisme socialiste posé par Andreï Jdanov dans son discours au Premier Congrès de l'Union des écrivains soviétiques de 1934.

Pourtant, comme Yinde Zhang l'explique [2003, p. 54, n. 6], Mao ne reprend pas, dans la version initialement publiée du discours (en 1943), l'expression "réalisme socialiste" (*shehuizhuyi de xianshizhuyi*), mais utilise celle de "réalisme prolétarien" (*wuchanjieji de xianshizhuyi*), car, à ses yeux, loin de constituer une élite, les "écrivains et artistes doivent se fondre avec ceux des larges masses d'ouvriers, de paysans et de soldats" [Mao, 1968, p. 71]. Aussi, avant d'éduquer le peuple, doivent-ils recevoir une éducation préalable de la part du peuple : "Il faut que nos écrivains [...] passent graduellement du côté du prolétariat, du côté des ouvriers, des paysans et des soldats en allant parmi eux, en se jetant au cœur de la lutte pratique, en étudiant le marxisme et la société" [*ibid.*, p. 77]. D'une certaine façon, le mouvement des "jeunes instruits" et plus généralement les camps de rééducation répondront à cette injonction initiale.

Le réalisme socialiste reste une référence durant la période maoïste, mais, pendant la Révolution Culturelle, la culture est en réalité réduite à néant : ne circulent officiellement que des œuvres autorisées, notamment les "huit opéras" érigés en "modèles" (*yangban xi*) par Jiang Qing (1914-1991), l'épouse de Mao, en charge de la culture, ainsi que de rares romans comme *Le Chant d'Ouyang Hai* (*Ouyang Hai zhi ge*) de Jin Jingmai (1956-), qui célèbre un jeune soldat de l'armée rouge, ou ceux de Hao Ran (1932-2008), situés dans la campagne, à la tonalité résolument optimiste [Dutrait, 2002, p. 13-14]. Bien que ces romans constituent sans aucun doute un contre-modèle pour Yan Lianke, on peut néanmoins relever quelques caractères persistants du réalisme socialiste dans son œuvre romanesque : Xiaolu Ma tente ainsi de démontrer ce que le romancier doit à la tradition du réalisme russe, tant celui du XIXe siècle (avec la figure de Tolstoï) que celui de l'époque communiste [*in* Choy, 2022, p. 16-26].

Au confluent de plusieurs courants littéraires

Dans les années 1980, l'Ouverture, qui marque l'adoption, sur le plan économique, d'une "économie socialiste de marché", se traduit, sur le plan culturel, par un renouveau de la création littéraire, nourrie en particulier par un énorme travail de traduction des littératures étrangères. C'est dans ce cadre que Yan Lianke crée une œuvre littéraire qui s'inscrit dans trois orientations de la création littéraire chinoise, dont chacune comporte une visée spécifique : vis-à-vis du pouvoir, elle manifeste tout d'abord une orientation satirique ; du point de vue du contenu, elle s'emploie à représenter la vie des paysans (avec quelques exceptions néanmoins) ; enfin, du point de vue du registre, elle comporte une dimension "fantastique".

- **La satire du pouvoir**

La modalité satirique est tout d'abord pensée, dans la longue histoire de la littérature chinoise, à travers le mot qui signifie "vent" (*fēng* 风). Le mot est en effet utilisé dans le *Classique des poèmes* pour désigner les "airs", c'est-à-dire les poèmes qui forment la première partie de l'anthologie. Or, la *Grande Préface* (*Da Xu*) du classique, rédigée aux environs du Ier siècle, texte qui est au fondement de la critique littéraire, emploie le même terme pour décrire la modalité critique du discours : "Par le vent [*i.e.* les airs], ceux qui sont au-dessus transforment ceux qui sont au-dessous ; et, de même, par le vent, ceux qui sont au-dessous critiquent [*ci*] ceux qui sont au-dessus" [*in* OWEN, 1992, p. 46]. Par la suite, on accole au caractère du "vent" (*fēng* 风) la clef de la "parole" (讠) pour former le caractère *fěng* (讽), qui désigne spécifiquement la modalité "critique".

Traditionnellement, le pouvoir invite les lettrés à exprimer leur critique à l'égard du pouvoir sous la forme de "remontrances" (*jian*), pratique attestée tout au long de l'histoire impériale, à travers des textes de nature administrative [VANDERMEERSCH, 1994]. Dans le domaine littéraire, la pratique se manifeste dans la tradition poétique, comme on l'a vu avec les "airs" du *Classique des poèmes*, le procédé principal de la modalité critique ou satirique étant le langage indirect [NIENHAUSER, 1986, p. 947]. À l'époque moderne, précisément au XVIIIe siècle, paraît un roman que Lu Xun (1881-1936), dans sa *Brève Histoire du roman chinois* (*Zhongguo xiaoshuo shilüe*, 1930) qualifie de "roman satirique" (*fengci xiaoshuo*) : il s'agit des *Chroniques indiscrètes des mandarins* (*Rulin waishi*) de Wu Jingzi (1701-1754), qui vise le milieu des lettrés [LU XUN, 1993, p. 283-291].

Dans sa mise au point critique sur le roman chinois, Lu Xun oppose au roman satirique traditionnel les "romans de dénonciation" (*qianze xiaoshuo*), apparus au tout début du XXe siècle, qu'il disqualifie pour leur caractère conventionnel, voire populiste : ces romans recourent à un mode critique qu'il nomme la "raillerie" (*huabing*) [Lu Xun, 1993, p. 369], entendant par là une critique à la fois excessive et infondée, dont le seul but est de répondre à la demande de lecteurs animés contre le pouvoir. Il épargne toutefois *L'Odyssée de Lao Can* (*Lao Can youji*) de Liu E (1857-1909), publié en 1907, roman dans lequel on trouve un motif qui réapparaît dans *La Fuite du temps*, à savoir le motif de la régulation des cours d'eau, qui renvoie en fait à la figure mythique de Yu le Grand.

Cette dimension critique du roman ou de la nouvelle (le chinois utilise un seul mot, *xiaoshuo*, pour les deux) est ensuite renouvelée par Lu Xun lui-même dans les années 1920-1930, puis, à partir de la fin des années 1970, dans un tout autre contexte, par une forme romanesque qui constitue l'horizon littéraire immédiat des romanciers de la génération de Yan Lianke, à savoir la "littérature des cicatrices" (*shanghen wenxue*), qui fut une réaction à la longue période de troubles que les Chinois ont connue sous la Révolution Culturelle [Dutrait, 2002, p. 21-24]. Il s'agissait d'exprimer les souffrances endurées par certains individus représentatifs de leur génération : ainsi dans *La Cicatrice* (*Shanghen*), nouvelle qui a donné son nom au courant, Lu Xinhua (1954-) raconte l'histoire d'une jeune fille qui apprend la mort de sa mère au moment où celle-ci vient d'être réhabilitée après avoir été persécutée sous la Révolution Culturelle. Cette littérature, qui fonctionne comme un exutoire, marque deux ruptures par rapport au roman de l'époque maoïste : une voix contestataire se fait entendre d'une part et cette voix est celle d'un individu. Il faut toutefois préciser que les écrivains de la "littérature des cicatrices" entendaient avant tout poursuivre, en le renouvelant, le courant du réalisme socialiste, en conformité avec la nouvelle orientation du régime.

On distingue encore d'autres courants romanesques comme la "littérature de reportage" (*baogao wenxue)* ou la "littérature de témoignage" (*jishi wenxue*) [Dutrait, 2002, p. 24-30], qui ont pour but d'établir des vérités factuelles venant corriger les discours de propagande. Il faut noter à cet égard que *Le Rêve du Village des Ding* (2006) est issu d'une démarche d'enquête qui apparente le roman, du moins dans son intention initiale, à ce courant de la littérature contemporaine chinoise.

- **La vie traditionnelle des paysans**

Les romans qui, dans la littérature chinoise, s'emploient à décrire la vie des paysans sont bien plus récents que les romans satiriques. On ne compte par exemple que trois paysans, les frères Ruan, dans le célèbre roman "populaire" *Au Bord de l'eau* (*Shuihu zhuan*, XIVe siècle). Ce n'est que sous la République (entre 1912 et 1949) qu'apparaît ce que l'on nomme habituellement la "littérature de terroir" (*xiangtu wenxue*), pratiquée dès les années 1920 par Lu Xun (1881-1936), son frère Zhou Zuoren (1885-1967) ou Mao Dun (1896-1981) [GIAFFERRI-HUANG, 1991, p. 234-252]. Mais le représentant le plus manifeste de ce courant est Shen Congwen (1902-1988), dont le disciple Wang Zengqi (1920-1997) fait en quelque sorte le lien avec la génération des romanciers des années 1980 : dans la dernière période d'une vie que la politique n'a pas épargnée, ce dernier écrit en effet des nouvelles qui se situent dans le monde de la paysannerie ; par la suite, il adoptera le principe de fixer ses récits dans un village circonscrit, Gaoyou (dans le Jiangsu, son pays natal), comme le feront Mo Yan et Yan Lianke, sans doute aussi sur le modèle des romans de William Faulkner (Yoknapatawpha) et de García Márquez (Macondo).

La "littérature de recherche des racines" (*xungen wenxue*), préfigurée en quelque sorte par la "littérature de terroir", est née d'un contexte politique précis, le "mouvement d'envoi à la campagne" (*shang shan xia xiang yundong*) concernant les jeunes gens ayant bénéficié d'une instruction dans un milieu urbain, ceux que l'on nomme les "jeunes instruits" (*zhishi qingnian* abrégé en *zhiqing*). Ce mouvement s'opère en deux phases distinctes : au début des années 1960, à la suite du Grand Bond en avant suivi de la "Grande famine", le Président Liu Shaoqi comptait ainsi réduire la population excédentaire des villes, puis, pendant la Révolution Culturelle, Mao Zedong entendait mettre en place une rééducation généralisée de la jeunesse urbaine. On évalue à environ 17 millions le nombre de jeunes gens qui, nés autour des années 1950 et évoluant dans un milieu intellectuel et urbain, ont été déplacés vers les campagnes. Certains parmi eux vont transposer leur expérience dans des nouvelles en procédant comme leur aîné Wang Zengqi, en limitant le cadre spatial de la fiction à un territoire précis dont ils restituent la culture spécifique. On peut mentionner A Cheng (1949-) ou bien Han Shaogong (1953-) qui, outre ses nouvelles, publie en 1985 un article intitulé “Les racines de la littérature” (*wenxue de gen*), où il expose les bases de ce courant littéraire : “La littérature a des racines. Elles doivent être profondément enfouies dans le terreau de la culture traditionnelle nationale. Si les racines ne sont pas profondes, les feuilles auront de la peine à se développer. La tâche des écrivains consiste à libérer l’énergie des idées nouvelles pour refondre et donner du lustre au ‘soi’ de la nation” [*in* DUTRAIT, 2002, p. 49].

La “littérature de recherche des racines” est aussi une réaction à l’influence que les littératures étrangères traduites depuis peu exerçaient sur les écrivains chinois. Dans un entretien donné en 2000, Han Shaogong ajoute : “Les écrivains chinois étaient obnubilés par l’idée d’imiter les grands maîtres occidentaux comme Borges et Kafka. Le problème n’est pas, bien sûr, qu’on s’intéresse à la littérature occidentale ou à d’autres littératures : au contraire, c’est tant mieux ! Il s’agit plutôt de la capacité à digérer, à assimiler, à faire la synthèse” [*in* DUTRAIT, 2002, p. 50]. Le paradoxe est que la “littérature de recherche des racines” a été elle-même nourrie par les traductions des romans du réalisme magique, comme le rappelle Yinde Zhang : “La littérature sud-américaine a apporté [aux jeunes instruits] son soutien à ce retour vers leurs racines. Cette Chine profonde et périphérique les place devant une culture populaire occultée et devant la survivance des mythes” [ZHANG, 2003, p. 260]. On constate en effet une certaine convergence entre la “littérature de recherche des racines” et le réalisme magique : dans les deux cas, il s’agit de prendre en compte les modes de vie et la culture des paysans, dont la représentation littéraire et artistique demeurait minorée. La “littérature de recherche des racines” marque non seulement une découverte ou, pour certains jeunes Chinois, la redécouverte d’une culture paysanne, mais aussi et surtout la prise de conscience d’une pluralité identitaire de la Chine, ce qui peut rejoindre également une des préoccupations des romanciers du réalisme magique. À cet égard, on note que certains des écrivains chinois relevant de ce courant appartiennent à des “minorités nationales” (*shaoshu minzu*), comme Shen Congwen lui-même, dont la mère est Tujia et le père d’ascendance Miao, Zhang Chengzhi (1948-), qui appartient à la minorité Hui, ou Taxi Dawa (1959-), qui est tibétain.

Concernant Yan Lianke en particulier, le lien avec la “littérature de recherche des racines” est ambivalent : le romancier, étant né et ayant grandi à la campagne, n’a pas fait l’expérience des “jeunes instruits”, que la jeunesse rurale voyait plutôt d'un mauvais œil [Gan, 2022, p. 31]. Comme Mo Yan, le romancier pose sur le monde paysan un regard de l'intérieur. Mais, comme les romanciers de la "littérature de recherche des racines", il s'emploie à représenter, dans un cadre romanesque, la culture paysanne, avec sa part de mythes, de croyances et de rites.

- **Le goût de l'insolite**

Le troisième grand courant littéraire dont Yan Lianke est l'héritier est la littérature "fantastique", terme entendu dans un sens volontairement vague. Sans entrer dans le détail de la longue histoire littéraire chinoise, il faut savoir qu'il existe une tradition littéraire associée au surnaturel [Campany, 1996 ; Mathieu, 2000]. On peut même noter que, dans une de ses premières occurrences, précisément dans le *Zhuangzi*, le mot *xiaoshuo*, qui désigne le roman et la nouvelle en chinois, est associé à l'idée d'une histoire extraordinaire [*Philosophes taoïstes*, 1980, p. 297]. Dans ce sens-là, le *xiaoshuo* est ensuite pratiqué dans une logique qui consiste à collecter des anecdotes au caractère le plus souvent surnaturel, pour les rassembler dans des recueils : il s'agit d'une pratique historique hétérodoxe, illustrée par exemple par *À la recherche des esprits* (*Sou shen ji*) de Gan Bao (iiie- ive siècles après Jésus-Christ) [Postel, 2010, p. 128-131].

L'une des premières formes de fiction assumée comme telle est celle des *chuanqi* des Tang (viie-xe siècles) : il s'agit de récits qui reprennent les motifs et les thématiques surnaturels issus à la fois des croyances populaires mais également entretenues par la tradition historique hétérodoxe, comme le motif de la femme renarde. La veine "fantastique" trouve une forme d'aboutissement dans le roman du xvie siècle intitulé *La Pérégrination vers l'Ouest* (*Xiyou ji*) de Wu Cheng'en, roman que Lu Xun désigne sous l'appellation de "roman des dieux et des démons" (*shenmo xiaoshuo*) [Lu Xun, 1993, p. 206].

Le réalisme magique et le mythoréalisme

- **Réception enthousiaste du réalisme magique en Chine**

Ainsi, il apparaît clairement que le monde littéraire chinois était particulièrement disposé à accueillir avec enthousiasme les romans du réalisme magique venus d'Amérique latine. En effet, ces romans étaient perçus comme alliant une dimension critique vis-à-vis du pouvoir, un intérêt pour les populations des campagnes et une tendance marquée à recourir au surnaturel. Mais cet accueil n'aurait pas eu lieu sans, au préalable, le travail de traduction que nous avons évoqué plus haut. Il s'agit en fait de la quatrième phase de traduction qu'a connue la Chine à l'époque moderne : la littérature européenne et nord-américaine commence à être traduite à la fin du XIXe siècle, en particulier dans l'atelier de Lin Shu (1852-1924), puis, après le Mouvement du Quatre-Mai (1919), par des écrivains qui avaient séjourné à l'étranger, en particulier au Japon ; ensuite, à partir des années 1950, c'est essentiellement la littérature russe et soviétique qui fait l'objet de traductions systématiques [DUTRAIT, 2002, p. 39-40 et ZHAO, 2013].

Dans le contexte de l'Ouverture des années 1980, le spectre des traductions s'élargit, et parmi les traductions figurent les romans du réalisme magique latino-américain. Il faut mentionner à cet égard l'impact des éditions de la littérature en traduction de Shanghai (*Shanghai yiwen chubanshe*), fondées en 1978, et, plus précisément, de la collection des "Littératures étrangères du XXe siècle" (*ershishiji waiguo wenxue congshu*), dans laquelle les lecteurs chinois ont découvert en particulier *Cent ans de solitude* de Gabriel García Márquez, comme en témoigne ce récit de Mo Yan :

> Ma génération a lu, vers la fin de 1984, dans la collection "Littératures étrangères du XXe siècle" des éditions Yiwen de Shanghai *Cent ans de solitude* de Gabriel García Márquez : ce livre est presque devenu la Bible pour notre nouvelle littérature. J'ai bondi dès la première page et tourné comme une bête sauvage dans la pièce, soupirant : "Que ne suis-je né avant !" [*in* ZHANG, 2014, p. 4].

On peut citer, en parallèle, un témoignage de Yan Lianke, qu'il livre dans un article rédigé en mars 2006, "Faire face à l'attitude à l'égard l'histoire et faire face à la vérité romanesque. En lisant

La Métamorphose et *Cent ans de solitude*", paru en 2008 dans une série d'essais intitulé *La Technique et l'Esprit* (*Jiqiao yu hunling*) : "[D]ans les années quatre-vingt, *Cent ans de solitude* de García Márquez fut comme le brin d'herbe qui mit le feu à la littérature en l'attaquant tout à coup par surprise, finissant par embraser le désert du monde littéraire chinois" [2008, p. 11].

Outre le terreau favorable, il existe une autre raison pour expliquer le succès du réalisme magique en Chine : ce sont les conséquences de la mondialisation entendue comme un processus significativement actif après la Seconde guerre mondiale. Les romanciers chinois ont en effet pu se reconnaître comme appartenant à la même catégorie de pays que les romanciers d'Amérique latine, à savoir le "tiers-monde", ou les "pays non-alignés", ou encore, plus récemment, le ou les Sud(s). Le sentiment de relever d'une logique culturelle mondialisée apparaît tardivement en Chine, dans les années 1980, comme le remarque Marie-Claire Huot : "L'obtention du prix Nobel par le Sud-Américain Gabriel García Márquez [en 1982] est une leçon pour les écrivains chinois : un écrivain d'un pays du tiers-monde peut remporter le prix Nobel en écrivant sur des sujets locaux. La scène culturelle chinoise, consciemment ou non, devient bifocale : à cible locale et à cible mondiale" [Huot, 1994, p. 9].

Cette identification politique n'opère probablement qu'à la marge pour les romanciers chinois d'aujourd'hui, car leur pays est pleinement entré dans le système économique international : rappelons que l'entrée de la Chine dans l'Organisation mondiale du commerce date de 2001. En revanche, la marginalité subie et contestée peut se jouer non plus à l'échelle internationale, mais à l'intérieur du territoire national, entre un pouvoir central décisionnaire et des populations qui, du fait de la construction identitaire qu'elles ont opérée sur le plan social, culturel, ethnique, religieux ou autre, se représentent comme relevant d'un espace politique périphérique. À ce titre, les romans du réalisme magique latino-américain, qui prennent en charge cette échelle interne dans la construction narrative qu'ils élaborent, ont pu trouver un accueil favorable chez des romanciers chinois qui connaissent aussi la tension politique s'exerçant entre un centre (ou des centres-relais) et des périphéries.

- **Les quatre réalismes selon Yan Lianke**

Essayons à présent de préciser la position de Yan Lianke vis-à-vis du réalisme magique. En 2011, soit plus de dix ans après la publication de *La Fuite du temps*, il rédige un essai, *À la découverte du Roman*, où il forge le terme de "mythoréalisme" (*shenshizhuyi*), associé à une forme de réalisme qu'il nomme le "réalisme spirituel" (*linghun xianshizhuyi*), que l'on doit comprendre en lien avec trois autres formes de réalisme. L'auteur distingue en effet quatre réalismes en fonction de la profondeur de réalité que chacun est capable de restituer.

Le "réalisme fallacieux" (*konggou xianshizhuyi*) n'a pratiquement aucun rapport avec la réalité, le romancier ne faisant que se soumettre à une commande extérieure, dans le cadre d'un régime autoritaire ou dictatorial: "le réel exprimé est celui d'une société sous contrainte, une image falsifiée et contrôlée" [2017a, p. 9]. Les premiers écrits de Yan Lianke, rédigés sur commande au sein de l'armée, relèvent en partie de ce "réalisme fallacieux".

Le "réalisme mondain" (*shixiang xianshizhuyi*), dont le paradigme est *Autant en emporte le vent* de Margaret Mitchell (1939), est une approche sans profondeur de la réalité: "le réel est considéré sous son aspect extérieur et superficiel" [2017a, p. 9]. Le romancier se contente de décrire les mœurs d'une certaine catégorie de la population, le plus souvent "l'élite" [*ibid.*, p. 16]. On comprend que deux critères se mêlent pour définir ce type de réalisme: d'une part le critère du degré de profondeur – on reste à l'extérieur de la réalité, si bien que ce réalisme est associé à la "peau" (*pirou*) [*ibid.*, p. 48] – et d'autre part un critère social – on s'intéresse aux catégories les plus élevées ou les plus en vue de la société. C'est ce second critère qui conduit Yan Lianke à forger une autre expression, le "réalisme vulgaire" ou "trivial" (*yongsu xianshizhuyi*) [*ibid.*, p. 16-17], qui s'oppose au "réalisme mondain" par le contenu, mais l'expression de "réalisme vulgaire" ou de "réalisme trivial" n'entre pas dans la typologie de ses quatre réalismes.

Le "réalisme vital" (*shengming xianshizhuyi*), troisième type de réalisme, restitue "le réel [...] sous l'aspect de l'expérience et de la vie" [2017a, p. 10]. Pénétrant plus en profondeur la réalité que le "réalisme mondain", il est comparé au "squelette" (*gujia*, traduit par "ossature" [*ibid.*, p. 48], terme qui n'est pas connoté négativement dans le vocabulaire volontiers métaphorique de la tradition critique chinoise). Ses représentants sont Balzac et Hugo, qui ont su, aux yeux de Yan Lianke, créer des personnages "typiques de leur temps" [*ibid.*, p. 27], véritablement en accord avec l'époque et le lieu où ils évoluent. De façon apparemment contradictoire, le point d'achèvement de cette esthétique romanesque est atteint quand les personnages "transcende[nt] l'espace-temps, [et atteignent] un caractère d'intemporalité et d'universalité" [*ibid.*, p. 34]. Le "réalisme vital" consiste alors à créer des types universels, comme Pantagruel ou Don Quichotte. On peut comprendre que l'opposition entre les deux réalismes, "mondain" et "vital", tient à la capacité du "réalisme vital" à démonter les rouages du mécanisme social tandis que le "réalisme mondain", se limitant aux catégories "dominantes" de la société, n'a de valeur que descriptive. Les romans et nouvelles de Yan Lianke qui mettent en scène le monde paysan relèvent sans doute du réalisme vital, d'autant que, pour illustrer ce type de réalisme, il mentionne l'écrivaine Xiao Hong (1911-1942), connue en particulier pour ses *Contes de la rivière Hulan* (*Hulanhe zhuan*, 1940), une suite de récits situés dans sa région natale, le Heilongjiang.

Le "réalisme spirituel" (*linghun xianshizhuyi*), ou, littéralement, "réalisme de l'âme", est censé atteindre la "moelle" (*gusui*) [2017a, p. 48], à l'intérieur du "squelette". La définition qu'en donne Yan Lianke est tautologique : il "consiste en une exploration des profondeurs de l'âme humaine" [*ibid.*, p. 10]. L'idée est de passer de l'extérieur à l'intérieur, du matériel au spirituel, du corps à l'âme.

- **Le réalisme spirituel et le mythoréalisme**

Le mot "mythoréalisme" est un quasi synonyme du quatrième réalisme défini par Yan Lianke, le "réalisme spirituel". Pour comprendre le terme, il faut partir du mot "réalisme" qui se dit en chinois *xianshizhuyi* (nous nous référons au *Grand Dictionnaire Ricci de la langue chinoise* [2001] pour toutes les analyses terminologiques du chinois). *Zhuyi* est un suffixe correspondant à notre suffixe "-isme". *Xianshi* est traduit par "réel", mais peut se décomposer en deux caractères : *xian* renvoie à ce qui "apparaît", ce qui est "présent", "existant", "actuel" ; *shi* est un mot polysémique qui désigne à la fois le "plein" (par opposition au "vide", *kong* ou *xu*) et le "réel" (par opposition à l'apparence, *xiang*). Yan Lianke substitue donc le terme *shen* à *xian* en proposant le terme de "mythoréalisme" (*shenshizhuyi*) à la place de *réalisme* (*xianshizhuyi*) : autrement dit, dans le mot "mythoréalisme" sont juxtaposés deux termes : *shi*, qui renvoie au "plein" et au "réel" d'une part et *shen*, qui est également un mot polysémique.

Dans la religion traditionnelle, *shen* désigne les "esprits", notamment les esprits des ancêtres devenus dieux, ou bien encore les esprits considérés comme bienfaisants, à condition toutefois de leur rendre un culte et de leur présenter des offrandes, par opposition aux esprits malfaisants ou "démons" (*mo*), ou encore "revenants" (*gui*). Dans un sens plus philosophique, *shen* désigne le principe d'animation de la forme (*xing*), seule visible. Enfin, le terme est également utilisé dans le vocabulaire esthétique pour désigner un niveau supérieur, voire le stade suprême, de la réalisation artistique, où il s'agit de restituer le principe même de la vie, ou encore de "transmettre l'esprit" (*chuan shen*), plutôt que de reproduire une forme extérieure. Ainsi, dans la tradition picturale, la peinture de paysage requiert non pas seulement de restituer la "forme déterminée" (*dingxing*) d'un objet, mais la vitalité invisible qui circule en lui : "Ce qui a forme (*xing*) est imité (*si*), ce qui n'a pas de forme n'est pas imité ; aussi comment peindre ce qui n'a pas de forme ? Par l'esprit (*shen*)" [Ryckmans, *in* Shitao, 1984, p. 22]. Pour atteindre ce niveau, l'artiste doit se servir non plus de ses yeux, mais de son "âme" ou de son "cœur-esprit" (*xin*) : il restitue alors "les objets enclos dans l'habitacle de l'âme (*ling*) et non plus soumis aux perceptions des sens (de l'œil, *mu*)" [*ibid.*, p. 20], de même que, dans la célèbre anecdote de Zhuangzi, le boucher, au plus haut de la maîtrise de son art, peut déclarer : "Maintenant, c'est mon esprit (*shen*) qui opère plus que mes yeux (*mu*). Mes sens n'agissent plus, mais seulement mon esprit" [*Philosophes taoïstes*, 1980, p. 105]. Enfin, dans *shen*, on peut entendre *shenhua*, littéralement "histoire de dieux", mot par lequel les Chinois ont traduit le mot européen *mythe :* c'est ce dernier sens qui explique la traduction par Sylvie Gentil de *shenshizhuyi* par "mythoréalisme", mais il s'agit d'un sens restreint de *shen*.

En fait, tous ces sens de *shen* (religieux, philosophique, esthétique et mythique) jouent dans le mot *shenshizhuyi*, traduit par "mythoréalisme". Au fond, *shen* renvoie à tout ce qui est invisible, mais qui se trouve au plus profond du réel : "Pendant le processus créatif, explique Yan Lianke, [il faut] rejeter tout rapport logique superficiel inhérent à la réalité vécue pour aller au-delà, à la recherche d'une forme de réel qui 'n'existe pas', qu'on ne voit pas, un réel invisible et caché sous la réalité" [2017a, p. 161].

Le mot *shenshizhuyi* ("mythoréalisme") joue de plus avec l'expression forgée par Lu Xun pour désigner le genre romanesque illustré par *La Pérégrination vers l'Ouest*, le "roman des dieux et des démons" (*shenmo xiaoshuo*) : Yan Lianke écarte *mo*, les "démons", pour ne conserver que *shen*, les "dieux", sans doute pour éviter de limiter le sens de *shen* à l'acception strictement religieuse, celle renvoyant au monde des esprits, bienfaisants (*shen*) ou malveillants (*gui* ou *mo*). Il faut enfin remarquer que le mot chinois qui traduit l'expression "réalisme magique" comporte précisément ce terme de "démon" (*mo*) : "réalisme magique" se dit en chinois *mohuan xianshizhuyi*, où *mohuan* signifie "magique", en assemblant donc *mo*, le "démon", et *huan*, que l'on peut traduire par "irréel, imaginaire, illusoire". Ainsi, en créant le mot "mythoréalisme" (*shenshizhuyi*), Yan Lianke marque une distance à la fois par rapport à la tradition critique chinoise représentée par Lu Xun (le "roman des dieux et des démons", *shenmo xiaoshuo*) et par rapport au "réalisme magique" venu d'"Occident" (traduit par *mohuan xiaoshuo*).

- **Tentative de définition du "mythoréalisme"**

Yan Lianke définit plus précisément son "mythoréalisme" par rapport au réalisme magique dans la deuxième partie de son essai *À la découverte du Roman*, en s'appuyant sur le type de causalité mise en scène dans le roman. S'il s'agit d'une causalité absolue ou totale (*quan yinguo*), on a affaire au roman réaliste traditionnel, où un fait est motivé par un autre fait ou une pensée. Si, à l'inverse, la causalité est nulle ou zéro (*ling yinguo*), c'est-à-dire si le fait, notamment un fait d'ordre surnaturel, ne reçoit aucune explication, il s'agit d'un récit à la façon de *La Métamorphose* de Kafka : la transformation de Gregor en insecte est présentée comme un "fait accompli" (un "c'est pourquoi", *guo*), dont on déroule toutes les conséquences, mais dont on ne donne pas la raison ou la cause initiale (le "parce que", *yin*).

Dans l'article de 2008 qu'il consacre à Kafka et García Márquez, Yan Lianke fait part de sa perplexité devant ce qu'il analyse chez l'écrivain pragois comme un manque manifeste de "rationalité" (*helixing*) [Yan, 2008, p. 11]. Ce n'est qu'en lisant, quelques années plus tard, *Cent ans de solitude* qu'il saisit l'audace de l'auteur de *La Métamorphose* : là où Kafka impose de l'extérieur un fait, de façon autoritaire et, dit Yan Lianke, "impériale" [*ibid.*, p. 12], García Márquez fournit une explication à l'intérieur de son récit, qu'elle soit crédible (le pouvoir magnétique des aimants à l'origine du déplacement des objets dans les maisons que visite Melquiades au début du roman, *CAS*, p. 9-10), ou farfelue (les unions consanguines pouvant expliquer que le fils né des cousins incestueux d'Ursula et José Arcadio soit affublé d'une queue de cochon, *ibid.*, p. 29). Cette cause avancée par le narrateur, qui n'est ni rationnelle ni vraisemblable mais qui, sur le mode du "peut-être" (*keneng*) [Yan, 2017a, p. 105], peut susciter une certaine adhésion, du moins dans les "croyances populaires" [*ibid.*, p. 109], relève, selon Yan Lianke, d'une "semi-causalité" (*ban yinguo*), caractéristique à ses yeux du réalisme magique.

Toutes ces modalités causales (causalités totale ou nulle, ou semi-causalité) sont considérées comme externes (*wai yinguo*). Or, le "réalisme spirituel" (ou le "mythoréalisme") s'emploie à explorer les causes internes (*nei yinguo*) des phénomènes. Prenant l'exemple de Raskolnikoff dans *Crime et Châtiment* de Dostoïevski, Yan Lianke explique que sa conduite n'est dictée ni par "la réalité positive de l'expérience, de la biologie et de la chair" [2017a, p. 138], ni par "un facteur issu du monde extérieur", comme la société, l'environnement ou autrui [*ibid.*, p. 143], mais par "le réel de la conscience et de l'âme" [*ibid.*, p. 138]. Toutefois, ce que Yan Lianke entend précisément par "causalité interne" n'apparaît pas très clairement dans son essai, peut-être parce qu'il s'agit d'une visée idéale à ses yeux. Il cite, dans son intégralité, une nouvelle de João Guimarães Rosa, *Le Troisième Rivage du Fleuve*, afin de "donner une idée de la narration à causalité interne", mais il ajoute dans le même temps que la nouvelle "ne relève pas tout à fait, au sens strict, de ce qu['il] appelle de ses vœux" [*ibid.*, p. 155], comme s'il lui était difficile de préciser ce qu'il a à l'esprit.

Il dit néanmoins ce que la causalité interne n'est pas : elle peut certes recourir à un mode allégorique ou satirique, mais ce n'est pas ce qui la définit en propre [2017a, p. 156-157]. En termes positifs, l'essai affirme d'une part que la causalité interne se situe à une échelle non pas individuelle mais collective, voire universelle – le "réel interne [est] commun à toute l'humanité sur les plans collectif, social et psychologique" [*ibid.*, p. 145] – et d'autre part qu'elle est comme le moteur invisible de l'action, si bien qu'on aurait tendance à l'associer aux motivations psychologiques – à l'"âme" – des personnages. Le "mythoréalisme" est aussi défini comme "un moyen de connaître le monde" [*ibid.*, p. 156] : c'est en somme une méthode qui consiste à "explorer" ou encore "fouiller" [*ibid.*, p. 164, il s'agit du même mot dans le texte original : *tanqiu*] la réalité, en s'appuyant éventuellement sur des outils permettant d'atteindre la dimension collective associée au réel interne, à savoir "les diverses formes de l'imaginaire, les allégories, mythes, légendes, rêves, fantasmes et abstractions issus du quotidien et de la réalité sociale" [*ibid.*, p. 162]. En définitive, on pourrait résumer en disant que, pour Yan Lianke, le "mythoréalisme" ne consiste pas simplement à mêler du surnaturel au réel, mais à explorer le réel jusque dans son invisibilité ou son irrationnalité, au moyen des constructions imaginaires léguées par la tradition culturelle, c'est-à-dire les mythes et les croyances populaires.

Une structure romanesque désenchantée

Une autre caractéristique de l'œuvre romanesque de Yan Lianke est son goût pour l'expérimentation, qu'il partage avec nombre de ses contemporains, comme Mo Yan, Gao Xingjian ou encore Yu Hua (1960-). Cette orientation remonte en Chine à l'époque républicaine (1912-1949), où les écrivains modernistes européens et américains sont lus et commentés [v. *Le Fox-trot de Shanghai*, 1996]. La tendance à l'expérimentation romanesque reprend à partir des années 1980, lorsque la Chine s'ouvre à nouveau aux littératures étrangères occidentales. À cet égard, *La Fuite du temps* se caractérise par une structure temporelle inédite, qui contrevient à la perception habituelle de l'écoulement linéaire et orienté du flux temporel : c'est le temps inversé. En effet, le récit ne suit pas le cours du temps mais le remonte.

Selon nos calculs, les cinq livres qui forment le roman correspondent aux périodes suivantes : le livre I à 1988-1989, le livre II à 1968-1988, le livre III à 1958-1968, le livre IV à 1954-1958 et le livre V à 1949-1954. Aussi chaque livre se termine-t-il au moment où le livre précédent commence. De plus, pour le dernier livre, l'inversion temporelle est également appliquée à l'intérieur même du livre, de façon à faire coïncider la fin du roman avec la naissance du héros : au fur et à mesure qu'on lit ce livre V, les personnages sont de plus en plus jeunes, Sima Lan en particulier passant de l'âge de cinq ans (p. 569) à sa venue au monde (p. 621).

Une seconde caractéristique structurelle du roman tient à la répétition des motifs, des scènes et des formules. Un motif se répète systématiquement de livre en livre, c'est l'échec du projet mené par un chef de village : le canal de Sima Lan (p. 212), les champs en terrasses de Lan Baisui (p. 422) et la monoculture de colza de Sima Xiaoxiao (p. 449). En lien avec le motif de l'échec, on relève celui de l'avènement d'un nouveau chef à la tête du village, fondé sur la manipulation de la parole du chef précédent : Lan Baisui fait dire à son prédécesseur Sima Xiaoxiao qu'il l'a désigné comme le nouveau chef (p. 329), de même Sima Lan avec Lan Baisui (p. 427) et Sima Xiaoxiao avec Du Guaizi (p. 603) ; pour Du Liu, dont on suppose qu'il succédera à Sima Lan, c'est sa femme défunte Lan Sanjiu que Du Bai fait parler (p. 149). On peut encore mentionner le motif de la vente de peau des hommes, qui donne lieu à six scènes (p. 29, p. 156, p. 264-303, p. 357, p. 542 et p. 594), ou encore le "commerce de chair" des femmes, qui connaît deux occurrences (concernant Lan Sishi, p. 58-84 puis sa sœur Lan Sanjiu, p. 404).

Le procédé de la répétition peut être appliqué à une échelle plus réduite, celle de la scène. Ainsi, la longue scène de vente de peau au livre II comporte en son sein trois séquences quasi identiques : l'infirmier appelle "Au suivant !" ; un homme sort alors avec de l'argent et un autre entre pour se faire prélever du sang ; un dialogue, toujours le même, est échangé avec l'infirmier ; à la fin, Sima Lan note le montant récolté (p. 302-303). La répétition peut enfin concerner une formule, comme la promesse faite par les chefs et parfois relayée par les villageois, selon laquelle telle ou telle réalisation permettra de vivre au-delà des quarante ans : "quand ce sera fait, l'eau viendra jusqu'ici, et peut-être les villageois vivront-ils vraiment jusqu'à cinquante, soixante ou même soixante-dix, quatre-vingts ans" (p. 87 et *passim.*).

Quel sens peut-on donner à ce double choix structurel (inversion et répétition) ?

- **Un roman fataliste ?**

On peut tout d'abord interpréter les deux traits structurels de *La Fuite du temps* en termes de fatalisme. C'est la lecture de Gan Lu : "Chaque génération lutte dans l'espoir de survivre, mais le résultat reste toujours désespérant. Plus on remonte à l'origine de cette maladie, plus on éprouve un sentiment de destin inéluctable" [Gan, 2022, p. 53]. En effet, le temps inversé fait que l'on connaît par avance la suite de l'histoire, on sait que tel projet entrepris par un chef de village a échoué, ce qui nous fait dire : "de toutes manières, ce qui doit arriver arrivera".

Mais une chose est de *connaître* à l'avance la fin d'un épisode parce qu'on en a déjà lu la suite dans le livre précédent, grâce à la structure inversée, une autre de pouvoir *prédire* la fin d'un épisode à l'intérieur d'un des cinq livres en se fondant sur l'histoire lue dans le livre précédent, grâce à la structure répétitive : ayant assisté à l'échec du projet de canal mené par Sima Lan dans les deux premiers livres, on s'attend à ce que le projet de Lan Baisui (les champs en terrasses), dans le livre III, échoue à son tour, de même pour celui de Sima Xiaoxiao (la monoculture du colza) au livre IV. C'est donc la seconde caractéristique structurelle, le phénomène de répétition, qui conforte le sentiment de fatalisme.

D'autres éléments du roman vont dans ce sens. La malédiction qui touche le village et qui est énoncée au début du roman – "personne jamais n'a dépassé l'âge de quarante ans" (p. 10) – semble soumettre la vie des personnages à un destin inéluctable. De même, le titre du livre I ("Glose sur la providence", *ibid.*, p. 7) ainsi que certains exergues de chapitre, les citations de l'Apocalypse dans le livre II et celles de l'Exode et des Nombres dans le livre IV, invitent *a priori* à lire le récit comme la réalisation d'un dessein divin.

En termes chinois, la notion de destin se rencontre dans le confucianisme et le taoïsme. Dans la tradition confucéenne, c'est le "décret du ciel" (*tianming*), c'est-à-dire l'intention ou la "volonté du ciel" (*tianyi*, traduit par "providence") qui s'impose aux hommes. Le Ciel (*tian*), dans la reformulation de l'antique "voie royale" (*wangdao*) que Confucius opère au Ve siècle avant Jésus-Christ, devient un principe régulateur abstrait, dont les hommes n'ont pas à se préoccuper, comme tout ce qui relève du supra-humain [Cheng, 1997, p. 71-73]. Les hommes peuvent en revanche agir dans la sphère pratique qui leur est propre à travers l'institution de rites ou de règles sociales. Pour les taoïstes, le destin se confond avec le Dao : dès lors que l'on se conforme au Dao, qui est l'origine de toutes choses, avant que n'interviennent les déterminations ou discriminations (*fen*), dès lors donc que l'on n'oppose aucune résistance (c'est le sens du non-agir, *wuwei*) au cours naturel des choses, l'on est à sa juste place et l'ordre du monde est alors garanti [*ibid.*, p. 116-117].

Yan Lianke partage-t-il ce point de vue fataliste ? On peut en douter et penser que tous les éléments qui accréditent l'idée d'un destin sont formulés sur un mode ironique. Ainsi les anticipations que provoque le double procédé du temps inversé et de la répétition, peuvent fonctionner comme des mises en garde : "Je vous l'avais dit, semble nous dire Yan Lianke, on a eu tort d'y croire !". De plus, les exergues empruntés à la Bible doivent être mis en regard avec ceux qui sont empruntés à la tradition bouddhique, disposés au début et à la fin du roman, dans les livres I et V : à l'idée d'un destin décrété par une puissance transcendante s'oppose celle d'une illusion (*kong* en chinois, pour traduire le mot sanskrit *śūnyatā*, c'est-à-dire la "vacuité"), concernant tout autant la vie et la mort que l'espoir de sortir de l'illusion.

La modalité ironique est confirmée, semble-t-il, par un passage de *Songeant à mon père* [Yan, 2017b, p. 69-72], où Yan Lianke oppose le "destin" (*mingyun*) et la "vie humaine" (*rensheng*). Le "destin" se manifeste à travers des événements fortuits, imprévus autant qu'imprévisibles, et plutôt tragiques, tandis que la "vie humaine" est un flux continu, un enchaînement de causes et d'effets, une chaîne causale permettant d'expliquer et de comprendre le bonheur et le malheur des hommes (c'est pourquoi il l'associe à la notion bouddhique de *karma*) :

> Celui qui a faim et qui ne peut se nourrir devient affamé ; voilà qui n'a rien à voir avec le destin, il s'agit simplement de la vie humaine. [...] Si [...] une pierre dévale du haut de la montagne, sans dévier de sa trajectoire, jusque sur ta tête, [et] que tu meurs subitement, [...] oui, là, il s'agit vraiment du destin, du destin qui intervient dans la vie humaine. [2017b, p. 70-71]

Yan Lianke semble bien déconstruire une éventuelle instrumentalisation politique ou idéologique du "destin", qui consiste à opérer une naturalisation ou une essentialisation de décisions tout humaines que l'on fait passer pour nécessaires : si l'on meurt de faim, pour reprendre son exemple, cela n'est pas le fait d'une puissance supra-humaine, contre laquelle il est vain de lutter ou de résister, mais bel et bien le résultat d'un enchaînement de causes et de conséquences qu'il s'agit de mettre au jour.

Toutefois, comme nous avons tenté de le montrer [Postel, 2020, p. 98-116], se fait entendre dans les romans de Yan Lianke et dans *La Fuite du temps* en particulier l'idée que le monde humain ainsi que le monde naturel sont tous deux prix dans une logique commune fondée sur le principe d'un cycle où alternent la vie et la mort, les souffrances et les joies, la lumière et l'obscurité, conformément à la célèbre phrase du *Livre des mutations* (*Yi jing*) : "Un Yin, un Yang, tel est le Dao" [*in* Cheng, 1997, p. 261]. C'est peut-être un des sens que l'on peut comprendre dans le titre chinois du roman, *Riguang liunian*, composé de deux expressions : *liunian* désigne les "années qui s'écoulent", la "fuite du temps", mais *riguang* signifie les "rayons du soleil", si bien que le titre pourrait être traduit très littéralement : "les années s'écoulent tandis que le soleil rayonne". La conscience d'un temps tendu vers la mort, source de souffrance, est ainsi contrebalancée par la conscience de la venue d'un jour nouveau, où tout recommencera.

- **Un roman sisyphéen**

Plutôt que de suggérer un message fataliste, la structure du roman renvoie au mythe de Sisyphe [Tsai, 2011], auquel Yan Lianke consacre tout un développement dans un roman ultérieur, *Les Quatre Livres* [2015, p. 401-411]. Pour avoir défié la mort même, Sisyphe est condamné à rouler un rocher jusqu'au sommet d'une montagne ; une fois arrivé au sommet, le rocher redescend inévitablement au pied de la montagne : ainsi, l'espoir initial, au moment où Sisyphe gravit la montagne, se solde par une désillusion. Et pourtant, Sisyphe essaie une nouvelle fois, puis de nouveau, et encore une fois, comme mû par de nouvelles espérances qui seront toutes démenties par la réalité. C'est dans le fait de recommencer un acte dont on sait, par expérience, qu'il est voué à l'échec, que gît le sentiment de l'absurde.

Comme nous l'avons montré [Postel, 2020, p. 116-120], Yan Lianke retravaille le mythe en s'inspirant des réflexions de Camus dans l'essai qu'il consacre à Sisyphe, le "héros absurde" [Camus, 1985, p. 164]. À l'expérience de l'absurde éprouvée passivement lors de la montée,

Camus oppose, lors de la descente, c'est-à-dire lorsque le rocher redescend de lui-même sans effort de la part de Sisyphe, une "conscience" de l'absurde, qui est la voie d'une libération : Sisyphe, alors, "est supérieur à son destin" [*ibid.*, p. 165]. En niant que sa condition résulte d'un destin entendu comme le châtiment des dieux ou d'une transcendance, sa peine se transmue en joie d'exister dans une logique immanente : "Il faut imaginer Sisyphe heureux" [*ibid.*, p. 168]. Dans *La Fuite du temps*, la "conscience" camusienne d'un prétendu destin, conscience qui est mise à distance, notamment par l'ironie, est transposée par le double procédé du temps inversé et de la répétition, qui invitent le lecteur à réfléchir sur le sens ou l'absence de sens des souffrances humaines.

- **Quarante ans de l'histoire de Chine entre 1949 et 1989**

En 1989, au lendemain du massacre de la place Tian'anmen, le grand analyste de la Chine Simon Leys (1935-2014) constatait :

> L'historien de la Chine contemporaine qui considère rétrospectivement les événements d'il y a trois ans, d'il y a dix ans, d'il y a vingt ans, est pris de vertige : c'est chaque fois la même histoire – le scénario est identique, il suffit seulement de changer les noms de quelques acteurs. Le sinistre carrousel ne mène nulle part, il tourne en rond, de plus en plus grinçant et délabré ; sa machine sanglante se contente de broyer toujours plus brutalement une population de plus en plus assoiffée de liberté.
>
> [Leys, 1989, p. 5]

Le constat amer de l'historien semble faire écho au propos suggéré par la structure conçue par le romancier Yan Lianke pour *La Fuite du temps*. C'est en lien avec l'histoire justement que nous formulerons deux autres hypothèses visant à analyser la structure du roman. Il est à noter que l'empan temporel de *La Fuite du temps* est de quarante ans, durée qui correspond aussi à l'âge fatidique auquel les habitants du village des Trois Patronymes sont voués à mourir (p. 10). Par ailleurs, si le héros, Sima Lan, meurt le jour de ses quarante ans (p. 214), l'héroïne, Lan Sishi, porte un prénom qui signifie "quarante" (*sishi*). Remarquons de plus que le romancier, né en 1958, atteint l'âge de quarante ans quand il écrit *La Fuite du temps*, publié en 1998. Yan Lianke exploite aussi les connotations judéo-chrétiennes attachées au nombre *quarante* : il cite en exergue un passage des... *Nombres* [chapitre XIII], où l'on évoque les quarante jours que les envoyés de Moïse passent dans le pays de Canaan, la Terre Promise, p. 551). Mais le nombre *quarante*, cité presque 900 fois dans la Bible, renvoie aussi et surtout à des périodes d'épreuves auxquelles Dieu soumet son peuple (les Hébreux) ou bien Jésus dans les Évangiles : quarante années durent le déluge [Genèse, 7:12], le jeûne de Moïse sur le mont Sinaï [Exode, 24:18 et 34:28] ou celui d'Élie au mont Horeb [1 Rois, 19:8], la traversée du désert effectuée par les Hébreux sous la conduite de Moïse, depuis l'Égypte jusqu'à la Terre Promise [Exode, *passim.*] ainsi que la résistance de Jésus face aux tentations de Satan dans le désert [Matthieu, 4:2 et Luc, 4:2]. Le nombre *quarante*, qui structure le roman, invite, par ses connotations, à une réflexion sur la promesse d'une vie meilleure obtenue au terme d'épreuves et de souffrances.

Par ailleurs, il n'est peut-être pas anodin que, dans l'hypothèse où les dates que nous avons proposées pour définir le contexte historique de *La Fuite du temps* correspondent à l'intention, non déclarée certes, de l'auteur, la période couverte par le roman commence avec la proclamation de la République populaire de Chine en 1949 et se termine en 1989, l'année du massacre de la place Tian'anmen, événement qui met fin à une époque de libéralisation non seulement économique mais aussi politique. Rappelons que durant les années 1978-1989, du moins dans les villes, les Chinois connaissent un vent de liberté que Marie-Claire Huot décrit et analyse dans son ouvrage *La Petite Révolution Culturelle* : il s'agit d'une époque qui se caractérise par une effervescence sociale et politique, commençant, en 1978, avec le "Mur de la Démocratie à Xidan" (*Xidan minzhu qiang*, Xidan étant un quartier de Pékin), sur lequel on affiche des *dazibao* ("journaux à gros caractères") où s'expriment diverses opinions (dont celle du dissident Wei Jingsheng (1950-), appelant à une "cinquième modernisation", la démocratie précisément, qui s'ajouterait aux quatre modernisations du programme officiel de l'Ouverture : industrie, agriculture, sciences et technologie). Yan Lianke aurait donc voulu retracer cette page de l'histoire de Chine, depuis la fondation enthousiaste d'un nouveau régime jusqu'aux événements de 1989 qui marquent un coup d'arrêt aux espoirs de la jeunesse chinoise. Mais il le fait de façon implicite, en adoptant de plus le point de vue de la campagne, bien loin de la place Tian'anmen.

Une réception ambiguë

L'œuvre de Yan Lianke est reçue de façon différente selon les pays, ne serait-ce que parce que, du fait de la censure, ce ne sont pas les mêmes romans qui sont publiés ni, pour un même roman, le même texte qui circule.

- **La censure**

Comme nous l'avons vu, Yan Lianke subit à plusieurs reprises la censure [Pezza, 2019, p. 355-369 ; Veg 2007, p. 73] : la première fois en 1994 pour le court roman *Xia Riluo*, puis pour les romans *Servir le peuple* en 2005 (qui n'apparaît même pas parmi les "œuvres importantes" de l'auteur sur le site *Baidu*, le Wikipédia chinois) et *Le Rêve du Village des Ding* en 2006, qui sont interdits une fois publiés. Mais la censure prend de nombreux visages en Chine : en 2004, *Bons Baisers de Lénine* n'est pas censuré certes, mais Yan Lianke doit démissionner de l'armée ; de même, en 2008, après la publication de *Feng Ya Song*, il doit quitter l'Association des écrivains. Une autre forme de censure est l'autocensure, difficilement mesurable puisqu'elle opère de façon invisible, au moment même où le texte s'élabore : Yan Lianke dit ainsi s'être imposé une autocensure pour *Le Rêve du Village des Ding* [Postel, 2020, p. 85-86]. Enfin la censure peut se traduire par le fait de publier en dehors de la Chine populaire : à Hongkong ou à Taïwan. C'est le cas du *Rêve du Village des Ding* (2006), paru, comme tous les deux autres romans publiés à Taïwan – *Les Quatre Livres* (2011) et *La Mort du Soleil* (2015) – aux éditions Maitian. Il faut toutefois relativiser le phénomène de la censure : il n'est pas impossible pour un Chinois du continent de se procurer un roman interdit en Chine et publié à Taïwan [Pezza, 2019, p. 368].

La Fuite du temps n'a pas subi la censure. Mais il faut noter deux points. Tout d'abord, le roman est paru initialement dans la revue *Huacheng*, une revue fondée en 1979, à l'époque de la libéralisation culturelle, et située à Canton, c'est-à-dire loin de la capitale. Comme *Shouhou*, il s'agit d'une revue dans laquelle peuvent être publiés des textes "sensibles" [Pezza, 2019, p. 356-357]. De plus, il existe au moins quatre textes du roman en circulation : le texte paru en Chine en 1998, dans la revue, puis aux éditions Huacheng (créées en 1981) ;

une version “abrégée” (*shanjieben*) également publiée chez Huacheng ; une version publiée à Taïwan en 2010 aux éditions Lianjing chuban gongsi (Linking Books) ; enfin une version spécialement retravaillée pour la traduction (*fanyi gao*), datée de 2009, qui a servi de base à la traduction française.

- **En Chine continentale**

Comment perçoit-on les romans de Yan Lianke et *La Fuite du temps* en particulier en Chine populaire ?

Yan Lianke est tout d'abord considéré comme un écrivain appartenant à l'élite intellectuelle du pays, “en raison de la complexité de ses romans au niveau de la langue et de la structure” [PEZZA, 2019, p. 368]. Aussi l'influence réelle qu'il pourrait avoir sur un large public est-elle pratiquement nulle. En revanche, notamment en raison des prix qu'il a obtenus, il a acquis un certain statut en tant qu'écrivain, tant en Chine qu'à l'étranger : c'est pourquoi, vraisemblablement, le pouvoir peut le craindre et, par conséquent, le ménage autant qu'il tente d'exercer sur lui une certaine pression.

La chercheuse chinoise Liang Hong repère trois phases dans l'œuvre romanesque de Yan Lianke [LIANG, 2004]. Une première période (1979-1997), qualifiée de “tendre” (*wenqing*), correspond aux récits portant sur le monde des soldats et sur celui des paysans pour la série du “Ravin de jade”, récits qu'elle estime pleins “de générosité, de tendresse et de compréhension sur la condition humaine” [*in* GAN, 2022, p. 26]. Une seconde phase (1997-2000), dite “passionnée” (*jiqing*) – adjectif qui n'est pas connoté positivement –, regroupe les romans de la série des monts Balou, dont relève *La Fuite du temps*, et se caractérise par un discours critique, le recours au surnaturel et un climat violent [*ibid.*, p. 26], ce que Liang Hong semble imputer à la maladie dont souffre Yan Lianke depuis 1993, une lombodiscarthrose.

Un autre chercheur, Chen Sihe, interrogé par Alessandra Pezza en 2018, distingue aussi trois phases dans l'œuvre de Yan Lianke, ou plutôt trois tendances (car on constate un chevauchement chronologique d'une phase à l'autre). La première comprend également les romans portant sur la campagne mais il y inclut *La Fuite du temps* ainsi que le récit autobiographique intitulé *La Génération de mon père et moi* (*Wo yu fubei*, 2009, d'où a été extrait *Songeant à mon père*). Il considère que cette période est "la meilleure", car, selon Alessandra Pezza qui reformule les propos du chercheur, Yan Lianke y livre une "description inspirée et pénétrante des campagnes chinoises (en particulier au Henan), qui rend compte de la vie des paysans dans un monde parallèle à la société urbaine en pleine croissance économique" [*in* PEZZA, 2019, p. 365]. Les deux chercheurs n'ont donc pas le même avis sur les romans des Balou, mais ils partagent l'idée selon laquelle la qualité d'écrivain de Yan Lianke tient à sa capacité à restituer les coutumes et la mentalité du monde paysan. La dépréciation formulée par Liang Hong à propos des romans des Balou, qui tient en partie à la dimension critique qu'ils comportent, se retrouve dans la deuxième phase de la typologie de Chen Sihe, concernant les romans "sensibles" que sont *Servir le peuple*, *Le Rêve du Village des Ding* et *Les Chroniques de Zhalie* : il estime que ces romans manifestent une baisse du niveau artistique [*ibid.*, p. 366].

Les deux chercheurs distinguent enfin une troisième phase : Liang Hong, dont l'article date de 2004, évoque une période "apaisée" (*pingjing*), ce qui ne correspond pas vraiment aux romans publiés à partir de 2004 [*in* GAN, 2022, p. 26 et 28]. Chen Sihe formule un avis assez différent puisqu'il associe le "haut niveau d'abstraction et de réélaboration de la réalité" dont témoignent *Les Quatre Livres* et *La Mort du Soleil*, à "une hausse de la valeur artistique d[u] travail [de Yan Lianke]" [*in* PEZZA, 2019, p. 366].

On peut résumer en disant que, de façon générale, le public chinois ainsi que les chercheurs qui ont travaillé sur son œuvre, accordent une préférence aux romans qui mettent en scène le monde paysan dont, à leurs yeux, Yan Lianke a su reproduire la réalité. Ainsi, le critère d'appréciation reste un de ceux que Mao Zedong avait formulés dans les *Causeries sur la littérature et l'art :* "les œuvres littéraires et les œuvres d'art sont le produit du reflet (*fanying*), dans le cerveau de l'homme, d'une vie sociale donnée" [MAO, 1968, p. 80].

Certains commentateurs vont jusqu'à voir dans les romans "paysans" de Yan Lianke une dimension épique au sens galvaudé du terme : aux yeux de Xue Shengli par exemple, *Les Jours, les Mois, les Années* constituent "un éloge de la lutte humaine et un hymne de la force de la vie" [*in* GAN, 2022, p. 48]. Gan Lu elle-même analyse *La Fuite du temps* dans des termes similaires : "Yan Lianke nous montre les combats opiniâtres des habitants des Trois Patronymes, leur courage, l'obstination de chaque génération ainsi que le destin impitoyable" [*ibid.*, p. 53].

- **En Occident**

La réception en Occident est, comme en Chine du reste, encore en devenir. On peut toutefois affirmer que les nombreuses traductions auxquelles l'œuvre de Yan Lianke a donné lieu, ainsi que les articles de presse ou les commentaires de lecteurs sur internet attestent d'un certain succès.

Qu'il s'agisse de la réception "grand public" ou simplement "journalistique" (Yan Lianke a donné de nombreuses interviews) ou bien d'analyses formulées dans un cadre académique, on peut distinguer deux pistes interprétatives. L'œuvre de Yan Lianke fait tout d'abord l'objet d'une analyse politique, tant dans la presse que dans les articles de Sebastian Veg ou d'autres chercheurs : il s'agit de replacer le romancier dans un système idéologique dont la censure est un des aspects. Une seconde orientation, qu'illustre la thèse d'Alessandra Pezza, rédigée sous la direction d'Isabelle Rabut à l'Inalco, consiste à analyser les stratégies développées par l'écrivain pour se construire une figure sur le plan tant national qu'international.

Le volume collectif paru en 2022 dans la série des Routledge Companions, réalisé sous la direction de Howard Yuen Fong Choy et Riccardo Moratto, marque certainement un tournant dans l'histoire de la réception de l'auteur chinois : plus de trente articles proposent des lectures extrêmement diversifiées et, pour beaucoup d'entre elles, novatrices, de l'œuvre de Yan Lianke, mais il faut noter que le roman *La Fuite du temps*, qui n'est pas traduit en anglais, ne fait l'objet d'aucune étude systématique.

THÉMATIQUES

LE NARRATEUR ET LES PERSONNAGES

CENT ANS DE SOLITUDE

Dès 1971, Vargas Llosa proposait une analyse de ce qu'il estimait être l'étonnante et magistrale particularité du narrateur de *Cent ans de solitude*. Plus exactement, de la scénographie du démasquage de l'identité, et, à travers cela, de la place et du rôle du narrateur :

> Or, ce narrateur-dieu, omniscient, omniprésent, extérieur et invisible est-il le même que celui narrant l'ultime phrase du roman : 'Mais avant d'arriver au vers final, il avait déjà compris qu'il ne sortirait jamais de cette chambre, car il était dit que la cité des miroirs (ou des mirages) serait rasée par le vent et bannie de la mémoire des hommes à l'instant où Aureliano Babilonia achèverait de déchiffrer les parchemins, et que tout ce qui y était écrit demeurait depuis toujours et resterait à jamais irrépétible, car aux lignées condamnées à cent ans de solitude, il n'était pas donné sur terre de seconde chance ?' Non, il ne s'agit plus du même ; ce narrateur que nous pensions situé en dehors du monde narré a subi une mue ou un saut qualitatif et est devenu partie intégrante de la réalité fictionnelle, changé en narrateur-personnage. D'une façon non pas directe, mais indirecte, il se produit à la fin de *Cent ans de solitude* ce qu'il se produit pour certains personnages de la seconde partie du *Quichotte :* le fait d'avoir lu la première. Avec Aureliano, le sanskritiste qui déchiffre ces manuscrits qu'avaient déjà essayé de lire, sans succès, d'autres membres de la lignée, nous découvrons que réside là l'histoire de Macondo et de la famille 'rédigée par Melquiades jusque dans ses détails les plus triviaux avec cent ans d'anticipation'. À mesure qu'approche, dans la lecture, le moment qu'il est en train de vivre, ces cent ans d'anticipation se raccourcissent ; ce qui est narré et ce qui s'est produit convergent jusqu'à totalement coïncider ('se mit à déchiffrer l'instant qu'il était en train de vivre,

le déchiffrant au fur et à mesure qu'il le vivait, se prophétisant lui-même en train de déchiffrer la dernière phrase des manuscrits, comme s'il se fût regardé dans un miroir de paroles') : la coïncidence scelle la disparition de ce qu'il s'est produit et de ce qui est raconté. Ce qu'Aureliano Babilonia lit dans les derniers instants de sa vie est ce que les lecteurs ont lu jusque-là ; ce que Melquiades a écrit au sein de l'histoire que narre *Cent ans de solitude*, c'est *Cent ans de solitude*. Le narrateur n'était pas un narrateur-dieu, éloigné de la réalité fictive, mais un narrateur-personnage (doté de pouvoirs magiques, évidemment, un personnage réel imaginaire) qui racontait l'histoire indirectement, à travers des manuscrits, écrits dans le roman, et que le lecteur découvrira seulement dans les ultimes lignes qu'ils sont le roman lui-même : Melquiades est le narrateur de *Cent ans de solitude*. De sorte qu'à la fin, nous savons que le narrateur était un élément à part entière de la réalité fictive, c'est-à-dire quelqu'un (quelque chose : les manuscrits) qui s'apprête à disparaître avec Macondo, qui sera détruit en même temps que ce qui est raconté. La prophétie de Melquiades dans ses manuscrits n'a pas été forgée dans une extériorité, mais au sein même de la réalité fictionnelle. À l'instant où le narrateur et le narré coïncident, l'un et l'autre disparaissent.

[VARGAS LLOSA, 1971, p. 540-541, notre traduction]

Cela est évidemment très intéressant et à plus d'un titre porteur, dans les prolongements que l'on peut y voir pour mener le raisonnement au bout.

En premier lieu, quand on donne à cette analyse une dimension "méta-" dans le cadre d'une interprétation de *Cent ans de solitude* comme remise en cause de la forme roman telle qu'elle s'était largement pratiquée en Amérique latine, en particulier en Colombie, jusqu'au *Boom* (la post-modernité dans sa version latino-américaine), il est vrai trop souvent passivement calquée sur le modèle des romans naturalistes et réalistes européens. Cela dans le but, notamment, de contribuer (sous couvert d'incontestabilité de la "scientificité" dont s'était paré et targué le genre, et depuis laquelle il quadrillait le réel et l'enfermait dans des définitions) de donner forme et corps, crédibilité et légitimité à une identité locale en fin de compte purement fantasmée et, ainsi, étayer et cautionner le récit national dont continuaient (et continuent ?) d'avoir besoin les pays issus du démantèlement de l'empire colonial espagnol après les guerres d'indépendance. À travers cela, il s'agirait pour García Márquez de stigmatiser les faux-semblants d'un roman affiché et autoglorifié à la fois comme récit et comme discours de l'Histoire, plus encore comme récits et discours prétendument absolus et véridiques de l'Histoire, de surcroît à la solde du pouvoir politique, et non plus modestement assumés comme simple machine à raconter des histoires grâce au récit littéraire, depuis une pleine subjectivité, là aussi assumée comme telle. Cela revient à un sévère réexamen de la nature et fonction que l'on attribuait au roman comme genre. Dans ces conditions, il y aurait là en quelque sorte une leçon magistrale, sous la forme d'une parodie, donnée au lecteur par le démasquage d'un Melquiades grand ordonnateur de la fiction macondienne : quoi que l'on allègue, l'omniprésence et l'omnipotence "neutres" et "objectives" du narrateur ne constituent jamais qu'une fiction de plus, une fiction en soi, une fiction dans la fiction. Tout juste une fiction qui ne s'accepte pas comme ce qu'elle ne cesse pourtant jamais d'être. À ce titre, il faut réapprendre à lire pour cesser de recevoir sous le sceau des vérités absolues ce que les romanciers produisent *via* le "gadget" du narrateur omniscient. Pris au sérieux ou au pied de la lettre, tout cela ne vaut guère mieux que les contes et fables que l'on raconte aux enfants – un bloc de glace n'est qu'un bloc de glace, et pas l'une des plus extraordinaires merveilles du monde. Ou alors, c'est la fiction revendiquée comme fiction qui peut métamorphoser le bloc de glace en l'une des plus extraordinaires merveilles du monde. Sans compter que l'on découvre, dans les descriptions données, la place et le rôle joué par Melquiades le narrateur, l'éventualité que celui qui raconte puisse se révéler n'être pas aussi bien intentionné que l'on pouvait le croire, que l'on nous avait fait croire, à travers un pacte de lecture et un horizon biaisé à la base. Le récit de l'Histoire est toujours le produit d'une subjectivité et, donc, d'une intentionnalité. C'est à travers le passage par la littérature, en l'occurrence le roman de 1967, que cela est montré et démontré.

Dans le prolongement de ce raisonnement, on comprend également la réflexion menée sur les personnages à travers le traitement dont ils font l'objet, exposés comme des marionnettes strictes et misérables au fil des pages de *Cent ans de solitude*, finalement sans beaucoup d'épaisseur dans la destruction progressive, mais *in fine* massive, du processus d'individualisation et de singularisation. Ils apparaissent tout juste lancés dans la diégèse pour, de gré ou de force (de plus en plus de force, d'ailleurs), incarner tel ou tel rôle (d'un côté les Aureliano, de l'autre les José Arcadio, etc.), illustrer telle ou telle théorie. C'est en effet de cette façon que l'on peut interpréter l'exposition de l'aliénation des Buendia, artificiellement et autoritairement programmés par Melquiades le narrateur pour démontrer encore et encore, aux dépens de ses créatures, une seule et même idée, un seul et même concept : celui de la génétique. L'atavisme dans sa version latino-américaine ? Cela rappelle bien entendu le projet de Zola avec ses Rougon-Macquart, dont *Cent ans de solitude* pourrait être lu comme une caricature. Une telle pratique de la forme du roman rend en quelque sorte le roman inconsistant. Cette thèse nous paraît d'autant plus séduisante, si l'on ajoute que, justement, les Buendia ne se disent pas eux-mêmes, ne s'écrivent pas eux-mêmes… On n'évoquerait alors plus le narrateur omniscient comme un gadget, mais comme une arme. En une sorte de rapt de la parole et de la privation du pouvoir de l'accès à la parole, très significatifs, les Buendia sont dits et écrits par un tiers, en fait un étranger – ni un Macondien, ni un Caribéen, ni un Colombien, ni un Latino-Américain. Avec l'illusion qu'il n'est rien d'autre puisque, en tant qu'instance omnisciente, il n'a pas d'identité. La question des coordonnées du point d'énonciation s'annule de fait, a sombré depuis fort longtemps dans l'oubli à l'instant de la révélation finale que ces coordonnées existent pourtant bien. L'immersion dans le rôle de l'anthropologue partageant le quotidien d'une tribu, une fois par an au mois de mars, puis des semaines, et finalement des années, suffit-elle à conférer l'autorité requise pour savoir et comprendre ? Justifie-t-elle qu'il leur mette littéralement ses propres mots en bouche, comme si, en quelque sorte, ils n'étaient pas capables de parler eux-mêmes, par eux-mêmes, pour eux-mêmes ?

Avec la conclusion qui s'impose et jette le soupçon généralisé sur le récit : quelle validité, quelle véracité pour ce qui apparaît dès lors comme une simple version de l'histoire, ou l'Histoire ? D'une histoire, ou Histoire, que l'on ne connaîtra jamais, parce qu'un autre l'a tuée dans l'œuf en imposant la sienne. On mesure ici la dimension hautement symbolique des fameux manuscrits de Melquiades et la nécessité de relire *Cent ans de solitude*, pour partir à la chasse aux indices de la possibilité de voix autres. Se trouverait là stigmatisé le principe d'une écriture du passé de l'Amérique latine exclusivement par l'Autre (on a amplement glosé sur la notion d'Histoire narrée par les vainqueurs), celui qui s'est surtout représenté lui-même dans son récit sous le beau rôle de leur découvreur, colonisateur et civilisateur, à l'arrivée de leur dieu omniprésent, omniscient, extérieur et invisible… Une pure fiction, sempiternellement justifiée par l'argument que les

Buendia/Macondiens/Colombiens/Latino-Américains, d'une part, n'ont pas de mémoire, d'autre part, préfèrent les sornettes lénifiantes à la réalité. Il faudrait en somme se féliciter que la réplique de chroniques des Indes de Melquiades existe pour que, tout court, demeure une trace de leur histoire, ou Histoire.

C'est dans ce sens qu'il faut comprendre l'épisode de la peste de l'insomnie. Le fait qu'elle soit amenée à Macondo par Rebecca (l'orpheline redevenue sauvage après avoir été élevée par des Indiens) et les Indiens indique bien qu'on la présente comme une maladie locale, qui réapparaît immanquablement, ici et là, périodiquement, et qu'on ne peut jamais complètement l'éradiquer. On le sait, la conséquence ultime de cette pathologie n'est autre que "la perte de mémoire". Melquiades le narrateur nous décrit cela en détail, feignant de les mettre en bouche de l'agent infectieux lui-même (Visitacion, l'Indienne), comme pour rendre son propos plus crédible, plus "objectif": "au fur et à mesure que le malade s'habituait à son état de veille, commençaient à s'effacer de son esprit les souvenirs d'enfance, puis le nom et la notion de chaque chose, et pour finir l'identité des gens, et même la conscience de sa propre existence, jusqu'à sombrer dans une espèce d'idiotie sans passé" (p. 55). Tel est par conséquent le destin promis aux Buendia/Macondiens/Colombiens/Latino-Américains et que Melquiades le narrateur nous décrit au cours de longues pages, pour parvenir à la conclusion que, manquant de la force de caractère nécessaire pour résister, "bon nombre de gens" (Buendia/Macondiens/Colombiens/Latino-Américains) "succombèrent au charme d'une réalité imaginaire sécrétée par eux-mêmes, qui s'avérait moins pratique à l'usage mais plus réconfortante". Et, en toute logique, c'est une femme, Pilar Ternera la prostituée, un personnage travaillé sur le modèle caricaturé et partiellement inversé de l'Ève biblique, qui "contribua le plus à répandre cette mystification, quand elle eut l'idée ingénieuse de lire le passé dans les cartes, comme, jadis, elle lisait l'avenir. Par ce biais, ces gens qui ne dormaient pas commencèrent à vivre en un monde issu des intercurrences et du hasard des cartes" (p. 59). Une telle activité étant désignée par Melquiades le narrateur sous l'étiquette de "pratiques compensatoires" (p. 60). Melquiades le narrateur a tout loisir alors de scénographier son retour à Macondo dans le rôle du sauveur, grâce à une potion miraculeuse ("Il ouvrit sa valise bourrée à craquer d'objets mystérieux et en sortit une mallette pleine de flacons. Il donna à boire à José Arcadio

Buendia une substance de couleur engageante et la lumière se fit dans sa mémoire"). Le village n'a plus qu'à fêter "la reconquête de ses souvenirs", prenant "conscience de l'absurdité de l'endroit où il se trouvait, où chaque objet était marqué à son nom", honteux "de tant d'énormités et de bêtises affichées sur les murs", et finalement "ébloui, radieux, transporté d'allégresse" (p. 61). Melquiades, le narrateur, apparaît donc comme celui qui a rendu aux Buendia/Macondiens/Colombiens/Latino-Américains ce qu'ils avaient perdu : rien moins que leurs souvenirs d'enfance, leur nom, la notion de chaque chose, leur identité et, plus grave encore, la conscience de leur propre existence. Il y a là davantage qu'un simple bienfaiteur de l'humanité macondienne.

On a parlé de chasse aux indices de l'existence d'une ou même de plusieurs voix autres et, par conséquent, d'une ou de plusieurs incarnations différentes de l'instance narratrice. La plus évidente, la plus intéressante est la figure de Francisco-l'Homme, présenté comme une sorte de double de Melquiades. En effet, lui aussi :

– affiche une longévité surhumaine – on le décrit comme un "vieillard de presque deux ans ans" (p. 62).

– a parcouru le monde entier (*ibid.*) ;

– attire les foules quand il se présente à Macondo (p. 63) ;

– a l'oreille des habitants du village ; lui aussi est entouré du mystère des héros de mythe et de légende : "ainsi appelé parce qu'il avait vaincu le diable dans un concours de chants improvisés" (*ibid.)* ;

– connaît les histoires individuelles comme l'Histoire.

Des ressemblances destinées à ce qu'on ne mesure que mieux l'importance et la portée de leurs dissemblances. Si l'un écrit, l'autre chante. Si l'un écrit pour lui, dans le secret d'une chambre close, presque comme un comploteur, l'autre chante dans l'espace public, "honnêtement" (on ouvre une parenthèse pour signaler que Riohacha, la ville où vécurent les arrières-grands-parents d'Ursula, avant de devoir la quitter après l'assaut du pirate Francis Drake, organise tous les ans le Festival Francisco El Hombre, un événement culturel majeur de la région où l'on entend le meilleur du *Vallenato*, un genre musical très populaire où l'accordéon domine ; des concours sont organisés pour couronner les plus talentueux parmi les nouveaux talents).

On observe une claire exposition de l'opposition entre transmission écrite et transmission orale. D'un côté, la continuité naturelle des microhistoires du réel immédiat, "modestement" offertes aux destinataires (le pluriel est important) : dans ses chants, Francisco-L'Homme "relatait avec force détails les événements survenus dans les villages qui jalonnaient son itinéraire, depuis Manaure jusqu'aux confins du marigot, de sorte que si on avait un message à envoyer ou une nouvelle à faire connaître, on lui donnait deux centavos pour qu'il les mît à son répertoire" (p. 62-63). De l'autre côté, la continuité monstrueuse du "roman" où les personnages sont livrés au caprice de celui qui leur donne vie et les fait évoluer de sorte à conditionner la réception du récit et du texte chez le destinataire (le singulier est important). La vie des gens, ici et maintenant, est donc un art à part entière, assez puissant pour avoir permis à l'artiste mis au service de la communauté de l'emporter contre le diable en personne… C'est aussi un métier, grâce auquel on gagne humblement sa pitance.

Or, si l'on met bout à bout les différentes apparitions de cette instance-personnage, on remarquera l'impact qu'elle aura eu dans l'imaginaire et dans la mémoire des Buendia. Voir en particulier la page 213 où Aureliano le Second se met à chanter "à gorge déployée les vieux airs de Francisco-l'Homme" et page 385, alors qu'il ne peut plus chanter parce qu'il est déjà trop malade : "Aureliano le Second interpréta à l'accordéon une dernière fois les airs oubliés de Francisco-l'Homme". Nous sommes loin des circonvolutions et complexités érudites qu'il faudra pour accéder au sens des manuscrits rédigés en sanskrit par Melquiades-le narrateur.

En second lieu et complémentairement (on l'a compris, impossible de lire *Cent ans de solitude* sous un seul prisme interprétatif), dans la perspective qui envisage le roman de García Márquez comme variation de l'écriture de soi, il est intéressant de considérer l'hypothèse où l'omniprésence et l'omnipotence attachées à l'instance du narrateur omniscient se trouvent justement surexposées et hyperscénographiées dans l'épisode du démasquage final comme fiction absolue, ou totale, parce qu'il n'est justement que cela : de la fiction… la plus éclatante manifestation d'une fiction en soi, ou pour soi, équipée de superpouvoirs. Le premier consisterait à faire croire, à l'endroit du narratairedestinataire-lecteur, aux récits qu'elle imagine et déploie et, à travers la fascination génératrice d'une reddition-adhésion de ce destinataire, de réussir à s'en convaincre elle-même. Le lecteur se trouve effectivement installé, d'abord de force (on pourrait considérer que la figure d'écouteur-lecteur que représente le colonel Aureliano Buendia dans l'incipit n'a la vie sauve, au moins temporairement, que parce que sa mémoire et son imagination l'entraînent vers l'enfance… avec une incroyable métaphore de la place et du rôle que l'auteur trace et exige pour son *lector in fabula)*, puis cantonné, de son plein gré, dans ce rôle d'enfant extasié devant les merveilles que lui fait découvrir son père, le patriarche, le bâtisseur. En suivant à l'évidence les leçons du Borges de *Fictions*, García Márquez nous ferait la démonstration que tout relève de la fiction. Plus exactement, que tout, même le réel sous son visage le plus cru (le politique et l'historique), peut être absorbé par la fiction, y compris sous la forme d'une performance ; la performance que chacun, en l'occurrence l'auteur qui s'atomise sous les visages d'un narrateur omniscient et de tous ses personnages (finalement un seul et même personnage-*je*), choisit d'inventer dans le règne et l'ordre de l'imagination. Suivant cette perspective, le narrateur n'est jamais que l'instance qui met en scène, puis se joue et rejoue en boucle le même scénario pour lui-même, toujours dans le même rôle, à peine décliné.

Pas étonnant que pour assurer la démonstration, García Márquez ait combiné l'instance narrateur-personnage à celle d'auteur-personnage, en intégrant la figure du jeune Gabriel dans la fin du roman. Un Gabriel au sujet duquel toutes les informations données renvoient bien à ce que l'on connaît de la biographie de Gabriel García Márquez. Ainsi, les liens qui unissent encore le narrateur, comme traduction dans le texte de l'auteur, avec le réel, s'effacent d'eux-mêmes et avec eux, ceux qui situaient la personne de l'auteur dans le hors-texte. Dès lors, par ce pont que constitue le narrateur-dieu, il peut rejoindre à son tour la fiction, en auteur-dieu, et préparer ce qui deviendra, roman après roman post-*Cent ans de solitude*, une fiction autobiographique – en lieu et place de sa biographie. On se souvient de la série de raisons obsessionnellement intimes qui avait motivé l'écriture du roman de 1967 : le García Márquez ayant vécu le traumatisme d'une double privation d'Aracataca (celui de ses souvenirs d'enfance, quand on l'obligea, à l'âge de sept ans, à quitter le village et la maison familiale… et celui de ses fantasmes d'adolescent et de jeune adulte, quand, en 1952, il revint sur place et découvrit que souvenirs et fantasmes n'étaient qu'illusion, n'existaient plus, voire n'avaient jamais existé) entreprend de recréer son monde fétiche, tel un dieu. De se le raconter, sous l'identité d'un narrateur-dieu, et d'y interpréter lui-même un rôle, sous les traits d'un personnage-auteur. Significativement, le personnage de Gabriel Márquez, descendant du personnage de Gerineldo Márquez, l'ami intime et confident du colonel Aureliano Buendia, devient l'ami intime et le confident du dernier Aureliano Buendia. Ce qui se produit là n'est rien moins que la dissolution de la réalité biographique dans la réalité fictionnelle. Une tentation et une mécanique d'écriture à laquelle García Márquez cédera et qu'il mettra en pratique par la suite dans des proportions toujours plus grandes, en particulier dans *L'Amour aux temps du choléra* (1985) et, plus impressionnant encore, pour refermer le cercle d'une fiction dévoratrice du réel, dans sa soi-disant autobiographie : *Vivre pour la raconter* (2002).

LES ENFANTS DE MINUIT

L'art du conteur

La relation complexe, parfois conflictuelle, qui lie le narrateur à ses personnages et à son auditoire, en premier lieu à Padma, est au cœur des *Enfants de minuit*, qui offre une réflexion sur le rôle actif du lecteur dans la fabrique du sens du texte. Dès le début du roman, le narrateur se met en scène comme conteur, assailli par les multiples histoires qui demandent à être incorporées à son récit et les multiples voix qui attendent d'être entendues (v. Thématiques, Le temps). La métaphore théâtrale de personnages qui font la queue pour entrer sur scène (II, 188, p. 370) accentue la dimension performative du récit. Le narrateur, auteur fictif de ce récit en bocaux, avertit son lecteur face à la tâche d'ingestion qui l'attend : "j'ai été un avaleur de vies ; et pour me connaître, moi seul, il va vous falloir avaler également l'ensemble" (I, p. 14). Cette mise en valeur de la dimension corporelle du conte, à la fois dans sa création et sa réception, imprègne en réalité tout le texte, qui insiste sur la position du narrateur dans l'espace. C'est au cœur d'une usine à conserves des faubourgs de Bombay qu'il raconte son histoire, un lieu de production envahi par le bruit des cuves bouillonnantes, des paroles des ouvrières et des trains qui passent (II, p. 371-372). Ce lieu, transformé en scène, donne naissance à l'analogie centrale entre l'activité de narration de ces vies passées et la “chutnification” ou confection et conservation de ces bocaux, dont le lecteur est invité à goûter les saveurs épicées, rehaussées ou frelatées.

Cette analogie rappelle la métaphore artisanale employée par Walter Benjamin pour décrire l’empreinte de la subjectivité du narrateur sur son récit: “ainsi adhère à la narration la trace du narrateur comme le vase en terre cuite la trace de la main du potier” [Benjamin, 1991, p. 275]. Les réflexions du philosophe sur le narrateur éclairent l’acte de narration de Saleem eu égard à son rapport avec la mémoire et la conscience de la mort, mais elles soulignent aussi l’expérience incarnée que constitue la narration orale, qui n’engage pas que la voix et le souffle mais aussi les mains et tout le corps du conteur [*ibid.*, p. 297].

La narration est donc présentée comme un processus physique, établissant un lien intrinsèque entre le conte et le corps du narrateur, l’éclatement et les inexactitudes du premier étant une manifestation de la désintégration du second: “des erreurs sont possibles et des exagérations et de désagréables changements de ton [...]; alors que mon délabrement s’accélère (j’ai du mal à garder ma vitesse d’écriture), le risque d’inexactitude augmente” (II, p. 477). Le parallèle établi entre le récit de Saleem et le “bavardage fantastique, grandiloquent et sans fin, et le plus souvent adressé à lui-même” (I, p. 23) de Tai le batelier, conteur illettré, fou et malodorant, mais aussi prophète renforce la dimension incarnée du conte.

> C’était une parole magique, des mots qui coulaient de sa bouche comme de la monnaie de singe, par-delà ses deux dents en or, auxquels se mêlaient des hoquets d’alcool, qui remontaient jusqu’aux Himalayas les plus éloignés du passé, et qui redescendaient avec perspicacité sur quelque détail présent. (I, p. 24)

La modalité hyperbolique qui exalte les savants mouvements du flot verbal est nuancée par le rabaissement de ce flot vers la condition physique du batelier, et illustre la fusion du noble et de l’ignoble, de l’héroïsme et du grotesque, propre à l’écriture rushdienne, qui met en valeur les pouvoirs du corps, y compris du corps monstrueux. Cet art du récit se transmet, tout comme l’alcoolisme, de Tai à Ahmed Sinai (I, p. 27-28), chez qui l’alcoolisme dégrade les histoires plus qu’il ne les enchante (II, p. 358).

Rushdie rappelle dans un entretien que l'idée de littérature comme performance est au cœur de la culture indienne et que la littérature orale, par son accessibilité, est la forme littéraire la plus importante en Inde [1985, p. 7]. Il compare sa méthode narrative à la performance d'un conteur indien célèbre, dont le seul impératif est de maintenir l'écoute attentive de son audience [*ibid.*, p. 8]. Maître de la cadence, le narrateur ménage la curiosité de son auditoire en restreignant sa perspective à celle de Saleem enfant ou en différant l'arrivée de certaines informations cruciales, à différents niveaux du texte. À un niveau "macro", il faut attendre la page 198 pour que filiation réelle du narrateur soit révélée, remettant en question la généalogie élaborée minutieusement depuis le début du roman. À un niveau "micro", le narrateur a fréquemment recours à la litanie de questions rhétoriques qui maintiennent le suspense (II, p. 452, p. 487, p. 493) et miment l'art du conteur qui cherche à captiver son auditoire. Saleem est avant tout une voix volubile qui s'adresse au lecteur, l'interpelle et l'interroge, faisant du récit une conversation.

Il est aussi une multitude de voix, celle des enfants de minuit qui se pressent dans son esprit, mais aussi celle de tous les personnages. Cette polyphonie désordonnée donne des accents d'hétéroglossie à la narration, qui fait s'entrechoquer une multiplicité de voix et de sens, refusant finalement toute mise en ordre en un discours unifié et stable [Gurnah, 2007, p. 97] (v. Thématiques, Les sens). Rushdie admire aussi le conteur de Baroda pour sa capacité à incorporer et entremêler les récits mythologiques entre eux, en offrant des combinaisons inédites. Un mouvement similaire est mis en œuvre dans son roman, qui englobe une diversité de récits et de formes narratives hétéroclites, mêlant le récit d'enfance au roman policier, le conte fantastique au récit de guerre, la fiction politique au mélodrame familial, puisant à n'en plus finir dans "la mer des histoires" [Rushdie, 1991] et trouvant sans cesse de nouvelles combinaisons (v. Thématiques, Roman populaire).

L'affinité avec le conte oral, "forme pyrotechnique" dont Rushdie souligne le caractère non linéaire, progressant en boucles et spirales [1985, p. 6], est aussi perceptible dans la structure de la narration, qui semble emportée par le flot de souvenirs, d'odeurs, d'images et d'impressions qui affleurent à l'esprit du narrateur, brouillant toute linéarité.

Le progrès de la narration est parasité par des digressions, telle que le récit condensé des origines de Bombay (II, p. 161-162) ou encore la réflexion digne de Tristram Shandy sur les titres alternatifs possibles du chapitre “L’Alpha et l’Oméga” (II, p. 394). Ces chemins de traverse qui détournent la narration du droit chemin deviennent parfois des récits enchâssés, comme celui du conte du prince de Kif (II, p. 564-574).

Le récit est également ponctué d’analepses et de prolepses qui font qu’un événement n’est pas raconté qu’une seule fois mais devient une matière malléable, condensée ou étirée, réinventée à chaque performance du conteur, qui s’adapte aux désirs de son auditoire. Ainsi, l’épiphanie négative du Dr Aziz est brièvement racontée une première fois avant d’être reprise en plusieurs passages, comme si le récit s’amplifiait, se gonflant de détails pour finalement revenir en spirale au point de départ (I, p. 15 et p. 18 ; II, p. 188). Les péripéties tragiques du narrateur suite à son amnésie sont racontées en une succession rapide d’images violentes à la manière d’une bande-annonce (III, p. 609) avant d’être déroulées en détail (v. Thématiques, Roman populaire). La formule “il était une fois”, qui n’apparaît pas moins de douze fois dans le roman, a parfois une fonction de bilan ou de récapitulation (II, p. 387 et p. 383), tout comme le présentatif “il y a”, donnant lieu, sous forme de litanie, à une version accélérée des chapitres précédents raconté dans un flot continu et rapide (I, p. 188-192 ; II, p. 534).

La parole du narrateur est interrompue par les demandes et les réactions tour à tour enjouées, outrées, ou désespérées de Padma, mais aussi par le narrateur lui-même. L’auto-interruption, sous forme d’épanorthose ou d’anacoluthe (“Non, il est important d’être plus…”, I, p. 13), indique la construction d’un auditoire hostile à l’affabulation et à l’exagération, comme le montrent ses tentatives de maîtrise de ses envolées épiques : “Ô héros de la guerre au droit de naissance nié ! Ô rival corrompu au potage de mess !… Mais non, je dois arrêter pour raconter l’histoire le plus simplement du monde” (III, p. 757).

Padma, un public idéal ?

L'omniprésence de Saleem dans le texte pousse à la limite le procédé du narrateur intrusif. Saleem "se démultiplie, étant à la fois auteur fictif, narrateur, personnage principal, et également narrataire de son propre texte dans la mesure où il anticipe et commente les réactions de la narrataire privilégiée, Padma" [PESSO-MIQUEL, 2007, p. 56]. Néanmoins, le roman met aussi en avant le rôle essentiel de l'auditoire dans la construction du récit à travers la figure de Padma, à la fois personnage et destinataire du conte de Saleem, narrataire presque aussi intrusive que le narrateur. Le roman souligne aussi la dimension physique de la réception. Ainsi, la faiblesse physique du narrateur, qui l'empêche parfois de poursuivre son récit (II, p. 527) et va jusqu'au délire fiévreux, est compensée par la puissance musculaire de Padma. Saleem insiste sur la vigueur et la patience nécessaires à l'écoute de son récit désarticulé, guidé par les réactions physiques de Padma : "Quand elle en a assez, je peux détecter dans ses fibres les rides du désintérêt ; quand elle n'est pas convaincue, elle a un tic à la joue. La danse de sa musculature m'aide à rester sur les rails" (II, p. 477). Ses réactions verbales (commentaires d'approbation, de choc, de surprise, de désaccord) mais aussi son langage corporel, de ses larmes à son souffle, dictent le rythme de la narration (III, p. 609-610). À la fin du roman, en le demandant en mariage et en envisageant un avenir commun en dépit de la mort annoncée du protagoniste, elle semble même un instant avoir le pouvoir de "modifier la fin de [s]on histoire par la force phénoménale de sa volonté" (III, p. 780). Rushdie rappelle dans un entretien que l'introduction de ce procédé de l'auditoire, qui n'apparaissait qu'à la fin dans la première version du livre, a permis de donner une voix au narrateur : la place prépondérante de Padma donne sa qualité orale au texte, qui prend des allures de conversation [1982, p. 24].

Padma attire notre attention sur l'acte de narration mais, contrairement au lecteur fictif qui apparaît dans le récit de Tristram Shandy, elle est aussi un personnage à la personnalité singulière, qui semble partager la parole avec le narrateur, reprenant certaines de ses expressions, devenant co-créatrice du récit. Au-delà d'un procédé comique, Rushdie crée un personnage complexe et contradictoire, celui d'une ouvrière indienne illettrée, fervente spectatrice de films populaires de Bombay, qui influence le rythme mais aussi la forme du récit par “son côté terre-à-terre, sa superstition paradoxale, son amour contradictoire pour le fabuleux” (I, p. 66-67), à la fois ridiculisée et admirée par le narrateur. Au-delà de l’expression d’une morale conservatrice, deux types d’interventions majeures ressortent.

D’une part, sa curiosité et son goût pour l’intrigue (exprimés par le néologisme “et-apréisme” (I, p. 67), traduction habile de “what-happened-nextism”, offrent une résistance aux tendances digressives du narrateur, qui permettent au récit d’avancer : “Mais Padma se tient près de moi et elle me ramène brutalement dans le monde de la narration linéaire, l’univers des ‘et-après’ ?” (I, p. 66) ; “Arré baap, s’écrie Padma, contentez-vous de raconter ce qui s’est passé, Monsieur !” (III, p. 748). D’autre part, sa lecture pragmatique des comportements humains, si elle semble parfois manquer de finesse, contrebalance les envolées lyriques du narrateur et ses interprétations allégoriques, le faisant redescendre “des hauteurs de [s]on imagination” (III, p. 714). En ramenant Saleem sur terre, elle ajoute une once de réalisme bienvenue au récit enflé du narrateur, dans une logique de trivialisation chère à Rushdie, comme en témoigne son interprétation de la vie cachée de Nadir Khan, qui, tout poète et idéaliste qu’il soit, parvient à être logé et nourri par les Aziz sans rien faire d’autre que de “rester caché sous terre comme un gros ver” (I, p. 100). Elle fait aussi chuter l’histoire romantique d’Amina et Nadir au niveau de la comédie farcesque par ses commentaires grivois, mi-admiratifs, mi-offusqués, exprimés dans une langue familière : “Le gros poète a fait ça à la pauvre noiraude ?” (I, p. 99). Par contraste avec le narrateur bourgeois, elle symbolise une certaine version du peuple, mis en valeur pour son authenticité, son intégrité, et son franc-parler. Ainsi, les jugements critiques qu’elle porte sur les personnages, loin de fermer l’interprétation du texte, offrent un contrepoint à la perspective du narrateur interne, qui offre au lecteur une porte de sortie hors de la quête sans fin des correspondances de Saleem, venant éroder son statut de narrateur tout-puissant. En effet, son pragmatisme apparaît comme un antidote à l’ego surdimensionné du narrateur, lui rappelant qu’il s’agit d’une simple histoire : “Mais qu’est-ce qu’elles ont de si précieux […] ces écritures de merde ?” (I, p. 40) ; “Vous et vos histoires […], vous vous êtes rendu malade ! Arrêtez un petit peu, hein, ça fera du mal à qui ?” (II, p. 370).

Cette relation narrateur-narrataire est loin d'être irénique. L'absence de Padma pendant cinq chapitres (II, p. 215-343), suite à une dispute, se traduit par la désintégration accentuée du corps du narrateur et son instabilité psychique (II, p. 266). À d'autres endroits du texte, elle s'offusque d'avoir été mise sur une fausse piste par le narrateur, comme dans le cas de l'identité anglo-indienne de Saleem : "tout ce temps, gémit Padma en colère, tu m'as trompée" (II, p. 207). Cet *agôn* est dans une certaine mesure à l'image de la relation conflictuelle entre le narrateur et le lecteur.

L'antagonisme entre le narrateur-protagoniste et le lecteur

"Parce que dans une autobiographie, comme dans la littérature, ce qui s'est réellement passé est moins important que ce que l'auteur réussit à faire croire à son auditoire" (II, p. 477). Ce commentaire métafictionnel du narrateur, un parmi tant d'autres, donne une indication sur le pacte de lecture incertain qui lie le narrateur au lecteur des *Enfant de minuit*. Le narrateur de cette autobiographie fictive ne cesse d'attirer l'attention de son auditoire sur sa non-fiabilité et de rappeler le statut fictif de son récit. Conteur hors-pair dont la parole intarissable semble empêcher toute forme de dissimulation, Saleem oscille cependant entre honnêteté et malhonnêteté, secret et dévoilement, vis-à-vis des personnages comme vis-à-vis de son auditoire.

La mise en scène de l'art du récit se double en effet d'une insistance sur les faiblesses du narrateur non fiable, qui confesse la partialité de son récit (II, p. 563), ses exagérations et omissions, mais aussi les erreurs factuelles qu'il commet : il avoue par exemple se tromper sur la date des élections de 1957 (I, p. 393). Il ne laisse ainsi jamais au lecteur le loisir d'adhérer complètement à la fiction, l'invitant à remettre en question son autorité, à rester à l'affût de tout indice d'erreur ou de falsification, tout en lui demandant de le croire. Face à ces histoires improbables, il anticipe ainsi les doutes du lecteur : "Vous vous demandez : comment est-ce possible ?" (II, p. 251) ; "vous êtes en droit de demander : Est-ce que cela s'est passé comme ça" (II, p. 563). Ces questions rhétoriques n'aboutissent jamais à une réponse ferme mais laissent le sens de ces phénomènes magiques (le succès d'Amina Sinai aux courses, l'âge canonique de Tai Bibi) en suspens, laissant au lecteur le soin de choisir l'explication qui lui convient, faisant à nouveau écho à la fluidité du conte et à la liberté d'interprétation de l'auditeur : "je crois que je n'ai pas été très bon dans la description des émotions – croyant mon auditoire capable de les éprouver ; d'imaginer pour lui-même ce que je n'ai pu réinventer, pour que mon histoire devienne également la vôtre" (II, p. 516).

Mais si certaines omissions sont imputables au *suspense* entretenu par le narrateur, comme dans le cas de la présence anonyme de Mary Pereira dans la fabrique de conserves (II, p. 370), dont l'identité n'est révélée qu'à la fin du livre, on peut aussi y détecter une forme de supercherie, comme dans le cas de la mort de Shiva (III, p. 776), dont le narrateur révèle rapidement qu'elle est fausse (III, p. 778), ou le mensonge sur la filiation biologique de Saleem, qui fait relire tout le début du roman comme une fausse prophétie, et remet en question la quête de sens du narrateur, sa folie de la détection qui apparaît comme un piège cognitif.

Plus que le mensonge, c'est peut-être l'excès de réflexivité qui pourrait susciter l'agacement de l'auditoire, lassé des confessions et des doutes de ce narrateur envahissant. Cette modalité confessionnelle culmine dans les pages finales du roman, où il exprime ses réserves vis-à-vis de ses bocaux-chapitres et met le lecteur face aux incohérences de son récit, listant les "choses très peu plausibles" ou le "goût trop âpre" de certains passages (III, p. 307-308). Il invite ainsi le lecteur à soumettre rétrospectivement le texte à la question, avant de clore son conte sur le récit au futur de son anéantissement par la multitude de l'Inde. L'excès d'aveux de faiblesse tourne parfois à la complaisance, comme le lui rappelle Padma, qui le somme de raconter simplement son histoire. Malgré la leçon d'humilité donnée par le silence de son fils (III, p. 786), la tendance à la victimisation excessive ne faiblit pas, même à la fin du livre, dans laquelle il se perçoit encore comme "la proie d'un destin dément qui aime faire des ravages" (III, p. 780-781).

Ce sentiment d'être au centre de l'histoire participe aussi de la caractérisation anti-héroïque de Saleem en tant que personnage, qui, loin d'être un support privilégié d'identification pour le lecteur, suscite tour à tour la pitié et l'antipathie. Tout comme dans *Le Tambour*, la question de la nature de l'héroïsme est centrale, écrit Rushdie à propos de son roman : "le personnage se présente comme un héros tout en ayant conscience qu'il n'en est pas un" [1982, p. 21, notre traduction].

Saleem est d'autant plus anti-héroïque qu'il désire à tout prix être un héros (II, p. 491). De fait, on peut lire tout le roman au prisme du désir fatal d'héroïsme de Saleem, qui se place arbitrairement au centre de l'histoire familiale et nationale, se donnant une responsabilité qu'il n'a pas dans le destin désastreux de sa famille et de son pays (v. Thématiques, Histoire). C'est également sa conception stéréotypée de l'héroïsme, tirée du roman de chevalerie, des bandes-dessinées ou bien des films populaires de Bombay, et fondée sur une morale patriarcale, qui le conduit à des erreurs fatales, comme lorsqu'il cherche à se venger indirectement de l'adultère supposé de sa mère en révélant la liaison de Lila Sabarmati à Homi Catrack, ou encore lorsqu'il cherche à jouer les héros auprès de son oncle et participe ainsi à la prise de pouvoir de l'armée au Pakistan (II, p. 491 et p. 506).

Tout se passe comme si l'auteur s'efforçait de décourager l'identification du lecteur au protagoniste, en insistant sur ses travers physiques et moraux, dans la lignée de Günter Grass. Au-delà de sa laideur physique, accentuée par les mutilations qu'il subit depuis son enfance, le roman donne à voir sa lâcheté, ses mensonges, sa cruauté vis-à-vis de sa mère, ses mauvais sentiments vis-à-vis de Shiva (qu'il exclut du Congrès des enfants de minuit pour des raisons "ignobles", II, p. 497), et finalement sa trahison des enfants de minuit, contribuant à leur désintégration.

En proie à une illusion mégalomane, Saleem se rêve en Pygmalion de l'Inde : "c'était comme si je les faisais se produire… c'est-à-dire que j'entrais dans l'illusion de l'artiste, et je pensais aux innombrables réalités du pays comme au matériau brut et informe de mon pouvoir" (II, p. 311). Son identification à la divinité de la lune Sin, qui contrôle les marées, exprime aussi sa conviction d'avoir le pouvoir de manipuler les autres à distance, tel un marionnettiste maladroit. Le sentiment démesuré de sa propre importance et le fantasme d'adéquation absolue entre son être et son pays déteint aussi sur la narration, qu'il pense comme un canal de transmission de toutes les voix de l'Inde. L'ambition démesurée d'intégrer et de donner forme aux multitudes de l'Inde est en effet le reflet de "l'auto-enrichissement" de Saleem (II, p. 311), que le narrateur adulte perçoit comme une illusion et un réflexe de survie, mais dont il a du mal à se départir : même lors de son retour à Delhi après la guerre du Bangladesh, il veut encore sauver son pays. Ce n'est que par l'assèchement final, physique et psychique, qu'il est tragiquement "guéri" de son illusion, et renonce à contrôler la multitude, étant pulvérisé “sous la pression horrible de la foule” (III, p. 812). Si ce délire de toute puissance et la saturation de sens qu’il impose au lecteur peuvent susciter l’antipathie, on peut aussi déceler dans la succession de tragédies qui s’abattent sur lui sans répit une “relation tyrannique” de l’auteur à ses personnages, tous accablés par un destin tragique [Gorra, *in* Booker, 1999, p. 202]. Toutefois, loin d’être seulement des victimes, les personnages de Rusdhie sont polymorphes, et ne sauraient se réduire à une seule facette.

Le fantasme de l’unité contre l’identité instable des personnages

Le caractère illusoire de l’aspiration à l’unité et à la pureté du narrateur est subtilement suggéré dès le début du roman, à travers la litanie de surnoms dont le protagoniste est affublé : “moi, Saleem Sinai, appelé successivement par la suite, Morve-au-nez, Bouille-sale, Déplumé, Renifleux, Bouddha et même Quartier-de-lune” (I, p. 13-14). Ces noms et surnoms sont autant de traces de l’héritage et du parcours tortueux du protagoniste et de ses métamorphoses heureuses et douloureuses, qui signalent son identité instable. Maître dans l’art de l’onomastique, Rushdie choisit en effet les noms de ses personnages avec soin, jouant à la fois sur les sonorités et l’histoire associée à ces noms (en particulier pour Mumtaz ou Zulfikar). C’est ce que montre le travail de décryptage de D. Goonetilleke, signalant par exemple le symbolisme pessimiste de “Nadir”, l’opposé du zénith, qui fait écho à l’échec politique et marital du poète idéaliste, tandis que sa réincarnation en Qasim Lal (“rouge” en hindi), est aussi interprétée par le narrateur comme une union de l’engagement politique et d’une faute morale [Goonetilleke, 1998, p. 24]. On notera aussi le pessimisme suggéré par les sonorités du nom de la Rani de Cooch Naheen, qui font écho à “kuch nehin” (“rien du tout” en hindi). Néanmoins, il ne faut précisément pas tomber dans le piège des symboles et de l’allégorie dont est victime le narrateur, et garder à l’esprit que si les noms sont toujours signifiants chez Rushdie, leur sens reste fluide et ambigu, remodelé au gré des métamorphoses des personnages.

En effet, tout comme les chiffres, les noms sont des codes à décrypter pour le narrateur, qui y cherche la trace d’un principe supérieur d’explication de son existence tragique et de son anéantissement à venir :

“Nos noms contiennent nos destins ; vivant comme nous dans un pays où les noms, contrairement à l’Occident, ne sont pas sans signification, et sont donc plus que de simples sons, nous sommes aussi victimes de nos appellations” (II, p. 536). Mais cette quête cabalistique de sens et de détermination, aussi plurielle soit-elle, reflète la folie de détection du protagoniste dans la mesure où Sinai n’est pas son “vrai” nom de famille. L’ironie est palpable dans cette explication d’un héritage par le nom qui est en réalité une construction de l’imagination du narrateur, inventeur de filiations.

Plus que le poids d’un héritage passé, les noms se révèlent être les reflets de l’identité palimpseste des personnages. La volonté d’assigner une identité fixe par le nom est défaite par la capacité des personnages à se réinventer sans cesse. La créativité onomastique de l’auteur est donc l’instrument de la revendication d’une identité plurielle, fragmentée, à rebours de la prison de l’individualité, que le narrateur réaffirme lorsque Padma lui demande s’il ne porte pas son “vrai nom” (II, p. 207). Ce sont d’ailleurs ses surnoms dont il se souvient en premier lorsqu’il retrouve la mémoire dans les Sundarbans (III, p. 651) avant que Parvati ne lui rende son nom (III, p. 668). Donnés par différentes personnes (sa mère, ses camarades, ses compagnons soldats, etc.), les noms de Saleem reflètent la dimension relationnelle et instable de l’identité, en mouvement plutôt que déterminée par le passé.

On note tout de même le contraste entre les personnages principaux et secondaires, dont les noms et surnoms leur attribuent effectivement une identité fixe et apparemment sans épaisseur, souvent à des fins comiques : c’est le cas de l’oncle Pouf, d’Evie Burns, d’Œuf-fendu et de Cheveux-gras, surnoms visuels renvoyant à l’univers de la bande-dessinée et, dans le cas des deux derniers, à la parodie de l’onomastique amérindienne de la littérature de jeunesse. À l’inverse, les changements de nom de Mumtaz-Amina, le Singe de Cuivre-Jamila la chanteuse, Parvati-Laylah (III, p. 712) font signe non vers une métamorphose irréversible qui ferait table rase des strates précédentes de leur identité, mais vers une identité palimpseste. Ainsi, Mumtaz, allusion à la femme de l’empereur Shah Jahan pour qui il fit construire le Taj Mahal, réfugiée dans la cave, Taj Mahal miniature, des Aziz, devient Amina en épousant Ahmed Sinai. Mais malgré la volonté de rupture d’Ahmed Sinai, cette première strate ne disparaît pas totalement et elle n’oublie jamais son amour pour Nadir Khan. Jamila, le Singe de Cuivre à l’énergie destructrice, devient, elle, “l’Ange du Pakistan”, le “Rossignol de la foi” (II, p. 539), mais le texte souligne la continuité sous-jacente entre ces deux avatars d’une femme aux tendances fanatiques qui rejettent l’amour charnel. Enfin, Naseem Aziz devient Mère Révérende lorsque ses croyances se pétrifient, mais notons, au-delà du stéréotype de la matriarche redoutable, la complexité du personnage, indiquée par exemple par son amour pour son petit-fils ou encore son rêve incongru de station-service.

Ces personnages polymorphes et ces noms instables sont ainsi le support d’une réflexion sur l’instabilité de l’identité mais aussi sur l’impossibilité de la table rase, renvoyant non seulement à la pensée de l’hybridité et du mouvement de Rushdie mais aussi à la conception du temps et de la mémoire que met en jeu le roman.

LA FUITE DU TEMPS

Nous nous demanderons tout d’abord comment fonctionne le narrateur omniscient dans le roman, puis nous étudierons les personnages en nous demandant qui ils sont et comment ils sont reliés les uns aux autres.

Le Narrateur

“Chef du village, Sima Lan a l’âge avancé de trente-neuf ans” (p. 9) : dès le début du roman, le ton est assertif. C’est celui d’un narrateur, à la fois implicite et hétérodiégétique, qui énonce de façon directe et claire le temps et le lieu du récit ainsi que la situation des personnages.

Quand le narrateur entend nous faire accéder à l’état intérieur d’un personnage, il nous en informe plus qu’il ne nous fait entrer dans son intériorité : il décrit les yeux de Lan Sishi recouverts d’“un léger voile de mélancolie” (p. 52), lorsque celle-ci quitte le village pour aller vendre son corps à Jiudu. En fait, le narrateur se veut toujours descriptif et non interprétatif. Ainsi, quand la même Sishi se rend sur la tombe de ses parents, il avoue son incapacité à restituer ses pensées : “Qui sait ce qu’elle pense ?” (p. 149). Même quand il recourt au discours indirect libre, il s'agit toujours d'une information sur l'état intérieur du personnage plus qu'une façon de nous introduire dans un espace intime, comme lorsque Du Zhucui exprime sa satisfaction à l'idée d'être enfin débarrassée de son mari Sima Lan : "Son homme va mourir, il va disparaître de ce monde, et elle-même sortira enfin du cercle d'ombre de l'arbre, tous les liens dans lesquels elle se débat seront défaits" (p. 26). Aussi aucune connivence n'est-elle créée, ni avec le lecteur ni avec les personnages : nous n'avons pas affaire à un conteur qui met en scène l'acte d'énonciation narrative. Il s'apparente plutôt à l'historiographe traditionnel qui rédige une "chronique locale" (*zhi*), dispositif qui deviendra explicite dans les *Chroniques de Zhalie* (*Zhalie zhi*).

L'omniscience du narrateur est donc différentielle : quasi nulle à propos des états d'âme des personnages, elle est en revanche optimale concernant l'action, au point qu'elle prend même l'aspect d'une préscience lorsque l'on recourt au temps futur (en traduction) : "Sima Lan va mourir" (p. 9). On pourrait multiplier les exemples : "Durant les longues années qui suivront, personne n'oubliera [...] cette période durant laquelle on s'évertua à renouveler la terre sans que personne ne vive pour autant après quarante ans" (p. 407), prédiction faite auparavant par un personnage défunt, Sima Xiaoxiao (p. 385).

De plus, en raison de sa structure inversée, le roman produit un phénomène un peu étrange à propos de la notion d'omniscience : une forme de savoir passe du narrateur au lecteur qui, pour l'avoir lu dans un livre précédent, sait à l'avance que tel ou tel projet, loin d'aboutir, comme on en fait a promesse dans le livre qu'il est en train de lire, provoquera une catastrophe humaine.

On peut penser que l'omniscience du narrateur se double d'une distance ironique dans certains passages du roman. La position adoptée dans leurs discours par certains personnages peut être ainsi moquée, comme lorsque le chef de village Sima Xiaoxiao tente d'imputer l'abandon des enfants infirmes lors de la famine non aux parents mais au "seigneur Ciel" (*Lao Tian*, p. 512). De même, la mise en scène parodique à laquelle se livrent les enfants imitant la cérémonie funéraire des adultes consacrée à Du Gen suggère une certaine réserve de la part du narrateur à l'égard des rites populaires tels que la coutume de brûler de l'argent factice ou bien la profération de paroles à caractère sacré, lues dans un prétendu "classique de la longévité" (*Changshou jing*) (p. 489-494).

Les exergues placés en tête des livres I, III et V pour les citations du maître du bouddhisme *chan* (équivalent du *zen* japonais) Da Hui (1089-1163), et en tête des chapitres des livres II et IV pour les citations de la Bible, fonctionnent aussi, probablement, de manière ironique. Ils appellent en effet le peuple hébreu ou les premiers chrétiens à endurer la souffrance en vue d'atteindre soit la Terre Promise, soit la vie éternelle : après la traversée du désert, où ils éprouvent la faim et la soif, les Hébreux seront conduits, "dans un pays où coulent le lait et le miel" (p. 431, et Exode, 3:8) ; de même, dans l'Apocalypse, Dieu exhorte les Chrétiens persécutés : "ne redoute pas ce que tu vas souffrir" et "[m]ontre-toi fidèle jusqu'à la mort" car "je te donnerai la couronne de Vie" (p. 239, et Apocalypse, 2:10).

L'ironie est encore plus manifeste dans les échos plus précis entre le contenu des exergues et celui du récit des villageois : les cailles que les Hébreux recueillent et mangent contre la volonté de Dieu (p. 528, et Nombres, 11:31-34, à ne pas confondre avec l'épisode de la manne, cité p. 481, et Exode, 16:13-15) résonnent avec les corbeaux, attirés par les corps des enfants abandonnés, et dont on fait un festin (p. 543-549) ; de même, l'eau que Moïse fait jaillir du rocher fait penser au canal de Lingyin que, sous la conduite de Sima Lan, les hommes acheminent jusqu'au village (p. 497, et Exode, 17:1-6 en regard de *FT*, p. 210-213). Cet appel à endurer les épreuves en vue d'une récompense à venir semble bien grandiloquent et creux eu égard aux souffrances endurées par les habitants du village des Trois Patronymes. Yan Lianke dénonce certainement ainsi le discours de propagande qui cherche à endoctriner les masses entraînées malgré elles dans les plus folles entreprises.

On peut lire dans les références au bouddhisme le même message : le "détachement" (*wuxin*, p. 7) auquel invite maître Da Hui équivaut à l'endurance face à la souffrance, à laquelle invitent les citations de la Bible. Conformément à la doctrine bouddhique, la souffrance (*duhkha* en sanskrit, *ku* en chinois, traduit par "douleur", p. 7) n'est que la conséquence de l'illusion : la première "noble vérité" du bouddhisme est en effet l'existence de la souffrance, la deuxième est l'origine de la souffrance, c'est-à-dire l'illusion produisant l'attachement, la troisième enfin est l'extinction du désir ou "détachement" [CRÉPON, 2016, p. 47].

Des personnages aux contours indécis

À la fois omniscient et ironique, le narrateur met en scène des personnages aux contours indécis. En effet, le caractère individuel ou singulier des personnages est contredit par plusieurs procédés.

Yan Lianke met souvent en scène des personnages collectifs, indifférenciés. C'est le cas des paysans au travail : "les hommes des Trois Patronymes s'affairent, par groupe de deux ou trois, à intervalles de vingt mètres ; certains creusent à l'aide de bêches, d'autres se chargent de pelleter pour rejeter la terre au loin" (p. 136, mais bien d'autres passages pourraient être cités). C'est aussi le cas des femmes qui vendent leur corps et des hommes qui vendent leur peau. Certaines scènes ressemblent à des chorégraphies formées de groupes d'hommes et de femmes, comme lorsque les hommes reviennent du chantier du canal : "Tandis qu[e les femmes] palabrent joyeusement, interminablement, les hommes atteignent l'entrée du village" (p. 163) ; un peu plus tard, tandis que l'on procède aux rites funéraires concernant les morts ramenés du chantier, "les femmes assises en tailleur cousent des semelles de souliers tout en bavardant" tandis que "les hommes plus ou moins jeunes jouent bruyamment aux cartes" (p. 179-180). Enfin, les personnages semblent former un tout lorsqu'ils observent, comme au spectacle, une scène inhabituelle : la sortie de Lan Sishi se rendant à Jiudu (p. 51-53) ou les enfants écoutant leurs parents faire l'amour (p. 583-584).

Par ailleurs, en lien avec la structure répétitive du roman, certains personnages occupent la même fonction et se comportent de la même façon, si bien que chacun d'eux tend à perdre son individualité pour s'inscrire dans une série qui le dépasse. C'est le cas des chefs de village : Du Guaizi, Sima Xiaoxiao, Lan Baisui, Sima Lan et, pense-t-on un moment avant qu'il ne meure, Du Liu. La succession d'un chef à l'autre repose toujours sur la manipulation de la parole, les projets sont toujours financés par la vente de la peau (p. 272 pour le canal et p. 339 pour les champs en terrasses), et, face à l'opposition du village, les chefs finissent toujours par renoncer de la même manière (p. 317 pour Sima Lan, et p. 405 pour Lan Baisui).

Si les personnages ne présentent guère une individualité psychologique caractérisée, c'est parce qu'ils renvoient à des types, dans une logique allégorique. Il est tout d'abord possible d'analyser certains personnages en référence aux "trois enseignements" (*san jiao*) de la tradition chinoise, à savoir le confucianisme, le taoïsme et le bouddhisme. Non sans simplification, on a l'habitude d'opposer l'injonction de l'action propre au confucianisme et le "non-agir" (*wuwei*) de la tradition taoïste.

Dans *La Grande Étude* (*Da Xue*), Confucius exhorte en effet l'"homme de bien" (*junren*) à s'accomplir en cultivant tout d'abord ses propres qualités, puis en fondant une famille, enfin en se mettant au service de l'État, si bien qu'alors l'ordre règnera "sous le Ciel" [*Philosophes confucianistes*, 2009, p. 554]. Ainsi tous les chefs qui, dans le roman, "s'activent" pour tenter de "gouverner" ou "guérir" (il s'agit du même terme en chinois : *zhi*) le village, font immanquablement penser au modèle de l'homme accompli confucéen. Cette mise au service de la collectivité peut aller jusqu'à la mort, y compris sous la forme du suicide, comme le suggère le paragraphe 9 du livre XV des *Entretiens de Confucius* (*Lunyu*) : "[U]n gentilhomme qui a résolu d'être un homme d'humanité ne s'attache pas à la vie au détriment de l'humanité et accepterait d'être tué pour servir l'humanité" [*ibid.*, p. 175]. Or, pour avoir échoué dans ses entreprises, Sima Xiaoxiao se laisse dévorer par les corbeaux (p. 327) ; pour les mêmes raisons, Lan Baisui se pend (p. 426).

Le taoïsme, en particulier dans le *Zhuangzi*, prend le contrepied des positions confucéennes, pour dénoncer toute action qui contrevient au Dao entendu comme le cours naturel des choses. Les références au taoïsme ne reposent pas sur cet aspect mais sur des éléments plus "périphériques" de la tradition taoïste, comme l'"alchimie interne" (*neidan*) qui consiste en une connaissance des produits de la nature permettant en particulier de fabriquer des recettes de "longue-vie" (*changshou*) : le berger Du Bai, lecteur des *Arcanes de l'empereur Jaune* (*Huangdi neijing*), met au point une "soupe de longévité" (p. 13) qui le rattache à cet aspect, "magique", du taoïsme [Robinet, 1995]. La recherche de l'immortalité ou "longue-vie" est ainsi une caractéristique du taoïsme populaire, et semble s'opposer au risque politique de la mort que semblent accepter, du moins en paroles, les représentants de la tradition confucéenne. Mais, s'il peut renvoyer au taoïsme, Du Bai appartient aussi à l'appareil d'État, et, à ce titre, ne correspond pas entièrement au modèle taoïste.

Le bouddhisme, qui, comme nous l'avons vu, prône le "détachement" (p. 7), pourrait être représenté par le personnage de Lan Sishi, comparée à un boddhisattva, un "être éveillé" (p. 27) et, contrairement à Sima Lan, suffisamment détachée pour ne pas craindre la mort (p. 36).

On peut aussi repérer derrière la silhouette de certains personnages une figure mythologique. Sima Lan est tout d'abord un avatar de Sisyphe, héros malheureux de la mythologie grecque, dont nous avons vu qu'il pouvait fournir une clef pour comprendre la structure répétitive du roman (v. Repères et Analyses). Rappelons que Sisyphe, par une première ruse, enchaîne Thanatos afin de ne pas subir le châtiment mortel que lui a infligé Zeus pour avoir enlevé Égine. La conséquence est que "[p]ersonne ne meurt [...] plus" [*in* Bonnefoy, 1999, p. 1360]. Mais Zeus (ou Arès) délivre Thanatos et fait mourir à nouveau Sisyphe qui, recourant à une seconde ruse, échappe encore à la mort : il demande à son épouse de ne pas accomplir les rites funéraires lors de son enterrement si bien qu'une fois aux enfers il négocie avec Hadès pour retourner sur terre afin de corriger son épouse. Cette "obstination [...] à ne point mourir" [*ibid.*] se retrouve chez Sima Lan qui, dès l'âge de cinq ans, prend conscience de la mort et, comme Sisyphe, refuse de s'y soumettre : "il songe combien il serait bon que les hommes ne meurent pas" (p. 567). Les luttes que Sima Lan mais aussi les autres chefs vont mener contre la mort, luttes menées sans succès mais toujours recommencées, renvoient aussi au mythe de Sisyphe. De plus, le motif de l'aménagement des champs en terrasses, supervisé par Lan Baisui, consistant à "transvas[er] la terre du sommet vers le vallon" (p. 346), décrit comme le "labeur interminable du renouvellement de la terre", qu'il faut toujours "recommencer" (p. 388), peut faire penser au supplice sisyphéen.

Le couple formé par Sima Lan et Lan Sishi pourrait renvoyer au couple incestueux Fuxi et Nüwa, les deux premiers souverains mythiques de la Chine : en effet, l'iconographie traditionnelle, qui montre Fuxi et Nüwa côte à côte mais entrelaçant leurs corps [Pimpaneau, 1999, p. 98], semble reprise dans la description des deux bébés tétant l'un le sein droit, l'autre le sein gauche de Du Meimei (p. 610).

Sima Lan peut faire aussi penser à une autre figure de la mythologie chinoise, Yu le Grand, qui, dans les premiers temps de l'histoire traditionnelle, a su "régler les cours d'eau" (*Da Yu zhi shui*), à la différence que là où Yu réussit, Sima Lan, avec le canal de Lingyin, échoue. Du reste, Yu est aussi celui qui "aplanit les monts Kunlun afin d'en abaisser les terres" [*Anthologie des mythes et légendes de la chine ancienne*, 1989, p. 100], ce à quoi peut faire écho l'aménagement des champs en terrasses sous la conduite de Lan Baisui. De façon générale, il s'agit d'une figure de héros civilisateur, à laquelle renvoient tous les chefs qui tentent d'imposer un "ordre" dans la vie des villageois.

Une autre référence mythologique peut encore être associée à Sima Lan : sous son autorité en tant que chef de chantier dans le livre I, les villageois se livrent à un travail collectif quasi surnaturel, comme le constate Du Bai qui vient leur apporter des vivres : "il semble que la montagne entière se meut" (p. 136). Il s'agit peut-être d'une référence à l'anecdote concernant "Yukong déplace les montagnes" (*Yukong yi shan*) rapportée dans un classique taoïste, le *Liezi.* Dans le récit traditionnel, le vieux Yukong, ses fils et petits-fils ainsi que des voisins entreprennent d'aplanir deux montagnes qui bouchent l'horizon : "Tous ensemble, ils cassaient des pierres, ramassaient la terre à la pelle, remplissaient les paniers qu'ils allaient déverser à l'extrémité du golfe de Po-hai" [*Philosophes taoïstes*, 1980, p. 478]. Quand un autre vieillard lui explique que cette entreprise est irréalisable, Yukong répond : "Si même je meurs, mon fils restera en vie. Et lui, à son tour, aura des fils, et leurs petits-fils auront eux-mêmes des enfants, dont les enfants auront derechef des fils, et leurs petits-fils, à leur tour, des petits-fils. Des générations de fils et de petits-fils se continueront ainsi sans discontinuer. Où réside la difficulté de niveler la montagne qui, elle, n'augmente pas ?" [*ibid.*, p. 479]. Cette histoire est surtout connue parce que Mao Zedong l'a reprise dans un discours en 1945, pour motiver le peuple chinois à se mettre au travail après la guerre, dans une perspective tout aussi irréaliste que volontariste. Yukong est donc une figure ironique.

Sima Lan comme ses homologues Sima Xiaoxiao son père et Lan Baisui son prédécesseur, sont aussi associés à Moïse à travers les exergues du livre IV : ils prétendent libérer les villageois de leur condition misérable pour les conduire vers une Terre Promise qui prend l'aspect de champs regorgeant de céréales ou d'une eau limpide acheminée jusqu'au village. Comme pour Yu le Grand, la référence est également ironique.

Sima Lan est encore comparé à un empereur de façon explicite (p. 18) ou implicite, comme lorsque, revenant de l'hôpital où il a subi une opération, il entend imposer à nouveau l'idée de construire un canal ; il semble alors faire corps avec son peuple et la nature elle-même :

> Sa voix couvre les monts ; la chaise oscille lentement et ses paroles en épousent le balancement, roulent sur chaque versant pour se déverser dans les champs. Sur le point de franchir la crête, il descend du véhicule : les épis de blé blancs comme de petits nuages, se balancent en rythmes ourlés de fumée. (p. 95)

De même, l'association de Sima Lan à la figure impériale est certaine lorsqu'il reçoit l'hommage des villageois, concrétisé par l'érection d'une stèle qui le désigne comme le "bienfaiteur" du village (p. 123).

Du Bai, quant à lui, par sa connaissance de l'"alchimie interne", renvoie à l'empereur Jaune (*Huangdi*), le premier souverain mythique de la Chine, associé à la tradition taoïste.

La référence à la logique politique est inscrite dans le nom même du héros *Sima Lan*. *Sima* désigne d'abord un titre, celui de "commandant des chevaux", correspondant à diverses fonctions qui sont toujours associées à la guerre ou à la chose militaire. C'est de plus le nom d'une famille prestigieuse de l'histoire chinoise, qui s'est en particulier illustrée sur le plan militaire au service du royaume de Wei (220-265) pendant la période des Trois Royaumes (220-280) ; l'un des descendants de cette famille, le futur empereur Sima Yan, met fin à cette période trouble de l'histoire chinoise en fondant la dynastie des Jin sous laquelle la Chine se réunifie.

En dehors du champ politique, l'onomastique de trois personnages renvoie à la condition mortelle des hommes et des femmes, thème central du roman. Nous avons vu (v. Repères et Analyses) que le prénom de Lan *Sishi* signifiait "quarante", et renvoyait donc à l'âge auquel les villageois sont voués à la mort. Inversement, mais de façon ironique, le prénom du père de Lan Sishi, le chef Lan *Baisui*, signifie "cent ans" et un des personnages secondaires, toujours de la famille Lan, se prénomme *Changshou*, qui signifie "longue-vie", ce que l'on traduit souvent en français par "immortalité" ; or, ce personnage meurt d'épuisement lors de l'aménagement des champs en terrasses (p. 334), après avoir sacrifié son fils infirme (p. 520). Les deux jeux de mots sont reproduits pour deux personnages secondaires : Du Baisui, "Cent-ans Du" et Du Gaoshou, "Grande-Longévité Du" (p. 128).

Les personnages du roman présentent donc des contours indécis parce qu'ils semblent échapper à leur propre singularité en renvoyant à un ensemble de personnages, à des types ou encore à des idées qui les dépassent. Yan Lianke s'emploie de plus à estomper la catégorie des hommes ou femmes vivant(e)s en général, en les associant à la nature d'une part et au monde des morts d'autre part.

C'est essentiellement par les très nombreuses "comparaisons" (*xing*) (v. Repères et Analyses) entre les êtres humains et la nature que s'opère ce brouillage. Ainsi, les pleurs des veuves qui ont perdu un mari sur le chantier du canal se diffusent dans toute la nature : "[S]ous le coup des sanglots répercutés, les arbres se dénudent, leurs feuilles emportées en tourbillons. La douceur odorante des champs cultivés est chassée et le paysage se réduit à une succession de tristes ravins" (p. 169).

Le romancier utilise aussi l'onomastique pour suggérer que les personnages humains sont avant tout intégrés dans un ordre naturel qui les dépasse. En effet, la plupart des noms propres et des prénoms comportent un élément (la "clef" du caractère, c'est-à-dire sa partie sémantique par opposition à la partie phonétique) qui renvoie à la nature (ce qui, il est vrai, est assez fréquent en chinois). Ainsi *cui* (翠) dans *Du Zhucui* comporte la clef des plumes (羽) et désigne un "martin pêcheur" : en effet ce personnage est souvent assimilé à un oiseau prêt à s'envoler (p. 23 ou p. 105-106) ; les deux frères de Sima Lan se prénomment le "tigre" (*hu* dans Sima Hu) et le "cerf" (*lu* dans Sima Lu). Mais ce sont surtout les végétaux qui sont présents dans l'onomastique des personnages, à travers trois "clefs" : l'arbre, l'herbe et le bambou. La clef de l'arbre (木) est présente dans le nom de *Du* (杜), qui désigne un "poirier sauvage", et se trouve redoublée dans les prénoms *Bai* (柏), un "cyprès", ou *Meimei* (梅梅), un "abricotier". Les Sima sont quant à eux associés à la clef de l'herbe (艹) : le prénom du héros Sima *Lan* (蓝), mais aussi le nom de la famille *Lan*, désignent une "renouée" (et signifie ordinairement "bleu") ; ses trois filles, *Teng* (藤), *Ge* (葛) et *Man* (蔓) désignent toutes trois des plantes grimpantes. Le personnage de Sima Taohua, épouse de Du Yan et mère de Du Bai, présente à la fois la clef de l'arbre et celle de l'herbe dans son prénom *Taohua* (桃花), qui signifie “fleur de pêcher”. Enfin, la clef du bambou (⺮) est présente dans le prénom du frère de Taohua, Sima *Xiaoxiao* (笑笑), mot qui signifie ordinairement “rire” ou “sourire”, mais qui probablement renvoie au verbe “éclore” ou “s’ouvrir” s’appliquant aux fleurs. Le caractère du mot *bambou* (*zhu* 竹) est lui-même présent dans la première syllabe du prénom de Du *Zhu*cui.

Un autre brouillage s’opère quand les personnages vivants rencontrent des personnages défunts avec lesquels ils conversent : c’est le cas de Lan Sishi et sa sœur Lan Sanjiu (p. 149), que rencontrent aussi son mari Du Bai et sa femme (p. 160), c’est aussi le cas de Sima Lan avec Lan Sishi d’une part (p. 188-186) et avec son père Sima Xiaoxiao d’autre part (p. 384-386). C’est peut-être une des raisons qui a fait dire que *La Fuite du temps* s’inspirait du roman *Pedro Páramo* (1955) de Juan Rulfo [Gan, 2022, p. 55]. Les morts apparaissent aussi en groupe aux vivants, dans une atmosphère de danse macabre lorsque les sept victimes du chantier du canal se juchent sur leurs propres cercueils pour participer à la joie de la fin du chantier (p. 199-200) ou bien, à la toute fin du roman, du fait de l’inversion du temps : “Bien des morts reviennent à la vie” (p. 620). Il est vrai que le roman s’ouvre sur trois frères Sima, Lan, Lu et Hu, inspectant l’emplacement de leurs futures tombes dans le cimetière familial, où sont déjà enterrés leurs trois frères aînés, Sen, Li et Mu : trois vivants face à trois morts (p. 10-12).

Systèmes de personnages

Comment les personnages sont-ils reliés les uns aux autres ? Comme son nom le suggère, le “village des Trois Patronymes” (*Sanxingcun*), où se déroule l’action, rassemble trois familles qui, sur plusieurs générations, fournissent l’essentiel du personnel romanesque. Yan Lianke imite en cela des romans classiques de la littérature chinoise, comme *Le Rêve dans le pavillon rouge* (*Honglou meng*, fin XVIIIe siècle) de Cao Xueqin, ou, à l’époque moderne, *Famille* (*Jia*, 1933) de Ba Jin (1904-2005) et *Quatre Générations sous un même toit* (*Sishitongtang*, 1949) de Lao She (1999-1966). Il est certain qu’il s’inspire aussi du principe du roman-fleuve sur plusieurs générations tel que l’a pratiqué Gabriel García Márquez dans *Cent ans de solitude*. Mais il se conforme aussi à une idée traditionnelle en Chine, selon laquelle un village (*cun*) est associé à une famille ou à un groupe restreint de familles, elles-mêmes définies par un nom, le *xing*, qui, comme l'explique Joël Thoraval, est un principe d'identification très puissant : "Être chinois, c'est avoir un *xing*, un patronyme, mais aussi, par conséquent, appartenir à un groupe patronymique local (les Wang, les Liu, les Chen…) […] se rattachant idéalement à un ancêtre commun" [THORAVAL, *in* GENTELLE, 2004, p. 70].

- **Les liens familiaux**

Les liens de filiation entre les personnages, avec l'indication de la génération (1, 2 ou 3) sont présentés dans un tableau en fin de volume (v. Outils, Généalogies).

Les liens filiaux de nature verticale sont complétés par deux sortes de liens horizontaux : les fratries et sorories d'une part et les alliances d'autre part. Une fratrie joue un rôle important dans le roman, c'est celle des frères Sima, qui compte six membres (Sen, Li, Mu, Lan, Lu et Hu). Elle fonctionne en miroir avec la sororie constituée par les sœurs Lan, qui sont au nombre de sept (Jiushi, Bashi, Qishi, Liushi, Wushi, Sishi et Sanjiu). Comme nous le verrons par la suite (v. Thématiques, Mythes), cela rappelle le conte du Petit Poucet. Une autre sororie est formée par les trois filles de Sima Lan et de Du Zhucui : Teng, Ge et Man, qui peuvent faire penser aux trois filles du roi Lear dans une des premières scènes du roman, où elles accompagnent leur père vieillissant vers la mort :

> Toutes trois, larmes aux yeux, s'exclament en chœur : Papa !
>
> – Approchez ! Venez soutenir votre père pour l'aider à sortir [de la chaise qui le transporte à son retour de l'hôpital]. (p. 45)

Les mariages se font à l'intérieur du village, entre les trois familles, selon un principe endogame (mais jamais à l'intérieur d'une même famille), même s'il s'agit davantage d'une contrainte subie que d'un choix culturel (v. Thématiques, Mouvements).

- **Les paires**

En dehors des liens familiaux, les personnages peuvent être associés par paires. Nous en analyserons deux. Du Zhucui et Sima Lan, les deux femmes qui se disputent Sima Lan, sont à la fois opposées et complémentaires. Lan Sishi est associée à la sérénité bouddhique tandis que Du Zhucui est caractérisée par une agitation excessive. Mais elles sont toutes deux victimes de la violence masculine, ce qui donne lieu à des scènes symétriques : une double scène d'étranglement (p. 69-70 et p. 103-107) et une double scène de viol (p. 108-109 et p. 115-116 ; v. Thématiques, Amour).

Autre paire : Sima Lan et Du Bai. Nous avons vu que si Sima Lan relevait de l'"activisme" confucéen, Du Bai renvoyant plutôt au taoïsme. Mais Du Bai est aussi un représentant de la catégorie traditionnelle des "lettrés" (*wenren*) par opposition à un Sima Lan qui fait davantage penser aux cadres politiques, souvent incultes sous l'ère Mao. C'est Du Bai qui lit la stèle érigée en l'honneur de Sima Lan car celui-ci ne sait pas lire (p. 123). La scène se répète, de façon moins pacifique, entre Du Yan, le père de Du Bai, qui déclare être "le seul au village à savoir lire" (p. 433), et Sima Xiaoxiao, bien forcé d'avouer en être incapable. Ainsi les chefs de village que sont Sima Lan et Sima Xiaoxiao sont-ils moqués pour leur inculture. Mais il faut noter que le livre auquel se réfère Du Yan, désigné dans la traduction comme "le grand livre d'Histoire" (*ibid.*) est le *Wannian li shu*, une sorte d'almanach astronomique, qui n'est pas un classique confucéen ; la "bible" de son fils Du Bai, les *Arcanes de l'empereur Jaune* (*Huangdi neidan*), n'en est pas un non plus : il ne s'agit pas de véritables lettrés. Ainsi les Du s'opposent et complètent à la fois les Lan, comme l'illustre un épisode rapporté du chantier du canal : "un Du écrase de son marteau les doigts d'un Lan qui tenait le foret ; le sang ruisselle" (p. 260), combat annonçant celui qui oppose physiquement Sima Lan à Du Bai (p. 322-324).

- **Le fonctionnement hiérarchique**

Le type de lien entre les personnages s'inscrit dans la tradition confucéenne des "cinq relations" (*wulun*), à savoir le père et le fils, le souverain et ses sujets, le mari et la femme, les frères aîné et cadet, et les amis. On constate qu'en dehors de la cinquième, toutes ces "relations" sont hiérarchiques. Les vertus qui régissent les cinq relations dépendent des textes auxquels on se réfère, mais surtout du point de vue auquel on se place. En prenant le point de vue du rang supérieur, on parlera par exemple d'"affection" (*qin*) du père au fils ou de "sens du devoir" (*yi*, traduit aussi par "sens de la justice") du souverain vers le sujet [MENCIUS *in Philosophes confucianistes*, 2009, p. 365]. Mais si on prend le point de vue du rang inférieur, on parlera de "piété filiale" (*xiao*) du fils envers le père [*Le Livre de la piété filiale,* ou *Xiao jing*, 2009] et de "loyauté" (*zhong*) du sujet ou du ministre envers le souverain [*ibid.*, p. 56] ; le frère cadet doit "déférence" (*gong*) à son aîné [*Le Classique des trois caractères*, ou *San zi jing*, 1995, p. 70], par exemple lorsque Sima Lan gifle son frère Sima Hu (p. 16-17) ; enfin, la femme doit "suivance" [*ibid.*], c'est-à-dire "obéissance" (*cong*) à son mari. Nous approfondirons par la suite l'analyse de la relation entre hommes et femmes (v. Thématiques, Amour) ainsi celle qui concerne le souverain (*jun*) ou le chef et le sujet ou ministre (le mot *chen* a les deux sens) (v. Thématiques, Histoire).

- **Personnage du dehors**

Il nous reste à analyser les personnages qui ne font pas partie du village, ceux du dehors ou de l'étranger (*wai*). On peut les classer en deux catégories. Il y a tout d'abord des personnages que les chefs rencontrent en dehors du village et qui les mettent au courant de la situation du pays : la femme du village Xiaomazhai apprend ainsi à Sima Lan que le pays est passé à l'économie de marché (p. 267) ; de même, Sima Xiaoxiao (alors chef) est informé par un vieillard rencontré au chef-lieu de district que tout le monde s'affaire dans le pays à fabriquer de l'acier (p. 559), allusion à une des mesures imposées en 1958 dans le cadre du Grand Bond en avant. Ce rôle d'informateur est également assumé par le "responsable Lu" que Lan Baisui et Sima Lan ensemble rencontrent dans le village-pilote qu'il gère : sans doute en référence à la campagne "Dans l'agriculture, étudier Dazhai" (v. Repères et Analyses), il s'agit d'introduire dans le village des Trois Patronymes un modèle qui est appliqué dans le reste du pays, en l'occurrence, l'aménagement des champs en terrasses.

Entre ces trois personnages, qui relèvent bien du dehors, et les villageois, Du Bai et Du Yan occupent une position intermédiaire : ils sont rattachés au canton (*xiang*) et, à ce titre, transmettent les directives du dehors vers le dedans (*nei*), c'est-à-dire du pouvoir central vers la localité périphérique (v. Thématiques, Histoire).

Une seconde catégorie de personnages du dehors fonctionne de façon plus symbolique. Au début du roman, Sima Lan, qui attend le retour de ses frères allés vendre leur peau afin de financer son opération, rencontre un groupe d'hommes qui se caractérisent par leur insouciance (ils "flân[ent]" et "plaisantent", p. 32). Quand Sima Lan leur demande s'ils ont vu ses frères, ils répondent : "Serais-tu fou ? Comment saurions-nous qui sont tes frères ?" (*ibid.*). Ce petit épisode suggère que les villageois, qui vivent "en vase clos" (p. 22) dans le village des Trois Patronymes, ne peuvent envisager que le reste du monde ne les connaissent pas, ni, *a fortiori*, qu'ils suscitent l'indifférence. Dans cette catégorie de personnages, on pourrait encore mentionner l'enfant de sept ans, rencontré par Du Yan (p. 250) ou le vieillard aperçu par les enfants à la fin du roman (p. 569), personnages sur lesquels nous reviendrons (v. Thématiques, Mythes).

LE TEMPS

CENT ANS DE SOLITUDE

L'importance réelle ou supposée du temps dans *Cent ans de solitude* (son titre même en serait le signe le plus clair) a conduit nombre de critiques à travailler sur cette question, cherchant à établir une chronologie, à compartimenter les "manifestations" du temps pour pouvoir les étiqueter (nous avons pour notre part fragmenté le roman en trois cycles :

1) Les scénographies de la passion du sexe comme théâtre de l'émotion ;

2) La prégnance de la passion du pouvoir politique ;

3) La décadence et l'extase [Cortés Tique et Lepage, 2008]) et tracer des frontières et hiérarchies (ou prétendues contre-hiérarchies) entre elles.

Pour Julio Ortega [1969], il y aurait quatre catégories de temps, correspondant à quatre séquences : mythique, historique, cyclique et, finalement, celui de la détérioration.

Pour Silvina Valesini et Karina Cortés, il y aurait "une matrice temporelle", "autour de laquelle s'articuleraient deux moments différents" : l'un, "préalable à la fondation de Macondo, situé sur le versant des faits historiques réels, selon les lois et déterminations ; l'autre, localisé dans Macondo au cours de cent ans et qui a un caractère spéculaire, imaginaire, apparent. Durant ces cent ans, l'Histoire s'arrête et l'être humain est plongé dans l'aliénation – à lui-même, aux autres et au progrès collectif. Raison pour laquelle la forme-contenu structurel tend à être circulaire et culmine en un moment de simultanéité qui condense cent en un instant, depuis lequel on nous indique que toute l'existence de Macondo, en tant que territoire virtuel, n'était qu'un reflet, une image dans un miroir qui – s'il a existé – a été effacé de la mémoire des hommes" [Cortés et Valesini, 2005, p. 2, notre traduction].

Dans son essai intitulé *La Fonction de l'Histoire dans* Cent ans de solitude, Lucila Inès Mena complète :

> Le cours des événements comprend un ordre, une chronologie et un processus, mais aussi une symétrie qui configure le patron archétypal sur lequel se déroule l'histoire. Dans le roman, nous n'avons pas seulement l'Histoire d'un village avec ses maisons successivement peintes en rouge ou en bleu, ses luttes entre libéraux et conservateurs, colonisateurs et colonisés, mais également une cosmogonie avec l'eschatologie correspondante. Ce niveau-là renvoie toute une mythologie cosmique qui narre la naissance et la destruction d'un monde victime de divers fléaux et châtiments. Ce plan de la signification se dispense de toute chronologie ; l'atemporalité impose son pouvoir en annulant l'Histoire et en la transformant en mythe. (1979, p. 105, notre traduction)

La thèse au cœur de ces trois interprétations (représentatives d'une grande partie des types de lectures que l'on a proposées sur le sujet au fil des années, jusqu'à une énième vitrification du roman dans l'Histoire littéraire), nous mène vers une opposition schématique entre temps macondien et temps du monde. Elle extirpe, de fait, Macondo de l'Histoire ("l'Histoire s'arrête") et le loge dans le mythe, la seule case apparemment envisageable pour les critiques dans ces circonstances, comme si ce qui n'était pas (assez clairement) l'une (l'Histoire) était ou redevenait, fatalement, l'autre (le mythe) ; avec cette grave conséquence qu'à cause de Macondo, il n'y aurait plus d'Histoire tout court ("l'atemporalité impose son pouvoir en annulant l'Histoire").

Tout cela part, à notre avis, d'une surinterprétation dérivée de ce que l'on pourrait envisager comme la description de la genèse d'une phobie à l'égard du temps historique, exposée au début du chapitre II, avec l'événement survenu au XVIe siècle (autant dire au début le plus reculé dans le temps, établi en point zéro de l'Histoire américaine buendienne – supposément représentative et emblématique, rappelons-le – de ce qui, dans cette logique, deviendrait, dès lors, une chronologie et une temporalité différentes et à la marge) : l'attaque de Riohacha par le corsaire Francis Drake. Une circonstance ayant, nous dit-on, causé une telle frayeur à l'arrière-grand-mère d'Ursula que, "épouvantée par le tocsin et les coups de canon", "elle perdit la tête et s'assit en plein sur un fourneau allumé", entraînant de désastreuses conséquences pour le couple qu'elle forme avec un "commerçant aragonais" et, plus globalement, pour la famille. Pour le couple : "Les brûlures en firent une épouse inutile pour le restant de ses jours." (Il faudrait considérer la portée symbolique de cette stérilité causée par la "blessure" de l'Histoire ou dans le temps de l'Histoire). Pour la famille : "cherchant le moyen d'apaiser ses frayeurs, [il] dilapida la moitié de sa boutique en médecines et distractions. Il finit par liquider son fonds et emmena sa famille vivre loin de la mer, dans un pauvre hameau d'Indiens pacifiques situé sur les contreforts de la sierra, où il édifia pour sa femme une chambre sans fenêtres, afin que les pirates de ses cauchemars ne pussent y pénétrer" (p. 28).

À ce stade, on en viendrait à conclure que s'imposerait, en effet, dans cette branche de la famille (maternelle) et à ce niveau générationnel, la nécessité absolue d'échapper à la moindre éventualité d'une ouverture vers l'Histoire (en référence à la mer) et de s'enfermer à double tour dans un espace familial clos (le village reculé des Indiens – choisi parce que perdu dans un temps non situé, non défini, inexistant… dans tous les cas a-historique –, la maison et, dans la maison, la chambre aveugle), hors temps, rythmé par sa propre temporalité définie comme contre-temporalité – contre-temporalité de la réalité historique, désormais vécue comme cauchemardesque. L'amputation du temps historique n'empêche pas que cette phobie du temps historique se transmette aux générations suivantes et plus encore : trois siècles plus tard, Ursula (elle-même cloîtrée le plus clair de son existence dans Macondo, sa maison de Macondo, et enfin, sa chambre) se la rappelle et l'évoque comme un point initial dans sa propre histoire, alors que tout le reste, ce qui relève de l'Histoire collective, s'évapore dans une nébuleuse confuse et négligeable ("Ursula sautait trois siècles d'événements fortuits en arrière et maudissait l'heure où Francis Drake attaqua Riohacha"). La phobie du temps historique apparaît comme la clé du capital génétique des Buendia. Or, ce traumatisme à l'égard du temps historique a fait naître un traumatisme à l'égard du temps familial – en référence à la terreur liée à la sexualité incestueuse et au "précédent abominable" survenu une génération en arrière seulement, quand "une tante d'Ursula, mariée à un oncle de José Arcadio, eut un fils qui porta toute sa vie des pantalons flottants aux jambes réunies en une seule, et qui mourut, vidé de son sang, après quarante ans d'existence dans le plus pur état de virginité, car il était né et avait grandi pourvu d'une queue cartilagineuse en forme de tire-bouchon avec une touffe de poils au bout" (p. 29). On n'oubliera pas que c'est le confinement dans l'entre-soi du hameau "retiré" (p. 28) des Indiens qui a suscité le désir coupable (intéressant de remarquer au passage que le métissage semble hors de question) et, donc, la phobie du temps historique familial. Il faut évidemment rapprocher la stérilité causée par l'Histoire collective (la brûlure) et la stérilité imposée par l'Histoire familiale (l'interdit pesant sur l'inceste).

De sorte que, si l'on assemble tout cela, on se retrouve avec une première (tentative de) fuite hors du temps de l'Histoire collective, qui aboutit au repli loin de tout contact avec l'Histoire et une seconde (tentative de) fuite hors du temps de l'Histoire familiale, avec le départ du hameau "retiré" des Indiens hors du temps, et la fondation de Macondo, encore plus "retiré", à sa manière tout aussi claquemuré que la maison-chambre de l'arrière-grand-mère et, par voie de déduction, doublement hors de portée du temps historique, à la fois collectif et individuel. Une coupure et abstraction totales, qui placeraient ces "nouveaux" Buendia face à un inévitable recommencement du temps collectif et face à un illusoire recommencement du temps individuel. Une communauté apparemment hors-lieu et hors-temps qu'il était tentant et aisé d'assimiler aux créatures archétypales évoluant dans le mythe, a-historiques de fait.

Des archétypes et un hors-temps du mythe que d'aucuns, sans doute obnubilés par le besoin d'exalter une latino-américanité *sui generis*, ont tôt cherché à assimiler à des caractères et à un temps américain [OVIEDO, 1969]. Des caractères et un temps proprement américain que le García Márquez de *Cent ans de solitude* aurait su retrouver et recréer sur le papier, dans un Macondo rendu à lui-même à travers la redécouverte et l'exaltation de sa propre mythologie des origines.

Dès lors, il faudrait lire le roman comme, d'abord, la mise en scène de la défaite du fragile temps mythique américain, face aux assauts brutaux du temps historique occidental; puis comme la tentative de reconquête du temps mythique dans l'isolement hors de l'Histoire, d'une part, et, d'autre part, la diminution de la place et du poids du temps historique occidental, réduit à quelques vagues symboles: la décevante et inutile relique de l'armure du XVe siècle déterrée au tout début du roman (p. 10) près de Macondo, et le tout aussi décevant et incongru galion espagnol, également découvert dans le chapitre I (p. 20), à quelques jours de marche du village seulement. Inutile et incongru passé colonial de l'Amérique latine macondienne.

Le plus paradoxal dans tout cela, c'est qu'en pensant arracher l'univers fictionnel du romancier colombien à une pensée occidentale du temps, dans un tel schéma référentiel, on l'y ramène et, surtout, on l'y cantonne – certainement pas, d'ailleurs, dans le beau rôle, par-delà la satisfaction de se voir transformé en créatures de ces récits grandioses dont on fait l'embryon des civilisations.

Ces raisonnements et discours qui catégorisent et opposent un supposé temps historique et un tout aussi supposé temps mythique dans *Cent ans de solitude* soulèvent un problème : ils activent le fameux piège qui entérine, une fois de plus, l'idée d'un García Márquez promoteur, d'une part, de l'existence d'une essence américaine, en l'occurrence mythique, inapte à "supporter" et, *a fortiori*, agglomérer l'Histoire tout court, et même, sa propre Histoire ; et un García Márquez promoteur, d'autre part, d'une Amérique latine incapable d'imaginer un nouveau modèle d'Histoire, son propre modèle d'Histoire, engluée dans la circularité et la répétition "primitives", alors même que, libérée du poids des héritages (à commencer par celui du langage et de sa valeur ou de charge symboliques ("Le Monde était si récent que beaucoup de choses n'avaient pas encore de nom", p. 17), elle aurait pu tout recommencer, grâce à Macondo et à son projet. Un projet qui, au fond, n'aurait jamais su être qu'une caricature grotesque et stérile de l'Europe.

Depuis cette optique, on lira chaque rencontre avec les "civilisés" et la "civilisation" du temps de l'Histoire (les étrangers, leurs savoirs, leurs techniques et leurs instruments), comme des preuves de l'extrême sauvagerie des Buendia (supposément) représentatifs et emblématiques, décidément incapables de sortir non pas tant d'un splendide mythe américain, mais de la plus atroce barbarie. On pense bien sûr à l'épisode du piano mécanique apporté par l'Italien raffiné Pietro Crespi, pour fêter les jeunes Amaranta et Rebecca, lors d'un bal à l'occasion de la restauration, de l'agrandissement et de l'occidentalisation de la "nouvelle" maison, désormais "blanche comme une colombe" : "elle avait commandé tout un tas d'ustensiles et d'éléments décoratifs fort coûteux, dont [...] les meubles viennois, les cristaux de Bohême, la vaisselle de la Compagnie des Indes, les nappes de Hollande, et une riche variété de lampes et de chandeliers, de vases, d'ornements et de tapis" (p. 80). Or, on le sait, il n'aura été possible d'écouter de la musique sur le piano mécanique qu'une fois, car José Arcadio, sorte de sauvage en chef, aura immédiatement détérioré l'appareil en voulant en comprendre le mécanisme, sans réussir ensuite à le remonter correctement (alors que Pietro Crespi l'avait fait sans la moindre difficulté après l'avoir extrait des caisses de transports), parvenant, au prix de gros efforts seulement, à obtenir que les morceaux soient disgracieusement joués à l'envers – autrement dit, diaboliquement joués (p. 75). Le dénouement parachèverait dans des proportions cataclysmiques cette sorte d'axiome. On aura eu beau envoyer Amaranta Ursula en Europe pour la former et réformer, en quelque sorte pour arracher en elle jusqu'à l'ultime résidu de barbarie, elle a beau en revenir, plusieurs années plus tard, mariée et amoureuse d'un Européen, elle finira pourtant par bel et bien se rouler dans la fange de la sauvagerie incestueuse, enfermée dans une maison en ruines, pleine d'ordures, hors-lieu et hors-temps avec, au summum, le plus barbare de tous, celui qui aura été le moins éduqué et aura eu le moins de contact avec le temps historique. Elle ne l'appelle significativement pas par son prénom, mais par les mots "barbare" (p. 412) et "anthropophage" (*ibid.* et p. 427). On aura toujours le loisir d'arguer que c'est Melquiades le narrateur et qu'à ce titre, il est l'auteur de cette lecture eurocentrée du temps et globalement de la réalité américaine, puis que le point de vue et la narration constituent déjà en soi le cœur de la dénonciation par García Márquez d'une Amérique latine jamais pleinement colonisée-civilisée et paradoxalement décolonisée… Mais cela ne nous semble qu'à demi convaincant.

Pour remonter le courant de ces interprétations et de leurs conséquences pour la lecture que l'on fera inévitablement de *Cent ans de solitude*, il faut en réalité revenir à cette prémisse posant que le village créé par José Arcadio et Ursula se situe hors de l'Histoire et à la marge, voire à rebours, du temps historique. Car si l'on rassemble les informations habilement distillées dans le roman, on situera en effet sans trop de difficulté et assez tôt dans le récit, la naissance de Macondo : elle se produit au XIXe siècle. On l'apprend en croisant la mention, p. 28, du XVIe siècle de l'arrière-grand-mère d'Ursula et, p. 29, des trois siècles écoulés depuis lors jusqu'au présent d'Ursula. Et, plus précisément encore, au milieu des années 1860. On l'apprend grâce à la précision, donnée, p. 117, que le colonel Aureliano Buendia (dont on nous a dit plus tôt qu'il était le premier enfant né à Macondo (p. 23), peu de temps après sa fondation), se lança dans la guerre des Mille Jours (1899) alors qu'il n'avait pas encore trente ans. Et on peut être plus précis, quand on se souvient de l'importance des biographèmes de l'auteur lui-même au sein de l'œuvre (notamment dans les derniers chapitres), en tant que personne et en tant qu'auteur, avec les figures d'écrivains peuplant le roman. Pour le volet de la personne, cela donnerait une fondation de Macondo entre 1864 et 1865, dates de naissance de la propre grand-mère et du propre grand-père de García Márquez – dont la traduction dans le roman donne les personnages d'Ursula et du colonel Gerineldo Márquez. Pour le volet de l'auteur, cela donne le même créneau, c'est-à-dire exactement un siècle avant l'écriture de *Cent ans de solitude.* On sait, en effet, qu'il lui fallut 18 mois pour achever son manuscrit, publié en Argentine en 1967. Si l'on prend en compte le temps du travail éditorial, on aboutit effectivement à une coïncidence, et cela s'avère particulièrement intéressant pour ce que nous avons exposé jusqu'ici à propos de *Cent ans de solitude* comme fiction autobiographique... Les amarres dans le temps historique et dans des événements précis existent bel et bien. Tout juste ces points de repère ne sont-ils pas livrés à la connaissance du lecteur de manière et sous une forme conventionnelle, dans le temps, avec la temporalité habituelle. Ce que l'on comprend, nous insistons, quand on prend en compte la question de l'écriture de soi et du rapport entre réalité réelle et réalité personnelle, ou intime. Le texte fait davantage sens. C'est cela qu'il faut interroger, sans partir du présupposé qu'une expression autre du temps et de la temporalité historiques relève du mythe.

En conséquence de quoi, plus convaincante et, surtout, moins inquiétante, nous semble une lecture du traitement du temps dans *Cent ans de solitude* comme manifestation de l'impossibilité de renouveler le temps historique américain, comme conséquence de ce que le pouvoir post-colonial des Indépendances est resté calqué sur le pouvoir colonial (en référence à Don Apolinar Moscote et à son titre de corrégidor). Le temps historique régénéré par José Arcadio Buendia s'en trouve détruit...

Mais qu'est-ce que ce temps historique-là ? Si l'on relit et analyse de près la description du village des origines, on découvrira avant tout un temps éminemment politique, le temps politique d'un projet de vrai nouveau monde égalitaire et communautaire (et non le faux nouveau monde bâti en Amérique latine par les Espagnols depuis leur vieux modèle de monde) : "Jamais on ne trouvait homme plus entreprenant que José Arcadio Buendia : il avait réglé la disposition des maisons de telle manière que de n'importe laquelle, on eût accès à la rivière et pût se ravitailler en eau sans avoir à fournir plus d'efforts que le voisin, et il traça les rues avec tant de soin et de bon sens qu'aucune maison ne recevait plus de soleil qu'une autre aux heures de grosse chaleur" (p. 17). Un village justement modélique : "En quelques années, Macondo devint le mieux administré, le plus laborieux de tous les villages au-dessus de trois cents habitants connus jusqu'alors. En vérité, c'était un village heureux, nul n'avait plus de trente ans" (*ibid.* et p. 18).

Cela ouvre un champ d'interprétation particulièrement séduisant puisque, si l'on catégorise ces personnages et choses décrits, y compris cette sorte d'insularité dans laquelle ils vivent, il ne s'agirait plus de considérer une opposition entre temps mythique et temps historique, mais entre, d'un côté, le temps historique des diverses formes du capitalisme et du colonialisme qui se sont exercés en Amérique latine (dont la United Fruit Company serait la version la plus extrême) et, de l'autre côté, le temps historique "communiste" et décolonisé. Il serait fort dommage, en effet, d'omettre la proximité temporelle entre l'écriture de *Cent ans de solitude* et la Révolution cubaine de 1959. On le lui a suffisamment reproché, García Márquez a toujours été un fervent admirateur, soutien puis défenseur du castrisme, *a fortiori* dans ses premières années d'euphorie ; on parlait d'utopie, d'Homme nouveau, de dignité latino-américaine retrouvée, etc. En mars 1965, Ernesto Che Guevara écrivait :

> Nous, les socialistes, nous sommes plus libres parce que nous sommes plus riches, nous sommes plus riches parce que nous sommes plus libres. Le squelette de notre pleine liberté est prêt. Il ne lui manque plus que sa substance et ses vêtements, nous les créerons. [...] Le chemin est long et en partie inconnu. Nous connaissons nos limites. Nous ferons nous-mêmes l'homme du XXIe siècle. Nous nous forgerons dans l'action quotidienne en créant l'homme nouveau avec une nouvelle technique. La personnalité joue un grand rôle mobilisateur et directeur, du moment qu'elle incarne les plus hautes vertus et les aspirations du peuple, et qu'elle ne s'éloigne pas de la route. C'est le groupe éclaireur qui ouvre le chemin, les meilleurs parmi les bons, le parti. L'argile fondamentae de notre œuvre, c'est la jeunesse. En elle nous plaçons tous nos espoirs et nous la préparons à reprendre le drapeau de nos mains. [1965, p. 14, notre traduction]

Or, le rapprochement entre le recommencement du temps historique à Macondo et le recommencement du temps historique à Cuba éclaire d'une lumière évidemment bien différente les "événements" entourant la fondation de Macondo (par son jeune leader patriarche) et ceux générés à partir de ses contacts avec les étrangers (hors du strict cadre national).

Ce qu'il faut observer, pour résumer, c'est que ces contacts s'accompagnent toujours de la création ou tentative de création d'une relation commerciale, désastreuse et préparatrice de la ruine finale des Buendia et du village : tandis que José Arcadio se fait remettre puis dilapide le trésor familial jalousement gardé par Ursula (p. 11 et p. 15), Aureliano le Second livre sa maison et Macondo aux "businessmen" (Mr Herbert, puis Mr Jack Brown & Co).

On le voit dans ces deux exemples : la responsabilité de l'échec de la révolution socialo-communiste macondienne, puis du désastre qui détruit le village, revient aussi aux Buendia-Colombiens-Latino-Américains eux-mêmes. Quand Che Guevara meurt, exécuté le 9 octobre 1967 (*Cent ans de solitude* a paru en mai de la même année) à La Higuera, en Bolivie, l'espoir d'une extension du processus révolutionnaire à toute l'Amérique latine n'est déjà plus qu'une illusion perdue... Cela ne prend pas, cela ne fonctionne pas – cela est presque mort dans l'œuf, comme dans le cas de Macondo.

Sur ce versant, on pourrait donc non seulement voir une inversion des critères de qui est "civilisé" et qui est "barbare" et, surtout, bien plus stimulant, qu'il n'y aurait plus un schéma opposant des "civilisés" à d'irréductibles "barbares", mais un miroir tendu aux Latino-Américains pour qu'ils se regardent, sans cesse puérilement fascinés par l'Autre (de même que les premiers "autochtones" furent fascinés par les verroteries des Colomb et autres colonisateurs, civilisateurs et évangélisateurs) et tout aussi puérilement habités par le besoin de le singer (en devenant aussi grotesques que les Buendia donnant des bals dans leur belle maison blanche) au lieu de bâtir leur propre monde depuis leur propre temps politique.

Comme l'explique María Eulalia Montaner, dans *Cent ans de solitude* "le temps ne compte pas de la même manière pour tout le monde" [Montaner, 2006, p. 28]. En effet, tandis que Francisco-l'Homme a deux cents ans quand on le croise pour la première fois dans le roman, il nous est dit, à propos d'Ursula : "On la trouva morte à l'aube du jeudi Saint. La dernière fois qu'on l'avait aidée à faire le compte de son âge, à l'époque de la compagnie bananière, elle avait calculé que c'était entre cent quinze et cent vingt-deux ans" (p. 375-376). Quant à Pilar Ternera, "[i]l y avait des années de cela, quand elle avait ses cent quarante-cinq ans" (p. 431). "En une seule phrase [...] on annonce la naissance et la mort des [dix-sept] Aureliano, y compris les circonstances de leur disparition, mais on se trompe en annonçant que cela aura lieu le même jour" (pour Aureliano l'Amoureux, cela aura en effet lieu plus tard) ; "une grande partie des anticipations dans le temps ne se réalisent pas" [Montaner, 2006, p. 28-29]... On ajoutera, surtout, que chacun a une perception différente, foncièrement subjective, du temps (pour Ursula, par exemple, le temps ne cesse de se répéter). Et après avoir procédé à quelques calculs et montré les "erreurs" et bizarreries dans les dates, les temporalités et les durées, etc., Montaner conclut que "l'auteur prend toutes les libertés qu'il veut en rapport avec le temps", le manipulant "capricieusement" [*ibid.*, p. 29, notre traduction].

Il conviendrait en effet de ne pas oublier qu'*in fine*, le temps dans *Cent ans de solitude*, plus encore que dans la plupart des autres romans, eu égard à ce que ce texte représente pour son auteur – portrait de l'artiste en déicide –, est d'abord et surtout du temps de littérature, qui s'affirme et s'affiche d'un bout à l'autre comme cela : du temps de littérature. Balisé, rythmé, resserré ou dilaté au gré des souvenirs, des fantasmes, de l'imagination et, oui, des caprices de l'auteur-narrateur, grand ordonnateur du réel en son royaume macondien. Avoir, ou reprendre la maîtrise sur la réalité, c'est évidemment d'abord commander le temps, exposer et scénographier encore et encore la domestication du temps et sa mutation. On lui reprend jusqu'aux morts ! Nous ne sommes par conséquent pas dans le hors-temps du mythe, mais dans la seule temporalité d'une écriture autodéfinie comme omnipotente et d'une lecture définie (dans l'incipit) comme relevant de l'adhésion presque mystique (il faut croire, tel un adepte, à la religion du récit, au credo de l'auteur-prêcheur de réalité). C'est une vaste parenthèse suspendue où se déploie un duel entre temps subjectif de la création et temps "objectif" de la Création..., jusqu'à ce que, le temps de la création ne pouvant plus ingurgiter, agglomérer et régurgiter le temps de la Création, la seule solution possible soit de le refermer sur lui-même, dans la boucle infinie que constitue le roman.

LES ENFANTS DE MINUIT: LE TEMPS ET LA MÉMOIRE DÉRÉGLÉS

Le temps destructeur

"Il était une fois... je naquis à Bombay. Non, ça ne marche pas, il ne faut pas perdre la date de vue: je suis né dans la maternité du docteur Narlikar, le 15 août 1947. Et l'heure? L'heure a également de l'importance" (I, p. 11). Le rythme saccadé de l'incipit des *Enfants de minuit* annonce la tension entre la temporalité abstraite du conte, immédiatement écartée, et celle, concrète et précise, du récit historique, qui anime tout le roman. Ces premières phrases montrent la difficulté du conteur à débuter son récit: il hésite entre l'éternel et le temporel, la fable et le récit historique, il se corrige, et le texte bégaie, peine à naître, tant et si bien que la naissance de Saleem, événement annoncé dès le début, ne sera racontée que près de deux cents pages plus tard (I, p. 204). La reprise de la formule canonique "il était une fois" à plusieurs endroits clés du roman (II, p. 378, p. 383, p. 518) ne fait que redoubler ce sentiment de bégaiement de l'histoire, de recommencement perpétuel et de révisions, comme si le temps refusait d'avancer.

Le récit peine à commencer, et pourtant, il faut qu'il avance à toute vitesse car le temps joue contre Saleem. Tel Schéhérazade, le narrateur raconte son histoire dans l'urgence pour repousser la mort, ralentir le temps, à défaut de l'arrêter: "le temps est le héros du livre [...]; le narrateur s'efforce d'en tromper l'absurdité et de résister à l'irrémédiable décomposition qu'il amène" [Massery, 1996, p. 36]. Cette décomposition est littérale et figurée, et renvoie au *topos* du temps comme ennemi capital, persécutant le protagoniste, et étrangement incarné dans le roman par un paysan, "un vengeur à la faux" (III, p. 632) assassiné par Ayoob. Le narrateur se présente comme la victime de la "tyrannie occulte" des aiguilles de l'horloge (I, p. 11) et le jouet impuissant du temps. Le texte souligne fréquemment l'urgence avec laquelle Saleem tente de tout consigner avant sa destruction prochaine: "pas le temps de m'arrêter; pas le temps pour la compassion ou la panique", II, p. 485), "comme si l'écriture et la lecture ne pouvaient être que l'attente de la fin du monde, ou sa conjuration" [Tadié, *in* Declercq, 2004, p. 213].

Le temps, hors de ses gonds, malmène les corps et les esprits des personnages, victimes de croissance accélérée (Saleem), de vieillissement prématuré (Naseem, Amina), la vieillesse s'accompagnant souvent de démence (Aadam, Ahmed). Avec l'âge ne viennent jamais la sagesse ni l'accomplissement chez Rushdie. La croissance accélérée du corps de Saleem et la découverte de ses pouvoirs surnaturels ne sont jamais intégrées à une trajectoire de développement individuel, mais s'accompagnent d'épreuves et provoquent des catastrophes, jusqu'à la pulvérisation finale du protagoniste, brisé par le poids des histoires qu'il a avalées (III, p. 812).

Le vieillissement accéléré d'Amina inverse le processus de sa grossesse durant laquelle le temps semble stagner, comme si l'enfant en elle avait le pouvoir de suspendre le temps : "pour moi, c'était comme si le temps s'était arrêté totalement. Le bébé dans mon ventre arrêta les pendules", se souvient-elle (I, p. 177). La disjonction entre temps vécu (ralenti, à l'arrêt) et temps historique (celui de l'arrivée imminente de l'indépendance) est frappante, et donne à la naissance de Saleem une aura d'apocalypse, notamment à travers cette formulation étrange dans le texte anglais : "that time which was *the end of the time* before she became a mother" (en français : "l'époque où elle allait devenir mère", I, p. 177), dans laquelle on ne peut s'empêcher de lire la fin des temps. L'anticipation de la fin, c'est-à-dire la mort imminente de Saleem, imprègne en effet ce récit de naissance, rythmé par le compte à rebours de l'indépendance, qui annonce à la fois un miracle et une tragédie, d'autant plus que le "tic-tac" de l'horloge revient rythmer le texte dans le chapitre où la famille de Saleem est anéantie à la fin du livre II, qui inaugure sa réincarnation en Bouddha.

À la veille de la naissance de Saleem, la ville entière se dissout en un environnement liquide, fusionnant avec le corps de la femme enceinte, et la mousson devient déluge biblique, prélude à la renaissance du pays ("des enfants nageaient sur la route liquide", I, p. 176). Cet univers saturé d'eau, qui alourdit les serviettes, trouve son équivalent dans la "masse" excessive qui alourdit Amina qui semble la piéger, l'emprisonner et finalement la pétrifier, accentuant la teinte apocalyptique de cette naissance : elle est "à peine capable de bouger sous le poids de son ventre de plomb" (I, p. 176), annonçant le poids écrasant de sa deuxième grossesse monstrueuse au Pakistan (II, p. 593) et celui du bébé de Parvati, dont l'enfantement étiré sur les treize jours qui précède l'annonce de l'état d'urgence, décrit en une période de trois pages et demie (III, p. 733-736). De même, l'environnement marécageux des Sundarbans semble propice à l'arrêt du temps, la pluie qui tombe sans discontinuer rappelant la "pluie sans fin" précédant la naissance de Saleem (I, p. 176).

Amina trouve refuge dans la tour de l'horloge cassée, abri secret de Joseph D'Costa et cachette où se réfugie Saleem. Cette "tour aux heures paralysées" (II, p. 308) semble être l'inverse du compte à rebours : incapable de remplir sa fonction, elle indique le dérèglement du temps. En anglais, "the tower of crippled hours" évoque la paralysie mais aussi un corps infirme, estropié, corrélat objectif du corps difforme et mutilé du protagoniste, établissant un lien entre lui et le temps déréglé. La série de questions rhétoriques qui suit ce passage, retardant l'annonce de l'arrivée d'Evie Burns au domaine de Methwold, redouble l'effet de ralentissement temporel. Ce temps suspendu n'est pas plus une expérience heureuse que celle du temps accéléré, comme le suggère l'image du protagoniste qui fuit "dans la solitude du temps qui rouillait" (II, p. 307), qui évoque à nouveau la dégradation et le déclin.

L'ombre de la fin

L'incipit est aussi fondé sur la collision permanente entre le temps du récit (la naissance de Saleem en 1947) et le temps de l'énonciation (en 1978), autre marque de la dislocation du temps, le passé et l'avenir semblant sans cesse se confondre. Le deuxième paragraphe du roman annonce en effet la fin des temps et la mort imminente de Saleem : "maintenant, cependant, le temps (ne sachant plus que faire de moi) tire à sa fin" (I, p. 14), l'anglais "running out" exprime l'urgence de manière plus forte. Cette fusion entre début et fin du récit, naissance et mort, découle de la structure rétrospective du roman : prisonnier de son amour des correspondances et de son désir de donner sens au chaos, le narrateur interprète de manière maniaque tous les événements à l'aune de la fin, celle de sa vie mais aussi celle de l'espoir d'une Inde plurielle, par le biais de prolepses et d'analepses, tissant un réseau d'échos entre des événements disparates.

Le roman donne ainsi à voir la *tentative* de Saleem de donner forme au temps. Mais ce démon de l'analogie est précisément présenté comme un piège illusoire dont le narrateur semble peu à peu sortir, "guéri" de l'*hubris* d'ordonnancement du temps. Le présent, temps de l'énonciation, ne donne pas de véritable ligne directrice au récit, tel un phare guidant le conteur, mais met en lumière un monde en fragments. Ainsi, les multiples va-et-vient temporels, à rebours du récit linéaire, disent à la fois les efforts de Saleem pour signifier, recomposer un monde en tissant des liens entre les multiples vies qui sont liées à la sienne, et l'impossibilité de mise en ordre du temps. Mais ce désordre tient aussi à la mémoire obsessionnelle, saturée, et défaillante du personnage, dont le roman épouse les contours.

Les errances créatives de la mémoire

Les Enfants de minuit emprunte au genre de la pseudo-autobiographie, en particulier à *Tristram Shandy* et au *Tambour*, qui mime la mémoire en action. Mais en plus de la structure rétrospective du récit, le texte de Rushdie met en scène le processus de recomposition du passé, attirant l'attention des lecteurs sur la dimension parcellaire, partiale et créative de la remémoration. Opérant par association d'idées, la mémoire restitue le passé par bribes et fragments, laisse entrevoir des images disparates de l'avenir, à l'image du drap troué.

Le récit originel du drap troué est d'ailleurs composé de paragraphes très brefs séparés par des points de suspension qui font s'entrecroiser des moments non concomitants dans le temps [PESSO-MIQUEL, 2007, p. 161-162]. Le texte juxtapose ainsi le présent de narration (1977), la scène d'avril 1915 de convocation du médecin par M. Ghani, et des bribes de la journée antérieure, la visite étant ainsi "tronçonnée en segments" [*ibid.*]. La confusion créée par le chevauchement de moments différents est toutefois atténuée par le leitmotiv de la peau impure, qui lie les paragraphes entre eux.

Le récit est rythmé par des prolepses et analepses fréquentes, comme si le narrateur, dont la destinée a été prophétisée par Ramram Seth, ne pouvait s'empêcher d'être le prophète de ce qui suit et d'afficher la cohérence de son récit. Le narrateur insère par exemple une scène du Nouvel An de 1956 lors de laquelle il revêt le drap troué pour jouer un fantôme immédiatement à la suite du récit de la découverte par Dr Aziz du corps de Naseem à travers le drap troué et de leur mariage, en 1919. La scène du fantôme "défantômisé" (I, p. 45) par le grand-père furieux est ensuite décrite plus brièvement lorsque le récit atteint 1956 dans le chapitre "L'Amour à Bombay" (II, p. 334-335).

Ces interruptions et prolepses sont parfois dictées par l'urgence, comme lorsque le narrateur décide d'achever le récit de la désintégration de son grand-père en 1964, au milieu du récit encadrant, qui en est à ce moment-là en 1958, épisode du deuil familial suite au suicide de l'oncle Hanif. Dans ce cas, il s'agit de suivre l'un des multiples fils de la narration jusqu'à son terme avant de revenir à 1958 (II, p. 492). Ces cinq pages forment donc une prolepse, elle-même parasitée par des fragments analeptiques distingués du reste du texte typographiquement par des italiques qui figurent des échos du récit originel du retour d'Aadam Aziz au Cachemire, comme si le narrateur cherchait à boucler la boucle (II, p. 485, p. 489, p. 490).

Le téléscopage de moments éloignés dans le temps vise parfois à éclairer des correspondances entre les événements (même si ce but est finalement défait par la confusion de la narration), mais les connexions sont parfois maintenues secrètes, semant l'incertitude chez le lecteur, notamment par le biais du monologue intérieur. C'est le cas du chapitre "Au café du Pionnier", qui s'ouvre au présent sur la vision cauchemardesque de la Veuve, en "noir et vert" (allusion à la sorcière du *Magicien d'Oz*), symptôme de la fièvre du narrateur (II, p. 368). La répétition des adjectifs "noir et vert" et de la même structure syntaxique "imite le battement du sang aux tempes enfiévrées du malade" [Pesso-Miquel, 2007, p. 165]. L'absence de ponctuation accentue aussi l'impression d'une juxtaposition d'images simultanées, fusionnant le Saleem enfant et adulte, la Veuve et son acolyte, imitant la juxtaposition désordonnée qui est celle du rêve. La signification de cette vision, reconfiguration onirique du souvenir traumatique refoulé de la stérilisation, ne sera donnée que bien plus tard, quand sera racontée la persécution de Saleem et des enfants de minuit par Indira Gandhi, "la Veuve", sera racontée (III, p. 771-772).

Dans le même chapitre, le refus obstiné du narrateur d'une promenade est justifié par un souvenir qui reste flou, raconté sur le mode du monologue intérieur apparemment incohérent : "des mains m'ont attrapé, il y a eu des couloirs d'hôpital, des médecins, des infirmières qui m'immobilisaient" (II, p. 373). L'usage récurrent de la forme existentielle impersonnelle "il y a" ou "il y eut" renforce le sentiment de flottement et de fragmentation du souvenir, qui reste décousu. La raison du refus, la trahison de ses parents, ne sera donnée que dans le chapitre "L'assèchement et le désert" (III, p. 532-535).

Ces boucles et juxtapositions temporelles peuvent être lues à l'aune d'une mémoire obsessionnelle, hantée par les multiples strates d'un passé dont elle ne parvient pas à faire sens, mais impliquent également une forme de créativité propre à la remémoration, qui recompose le monde et met en lumière la profondeur du temps. Saleem revendique ainsi "la vérité de la mémoire" : "La mémoire sélectionne, élimine, modifie, exagère, minimise, glorifie et dénigre aussi ; mais à la fin elle crée sa propre réalité, sa vision des événements, hétérogène, mais généralement cohérente" (II, p. 374). La métaphore de la "*chutnification* du temps" matérialise le phénomène intellectuel de manipulation de la mémoire, qui restitue le passé tout en y introduisant "une certaine altération, une intensification du goût" (III, p. 808).

Au-delà de la juxtaposition artificielle de scènes simultanées, qui emprunte à l'art du montage cinématographique, la cadence du récit est ostensiblement manipulée par le narrateur, par le biais d'accélérations et ralentissements, de résumés (II, p. 306, p. 378, p. 385, p. 491, p. 534...), ou d'ellipses, rompant l'illusion d'une progression continue et d'un temps homogène. La narration s'accélère à la suite de la mort d'Hanif par exemple, comme en témoigne la "disparition" très rapide des voisins du domaine de Methwold (II, p. 46). L'ellipse de cinq ans qui sépare le livre II et III est soulignée par le narrateur, qui attire l'attention sur cette convention narrative, et se met en scène comme chef d'orchestre de son passé, qu'il recompose à sa guise, en faisant encore une fois allusion au monde du cinéma, introduisant un gros plan "comme dans les films de Bombay" : "un calendrier feuilleté par le vent, et les pages se suivent rapidement et disparaissent pour marquer le passage des années" auquel il superpose des scènes signifiant les événements historiques (III, p. 609). À l'inverse, le temps se dilate lors de scènes marquantes, telle que celle de l'accident de vélo (II, p. 339), ou encore le rendez-vous de Nadir Khan et Amina Sinai au café du Pionnier (II, p. 384-385). Maître de la cadence de la narration, le narrateur s'amuse parfois aussi à différer la transmission d'une information capitale, par des litanies de questions rhétoriques qui tiennent le lecteur en haleine.

La manipulation du temps, l'intensification et la fragmentation de la mémoire, loin d'être seulement des symptômes de faiblesse, sont aussi le pendant de la liberté narrative que revendique Rushdie, et engagent une réflexion sur toute représentation du passé, y compris le discours historique. D'après Catherine Pesso-Miquel, le brouillage de la linéarité du temps dans le roman "contrecarre l'illusion que les événements doivent s'enchaîner de façon logique et inéluctable" [2007, p. 160]. "Ce qui unit Rushdie à ses personnages, c'est le passage du temps et la conscience de la mutabilité du monde" [Tadié, *in* Declercq, 2012, p. 212]. Ainsi, le temps disloqué et saccadé des *Enfants de minuit* résulte aussi de la conscience de la contingence, de l'évanescence des choses, de leur disparition prochaine, à l'inverse du refus obstiné du changement de Tai le passeur, personnage appartenant au temps cyclique du conte ou du mythe.

LA FUITE DU TEMPS

Le roman a pour thème principal le temps, aussi bien le temps historique, que nous étudierons par la suite (v. Thématiques, Histoire), que le temps qui s'écoule, sens suggéré par son titre : *La Fuite du temps*, ou, si l'on traduit littéralement les deux éléments qui le compose, "Le jour rayonne et les années s'écoulent" (*Riguang liunian*). Le mot abstrait *shijian* désignant le "temps" en chinois apparaît aussi dans le titre du livre II : "Les feuilles mortes et le temps" (*Luoye yu shijian*). Il est assez rare d'employer ce mot abstrait en chinois car, comme l'explique Marcel Granet, traditionnellement, le temps n'est pas conçu "sous l'aspect d'une durée monotone constituée par la succession, selon un mouvement uniforme, de moments qualitativement semblables", mais comme "un ensemble d'ères, de saisons et d'époques." [Granet, 1968, p. 77]. Or, on compte dans le roman une quinzaine de phrases commençant par "Le temps" en position de sujet. En voici deux exemples (mais nous en mentionnerons d'autres par la suite) : "Le temps s'accélère" (p. 327) et "Le temps s'étire en silence, indéfiniment" (p. 207).

Le temps qui régit le roman est en apparence un temps linéaire : c'est le temps qui s'écoule le long des jours et des années. Mais il faut lui opposer un temps cyclique, constitué d'"ères" (*shi*, que l'on peut traduire par "moment, saison, époque") à la fois successives et récurrentes. Enfin, le temps inversé, qui définit la structure du roman (v. Repères et Analyses), conduit à un temps mythique, le temps des origines.

Le temps linéaire chahuté

En tant que roman réaliste, *La Fuite du temps* est régi par une durée orientée du passé vers l'avenir. La structure inversée du roman n'est pas un obstacle à la logique linéaire car chaque livre, à l'exception du dernier, suit l'ordre chronologique ; par ailleurs, il n'est pas impossible de rétablir mentalement cet ordre chronologique, y compris dans le livre V.

Un autre obstacle à la perception d'une linéarité pourrait être les analepses et les prolepses qui viennent interrompre le cours du récit. Mais le roman de Yan Lianke comporte peu d'analepses – on évoque par exemple, dans le livre I, une première tentative de construction du canal par le jeune chef Sima Lan (p. 14 et p. 122) –, et aucune ne donne lieu à un récit développé. Les prolepses sont plus nombreuses, mais tout aussi furtives. Les prolepses assumées par le narrateur relèvent du dispositif général du roman, qui veut que l'on connaisse par avance le sort des personnages : c'est par exemple l'annonce de la mort de Sima Lan dans la première phrase (p. 9). Les prolepses assumées par les personnages correspondent en fait aux moments où les chefs successifs annoncent un projet, en assortissant leur discours de promesses dont on sait qu'elles ne se réaliseront pas (à propos du canal, p. 94-95 ; du futur chef Du Liu, p. 160 ; des champs en terrasses, p. 340, etc.). Ainsi les prolepses des personnages se voient neutralisées ironiquement par celles du narrateur. Les citations de l'Apocalypse et certaines citations de l'Exode et des Nombres de l'Ancien Testament dans les exergues des livres II et IV constituent un troisième type de prolepse, mais nous avons vu qu'elles pouvaient fonctionner également de façon ironique (v. Thématiques, Le narrateur).

Le reste du roman fournit de nombreux repères temporels qui permettent de reconstituer assez précisément le temps linéaire. Certes, il s'agit de repères relatifs et non de repères absolus tels qu'une date, sinon de façon indirecte comme l'allusion à l'année 1958 où l'on fabrique de l'acier dans les campagnes (p. 559). Ces diverses notations temporelles – l'âge des protagonistes, les intervalles de durée comme "dix jours plus tard" (p. 67), les saisons, etc. – permettent non seulement de distinguer cinq périodes successives (v. Repères et Analyses), mais de suivre aussi l'écoulement du temps à l'intérieur de chacune des périodes.

Ce temps linéaire n'est toutefois pas toujours un temps continu. En effet, il existe un certain nombre d'ellipses. Certaines sont explicites comme les six mois que durent les deux constructions du canal dans les livres I et II (p. 163 et p. 243) ou les six ans écoulés depuis le début de l'aménagement des champs en terrasses dans le livre III (p. 349), mais la plupart des ellipses restent implicites. Lorsqu'elles se multiplient, cela se traduit par un temps discontinu, comme dans les livres II et III, dont la durée est respectivement de 20 et 10 ans.

Enfin, le temps linéaire n'est pas un temps objectif, mais connaît des ralentissements ou, au contraire, des accélérations. Par divers moyens, Yan Lianke crée un effet d'accélération. Le premier moyen est l'usage des ellipses : aucune ellipse significative n'apparaît dans les livres dont la durée est plus réduite (livres I, IV et V) ; en revanche, elles sont nécessairement plus fréquentes et/ou plus longues dans les livres dont la durée est plus longue, ce qui se traduit par le sentiment d'un temps qui s'écoule plus rapidement, où les saisons défilent à toute allure. Un autre procédé consiste à réduire le nombre de pages consacrés à un même livre : on a alors l'impression que le temps s'écoule plus vite (cette impression vaut en fait pour une période passée, en raison de la structure inversée du roman). Cela est "vrai" quand on passe du livre I (209 pages pour un an) au livre II (195 pages pour 20 ans) ; cela est erroné, mais l'impression est bien réelle, quand on passe du livre II au livre III (100 pages pour 10 ans) ou du livre IV (132 pages pour 4 ans) au livre V (56 pages pour 5 ans). Un dernier procédé consiste à augmenter le nombre de morts au fur et à mesure du récit : la première mort significative, qui intervient tard, est celle de Lan Sanjiu (p. 141) ; ensuite, les morts deviennent plus nombreuses avec, en particulier les dix-huit puis sept morts du chantier (p. 154 et p. 164) ; dans le livre II, c'est un quart des hommes du chantier (de la première construction du canal) qui est décimé (p. 261) ; ensuite, au livre IV, les tombes se multiplient (p. 481 et p. 560).

Le temps cyclique et la transformation

Si, à la lecture, le fonctionnement temporel du roman est bien linéaire, une linéarité certes "chahutée" par la structure inversée, les prolepses, les ellipses et les effets de décélération ou d'accélération, il reste que la logique profonde de la représentation du temps est cyclique : le temps est moins une succession de périodes orientées qu'une série de cycles qui se répètent d'âge en âge. Dans la perspective culturelle du monde paysan, qui est celle qu'adopte le narrateur, on se réfère aux "périodes solaires" (*jieqi*) : au lieu de mentionner une date "objective", on évoque la "pluie de céréales" (*guyu*, p. 543, correspondant *grosso modo* au 20 avril), la "gelée blanche" (*shuangjiang*, 23 octobre, p. 261), le "début de l'hiver" (*lidong*, 7 novembre, p. 265) ou encore le "froid glacial" (*dahan*, 21 janvier, p. 386). De façon bien plus fréquente, on se réfère aux saisons, soit de façon directe ("L'hiver touche à sa fin ; ce sont les prémices du printemps", p. 10), soit de façon indirecte (la "canicule" par exemple renvoie à l'été, p. 92). Le retour des saisons procure cette impression de temps cyclique. Ainsi, l'automne est mentionné une quinzaine de fois dans le texte chinois du livre II : on a l'impression d'un temps qui se répète.

Dans une perspective historique, le temps cyclique renvoie à l'alternance de périodes de prospérité (*tianming*) et de périodes de déclin (*geming*) qui caractérisent, dans la tradition historiographique, une dynastie (v. Thématiques, Histoire). Dans une perspective philosophique, celle qui nous retiendra ici, le cycle renvoie à une conception que l'on peut faire remonter à la célèbre phrase du *Livre des mutations* (*Yi jing*) : "Un Yin, un Yang, tel est le Dao" [*in* Cheng, 1997, p. 261]. C'est ensuite la tradition taoïste qui insiste sur l'idée que tout élément qui nous apparaît singulier comporte en fait en lui-même son contraire, à condition de se placer dans la perspective du Dao, avant que n'interviennent les "découpages" (*fen*), c'est-à-dire les différenciations et les déterminations ; c'est "la loi cyclique selon laquelle tout ce qui est fort, dur, supérieur, a été à l'origine faible, mou, inférieur" [*ibid.*, p. 185], loi que formule le *Laozi* ou *Livre de la Voie et de la Vertu* (*Daode jing*, IVe-IIIe siècle avant Jésus-Christ) :

Il-y-a (*you*) et il-n'y-a-pas (*wu*) s'engendrent
Aisé et malaisé se complètent
Long et court renvoient l'un à l'autre
Haut et bas se penchent l'un vers l'autre
Musique et bruit consonnent ensemble
Devant et derrière se suivent. [*in* CHENG, 1997, p. 185]

C'est en particulier la mort (ou la souffrance) qui, dans cette conception cyclique, est envisagée comme l'envers de la vie (ou de la joie) : "en fusionnant avec le Dao, l'homme retrouve son centre et n'est plus affecté par ce que l'esprit humain considère ordinairement comme souffrance : déclin, maladie, mort" [CHENG, 1997, p. 129]. Ainsi, la mort est replacée dans un processus de transformation dont l'autre terme est la vie : "Dans cette perspective, même la chose la plus tragique pour un être humain, sa propre mort, sa propre décomposition, ne lui apparaît plus horrible s'il prend conscience qu'elle n'est qu'une des multiples phases de transformation du Dao" [*ibid.*].

Jeune enfant, Sima Lan constate avec incompréhension l'existence de ces passages d'un état à son contraire, en particulier de la vie à la mort :

> Sima Lan ne comprend pas pourquoi le soleil se lève, pour ensuite décliner [...] ; pourquoi les morts ne peuvent plus parler, respirer [...] ; puis, une fois enterrés, pourquoi on ne voit même plus leurs dépouilles, comme les objets perdus, ou les moineaux qui, du toit, volent vers les monts pour disparaître tout à fait. (p. 566-567)

Aussitôt, il s'engage dans une lutte qui s'avérera illusoire : "il songe combien il serait bon que les hommes ne meurent pas" (p. 567). Comme Sima Lan, Du Bai n'accepte pas la mort : s'inscrivant dans la tradition taoïste de l'alchimie interne, il met au point une "soupe de longévité"... qui ne sera pas très efficace. Le roman peut être lu comme la difficulté des hommes à retrouver la logique cyclique qui révèle l'illusion du caractère tragique de la mort.

Le ton du roman est de bout en bout ironique à l'égard de cette illusion qui consiste à croire que l'on peut dépasser l'âge auquel on doit mourir, âge fixé à 40 ans (mais ce chiffre n'est pas à prendre littéralement : il s'agit de l'idée d'une limite posée à la vie humaine). L'ironie est clairement suggérée quand la "longue-vie" (*changshou*) tant espérée est contredite par la mort : les deux cousins de Du Bai qui ont pourtant consommé de la soupe meurent quand même (p. 13) ; Lan *Changshou*, c'est-à-dire "Longue-vie", n'échappe pas non plus à la mort (p. 334). L'ironie est également remarquable quand on constate que tel personnage meurt au moment où un des projets conçus par les chefs du village aurait pu, pense-t-on à tort, le sauver : on croit ainsi que Lan Sanjiu aurait pu être sauvée grâce à l'eau du canal (p. 142). De façon moins percutante, mais tout aussi puissante, l'ironie est sensible lorsque la mort d'un personnage se produit au printemps, saison où la nature renaît : c'est le cas de Sima Lan qui "va mourir" alors que "l'extrémité des branches des saules s'étoile de vert" (p. 9-10) ; de même, le cimetière des Du se caractérise par la luxuriance : "Assemblées là, disposées dans l'ordre des générations, [les tombes de la famille Du] ressemblent à de petits pains cuits ; sur chacune d'elles poussent l'armoise et la sétaire, tandis que dans l'intervalle qui les sépare, les roseaux croissent en abondance" (p. 149) ; dernier exemple de ce qui apparaît comme un contraste mais qui, du point de vue du Dao, dit le processus même de la transformation universelle, Sima Lan naît tandis que l'on enterre le chef du village Du Guaizi :

> Sima Lan se tient juste devant l'ouverture [*le vagin*], imprégné de la chaleur du liquide amniotique, comme attaché là. Il entend résonner des pas telles des rames qui tapent la surface de l'eau. Il entend pinces, ciseaux et fiole de verre tinter dans une poche, tinter très fort. Au loin une pioche creuse une fosse, un poing frappe un tambour, cela fait un bruit sec et souple à la fois, un bruit d'os et de chair. (p. 620)

La transformation, qui est au centre du *Livre des mutations* à travers le mot que l'on traduit précisément par "mutation" (*yi*), connaît deux modalités dans la tradition taoïste : la transformation graduelle ou continue (*hua*) et la transformation discontinue, plus spectaculaire, qui consiste dans le passage d'un état en son contraire (*bian*), que l'on peut nommer "alternance" [Cheng, 1997, p. 260-261]. Nous avons évoqué le passage de la mort à la vie, mais toute alternance (*bian*) s'opère sur fond de changement continu (*hua*) : ainsi, la mort spectaculaire de Sima Lan, qui est mise en scène dans le premier livre du roman ("Sima Lan s'endort pour longtemps avec Sishi", p. 191) est l'aboutissement d'un processus naturel qui se déploie tout au long du roman (par exemple lorsqu'on décrit sa "chevelure blanche", p. 319).

Le retour à l'origine
et le temps mythique

L'autre grand thème taoïste, en dehors de la transformation, est le retour vers l'origine. Le principe du "non-agir" (*wuwei*) signifie qu'il ne faut pas agir contre le cours naturel des choses et, par conséquent, être capable de revenir vers le naturel, le "spontané" (*ziran*), ce temps d'avant le temps que l'on nomme le Dao ou l'"il-n'y-a-pas" (*wu*). Autrement dit, il faut être capable de "faire retour" (*fan*) vers l'origine perdue : "Le thème central du non-agir conduit à celui du retour à la nature originelle" [Cheng, 1997, p. 189 et p. 197].

Yan Lianke place au début du livre III, c'est-à-dire au centre de son roman, la phrase suivante : "Toute chose poursuit son retour vers l'état originel" (p. 327). Il s'agit certes de signaler l'inversion du temps qu'il pratique sur le plan structurel ("Lecteur, vois comme on remonte le temps avec mes personnages de plus en plus jeunes"), mais on peut aussi comprendre la phrase sur le plan philosophique comme un appel qu'il s'agit de replacer dans une pensée taoïste ("Il faut remonter jusqu'à l'origine"). Or, ce retour à l'origine devient effectif à la fin du roman, dans une phrase qui fait écho à celle que nous avons citée : "Le monde retourne à son état originel" (p. 620).

Trois autres indices laissent penser que Yan Lianke se réfère à la notion du retour vers l'origine propre à la pensée taoïste. Il met en scène des enfants, puis des nouveau-nés, ce qui correspond au motif taoïste de l'"enfançon" (*ying*) qui "représente l'énergie vitale à l'état pur que tout être dérive de la puissance même du Dao" [Cheng, 1997, p. 190] : "Moi seul demeure en paix, imperturbable / Comme un petit enfant qui n'a pas encore ri / Seul, détaché comme un sans-logis" [*Laozi*, xx, *in* Cheng, 1997, p. 192-193]. De plus, il décrit les deux nouveau-nés Sima Lan et Lan Sishi en train de téter Du Meimei (p. 610), dont le prénom *Mei* (梅) est composé, comme nous l'avons vu, de la clef de l'arbre (木) mais aussi du caractère qui désigne la mère (*mu* 母). Or, le *Laozi*, dans la suite de la stance que nous venons de citer, fait encore parler l'enfançon en ces termes :

À chacun quelque affaire
Moi seul je m'en abstiens
Incivil et têtu
Pourquoi si singulier ?
Je sais téter ma Mère [*mu*]. [Cheng, 1997, p. 193]

La "mère" désigne ici l'origine, c'est-à-dire le Dao qui nourrit le nouveau-né et le préserve ainsi du désordre provoqué par les "affaires" humaines. Le troisième indice est fourni par le motif de la truie qui apparaît juste avant l'épisode de Du Meimei donnant le sein à Sima Lan et Lan Sishi. Sima Lan voit une truie en train d'allaiter ses petits, image même de la fusion originelle avec le Dao : "Le long de son ventre, dix petits mamelons au moins scintillent, chacun tout aussi gonflé qu'un petit pain cuit à la vapeur, et le suc lacté jaillit à flots" (p. 608). Or, ce moment vécu par le personnage intervient juste après celui du sevrage : Sima Lan doit à présent "s'accommoder d'un demi-bol de riz" (p. 607), et le sevrage est sans doute ici une image de la séparation d'avec le Dao originel. C'est aussi le sens de l'anecdote de la truie dans le *Zhuangzi* : "Une truie venait de mourir, ses petits suçaient encore ses mamelles. Tout à coup, ils abandonnèrent leur mère et s'en éloignèrent. Ils s'étaient aperçus que leur mère [*mu*] ne les regardait plus et qu'elle ne leur ressemblait plus. Ce qu'ils avaient aimé en elle, ce n'était pas son corps mais ce qui l'animait" [*Philosophes taoïstes*, 1980, p. 124]. La truie morte, mère inanimée, est une image du Dao dont on s'est éloigné, ce que commence à expérimenter Sima Lan, même si, momentanément, Du Meimei lui permet de téter son sein.

Les dernières pages du roman décrivent ou suggèrent l'existence du monde d'avant cet éloignement ou cette séparation, un "monde mystérieusement beau" (*shenmi qimiao*, p. 613) qui rappelle l'âge d'or tel que l'a formulé la tradition taoïste :

C'est un petit pays sans guère d'habitants [...]
Ils redoutent la mort et ne vont pas au loin [...]
De ce pays à son voisin
S'entend le cri du coq comme l'aboi du chien
Mais tous deux mourront de vieillesse
Sans avoir eu affaire ensemble. [*Laozi*, LXXX, *in* Cheng, 1997, p. 192]

Le village de Laozi, replié sur lui-même, ressemble au village des Trois Patronymes vivant “en vase clos” (p. 22), ce lieu isolé que l’on tente de relier au reste du monde, soit de l’intérieur (Sima Lan) soit de l’extérieur (le responsable Lu) : tout le roman semble donc une illustration de cette tension entre un âge d’or où la mort semble ne pas avoir de prise et l’histoire qui imprime sa marche forcée vers la mort.

Le temps mythique et le temps cyclique ne laissent pas de poser une double difficulté interprétative. Doit-on comprendre qu’en accordant une valeur à l’origine vers laquelle tend le roman par sa structure inversée, Yan Lianke tient un discours faisant l’éloge du passé, comme on peut le croire en lisant par exemple une des notes qu’il ajoute au premier chapitre du livre I : “Au départ, ils étaient pareils aux autres hommes de ce monde, nombreux ; ils avaient aussi beaucoup de bétail et pouvaient vivre jusqu’à soixante ans, voire quatre-vingts ans, puis, les générations se succédant, leur durée de vie a considérablement diminué. Ils contractèrent d’abord la maladie des dents noires [...]” (p. 21, v. aussi p. 215) ? De même, l’insistance sur les cycles qui définissent la vie des paysans et qui se retrouvent aussi dans la structure répétitive du roman signifie-t-elle qu’à ses yeux la mort et la souffrance ne sont qu’illusion, dans la mesure où elles doivent être replacées dans un processus cyclique qui a vu et qui verra leur neutralisation lorsqu’elles se mueront en leur contraire ? Nous invite-t-il à endurer la souffrance et la mort ? Nous avons pourtant soutenu l’idée que de telles invitations exprimées dans les exergues n’étaient pas à prendre au pied de la lettre, mais au contraire de façon ironique (v. Thématiques, Le narrateur) : loin d’inciter à accepter l’injustice ou l’absurdité, elles les dénoncent. Est-ce contradictoire ?

Peut-être faut-il distinguer d’une part le point de vue politique où la loi de causalité s’applique, si bien qu’en remontant la chaîne des causes et des conséquences (*yinguo*, littéralement “cause-conséquence”, qui est aussi le mot employé pour désigner le *karma*, in Yan 2017b, p. 70), il est possible d’identifier le facteur humain d’une catastrophe collective, et d’autre part le point de vue philosophique de la tradition taoïste qui fait valoir le principe de la transformation à l’échelle d’un cycle. De même, le monde mythique, ce monde “mystérieusement beau” (p. 613), reste un idéal philosophique qui permet de révéler le caractère sombre du monde historique. Le temps linéaire n’est pas contredit par le temps cyclique ou mythique : il s’agit de deux aspects indissociables de la réalité, que l’on perçoit simplement selon deux perspectives différentes.

HISTOIRE, POUVOIR ET NATION

CENT ANS DE SOLITUDE

Dans un article intitulé "Dans les coulisses de *Cien años de soledad*: la Colombie en toile de fond", Ernesto Mächler Tobar explique:

> La Colombie sert de toile de fond à un grand nombre de romans de Gabriel García Márquez. *La Hojarasca* (1955), *El coronel no tiene quien le escriba* (1958), *La mala hora* (1962), *Cien años de soledad* (1967), *Crónica de una muerte anunciada* (1981), *El amor en los tiempos del cólera* (1985), *El general en su laberinto* (1989), *Del amor y otros demonios* (1994), par exemple, sont des romans ancrés dans l'histoire, la géographie et les mœurs de son pays natal. L'écrivain, né à Aracataca, bâtit sa fiction non seulement à partir de l'histoire véridique de la Colombie, mais aussi, à partir des récits, devenus presque mythiques, entendus dans son enfance de la bouche de sa grand-mère et des commérages qui, à voix basse, parcouraient son village d'un bout à l'autre, comme des témoins invisibles. Dans ce sens, l'effet de réel est particulièrement réussi, puisque beaucoup de lecteurs prennent certains des récits de García Márquez pour des vérités non reconnues ou volontairement cachées par l'histoire officielle. Sa version de la Guerra de los Mil Días ou du Masacre de las bananeras fait référence. [Mächler Tobar, 2008, p. 109]

On trouvera dans la suite de l'article de Mächler Tobar des rappels synthétiques, mais précieux, concernant les principaux événements de la guerre des Mille Jours et du massacre de la gare, et l'on se rendra compte que s'il n'a pas été le scribe passif des faits, García Márquez ne s'en est pourtant pas affranchi et en a donné une "transposition poétique".

L'expression "toile de fond" nous semble pleinement justifiée et très intéressante pour une réflexion sur le traitement de la matière historique dans *Cent ans de solitude.* Il convient en effet de rappeler que García Márquez a bien souvent affirmé sa position à l'égard de la littérature engagée ou, plus exactement, de l'engagement en littérature. Dans le long échange avec lui qui donnera le volume de 1982 intitulé *Une Odeur de goyave*, Plinio Apuleyo Mendoza faisait remarquer: "Après [*Des Feuilles dans la bourrasque]* et avant *Cent ans de solitude*, trois livres (*Pas de lettre pour le colonel*, *La mala hora* et *Les Funérailles de la Grande Memé*) deviennent tout à coup réalistes, sobres, extrêmement rigoureux dans leur langage et leur construction, sans la moindre magie ou la moindre démesure", et il demandait à García Márquez à quoi un tel changement était dû. Ce dernier répondait:

> Lorsque j'ai écrit *La hojarasca [Des Feuilles dans la bourrasque*], j'étais déjà persuadé que tout bon roman doit être une transposition poétique de la réalité. Mais ce livre est sorti alors que la Colombie vivait une époque de persécutions politiques sanglantes, et des amis politiquement engagés m'ont donné un terrible complexe de culpabilité. 'C'est un roman qui ne dénonce rien, qui ne démasque rien', m'ont-ils dit. Aujourd'hui, je trouve cette idée simpliste et fausse, mais à l'époque j'en étais venu à penser que je devais m'occuper de la réalité immédiate du pays et abandonner les idées littéraires de mes débuts. Heureusement, j'y suis revenu par la suite. Dans l'intervalle, j'ai couru un sérieux risque de me casser la figure. *Pas de lettre pour le colonel*, *La Mala hora* et plusieurs des nouvelles de *Les Funérailles de la Grande Mémé* sont des récits inspirés par la réalité colombienne. Leur structure est déterminée par la nature du thème. Je ne regrette pas de les avoir écrits, mais ils constituent un type de littérature trop consciente, qui donne une vision plutôt figée et limitative de la réalité. Qu'ils soient bons ou mauvais, ce sont, de toute manière, des récits qui s'achèvent avec la dernière page. Ils sont plus étriqués que ce que je me crois capable de faire.

Toujours à propos de ce changement de cap, l'auteur ajoute qu'il est la conséquence d'une réflexion sur son propre travail: "Une longue réflexion pour comprendre enfin que je n'étais pas seulement engagé envers la réalité politique et sociale de mon pays, mais envers toute la réalité de ce monde et de l'autre, sans privilégier ni mépriser un seul de ses aspects" [García Márquez, 1982, p. 77-78]. On trouve là, en creux, une sorte de contre-définition de ce qu'est *Cent ans de solitude*, à savoir "une transposition poétique de la réalité" et non un "type de littérature trop consciente, qui donne une vision plutôt figée et limitative de la réalité", la manifestation d'un engagement indéniable, mais pas exclusif "envers la réalité politique et sociale de [son] pays". L'Histoire de la Colombie traverse donc bien *Cent ans de solitude*, mêlée à "toute la réalité de ce monde et de l'autre".

Nous sommes également convaincue par la thèse de Mächler Tovar selon laquelle il faut commencer par considérer la matière historique avec laquelle travaille le romancier. Il y a "l'histoire véridique de la Colombie" (autrement dit, des événements). Il y a "des récits, devenus presque mythiques, entendus dans son enfance de la bouche de sa grand-mère" (autrement dit, des récits). De sa grand-mère, mais aussi de son grand-père. Dans un chapitre d'*Une Odeur de goyave* intitulé "Politique", García Márquez a déclaré : "Il est possible que ma formation politique ait commencé avec lui, puisque, au lieu de me raconter des contes de fées, il me faisait le récit des plus terribles épisodes de notre guerre civile, une guerre que les libres penseurs et les anticléricaux ont menée contre le pouvoir conservateur. Mon grand-père parlait aussi du massacre des ouvriers des plantations, qui a eu lieu dans notre région, l'année même de ma naissance" [1982, p. 127]. Et il y a "des commérages qui, à voix basse, parcouraient son village d'un bout à l'autre, comme des témoins invisibles" (autrement dit, des histoires).

Il convient d'y ajouter la façon dont cette matière historique est rapportée. À la question de Mendoza ("Et comment en es-tu venu à trouver cette autre façon de traiter le réel"), il a répondu : "les récits de ma grand-mère m'ont peut-être ouvert la voie" [1982, p. 79]. C'est-à-dire que l'on mêle et met sur un même plan les grands et les petits faits, les faits véridiques et les faits non véridiques dérivés et hérités de la mémoire individuelle et communautaire. Or, c'est justement parce que tout est mêlé et mis sur un même plan que *Cent ans de solitude* brouille la frontière de ce qui relève du véridique et du non véridique… plus exactement, il examine le supposé véridique depuis le filtre et le prisme du supposé non véridique. Les Événements de la grande Histoire se trouveront en somme confrontés aux anecdotes des petites histoires… On rattachera logiquement *Cent ans de solitude* au courant de ce que l'on a désigné sous l'étiquette de "nouveau roman historique".

Si l'on considère que c'est principalement à la fin des années 1970 que cette sorte de sous-genre se théorise dans ses différences, ce sont en effet, selon Eddie Morales Piña, les auteurs du *Boom*, en particulier le Cubain Alejo Carpentier avec *Le Siècle des lumières* (1962), qui ont dans leurs romans manifesté "un goût particulier pour l'Histoire dans le but de problématiser le discours officiel et, au bout du compte, de le récuser, poussés par le besoin de compenser ses carences à travers un discours alternatif, bien souvent transgressif et reconstructeur" [MORALES PIÑA, 2001, p. 181, notre traduction]. Ce discours alternatif destiné à problématiser et récuser le discours est évidemment celui qui émerge de la fiction à travers la place et le rôle qu'occupent, chacun à son échelle et dans son espace, les Buendia dans l'Histoire et, donc, dans leurs histoires, pas moins importantes et significatives pour connaître et comprendre un siècle de destin de la Colombie. Et, pour reprendre Mächler Tobar : "l'effet de réel est particulièrement réussi, puisque beaucoup de lecteurs prennent certains des récits de García Márquez pour des vérités non reconnues ou volontairement cachées par l'histoire officielle. Sa version de la *Guerra de los Mil Días* ou du *Masacre de las bananeras* fait référence" [MÄCHLER TOBAR, 2008, p. 109].

Pour le lecteur Sebastián Hurtado, par exemple : "Voilà comment *Cent ans de solitude*, une œuvre dont les personnages et les événements sont construits à partir de faits, de personnes et de situations réelles, a transformé la nation, parce qu'il a donné une représentation du pays que les classes sociales les plus hautes refusent d'accepter, une image que les médias édulcorent et que les gouvernements se gardent bien de montrer dans sa totalité" et "La grande majorité des Colombiens a lu […] le roman. On y trouve reproduite, sous le réalisme magique propre à l'écriture de García Márquez, une réalité que nous avons du mal à accepter" [HURTADO, 2017, notre traduction].

Même s'il ne l'a jamais réellement formulé de la sorte, *a fortiori* théorisé, García Márquez défend la thèse d'une contre-Histoire construite et rapportée depuis le microscopique, l'insignifiant, et d'un contre-récit correctif et éducatif de l'Histoire depuis la fiction. Le point de départ est effectivement que le discours officiel se réduit à un tissu de mensonges, qu'un romancier-historien-professeur-justicier doit dévoiler et dénoncer…, un redresseur de torts historiques à l'écoute des autres voix et des autres discours, ceux à qui personne n'a prêté la moindre attention, à quelque échelle que ce soit, puisque la dénégation touche aussi bien les autorités que la population (comme on le verra avec la réaction des Buendia au moment du massacre de la gare). Rôle de redresseur de torts qu'il endosse dans *Cent ans de solitude*, depuis les voix de ses grands-parents et depuis les mots des "témoins invisibles" des rues d'un village comme un autre.

On comprend aisément qu'à travers la relation, assez fidèle, des étapes de la guerre des Mille Jours, l'auteur stigmatise les limites du combat supposément idéologique entre libéraux et conservateurs en les renvoyant dos à dos, loin de tout romantisme et manichéisme. Ce qui a fait dire à Arthur Shattuck O'Keefe qu'il s'agit d'une condamnation apolitique (2018). Personne n'a le beau rôle dans cette affaire, telle que la présente, et représente, García Márquez. On se souvient :

– de la simplification caricaturale à laquelle on a recours pour faire entrer le jeune Aureliano Buendia dans le camp conservateur (p. 111) ;

– des raisons qui l'ont finalement fait basculer du côté des libéraux ("S'il faut appartenir à quelque chose, je serai libéral, [...], car les conservateurs sont des tricheurs", p. 113) ;

– du portrait sans complaisance d'Alirio Noguera, le chef des conspirateurs libéraux (p. 113-115) ;

– du fanatisme "libéral" auquel cède Arcadio, finalement devenu "le tyran le plus cruel que connut jamais Macondo" (p. 120) et "la honte de notre famille" (*CAS*, p. 132) ;

– de l'opportunisme de José Arcadio Buendia fils, qui profite du conflit armé pour s'emparer des terres de ses voisins, avec la complicité du gouvernement conservateur (p. 149) – pourtant jadis distribuées équitablement entre tous par son propre père (p. 131) ;

– de la trahison, des renoncements et des compromissions des représentants du parti libéral, "qui négociaient leur participation au parlement" (p. 147), avec la complicité des avocats (p. 158-159) : "Ce qui veut dire, fit en souriant le colonel Aureliano Buendia [...] que nous ne luttons que pour le pouvoir" (p. 188) ; "le gouvernement conservateur, soutenu par les libéraux, était en train de réformer le calendrier pour permettre à chaque président de rester au pouvoir pendant cent ans" (p. 220) ; "Actuellement, la seule différence entre libéraux et conservateurs, c'est que les libéraux vont à la messe de cinq heures et les conservateurs à celle de huit heures" (p. 268), etc.

Une lecture au vitriol (où la balance de la justice auctoriale immanente semble peser plus lourd du côté de ceux qui avaient justement le devoir de porter les idéaux de la gauche), donc, de cet événement historique central pour, nous démontre l'auteur, comprendre le devenir de la Colombie au XXe siècle, les grandes familles s'étant ensuite, génération après génération, allègrement partagé le pouvoir, tantôt sous une étiquette politique, tantôt sous une autre, de plus en plus violentes et cyniques pour conserver leurs fiefs (ce que l'on verra avec le massacre de la gare).

Dans son essai de référence *Le Nouveau roman historique de l'Amérique Latine*, publié en 1993, Seymour Menton voit sept particularités à cette récupération-appropriation du roman historique européen auquel *Cent ans de solitude*, notamment, ouvre la voie :

1) la subordination, à différents degrés, de la reproduction mimétique d'une période historique à la représentation de certaines idées philosophiques ;

2) la distorsion consciente de l'Histoire par le biais d'omissions, d'exagérations et d'anachronismes ;

3) la fictionnalisation de personnages historiques (dans le cas de *Cent ans de solitude*, il est singulier qu'en lieu et place du véritable chef du camp libéral, le général Uribe Uribe, García Márquez ait opté pour un personnage de fiction, le colonel Aureliano Buendia) ;

4) la métafiction ou les commentaires du narrateur sur le processus de création ;

5) l'intertextualité ;

6) les concepts, hérités de Bakhtine, de dialogisme, de carnavalesque, de parodie et d'hétéroglossie ;

7) une plus grande variété que dans le roman historique traditionnel.

Même si un examen minutieux montrerait que l'ensemble de ces caractéristiques sont bel et bien présentes dans *Cent ans de solitude*, nous nous concentrons sur trois points seulement.

Cinquième critère : l'intertextualité. On se souvient que les pages 328-329 de *Cent ans de solitude* font explicitement référence à *La Mort d'Artemio Cruz* (1962), de Carlos Fuentes ; c'est au moment où éclatent les tensions populaires contre les abus et autres exactions commises par la United fruit Company : "José Arcadio le Second et d'autres responsables syndicaux, qui étaient restés jusque-là dans la clandestinité, réapparurent inopinément en fin de semaine et déclenchèrent des manifestations dans les villages de la région bananière. La police se contenta de maintenir l'ordre. Mais, dans la nuit du lundi, on fit sortir les responsables de chez eux et on les expédia à la prison du chef-lieu de province avec des fers de cinq kilos aux pieds. Parmi eux se trouvèrent embarqués José Arcadio le Second et Laurenzo Gavilan, colonel de la révolution mexicaine exilé à Macondo et qui disait avoir été témoin de l'héroïque comportement de son compadre, Artemio Cruz."

Le lien établi entre le protagoniste fictionnel du roman de Fuentes, qui dresse un bilan sans concession de la Révolution mexicaine (1910 et 1920), ses contradictions, ses trahisons et son retentissant échec (les beaux idéaux de départ ont été bafoués et une nouvelle élite bourgeoise s'est tôt associée à la classe dominante d'antan pour s'emparer de tous les pouvoirs, afin d'asseoir sa domination sur le pays), et celui du roman de García Márquez, qui dresse un bilan désabusé des combats syndicalistes colombiens de 1928, est intéressant à plus d'un titre pour exposer la continuité, entre Fuentes et García Márquez, d'une thèse sur l'Histoire des pays latino-américains du début du XXe siècle. La thèse d'une perpétuelle révolution manquée.

Il y a bien entendu de l'ironie dans la référence intertextuelle telle qu'elle est agglomérée, reconstruite et resignifiée dans la fiction marquézienne : le Laurenzo Gavilan de *Cent ans de solitude* n'est pas "major", comme dans le roman de Fuentes, mais (évidemment !) colonel, et lui, il n'a pas renoncé, n'a pas pactisé (on se souvient que dans le roman de Fuentes, Gavilan est devenu, en 1927, une figure importante, puisqu'il occupe un poste d'influence au cabinet présidentiel du gouvernement tout juste formé, dans la logique de la conversation qu'il avait eue avec Artemio Cruz dans un bordel après la révolution, au cours de laquelle les deux hommes avaient ébauché leurs projets pour l'avenir : servir la patrie dès lors que cela servirait leurs intérêts personnels, à s'enrichir... en se lavant les mains du destin collectif). Au contraire, il a choisi l'exil, la poursuite du combat pour la justice sociale dans un autre lieu, en l'occurrence un village fictionnel, comme si c'était le seul endroit d'une victoire possible, d'une "seconde chance" dans le temps politique du récit d'un auteur qui s'est octroyé tous les droits...

On comprend que l'Histoire peut faire davantage sens dans *Cent ans de solitude* non pas depuis les faits et le récit officiel des faits, mais depuis la littérature, depuis cette vérité établie par la littérature, qui tient en l'occurrence lieu de "source historique", en lieu et place, par exemple, d'un manuel d'Histoire. Et puis surtout, García Márquez offre une rédemption au traître… Il donne à la Révolution mexicaine son héros, mort en héros avec les 3 000 personnes assassinées à Macondo. Il y a là davantage qu'un jeu intertextuel ; *Cent ans de solitude* devient l'hypertexte de *La Mort d'Artemio Cruz*, son hypotexte, et il corrige en effet l'Histoire et l'histoire, afin que l'Histoire ait le sens qu'elle aurait mérité dans le présent.

Deuxième critère : la distorsion consciente de l'Histoire par le biais d'exagérations. Si chacun a donné le nombre de victimes du massacre des bananeraies (9 pour le général Cortés Vargas, qui ordonna à ses hommes de tirer sur la foule ; plus de 1 000 pour l'ambassadeur des États-Unis en Colombie et pour Alberto Catrillón, représentant gréviste, le politicien Jorge Eliécer Gaitán), les chiffres les plus fiables tournent autour de 60 à 75 victimes [BUSHNELL, 1993]… là où le narrateur de *Cent ans de solitude* n'hésite pas à en annoncer plus de 3 000 et, même, à marteler ce chiffre pour qu'il s'imprime bien dans les mémoires, sous le sceau de la vraie et seule vérité.

– la vérité du narrateur "omniscient" : "Vers les midi, attendant un train qui n'arrivait pas, plus de trois mille personnes, parmi lesquelles des travailleurs, des femmes et des enfants n'avaient plus trouvé place sur l'esplanade devant la gare et se pressaient dans les rues attenantes, que l'armée boucla par des haies de mitrailleuses" (p. 333) ;

– la vérité d'un témoin direct fictionnel, José Arcadio le Second : "Ils devaient être au moins trois mille. Ce devait être tous ceux qui se trouvaient à la gare" (p. 337) ; "Ils étaient plus de trois mille. Maintenant je suis sûr que c'étaient ceux qui se trouvaient à la gare" (p. 343). "Ce sont tous ceux qui se trouvaient à la gare, hurlait-il. Il y en a trois mille quatre cent huit" (p. 368). Ce sont même les derniers mots qu'il prononce, pour son frère jumeau, avant de mourir : "Souviens-toi toujours qu'ils étaient plus de trois mille" (*ibid.*) ;

– la vérité du dernier Aureliano, le fils caché de Meme, à qui José Arcadio a transmis le récit mémoriel véridique : "L'enfant décrivit avec maints détails précis et convaincants comment l'armée avait mitraillé plus de trois mille travailleurs acculés devant une gare" (p. 381) et

"[Vous ne croyez pas q]ue l'armée a acculé et mitraillé trois mille travailleurs et qu'on emporta les cadavres dans un train [?]" (p. 445) ;

– et, indirectement (significativement !), la vérité d'une "femme angoissée", au bout du téléphone d'une des maisons abandonnées des Étasuniens de la United Fruit Company, qui, ayant posé la question "en anglais" à Aureliano, s'entend répondre que "oui, [...] la grève était terminée, que les trois mille morts avaient été jetés à la mer" (p. 419).

Premier critère : la subordination, à différents degrés, de la reproduction mimétique d'une période historique à la représentation de certaines idées philosophiques. Vu la façon dont García Márquez insère et traite le fait historique dans son roman, à savoir volontairement sans les ancrages explicites dans le temps que constituent les dates (il n'y en a aucune), sans un balisage clair permettant de véritablement mesurer des durées et, donc, d'avoir la maîtrise sur le récit de l'Histoire, et sous la forme d'un strict et lapidaire résumé (p. 119), on comprend que ce qui l'intéresse, c'est, d'une part, de ne pas subir le parasitage du discours officiel (la supposée réalité – ne pas lui faire de place est déjà en soi une façon de l'invalider : elle n'existe pas, point), et, d'autre part, de mener avant tout une réflexion de type philosophique depuis l'événement. Son (apparent) semi-effacement ou (apparente) partielle décontextualisation permettant de le considérer avec davantage de hauteur et de recul, comme manière (en l'occurrence, la guerre des Mille Jours, p. 111 *sqq.*, et le massacre de la gare) et comme phénomène. *Apparents*, en effet, dans la mesure où il n'y a là que du très connu s'agissant de l'Histoire de la Colombie – à la différence de ce que l'on trouve souvent dans le roman historique classique, l'auteur n'a pas situé sa fiction dans l'un de ces creux de l'Histoire ou, même, dans des personnages périphériques de l'Histoire (il met le colonel Aureliano Buendia à la tête des troupes libérales), pour y loger du récit fictionnel en guise d'hypothèse d'événements, faute de mieux.

Or, le phénomène en question se centre d'abord sur le "problème" que pose la mémoire individuelle et collective de l'Histoire, de la façon, dans ce pays comme simple cas d'école, dont chacun choisit de se souvenir ou de ne pas se souvenir de ce qu'il s'est passé, quelle que soit l'échelle considérée ; de la façon dont un système de contrôle de l'information et du récit de l'information s'évertue à conditionner et formater ce dont on peut ou ne peut pas se souvenir, éventuellement par la force.

Si la démonstration est la même s'agissant de la guerre des Mille Jours et du massacre de la gare, on observe une nette gradation ou aggravation entre les deux événements. Raison pour laquelle nous nous en tiendrons à la guerre des Mille Jours.

Il est symptomatique que, alors que l'on nous a décrit des événements grandioses (pas moins de "trente-deux soulèvements armés", p. 119) dont le colonel Aureliano fut le protagoniste, on les vide immédiatement de toute portée avec l'information délivrée de manière on ne peut plus compendieuse, à la même page : "Tout ce qui demeura de cette succession d'événements fut une rue à son nom dans Macondo".

La suite du récit de ce conflit expose le comment et le pourquoi de ce désespérant résultat :

– p. 147, le fait historique n'est déjà plus fait historique, mais "légende" et l'on comprend que cela ira grandissant (p. 181, le colonel Aureliano Buendia a quitté le champ de la réalité : "Peu à peu, à mesure que la guerre gagnait en intensité et en extension, son image s'estompa dans un univers irréel" et dès la page 191, on parle d'un "guerrier mythique") ;

– p. 154, le fait historique n'a purement et simplement plus le moindre sens : "Un soir, [le colonel Aureliano Buendia] demanda au colonel Gernieldo Márquez : 'Dis-moi une chose, camarade : pourquoi te bats-tu ?' 'Parce qu'il le faut, camarade', répondit le colonel Gerineldo Márquez. 'Pour le grand parti libéral'. 'Tu as de la chance de pouvoir répondre', répliqua-t-il. 'Pour ma part, c'est à peine si je me rends compte à présent que je me bats par orgueil'. 'Ça n'est pas bien', dit le colonel Gernieldo Márquez. Son inquiétude amusa le colonel Aureliano Buendia. 'Naturellement', dit-il. 'Mais dans tous les cas, ça vaut mieux que d'ignorer pourquoi on se bat'. Il le regarda dans les yeux et ajouta en souriant : 'Ou de se battre comme toi pour quelque chose qui n'a de sens pour personne'" ;

– p. 183, c'est au tour du colonel Gerineldo Márquez d'être "dégoûté de la guerre" ;

– p. 200, on évoque, pour la première fois, l'affaire des pensions de guerre des soldats du conflit fratricide, cette forme de non-reconnaissance de leurs faits d'armes constituant la première étape de la dénégation historique qui, depuis le niveau le plus élevé (le gouvernement), contaminera tout le pays. C'est en somme le récit des faits à mesure qu'ils se déroulent, et la façon dont ils sont ensuite "retenus" par le discours officiel qui engendre l'oubli...

– p. 210, alors qu'une nouvelle génération de Buendia vaque à ses affaires, la guerre se trouve "reléguée au grenier des mauvais souvenirs".

Et ce qui comble le vide de l'oubli, ce sont les mensonges officiels (p. 223-224), avant que vienne l'étape de la récupération, à l'occasion du jubilé pour le colonel Aureliano Buendia organisé par le gouvernement conservateur ("On vit revenir, bien plus décatis, bien plus solennels, les avocats en robe sombre qui tournoyaient au-dessus du colonel comme une bande de corbeaux. Lorsque ce dernier les vit reparaître, eux qui étaient jadis venus enliser la guerre, il ne put supporter le cynisme de leurs félicitations. Il leur donna ordre de lui ficher la paix, il insista sur le fait qu'il n'avait rien de commun avec cette grande figure nationale pour laquelle ils voulaient le faire passer", p. 237). Suit l'étape non plus de l'oubli et de la distorsion de l'événement et de son personnage principal, mais de son extirpation des mémoires (en référence à l'extermination des dix-sept fils du colonel, p. 265-266)... jusqu'à ce qu'on nous apprenne à propos des "derniers vétérans dont on eut des nouvelles", que l'on "découvrit leur photographie dans le journal, redressant indignement la tête à côté d'un anonyme Président de la République qui leur fit cadeau de quelques boutons à son effigie pour qu'ils les missent à leur revers, et leur restitua un drapeau souillé de poudre et de sang pour qu'ils en recouvrissent leur cercueil." (p. 269)...

À la page 445, en guise de conclusion, le dernier Aureliano tente encore, en vain, d'évoquer le souvenir du colonel ; cela se déroule lors d'un entretien avec le curé du village. Quand celui-ci lui demande comment il s'appelle, il répond "Aureliano Buendia" et tandis que son interlocuteur lui dit "Voici de nombreuses années, il y avait par ici une rue qui s'appelait ainsi, et en ce temps-là les gens avaient l'habitude de donner à leurs enfants des noms de rues", Aureliano "frémit de rage" et s'emporte : "Ah ! [...], parce que vous non plus vous n'y croyez pas ?" À la question "À quoi ?", il rétorque : "Que le colonel Aureliano Buendia a livré trente-deux guerres civiles", et se voit opposer, de la part du curé qui "le toisa avec un regard de profonde pitié" : "Hélas, mon fils [...]. Pour ma part, je me contenterais d'être sûr que toi et moi existons vraiment à l'heure qu'il est."

Et tout cela est lié au fait que, foncièrement, l'Homme oublie toujours sa propre histoire. C'est bien cela qui transparaît à travers le déploiement de tant de générations de Buendia, pour démultiplier la démonstration. On s'en tiendra ici à exposer comment cela s'opère pour le couple de fondateurs, leurs rejetons dupliquant sans fin le processus. La première manifestation éclatante de cette sorte de fatalité apparaît dès la page 52, avec l'arrivée de Rebecca ; en dépit d'une lettre contenant des indications généalogiques très précises, des noms tout aussi précis et rédigée avec la familiarité réservée aux proches ("La lettre adressée à José Arcadio Buendia était écrite en termes très affectueux par quelqu'un qui continuait à l'aimer beaucoup, en dépit du temps écoulé et de la distance, et qui se sentait contraint, mû par la plus élémentaire humanité, de lui envoyer cette pauvre orpheline abandonnée à elle-même, cousine au second degré d'Ursula et par conséquent parente également de José Arcadio Buendia, bien que d'une manière plus lointaine [...]. Tous les noms mentionnés, ainsi que la signature de la lettre, étaient parfaitement lisibles, mais ni José Arcadio Buendia ni Ursula ne se rappelaient avoir eu des parents ainsi nommés, et ni l'un ni l'autre ne connaissaient personne du nom de l'expéditeur"), l'enfant restera sans histoire et mettra en évidence les cruelles béances dans la mémoire du couple fondateur et donc dans leur propre histoire...

Pas étonnant, sur le plan symbolique, que son arrivée coïncide et cause l'apparition de la peste de l'insomnie, génératrice de la perte de mémoire (p. 55), en quelque sorte tombée sur une terre fertile pour germer et s'épanouir, avec les conséquences que l'on sait, à savoir la fabrication de souvenirs grâce aux histoires de Pilar Ternera (p. 59). Et comme pour parachever l'argument, quand Rebecca (grâce à Pilar Ternera, p. 89) forme le vœu d'enterrer les os de ses probables parents, José Arcadio retourne toute la maison, défonce des murs, pour retrouver la sacoche où ils sont restés depuis l'arrivée de la fillette, parce qu'il "ne se rappelait pas l'avoir revue depuis l'époque de la reconstruction" (p. 90). Ensuite, quand José Arcadio a purement et simplement perdu la tête, donc la mémoire, Ursula tente désespérément d'inscrire le devenir de la famille dans son esprit, mais elle préfère les mensonges à la vérité, trop difficile à accepter ("Elle choisit alors de lui mentir [...] Elle en vint à le duper avec tant de sincérité que ses propres mensonges finirent par la consoler", p. 122-123).

Les Buendia ont, semble-t-il, pris goût aux récits lénifiants, au point que quand les récits des vivants ne suffisent plus, ce sont les morts qui prennent le relais, sans davantage de succès : "C'était Prudencio Aguilar qui lui faisait sa toilette, lui donnait à manger et lui apportait de merveilleuses nouvelles d'un inconnu nommé Aureliano, colonel à la guerre" (p. 158). On oublie ce qui "gêne", choses et gens, à commencer par Rebecca, proscrite de la maison familiale après son mariage avec José Arcadio fils, effacée des mémoires (p. 152), y compris de celle d'Ursula (p. 242). On oublie ceux qu'on a perdus : "[Ursula] passa la matinée à chercher, dans les recoins les plus secrets, un souvenir de son fils [le colonel Aureliano Buendia], mais ne put en trouver" (p. 193). On oublie les liens familiaux : "Ursula se reprochait d'avoir tendance à [...] oublier [que Sainte Sophie de la Piété était la mère des jumeaux]" ; "elle se reprit à examiner ses vieux souvenirs" (p. 288). Il arrive même qu'on les ignore, purement et simplement : "Ursula devait mourir sans connaître [les] origines [du fils caché de Meme]" (p. 321). Et, finalement, on s'oublie soi-même : Ursula a oublié son âge (p. 271).

En sus d'une réflexion sur le problème philosophique de la mémoire, *Cent ans de solitude* conduit une réflexion sur le pouvoir, l'exercice du pouvoir et ce qu'il fait aux hommes. Il la poursuivra dans son roman de 1975, *L'Automne du patriarche*. Parmi quantité d'exemples que l'on peut trouver dans *Cent ans de solitude*, on mentionnera : "il s'était laissé fasciner par l'abîme de la grandeur" (p. 184) et "[il s'était é]garé dans la solitude de son immense pouvoir" (p. 186). Ces pages exposent la vacuité du pouvoir politique, de quelque camp que l'on soit, puisque cela ne change rien. Il transforme inéluctablement les êtres en monstres inhumains. La conséquence la plus tragique étant la perte et destruction de sa propre mémoire individuelle : quand il rentre à Macondo et parcourt la maison Buendia, Aureliano Buendia ne voit pas des changements survenus en ces lieux alors qu'ils "eussent semblé désastreux à quiconque aurait gardé vivants ses souvenirs" (p. 192), même l'image de Remedios, son épouse, ne lui évoque plus rien (p. 194) et, finalement, "[d]urant les jours qui suivirent, il s'occupa de détruire toute trace de son passage en ce monde" (*ibid.*).

Pour conclure, il ne faut pas manquer de revenir à la question de l'écriture du "je", prégnante y compris s'agissant de la place et du traitement donnés à l'Histoire de la Colombie. Dans son essai *À la rencontre de García Márquez*, Cobo Borda note rapidement :

“Dans toutes ses œuvres, García Márquez se limite à une approche furtive de l’histoire” [Cobo Borda, 2000, p. 58] et il est vrai que de nombreux historiens et critiques, notamment le Français Jacques Gilard, ont souligné les limites, failles et “problèmes” que posent les connaissances historiques de l’auteur et le traitement qu’il en fait. Nous ne nous attarderons pas. Premièrement, parce qu’on n’oublie pas que la littérature n’a au fond de comptes à rendre qu’à la littérature et, deuxièmement (bien plus important en l’occurrence) parce que ces connaissances et le traitement qu’il leur donne relèvent, encore une fois, de son imaginaire familial et des raisons pour lesquelles il le convoque et en fait la matière de son univers fictionnel dans *Cent ans de solitude*. Effectivement, la Colombie/Amérique latine qu’il évoque est une Amérique latine qui n’a pas d’Histoire avant le XVIe siècle ; effectivement, la Colombie/Amérique latine qu’il décrit en surplomb ou dans le détail est *criolla* ; et effectivement, la Colombie du XIXe et du début du XXe siècles qu’il scrute paraît réductible à deux seuls événements historiques (la guerre des Mille Jours et le Massacre des bananeraies), dont il fait l’alpha et l’oméga de l’historicité de son pays… Mais c’est parce que, contrairement à ce qui a été dit et à ce que l’on a voulu à toute force lire, loin de chercher à dire un tout et à schématiser ce tout, García Márquez a eu le projet de remonter le courant de l’Histoire de sa famille, plus exactement, d’inscrire les histoires de sa famille sur l’Histoire de sa famille et dans l’Histoire nationale – celles que lui racontait son grand-père quand il était enfant. Le fil qui sous-tend tout cela, c’est un récit historique familial entre 1864-1865-1866 et 1964-1965-1966. Dans cette perspective, *Cent ans de solitude* en tant que roman historique est à lire à la fois comme une “transposition poétique de la réalité” et comme une transposition fictionnelle de la réalité biographique et autobiographique.

LES ENFANTS DE MINUIT

L'histoire de l'Inde contemporaine a une place centrale dans *Les Enfants de minuit*, qui embrasse plus de soixante ans d'histoire (de 1915 à 1978) et met en scène des personnalités politiques (Indira Gandhi, Muhammad Ayub Khan, Sam Manekshaw), aux côtés d'êtres de fiction. La formation d'historien du romancier n'est sans doute pas étrangère à la réflexion que propose cette "métafiction historiographique" [HUTCHEON, 1989] sur la manière même dont l'histoire de l'Inde s'est écrite, d'autant plus qu'il s'inspire du manuel d'histoire de Stanley Wolpert, voix historique dont il conteste la validité [LIPSCOMB, 1991]. Le texte donne aussi à penser le rôle primordial de l'imagination collective et des récits dans la construction de la nation, précurseur des analyses de Benedict Anderson (*Imagined Communities* est publié en 1983). Toutefois, si la littérature postcoloniale a joué un grand rôle dans la formation des nations nouvellement indépendantes, notamment par la réécriture d'une histoire auparavant écrite depuis la perspective des puissances impériales, *Les Enfants de minuit*, écrit à la veille des années 1980, s'éloigne de cette tradition. Rushdie se montre sceptique vis-à-vis du nationalisme et met en récit l'éclatement de la nation, l'échec des promesses de renouveau et d'unité dans la diversité, mais exprime aussi sa nostalgie pour le désordre d'une nation plurielle. En s'inventant des parentés multiples, le protagoniste invite son auditoire à interroger tout récit des origines et à considérer la nature arbitraire des discours historiques et la dimension instable de toute vérité.

Un protagoniste "enchaîné à l'histoire"

La trame du roman est tout entière fondée sur la croyance du narrateur en une connexion fatale entre sa vie personnelle et l'histoire de la nation indienne, résultant de sa naissance à minuit le 15 août 1947 : "mon destin [est] indissolublement lié à celui de mon pays" (I, p. 13). La métaphore courante de la connexion entre individu et nation est littéralisée par le narrateur, qui inverse la causalité historique en pensant l'individu responsable de l'histoire [KORTENAAR, 1995, p. 43]. Ce "solipsisme fou" de Saleem a initialement été pensé par l'auteur comme un procédé comique, et est devenu ensuite une méthode narrative puissante, qui forme la colonne vertébrale du roman [RUSHDIE, 2017].

Comme il l'expose dans le chapitre "L'enfant Kolynos", l'interférence entre histoire personnelle et nationale se manifeste de manière littérale ou métaphorique, active ou passive, quatre modalités qui se mêlent sans cesse – autre exemple de tentative de mise en ordre du narrateur. D'une part, la connexion entre destin individuel et histoire nationale peut être *métaphorique*, mise en évidence par des parallèles, tel que celui établi entre le bombardement d'Hiroshima et le déferlement d'insultes de Naseem lorsqu'elle découvre le mariage non-consommé de sa fille. Cette connexion est surtout mise en évidence par le corps de Saleem, son visage difforme étant cruellement assimilé aux contours de l'Inde (II, p. 409), sa tonsure de moine, son doigt coupé et sa stérilisation symbolisant par analogie la nation amputée des territoires attribués au Pakistan, en écho au drap troué et à la cavité dans la poitrine de son grand-père. La menace de pulvérisation du corps du narrateur, qui lutte avec acharnement contre sa désintégration, est un miroir déformé de la fragmentation de la nation. Neil Kortenaar analyse la littéralisation comique de la personnification de la nation : "Dans *Les Enfants de minuit,* la métaphore de la nation comme personne devient littérale, et donc comique : si l'Inde était une personne, elle serait grotesque, et, comme Saleem, sa paternité serait sujette à débat, sa capacité à raconter son histoire discutable" [KORTENAAR, 1995, p. 46, notre traduction]. Ce rapport est parfois créé par simple écho verbal, comme celui qui structure le chapitre "L'assèchement et le désert".

D'autre part, les personnages sont parfois *littéralement* placés au cœur d'un événement historique majeur, de manière passive, comme lors de l'état d'urgence (1975-1977) au cours duquel Saleem subit une stérilisation forcée, ou bien avant, lorsque Aadam Aziz échappe de peu à la mort lors du massacre de Jallianwala Bagh à Amritsar en 1919, ou bien de manière active : Saleem se retrouve impliqué à la marge dans le coup d'état militaire en deux temps de Mohammad Ayub Khan en 1958, traité sur un mode satirique, et dans la guerre contre le Bangladesh de 1971.

La logique de l'interférence littérale est à son comble lorsque le narrateur se présente comme directement responsable d'événements publics catastrophiques, fruit de son interprétation paranoïaque de l'histoire, confondant synchronicité et causalité, transformant la contingence en nécessité. De fait, Saleem semble pris au piège de ce lien direct à la sphère publique de son pays, qui se manifeste la plupart du temps par des chocs violents, à l'image de la collision entre le nez d'Aadam Aziz et de la terre du Cachemire, ou de la chute de vélo de Saleem dans la foule à Bombay en 1957, qui provoque un déchaînement de violence entre les manifestants pro-Marathi et pro-Gujarati, et, résultant finalement en la Partition de Bombay (II, p. 338-339).

Toutefois, cette tendance à se placer "au centre de l'univers" (II, p. 225) est exposée comme une erreur, qui relie dangereusement le narrateur non seulement à son père biologique, William Methwold, qui synchronise son départ du domaine avec celui du gouvernement colonial, mais aussi à La Veuve, deux personnages liés par le symbolisme de leur coiffure symétrique. Le slogan électoral "Indira c'est l'Inde et l'Inde c'est Indira" (III, p. 751), faisant de la candidate une incarnation protéiforme de la nation, résonne avec le principe d'explication que forge Saleem : "nous sommes concurrents en ce qui concerne le centralisme" (III, p. 739), suggérant le danger de l'allégorie et de l'automythification. L'épisode de l'état d'urgence, traité sur un mode satirique très sombre, montre bien la prise de conscience du narrateur qu'il n'est pas maître de l'histoire mais victime de celle-ci, rejeté de plus en plus loin dans les marges de la nation. Michael Reder avance qu'en exhibant comme une erreur la logique allégorique de Saleem, Rushdie montre que ce mode typique des textes colonialistes est avant tout un procédé littéraire, un artifice dont il cherche à désamorcer la cohérence par la parodie [*in* BOOKER, p. 234]. Le texte, saturé d'interprétations (fausses) par le narrateur, ne peut pas être interprété de manière univoque et requiert une multiplicité de lectures.

Cependant, en déplaçant la focale vers lui et sa famille, le chroniqueur s'approprie l'histoire nationale, fragmente l'histoire officielle et offre un contre-récit de la nation post-coloniale.

Contrer le récit d'unité nationale

Certaines lectures des *Enfants de minuit* insistent sur l'attachement idéologique de l'auteur à une certaine idée de la nation indienne, celle du Parti du Congrès, fondée sur la démocratie, la tolérance, le pluralisme religieux et culturel et l'ouverture sur le monde que Nehru défend dans son histoire de l'Inde, *The Discovery of India* (1946) [Rege, 1997]. Le roman offrirait ainsi une critique acerbe de l'élite libérale qui a pris le pouvoir après le départ des Anglais et fustigerait son échec, voire sa complicité, dans la montée des violences communautaires [Trousdale, 2004], sans pour autant rejeter l'idée même de nation. D'autres soulignent que le roman laisse transparaître l'idéologie post-nationale de l'auteur, qui rejette l'arbitraire des frontières politiques et rejette en bloc le nationalisme [Brennan, 1989; Ahmad 1992]. Si ce rejet est plus visible dans les romans ultérieurs de l'auteur, *Les Enfants de minuit* travaille déjà à fissurer la "mythologie nationale", une version de l'histoire officielle qui éclipse souvent la vie des individus qui forment la nation [Reder, *in* Booker, 1999, p. 226], tout en exaltant la puissance des mythes.

Premièrement, le roman fracture le mythe d'unité nationale. Le "fantasme de masse" qu'est l'Inde au lendemain de l'Indépendance [Rushdie, 1997] n'est pas condamné en tant que tel. En effet, ce n'est pas la nature mythique de la nation qui la discrédite : en bon postmoderne, Rushdie exalte la puissance des mythes et des récits, tout en fustigeant la victoire finale d'une version de l'Inde qui manque d'imagination, celle d'une nation homogène, fondée sur la haine de la différence. La naissance de la nation est présentée dans le chapitre "Tic-tac" comme une fiction parmi d'autres, renvoyant à l'idée d'une nation millénaire pourvoyeuse infinie de mythes : "L'Inde, le nouveau mythe, une fiction collective dans laquelle tout était possible, une fable avec laquelle seules deux autres bizarreries [*mighty fantasies*] pouvaient rivaliser : l'argent et Dieu" (I, p. 197).

D'une part, ce "rêve bizarre" fait référence au pari d'unifier un territoire vaste, fragmenté, et abritant des cultures si diverses qu'il n'a jamais été véritablement unifié, même sous la tutelle britannique. D'autre part, l'idée d'une Inde *nouvelle*, qui *naîtrait* en 1947, est tournée en dérision (notamment par la référence à l'argent et Dieu, deux forces motrices de l'expansion coloniale), et fait signe vers le danger du récit de la naissance nationale. En effet, on ne peut totalement souscrire à l'idée d'une glorification de cette Inde nouvelle. La prédiction de "rituels du sang" (I, p. 197) nécessaires au renouveau de la nation, ainsi que la prétérition qui suit ("je ne décrirai pas l'hémorragie en cours sur les frontières du Pendjab [...], je détournerai les yeux des violences du Bengale", I, p. 198) donnent un aperçu de la violence qui entoure la naissance de ce mythe. À l'image du trébuchement de Saleem dans le monde (I, p. 13) et de l'accouchement douloureux de Vanita et Amina, la naissance de l'Inde, si elle est l'accomplissement d'un combat et l'avènement de la liberté, n'est pas pour autant dépeinte comme un moment d'harmonie totale, et le traumatisme de la Partition, sans être abordé de front, imprègne tout le récit.

Le mythe de l'Inde qu'incarne Saleem en tant que minorité est celui de l'Inde de Nehru, mais le roman montre bien comment cette idée, de 1915 à 1978, est loin de faire consensus. Le roman fait allusion aux divisions qui précèdent l'indépendance à travers un détail tiré de la vie de l'auteur, l'incendie criminel de l'entrepôt d'Ahmed Sinai à Delhi par un gang antimusulman, mais aussi par le biais de la figure charismatique de Mian Abdullah, personnage fictif fondateur du Rassemblement islamique libre, dont le bourdonnement envoûtant figure l'enthousiasme politique suscité par cette vision sécularisée de l'Inde, contre la vision de la Ligue Musulmane et la "théorie des deux nations" (adoptée par Muhammad Ali Jinnah en 1940). Le refuge de Nadir Khan "sous le tapis" littéralise la métaphore du tapis comme oblitération, celle de la mémoire des musulmans qui soutenait l'idée d'un état laïc (I, p. 85).

Le texte met aussi en garde contre un nationalisme belliqueux, à travers l'image de l'épidémie d'optimisme qui asphyxie le narrateur au moment de la guerre sino-indienne de 1962. Cette densification de l'air littéralise la métaphore d'une contagion du nationalisme pour en souligner les dangers : "Il semblait que la guerre avait fait se lever une nouvelle aube sur l'Inde" (II, p. 524). L'énergie nationaliste soulevée par l'invasion de la Chine est mise en parallèle avec la réinvention du couple d'Ahmed et Amina, une nouvelle ère d'un amour destructeur pour le narrateur, soulignant ainsi la menace que représente cet "optimisme". La reprise du motif d'une "nouvelle Inde" (III, p. 736) au moment de l'état d'urgence exprime bien la nature illusoire, voire dangereuse, de ce mythe du renouveau.

Ainsi, à rebours d'une épopée nationaliste exaltant l'avènement triomphal d'une nation unie, le récit largement pessimiste de l'histoire post-indépendance qu'offre le texte, celui du morcellement de la nation, peut être lu comme une "anti-épopée" [Rushdie, 1982]. La faillite du pluralisme et du collectivisme se reflète dans la désaffection du Congrès des enfants de minuit dirigé par Saleem, le "*lok sabha* ou parlement de [s]on cerveau" (II, p. 401), qui est rattrapé par les préjugés des adultes et succombe aux antagonismes de classe, de culture et de religion, avant d'être littéralement pulvérisé lors de l'État d'urgence (1975-1977).

Le roman accorde aussi une place majeure à cet épisode traumatique qui est quasiment contemporain de l'écriture du roman (1975-1979), et qui a été largement représenté comme une période de mise en ordre du pays, de lutte contre la corruption et la pauvreté [Prakash, 2019]. Il faut donc garder en tête cette proximité temporelle pour comprendre le traitement satirique de ce moment de crise politique, qui est aussi le point culminant de la persécution de Saleem par l'État. Rushdie lui-même renvoie à la métaphore optique de l'écran de cinéma qu'élabore lc narrateur dans le roman pour exprimer la confusion qui entoure sa description d'événements récents, dont il est impossible d'avoir une vision d'ensemble : plus on se rapproche, plus "les plus infimes détails prennent des proportions grotesques" (II, p. 295). Le recours au grotesque et à l'horreur qui caractérise la mise en récit fragmentaire de cette période semble être un moyen d'exprimer l'incapacité de la psyché à saisir ces événements sur le mode rationnel du réalisme [Gorra, *in* Booker, 1999, p. 202]. Le récit mime aussi la hantise par la récurrence de motifs tel que le vert et le noir, ou celui du doigt et de la main, qui relie l'état d'urgence à l'oppression du règne des Britanniques, le premier exhalant le même "arôme piquant du despotisme" (III, p. 745) que les "conquérants roses", un parallèle confirmé par le récit de l'attaque contre le bidonville des magiciens (III, p. 755), dont l'écriture fait écho au massacre de Jallianwala Bagh à Amritsar où l'armée tire sur un rassemblement de civils. La charge politique de la fiction comme contre-récit est soulignée par le narrateur qui vise à dissiper "les nuages insidieux de l'amnésie" (III, p. 678), et par l'auteur, qui, comme avec la guerre du Bangladesh, met au jour les violences que la version officielle de l'État d'urgence écarte, offrant une critique acerbe du gouvernement d'Indira Gandhi.

En effet, dans sa préface à l'ouvrage de Tariq Ali sur la dynastie Nehru-Gandhi [1985] mais aussi dans sa nécrologie d'Indira Gandhi, assassinée en 1984 [1993, p. 53-59], Rushdie souligne à quel point cette famille, y compris Indira Gandhi, a été mythifiée, les tribulations et scandales du clan transformés en saga, un rêve collectif plus captivant que les films de Bombay, qu'il se donne pour mission d'éroder. Cela lui a valu un procès pour diffamation, intenté par Indira Gandhi, et dont la charge s'est étrangement portée sur une unique phrase, suggérant sa responsabilité indirecte (par négligence) dans la mort de son mari Feroze Gandhi, mort en 1960 à l'âge de 47 ans, phrase qui fut donc retirée des éditions ultérieures du roman.

Toutefois, le portrait du premier ministre en veuve maléfique n'est qu'un exemple de la veine satirique de l'écriture de Rushdie, qui s'emploie à rabaisser les figures de pouvoir, fictives, telles que le général Zulfikar, homme rigide de petite taille à la tête plate, "sorti d'un spectacle de marionnettes" (I, p. 95), le général Alauddin Latif, surnommé oncle Pouf, à la "tête parfaitement sphérique" (II, p. 549), mais aussi réelles : le Président du Pakistan, homme ventripotent qui "ressemble à un bouddha blanc en train de rire ; mais qui ne rit pas" (II, p. 512), Sanjay Gandhi, fils d'Indira, responsable de la campagne de destruction des bidonvilles, à l'haleine puante et au "visage grassouillet d'un veau" (III, p. 700). Cette minoration du pouvoir politique par la mise en avant de corps grotesque va de pair avec le traitement farcesque d'événements majeurs, tel le coup d'État militaire de 1958 au Pakistan, miniaturisé sous la forme de "mouvements par du ragoût au piment" (II, p. 507-513).

Filiations coloniales

En prenant pour héros un personnage anglo-indien, issu d'une famille de l'élite occidentalisée de Bombay, qui porte en lui tout le poids de l'histoire coloniale, le texte fait aussi la part belle à la "dislocation de la condition postcoloniale", qui porte en elle les marques des conséquences du contact colonial et de la domination. Rushdie insiste à la fois sur l'hybridation des cultures européennes et indiennes et sur l'impact persistant du colonialisme, notamment sur les structures politiques et économiques inégales dont héritent les élites post-coloniales, qui, loin de les renverser, les perpétuent. Il refuse la glorification de l'ère post-coloniale et offre ainsi une critique des élites dirigeantes qui rappelle les analyses de Frantz Fanon sur les difficultés et la corruption de la relève politique après l'indépendance [1961].

Le domaine de Methwold est traité sur un mode allégorique par son propriétaire lui-même, héritier de l'un des fondateurs de la ville, qui en fait une Inde britannique miniature, imposant aux nouveaux habitants de préserver les maisons intactes jusqu'à la vente. Ces "maisons de conquérants" (I, 166) sont perchées sur une colline de l'un des quartiers les plus aisés de la ville, un "Olympe haut de deux étages, un Kailash rabougri" (I, 166). Le registre héroï-comique qui mêle deux univers mythologiques suggère à la fois la position sociale dominante de ces habitants, dieux surplombant la ville et la mer, et l'hybridité culturelle de cet espace. Celle-ci est célébrée comme une forme de "bâtardise", heureux mélange d'influences, mais on perçoit aussi le processus d'aliénation inhérent à ce contact culturel, fondé sur une asymétrie politique. Les meubles et objets dont ne peuvent se débarrasser les habitants figurent dans un symbolisme appuyé le poids du legs de la domination britannique – on notera la référence à *Cent ans de solitude* à travers le piano mécanique dont raffole Lila Sabarmati.

Les lieux, ancrés dans le passé colonial, semblent déteindre sur les habitants eux-mêmes, comme en témoigne l'accent d'Oxford que prend Ahmed Sinai lorsqu'il s'adresse à Methwold (I, 174), exemple parfait du concept de "mimicry" théorisé par Homi Bhabha [2019, p. 167-178], qui dit l'imitation imparfaite du sujet colonisé, l'échec de la mimésis étant interprété comme un excès qui menace l'ordre colonial. Le rituel quotidien du cocktail, lui aussi imposé par Methwold, finit par se perpétuer même après le départ des Anglais, métaphore d'un colonialisme qui se poursuit bien après la décolonisation officielle Le blanchiment mystérieux de la peau d'Ahmed Sinai et des hommes d'affaires du pays après le départ des Britanniques (II, p. 318) est aussi une littéralisation du processus d'occidentalisation des élites indiennes, qui perpétuent un système fondé sur la domination raciale et sociale. La voix discordante de Joe D'Costa au moment de l'indépendance exprime la critique sous-jacente de l'illusion du renouveau apporté par l'indépendance : "cette indépendance n'est que pour les riches ; on pousse les pauvres à s'entre-tuer comme des mouches" (I, p. 183, *rich* dans le texte anglais est traduit de manière erronée par "morts" en français).

Contre un récit nativiste d'une Inde imperméable aux influences extérieures, contre l'unité factice d'une nation qui écarterait ses minorités et imposerait un ordre univoque, symbolisé par la partition des cheveux d'Indira Gandhi, Rushdie écrit l'histoire d'une Inde qui englobe toutes les facettes du pays et met en valeur les métissages tout en soulignant les tensions qu'ils provoquent. On notera aussi la manière dont le texte tente de court-circuiter ou de renverser symboliquement cette filiation coloniale, en identifiant par exemple le doigt tendu du marin Raleigh du tableau d'Everett Millais, accroché au mur de la chambre de Saleem enfant, à celui de Tai le batelier, une invasion du tableau par l'espace indien que Catherine Pesso-Miquel analyse comme une déviation de cette apologie picturale de la domination coloniale et une forme de "revanche imaginative" [2007, p. 152-153], signalant une réappropriation subversive possible de la culture coloniale.

Préserver et réinventer, la chutnification de l'histoire

Dans l'essai "Errata", Rushdie revient sur les erreurs historiques de Saleem et en fait des indices de la non fiabilité de ce narrateur, qui recompose l'histoire nationale en fonction de ses désirs et de ses besoins. Afin de se placer au centre de la nation et de la narration, il omet certains événements, avance ou recule la date d'autres (telles que la mort de Gandhi en 1958 ou les élections de 1957), ou fusionne deux processus historiques distincts (l'expansion de la ville par assèchement et l'utilisation de tétrapodes) [Rushdie, 1993, p. 33]. Loin d'être un guide historique de l'Inde post-indépendance, le narrateur découpe l'histoire comme bon lui semble, à l'image d'un monteur de film. En rendant visible les stratégies de représentation de Saleem, le roman invite à s'interroger sur les failles et distorsions de tout récit historique et sur la manière dont on recrée le passé à la lumière du présent [Reder, *in* Booker, 1999, p. 228].

C'est précisément le sens de la "chutnification du temps" (III, p. 806) qu'élabore Saleem à la fin du roman : préserver et réinventer, voici le rôle de son récit, divisé en trente conserves. Cette réinvention, fondée sur une mémoire fragmentaire, vise à dramatiser son rôle dans l'histoire de l'Inde, et parfois à compenser la faiblesse de l'histoire. Elle se traduit concrètement dans le roman par un déplacement de la focale.

Le narrateur choisit parfois de détourner le regard face à des événements trop violents (les émeutes au moment de la Partition, ou la mort de son compagnon soldat Shaheed). Le traitement oblique de la mort de Gandhi, antidatée, montre le processus de réinterprétation de l'histoire, faite de découpage et de déplacement, subordonnant l'événement historique à la saga familiale. Le choix du microcosme social d'une salle de cinéma et la tonalité comique de cet épisode de panique, version mineure de la violence suscitée par l'assassinat, renforce le décalage de ce récit d'assassinat (II, p. 254-256). L'aveu final du narrateur, qui révèle ne pas avoir été au cinéma ce jour-là, ne fait que redoubler l'idée de "vérité de la mémoire", déformant à souhait les événements pour créer un mythe personnel.

Le récit partial et partiel de Saleem, qui met en avant les bonds en avant et retours en arrière de l'histoire, la confusion entre passé, présent et avenir, les contradictions de la naissance d'une nation indépendante, invite à penser "l'hétérogénéité du temps historique" [Moretti, 1996, p. 242-243, notre traduction], et s'inscrit ainsi en faux contre les grands récits faisant de l'Histoire un développement linéaire, propulsé par la force motrice du Progrès. On peut ainsi lire l'apparition d'enfants aux pouvoirs magiques, appartenant à une temporalité mythique et archaïque, au moment même de l'indépendance, rupture historique marquant un élan en avant vers la modernité, comme une figuration du chevauchement de temporalités différentes propre au mouvement historique, à rebours de toute conception linéaire de l'histoire.

Cette réflexion historiographique va de pair avec le discrédit de récits des origines pures, tournés en dérision par le *topos* des bébés échangés qui met à mal le mythe de l'ascendance noble de Saleem, fondé sur le motif du nez aquilin d'Aadam Aziz (v. Thématiques, Les sens). L'ironie est d'autant plus forte que la passion pour la généalogie et pour l'invention de parentés semble connecter Saleem à Ahmed Sinai, son père adoptif, qui s'invente des ancêtres moghols (II, p. 277, III, p. 689), ou encore à son oncle Mustapha. Les multiples pères et mères du narrateur apparaissent comme une célébration des filiations multiples et toujours renouvelées, qui a partie liée avec la forme foisonnante, excessive et exubérante du roman, qui ne renonce pas totalement au rêve de l'hybridité impure.

LA FUITE DU TEMPS

Nous avons assimilé le narrateur à un historien qui, dans la tradition historiographique chinoise, rédige la chronique d'une ou de plusieurs dynasties (v. Thématiques, Le narrateur). Il est vrai que le récit s'intègre dans un cadre historique que nous tenterons de préciser. Nous montrerons ensuite que le registre satirique est le mode privilégié employé pour représenter l'histoire. Nous expliquerons enfin quel fonctionnement à la fois politique et historique met au jour Yan Lianke dans son roman.

Absence et présence de l'histoire

• Un village hors histoire

Apparemment, l'histoire est absente du roman puisque nous avons affaire à un village en marge de l'histoire nationale. En examinant une carte, le "responsable Lu" constate que le village des Trois Patronymes occupe "un point minuscule à l'extrémité d'une chaîne montagneuse" (p. 350), ce qui explique que les villageois utilisent encore d'anciennes appellations comme "chef de village" ou "chef de canton", et qu'ils ne connaissent ni le Parti ni la Ligue ni la milice populaire (p. 364). C'est aussi pourquoi le village n'applique pas, ou alors avec un certain décalage, les mesures décrétées sur le plan national : ainsi l'infirmier du dispensaire du chef-lieu de district (*xian*) s'étonne que le partage des terres n'ait pas encore eu lieu (p. 289).

Le village vit "en vase clos" (p. 22), à l'image de la communauté décrite dans un célèbre poème de Tao Yuanming (c. 365-427), le "Récit de la source aux fleurs de pêcher" (*Taohua yuan ji*) : un pêcheur remonte une rivière bordée de pêchers en fleur ; parvenu à la source de la rivière, il s'introduit dans l'ouverture d'une montagne et découvre une communauté où règnent l'équilibre et la paix : "Il y avait de bons champs, de beaux étangs, de même que des mûriers et des bambous. Les chemins de bornage s'entrecroisaient, les coqs et les chiens se répondaient les uns aux autres" [Tao, 1990, p. 245]. Cette dernière phrase est une allusion à la stance du *Laozi* que nous avons citée (v. Thématiques, Le temps) :

“De ce pays à son voisin / S’entend le cri du coq comme l’aboi du chien” [*Laozi*, LXXX, *in* CHENG, 1997, p. 192]. L’idée est celle d’une petite communauté, repliée sur elle-même, vivant peu ou prou sur le mode de l’âge d’or de la tradition gréco-latine. Les habitants rencontrés par le pêcheur expliquent qu’ils ont fui les troubles du temps de la dynastie des Qin (IIIe siècle avant Jésus-Christ) pour s’installer dans ce territoire, “séparés des gens du dehors” [TAO, 1990, p. 246] et lui recommandent de garder leur secret. Le pêcheur en parle quand même au “gouverneur” qui décide de retrouver le lieu, mais en vain. Le village des Trois Patronymes fonctionne comme ce territoire situé à part, à la différence qu’il est effectivement visité, puis contrôlé par des représentants du “dehors”, ce qui semble bien faire son malheur : une des étapes de cette mise sous contrôle est la nomination de Du Yan (on y reviendra) comme “agent de liaison” (*lian luoyuan*) : “De la sorte, les Trois Patronymes seront reliés au gouvernement et au monde” (p. 371).

- **Un cadre historique assez lâche**

L’histoire nationale rattrape en effet le petit village isolé, si bien qu’elle constitue malgré tout le cadre général du récit (v. Repères et Analyses). L’histoire est présente à travers un certain nombre de références qui apparaissent le plus souvent quand les villageois sortent du village et sont informés de ce qui se passe au-dehors, ou bien lorsque le narrateur fournit des explications d’ordre historique dans ses notes. Sans entrer dans le détail, on repère deux ensembles de références historiques. Le premier concerne l’Ouverture (à partir de 1978), dans les livres I et II, avec l’évocation de la redistribution des terres (p. 18 *et passim.*), de la possibilité de faire du commerce (p. 264) et des comités de village (p. 138) remplaçant les brigades de production. On peut encore noter d’autres références à la période récente comme la pollution de l’eau (p. 209), qui constitue un fléau de la Chine moderne, ou l’inflation (p. 301), qui sévit effectivement à la fin des années 1980. Le second ensemble de références se situe dans le livre IV et concerne le Grand Bond en avant et la famine qu’il a provoquée (1958-1961) : Lan Baisui, en revenant du dispensaire du chef-lieu de district où il est allé vendre sa peau, informe les villageois que tout le pays connaît la faim (p. 543) ; de même, quand les villageois doivent aller mendier en dehors du village, ils apprennent que l’on fabrique de l’acier (p. 559).

Il faut toutefois remarquer que certaines références ne correspondent pas exactement à la période qui est, selon le calcul précédemment exposé (v. Repères), censée être l'objet du récit. Par exemple, le responsable Lu, qui relève de la période des années 1960, évoque les comités de village (p. 365) qui ne sont pas mis en place avant les années 1980. Cela montre que Yan Lianke n'entend pas respecter à la lettre les dates et les événements du cadre historique général dans lequel il situe son roman. Son but est moins de peindre un pan de l'histoire récente de la Chine que de suggérer un fonctionnement historique général, qui vaudrait pour toute l'histoire de la Chine. Sima Lan est désigné comme un "empereur" et Du Bai comme son "premier ministre" (p. 19), ce qui renvoie à l'histoire impériale plus qu'à la Chine de Mao Zedong ou de Deng Xiaoping. Le nom du village des Trois Patronymes, qui se réfère aux trois familles se partageant le pouvoir, les Sima, les Du et les Lan, est sans doute une allusion à la période des Trois Royaumes (*Sanguo*, 220-280), époque où la Chine, après avoir été unie sous la dynastie des Han, est divisée entre trois États qui se font la guerre. Cette période est d'autant plus présente dans l'imaginaire chinois qu'elle a donné lieu à un roman considéré comme un des plus importants de l'histoire littéraire : le *Roman des trois royaumes* (*Sanguozhi yanyi*, XIVe siècle). Autrement dit, les trois familles rejouent à l'échelle de leur village une des périodes les plus connues de l'histoire et de la culture de la Chine.

Un autre indice tendrait à montrer que le territoire dans lequel se situe le roman fonctionne comme un microcosme. La ville où se rendent les femmes pour vendre leur chair se nomme *Jiudu*, mot qui signifie la "capitale des neuf", car elle a vu naître sur son sol neuf empereurs, comme on l'explique dans le roman (p. 91). Cette ville fictive nommée Jiudu est, dans l'organisation administrative territoriale qu'adopte le roman, une "ville-préfecture" (*dijishi*) qui est une transposition de la ville de Luoyang qui a précisément été une capitale impériale à plusieurs reprises dans l'histoire de Chine et dont l'artère principale se nomme l'"avenue des neuf capitales" (*Jiudu lu*) ; de plus, c'est la ville-préfecture dont dépendent le district de Song et le bourg de Tianhu où est né Yan Lianke. Par ailleurs, le mot *jiudu* peut aussi renvoyer à l'expression chinoise "Neuf Provinces" (*Jiu zhou*), qui désigne la Chine à l'époque mythique.

On peut même penser qu'au-delà de l'histoire de la République populaire ou de l'empire, y compris dans une dimension mythique, Yan Lianke entend mettre en scène le processus anthropologique selon lequel les hommes, une fois sortis d'une sorte d'âge d'or caractérisé par l'harmonie, entrent nécessairement en concurrence les uns avec les autres, passent, dirait-on en termes rousseauistes, de l'état de nature à l'état de guerre, ou bien, en termes taoïstes, de la fusion avec le Dao originel à la logique des différenciations (v. Thématiques, Le temps): "Sima Lan [...] et Du Bai, ainsi que tous les petits de la même génération, poussent chaque jour des sanglots à déchirer le ciel parce qu'on les a brutalement sevrés. [...] [D]ans leurs cœurs, haine et jalousie se lèvent" (p. 605). Ainsi le roman décrirait l'évolution de l'humanité qui, une fois coupée de l'ordre naturel, s'orienterait nécessairement vers une logique de guerre et de chaos.

Le traitement satirique de l'histoire

À l'égard de l'histoire qui constitue, malgré tout, le cadre de son roman, Yan Lianke applique un traitement satirique qui s'appuie sur une série de références à des pratiques qu'il dénonce, ainsi que sur les modes de l'allusion, du pastiche et de la parodie. Nous ne revenons pas sur la fonction ironique des exergues, qui peuvent à ce titre relever de la modalité satirique (v. Repères et Analyses).

• Les références

Le romancier vise directement un certain nombre de pratiques du pouvoir. Il peut s'agir de la conquête du pouvoir. Nous avons relevé que la passation du pouvoir à la tête du village consistait à faire désigner *post mortem* le nouveau chef par le chef qui lui précède ou par un proche: ainsi la défunte Lan Sanjiu désigne Du Liu (p. 149), Lan Baisui désigne Sima Lan (p. 221-222 et p. 425), enfin Du Guaizi désigne Sima Xiaoxiao (p. 603). On laisse entendre que le vote pour l'élection de Du Liu est truqué (p. 140). Un autre moyen d'accéder au pouvoir est, classiquement, le mariage: Sima Lan n'a épousé Du Zhucui que pour devenir chef, comme il l'explique piteusement à Lan Sishi (p. 244); auparavant, Sima Lan avait promis à Lan Sishi de l'épouser à condition qu'elle retienne le "responsable Lu" dans le village, afin de terminer l'aménagement des champs en terrasses et ainsi de gagner lui-même en popularité auprès des villageois (p. 394).

D'autres références à caractère satirique portent sur la gestion du pouvoir : on vise ainsi, de façon assez floue, les grands travaux communautaires ainsi que les programmes de planification irréalistes de l'époque maoïste dans le livre II. On évoque aussi la manipulation des masses : non seulement lors de la succession d'un chef à l'autre, mais lorsque Sima Xiaoxiao envoie les femmes cueillir des herbes pour leur prendre leurs enfants infirmes (p. 518) ou lorsqu'il demande à Sima Lan d'emmener ses deux frères Sima Lu et Sima Hu pêcher pour qu'on se saisisse des trois frères aînés nains (p. 528-529), ou bien encore quand on attribue la mort de certains personnages à la maladie de la gorge obstruée, alors qu'il s'agit d'une mort due aux conditions de travail auxquelles sont soumis les villageois : ainsi on constate que Lan Changshou est mort d'épuisement, puis Sima Lan prétend au contraire qu'il est bien mort de la maladie, imputant au destin ce qui relève en fait d'une causalité politique (p. 334-335).

Il est possible d'interpréter le projet du canal destiné à acheminer l'eau de la Lingyin, affluent fictif de la rivière Yi (*Yi he*) qui traverse l'ancienne capitale Luoyang, comme une référence au Barrage des Trois-Gorges (*Sanxia daba*), inauguré par étapes entre 2003 et 2012. L'initiative de cet ouvrage remonte aux années 1910, du temps de Sun Yat-sen (Sun Zhongshan) ; ensuite, Mao a repris l'idée à la fin des années 1950, ce qui a donné lieu à de multiples études préparatoires ; mais c'est dans les années 1990 que la construction commence effectivement. Cette réalisation a donné lieu à des débats et des critiques au sein même de la société chinoise, comme en témoigne le film *Still Life* (*Sanxia haoren*, 2006) de Jia Zhangke. Le Barrage des Trois-Gorges lui-même renvoie, dans l'imaginaire chinois, au Grand Canal (*Da Yunhe*), ouvrage reliant Hangzhou dans la province du Zhejiang et Pékin, entrepris sous l'Antiquité et poursuivi tout au long de l'histoire de Chine. Le rapprochement est d'autant plus justifié que le canal du roman part du temple Lingyin (*Lingyin si*), qui est un temple bouddhique célèbre situé près de Hangzhou, point de départ du Grand Canal. Au-delà des réalisations historiques, c'est à la figure mythique du Grand Yu en tant qu'ordonnateur des eaux de la Chine que le projet du canal mené par Sima Lan renvoie (v. Repères et Analyses).

Toutes les références historiques concernent la Chine, à l'exception d'un passage à la fin du livre I, évoquant des "compagnons d'Occident venus passer une quinzaine de jours au village" pour inspecter la qualité des eaux, et qui "ne disaient jamais rien, mais secouaient continuellement la tête" (p. 215). Il est difficile de repérer précisément les circonstances de cette visite dont la note (p. 216) nous apprend qu'il s'agirait de fonctionnaires de l'ONU, mais on comprend que Yan Lianke entend railler une prétendue supériorité scientifique de l'Occident, s'accompagnant, non sans paradoxe, d'une inaction ou plutôt d'un silence dédaigneux, qui aurait entraîné (volontairement ?) le malheur des villageois : "ils sont partis, emportant cartes topographiques, morphologiques, géologiques de la région, ne laissant aux Trois Patronymes que le souvenir de leurs soupirs et de leur incompréhension" (*ibid.*). Il faut reconnaître que la charge est assez gratuite et que la pique dirigée contre les "compagnons d'Occident" (*Yanghuo*) contribue à un certain discours nationaliste populaire.

- **Les allusions**

La "Grande préface" du *Classique des poèmes* distingue trois procédés poétiques : nous avons vu le *xing* (v. Repères et Analyses), mais il y a encore le *fu* et le *bi*. Le *fu* est un procédé direct qui consiste à énoncer sans détour l'objet du propos : il correspond aux références que nous venons de répertorier. Le *bi* est un procédé indirect qui consiste à "employer un mot pour renvoyer à autre chose" [Owen, 1992, p. 257] : il fonctionne comme une métaphore et correspondrait au deuxième procédé satirique auquel recourt Yan Lianke dans son roman : l'allusion.

Les allusions à l'époque maoïste reposent sur la symbolique de la couleur rouge dans la tradition communiste. Il est sans doute fait allusion au *Petit livre rouge* (les *Citations du Président Mao*, *Mao zhuxi yulu*), à propos du formulaire que les villageois doivent remplir avant de quitter le village à la recherche de nourriture : "L'air est imprégné d'encre à sceaux rouge" (p. 552) ; l'allusion est confirmée par la suite lorsque les enfants "brandi[ssent] les papiers à l'instar de petits drapeaux" (p. 553), comme les Gardes rouges pendant la Révolution Culturelle. Dans un autre passage, Sima Lan enfant compare le soleil rouge qui se lève à du sang, ce qui lui vaut une réprimande de son père : "Si tu prononces encore le mot *sang*, je te déchire la bouche !" (p. 589) : il s'agit probablement d'une allusion à l'hymne national *L'Orient est rouge* (*Dongfang hong*), composé en 1942 à la gloire de Mao : "L'Orient est rouge, le soleil se lève, / La Chine a vu naître Mao Zedong, / Il œuvre pour le bonheur du peuple, / Hourra, il est la grande étoile sauvant le peuple !...". Associer le soleil rouge au sang, c'est suggérer que Mao est un tyran sanguinaire.

Dans cette logique satirique, Sima Lan incarne le type de cadre formé sous la période maoïste, qui résiste à tout prix à la nouvelle orientation de l'économie de marché. Il s'est une première fois entêté à maintenir son projet de canal, malgré les injonctions de Du Bai :

> – Il faut que d'ici quinze jours, terres, bœufs, outils de labour soient redistribués aux familles.
>
> – Mais si tout est redistribué, il n'y aura plus de volonté commune ! (p. 321)

Il relance par la suite cette entreprise d'un autre âge, en réquisitionnant même les biens des villageois (p. 127-129).

Les allusions à la période de l'Ouverture concernent la pratique libre du commerce, base de l'économie de marché à laquelle s'est convertie la Chine à la fin des années 1970. Il s'agit des deux motifs symétriques de la vente de la peau pour les hommes et de celle de la chair pour les femmes. Les deux ventes ont lieu dans un lieu-relais du pouvoir central : le chef-lieu de district pour la vente de peau et Jiudu, situé au niveau préfectoral, pour la vente de chair.

L'association entre le "commerce de chair" (*rou shengyi*), c'est-à-dire la prostitution, et le commerce est assez clair dans ce passage qui semble faire entendre la voix de Lan Sishi au discours indirect libre : "[L]e commerce n'est pas si difficile à mener. De même qu'on applique une politique de vente en gros avec de petits bénéfices, en baissant les tarifs, beaucoup d'hommes viennent bien volontiers. L'argent s'accumule ainsi, client après client" (p. 67). L'association est de nouveau explicite lorsqu'à son retour, Lan Sishi, qui a refusé de se donner à Sima Lan, consent à se laisser regarder, agissant comme "une marchande de légumes au bourg face à un client" (p. 117-118).

De même, dans le dialogue échangé entre Sima Lan et la femme du village de Xiaomazhai, la vente de peau est mise sur le même plan que le commerce autorisé depuis peu par le gouvernement : la femme dit à Sima Lan qu'"on peut faire du commerce", et Sima Lan lui demande

"On peut vendre sa peau ?" (p. 270). La même association est clairement établie lorsque, revenus d'une séance de vente de peau au dispensaire, les villageois dépensent tout leur argent en faisant du commerce, alors que, selon le vœu de Sima Lan, ils auraient dû le conserver pour financer le canal (p. 313-317). On repère enfin un dernier procédé qui permet d'interpréter le motif de la vente de peau comme renvoyant à une pratique du commerce condamnée : lors de la séance de vente du livre II, les brûlés arrivent en masse au dispensaire car "un supermarché a pris feu" (p. 296) ; l'absurdité comique tient en l'occurrence au fait que c'est un symbole du capitalisme, le supermarché, qui, par sa destruction même, nourrit le capitalisme, la vente de peau, conformément peut-être à la théorie de la "destruction créatrice" de Joseph Schumpeter…

La vente de peau, dont la pratique a commencé lors de la guerre de résistance contre le Japon (p. 22), est aussi comparée à la guerre lorsque les hommes passent l'un après l'autre pour se faire prélever : "ils se relaient comme en temps de guerre" participant à un "roulement des prélèvements [comme lors d'une grande guerre]" (p. 300, ajout entre crochets non traduit). Ainsi, qu'il s'agisse de la vente de peau, de la vente de chair ou de la guerre, le commerce est associé à une forme de sacrifice engageant le corps en atteignant soit l'intégrité corporelle, soit l'intimité sexuelle soit encore la vie même. En définitive, le double motif de la vente de peau et de chair et, par conséquent, la pratique du commerce sont présentés comme une contribution à laquelle on contraint les individus pour le bien de la collectivité : le commerce est aussi aliénant que la corvée dans un système "féodal" (*fengjian*), ou du temps du communisme triomphant à l'époque de Mao.

Le roman comporte certainement d'autres allusions. Nous proposerons par exemple d'interpréter la "maladie de la gorge obstruée" comme renvoyant à la censure qui constitue une constante dans l'histoire de la République de Chine, dont Yan Lianke a lui-même fait les frais.

- **Le pastiche**

Yan Lianke recourt également au pastiche. Il invente ainsi un chant révolutionnaire, tel que ceux que chantaient les Gardes rouges pendant la Révolution Culturelle, lorsque les jeunes villageois reviennent du dispensaire avec du matériel pour aménager les champs en terrasses : "À l'est se lève le soleil […]" (p. 358). Il imite surtout le style révolutionnaire dans la composition de slogans, art qu'il maîtrise parfaitement pour en avoir lui-même rédigé au début de sa carrière d'écrivain (v. Repères et Analyses). Les slogans sont souvent composés de quatre caractères, et donc quatre syllabes, en vertu de la tradition des *chengyu*, expressions idiomatiques traditionnelles formées de quatre caractères : "vendre sa peau" peut se dire *ge pi mai pi*, c'est-à-dire "couper-peau-vendre-peau" (p. 300, mais l'expression n'est pas traduite) ; "retourner la terre" (p. 331), *fan di huan tu*, "tourner-sol-changer-terre" ; "aménager des champs en terrasses" (p. 346), *xiu jian ti tian*, "réparer-construire-échelle-champ" ; enfin, l'expression d'une ironie glaçante pour signifier la pratique eugénique consistant à supprimer les enfants infirmes, "emmener vers le bonheur" (p. 522), se dit *song xiang fu qu*, c'est-à-dire "jouir du bonheur [de la vie] et vivre confortablement jusque dans la vieillesse".

Plus traditionnelles, les "sentences parallèles" (*duilian*), deux phrases disposées de part et d'autre d'une porte, d'un miroir, etc., relèvent aussi du pastiche. "Aujourd'hui le paradis, demain une vie de centenaire" (p. 155) est présenté dans le roman comme une phrase annonçant la mort d'un membre de la famille ; le narrateur précise qu'au moment où l'on attend l'arrivée immanente de l'eau du canal censée permettre de prolonger la vie des villageois, de telles phrases n'apparaissent pas dans le village ; or, la phrase est bien entendu ironique puisqu'on va très vite constater que l'eau est polluée et que les villageois vont continuer de mourir avant quarante ans. Le même procédé des sentences parallèles ironiques est utilisé, toujours dans le contexte de l'arrivée de l'eau du canal, mais après la découverte des sept morts parmi les travailleurs du chantier : "Vienne l'eau et notre longévité dépasse celle des pins des monts du Sud, / Prenons congé de l'un des nôtres, et notre joie est aussi vaste que les eaux des mers de l'Est" (p. 181).

Dans un autre style, on rencontre quatre pastiches de textes administratifs. Lors d'une séance de réquisition en vue du financement du chantier du canal, Du Liu consigne dans un carnet les biens des villageois qui sont saisis : "Du Gaoshou : deux corbeilles en bambou [...]. Du Bainian : une bêche neuve [...]" (p. 128). Le roman comporte encore deux pastiches de rapport administratif faisant le bilan statistique de projets réalisés : "Il a fallu trente mille mètres cubes de terre, cent dix mille mètres cubes de pierres [...]" (p. 154) pour construire le canal ; de même, "il a fallu trois ans à la famille de Lan Baisui – un homme et quelques femmes – pour renouveler cinq mus et deux fens de terre […]" (p. 333) pour aménager les champs en terrasses. Enfin, comme nous l'avons vu, les villageois doivent remplir un formulaire avant de s'engager sur les routes hors du village pour essayer de trouver de quoi se nourrir. Spécifiée dans le formulaire, la menace qui pèse sur celui qui ne rentrerait pas au village une fois la famine disparue semble excessive : "les villageois auront le droit d'exhumer les os de leurs ancêtres et de détruire sa maison" (p. 552), si bien que l'intention satirique est transparente.

- **La parodie**

La dernière modalité satirique employée par Yan Lianke est la parodie, qui se concentre vers la fin du roman, lorsque les enfants imitent les adultes mais sur le mode de l'inversion systématique. Ainsi, Lan Sishi, cinq ans, prépare à manger pour Sima Lan, sept ans, alors que famine commence à se propager (p. 454-456). De même, tandis que les adultes enterrent la femme de Du Gen, les enfants, sous la conduite de Lan Jiushi (l'aînée des sœurs Lan), procèdent à une cérémonie rituelle consistant à souhaiter "Longue vie à l'homme", c'est-à-dire à un petit garçon de trois ans sur le point de mourir de faim, en citant un "Classique de la longévité" qui n'existe pas ; ensuite, c'est Sima Lan qui répète le même rituel pour que le "dieu de la longévité" accorde aux enfants de mourir le plus tard possible ; la cérémonie se termine par un festin, imaginaire (p. 487-494). On peut mentionner encore une autre parodie, inversée, dans le registre macabre, lorsque Sima Lan conduit ses amis avec des pelles et des pioches pour sauver les enfants que les parents ont exposés à la mort dans un ravin (p. 536-540). Ainsi, par leurs jeux, les enfants semblent réparer le mal que les adultes ont perpétré ou subi : la faim et la mort.

Le fonctionnement de l'histoire

À travers son roman, Yan Lianke révèle deux modes de fonctionnement : il met en évidence le système hiérarchique qui définit l'exercice du pouvoir politique ainsi que le principe du retour cyclique qui régit le cours de l'histoire.

• L'organisation hiérarchique

Le mode de gouvernement tel qu'il est représenté dans le roman est une dyarchie, comme le signale cette phrase au début du roman : "Au village, si Sima Lan est l'empereur, Du Bai est son premier ministre" (p. 19). Ainsi, le pouvoir est apparemment réparti entre une figure régnante et une figure exécutante, dont les paradigmes sont Sima Lan et Du Bai, mais qui correspond aussi à Lan Baisui et Du Yan.

De nombreuses scènes marquent en effet l'autorité du chef de village, qui semble détenir un pouvoir quasi absolu, haranguant les villageois, le plus souvent au pied du févier, à l'entrée du village. Ainsi, lorsque Sima Lan annonce, par deux fois, le projet du canal (p. 124-128 et p. 239-242), lorsque Lan Baisui distribue les céréales (p. 476-478) ou encore lorsque Sima Xiaoxiao réunit les villageois, sur l'aire de battage cette fois-ci, pour recommander d'abandonner les enfants (p. 505-512) et qu'ensuite il demande aux femmes d'aller cueillir des herbes sauvages dans la montagne (p. 517-520), ou bien quand il envoie les villageois mendier en dehors du village (p. 551-552).

Mais il s'agit d'une apparence de pouvoir car les "ministre[s]" ou les "conseiller[s]" (p. 19) de l'empereur, c'est-à-dire Du Bai et son père Du Yan, sont avant tout les représentants du canton (*xiang*) ; ils se situent à un échelon administratif supérieur par rapport au village (*cun* ou *zhen*) dans l'organisation territoriale du pouvoir en Chine. Les deux Du, père et fils, effectuent des carrières parallèles : tout d'abord au service du gouverneur du canton, ils deviennent des "cadres" (*ganbu*) du canton ou plutôt de la "commune [populaire]" (p. 230). Du Bai commence par "chercher les journaux à la poste et prépare[r] la théière du secrétaire [du gouverneur]" (p. 251), puis, après avoir passé un concours, il devient "cadre détaché du canton" (p. 322) ; de même, Du Yan est nommé cuisinier au service du gouverneur du canton (p. 224), ou de la commune (p. 377), mais, comme son fils, il exerce la fonction d'"agent de liaison" (*lianluoyuan*) entre le canton et le village (p. 321 et, p. 313 pour Du Bai et p. 371 pour Du Yan).

En réalité, ce sont les Du qui détiennent le pouvoir, comme le formule explicitement Du Yan qui s'adresse à son fils en ces termes: "Tu vas prendre ma succession au canton. Là-bas, même quand on est gardien ou balayeur, on est un cadre du canton, aussi pourras-tu quand même diriger le village et Sima Lan !" (p. 230). Ils ont même le pouvoir de retirer au chef du village sa charge, comme Du Zhucui menace de le faire faire par son père Du Yan à l'encontre de Sima Lan si celui-ci ne l'épouse pas (p. 235).

Leur fonction consiste à transmettre des directives et à contrôler leur mise en œuvre. Il s'agit du rôle qu'assumait la classe des lettrés dans la Chine impériale, comme l'explique Joël Thoraval: "Le rôle des lettrés, qu'ils soient fonctionnaires ou membres de l'élite locale, est capital dans la propagation [des] valeurs [de la centralité] au sein des communautés locales chinoises comme auprès des populations périphériques" [*in* Gentelle, 2004, p. 69]. Or, Du Yan comme Du Bai sont des hommes du livre, même si les livres auxquels ils sont associés, respectivement les *Arcanes de l'empereur Jaune* (*Huangdi neidan*) et le "grand livre d'Histoire" (*Wannian li shu*), ne sont pas des classiques confucéens. De plus, Du Bai a dû passer un concours pour devenir cadre, dans la tradition du système des examens impériaux (p. 254).

La dyarchie constituée par le chef de village et le cadre cantonal s'inscrit dans un système hiérarchique qui s'étend au-delà du couple formé par Sima Lan et Du Bai (ou Lan Baisui et Du Yan). Le "responsable Lu" détaille en effet à Sima Lan le *cursus honorum* à la chinoise qu'il devrait suivre pour détenir le véritable pouvoir: "il lui fallait d'abord devenir membre de la Ligue [de la Jeunesse communiste], puis du Parti, avant d'être proclamé cadre du village", ensuite il pourrait gravir les échelons: être "cadre de brigade, puis du canton, du district, de la province" et, finalement, devenir "empereur" (p. 370).

Les strates du pouvoir représentées dans le roman se limitent au village (*cun*), au canton (*xiang*), au district (*xian*) et à la ville-préfecture (*dijishi*). Comme nous l'avons vu, Du Bai et Du Yan sont des employés du canton. Lu est également un cadre du canton (p. 346), situé à un rang supérieur aux Du, puisque c'est lui qui nomme Du Yan cadre du canton (p. 371). Comme ceux-ci, son rôle est de transmettre des directives:

ainsi, il informe Lan Baisui qu'il faut actualiser les titres et les appellations : "dans les communes populaires, on ne parle plus de chef de canton et dans les brigades de production, on ne parle plus de chef de village" (p. 363, notre traduction pour : "les gouverneurs de canton ne se font plus appeler 'gouverneur' mais 'responsable', les chefs de brigade également : comment se fait-il qu'ici vous en soyez à appeler 'chef' votre chef de village ?") ; Lu se charge en plus de réaliser l'aménagement des champs en terrasses en faisant du village des Trois Patronymes un village pilote où sont amenés des travailleurs venus d'autres villages à l'intérieur de la commune populaire. Au-dessus du canton, il y a le district (*xian*), dont un envoyé vient inspecter les travaux de Lu (p. 379), puis le niveau préfectoral représenté par la ville de Jiudu. Un peu comme dans certains récits de Kafka, dont *Le Château* (*Das Schloß*, 1926), on suggère ainsi qu'il y a toujours un échelon au-dessus de celui que l'on envisage, si bien que l'origine d'une décision politique est en définitive elle-même insaisissable.

- **Une histoire cyclique**

La verticalité de la chaîne hiérarchique se voit complétée par l'horizontalité des cycles qui définissent l'histoire telle qu'elle est représentée dans le roman. Nous avons vu que la logique temporelle était cyclique (v. Thématiques, Le temps). L'histoire elle-même se présente comme une succession de règnes (Du Guaizi, Sima Xiaoxiao, Lan Baisui, Sima Lan, Du Liu) qui fonctionnent tous de la même manière (sauf exception pour le premier et le dernier des chefs), qu'il s'agisse de la conquête, de la perte ou de la gestion du pouvoir. Concernant la gestion du pouvoir, chaque règne se caractérise par un grand projet (la culture du colza, les champs en terrasses, le canal)... qui échoue. La conquête du pouvoir, caractérisée par la manipulation, connaît un traitement satirique. La perte du pouvoir est mise en scène à travers des réunions du village qui tournent mal : après l'échec du canal, Sima Lan entend réunir les villageois pour récolter l'argent de la vente de peau, mais seulement "cinq hommes" (p. 315) répondent à la convocation ; après l'échec des champs en terrasses, Sima Lan doit faire face à un silence hostile (p. 388), mais il n'est pas encore le chef du village ; c'est surtout Lan Baisui qui subit une sorte de "séance de lutte" accompagnée d'autocritique (*piping dahui*) : il se gifle, on lui jette des paires de chaussures, etc. (p. 399-404).

Si l'on suit la tradition historiographique chinoise, chaque cycle politique, qui correspond à une dynastie, peut être interprété comme étant constitué de deux phases : la prospérité et le déclin (*shengshuai*) [*in* GENTELLE, 2004, p. 113-114]. La phase ascendante commence avec le "mandat céleste" (*tianming*), c'est-à-dire le moment où le Ciel investit son fils l'empereur de la mission de régner. À la fin du cycle dynastique, le Ciel retire (*ge*) le mandat (*ming*) qu'il avait confié à l'ancêtre de l'empereur en place : c'est le "retrait du mandat [céleste]" (*geming*). Au XIXe siècle, le mot *geming* a été utilisé pour traduire le concept de "révolution" qui, néanmoins, relève d'une logique non plus cyclique mais finaliste [CHENG, 1997, p. 50-51].

Plusieurs questions se posent à propos du discours que Yan Lianke serait susceptible de tenir sur l'histoire de son pays. Indéniablement, son roman prend en charge, sur un ton à la fois satirique et grave, certains épisodes traumatiques de l'histoire nationale, comme le Grand Bond en avant suivi de la plus grande famine qu'ait connu le monde, selon certains historiens. Il condamne assez clairement les excès de la politique de l'époque de Mao, mais tout aussi bien le tournant capitaliste pris par le "petit timonier" Deng Xiaoping : il renvoie dos à dos les deux idéologies et les deux systèmes. Enfin il semble qu'il révèle et critique le fonctionnement vertical de l'appareil d'État.

Tient-il par ailleurs un discours nationaliste ? Nous avons évoqué la référence aux "compagnons d'Occident" qui n'échappe pas au traitement satirique qui concerne toutes les catégories de personnages. Mais justement, cela tendrait à prouver que les étrangers ne constituent qu'une cible parmi toutes celles qui font les frais de la satire, et encore de façon très marginale dans le roman. Le pouvoir central, avec ses relais locaux, au niveau du canton en particulier, sont bien plus souvent visés. Aussi doit-on enfin se demander si Yan Lianke ne défend pas une identité culturelle fondée non pas sur la nation, ce qui correspond somme toute à une idée récente en Chine, comme le souligne Joël Thoraval [*in* GENTELLE, 2004, p. 71], mais plutôt sur les trois autres critères traditionnels que le sinologue énonce dans son étude : "être les sujets d'un empereur universel", "partager des pratiques culturelles communes" et/ou "descendre d'ancêtres chinois ou présumés tels" [*ibid.*, p. 67-71].

ESPACES

CENT ANS DE SOLITUDE

Commençons par dire que *macondo* est un mot colombien qui désigne à la fois un grand arbre de la famille des bombacées ainsi qu'un jeu de dés de la côte caribéenne colombienne. Plus important en l'occurrence (même si on se doute que les interprétations sont allées bon train pour essayer de relier l'arbre et le jeu de dés au destin des Buendia), rappelons que Macondo renvoie à un lieu "réel". La Collection Générale des Cartes conservée par les Archives Centrales et Historique de l'Université Nationale de Colombie, à Bogotá, comprend une carte de 1928 – année du fameux Massacre des bananeraies (on ouvrira une parenthèse pour dire que si García Márquez est né en 1927, il lui est arrivé de donner la date de 1928… certainement moins par coquetterie que pour aligner les deux événements et alimenter son propre mythe personnel) – commandée par la United Fruit Company et où l'on voit indiquée une *hacienda* portant le nom de Macondo. Ce Macondo existe toujours ; c'est resté une zone bananière située au nord du pays, dans le département de Magdalena, de la région caraïbe (la mer des Caraïbes constitue sa frontière nord), entre la Ciénaga Grande (traduit "marigot" dans la version française de *Cent ans de solitude*) de Santa Marta et la Sierra Nevada de Santa Marta. Or, on l'a également dit, Macondo se situe à quelques kilomètres seulement d'Aracataca (le village de naissance de García Márquez). En somme, comme l'explique l'historien Nicolás Pernett : "l'Aracataca où Gabo est né et a grandi se trouvait en pleine zone d'influence de la United Fruit Company" [PERNETT, 2022, notre traduction].

Pour l'anecdote, on a récemment peint une pancarte à l'entrée annonçant : "Bienvenue au véritable Macondo, terre d'inspiration à l'origine du monde magique macondien. Fondé en 1820."

Si Macondo est “la transposition poétique” d’un Aracataca fantasmé plus que réel (pour les raisons expliquées antérieurement), il faut surtout en déduire que l’Aracataca réel n’a pas disparu dans le Macondo de *Cent ans de solitude*. On ajoutera que pour beaucoup de lecteurs colombiens, le Macondo du roman cristallise plus largement le monde de la Caraïbe colombienne, dont il serait purement et simplement une synecdoque, un symbole, une métaphore, un emblème.

Ce qui, par conséquent, rend doublement intéressant de chercher à observer et d’analyser, d’abord, comment ce Macondo de réalité collective historico-politique et de réalité intime de littérature est localisé (ou plus exactement acquiert une localisation) sur le territoire colombien et se met en réseau avec le reste des espaces qui l’entourent, à plus ou moins grande échelle… et, ensuite, comment il s’organise lui-même en tant qu’espace.

Ne perdons pas de vue qu’en tant qu’espace, Macondo est, au départ, le résultat d’une double fuite d’espaces devenus radicalement inhabitables pour les Buendia :

– Riohacha, une ville réelle et située précisément, puisqu’il s’agit de la capitale et porte d’entrée de la péninsule de La Guarija, département voisin, à l’est de celui de Magdalena – après l’assaut du pirate Francis Drake qui rend impossible, littéralement cauchemardesque, l’existence près de la mer (v. le début du chapitre II, p. 28) ;

– le “pauvre hameau [‘retiré’] pacifique situé sur les contreforts de la sierra” qu’il faut quitter après l’assassinat de Prudencio Aguilar et la consommation de l’inceste ; on sait que cela se situe au nord-est du pays, et l’on comprend que les personnages se rapprochent de la zone du futur Macondo, mais nous n’avons pas de nom. On pourra gloser sur la portée de la désignation du lieu et, en effet, sur le fait que le narrateur n’ait pas mené son enquête plus avant pour savoir comment il s’appelle. Nous n’avons pas davantage d’informations concrètes pour, cette fois, nous situer précisément dans l’espace, un espace inscrit dans le temps… en somme pleinement intégrer le réel.

On mesure bien la gradation existante entre les trois espaces – Riohacha, le hameau et Macondo : on s’éloigne de plus en plus du réel identifié (comprendre : pas du réel tout court), jusqu’à être perdu, quelque part… mais pas au milieu de nulle part (la référence aux “autorités” de la “capitale”, p. 11-12, n’est certainement pas anodine).

Macondo résulte d'une double fuite et c'est un pis-aller, car on se souvient que José Arcadio Buendia et ses compagnons s'installèrent là faute de mieux. Faute de mieux, en l'occurrence de la mer, qu'il s'agissait non pas de trouver, mais de retrouver… afin de renouer le fil coupé par l'arrière-grand-mère d'Ursula et que le destin, la main du narrateur-auteur, assisté de l'auteur-personnage Melquiades, s'entête à disjoindre, comme pour forcer le projet Macondo à advenir. On s'étonnera qu'en dépit de ses immenses connaissances et, comme si cela ne suffisait pas, des instruments d'orientation et de cartes qu'il donne à José Arcadio, le Gitan n'ait jamais indiqué à son client-ami le chemin de la sortie…, au minimum qu'il n'ait pas contredit la conclusion de ses vaines expéditions "*Carajo !*" – on regrette un peu le choix de la non-traduction ici, peu convaincant, pour ne pas dire saugrenu : *carajo* veut tout simplement dire "putain" – "jura-t-il. Macondo est entouré d'eau" et, ensuite, qu'il n'ait pas démenti "cette idée [qui prévalut longtemps] que Macondo était situé sur une presqu'île, d'après la carte tout à fait arbitraire que dessina José Arcadio Buendia au retour de son expédition. Il en traça les lignes avec fureur, exagérant en toute mauvaise foi les difficultés de communication, comme pour se punir lui-même d'avoir choisi avec un total manque de bon sens l'emplacement du village" (p. 21).

Qu'est-ce donc que ce "quelque part" ? Dans l'incipit du roman, les données apportées demeurent très succinctes et vagues puisqu'on apprend seulement que Macondo, déjà désigné comme un "village", "était situé au bord d'une rivière", comprenait "une vingtaine de maisons en glaise et en roseaux" (p. 9) et que la région alentour fut traversée et colonisée par les Espagnols du XVe siècle (p. 10).

Concernant les relations de ce premier Macondo avec l'extérieur, on remarque que si Melquiades peut accéder au village puis en repartir tous les ans, depuis les quatre coins du monde, et amener le monde au village, *via* "la huitième merveille des savants alchimistes de Macédoine" (p. 9), ou "la dernière découverte des Juifs d'Amsterdam" (p. 10), le monde macondien a les plus grandes difficultés à atteindre ne serait-ce que "la capitale" ("Bien que le voyage jusqu'à la capitale fût en ce temps-là presque impossible", p. 12), par exemple quand José Arcadio veut faire parvenir "aux autorités" (p. 13) son traité sur sa découverte d'une "arme révolutionnaire" et qu'il envoie "un messager qui franchit la sierra, s'égara dans de gigantesques marécages, remonta des cours d'eau tumultueux", p. 11. La capitale dont, significativement, on ne mentionne pas (et dont on ne mentionnera jamais) le nom (alors que les cités étrangères sont nommées), comme si, d'une certaine façon, il s'agissait d'une instance plus que d'un lieu, perdu dans un espace irréel. Il faudra attendre l'arrivée du représentant de l'administration centrale, don Apolinar Moscote, à la fin du chapitre III (p. 68), pour que le contact soit établi et comme cela se produira par la suite, principalement dans le sens de la capitale vers Macondo. En effet, si, après le *corrégidor*, le village voit arriver une succession de représentants de l'État (principalement, d'ailleurs, des militaires, des policiers, avec, ponctuellement, la complicité des fameux avocats-corbeaux), qui accaparent la gestion et le contrôle de la communauté, avec de plus en plus de brutalité et d'injustice, les Buendia, eux, n'iront pas à Bogotá, excepté Aureliano le Second, le temps d'aller y chercher Fernanda del Carpio et de la ramener à Macondo pour l'épouser. Là, on s'en tient à parler de "la lointaine cité" (p. 225).

Il y a d'ailleurs là un choix de traduction très problématique de la part de Claude et Carmen Durand pour la version française. À la page 354, on lit: "José Arcadio le Second avait prétendu que la perdition de la famille venait de ce qu'on eût laissé entrer à la maison une précieuse ridicule, imaginez un peu, une précieuse ridicule qui aurait voulu porter la culotte, mon Dieu, on aura tout vu, une précieuse, fille de la mauvaise salive et de la même pâte que ces freluquets envoyés par le gouvernement pour massacrer les travailleurs", alors qu'en espagnol, García Márquez a écrit: "José Arcadio Segundo dijo que la perdición de la familia había sido abrirle las puertas a una cachaca, imagínese, una cachaca mandona, válgame Dios, una cachaca hija de la mala saliva, de la misma índole de los cachacos que mandó el gobierno a matar trabajadores". Le mot clef ici, répété volontairement à trois reprises, est *cachaca*, terme colombien qui ne signifie pas "précieuse ridicule", en tout cas pas ici, mais désigne familièrement les habitants de Bogotá. Ce qui se joue là, c'est évidemment la confrontation schématique que le narrateur-auteur scénographie entre une froide, triste et même sinistre Bogotá, momifiée dans son héritage espagnol (qu'incarne et symbolise Fernanda) et une Caraïbe chaude, joyeuse et bouillonnante de vie (qu'incarne et symbolise Aureliano le Second)… – l'échec du mariage des deux personnages illustrant évidemment la thèse d'une incompatibilité foncière et irréconciliable. On se souvient que, lors d'une interminable dispute sous forme de monologue logorrhéique (au discours indirect libre) puisque son mari était demeuré à peu près muet, Fernanda avait rappelé être "filleule du duc d'Albe", "qui appartenait à la noblesse de sang et qui avait le droit de signer de onze patronymes de la métropole ibérique, et qui était la seule mortelle en ce village de bâtards à ne pas s'emmêler quand elle avait seize couverts différents devant elle" (p. 354). La caricature atteint son paroxysme quelques lignes plus bas (p. 354-355) : "et aussi la seule à pouvoir se vanter de n'avoir jamais fait ses besoins ailleurs que dans des pots de chambre en or, pour que le colonel Aureliano Buendia [...] ait eu l'audace de lui demander [...] d'où elle avait mérité semblable privilège, si c'était qu'elle ne chiait pas de la merde, mais des fleurs d'astromelia, [...] et pour que Renata, sa propre fille, qui de manière indiscrète l'avait vu faire son gros besoin dans sa chambre à coucher, ait pu répondre qu'en vérité le pot était tout en or et en choses héraldiques, mais que ce qu'il y avait dedans était bel et bien de la merde, de la merde organique, et pire encore que les autres parce que c'était de la merde de précieuse ridicule." Si Aureliano le Second ne sera jamais réformé par Fernanda, la *cachaca*, insatisfait par elle (justifiant le besoin d'une amante locale, Petra Cotes), Fernanda, la *cachaca*, ne sera jamais macondienne, ou *macondisée*, accrochée jusqu'à la fin à ses habitudes et prétentions de représentante de la capitale. Fernanda aura bien tenté d'extraire sa fille de l'influence des "bâtards" de Buendia et autres macondiens en l'envoyant étudier en pension chez les sœurs (p. 270 : cela n'est pas précisé, mais on comprend implicitement que cela se trouve à Bogotá), non seulement, elle n'en fera pas une *cachaca*, mais c'est le métissage lui-même qui échouera, le "gène" caraïbe-Buendia l'emportant toujours, *in fine*.

Au-delà de l'expression d'une "querelle de chapelle", comme il en existe partout, et de ce qu'en l'occurrence, celle-ci signifie pour les Colombiens, leur héritage historique, leur réalité géographique, etc., il faut ajouter qu'il y a, encore une fois, une dimension très personnelle d'une part dans cette sorte de dénégation de l'existence de Bogotá l'innommée et d'autre part dans la virulence du portrait dressé. On se rappellera le traumatisme que représenta pour le jeune Gabo la nécessité de quitter Aracataca et la maison familiale et de se retrouver enfermé dans un pensionnat dans de la capitale :

Gabriel avait treize ans, il était seul pour la première fois, et ce bateau l'emportait vers un exil qui le marquerait pour toujours. Après le bateau, ce fut un train poussif et escaladant la Cordillère embrumée. Et au terme de ce long voyage, un soir de janvier qu'il se rappelle aujourd'hui comme le plus triste de sa vie, il se retrouva dans la gare de Bogota [...]. Bogota lui apparut comme 'une ville lointaine et lugubre sur laquelle tombait la même bruine implacable depuis le début du XVIe siècle. [...] Je remarquai [...] les embouteillages qui se formaient pour céder le passage aux enterrements interminables sous la pluie. C'étaient les enterrements les plus lugubres du monde, avec des carrosses comme le maître-autel des églises, avec des chevaux noirs drapés de velours et casqués de panaches noirs, et des cadavres de bonne famille pour les inventeurs de la mort'. Habitué aux paisibles changements des saisons [...], un Européen a du mal à imaginer le violent contraste qui, dans un même pays, peut exister entre le monde des Caraïbes et le monde des Andes. Un contraste géographique, d'abord. Monde de lumière et de chaleur, celui des Caraïbes ne pourrait se peindre qu'en bleus et verts profonds. Monde de brumes, de pluies fines et de brises, celui des Andes déploie une gamme délicate de gris et de verts mélancoliques. Contraste humain, aussi. Fils d'Andalous, de Noirs et d'arrogants Indiens caraïbes, l'homme de la côte est ouvert, exubérant, étranger à toute solennité, rebelle à toute hiérarchie et à tout protocole. Il aime la danse; des rythmes africains, percutants, survivent dans sa musique. Au contraire, le Colombien de la Cordillère, marqué par le formalisme castillan et par le tempérament taciturne et méfiant de l'Indien chibcha, est un homme subtilement réservé et cérémonieux; dans son humour aussi il y a de la sensibilité. La courtoisie de ses manières peut masquer un fond d'agressivité que l'alcool fait parfois sortir au grand jour de façon intempestive. (La violence politique n'est jamais partie de la côte, toujours du haut pays). Comme le paysage qui environne l'homme andin, la musique de ce dernier est plaintive: elle parle d'abandons, d'absences, d'amours qui s'envolent. Le contraste ne pouvait être plus étrange et plus cruel pour cet adolescent de treize ans, venu de la côte, que de se retrouver brusquement obligé de vivre dans un monde si différent du sien. Il fut accablé au spectacle de cette capitale morose.

[GARCÍA MÁRQUEZ, 1982, p. 53-54]

Les modalités de l'écriture autobiographique dans *Cent ans de solitude* sont particulièrement visibles lorsqu'à partir de la page 322, on lit une longue description très similaire du périple qui mène d'Aracataca-Macondo à Bogotá et ensuite des rues de la capitale à son village, quand, après la mort de Mauricio Babilonia, Fernanda arrache sa fille, Meme, pour l'enfermer dans un couvent, à l'autre bout du pays, pour le restant de ses jours.

De sorte que dans *Cent ans de solitude*, se produit une inversion entre centre reconnu et cartographié comme centre, et nébuleuse périphérique à peine localisée, mais qui n'a pas plus besoin d'être "corrigée" par le centre (p. 69) que d'être localisée par rapport au centre. Désormais, c'est la plus isolée des périphéries qui s'installe au centre absolu. Le reste du monde, régional, national et international tourne autour, dans des périphéries plus ou moins proches (évidemment pas en termes de distance), puis y converge. C'est là que l'on célébra les funérailles de la Grande Mémé en personne (p. 87) et, plus encore, c'est de là qu'est né le futur chef des troupes libérales pendant la guerre des Mille Jours, qui y établira son camp de base et y prendra une grande partie de ses décisions les plus importantes, qui y échappera à un peloton d'exécution… et qui y recevra ses dix-sept fils venus d'un peu partout dans le pays. Le point extrême de cette force centripète, où l'écriture-aimant de Melquiades ramène tout le monde à Macondo, est atteint quand on en vient à dévorer-assimiler le monde pour le régurgiter en réalité géographique et historique depuis Macondo, et à en faire un savoir macondien à transmettre : "Dans le repaire de son cabinet, dont les murs s'étaient peu à peu couverts de cartes invraisemblables et de fabuleux graphiques, il leur […] parla des merveilles du monde, non seulement dans les limites de ses propres connaissances, mais forçant celles de son imagination jusqu'au comble du fantastique. C'est ainsi que les enfants finirent par apprendre que dans l'extrême sud de l'Afrique vivaient des hommes si intelligents et si pacifiques que leur unique passe-temps était de s'asseoir et de méditer, et qu'il était possible de traverser à pied ma mer Égée en sautant d'une île sur l'autre jusqu'au port de Salonique" (p. 24-25).

Démonstration est peut-être faite que les "élucubrations" ou récits fantastiques de José Arcadio (selon l'interprétation qu'on donnera), n'ont sans doute pas davantage de substance que les "élucubrations" ou récits fantastiques des écrivains européens de chroniques des Indes et de leurs successeurs, siècle après siècle. On pourra évidemment faire une lecture décoloniale de cette dimension du roman.

Démonstration est surtout faite qu'il faut se couper du réel (parce que le réel est en soi trop situé, avec tout ce que cela signifie), si l'on veut réinventer et repenser le monde depuis le règne d'une imagination radicale et radicalement débridée. De nouveau, c'est une utopie ludique et heureuse que José Arcadio déploie pour ses fils et héritiers.

On procédera ici à une lecture métalittéraire de cette citation, à la fois pour tracer les contours de ce qu'est la fiction, et de ce qu'elle peut pour le monde. Avec José Arcadio Buendia, penché sur leur épaule, Melquiades et García Márquez prennent le temps, dans ce "laboratoire"-"repaire", de concevoir et de proposer un monde autre et autrement.

Voilà pourquoi il en va avec le village comme il en va du pays et du monde... Il n'est jamais qu'une toile de fond pour le centre des centres : la maison des Buendia. On nous décrit bien quelques rues et quelques lieux (le cimetière, le bordel, le café, la maison de Pilar Ternera, la maison de Petra Cotes, etc.), mais impossible de les situer et on ne sait tout simplement pas où cela se trouve, alors même que l'on nous décrit les différentes versions de la demeure des Buendia, à mesure qu'elle évolue et qu'on la transforme.

Il faudrait donc envisager que dans *Cent ans de solitude*, l'espace est surtout régi par la logique de l'insularité symbolique : le village dans le pays, la maison dans le village.

LES ENFANTS DE MINUIT

Salman Rushdie souligne le décentrement opéré par García Márquez dans *Cent ans de solitude*, qui place la vision du monde du village au-dessus de celle de la ville, faisant du village la "source de son fabulisme" [RUSHDIE, 1993, p. 333]. Au contraire, dans *Les Enfants de minuit,* le réalisme magique prend racine dans l'espace protéiforme et instable de la ville, en particulier Bombay, "lieu irréconciliable" source d'une multitude d'histoires luttant pour être racontées par le narrateur [RUSHDIE, *in* REDER, 2000, p. 104]. Rushdie se définit aussi volontiers comme un écrivain de l'urbain plus que d'une nation, la ville incarnant le lieu par excellence de l'hybridation des cultures. De fait, dans le roman, il arpente les villes indiennes et pakistanaise, à travers la fiction, les cartographie au prisme de la nostalgie de l'émigré et les réinvente, puisant aussi dans les mythologies urbaines préexistantes. Toutefois, ce chevauchement permanent entre la dimension mythique des lieux et leur ancrage historique, géographique et social, caractérise aussi la représentation des régions montagneuses, marécageuses ou désertiques, elles aussi sujette à une métamorphose perpétuelle, suggérant le refus de l'auteur d'assigner un sens fixe aux lieux. À toutes les échelles, de la cave de la maison des Aziz à Agra au désert du Rann de Kutch, Rushdie donne à voir l'esprit des lieux, qui se transmet de manière plus ou moins surnaturelle aux habitants.

Bombay, ville “impure” de la modernité

Bombay n'est ni une ville millénaire ni la capitale politique du pays. Porte de l'Inde appartenant à la mer, elle est à bien des égards une ville étrangère à l'Inde, tout en incarnant l'Inde idéale de l'auteur. Si les voiles rouges des pêcheurs (ou *koli*), habitants originels de l'archipel, forment un “*leitmotiv* lancinant” [Pesso-Miquel, 2007, p. 152] rappelant les origines oubliées de la ville, le roman met en scène des personnages venus de l'extérieur qui s'implantent et se réinventent dans une ville fondée sur le contact interculturel, la traduction et la négociation constante. Transformé en centre économique majeur par les Portugais puis les Anglais, lieu de foisonnement culturel devenu ensuite le centre du cinéma hindi, Bombay est une “zone de contact” [Pratt, 1990] : “Notre Bombay : elle ressemble à une main, mais en fait c'est une bouche, toujours ouverte, affamée” (II, p. 184). Cette ouverture définit l'identité de Saleem, qui, même au Pakistan, “reste atteint de bombayite” (TAINTED WITH BOMBAYNESS, II, p. 546), la traduction française déplaçant l'image de l'impureté vers celle de la pathologie. Fils bâtard de William Methwold, lui-même descendant de l'un des fondateurs de la ville, Saleem est élevé par un père commerçant, et trouve son refuge ultime dans la conserverie “Bragance and Co” (III, p. 802), clin d'œil à l'histoire coloniale de la ville, vendue par les Portugais aux Anglais dans le cadre du mariage de Charles II et Catherine de Bragance.

Le domaine de Methwold sert aussi de métonymie à Bombay, où coexistent harmonieusement différentes communautés, “un lieu où les diverses cultures de l'Inde se rencontrent et où l'Inde rencontre le monde” [Mee, *in* Mehrotra, 2003, p. 323-324], et revêt ainsi une dimension allégorique. Il regroupe ainsi des familles musulmanes (les Sinai, les Ibrahim), hindoues (Dr Narlikar d'origine marathie et les Sabarmati d'origine gujaratie), parsies (les Catrack et les Dubash), et américaines, familles aisées qui vivent ensemble dans la concorde, au début, même si les conflits de leurs enfants miment et annoncent la désintégration du domaine, déclenchée par la mort d'Homi Catrack, entraînant la disparition de cette communauté cosmopolite. Le domaine est finalement remplacé par les immeubles des femmes de Narlikar. De fait, le Bombay de Saleem apparaît comme l'allégorie d'une nation experte dans l'art de l'hybridation culturelle, une "métaphore des futurs possibles de l'Inde" [Gurnah, 2007, p. 93, notre traduction] contre toute tentative de "purification" de l'Inde et d'ethnicisation de l'espace urbain.

Cette vision de la ville est tributaire de la pensée nehruvienne de la ville comme incarnation de la nation et de la modernité, symbole de l'"unité dans la diversité" de l'Inde, qui s'opposait à l'idéologie de Gandhi, qui y voyait aliénation et individualisme, à rebours des valeurs traditionnelles indiennes incarnées par le village [Khanna, 2009, p. 403-404]. Mais Rushdie reprend aussi à son compte une pensée moderniste de la ville protéiforme, en mouvement constant, espace artificiel, illusoire et instable.

Plus que l'histoire officielle de Bombay, le roman s'attache à décrire l'excès sensoriel qui assaille quotidiennement la conscience et le corps du personnage, celui des couleurs vives et contrastées (II, p. 253) (v. Thématiques, Les sens). Si la métamorphose de la ville au retour de son deuxième exil l'empêche de retrouver la ville de son enfance par le langage au retour de son deuxième exil, il la retrouve finalement par le goût du chutney, qui réalise le fantasme de la résurrection d'un passé intact (III, p. 799-800). C'est aussi une ville prosaïque, artificielle, commerciale qui est mise au jour. Les repères du protagoniste ne sont pas les monuments de la ville mais les vitrines des boutiques du coin de la rue (Kemp's Corner, Bombelli), le spectacle des panneaux publicitaires disséminés à travers la ville (celui de l'enfant Kolynos), et les lieux publics iconiques de son enfance (Malabar Hill, Marine Drive, Colaba Causeway).

De fait, cette ville en perpétuelle réinvention est imaginée et idéalisée au prisme de la nostalgie pour l'âge d'or du Bombay post-indépendance. Cette idéalisation résulte de l'appartenance de l'auteur et du protagoniste à la bourgeoisie de la ville, qui dissimule dans une certaine mesure les fractures sociales et religieuses d'une ville qui, fondée sur l'exploitation des hommes et de la nature dans le cadre de l'entreprise impériale, a toujours été un lieu de violence directe et indirecte [Prakash, 2010, p. 29]. Le roman évoque la question de la corruption politique, mais ne montre pas à quel point la vie des élites, même au sortir de l'indépendance, dépend de l'exploitation d'un prolétariat nombreux (plus présent dans *Le Dernier soupir du Maure*).

Toutefois, le cœur dramatique du roman, l'échange de bébés, est un *topos* de conte mais remotivé par une ambition révolutionnaire, et la relation de Shiva et Saleem, ce "gosse de riche" (II, p. 389, III, p. 786), est tout entière déterminée par la lutte des classes. La ségrégation sociale extrême apparaît aussi lors de la collision à l'occasion des manifestations linguistiques et surtout lors de traversées secrètes de la ville dans les quartiers nord de Bombay, la ville souterraine du Club de Minuit, et le quartier du Fort Rouge de Delhi, décrits par les yeux apeurés des personnages de la classe supérieure (v. Thématiques, Mouvements).

L'insistance de Rushdie sur la métamorphose perpétuelle de Bombay en fait aussi une allégorie de la modernité, qui renvoie à sa pensée de la ville en général plus qu'à l'identité culturelle de l'Inde. Située à l'extrémité du continent, tournée vers l'ailleurs, la ville semble appartenir à la mer d'Arabie plus qu'à la nation indienne, et symbolise aussi l'attrait de l'auteur pour les seuils, les espaces de départ et le déracinement.

Le cinéma hindi a aussi contribué au mythe de Bombay comme lieu d'aspiration et d'opportunité [Khanna, 2013, p. 35], un mythe que reprend Rushdie tout en en montrant les limites. Le père du protagoniste cherche aussi à se réinventer par des projets commerciaux divers, qui se soldent tous par des échecs et, finalement, par le repli du personnage sur lui-même. Cette chute n'est pas sans lien avec l'entreprise folle des tétrapodes du Dr Narlikar, visant à étendre Bombay et conquérir la mer, qui illustre à la fois la capacité de la ville à susciter des rêves de grandeur et la revanche de la ville sur les tentatives de modification de son environnement à des fins de profit. Les tétrapodes ont ainsi une fonction allégorique, symbolisant les dangers de ce désir infini de modernisation, qui provoque la mort de Narlikar et la chute économique d'Ahmed Sinai. Toutefois, la régénération d'Ahmed est aussi empêchée par le gel de ses actifs, suggérant que la réinvention de soi, loin d'être universelle, est restreinte à certaines communautés, à l'exclusion des musulmans, fissurant le mythe de la terre d'opportunité.

Le rêve des femmes Narlikar toutes puissantes est aussi traité sur un mode critique, empreint de la mélancolie du narrateur d'un monde complexe, perdu au nom d'une modernité simplificatrice et prédatrice qui écrase tout sur son passage, faisant écho à la fois à la colonisation anglaise, symbolisée par les "édifices roses du pouvoir" de New Delhi (I, p. 121), écho visuel à l'immeuble rose des Narlikar, mais aussi à la destruction du ghetto des magiciens à Delhi : "raser les palais [*buildings*] et ériger sur la colline de deux étages un immeuble qui s'élèverait dans le ciel [skies], un triomphant obélisque rose, un sémaphore de leur avenir" (II, p. 469). La traduction française des simples *buildings* en "palais" transfère la dimension grandiose de ce rêve, indiquée par le pluriel épique *skies* en anglais, aux bâtiments eux-mêmes. Le gratte-ciel peut apparaître comme la réincarnation gigantesque du tétrapode phallique, fertilité réduite au profit financier, symbole d'une ville tout entière tournée vers l'avenir et "l'appât du gain" (II, p. 531).

La ville,
assemblage de fictions contradictoires

Les conflits idéologiques qui prennent la ville comme terrain de lutte apparaissent déjà dans *Les Enfants* à travers les marches pour un Bombay marathi ou gujarati dans lesquelles le protagoniste se retrouvent pris. Contre les tentatives d'essentialisation culturelle et de mise en ordre politique, le texte définit la ville comme lieu du désordre et de l'impureté.

Lieu artificiel, instable, la ville est aussi un lieu propice à l'émergence de fictions, d'illusions et d'erreurs en tout genre. William Methwold est séduit grâce à une chevelure factice ; Mary Pereira s'enferme dans le mensonge ("ce monde illusoire qu'elle avait inventé", II, p. 493) et prend le vieux domestique Musa pour le spectre de Joseph D'Costa (II, p. 492) ; Amina Sinai dissimule ses rendez-vous avec Nadir Khan ; Ahmed Sinai s'enferme dans des délires paranoïaques alcoolisés ; et Saleem lui-même utilise ses pouvoirs pour tricher et pour mentir aux enfants de minuit. Ces fictions se trouvent, dans une certaine mesure, justifiées par l'identification de Bombay au royaume du rêve et de l'illusion d'autant plus que le roman est tout entier plongé dans les codes du cinéma hindi (v. Thématiques, Roman populaire).

La ville apparaît comme un assemblage de fictions qui s'entrechoquent sans cesse. La scène comique dans laquelle un tétrapode est pris dans les filets de la dévotion populaire hindoue et transformé en *shiva linguam*, symbole phallique d'énergie créatrice, au grand dam du Dr Narlikar, apôtre de la modernité et ennemi de la fertilité, réfracte les visions contradictoires de la ville qui entrent en collision en permanence.

Fruit d'imaginaires hétéroclites, la ville est essentiellement démocratique et dialogique chez Rushdie : elle invite à la contradiction. Espace de débats incessants, elle trouve son équivalent dans l'espace de communication utopique du Congrès des enfants de Minuit, convoqué depuis Bombay. Une version miniature de la ville démocratique émerge aussi dans la Commune des Magiciens de Delhi, inspirée du quartier des artistes de Kathpuli à Delhi, finalement écrasée pendant l'état d'urgence. La destruction de ces espaces utopiques met en déroute tout espoir d'union politique démocratique. Mais les descriptions du ghetto comme celles de Bombay montrent bien l'intérêt de Rushdie pour les espaces marginaux, à la fois à l'intérieur et en dehors de la ville et de la nation.

Le rejet du "pays de la pureté"

Ces espaces "irréconciliables" s'opposent en tout point aux villes du Pakistan, qui apparaissent presque comme des faire-valoir de Bombay dans le roman. Le narrateur lui-même reconnaît sa partialité : "Je ne le nierai pas : je n'ai jamais pardonné à Karachi de ne pas être Bombay" (II, p. 542). Rawalpindi et Karachi sont présentées comme des villes anonymes, qui mettent en échec l'imagination et la rêverie, ne s'offrant pas à la reconfiguration imaginative du narrateur. Produits de frontières territoriales dénoncées comme arbitraires, elles symbolisent le règne d'une fiction univoque et oppressante : "dans un pays où la vérité n'est que ce qu'on lui dit d'être, où la réalité cesse littéralement d'exister afin que tout devienne possible sauf ce qui est en question" ; Saleem ajoute : "et c'est peut-être ce qui fit la différence entre mon enfance indienne et mon adolescence pakistanaise – qui fit que, au début, je fus assailli par une infinité de réalités alternatives, et qu'ensuite je me retrouvai abandonné, désorienté, parmi un nombre également infini de choses fausses, irréelles et mensongères" (II, p. 574). Si le narrateur nuance immédiatement son propos en rappelant les mensonges des gouvernants indiens, l'Inde demeure pour lui le pays des réalités multiples.

La froideur anonyme de Rawalpindi, reflétée dans la maison sans âme du général Zulfikar, éteint toute la famille Sinai (II, p. 502-503). Au contact de cette ville, qui se rapproche en réalité plus du village, leur existence devient grotesque. Karachi, dans laquelle le narrateur arrive en février 1963, lieu de sa deuxième adolescence, est une “ville de mirages” (II, p. 542). Le portrait de la ville insiste à la fois sur sa difformité grotesque (“elle était difforme comme un nain gigantesque”, II, p. 542), due à sa croissance trop rapide, et sur l'uniformité monotone de ses bâtiments géométriques et cloisonnés (II, p. 545). La maison de la tante Alia semble les tenir en captivité, et rappelle la forteresse gigantesque dans laquelle sont recluses les trois sœurs Shakil dans *La Honte.* Prise sur le désert, la ville est le lieu d'une illusion univoque et stérile. Ses mirages coupent les habitants de la réalité et engendrent une soumission inconditionnelle : “mes nouveaux concitoyens exsudaient les odeurs fades de l'assentiment qui étaient fort déprimantes pour un nez qui avait humé – juste à la fin et très brièvement – le non-conformisme très épicé de Bombay” (II, p. 543). Saleem, imprégné de la pluralité impure de Bombay et désormais doté d'un odorat surpuissant, perçoit les odeurs sinistres et les couleurs sombres d'une ville déformée par la fiction de l'autoritarisme (II, p. 542). Même lorsqu'il découvre la diversité des parfums de Karachi, ce sont des odeurs âcres, lugubres et irritantes qui l'assaillent (II, p. 558). Dans un schéma manichéen, le Pakistan, “Terre de la Pureté” (II, p. 546), incarne de fait une dystopie aux yeux du narrateur, aux antipodes de la multiplicité et de l'anticonformisme de Bombay.

Le Cachemire et les Sundarbans, paysages hostiles

Les lieux ruraux ne sont jamais le lieu de l'harmonie ou de la sérénité chez Rushdie. Les deux espaces naturels qu'explore le roman sont le Cachemire, terre ancestrale de la famille du narrateur, et les Sundarbans, jungle du golfe du Bengale. Ils sont à la fois opposés aux lieux urbains par leur enfermement et leur inscription dans un temps anhistorique ou cyclique, et liés à eux par leur dimension marginale. Tout comme Bombay est prête à se jeter dans la mer, le Cachemire et les Sundarbans sont au seuil de la nation.

Le Cachemire, lieu originaire, incarne la complexité de la nation indienne, lieu de conflits politiques, de légendes populaires, de fantasmes – il sera le paradis perdu de *Haroun et la mer des histoires*. À nouveau, le texte ancre le lieu dans un contexte historique précis, et puise aussi dans ses mythes. L'incipit fait ainsi allusion dans une prolepse à l'occupation de la région montagneuse par l'armée indienne (I, p. 15-16). État princier qui n'était pas sous le contrôle direct des Anglais au cours de la période coloniale, le Cachemire est une région frontalière revendiquée par l'Inde, le Pakistan, la Chine et les indépendantistes cachemiris et déchirée par les conflits depuis l'indépendance et la partition en 1947. Mais l'incipit réécrit les mythes de la région, celui de la "vallée du paradis", de lacs entourés de montagnes, transfigurée par le cinéma de Bollywood (dont on trouve une trace dans le film d'Hanif Aziz *Les Amants du Cachemire*), celui de la venue du Christ, et enfin celui de l'ascendance noble des hommes cachemiris aux yeux "d'un bleu étonnant du ciel des montagnes" dont hérite supposément Saleem (I, p. 20). D'une part, le leitmotiv des yeux bleus ne fait signe que vers une filiation factice, et tourne ainsi en dérision la quête d'une identité pure. D'autre part, le texte insiste sur l'hostilité de cette vallée paradisiaque, qui rejette Aadam Aziz à son retour d'Allemagne.

La renaissance de la vallée au printemps, loin d'être dépeinte comme un renouveau source d'espoir, est placée sous le signe d'une inquiétante étrangeté : "Après une gestation hivernale dans son œuf de glace, la vallée s'était ouvert à coups de bec un chemin [*had beaked its way*] vers l'air humide et doré" (I, p. 15) – la traduction étoffe ainsi la formulation résultative "had beaked its way" pour rendre la métaphore qui évoque la naissance difficile d'un oiseau préhistorique, confirmée par l'image des montagnes comme "mâchoires en colère" qui entourent la vallée (I, p. 15, et II, p. 489), faisant du paysage une entité dangereuse. L'herbe qui "attendait son heure sous la terre" (I, p. 15) fait aussi songer à Perséphone, le passage mélangeant la mythologie grecque, l'image biblique du jardin d'Éden et l'aspect très concret de la nouvelle saison.

Cette hostilité en germe s'accentue lorsque la terre, faussement "meuble" (I, p. 17), frappe Aadam Aziz, dans une littéralisation d'un état affectif typique de l'esthétique rushdienne : "alors que la vallée gantée d'un tapis de prière le frappait dans le nez" (I, p. 16-17). Le choc physique, provoquant un "cataclysme" (I, p. 16), ne fait qu'actualiser la rupture opérée par le déracinement, la perte de la foi et de ses certitudes, l'apparition d'un trou au cœur de son être. Le lac que traverse quotidiennement Aadam engloutit mystérieusement les Anglais, puis l'amie allemande d'Aadam, suggérant à travers le registre du mystère le rejet de l'étranger de cette vallée (incarnée par Tai), et peut-être son refus du changement et du mouvement. On peut aussi lire cette hostilité littéralisée, paysagisée, comme faisant partie du mode réaliste magique de Rushdie, à travers lequel l'histoire post-coloniale du Cachemire dont est originaire l'auteur est réfractée. C'est par la superposition du réalisme et du mythe ou de l'imaginaire que les contradictions historiques sont représentées.

La rupture d'un espace avec le temps historique caractérise aussi les Sundarbans, mangrove du golfe du Bengale qui enjambe la frontière entre l'Inde et le Pakistan oriental, devenu Bangladesh en 1971. L'ancrage historique de cet espace instable, qui permet à Saleem et à ses compagnons-soldats de faire "sécession de l'histoire", est vite submergé par la dimension imaginaire du lieu, dont l'esprit contamine peu à peu les personnages, à l'image du Rann de Kutch, autre lieu marécageux en bordure du sous-continent, qui provoque des hallucinations chez les soldats (II, p. 589). La traversée des personnages s'apparente à une fuite hors du temps et une descente aux enfers.

D'une part, terre d'illusions dangereuses, la jungle du Bengale répond à une logique autonome et hors-norme, qui fait perdre tous ses repères au personnage, plongé dans "l'anonymat dépourvu d'histoire des forêts vierges" (III, p. 634). L'autonomie de cet espace hors de la réalité est soulignée par la clôture de la forêt sur les personnages, qui les enveloppe de ses mains géantes (III, p. 634), et par ses teintes décolorées, comme si tout perdait vitalité en son sein. C'est un espace où le passage du temps semble interrompu : "dans les Sundarbans le temps suivait des lois inconnues" (III, p. 646). La pluie incessante semble diluer le temps qui perd toute démarcation fixe : "les jours passèrent, se dissolvant les uns dans les autres sous la force de la pluie qui revenait continuellement" (III, p. 639).

D'autre part, la traversée de la jungle est aussi perçue comme une descente aux enfers. À la différence d'Amitav Ghosh, qui explore les Sundarbans dans *Le Pays des marées* (2006) en puisant dans les légendes bengalies, l'intertexte mythologique des *Enfants de minuit* est celui de l'Antiquité grecque, même si la forêt comme terre d'exil est aussi un trope dans la mythologie hindoue [THAPAR, 2001]. La catabase plonge les personnages dans leur passé, rituel initiatique qui les tourmente, les conduit à l'âge adulte et finit par réconcilier le Bouddha avec Saleem Sinai, qui retrouve son identité. La jungle fait en effet ressurgir leur passé dans un flot violent de souvenirs, les victimes de leurs méfaits réapparaissant sous forme de Némésis spectrales, et une cacophonie de voix, sirènes leur rappelant leurs crimes. Le refus du Bouddha de se boucher les oreilles évoque évidemment *L'Odyssée*, Ulysse s'incarnant de manière grotesque dans ce chien humain à la conscience anesthésiée, dans une logique burlesque.

Ce paysage cauchemardesque pourrait rappeler la construction orientaliste des paysages non-européens comme "espaces anachroniques" [MCCLINTOCK, 1997], archaïques, empreints de mythes et légendes, en décalage avec la temporalité de la modernité. Cette jungle porte sans aucun doute les marques de l'imagination d'un écrivain urbain, bourgeois, occidentalisé, qui n'a que peu de connaissances de ces lieux, les transfigurant allègrement en paysage mortifère. On peut cependant y voir aussi un exemple de l'exotisme postcolonial de Rushdie [HUGGAN, 2001] qui transforme le lecteur en voyeur et consommateur d'un fantasme d'une Inde dangereuse et fabuleuse, tout en télescopant cet imaginaire orientaliste avec celui de la mythologie grecque, faisant signe vers la dimension fantasmagorique du paysage et minant ainsi son autorité supposée d'informateur natif auprès d'un public métropolitain.

Le village au centre

L'espace du roman *La Fuite du temps* est organisé selon un système de cercles concentriques avec un point focal quasi absolu : le village des Trois Patronymes. Ce lieu qui occupe la très grande majorité des pages du roman (530 pages sur 621 exactement, soit 85 %) se situe au milieu de montagnes, comme aime à le répéter le narrateur : "[d]ans la ride profonde de la chaîne montagneuse des Balou" (p. 9), "au plus profond de la chaîne des Balou, [...] complètement coupé du reste du monde" (p. 13), etc. En dehors des Cinq monts sacrés qui constituent la destination de nombreux touristes, la montagne est *a priori* un espace relativement étranger aux Chinois dont la civilisation est fondée sur l'agriculture sédentaire. On oppose en effet le champ cultivé, relevant de l'ordre confucéen, à la montagne qui, dans l'imaginaire chinois, est un lieu sauvage, mais aussi un lieu de retraite pour les ermites taoïstes avant qu'ils ne deviennent des "immortels" (*xian* 仙, caractère composé de l'homme [亻] et de la montagne [山]), en réalité des sages qui, grâce à leur mode de vie en accord avec la nature, atteignent la "longue-vie" (*changshou*, traduit souvent par "immortalité") [LIU, 1987].

Le village ressemble bien à une "utopie" au sens d'un lieu situé paradoxalement hors de l'espace, comme le fait remarquer Lu : "Vous êtes si loin de tout que, même sur le tracé de la commune [populaire], on a failli vous oublier" (p. 363). Il renvoie, du moins si l'on considère un passé lointain, à une sorte d'âge d'or que le narrateur se plaît parfois à rappeler (v. Thématiques, Le temps et Histoire). Mais l'utopie se retourne en dystopie quand on considère que les villageois sont retenus en quelque sorte prisonniers malgré eux dans ce "territoire coupé qui apparaît et disparaît de façon spontanée" (*zishengzimie de juejing*, p. 22, traduit plus élégamment par "un monde apparaissant et disparaissant en vase clos") : en particulier nul ne s'aventure dans ce village maudit pour y chercher un époux ou une épouse (*ibid.*).

À l'intérieur du village, on décrit incidemment les ruelles dans lesquelles déambulent certains personnages, ainsi que, en quelques lignes, les maisons de la famille Sima (p. 31) et de la famille Lan (p. 47), ainsi que le “quartier général” où s’installe le “responsable Lu” (p. 360). En revanche, on situe une série de scènes au pied du févier (v. Thématiques, Histoire) qui se trouve, non sans contradiction, à la fois “à l’entrée” (*qiande*, “devant”, p. 31) et “au centre” (*zhongyangde*, p. 240 *et passim.*) du village. Cet arbre fonctionne comme un symbole d’autorité et renvoie sans doute à l’arbre qui, dans d’anciennes croyances, constitue l’axe du monde (*axis mundi*) reliant terre et ciel [BIRRELL, 2005, p. 95-96], comme le suggère cette description : “son immense ombrelle verte s’ouvre à plus de trois mètres de haut ; ses bourgeons brillent, denses, jaunes et tendres, pareils à des germes de soja frais éclos dans le ciel” (p. 55). Mais, le début de la description laisse aussi entendre que cette autorité, partagée entre les trois familles constitutives du village, n’est pas vraiment sous contrôle : “Au carrefour du village se dresse le févier, avec son tronc énorme que les bras de trois personnes ne peuvent circonscrire” (*ibid.*).

Si le vieux févier, censé communiquer avec le ciel, marque le centre du village, la crête (*liang*) ou la “ligne faîtière” (*liangdao*) de la chaîne montagneuse en constitue le point le plus extrême, au-delà duquel se trouve le “monde extérieur” (*waimian shijie*, p. 37). La crête fonctionne soit comme un point d’observation vers l’extérieur, comme lorsque Sima Lan, “flânant de nouveau sur la crête […] aperçoit au loin un petit groupe qui se rapproche” (p. 32), ou bien quand les villageois “se précipitent vers la ligne faîtière” (p. 194) pour voir l’arrivée de l’eau du canal de Lingyin, soit comme une scène de théâtre à laquelle assistent les villageois depuis le village en contrebas (v. Thématiques, Roman populaire), comme lorsque le “responsable Lu” fait son apparition au volant de sa jeep – “Lu arrive aux Trois Patronymes en jeep, stoppe sur la ligne faîtière. C’est le premier véhicule à moteur qu’on ait jamais vu […]. Une page haute en couleur s’ouvre dans l’histoire du village” (p. 351) – ou bien lorsque, tout aussi fascinés, les enfants voient “passe[r] un vieil homme sur la ligne faîtière”, dont “la barbe est aussi longue qu’une baguette et blanche comme la neige !” (p. 569). La ligne faîtière est le lieu de passage entre l’intérieur et l’extérieur, autrement dit une source d’émerveillement comme de danger.

Environs immédiats

Entre ces deux délimitations du village, le févier central et la crête à l'extrémité, se trouvent des espaces familiers qui constituent l'environnement immédiat des villageois. On peut distinguer tout d'abord les terres alentour. Il s'agit de terres d'élevage (Du Bai faisant "paître son troupeau", p. 12) ou de terres de cueillette (Du Zhucui recherchant des simples pour son mari Du Bai, p. 24 ; les enfants mangeant des racines pendant la famine, p. 484-485 ; les femmes puis les frères Sima envoyés par Sima Xiaoxiao cueillir des herbes au loin, p. 518-520 et p. 528-529), mais il s'agit surtout de terres de labour décrites soit d'un point de vue individuel soit d'un point de vue collectif : les champs cultivés par Lan Sishi (rencontrée par Sima Lan, en train de biner, p. 33-34, ou bien en train de faucher le blé, p. 95-97, puis le champ de Lan Sishi envahi par les herbes folles, observé par Du Bai, p. 145-146) s'opposent aux champs aménagés en terrasses par l'ensemble des villageois (p. 421-424). L'aire de battage, où l'on est censé battre le blé ou d'autres céréales, est également mise en scène, non sans ironie, lorsqu'en pleine période de grande famine, Sima Xiaoxiao réunit le village pour répartir les semences de réserve, c'est-à-dire les graines que l'on doit semer l'année suivante (p. 500).

C'est dans le même espace situé aux alentours immédiats du village que se trouvent des lieux associés non plus à la vie, mais à la mort : ce sont les cimetières des trois familles, plusieurs fois mis en scène, soit que l'on procède à des cérémonies funéraires (celle de Sima Xiaoxiao, p. 327-328 ; de la femme de Du Gen, p. 486 ; ou celle de Du Guaizi, donnant lieu à un jeu parodique de la part des enfants, p. 616-620), ou bien à une anti-cérémonie quand on expose les enfants infirmes à la mort "derrière la crête ouest" (p. 518), soit que l'on visite des parents défunts (ce que font Lan Sishi, p. 149-150, et les frères Sima au tout début du roman, mais il s'agit alors d'évaluer la place qu'il leur reste dans le cimetière familial, p. 9-10). Le cimetière est le lieu où reposent les ancêtres, c'est-à-dire l'espace qui, en référence au culte des ancêtres, définit l'identité de la famille (*xing*) :

> Tout en haut, rares et isolées, il y a les sépultures des ancêtres inconnus, puis, suivant l'inclinaison de la pente, les tombes se font de plus en plus nombreuses : celles de l'arrière-grand-père et du grand-père qu'ils n'ont guère connus, celle de leur père Sima Xiaoxiao qui a mené une vie honorable et les a élevés jusqu'à leur adolescence. À sa gauche celles de leurs frères aînés, Sen, Lin et Mu. (p. 10)

Mais les cimetières sont toujours décrits, de façon apparemment paradoxale, comme des lieux où se manifeste la vitalité : l'enterrement de Sima Xiaoxiao a lieu "après le temps des moissons, sur [une] terre dorée" (p. 327) ; juste avant celui de Du Guaizi, "entre deux cimes jaillit le soleil à l'instar de la première goutte de sang d'un accouchement" (p. 616-617), ce qui annonce la naissance de Sima Lan quelques pages plus loin ; celui de la femme de Du Gen a lieu dans une "lumière [...] douce et bonne" (p. 486, v. aussi deux références données dans Thématiques, Le temps, p. 149 et p. 620).

Cet espace intermédiaire entre le village proprement dit et la crête est aussi celui des jeux auxquels s'adonnent les enfants dans les livres IV et V : Lan Sishi et Sima Lan font la dinette dans le champ de colza des Du (p. 452-461) ; les enfants procèdent à un rituel de longévité au moment où l'on enterre la femme de Du Gen (p. 488-494), ou bien encore miment l'enterrement de Sima Lan (p. 617-620).

Les environs immédiats du village sont enfin des espaces où les villageois travaillent collectivement pour réaliser un des trois projets dont l'initiative revient à leur chef : si la semaison des champs de colza (voulue par Sima Xiaoxiao) n'est pas décrite, on assiste, sur une page seulement, à l'aménagement des champs aménagés en terrasses – "Monts et vaux vibrent du labeur des hommes, des éclats rouges et blancs se répercutent d'un champ à l'autre, d'un versant à l'autre ; le monde entier résonne du choc des outils et de la terre" (p. 362) – ainsi qu'à la construction du canal, dans un passage un peu plus long (le chapitre v du livre II).

Les alentours du village donnent lieu à de très nombreuses descriptions de paysage sur lesquelles nous reviendrons (v. Thématiques, Les sens). Citons seulement le paysage qu'observe Sima Lan lorsqu'il quitte le village pour aller vendre sa peau au chef-lieu du district : "Sur la montagne, un brouillard blanc mouille l'aurore. La terre, fraîchement retournée, d'un rouge aqueux, ressemble à du sang dégoulinant d'une tête blessée. Sima Lan en respire le souffle cru, épais, qui lui parvient de face avant de s'épandre dans les champs" (p. 341-342).

Villages voisins

On évoque aussi trois villages situés *a priori* dans le voisinage du village des Trois Patronymes. Le premier n'est pas nommé : Sima Lan rencontre des "villageois voisins, partis vendre des médicaments au chef-lieu du district" (p. 32). De façon significative, ces inconnus sont incapables de donner des nouvelles des deux frères et du beau-frère de Sima Lan, allés vendre leur peau également au chef-lieu du district : "Comment saurions-nous qui sont tes frères et ton beau-frère ?" (*ibid.*) : cet épisode accentue l'isolement du village des Trois Patronymes ignoré par un village qui lui est pourtant proche. À la différence de ce premier village, les deux autres fonctionnent comme des lieux de communication avec le reste du pays. Le village de Xiaomazhai existe réellement au nord-est de la province du Henan, mais Yan Lianke ne fait qu'emprunter le toponyme sans avoir l'intention de créer un effet de réel quelconque. Il s'agit du village où se rend Sima Lan, alors occupé à construire le canal, afin de se procurer des roseaux pour tresser un cercueil à sa mère (p. 266-270). Il y rencontre une femme qui l'informe des changements survenus dans le reste du pays : les terres ont été redistribuées et le commerce est à présent autorisé (p. 270). Le troisième village proche du village des Trois Patronymes est celui où se rendent Lan Baisui et Sima Lan, et où ils rencontrent le "responsable Lu" qui, comme la femme du village précédent, les informe : "Dans tout le pays, les paysans rassemblent leurs forces pour aménager des champs en terrasses" (p. 346). Mais le personnage de Lu joue un rôle beaucoup plus décisif que l'informatrice de Xiaomazhai, puisqu'il vient s'installer dans le village des Trois Patronymes où il amène des travailleurs afin de créer un village pilote.

Liens avec le reste du pays et le reste du monde

Au-delà du village et de ses environs, immédiats et proches, le pays s'organise, comme nous l'avons vu, en suivant une logique territoriale hiérarchisée (v. Thématiques, Histoire). Le canton (*xiang*, confondu avec la commune populaire, *renmin gongshe*) est le relais du pouvoir central le plus proche du village, avec, pour "agents de liaison" (*lianluoyuan*), Du Bai et Du Yan : c'est dans le chef-lieu du canton, non nommé dans le roman, que le père et le fils exercent leurs fonctions auprès du gouverneur ; c'est aussi là que Du Bai a passé et réussi le concours qui lui donne le rang de cadre (p. 322). C'est encore au niveau du canton qu'officie le "responsable Lu".

Situé un échelon au-dessus, le district (*xian*) accueille, dans son chef-lieu, qui n'est pas non plus nommé, les hommes venant vendre leur peau, puisque c'est là que se trouve le dispensaire des grands brûlés. Ce lieu est décrit à l'occasion de deux passages : sur presque tout un chapitre dans le livre II, lorsqu'il s'agit de financer la première construction du canal (chapitre VII, p. 274-312), et dans le livre V, lorsque les garçons (parmi lesquels se trouvent Sima Lan) accompagnent leurs pères (p. 590-599).

Les districts relèvent d'une "ville-préfecture" qui, si le mot de "ville-préfecture" (*dijishi*) n'est pas utilisé dans le roman, sans doute en raison de son registre trop manifestement administratif, est en revanche bel et bien désignée sous un nom (fictif) : c'est la ville de Jiudu, dont nous avons vu qu'elle correspondait à la ville de Luoyang (v. Thématiques, Histoire). Comme le chef-lieu du district, Jiudu est décrit dans un assez long passage : tout le chapitre VI et le début du chapitre VII du livre I (p. 58-86).

Ainsi, le point focal de la narration reste le village des Trois Patronymes avec ses environs, à l'exception de ces deux lieux, le chef-lieu du district et la ville-préfecture qui, dans le roman, sont symboliquement associés au commerce libre, puisqu'il s'agit de lieux où, respectivement, les hommes vendent leur peau et les femmes leur corps.

Une autre ville est évoquée : il s'agit de Lingyin d'où part le canal que les villageois édifient afin d'acheminer l'eau jusqu'au village. On ne saurait situer précisément cette ville sur le plan administratif, mais, comme nous l'avons vu, elle renvoie par son nom qui est aussi celui de son temple (*Lingyin si*) à la ville de Hangzhou, près de laquelle se trouve le célèbre temple Lingyin (v. Thématiques, Histoire), mais cette ville est très éloignée du Henan : les toponymes du roman n'ont pas de valeur dénotative.

La capitale du pays, qui serait Pékin, ni même la capitale provinciale, qui, pour le Henan, est Zhengzhou, ne sont mentionnées ni même suggérées à travers un mot-écran (comme Jiudu pour Luoyang). Au-delà, les pays étrangers sont bien évoqués, mais de façon très furtive : la troisième note du premier chapitre du livre I mentionne une église autrefois établie par des missionnaires, puis transformée en hôpital (p. 23) ; le dernier chapitre du même livre évoque des "compagnons d'Occident" que la note qui suit désigne comme des fonctionnaires de l'ONU (v. Thématiques, Histoire, où nous avons analysé ce passage).

La campagne *vs* la ville

Étant donné que les pays étrangers ne sont évoqués que de façon très marginale, nous écartons l'idée selon laquelle Yan Lianke construirait l'espace de son roman sur une opposition entre la Chine et le reste du monde. Bien plus prégnante est l'opposition entre la campagne et la ville. Dans le chapitre qui lui est consacré, la grande ville de Jiudu est décrite comme une ville récemment modernisée :

> [E]n un rien de temps les champs ont disparu. Des immeubles ont surgi, s'étendant de plus en plus loin, en rangs serrés. Les maisons avec leur cour mitoyenne ont été rénovées pour s'accorder aux nouveaux immeubles. Les façades sur rue n'abritent plus que magasins ou restaurants, tandis qu'à l'arrière des pièces sont louées aux campagnards venus chercher du travail en ville. (p. 58)

Yan Lianke évoque ainsi la transformation des villes chinoises dans les années 1980, villes qui, en dehors de Canton ou Shanghai, ressemblaient autrefois à la campagne, tant par leur mode de vie que par certains traits de leur architecture. Jacques Pimpaneau souligne en effet "la relative absence de différences entre la civilisation des villes et celle des campagnes. Les quartiers des villes ressemblaient à des villages. Les grandes demeures rurales n'avaient rien à envier aux maisons urbaines les plus confortables. Les types d'activités étaient souvent les mêmes : le citadin cultivait quelques plantes et élevait de la volaille dans sa cour et le paysan faisait de l'artisanat à la morte saison" [Pimpaneau, 1988, p. 11]. À l'inverse, la ville de Jiudu paraît à Lan Sishi et Sima Teng comme un espace où l'on perd ses repères – "l'orientation à Jiudu est différente de la leur, [...] l'est, ici c'est le sud, [...] le nord, ici c'est l'est" (p. 59) –, et où l'on parle une langue étrangère : Teng ne comprend pas les citadins quand ils s'expriment (p. 60).

De plus, Yan Lianke associe la ville au commerce : c'est là où l'on vend sa peau ou son corps, là où se trouvent "magasins et restaurants" (p. 58 pour Jiudu et p. 280-284 pour le restaurant du chef-lieu du district où se rendent les hommes). Le commerce se définit par un caractère aléatoire : c'est la chance qui joue pour le premier financement du canal (livre II) car la demande, en termes économiques, est assurée en raison tout d'abord d'un accident survenu au chef du bourg voisin pêchant à l'explosif (p. 274), puis de l'incendie d'un supermarché (p. 296) ; en revanche, lorsqu'ils reviennent du chef-lieu de district où ils sont allés vendre leur peau pour financer l'opération de leur frère aîné, Sima Lu et Sima Hu n'ont "pas touché un centime", parce que, expliquent-ils, les villageois n'avaient pas payé de taxe sur les gains qu'ils avaient réalisés lors d'une séance précédente (p. 38).

Bien plus, la ville est associée au vice. On peut en effet repérer dans les deux passages où l'action est située dans une ville la combinaison des "quatre désirs" (*sitan*) répertoriés par la tradition chinoise (voir le poème introductif du roman de mœurs *Fleurs en fiole d'or* [*Jin Ping Mei*]), à savoir l'alcool, le sexe, l'argent et la colère (*jiu se cai qi*). Si l'alcool n'est présent qu'à travers l'évocation d'un bar dans les rues de Jiudu (p. 60), l'argent est très présent à la fois dans l'épisode de Jiudu et dans celui de la vente de peau au chef-lieu du district (par exemple p. 60-61 et p. 284) ; le sexe est la raison même pour laquelle Lan Sishi est venue à Jiudu, mais c'est aussi une obsession pour la jeune Teng (p. 62) ; enfin, la jeune fille cède à la colère quand Lan Sishi, pour la protéger, la prive du client qu'elle souhaitait garder pour elle (p. 82-83). La manifestation du vice qu'est l'excès est également sensible dans la scène du restaurant où les hommes commandent une quantité impressionnante de plats : "Ce n'est qu'à partir du huitième plat qu'ils commencent à ralentir l'allure" (p. 283).

Comme Jiudu, la ville de Lingyin d'où part le canal a connu une transformation radicale. Dans des termes inappropriés mais traduisant l'étonnement, Lan Dabao ne reconnaît plus une "ville de campagne" (*xiangcheng*) ; il s'agit plutôt d'une véritable "capitale" (*jingcheng*, p. 212). Comme Jiudu et la ville du district, Lingyin est connotée négativement, étant associée non plus au vice mais à la pollution : "l'eau de Lingyin est aussi sale que des excréments ou de l'urine" (*ibid.*, v. aussi la note p. 215).

Dans le roman de Yan Lianke, l'espace a une valeur essentiellement symbolique. Il traduit la tension que nous avons déjà observée entre un centre détenteur du pouvoir et un territoire localement circonscrit. Le véritable centre, tant au niveau national qu'au niveau provincial, est en fait absent, ce qui est significatif : l'impulsion politique est invisible et par conséquent inattaquable. Ce sont les centres-relais que sont le canton, le district et la ville-préfecture, qui représentent le pouvoir. Par ailleurs, l'espace est associé à un discours apparemment convenu, opposant d'une part la ville, qui se confond en partie avec le pouvoir, et d'autre part le village : la ville est décrite comme le lieu du vice ou de la pollution, et semble par conséquent s'opposer au village qui n'est pourtant pas, loin de là, doté de toutes les vertus. Certes, on suggère que le village renvoie à un âge d'or perdu, mais on se situe alors sur un plan philosophique ou mythique, car le village réellement mis en scène est aussi un lieu où prospèrent les passions humaines.

MOUVEMENTS

CENT ANS DE SOLITUDE

Le traitement de l'espace étant, on l'a compris, indissociable des mouvements, circulations et déplacements (les entrées et les sorties, l'absence d'entrées et l'absence de sorties se révélant définitionnelles et redéfinitionnelles des territoires et, finalement, supports de la conclusion "naturelle" de l'impossibilité du métissage et des conséquences "fatales" du transculturalisme), nous allons ici nous intéresser à cette forme de mobilité dont le sens et la portée nous semblent la plus intéressante en rapport avec la question du "réalisme magique": la place, le rôle, le portrait et la traversée du monde sauvage, décliné en (seulement) deux versions, à savoir (même si cela n'est pas explicité) la Sierra Nevada de Santa Marta ("sierra" dans la traduction en français) et la Ciénaga de Santa Marta ("marigot" dans la traduction en français). Deux versions pour une place tout aussi réduite dans l'économie du roman (à peine quelques paragraphes ou quelques lignes disséminés ici ou là dans le récit), alors que même un rapide coup d'œil à la topographie de la région où l'on situe approximativement Macondo-Aracataca montre de vastes zones de végétation tropicale (on pourrait aller jusqu'à parler d'invisibilisation et, même de dénégation), et avec un rôle et une portée symboliques aussi peu favorables.

Si l'on prend en compte la chronologie des faits et non l'ordre du récit, le premier espace naturel mentionné est celui de *sierra*, plus exactement "le versant occidental de la sierra", au moment de la migration du couple José Arcadio Buendia/Ursula et de leur "petite troupe de compagnons" (p. 33), qui quittent le "pauvre hameau d'Indiens pacifiques" et tournent résolument le dos à Riohacha, sur la côte, pour bâtir leur nouveau village où tout recommencer, ailleurs au bord de la mer (p. 19). Il est évidemment très significatif que cela donne la description d'un territoire perçu exclusivement comme un obstacle. On ouvre une nouvelle parenthèse pour gloser sur la traduction ; le terme “infranchissable” qui a ici été retenu par les traducteurs, alors que l’original en espagnol *impenetrable* recouvre un sens bien plus complet en rapport avec la question de la nature.

On erre et on se perd plus qu’on ne circule dans ce territoire pendant presque deux ans au cours d’“une expédition absurde” (p. 33), d’une “expédition téméraire” (p. 178) entre un “sommet perdu dans les nuages” et une “zone de bourbiers”. On doit se contenter de “chair de ouistiti et de bouillon de couleuvres” (p. 33) pour toute nourriture. La sierra reste dès lors dans les mémoires comme liée à une frustrante inaccessibilité qui, en effet, perdure dans le temps puisqu’on nous précise immédiatement que “des années plus tard, pendant la première guerre civile, le colonel Aureliano Buendia essaya d’emprunter ce même chemin pour attaquer Riohacha par surprise” (p. 33). Tant et si bien qu’“au bout de six jours de marche, il comprit que c’était de la folie”. Et comme si cela ne suffisait pas, le narrateur répète, aux pages 146-147 : “Le capitaine Roque Carnicero et ses six hommes partirent avec le colonel Aureliano Buendia libérer le général révolutionnaire Victorio Medina condamné à mort à Riohacha. Ils pensèrent gagner du temps en traversant la sierra par le même chemin qu’avait emprunté José Arcadio Buendia au moment de la fondation de Macondo, mais, au bout d’une semaine, ils furent convaincus que c’était là une entreprise impossible.”

Le deuxième espace sauvage est la forêt puis la mangrove, qui apparaissent dès la page 19, quand, après la fondation de Macondo, José Arcadio Buendia et ses hommes, partis pour “ouvrir un sentier qui mettrait Macondo en communication avec les grandes inventions” (p. 18), se heurtent de nouveau rapidement à un obstacle naturel, aussi difficilement pénétrable et franchissable et tout aussi frustrant en ce qu’il empêche de plus belle de trouver ce que l’on cherchait. Cela ouvre sur deux pages d’une description qui tourne à l’horrifique. Si le cortège ne rencontre significativement “aucun obstacle” durant “les premiers jours”, c’est-à-dire tant qu’il n’est pas encore dans le bois, si l’entrée s’y fait en douceur, presque poétiquement, à travers un “sentier d’orangers sauvages” (p. 19), au bout d’une semaine, la poésie marque le pas. On pénètre et on s’enlise dans un monde nocturne et dangereux : “pendant dix jours”, “ils ne revirent plus le soleil. Le sol devint mou et humide, semblable à une couche de cendres volcaniques, et la végétation multiplia ses pièges, les cris des oiseaux se firent de plus en plus lointains, et le monde devint triste à jamais” (p. 19-18). Il est intéressant de noter que le temps est très précisément compté dans la première partie de l'expédition, puis que les repères chronologiques s'effacent, au bénéfice d'une espèce de hors-temps. Progressivement, on quitte tout bonnement le réel pour gagner un "paradis humide et silencieux, d'avant le péché originel" où, loin de connaître le bonheur et de rencontrer la beauté, on glisse dans l'accablement, on s'englue "dans des mares d'huiles fumantes", on doit lutter à coups de machette contre "des lys sanglants et des salamandres dorées", jusqu'à n'être plus que des "somnambules" progressant dans "un monde de désolation", labyrinthique, "à peine éclairés par la faible réverbération d'insectes phosphorescents, et les poumons oppressés par une suffocante odeur de sang" et dont il semble impossible de sortir. José Arcadio et ses hommes deviennent les prisonniers d'un monde monstrueux, atroce, hostile, dans tous les cas, impossible à maîtriser : "Ils ne pouvaient revenir en arrière car le chemin qu'ils ouvraient se refermait aussitôt sur leurs pas, étouffé par une végétation nouvelle qu'ils voyaient presque pousser sous leurs yeux". Et au terme de la traversée de cette "contrée enchantée" (p. 20), on se souvient qu'ils découvrent le galion espagnol…

Ces fragments de *Cent ans de solitude* reconduisent et, donc, entérinent en grande partie la validité des représentations et des discours relevant d'une conception de la nature américaine directement héritée des premiers découvreurs espagnols – rien d'anodin, évidemment, dans le fait que José Arcadio et les futurs Macondiens soient désignés sous l'étiquette de "premiers mortels à découvrir" (p. 33) ce secteur de la sierra. Les quatre siècles qui séparent les deux "découvertes" ont vocation à apporter la preuve du caractère insondable de cette nature, que l'on découvre (enfin) par soi-même, certes, mais que l'on ne conquiert et colonise pas davantage (que l'on ne peut pas conquérir et coloniser), et au sujet de laquelle on arrive aux mêmes conclusions. On mesure l'importance de ce constat. Il faudrait en somme lire *Cent ans de solitude* comme une chronique des Indes du XXe siècle.

Dans un article intitulé "La nature dans trois romans colombiens", Luis de Arrigoitia a expliqué : "Le binôme homme-nature est un thème classique traditionnel qui devient un lieu commun dans la littérature à partir de la Renaissance. La vie pastorale arcadienne et le moralisant *Beatus ille* prennent une nouvelle force dramatique avec la découverte de l'Amérique. Depuis Christophe Colomb et les premiers chroniqueurs, nous trouvons le thème de la nature sur lequel, bizarrement, sont fondées les merveilles scientifiques de la Renaissance et les légendes fantastiques du Moyen-Âge" [ARRIGOITIA, 1979, p. 5, notre traduction]. Effectivement, ce premier contact avec la nature américaine donne lieu à des descriptions qui plaquent sur ce que l'on voit concrètement des connaissances, des images de littérature, des projets et fantasmes politiques, économiques et spirituels – et, à la fin, nient la réalité. Contre l'évidence, Christophe Colomb s'entêtera (officiellement) à prétendre, sa vie durant, qu'il a fait le voyage jusqu'aux Indes décrites par Marco Polo, à voir et décrire les Indes, les Indiens, etc. Première invisibilisation. Première dénégation. Première fiction, peuplée de créatures extraordinaires de mythes et de légendes – hommes compris –, en lieu et place de la réalité américaine. Comme le dit encore Luis de Arrigoitia, "c'est trois siècles plus tard et la veille de l'indépendance américaine qu'Alexander von Humboldt amène de nouveau à la conscience européenne la réalité géographique de l'Amérique dans son œuvre monumentale, *Voyage aux régions équinoxiales du Nouveau Continent* (1799-1804). Il s'agit d'une nouvelle découverte" [ARRIGOITIA, 1979, p. 6, notre traduction]. Il décrit ensuite la façon dont les auteurs d'Amérique latine du XIXe siècle, notamment le Vénézuélien Andrés Bello, vont s'emparer du thème pour, depuis une exaltation des spécificités de la nature américaine, "produire un véritable manifeste d'indépendance culturelle et politique" [*ibid.*], avant que, avec l'Argentin Domingo Faustino Sarmiento, entre autres, et son *Facundo : civilisation et barbarie*, de 1845, le binôme homme-nature acquiers un nouveau dynamisme en y associant "le conflit tragique de l'Amérique dans sa lutte opposant la civilisation et la barbarie" [*ibid.*, p. 6]. La nature sauvage étant en somme bien proprement américaine, mais à dominer pour asseoir la civilisation (héritée de l'Europe) sur la barbarie (liée aux autochtones). Ce qui explique que dans la littérature de l'époque, on trouve ainsi de nombreuses descriptions de la nature, oscillant entre idéalisation romantique (l'influence de Chateaubriand est très visible chez certains) et rabaissement-dénigrement. En particulier, justement, en Colombie, dans deux grands romans avec lesquels *Cent ans de solitude* établit clairement une étroite circulation intertextuelle : *María* (1867), de Jorge Isaacs et *La Vorágine* (1924), de José Eustasio Rivera, considéré par beaucoup comme le meilleur roman latino-américain de la nature américaine ou, tout simplement, le premier roman latino-américain. On entendra ainsi maints échos entre *Cent ans de solitude* et certains fragments de *María*, et, plus encore, de *La Vorágine*, où l'on évoque avec force détails et "réalisme" une nature multipliant les obstacles et les dangers devant un voyageur désespéré de parvenir à échapper à l'enfer vert, ou à la prison verte.

Les pages 19-20 de *Cent ans de solitude* établissent une relation si étroite avec l'amorce de la troisième partie de *La Vorágine* que l'on pourra parler d'hypotextualité et d'hypertextualité :

> Ô jungle, épouse du silence, mère de la solitude et de la brume ! Quel destin malin m'a-t-il fait prisonnier de ta prison verte ? Les pavillons de tes branches, telle une immense voûte, toujours au-dessus de ma tête, entre mon aspiration et le ciel clair, que j'entrevois seulement quand tes cimes agitées secouent leur houle, à l'heure de tes crépuscules angoissants. [...] Tu m'as volé le rêve de l'horizon et tu n'as pour mes yeux que la monotonie de ton zénith, que traverse l'aube placide, qui n'éclaire jamais les feuilles de tes seins humides ! Tu es la cathédrale du cauchemar, où des dieux inconnus parlent à mi-voix, dans la langue des murmures [...] Laisse-moi fuir, ô jungle, tes ténèbres maladives, formées du souffle des êtres morts dans l'abandon de ta majesté ! Toi-même, tu ressembles à un immense cimetière où tu pourris et ressuscites. Où tu pourris et ressuscites ! Je veux retourner dans les régions où le secret ne terrifie personne, où l'esclavage est impossible, où la vue est dégagée et où l'esprit s'élève dans la libre lumière ! [...] Je veux retourner à la terre d'où je viens, pour revenir sur mes pas qui ont parcouru cette route de larmes et de sang en un jour néfaste, quand [...] j'ai rampé sur des montagnes et des déserts, à la recherche de la Vengeance, la déesse implacable qui ne sourit qu'aux tombes !
>
> [Rivera, 1924, p. 133-134, notre traduction].

Rappelons en outre que *La Vorágine* se termine sur ces terribles mots : "La jungle les a dévorés !" [Rivera, 1924, p. 343], de même que la nature sauvage aura finalement dévoré le dernier rejeton Buendia jusque dans la maison qu'ils avaient bâtie.

Comme l'a expliqué Ramón López Tames, dans un essai intitulé *Le Roman actuel colombien et son contexte social* :

> En Colombie, l'homme flotte sur une scène excessive. Depuis Río Hacha et Santa Marta jusqu'à Tumaco, dans l'extrême Sud du Pacifique, le Colombien n'a pas encore trouvé la mesure de la terre, un habitat adéquat. Il n'a pas encore perdu la réaction de l'Espagnol débordé par l'espace, par des distances qui exigent en permanence de retrouver le rivage. Il a beau y avoir plus d'une douzaine de villes très peuplées, on est en pleine colonisation et domination de la terre sur les trois quarts du

territoire. La moitié de la population est concentrée sur un huitième de la surface totale. Il y a de grandes villes, construites sur le modèle des centres urbains européens, mais entre elles, il n'y a rien : des espaces ouverts, les Andes, des plaines, une côte désolée ou la *selva.*

[1975, p. 49, notre traduction]

Ce que l'on retrouve en effet dans les trois romans pourtant distants dans le temps puisque *María* est publié en 1867, *La Vorágine* en 1924 et *Cent ans de solitude* en 1967. On aura pourtant bien noté l'importance des dates, avec exactement un siècle d'écart entre *María* et *Cent ans de solitude.* Cela rend d'autant plus intéressants les jeux d'échos conscients entre ces textes et sans doute aussi, moins conscients, ces éléments qui montrent que García Márquez est bien, sur ce point-là, le produit de son héritage familial, social et culturel, particulièrement littéraire. À ce détail près, de taille, que dans son roman, toute trace d'idéalisation romantique a été effacée dans les descriptions de la nature sauvage de la Sierra et de la Ciénaga. Cette différence radicale entre *María, La Vorágine* et *Cent ans de solitude* nous semble, il est vrai, primordiale. Dans le roman de García Márquez, la nature n'est pas protagoniste. On l'a dit, elle n'occupe jamais que l'espace textuel de quelques pages sur les presque cinq cent que comprend le roman – la disproportion entre son omniprésence dans l'espace réel et sa quasi-absence dans l'espace fictionnel s'avère évidemment des plus significatives. On ne l'exalte jamais, elle isole de la civilisation et se met systématiquement en travers du chemin des Buendia chaque fois qu'ils quittent Macondo (dans les cas de José Arcadio, Ursula, Aureliano, Aureliano le Second, Fernanda ou Amaranta Ursula).

On en arrive à ce constat que le “réalisme magique” qui s'approprie ce thème, un siècle plus tard, en partant en quelque sorte de l'acquis indiscuté de son héritage (la nature comme obstacle, atroce et sauvage), à partir duquel il établit une frontière entre d'une part une “mauvaise” magie, celle de la sierra, celle de la forêt et celle de la mangrove, une magie en quelque sorte laide, dégoûtante et déréalisante, associée à la nature dans ses versions les plus indomptables, et d'autre part une “bonne” magie, associée aux hommes dans le rôle de découvreurs de leur propre environnement puis installés à la marge (concrètement et symboliquement) de ces territoires-là. À la marge dans une zone conquise sur la nature (on se souviendra que Macondo est bâti après que José Arcadio a ordonné à ses hommes “d'abattre des arbres pour dégager une clairière", p. 34) et où la nature est domestiquée – en référence aux amandiers "civilisés" que José Arcadio plantera dans Macondo, ou même au chêne, au pied duquel il sera mis aux fers puis où il mourra, etc. La décadence du village devient patente quand cette nature domestiquée disparaît sous les assauts de la nature sauvage, qui réinvestit, envahit et dévore tout. La fin de *Cent ans de solitude* scelle une défaite. À croire qu'une trop grande proximité avec le sauvage empêche de faire triompher la civilisation, quelque effort que l'on y consacre. Génération après génération, on reconstruit, on lave à grandes eaux, on récure et on déverse des litres d'insecticide.

Cela doit donner matière à réflexion sur le sujet du transculturalisme dans *Cent ans de solitude*; l'incapacité à agglomérer la nature proprement américaine comme thème de littérature et le réflexe consistant à calquer un héritage imaginaire et culturel européen retiennent l'attention, incontestablement.

Néanmoins, il ne faut pas manquer de repérer comment évolue celle que d'un point à l'autre du roman, on n'aura jamais cessé de désigner sous le terme de "région enchantée", avec, sans doute, une évolution dans la connotation donnée à ce terme après les deux premières occurrences déjà mentionnées et qui concernent strictement les expéditions de José Arcadio et du colonel Aureliano Buendia (p. 19 et p. 163).

La troisième occurrence: "Il s'était écoulé plus d'un an depuis la visite de Mr. Herbert et la seule chose qu'on savait, c'était que les étrangers avaient l'intention de planter des bananiers dans la région enchantée que José Arcadio Buendia et ses hommes avaient traversée à l'époque où ils cherchaient la route des grandes inventions" (p. 254).

Quatrième occurrence, au moment où Fernanda et Meme prennent le train pour fuir le village après le scandale de ses amours avec Mauricio Babilonia: "Meme fut à peine consciente du voyage qu'elle effectua à travers l'ancienne région enchantée. Elle ne vit pas les interminables et ombreuses bananeraies de part et d'autre de la voie ferrée. Elle ne vit pas passer les maisons blanches des étrangers, ni leurs jardins rendus arides par la poussière et la chaleur, ni les femmes en shorts et chemises à raies bleues qui jouaient aux cartes sous les porches. Elle ne vit pas les charrettes tirées par les bœufs et chargées de régimes de bananes sur les chemins poussiéreux" (p. 322-323).

Cinquième occurrence : après avoir décrit comment et pourquoi "Macondo était en ruines" (p. 361) après le départ de la United Fruit Company, on nous apprend que "[l]a région enchantée qu'avait explorée José Arcadio Buendia à l'époque de la fondation du village, et où avaient prospéré les plantations de banane, n'était plus qu'une immense fondrière de souches en putréfaction à l'horizon lointain de laquelle on put voir, pendant plusieurs années, l'écume silencieuse de la mer" (p. 361-362).

Sixième occurrence, lorsque Gaston, le mari belge d'Amaranta Ursula, a l'idée d'organiser un service de courrier postal : "Tandis que progressaient les démarches, il prépara un champ d'atterrissage dans l'ancienne région enchantée qui ressemblait alors à une plaine aussi dure que le silex et toute craquelée" (p. 418).

On – les étrangers – a donc bien réussi à franchir et à pénétrer la "région enchantée", mais, d'une part, a-t-on pour autant réussi à mettre Macondo en contact avec la civilisation ? Plus exactement, car la question a changé : qu'est-ce que cette supposée civilisation avec laquelle on a prétendu mettre le village en contact, si ce n'est une autre forme de la barbarie, certainement plus sauvage encore ? Mais, d'autre part, à quel prix cela s'est-il opéré ? Outre que la zone a perdu tout enchantement, transformée, ou altérée, par l'homme et ses moyens de transport, puis livrée à l'industrie de la monoculture, outre qu'elle a connu un changement climatique (suite aux pluies interminables dont la cause est attribuée aux activités des Étasuniens, p. 251 et p. 348), elle est désormais dévastée. On mesure bien, par ailleurs, le terrible décalage entre la luxuriance indomptable du départ (les végétaux y poussaient de manière incontrôlable) et la stérilité ultime. Dans ces lignes finales, ne sent-on pas s'exprimer une profonde nostalgie à l'égard de cette forme de magie qu'offraient la sierra et le marigot ? Ne la découvre-t-on pas, peut-être, une troisième fois... alors même que l'on en a été dépossédé ? Faut-il comprendre que les Buendia ont livré et vendu la Nature authentiquement latino-américaine, ou leur nature authentiquement latino-américaine, au capitalisme étasunien, à l'anti-magique capitalisme étasunien ? C'est ce que n'hésite pas à conclure Charlie Damour : "Le désenchantement est total. Les Macondiens sont châtiés pour avoir permis, entre autres choses, à la United Fruit Company de bafouer les lois naturelles pour exploiter les ressources du pays, en bonne représentante de l'impérialisme étasunien en Amérique latine. La nature, puissante et imprévisible, suggère García Márquez, ne peut être impunément soumise et encore moins surexploitée" [DAMOUR, 2021, § 33].

En toute logique, certains critiques procèdent depuis quelques années à des lectures de *Cent ans de solitude* inspirées des théories de l'écocritique. Pour se faire une idée de la façon dont le courant de l'écocritique se déploie en Amérique latine, on pourra parcourir les articles de Enrique Yepes, "Chemins de l'écocritique en terres américaines" [2014] ; Gisela Heffes, "Introduction. Pour une écocritique latino-américaine : entre le postulat d'un écocentrisme critique et la critique d'un anthropocentrisme hégémonique" [2014] ; Jorge Marcone, "Fièvre de la *selva* : écologie de la désillusion dans la littérature hispano-américaine" [2007].

D'autres critiques s'appuient sur des théories de l'écoféminisme ainsi que du décolonial. La question du réalisme magique y prend une autre ampleur, devient un nouvel étendard, dans une énième récupération que l'on pourra (à juste titre ou non) juger forcée. Outre des travaux universitaires, comme, entre autres, l'article d'Edward Waters Hood intitulé "Le monde naturel dans la fiction et le cinéma de Gabriel García Márquez" [2016] et celui de Josefa Lago Graña, intitulé "La ruche et la fourmilière dans *Cent ans de solitude*" [2015] (pour la perspective écoféministe), cela donne significativement aussi lieu à des recherches de jeunes étudiants dans les universités latino-américaines. En 2018, Marisol Fernanda González Fernández et Fernanda Belén Mora Rodriguez ont ainsi écrit un mémoire intitulé *Approche écocritique présente dans* Cent ans de solitude et L'Amour au temps du choléra *de Gabriel García Márquez*.

Très sensible aux lieux, l'écriture de Rushdie est aussi très attentive aux déplacements, à leurs modalités, leurs causes et leurs conséquences, et ce, à différentes échelles : dans *Les Enfants de minuit*, les entrées et sorties hors de la maison, de la ville d'origine, et du pays, ont toutes des conséquences existentielles importantes pour les personnages. Si *Les Versets Sataniques* est le roman par excellence de la migration, l'œuvre entière de Salman Rushdie est habitée par la question du mouvement, contre la menace de la fixité et de la stabilité. L'auteur rappelle à plusieurs reprises le lien entre la migration, la métaphore et la traduction [1993, p. 307-308], et se définit lui-même comme un "homme traduit", associant le déplacement à l'acquisition d'une nouvelle façon de voir le monde et de le transfigurer [1993, p. 28], au point que Catherine Pesso-Miquel en fait le signe distinctif de son "écriture transportée" [2007].

Toutefois, le Rushdie des *Enfants de minuit* n'est pas celui de *La Honte*, des *Versets sataniques* ni de *La Terre sous ses pieds*, qui exaltent le flottement et la non-appartenance comme une libération des chaînes factices des racines, ou le Rushdie qui fait de l'errance l'expression de la condition humaine. La traversée des frontières, dans le roman de 1981, est souvent forcée et associée à une métamorphose douloureuse. Si elle entraîne une nouvelle lucidité, une "vision stéréoscopique" [Rushdie, 1993, p. 30], celle-ci ne correspond jamais à un progrès ou un enrichissement, contrecarrant le modèle du *Bildungsroman* qui aligne déplacement géographique et progression sociale, développement individuel et national. À l'image du temps non-linéaire dans le roman, qui bat en brèche l'idée de progrès, la trajectoire de Saleem est faite d'allers et retours, de boucles, de progressions et régressions constantes, une série de déplacements chaotiques dont le narrateur s'efforce en vain de trouver la signification.

Mouvements forcés : chassés, exilés, expulsés

Dès l'incipit du roman, l'entrée du narrateur dans l'existence est figurée comme une chute maladroite : le narrateur "dégringol[e] dans le monde" (I, p. 13), et cette dégringolade annonce tous les accidents physiques ou psychologiques qui marquent les entrées et sorties de Saleem Sinai : deux chutes à vélo, un doigt coupé qui lui vaut son expulsion hors du domaine de Methwold, ou bien son engloutissement par la jungle des Sundarbans qui l'expulse mystérieusement sur la crête d'un raz-de-marée. Ce rapport au mouvement, qui n'est jamais délibéré mais toujours vécu comme une sanction ou bien ayant des répercussions néfastes, est celui de la crise. Les tentatives de réinvention de soi d'Ahmed Sinai à Delhi et Bombay, par exemple, se soldent par des échecs commerciaux et par l'anéantissement de la maison qu'il fait construire à Karachi. Les personnages sont donc sans cesse chassés, comme si les lieux, doués de volonté, les expulsaient après les avoir absorbés, suggérant que le départ est à la fois inévitable et catastrophique.

Les maisons sont en effet plutôt associées à la captivité qu'à la protection dans le roman (et même Buckingham, cocon originel de Saleem, finit par l'étouffer par sa cacophonie et ses dissensions). La cave de la maison de la famille Aziz à Agra protège brièvement Nadir Khan (projeté de manière spectaculaire hors de la faculté d'histoire où Mian Abdullah est assassiné), avant de l'expulser une fois le scandale du mariage non consommé avec Mumtaz révélé. D'autres départs sont traités sur le mode de la disparition soudaine, tels que ceux des voisins du domaine de Methwold après la vente de leur maison, qui "sortent de la vie" de Saleem (II, p. 467) en un instant. Le récit semble s'accélérer suite au crime du Commandant Sabarmati et du suicide d'Hanif, faisant s'évanouir les personnages de son enfance instantanément, mais le rythme rapide du récit évoque peut-être aussi la vitesse vertigineuse à laquelle Bombay est détruite et reconstruite.

Cette assimilation de tout mouvement à l'exil est révélatrice de la vision du monde du narrateur, qui se pose en victime de forces occultes qui lui échappent, à l'image du mouvement des plats de ragoût au piment, déplacés par un enfant. Il résume ainsi le parcours de sa famille, ballottée à travers l'Inde malgré elle, "catapult[ée] dans son avenir" (I, p. 22) :

> Dans ma famille, nous allons toujours où le vent nous pousse [...]. Le batelier Tai a fait partir mon grand-père du Cachemire ; le mercurochrome l'a chassé d'Amritsar ; le désastre de sa vie sous les tapis entraîna le départ immédiat de ma mère d'Agra ; et un monstre à plusieurs têtes envoya mon père à Bombay, ce qui allait me permettre d'y naître. À la fin de ce mois de janvier, l'histoire en était enfin, à la suite d'une série de poussées, arrivée au point où il m'était presque possible de faire mon entrée. (I, p. 159)

Cette tendance à envisager tout déplacement comme une déchirure violente peut aussi être lue à l'aune du contexte historique qui cadre le récit, celui de la Partition. Les vagues de populations forcées à migrer, du fait de la séparation de l'Inde et du Pakistan (12,5 millions de déplacés), souvent accompagnées de violence, ne sont pas représentées directement dans le texte (si ce n'est une mention de la mort du Dr Butt dans les émeutes pour la Partition, I, p. 39). Toutefois, on peut voir les déplacements forcés de la famille Sinai comme des figurations obliques de cet exode massif.

Exils et métamorphoses

Tous les déplacements des personnages hors de leur foyer sont assimilés à une métamorphose négative, une perte d'identité, comme si la traversée des frontières était nécessairement la rétribution d'une transgression. Ils font advenir une rupture ontologique, qui se traduit aussi par des séquelles physiques.

Les premières pages du roman sont consacrées à la "vision altérée" d'Aadam Aziz à son retour d'Allemagne, qui voit le Paradis du Cachemire à travers ses "yeux de voyageur" ("travelled eyes", I, p. 16), comme un lieu étroit d'esprit et étouffant. L'enrichissement intellectuel que lui a permis le séjour en Europe va de pair avec la perte de ses certitudes. Le savoir acquis – et Aadam s'est non seulement frotté à la médecine mais aussi au communisme, à l'athéisme, au relativisme et à une sexualité libre, ne génère pas un progrès mais une désorientation profonde, comme si tout apprentissage devait se faire dans la douleur. Il en revient ne sachant pas s'il croit ou pas, et cette "incroyance" (I, p. 18), ce doute abyssal devient un creux lorsque son nez se cogne contre le sol du Cachemire. Cette béance originelle, allégorie du doute, hante tout le roman sous la forme du drap troué, de mutilations corporelles, de fissures physiques et psychologiques, qui aboutissent à la désintégration totale d'Aadam et de Saleem.

La conception du séjour à l'étranger comme perte d'identité et de valeurs renvoie au tabou de la traversée de l'océan (*kala pani*, littéralement "eau noire") dans la tradition hindoue, le voyage qui faisait perdre à l'individu sa caste, ses valeurs, et son statut social [Bhardwaj, 2021]. Aadam Aziz est en effet répudié comme un apostat par Tai le batelier, qui ne cesse de l'invectiver. Le retour final d'Aadam au Cachemire en 1963 est d'autant plus ironique qu'il est motivé par une véritable apostasie qui est aussi un retour à la foi, mais dans le Dieu chrétien, qu'il vient chercher sur le mont sacré de l'hindouisme et de l'islam, Sankara Acharya.

Un autre exemple frappant est celui de Naseem, dont le départ de Srinagar vers Agra puis Delhi provoque chez elle un vieillissement prématuré : "Elle était devenue prématurément une vieille et large femme, avec deux énormes grains de beauté sur le visage, comme des seins de sorcière ; elle vivait dans une forteresse invisible, qu'elle s'était construite, une citadelle blindée, de traditions et de certitudes" (I, p. 70). Contrairement au déplacement d'Aadam, la migration va de pair ici avec un renforcement excessif de ses certitudes et de sa dévotion religieuse, figuré spatialement par la forteresse puis par la minéralisation de son corps "montagneux", fusionné avec les montagnes natales du Cachemire (II, p. 479), celles mêmes que son mari gravira à la fin de sa vie. Cette solidification corporelle et spirituelle semble s'accroître à mesure qu'Aadam perd en substance corporelle, comme si la Mère Révérende se nourrissait de l'âme de son mari telle un "succube" (I, p. 483), la perte de mouvement étant associé à cette figure tyrannique qui s'enferme dans son silence et ses convictions étroites. Ce vieillissement prématuré devient une malédiction qui pèse sur toutes les femmes de la famille, comme en témoigne l'exemple de Mumtaz Aziz, dont l'identité a déjà changé lorsqu'elle s'est mariée et a quitté son foyer natal, et qui se dessèche à son arrivée au Pakistan sans son mari. Enfin, les "tendances fanatiques" du Singe de Cuivre (II, p. 447), déjà visibles par son attrait pour le vêtement des nonnes, se solidifient aussi à son arrivée au Pakistan, où son énergie violente se métamorphose en adhésion totale à l'idéologie de la soumission à la tradition.

Le roman dans son ensemble est rythmé par les exils de Saleem, mineurs d'une part (hors du cercle des enfants du domaine de Methwold (II, p. 324), hors de l'esprit d'Evie Burns) et majeurs d'autre part (hors du foyer familial, puis au Pakistan et au Bangladesh), qui signalent tous la sanction d'une transgression de frontières morales, sociales, psychiques. Ces déplacements s'accompagnent ainsi d'une chute sociale et morale, puisque le narrateur perd peu à peu sa position centrale dans sa famille, au sein des enfants de minuit (qu'il trahit dans la pension des veuves) et vis-à-vis de l'histoire nationale.

Chaque déplacement est punition et chaque découverte permise par le déplacement se fait dans la douleur et est assimilée à un appauvrissement. C'est lors de son premier exil à Marine Drive, hors de son jardin d'Éden de Malabar Hill, que Saleem découvre sa sexualité, mais cette entrée dans l'âge adulte, l'âge "des pantalons longs" (II, p. 321), est aussi placée sous le sceau de la transgression et lui vaut d'être expulsé de chez son oncle et de revenir chez ses parents, régression qui ne fait que redoubler la subversion du schéma du *Bildungsroman*. Lors de son deuxième exil hors du lieu clos de son enfance suite à la mort de Hanif, il perd ses pouvoirs de réception des pensées. "Repoussé de l'autre côté de la frontière créée par la Partition" (II, p. 498), au Pakistan, il est "exilé du don qui était [s]on véritable droit de naissance : le don des enfants de minuit" (II, p. 500). Cette perte de polyphonie intérieure, achevée par l'assèchement nasal lors d'un bref retour à Bombay, correspond aussi à l'atmosphère délétère du "pays des purs", où l'univocité et l'assentiment règnent, et le projet de mouvement politique de Saleem s'en trouvera altéré pour toujours. Pour autant, comme le veut la logique des serpents et échelles, la perte du don de télépathie, ainsi que sa chute dans l'ordre familial (puisque Jamila devient l'héroïne familiale et nationale), est compensée par la découverte des "plaisirs du sens olfactif" (II, p. 539). Le nez surpuissant de Saleem, s'il ne peut plus recevoir de communication psychique, lui permet d'inhaler les affects, "le désespoir fataliste des habitants des bidonvilles [...], l'odeur mesquine, possessive et accusatrice de [s]a tante" (II, p. 542). À nouveau, les découvertes qu'il fait sont marquées du sceau de la transgression : son odorat (le plus impur des sens) le mène jusqu'à la prostituée Tai Bibi (II, p. 562), et il découvre "l'impureté ultime de l'amour incestueux" (II, p. 541) en tombant amoureux de sa sœur.

Enfin, le dernier livre marque le troisième exil de Saleem, qui le libère de son enchaînement à la nation et à l'histoire. Cette libération se traduit en réalité par une perte de mémoire et de sensibilité, et la quête de sens de Saleem devient un simple dépistage des odeurs du Bouddha, un appauvrissement qui se manifeste aussi par une altération dans la forme du récit même. Dissocié de lui-même, réincarné en homme-chien, le narrateur devient *réaliste*, et le récit est marqué par l'incapacité à transfigurer le monde par la métaphore et l'usage de la magie.

Si l'expulsion des Sundarbans semble inaugurer un rebond puisqu'il retrouve la mémoire et la communauté de magiciens dans le bidonville de la Mosquée du Vendredi, Saleem est à nouveau pourchassé, cette fois-ci par la Veuve, qui le fait transférer à Bénarès où il est stérilisé, reprise ultime de la mutilation originelle. La description de son retour en train de Bénarès et Delhi est significative de sa chute morale et de son déclassement, qu'il voit aussi comme un retour à "ce véritable héritage de pauvreté et d'indigence" qui est le sien (III, p. 697). Son voyage final jusqu'à Bombay le fait descendre aux "enfers" du Club Minuit (III, p. 796), version dégradée du Congrès des enfants de minuit, réunissant une jeunesse avide de débauche, se réfugiant dans un lieu hors du temps, une "négation de l'histoire" (III, p. 796).

Les déplacements physiques des personnages semblent obéir à la loi mécanique et aléatoire des serpents et échelles, principe simplificateur de chute et d'ascension perpétuelle qui ne répond à aucune logique de progression. La seule concession faite au *Bildungsroman* est la lucidité finale de Saleem, guéri de l'illusion d'être au centre de l'histoire et du désir de signifier, ancré dans la réalité matérielle et le sensible, et sa connaissance de l'hétérogénéité du sous-continent indien. La naissance d'un nouvel Aadam incarne aussi l'espoir d'une nouvelle génération d'enfants de minuit.

Une traversée de la société indienne

Si la trajectoire de Saleem, à l'image de celle de la nation, est celle d'une descente dans le chaos, d'une désintégration plutôt que d'une consolidation, ses mouvements à travers le sous-continent indien et ses déplacements psychiques lui permettent tout de même d'élargir sa vision du monde, de sortir, douloureusement, de la perspective d'un enfant de l'élite de Bombay à travers de multiples chocs. C'est cette collision entre des mondes hétérogènes, permise par le mouvement, qui fait, en dernière instance, la richesse de son récit, et qui sauve le roman de la simplicité de la fable morale.

Le don de réception des pensées, faisant de l'esprit de Saleem un récepteur et émetteur pan-indien, en d'autres termes une "radio Inde", permet au narrateur d'avoir accès à une pluralité de visions, son oreille interne devenant l'équivalent du "kaléidoscope fantastique" de Lifafa Das (I, p. 308), ou, en anglais "a private 'Dilli-dekho' machine", mot-valise signifiant "regardez [*dekho* en hindi] Delhi !". Ce don lui permet de franchir la ligne entre réalité et imaginaire, mais lui donne aussi la possibilité de parcourir tout le spectre de la société indienne. Son parcours mental de l'Inde commence par une traversée touristique qui illustre son refus des hiérarchies (des temples du sud aux égouts de Calcutta, des palais du Rajasthan aux stars de Bollywood), et se poursuit par une juxtaposition d'images contradictoires illustrant les inégalités économiques persistantes de l'Inde post-indépendance (II, p. 310). Il finit par se concentrer sur les enfants de minuit, venus de toute l'Inde, une assemblée qui ne parvient pas à unifier ses opinions politiques. C'est aussi par cette circulation à travers les esprits qu'il est confronté à son *alter ego* Shiva, enfant des quartiers défavorisés, qui le renvoie sans cesse à son statut privilégié et son "innocence" choisie.

Plus prosaïquement que ce Congrès mental, les déplacements physiques, souvent clandestins, des personnages à travers l'espace urbain, leur permettent de saisir l'hétérogénéité sociale de l'Inde. Si le monde social de Saleem Sinai est celui de la bourgeoisie libérale de Bombay dans lequel a grandi l'auteur, ce que l'on nomme un "pays des Merveilles" dans *Les Versets sataniques* [RUSHDIE, 1989, p. 68], il faut aussi souligner que le roman donne à voir les espaces marginalisés de l'Inde des années 1950 à 1970, notamment par le parcours à travers Bombay et Delhi (II, p. 273 et III, p. 683), traités sur le même mode de l'abondance de *stimuli* sensoriels.

L'épisode de la prophétie que Ramram Seth fait à Amina Sinai se déroule ainsi dans un quartier pauvre de Delhi. Le texte met en scène l'étonnement de cette femme de la classe moyenne qui semble découvrir un monde exotique en ces ruelles sombres des quartiers pauvres jouxtant le Fort Rouge, comme si elle n'avait jamais été confrontée à la pauvreté. La métaphore de la perte des "yeux de citadine" (I, p. 142), qui figurent la cécité volontaire des classes moyennes vis-à-vis de l'extrême misère qui les entoure (image reprise dans *Les Versets sataniques*) exprime bien la prise de conscience du personnage et la plongée dans un réel d'une violence extrême. En même temps, le texte donne à voir sa perception du quartier, placé sous le signe de la magie, de la monstruosité fabuleuse et du danger, dans une mise en abyme ironique de l'orientalisme du lecteur : le détail de l'illusion de lévitation de Ramram Seth (I, p. 151) tourne en dérision les préjugés d'Amina. En parallèle de cet épisode se déroule le désastre comique de la remise ratée de l'argent dans Purana Qila, autre quartier vénérable de la ville abandonné aux singes et aux bandits, dans lequel les trois hommes d'affaires sont perdus.

C'est la même distance que l'on perçoit lorsque Saleem, caché dans le coffre de la voiture, se rend dans le quartier populaire du café du Pionnier, au nord de Bombay afin d'espionner sa mère. Le texte souligne le malaise de Saleem, "enfant de riche" en pantalon blanc amidonné (II, p. 383) face aux enfants dépenaillés qui l'observent, et le passage donne à voir la ségrégation socio-spatiale de la ville par la confrontation de ces deux mondes étrangers l'un à l'autre. Si l'association entre transgression morale (l'adultère) et traversée des frontières sociales, accentuée par l'insistance du narrateur sur la saleté du café, peut sembler renvoyer de manière peu originale au *slumming* victorien [Koven, 2004], l'auteur en fait aussi le lieu de l'engagement politique, puisque c'est le quartier général de Nadir Khan devenu Qasim Lal, ou Qasim le Rouge.

On note ainsi une certaine évolution dans la perception qu'ont les personnages principaux de la différence sociale, puisque le ghetto des magiciens de Delhi, bidonville qui jouxte la mosquée du Vendredi, n'est pas vu comme un lieu exotique mais, tout en étant dépeint dans sa pauvreté, est considéré comme un nouveau foyer ; les artistes étant la famille d'élection de Saleem, ils l'accueillent et construisent une hutte pour les deux jeunes mariés (III, p. 680-682). Hétérotopie marginale [Foucault, 1965], rassemblant en son sein des artistes et magiciens venus de toute l'Inde (on retrouve ici l'attrait de Rushdie pour les artistes [Tadié, 2012]) sous la houlette de Singh-la-Photo, chef charismatique, elle est un miroir inversé à la fois du domaine clos et élitiste de Methwold, mais aussi de l'Inde que veut faire advenir Indira Gandhi, une nation dont la diversité est brutalement homogénéisée. Si elle est aussi le lieu de divisions entre différentes factions communistes ("on pouvait y trouver en miniature toutes les divisions et les dissensions qui épuisaient le parti dans ce pays", III, p. 702), illustrant dans une certaine mesure l'échec de l'organisation politique collective, la Commune des Magiciens, tout comme les enfants de minuit, n'en est pas moins considérée comme le lieu d'un contre-pouvoir, et finalement anéantie lors de la campagne de destruction des *slums* de Delhi pendant l'état d'urgence.

C'est à la fois par des moyens réalistes et fantastiques que le roman traverse toute l'Inde et la représente dans toute sa diversité et ses contradictions, fissurant le récit historique officiel de l'unité nationale. Ces parcours et traversées font signe vers l'ambition rushdienne d'embrasser toute l'Inde, d'en offrir une vision panoramique, à l'image de la radio mentale de Saleem. Cette impulsion totalisante, qui se voit confrontée à des forces centrifuges qui font exploser l'unité, peut être lue à l'aune des "romans-monde" que constituent les épopées modernes selon Franco Moretti, qui donne à voir les contradictions du système-monde depuis les périphéries.

LA FUITE DU TEMPS

Afin d'étudier la logique de déplacement au sein du roman, nous nous intéresserons successivement aux entrées et aux sorties des personnages.

Entrées

À l'origine, les trois familles viennent de l'extérieur – les Du du Shanxi, les Sima du Shaanxi et les Lan du Shandong, pour s'installer sur des "terres inhabitées" et fonder le village des Trois Patronymes, comme le signale la note du premier chapitre du livre I (p. 21). Le narrateur précise qu'elles ont fui la famine entre la fin de la dynastie des Ming et le début de celle des Qing : il s'agit peut-être d'une allusion à la famine qui a touché la Chine sous l'empereur Wanli des Ming, dans les années 1615-1617. On peut donc remarquer que Yan Lianke ne fait pas du village des Trois Patronymes une origine absolue.

On relève deux entrées à caractère colonial, mais à l'échelle de la région : dans le passé, on évoque les missionnaires européens, qui, en 1892, ont fondé au chef-lieu de district une église, transformée ensuite en un hôpital missionnaire, puis, en 1942, en un dispensaire pour grands brûlés (p. 24) ; par ailleurs, on mentionne des fonctionnaires de l'ONU qui n'ont pas su mettre en garde la population contre la pollution (p. 215-216).

Pendant l'époque où se déroule le roman, le personnage venant de l'extérieur qui joue le rôle le plus important est le "responsable Lu" : non seulement il transfère dans le village des Trois Patronymes les techniques appliquées dans le village pilote qu'il dirige et que sont venus visiter Lan Baisui et Sima Lan, mais il vient s'installer lui-même au cœur du village, accompagné, qui plus est, d'autres "cadres" et de nombreux travailleurs : "[Lu] emmène avec lui quelques cadres aux Trois Patronymes. Ils choisissent une maison de trois pièces, propres et orientées vers le sud, s'y installent et en font leur quartier général. Quinze jours après, le village grouille, envahi. Les maisons s'emplissent de travailleurs de vingt à cinquante ans. [...] Ils viennent de villages situés à plusieurs dizaines de lis des Trois Patronymes et déferlent à flots" (p. 360-361).

Enfin, l’eau acheminée depuis la ville de Lingyin jusqu’au village des Trois Patronymes représente une autre forme d’“entrée” : il ne s’agit pas de personnages venus de l’extérieur, mais, symboliquement, un corps étranger pénètre dans le village.

Sorties

Les sorties hors du village représentent en tout 91 pages sur 621, soit environ 15 % du roman. Il y a en effet peu de sorties en soi, mais, de plus, celles-ci sont traitées, à des degrés divers, sur un mode elliptique. On évoque à deux reprises le départ de femmes pour Jiudu : dans les deux cas, Sima Lan leur impose de se prostituer afin de financer les deux constructions du canal, (p. 129 et p. 273). On repère encore d’autres ellipses complètes : dans les exemples qui suivent, on voit en effet partir puis revenir les personnages, mais on ne les suit pas dans leur déplacement. C’est le cas de Du Zhucui qui est allée chercher un fiancé hors du village (p. 231) ; on évoque aussi des unions exogames rendues possibles après l’aménagement des champs en terrasses (p. 419) ; de même Sima Taohua se rend au chef-lieu de canton pour prendre soin de la femme de Lu et permettre à celui-ci de revenir au village (p. 360) : les femmes partent donc pour chercher, suivre ou soigner un homme. De leur côté, les hommes réalisent deux types de sorties qui, dans les exemples suivants, ne sont pas prises en charge par un récit : ils vont vendre leur peau au chef-lieu du district (Sima Hu et Sima Lu, pour financer l’opération de leur frère aîné, p. 31 ; Sima Lan, seul ou accompagné, pour financer les champs en terrasses, p. 341-342 et p. 357) ou bien ils travaillent sur le chantier du canal de Lingyin (il s’agit du second chantier, dans le livre I, p. 129).

En revanche, Du Bai, qui ne participe pas au chantier, leur rend visite, ce qui donne lieu à un récit, mais peu développé (4 pages), où l’on décrit, du point de vue de Du Bai, le travail pénible auquel sont contraints les villageois (p. 134-160). Du Bai effectue une seconde visite, mais elle est traitée par l’ellipse : “Du Bai se rend au chantier. Trois jours. À son retour […]” (p. 160). Par la suite, le premier chantier du canal (livre II) donne lieu à un récit un peu plus long (6 pages), en focalisation zéro (p. 260-266). Lors de cette sortie, Sima Lan opère comme une nouvelle sortie en se rendant au village de Xiaomazhai pour se procurer du roseau afin de confectionner un cercueil pour sa mère (p. 266-271).

Le roman comporte trois récits plus développés concernant deux types de sortie des personnages. Le narrateur consacre tout un chapitre et le début du chapitre suivant au récit du séjour de Lan Sishi et de Sima Teng dans la ville-préfecture de Jiudu (chapitres VI et VII du livre I, p. 58-86, soit 28 pages). Les deux autres récits développés concernent le séjour des hommes dans le chef-lieu du district où ils sont venus vendre leur peau : le premier récit est le plus long récit consacré à une sortie des villageois (une grande partie du chapitre VII du livre II, p. 274-312, soit 38 pages) ; le second, plus court, décrit la première séance de vente, à laquelle assistent les enfants (p. 590-599). Comme nous l'avons vu, ces deux types de sortie sont associés au commerce et au vice (v. Thématiques, Espaces).

Notons que, le plus souvent, on ne décrit pas le déplacement des personnages allant d'un lieu à un autre : ainsi, dans le livre II, on passe directement du village (chapitre VI) au dispensaire (chapitre VII). Il y a néanmoins deux exceptions : le départ des hommes pour le chantier dans le livre I fait l'objet d'un assez long passage (p. 129-133) ; de même, on suit le parcours de Sishi et de Teng entre le village et Jiudu : elles rejoignent la crête, puis marchent jusqu'au chef-lieu de canton où elles prennent un car à la gare routière pour le chef-lieu de district ; là, elles prennent un train jusqu'à Jiudu. Mais cela ne concerne qu'une demi-page (p. 57).

La grande sortie collective des villageois, qui se produit à la fin du roman, quand ils sont envoyés par Sima Xiaoxiao pour aller mendier car il ne reste plus rien à manger dans le village et ses environs, dure quinze jours et n'occupe, elle aussi, qu'une demi-page. Dans leur pérégrination, les familles se séparent :

> Ils arrivent à un croisement et Sima Xiaoxiao ordonne : séparons-nous. Lan Baisui quitte le groupe, entraînant à sa suite tous les Lan. Quelques lis plus loin, un nouvel embranchement. Qui part par là ? Les Du ou les Sima ? demande Sima Xiaoxiao. Du Yan s'y engage, avec ceux de son patronyme. Ils continuent ainsi à se scinder en petits groupes à chaque croisement, laissant quelqu'un à chaque village. (p. 558)

On aurait donc pu s'attendre à ce que, comme à l'origine de l'histoire du village des Trois Patronymes rapportée dans une des notes du chapitre I (p. 21), un nouvel exode provoqué par une nouvelle famine se traduise par la fondation, autre part, de trois nouveaux villages, ceux des Lan, des Du et des Sima. Mais ce n'est pas le cas. Les trois familles reviennent au village. On comprend alors que l'Exode du peuple juif rapporté dans les exergues tirés de l'Ancien Testament fonctionne de façon ironique : les Hébreux, conduits par Moïse, se libèrent de la captivité en Égypte et atteignent, non sans mal il est vrai, la Terre Promise, tandis les villageois du roman ne quittent la prison que représente les Trois Patronymes que pour y revenir et connaître à nouveau un sort misérable.

Il nous reste à examiner deux catégories de personnages qui ne répondent pas au schéma que nous avons établi : il s'agit de ceux qui effectuent non pas seulement une entrée ou une sortie mais des allers et venues et de ceux qui réalisent (ou souhaitent réaliser) une sortie définitive hors du village.

Allers et venues

Comme nous l'avons vu (v. Thématiques, Histoire), Du Yan, puis son fils Du Bai, travaillent au service du gouverneur du canton et, à ce titre, sont nommés dans le roman "agents de liaison" (*lianluoyuan*). C'est pourquoi ils font fréquemment des allers-retours en direction du chef-lieu de canton. Quand ils reviennent au village, c'est pour transmettre les directives du pouvoir central, et éventuellement pour rectifier les actions du chef du village. Ainsi, quand Du Yan revient au village à l'occasion de la mort de Lan Baisui (l'ancien chef, auquel succède le jeune Sima Lan), il apparaît "aux yeux des villageois" comme ayant "un peu de gouverneur [du canton] en lui" (p. 224). De plus, lors de la cérémonie funèbre, il intervient pour corriger chacun des gestes rituels accomplis par Sima Lan :

> Sans prendre la peine d'expliquer son geste, [Du Yan] retire les pièces blanches des mains du défunt pour les remplacer par des pièces dorées, enlève la pièce dorée de sa bouche et la remplace par une blanche ; quant à la corde de chanvre autour des pieds, il en défait le nœud coulant et refait un nœud fixe. (p. 226)

Endo- ou exogamie ?

Est-il possible pour un villageois ou une villageoise de se marier avec un conjoint étranger, et de réaliser ainsi une sortie définitive hors du village ? De fait, les femmes et les hommes du village se marient au sein de la communauté. Il s'agit d'une coutume que les chefs de village entendent faire respecter : ainsi Lan Baisui corrige la jeune Lan Xiangxiang qui a tenté de s'enfuir avec un étranger, sort que le tout nouveau chef Sima Lan voudrait imposer à Du Zhucui qui, par dépit de ne pas l'épouser, est allée chercher un fiancé à l'extérieur du village (p. 231-234).

Mais cette tentative de Zhucui incite une mère à demander de pouvoir marier sa fille à l'extérieur (p. 232). Du reste, le principe endogame est dénoncé comme une forme de "discrimination" (*qishi*, p. 163), et l'on envisage même des mariages exogames quand la situation s'améliorera (*ibid.*), ce qui se produit effectivement après l'aménagement des champs en terrasses, puisqu'on évoque alors onze unions exogames (p. 419).

L'endogamie est en fait une malédiction associée à celle de la maladie de gorge obstruée, comme l'explique la note du narrateur : "Depuis un siècle environ, c'est de la maladie de la gorge obstruée qu'ils meurent tous [si bien que] [...] plus personne ne s'uni[t] par les liens du mariage avec ceux du village" (p. 21).

Bilan

Si on fait le bilan des entrées et des sorties, on est frappé par l'extrême négativité qui caractérise toute mise en relation du village avec le reste du monde. Les "entrées" se terminent généralement par une catastrophe. La venue du "responsable Lu", censée permettre l'aménagement des champs en terrasses en vue d'un meilleur rendement des céréales échoue : "on ne cesse de gloser sur l'abondance de la récolte à venir, cette première récolte de la terre nouvelle ! Mais lorsque les jeunes plants atteignent la hauteur d'un genou, voilà qu'on découvre leur pauvreté : frêles et jaunes" (p. 421-422). De même, l'eau du canal acheminée jusqu'au village s'avère répugnante : "Herbes maculées, rats morts aux ventres gonflés, sacs plastiques emplis de fange, vêtements et chapeaux usagés, ventres rouges, peaux et poils blancs de bestiaux, tout cela se bouscule et se heurte à la surface de l'eau" (p. 209).

Lorsque les personnages rentrent après avoir effectué une sortie, le bilan est tout aussi négatif. À son retour, Lan Sishi est dégoûtée des hommes et renonce à la sexualité : "Moi, maintenant je n'ai aucune envie d'avoir un homme ni même de voir un homme. Que l'on me parle d'histoires d'hommes et de femmes, ça m'écœure, à me chavirer l'estomac, comme si j'avais avalé des excréments" (p. 98). Même constat d'échec quand les villageois rentrent du chantier : "les hommes ont tous maigri, même les plus vigoureux, leurs vêtements sont aussi crasseux que s'ils n'avaient pas vu d'eau pendant un siècle" ; on découvrira bientôt que sept d'entre eux sont morts (p. 163-164).

Toutefois, il arrive que le personnage qui rentre au village rapporte avec lui des objets qui fascinent par leur caractère étrange. Sima Lan rapporte ainsi une roue de chariot occidental qui suscite l'étonnement des villageois : "Devant lui, une roue de chariot qu'il pousse à l'aide d'une branche fourchue. En lisière des champs, il envoie rouler le pneu vers les villageois, lesquels cessent leur labeur pour regarder au loin ce fantôme d'un autre monde, saisis de stupeur" (p. 342). Sima Lan offre aussi des cadeaux (tissu rouge, chaussettes bleues, cigarettes occidentales, p. 343). De même, le produit de la vente de peau au livre III permet d'acheter du matériel qui servira pour l'aménagement des champs en terrasses (p. 357). Ces sortes de "merveilles" (*mirabilia*, v. Thématiques, Mythes) semblent plutôt positives, mais elles sont en réalité ambivalentes : ne suggère-ton pas qu'elles fonctionnent comme des pièges auxquels se laissent prendre les villageois ?

Il semble bien que tout apport extérieur soit présenté comme nocif, comme s'il fallait préserver l'intégrité, voire la pureté de la communauté villageoise. Il est vrai que la diversité humaine constatée dans la ville de Jiudu n'est pas valorisée. Les citadins côtoient des "campagnards venus chercher du travail en ville", ceux que l'on a coutume d'appeler des *mingong*. Outre les migrants, diverses catégories humaines se mêlent dans la grande ville : "Vendeur de légumes, ouvriers, acheteurs d'objets de rebut, ceux qui font du troc, ceux qui fuient la loi, toutes sortes de gens se retrouvent là dans cette avenue de Xiangyangergao, petit village à l'intérieur de Jiudu" (p. 58). Or, cette diversité n'est pas décrite de façon positive.

Est-ce à dire que Yan Lianke adopte une position qui consiste à rejeter la mixité ou l'hybridité ? Nous ne le croyons pas. D'abord, la diversité de la ville n'est certes pas valorisée, mais elle n'est pas non plus condamnée : en fait, le ton relève du constat, celui de villageoises, Lan Sishi et Sima Teng, qui ne sont pas ou qui sont peu familiarisées avec cette diversité humaine. Yan Lianke entend probablement adopter le point de vue de paysans dont l'horizon est bien souvent bouché, comme le signale la chaîne montagneuse des Balou. De plus, le village des Trois Patronymes est lui-même le résultat d'une alliance entre trois familles venues chacune d'une province (le Shanxi, le Shaanxi et le Shandong) pour former une même communauté : le village comporte lui-même une diversité symbolique, à travers la coexistence des Sima, des Lan et des Du. Au moment de la grande famine, ces trois familles sont amenées à se séparer, comme nous l'avons vu, mais elles reviennent finalement au village pour se réunir à nouveau (p. 558) : tout se passe comme si le risque d'un éclatement de la communauté en trois villages distincts avait été évité. Yan Lianke ne cède donc pas à l'essentialisation en faisant du village un lieu que viendraient "polluer" des apports extérieurs, comme pourrait le faire penser l'épisode du canal de Lingyin. Il entend rendre compte de la difficulté culturelle, sociale et économique pour un village chinois en marge de l'histoire de s'intégrer dans un territoire et une réalité qui le débordent.

MYTHES, CROYANCES, MAGIE

CENT ANS DE SOLITUDE

On s'en doute, nombreux ont été les critiques à travailler sur ces sujets, eu égard à leur importance dans *Cent ans de solitude*. Même si, à bien y réfléchir, leur traitement n'est, somme toute, guère complexe, du fait qu'ils font volontairement l'objet d'une hypervisibilisation et d'une hyperlisibilité – aussi bien dans leur contenu (en effet extrêmement explicite) que dans leur dimension structurante pour le récit, et, en général, pour le "personnel du roman". C'est justement à la fois cette hypervisibilisation et cette hyperlisibilité qui nous intéresseront ici.

Katalin Kulin, autrice d'un essai intitulé *Création mythique dans l'œuvre de García Márquez* [1980] et d'un article intitulé "Mythe et réalité dans *Cent ans de solitude* de Gabriel García Márquez" [1971], part de la prémisse que :

> La critique fait souvent allusion au caractère mythique du récit latino-américain d'aujourd'hui. En revanche, jusqu'à présent, on a peu commenté les raisons possibles d'un tel phénomène, pas plus qu'on y trouve véritablement d'explications détaillées au sujet de sa filiation faulknérienne. La différence entre les conditions socio-historiques de l'Amérique du Nord et de l'Amérique du Sud n'ont pas favorisé le développement d'une pensée allant dans ce sens, alors qu'à bien des égards, la différence n'est qu'apparente. Le monde de Faulkner, à savoir l'État du Mississippi à l'époque de la guerre civile étasunienne et de ce qui s'en est suivi, est assez proche de la réalité sociale des pays latino-américains : il a un caractère provincial, ses personnages vivent à la périphérie d'une société dont les grands centres industriels n'influencent leur vie que dans la mesure où ils sont envahis par un sentiment d'insécurité, et où ils se retrouvent sans repères au beau

milieu de changements lents, mais inévitables de leur existence. Il y a déjà là le choc de visions différentes du monde, difficilement conciliables. Mais il existe quelque chose de plus important, à savoir la coexistence de différents groupes ethniques : Noirs et Blancs ou Indiens, Noirs et Blancs, etc. Il semble que ce soit Faulkner qui ait pris conscience de l'écart fondamental entre la façon de penser des Noirs et la façon de penser des Blancs, et qu'il ait ressenti l'obligation d'opérer une fusion entre les deux ; une fusion dont la justification reposait sur la pratique : la coexistence des Noirs et des Blancs, dans leurs échanges, dans leurs relations, dans leurs relations avec les autres, leurs échanges culturels. En fin de compte, Faulkner s'est efforcé d'unir deux cultures distinctes qui avaient déjà commencé à se mélanger, sans encore être parvenues à établir une base 'idéologique' commune. La création de mythes a précisément servi – dans son cas – à réaliser cet objectif. Instinctivement, il a découvert que toute culture authentique découlait d'une vision commune du monde, transformée en mythe. L'objectif des 'faulknériens' de la littérature latino-américaine fut identique : créer la base mythologique de la culture du continent ibérique. C'est en ce sens que Gabriel García Márquez peut être qualifié de faulknérien. [1971, p. 91-92, notre traduction]

Afin de comprendre la nature et le rôle du système des mythes, des croyances et de la magie dans *Cent ans de solitude*, il faut en effet commencer par en déterminer le périmètre (pour Kulin, il s'agit du "continent ibérique") son extension (Kulin parle de son "caractère provincial" et de "périphérie") et ses acteurs (Kulin parle de "différents groupes ethniques : Noirs et Blancs ou Indiens, Noirs et Blancs, etc.").

C'est surtout ce dernier point qui suppose une première étape incontournable pour cette thématique – une étape que nous n'avons fait qu'effleurer jusque-là, à savoir la présence de "Noirs" et la présence d'"Indiens".

Il n'est pas inutile de remarquer qu'il n'est fait mention de Noirs qu'à quatre reprises seulement dans le texte :

– Première occurrence, lorsqu'on décrit le chaos causé à Macondo au moment de l'arrivée massive d'étrangers, lors de la fièvre de la banane : "Le seul havre de tranquillité fut celui que ménagèrent les paisibles *Noirs des Antilles*, dessinant une *rue en retrait* avec leurs maisons de bois sur pilotis, devant lesquelles ils s'asseyaient en fin d'après-midi pour *chanter des hymnes mélancoliques* dans leur *confus et gazouillant patois*" (p. 252, nous soulignons) ;

– Deuxième occurrence: "Dans leur petite rue à l'écart, les Noirs antillais chantaient en chœur les psaumes du samedi" (p. 338). On pourrait en déduire que les Noirs ne sont apparemment arrivés là qu'au XIXᵉ siècle, avec la United Fruit Company, en provenance des Antilles (donc hors du circuit du commerce négrier pourtant intense sur la côte caribéenne colombienne durant la période coloniale), qu'ils vivent là "en retrait", "à l'écart", qu'on ne les comprend pas parce qu'ils parlent leur langue bizarre et qu'ils passent leur temps à chanter soit leur appartenance à un ailleurs soit leur foi...

– Troisième occurrence: "Aureliano [*le dernier*] ne trouva personne qui se souvînt de sa famille, ni même du colonel Aureliano Buendia, excepté le plus vieux des noirs antillais, *vieillard à qui sa tête couverte de coton donnait un air de négatif de photographie*, et *qui continuait de chanter* sous son portique des *psaumes lugubres* dès la tombée du jour." Qu'a-t-on ici, si ce n'est le cliché d'une sorte d'Oncle Tom? "Aureliano bavardait avec lui dans l'*embrouillé jargon antillais* qu'il apprit en l'espace de quelques semaines seulement, et partageait parfois le bouillon de têtes de coq que lui préparait son arrière-arrière-petite-fille, une *grande négresse bien charpentée, avec des hanches de jument et des seins comme de guillerets melons*." Qu'a-t-on ici, si ce n'est le cliché d'une féminité noire hypersexuelle? "Et une tête toute ronde, parfaite, casquée d'un dur cabasset de cheveux de fil de fer qui avait l'air d'*un heaume de guerrier moyenâgeux*. Elle s'appelait *Nigromanta*." Essentialisme dans l'onomastique? "Vers cette époque, Aureliano vivait de la vente des couverts, chandeliers et autres ustensiles de la maison. Quand il était sans le sou, ce qui était le plus fréquent, il obtenait qu'on lui fît cadeau, dans les auberges du marché, des têtes de coq qu'on allait jeter aux ordures et il les portait à Nigromanta pour qu'elle préparât ses soupes additionnées de pourpier et parfumées de menthe." Qu'a-t-on ici, si ce n'est le cliché de la femme noire nourricière? "À la mort du bisaïeul, Aureliano cessa de fréquenter la maison mais retrouvait Nigromanta sous les ombreux amandiers de la place où elle attirait, de ses *sifflements de bête sauvage*, les rares noctambules qui passaient. Il lui tint maintes fois compagnie, parlant en patois antillais de soupes aux têtes de coq et aux délices de la misère, et il aurait continué si elle ne lui avait fait comprendre que sa compagnie éloignait la *clientèle*." Et on finit avec le cliché de la femme noire prostituée. "Bien qu'il en eût éprouvé parfois la tentation, et bien que Nigromanta elle-même n'y eût vu qu'un aboutissement naturel à leur commune nostalgie, *il ne couchait pas avec elle*" (p. 420).

– Quatrième occurrence, lorsque, ne pouvant obtenir les faveurs de celle qu'il désire véritablement, à savoir sa parente, Amaranta Ursula, il se "contente" finalement de Nigromanta (p. 421-422).

Il n'y a donc là que des éléments d'un exotisme éculé problématique, et certainement pas la tentative de récupérer et de cristalliser une spécificité latino-américaine autour d'une culture commune, *a fortiori* dans cette zone de la Colombie, étant donné cette sorte de dénégation historique autour de la présence des Noirs. On sait pourtant la place et l'importance de la culture afro-colombienne dans le pays. En l'occurrence, tout est et demeure irréductiblement différent, et les rencontres strictement utilitaires: le "plus vieux des noirs antillais" intéresse Aureliano parce qu'il peut lui donner des informations concernant son histoire personnelle; Nigromanta ne l'intéresse qu'en tant que substitut passager du véritable objet de son désir.

Qu'en est-il du côté des autochtones dans le roman, mentionnés dix fois sous l'étiquette d'Indiens et sept fois sous l'étiquette d'indigènes?

(Avant d'entrer dans le texte, nous voudrions tout de même signaler l'étrange assimilation opérée par Kulin entre le cas étasunien, avec une co-présence Blancs et Noirs liée à la colonisation et à la traite négrière, et le cas latino-américain, avec une co-présence Blancs et autochtones, qui est le fruit de la colonisation tout court… puisque les autochtones étaient là avant l'arrivée des Blancs).

Mises bout à bout, ces dix-sept occurrences localisent et cantonnent ces *Indiens-Indigènes* aux fameux espaces sauvages que l'on traverse difficilement, excepté par les voies qu'ils y ont tracées eux-mêmes, rétifs à la civilisation, et qui renvoient à une presque absence de réalité, jusqu'à ce que l'on y installe le capitalisme productiviste:

– "Il emmena sa famille vivre loin de la mer, dans un pauvre hameau d'Indiens pacifiques situé sur les contreforts de la Sierra" (p. 28);

– "La nuit de l'extermination [des dix-sept fils du colonel Aureliano Buendia], deux hommes étaient venus le dénicher jusque chez lui, avaient déchargé sur lui leurs revolvers, mais n'avaient pas réussi à atteindre sa croix de cendre. Aureliano l'Amoureux était parvenu à franchir la clôture du patio et s'était évanoui dans les dédales de la sierra qu'il connaissait comme sa poche grâce à l'amitié des Indiens avec qui il faisait commerce de bois" (p. 265) ;

– alors que Meme quitte Macondo après la mort de Mauricio Babilonia, "[e]lle ne cessa de penser à lui [...] quand elles gravirent la cordillère en empruntant les sentiers indiens" (p. 324).

Mises bout à bout, les mentions suivantes renvoient à l'éducation des enfants, qu'il faut ensuite, au moment du passage à l'âge adulte, désindianiser, ou désindigéniser :

– "Arcadio et Amaranta qui avaient déjà commencé à faire leurs dents et marchaient encore en s'accrochant toute la sainte journée aux ponchos des Indiens, fermement décidés à ne pas parler espagnol mais la langue des guajiros" (p. 51) ;

– "Il n'était que de se souvenir [...] des événements qui s'étaient produits à la maison avant qu'Amaranta et Arcadio n'oubliassent la langue des Indiens pour apprendre à parler espagnol" (p. 270-271) ;

Rebecca est exemplaire des conséquences hautement "problématiques" d'une enfance passée auprès des autochtones :

– quand la petite Rebecca arrive à Macondo, chez les Buendia, "[o]n en arriva même à croire qu'elle était sourde et muette, jusqu'au moment où les Indiens lui eurent demandé dans leur langue si elle désirait un peu d'eau : ses yeux reprirent vie comme si elle venait de retrouver des gens de connaissance et elle fit oui de la tête" (p. 53) ;

– "Bientôt, il apparut qu'elle parlait castillan aussi couramment que la langue des Indiens" (p. 54).

Comme dans le cas d'Amaranta et Arcadio, "la langue des Indiens" prend le pas sur le "castillan". "La langue des Indiens", dont on remarque d'ailleurs ici qu'elle n'est jamais désignée en tant que telle – quelle langue des Indiens ? Les personnages ne le savent pas, parce qu'ils ne la comprennent pas...

– alors qu'Ursula a quitté Macondo, sur la trace de son fils José Arcadio, parti avec les gitans, José Arcadio père monte une expédition pour tenter de la rejoindre : "À l'aube, des pêcheurs indigènes, dont ils méconnaissaient la langue, leur firent comprendre par signes qu'ils n'avaient vu passer personne" (p. 35).

Et le narrateur-Melquiades pas plus que le narrateur-auteur ne prennent la peine de nous le dire… Parce qu'eux-mêmes ne le savent pas ? Parce que cela ne compte pas ? Faut-il y voir une nouvelle forme d'invisibilisation, à relier aux questions de colonialité/postcolonialité/dé-colonialité ?

– "Rebecca était si rebelle et si forte malgré son rachitisme qu'on devait la maîtriser et la terrasser comme un jeune veau pour lui faire avaler son médicament, et c'est à peine si l'on pouvait réprimer ses trépignements et supporter les hiéroglyphes embrouillés qu'elle vociférait entre deux morsures ou deux crachats et qui, selon les indigènes scandalisés, représentaient les pires obscénités qui se pouvaient concevoir en leur langue" (p. 54).

Cette fois, l'expression "hiéroglyphes embrouillés" pour désigner "la langue des Indiens" montre bien le décalage et l'incompréhension entre "communautés"…

En outre, lorsqu'on observe le contenu de la troisième occurrence du mot *indigène* en suivant l'ordre du récit – "Pendant plusieurs jours, on ne réussit pas à faire manger [Rebecca]. Personne ne comprenait comment elle n'était pas déjà morte de faim quand les indigènes, auxquels rien n'échappait parce qu'ils parcouraient sans arrêt la maison à pas feutrés, découvrirent que Rebecca ne se plaisait à manger que la terre humide du patio et les plaques de chaux qu'elle détachait des murs avec les ongles" (p. 53) –, on en vient à la conclusion qu'une fillette née dans une famille de *criollos* et élevée par des *Indiens-Indigènes* devient encore plus "barbare" que les autochtones eux-mêmes… On nous décrit littéralement une enfant sauvage, qu'Ursula s'emploiera à réformer, avec force médicaments et coups de fouets.

Mises bout à bout, ces occurrences montrent également un monde atroce, en particulier à la septième occurrence du mot *Indien* en suivant l'ordre du récit : "Ainsi naquit la légende de l'ubiquité du colonel Aureliano Buendia. Des informations simultanées et contradictoires le déclaraient victorieux à Villanueva, battu à Guacamayal, dévoré par les Indiens Motilon" (p. 147). Ces occurrences posent, sans jamais le questionner, le principe de la servitude :

– "Cette fois, il [Francisco-l'Homme] était revenu accompagné d'une femme si grosse qu'il fallait quatre Indiens pour la transporter dans son fauteuil" (p. 63) ;

– “D’après les calculs de la jeune fille, il lui manquait encore quelque dix ans à raison de soixante-dix hommes par nuit, car elle devait payer les frais de voyage et de nourriture pour toutes deux et le salaire des quatre Indiens qui portaient le fauteuil à bascule” (p. 65) ;

– “Après seize revers, le colonel Aureliano Buendia sortit de la région de la Guajira à la tête de deux mille indigènes bien armés et la garnison surprise en plein sommeil dut abandonner Riohacha” (p. 147).

On précisera que les deux seuls *Indiens-Indigènes* à être un tant soit peu individualisés sont Visitacion, “une Indienne Guajira” et son frère, Cataure, arrivés à Macondo “pour fuir une peste de l’insomnie qui frappait [leur] tribu depuis des années” (p. 48). Outre cette association-assimilation extrêmement importante entre *Indiens-Indigènes* et défaillance mémorielle d’une part (comment parler de leur passé dans le roman, si eux-mêmes ne se le rappellent pas ?) et contamination d’autre part (ce sont bien eux qui ont amené la peste de l’insomnie à Macondo… De là à conclure qu’un voisinage trop proche avec les communautés autochtones serait dangereux, il n’y a qu’un pas), on ne manquera pas de noter que ce sont les *criollos* qui leur offrent généreusement un refuge “chez eux”, dans leur rôle et à leur place, évidemment : “Ils étaient tous deux si obéissants et serviables qu’Ursula les prit à son service” (p. 48). Là encore, une lecture croisée avec le descriptif que donne Christophe Colomb dans son *Journal de bord* lors de sa première rencontre avec les autochtones serait du plus grand intérêt. Eux aussi apparaissaient “si obéissants et serviables” qu’on se félicitait de la facilité qu’il y aurait à en faire des sujets de la Couronne d’Espagne, des travailleurs pour les découvreurs-conquistadors et un troupeau d’âmes pures pour les évangélisateurs. Intéressant également qu’il n’y ait aucune relation amoureuse ou même sexuelle avec les Buendia, pourtant prompts, ardents et imaginatifs dans ce domaine. Visitacion et Cataure sont-ils seulement envisagés comme des sujets ? Et si l’on pousse le raisonnement plus loin, on pourrait même en déduire que la “peste” de l’*indianisation-indigénisation* ne risque pas de proliférer, dans la mesure où, en tant que frère et sœur, Visitacion et Cataure ne devraient pas se reproduire. Tout s’arrête avec eux, sur le petit strapontin macondien qui leur a été concédé.

Mises bout à bout, enfin, ces occurrences exposent un monde surnaturel, certes, mais certainement pas magique :

– au moment de la manifestation des premiers symptômes de la peste de l'insomnie et après que Visitacion a expliqué à José Arcadio de quoi il s'agit, "José Arcadio Buendia, mort de rire, considéra qu'il s'agissait ni plus ni moins que d'une de ces nombreuses maladies inventées par la *superstition* des indigènes" (p. 55, nous soulignons) ;

– "le colonel Aureliano Buendia fut fait prisonnier alors qu'il était déguisé en *sorcier* indigène" (p. 138).

Tout cela pour dire qu'il ne faudra pas chercher trace, dans *Cent ans de solitude*, de mythe ou de magie autochtones, ni même quelque forme que ce soit de syncrétisme culturel ou spirituel. On vient de le voir, si on évoque les "croyances" des *Indiens-Indigènes*, on les disqualifie immédiatement sous le terme de "superstition(s)".

En conséquence de quoi, le système de mythes, de croyances et de magie que l'on trouvera (massivement) dans le roman est celui qui pourra naître et se déployer dans ce territoire que, lors de la fuite hors du "hameau des Indiens pacifiques", on a choisi faute de mieux, mais alors qu'on était "loin déjà des derniers indigènes croisés en chemin" (p. 33), avec deux Indiens "obéissants et serviables" et des Noirs antillais occupés à chanter et à mitonner de délicieuses soupes de tête de coq. On pourra toujours arguer que cela relève de l'identité du personnage-narrateur-écrivain : Melquiades. Mais là encore, cela suffit-il réellement ?

On l'a compris, les références sont celles de l'Europe, des héritiers de l'Europe (détail révélateur : au plus loin que l'on remonte pour évoquer les origines des deux branches des Buendia de Macondo, on mentionne "un commerçant aragonais" d'un côté, et "un créole [*criollo* en espagnol] planteur de tabac" de l'autre, p. 28), d'une Europe américanisée pour donner une latino-américanité civilisée, une latino-américanité-monde, dans le monde ; un projet qui nous semble donc bien différent de ce que Kulin, et d'autres avec elle, cherchent à démontrer.

Pour que ne subsiste aucun doute, la base de cette culture européenne à américaniser *via* une américanisation de ses récits mythiques, de ses croyances et de sa "magie" est principalement la Bible. Pas étonnant, on l'a évoqué plus haut, qu'à la lecture du roman, Carlos Fuentes ait parlé de "Bible de l'Amérique latine". *Cent ans de solitude* constitue effectivement un tout, depuis son début jusqu'à sa fin, mais un tout sans altérité culturelle. Il faut donc que les nouveaux Buendia en passent par toutes les grandes étapes "mythiques", par les grandes "croyances" et les grands épisodes "magiques", depuis la genèse jusqu'à l'apocalypse, fléaux compris. Leur Histoire est une Histoire de la civilisation, de la "seule vraie civilisation". Les événements qui la jalonneront, au niveau individuel et collectif, seront donc logiquement traduits à travers les mythèmes les plus "classiques" (on lira ainsi la guerre des Mille Jours sous le prisme du conflit fratricide entre Abel et Caïn, etc.)...

Kulin observe toutefois une appropriation du récit biblique par l'auteur, et donne l'exemple du couple José Arcadio et Ursula pour illustrer sa thèse :

> Le départ de José Arcadio Buendia et de sa femme de leur terre natale évoque deux mythes bibliques différents : l'expulsion du paradis et l'exode des Juifs. Dans les deux, Dieu est la partie active qui expulse Adam et Ève et sauve les Juifs. En revanche, dans *Cent ans de solitude*, c'est l'homme qui décide. Puisque José Arcadio Buendia a commis un crime – il a tué Prudencio Aguilar – on peut considérer qu'il a été expulsé de son foyer – du paradis –, mais en même temps, avec son départ, il se trouve hors de portée de la persécution du fantôme de la victime et de ses amis.
>
> [KULIN, 1971, p. 95, notre traduction].

C'est en effet dans cette très importante précision ("dans *Cent ans de solitude*, c'est l'homme qui décide") que réside le plus intéressant, selon nous, pour la question des mythes, des légendes et de la magie, dans la récupération et l'appropriation qui visent moins, selon nous, à établir un capital culturel latino-américain dans la proposition d'une "version locale" des narrations bibliques (qui tirerait finalement sa "différence" d'un charmant exotisme lié à la disproportion et au détournement des croyances judéo-chrétiennes) qu'à affirmer la toute-puissance de l'homme créateur, en l'occurrence de l'écrivain créateur. On l'a dit, il s'agit pour García Márquez, à travers son roman-univers, de compenser la douloureuse privation subie lors du pèlerinage à Aracataca en 1952... Ce que la réalité lui a arraché, l'auteur va le recréer *ex nihilo*, dans une entièreté absolue et qui doit, en effet, devenir la preuve de la force créatrice de l'Homme, au centre de laquelle il se place – en référence à l'instance Gabriel placée au sein de la fiction pour, finalement, traduire le biographique en mythobiographique. Une force créatrice humaine qui, se coulant dans le schéma destiné à exalter l'omnipotence de Dieu, montre sans cesse la supériorité de la folie imaginative humaine. On le voit très nettement dans le recours à l'humour dont font l'objet certains de ces "événements" et personnages bibliques. Deux en particulier se trouvent réinvestis dans *Cent ans de solitude*. Pour le Nouveau Testament, sur un mode ludique, à travers l'Assomption de la Vierge, dans l'épisode où Remedios-la-belle, la vierge, s'élève tandis qu'elle plie un banal drap (p. 261-262). Pour l'Ancien Testament, sur un mode parodique, à travers la référence au Moïse sauvé des eaux dans l'épisode où Aureliano, le fils illégitime de Meme et de Mauricio Babilonia, est déclaré trouvé dans une corbeille par Fernanda (p. 321). L'aspect parodique dans ce second exemple tient surtout, évidemment, à l'hypocrisie de cette frange de la société colombienne que représente Fernanda, et à la crédulité de la communauté des "Sophie de la Sainte Pitié" (le fait qu'il s'agisse justement d'elle complète le tableau depuis le jeu sur l'onomastique)...

L'auteur met ainsi en évidence qu'à la base de toute la pensée judéo-chrétienne, il y a le mythe, la croyance et la magie, et qu'à l'heure où les grands récits bibliques ont perdu de leur puissance évocatrice ou ont été dévoyés par la bigoterie, seule la littérature peut encore donner à voir et à penser le monde depuis le revers de la pensée. Ce n'est pas un hasard si le personnage de Gabriel quitte Macondo avec dans ses bagages un seul livre : les œuvres complètes de Rabelais. La littérature peut le faire, et elle le fait encore mieux. On a cru en la Bible, pourquoi ne pas croire en la littérature, cette autre littérature ?

LES ENFANTS DE MINUIT

En faisant coïncider la naissance de son héros et le jour de l'indépendance, au sein d'un récit qui devait initialement être celui de son enfance, Rushdie introduit une coïncidence qui devient extraordinaire lorsqu'elle se double d'une connexion télépathique entre les mille et un enfants nés à cet instant fatidique, basculant dans l'univers du conte. Mais, comme le dit Rushdie, son texte ne fait qu'intensifier la coexistence entre le réel et le surnaturel qui caractérise déjà, sinon la réalité, du moins les discours qui l'entourent. En effet, le discours que Nehru adresse à l'assemblée constituante à minuit le 15 août 1947 (date choisie après consultation d'astrologues), connu sous le nom de *A Tryst with Destiny* ("Un rendez-vous avec le destin"), fait déjà de l'indépendance l'accomplissement d'une prophétie et le réveil miraculeux de l'Inde après l'âge des ténèbres. Le romancier intensifie et littéralise cette métaphore pour donner à cette nuit, moment historique ancré dans une temporalité séculière, une aura magique. Toute l'histoire de l'Inde au XXe siècle est ainsi imprégnée d'une aura surnaturelle, celle d'un bourdonnement envoûtant, du don d'invisibilité, de la communication avec les pensées d'autrui, mais aussi avec les animaux et les fantômes, entre autres.

La tension entre réel et surnaturel

> Si j'ai tenté de développer une forme de fiction dans laquelle le miraculeux pourrait coexister avec le terrestre, c'était en particulier parce que, dans tout portrait d'être, j'acceptais l'idée qu'on devait explorer sans préjuger à la fois le sacré et le profane, en allant aussi loin que possible. [Rushdie, 1993, p. 443-444]

Le roman se caractérise d'emblée par une tension entre réalisme et fantastique, histoire et mythologie, rationalisme et croyance, une tension qui est mise en évidence par la division interne du narrateur, partagé entre l'aspiration à raconter son histoire "le plus simplement du monde" (III, p. 757), en s'efforçant de s'en "tenir aux faits" (II, p. 592) et son inclination à l'exagération, déformant les faits au nom d'une vérité individuelle. De fait, le "réalisme magique" de Rushdie est celui d'une oscillation constante entre le factuel et le fantastique, annoncée dès l'antithèse initiale entre le temps immémorial du conte ("Il était une fois [...]", I, p. 14) et le temps historique, répétée lors de "l'assèchement" du nez du narrateur (II, p. 295) et de la naissance d'Aadam Sinai (III, p. 737). Le deuxième début du roman, celui qui commence en 1915 par "un matin cachemiri" (traduction littérale de l'hypallage *one Kashmiri morning*), reprend aussi cette tension entre le factuel et le fantastique. Les gouttes de sang qui tombent du nez d'Aadam Aziz sont "transformées en rubis" (I, p. 15) et ses larmes en diamants, un *topos* qui renvoie aux légendes indiennes du Decan (Sodeva Bai) ou encore aux contes des frères Grimm, sans que l'on sache s'il s'agit d'une transformation magique ou d'une simple métaphore. Le littéral et le figuré coexistent et le texte ne démêle pas ce nœud, créant un pacte de lecture fondé sur l'instabilité et le doute.

En plus de la coexistence du régime littéral et figuré, le passage du réel au surnaturel procède aussi par l'exagération ou l'intensification d'un élément présenté comme réel, comme lorsque le nez de Lila Sabarmati, "une pure merveille", est décrit comme ayant le pouvoir de subjuguer les hommes : "une ride de peau nasale pouvait séduire le plus inflexible des amiraux ; le moindre frémissement des narines allumait d'étranges incendies dans le cœur des magnats du cinéma" (II, p. 456). Le contraste hyperbolique entre la courbe et la rigidité, le mouvement infime et la catastrophe naturelle, suggère de manière comique un effet papillon. Les exemples de ce régime hyperbolique abondent : on peut penser à la poussière bien réelle des travaux entrepris par les femmes de Narlikar, qui est investie d'une force destructrice et transforme la famille Sinai endeuillée en fantômes (II, p. 479) avant de faire réapparaître le fantôme le Joseph D'Costa (II, p. 492). La modernisation et la densification rapide de la ville sont ainsi incorporées à l'univers imaginaire du narrateur, réécrites sous forme de mythes.

La magie intervient également par littéralisation de métaphores communes, typique de l'écriture rushdienne, mettant en relation le corps et l'esprit, les affects et les sensations. Ainsi, la perte de foi d'Aadam Sinai devient une béance physique à la place de son cœur, et le cœur débordant de rage d'Ahmed Sinai "enfl[e] comme un ballon" (II, p. 522), changeant effectivement de forme et provoquant un arrêt cardiaque (écho sinistre à son meurtre de la chienne Sherri dont le cœur éclate, II, p. 362). La transmission de la jalousie, de l'amertume ou de l'étroitesse d'esprit par la nourriture procède de la même logique, tout comme l'invasion des rêves de ses filles par Naseem Aziz (I, p. 98) ou la "brume de culpabilité" qui enveloppe Amina (II, p. 281). Cette littéralisation, comme le montre Kortenaar, est exposée dans son artificialité, manière d'exposer l'imprégnation des discours historiques par l'imaginaire [1995, p. 43].

Étant donné la non-fiabilité du narrateur, sur laquelle le texte attire l'attention, le statut de certains événements reste incertain, et plusieurs interprétations sont offertes sans que le narrateur puisse trancher, maintenant le lecteur dans un état de doute perpétuel, une manière de le rendre vigilant face à tout récit, mais lui offrant aussi une liberté d'interprétation. L'emploi de la forme interrogative pour décrire toute une scène, telle que la fuite de Mary Pereira à Goa et la transformation de sa mère en statue de sel lors d'une procession (II, p. 495-496) laisse planer le doute. La prétérition ou l'antiphrase, qui président au récit des atrocités commises pendant la guerre du Bangladesh (III, p. 661), est un autre mode de *digestion* du réel, qui renvoie à l'idée de vérités instables.

Combattre ou succomber à l'illusion ?

Le roman est aussi le lieu d'antagonismes entre les personnages autour de la définition de la réalité et de l'imaginaire. À l'image de son grand-père, chantre de la rationalité scientifique contre les croyances religieuses de Naseem, ses "conceptions surnaturelles" ("supernatural conceits", notre traduction, I, p. 175), discréditées comme une forme d'étroitesse d'esprit archaïque, de son oncle scénariste qui défend le naturalisme contre les illusions du cinéma de Bombay, des magiciens qui ne croient pas à la magie, le narrateur semble se ranger du côté de la réalité contre l'illusion. Il tourne les croyances de Padma en dérision, cherche à dissiper les malentendus et les supercheries et présente son récit comme un combat au nom de la vérité, d'une vérité qu'il refuse de voir reléguer au statut de "création bizarre d'un esprit désordonné et malade", II, p. 356).

Le chapitre "Révélations" s'ouvre sur un pastiche de tract de secte religieuse, un texte plein de fautes d'orthographe ("incroillants", II, p. 471), célébrant l'arrivée du puissant "Seigneur Khusro" (II, p. 472) – contrastant avec "la silhouette obèse placide et presque bovine" (II, p. 474) de Cyrus. Ce tract, qui est en réalité une réinvention du mythe américain de *Superman*, illustre le caractère illusoire des croyances religieuses. Il donne le ton du chapitre, structuré autour d'une série d'annonces et de visions divines, qui semblent indiquer que les croyances l'emportent sur le *logos*. Si le dévoilement du crime de Mary Pereira expulse les Sinai du "monde illusoire qu'elle avait inventé" (II, p. 493), sa disparition, elle, est nimbée de mystère par son association aux reliques de François-Xavier. Aadam Aziz, lui, renonce au scepticisme et déclare avoir vu Dieu, se mettant en quête du Christ au Cachemire et volant (peut-être) le cheveu sacré du prophète (II, p. 490). Le chapitre mélange ainsi les croyances populaires parsies, chrétiennes, musulmanes et laïques (celles des superhéros), laissant le lecteur dans l'incertitude quant à la réalité de ces événements.

L'écriture se fait frénétique dans le chapitre "Mon dixième anniversaire", qui met en scène l'apparition miraculeuse des enfants de minuit dans l'esprit du narrateur, comme si sa voix devenait un flot incontrôlable, poussé par une imagination sans borne qui décrit avec délectation les pouvoirs de ces héros. Tel le narrateur fou du *Cœur révélateur* d'Edgar A. Poe, plus il affirme la rationalité et la crédibilité de son récit ("on ne peut nier la vérité", II, p. 349), plus celle-ci est mise en doute. Le doute est instillé par des motifs tel que celui du freak (le "monstre", traduit par "phénomène", II, p. 349 et p. 352, ou par "caprices", II, p. 347 et p. 365) ou par la symbolique du nombre 420, associé à la fraude (II, p. 348 et p. 383).

Le narrateur maintient également l'ambivalence entre l'archaïsme et la modernité que pourraient symboliser ces enfants aux pouvoirs magiques (II, p. 356), incarnations mythiques de l'histoire nationale. L'insistance de cet "interprète échevelé" [Massery, 1996, p. 46] sur la crédibilité de son récit incarne son obsession plus générale pour la cohérence, et son aspiration à donner du sens à son existence par un principe de correspondance absolue entre lui, ses ancêtres supposés, et la nation indienne. Ce principe est précisément exposé comme une croyance illusoire. La fin du chapitre décrit la descente d'Ahmed Sinai dans le monde abstrait de la spéculation financière comme un "divorce d'avec la réalité" (II, p. 360), un basculement dans un monde irréel et magique. Ainsi, le roman ne tranche pas définitivement sur le potentiel émancipateur ou paralysant des mythes. À l'image de la signification ambivalente des enfants de minuit, manifestations d'un "espoir de liberté" ou signes d'une culture prisonnière d'un mouvement rétrograde (II, p. 356), la signification des mythes et de la mythification du réel reste en suspens.

Remanier les mythes

Cette tension entre le réel et le surnaturel devient féconde lorsque le texte fait se rencontrer l'histoire de Saleem et les mythes de toutes origines, qui deviennent une matière malléable sous la plume de Rushdie, comme en témoigne l'exemple de Khusro-Superman, qui montre sur un mode facétieux "la façon dont les mythes circulent et se fécondent" [Pesso-Miquel, 2007, p. 97]. La métaphore filée de l'océan d'histoires qui apparaît dans le roman et structure *Haroun et la mer des histoires* fournit une image pertinente pour décrire l'incorporation de récits hétéroclites :

> Il regarda dans l'eau et vit qu'elle était composée de mille et mille et mille et un mille et un courants différents, chacun d'une couleur particulière, qui s'entrelaçaient les uns aux autres comme une tapisserie liquide d'une complexité époustouflante [...]. Et parce que les histoires étaient conservées ici sous forme liquide, elles gardaient la possibilité de changer, de devenir de nouvelles versions d'elles-mêmes, de se joindre à d'autres histoires pour devenir encore de nouvelles histoires. [Rushdie, 1991, p. 80]

C'est dans cette bibliothèque fluide et vivante que semble puiser le narrateur, semblable aux "poissons polypanses" qui avalent et recrachent les histoires, renouvelant ainsi de vieux contes [*ibid.*, p. 95-96]. Partisan des mythologies populaires comme savantes, le romancier fait feu de tout bois et mêle les mythes hindous à des motifs dantesques ou shakespeariens, contribuant à renverser les hiérarchies par ses réécritures burlesques mais rendant aussi hommage au pouvoir de la fiction [Clark, 2001]. Il y a en effet un double mouvement de mythification et de trivialisation à l'œuvre dans le texte, les personnages étant associés à des figures mythiques, dotés d'une aura fabuleuse, mais toujours à travers une vue distanciée, qui en fait finalement des versions dégradées de figures sacrées.

Le panthéon de la mythologie hindoue traverse tout le roman, à commencer par Ganesh, le dieu de la sagesse et de la littérature, dont la parenté est l'objet d'une dispute entre Shiva et Parvati, à l'issue de laquelle la tête de l'enfant est coupée et remplacée par celle d'un éléphant. Le "nez concombre" du narrateur ainsi que sa filiation problématique en font un avatar de Ganesh, le liant ainsi symboliquement à Aadam Sinai, fils de Shiva et Parvati dans le roman, dont les oreilles sont disproportionnées (III, p. 738), un autre avatar humain et légèrement grotesque de la figure divine.

De même, la relation houleuse entre Parvati-la-Sorcière et Shiva offre une version triviale de la relation entre deux des divinités les plus importantes de la religion hindoue, "un écho terrestre de cette éternelle scène de ménage des dieux" (III, p. 723). La formule fait chuter les divinités dans un univers domestique et profane dans un mouvement typique du réalisme grotesque selon Bakhtine : le "rabaissement, c'est-à-dire le transfert de tout ce qui est élevé, spirituel, idéal et abstrait sur le plan matériel et corporel, celui de la terre et du corps dans leur indissociable unité" [Bakhtine, 1982, p. 29]. Shiva, dieu de la fertilité et de la destruction, devient un enfant des bidonvilles, un "apache" tuant des prostituées dans les rues de Bombay, puis l'amant des femmes de la haute société indienne et un commandant meurtrier au service d'un État autoritaire.

La mise à distance des mythes est aussi palpable dans la référence omniprésente et ambivalente aux serpents, support d'identification du narrateur, sauvé par le venin d'un serpent du Dr Schaapsteker, réuni à lui-même par une morsure de serpent dans les Sundarbans, et fasciné par les serpents de Singh-la-Photo. Mais c'est aussi un serpent qui tue Joe D'Costa. Ces serpents ont aussi une dimension mythique, et font référence à l'incarnation de *kundalini* (littéralement, "serpent enroulé sur lui-même"), énergie cosmique [Goonetilleke, 1998, p. 29], mais aussi au roi-serpent Nagaraj dans la mythologie bouddhiste, que l'on retrouve dans les contes populaires du *Jataka (*voir *Nagaraj* traduit par "cobra", III, p. 701), ainsi qu'au serpent biblique associé au mal, et bien sûr celui au jeu de société des serpents et échelles, une vision moralisée des vicissitudes de la vie, un modèle d'ascension et de chute fatales auquel se réfère le narrateur en quête de schémas explicatifs, et qui apparaît excessivement simple.

On observe aussi la mise à distance de la version brahmanique de la religion hindoue par la figure de Padma, illustrant à nouveau le regard d'historien de Rushdie sur le domaine du sacré. En effet, les digressions du narrateur sur Kaliyuga, l' "âge des ténèbres" (II, p. 194), sur les avatars possibles de Bharat Mata ("Mère Inde"), personnification sacrée de la nation (III, p. 714), ou sur l'énergie cosmique de Maya sous la forme de Shakti, symbolisant l'énergie sexuelle, sont reçues avec désintérêt par l'auditrice de Saleem, "déesse de la Bouse" (II, p. 341), ouvrière aux bras musclés, probablement de basse caste, adepte de la magie, qui ne goûte pas ces "paroles de brahmane" (II, p. 345), faisant signe vers l'imbrication de la religion hindoue dans une hiérarchie sociale que Rushdie s'emploie à démythifier.

Cette vision sécularisée de la religion, considérée comme un ensemble de mythes, qui rejette toute distinction entre le profane et le sacré, englobe aussi l'islam. Alors qu'il entend les voix dans sa tête pour la première fois, le narrateur pense que ce sont des voix sacrées et s'identifie au prophète Moïse puis à Mohammed (II, p. 289-290). Tandis que son don lui est enlevé par "assèchement", il attire l'attention de son auditoire vers les prophètes oubliés de l'islam (II, p. 536), renvoyant à l'histoire de l'islam et pluralisant le récit du Coran, annonçant déjà la dynamique des *Versets sataniques*. Il rappelle dans le même passage les origines diverses du nom Sinai, faisant référence à la tradition soufie, au mont Sinai de l'Ancien Testament, mais aussi au polythéisme d'Arabie du Sud et à son culte du dieu de la lune Sîn, référence récurrente dans le roman, "importée de l'Hadramaut d'autrefois" comme le souligne Saleem (II, p. 311 et p. 460). À la fin de ce même chapitre, le rapprochement entre son globe terrestre en étain, qu'il enterre dans son jardin, et les reliques du Prophète et de saint François-Xavier (II, p. 537), témoigne à nouveau du rapport syncrétique et sécularisé au sacré et de l'incorporation de ces croyances comme matière à fiction, comme il le dit dans son essai "N'y a-t-il rien de sacré ?" [RUSHDIE, 1993, p. 418-456].

De fait, si les références à l'hindouisme et à l'islam dominent, c'est le même principe de trivialisation qui préside à la réécriture de mythes chrétiens, tel que le couple de révolutionnaires Mary et Joseph D'Costa, ou encore la légende populaire qui voudrait que le Christ ait visité le Cachemire à la fin de sa vie, sous la forme d'un homme chauve et glouton à la peau bleue, tel Krishna (autre dieu à la parenté problématique). Raconté par Tai le passeur, puis disséminée par la rumeur qu'entend Mary Pereira à Bombay, et enfin par Aadam Aziz, ce récit subvertit à nouveau la figure sacrée mais offre aussi une vision indigène du christianisme, qui n'est pas seulement celui qui fut imposé par l'impérialisme, brouillant ainsi la frontière Est-Ouest [GOONETILLEKE, 1998, p. 45]. L'omniprésence de ces légendes, rumeurs et fables rend finalement plausibles les enfants de minuit, incorporés dans un ensemble de fictions qui font partie du quotidien d'une société. La construction de l'affaire Sabarmati au prisme du mythe hindou de l'enlèvement de Sita par le démon Ravana n'est en effet qu'une réécriture amplifiée de la réception en ces termes du procès Nanavati de 1959, qui démontre la manière dont la mythologie se fond dans la modernité indienne [THOMAS, *in* BRECKENRIDGE, p. 180].

Un orientalisme ironique

Les Enfants de minuit regorge d'événements improbables, de tours de magie, et de mythes, et certains critiques ont accusé Rushdie d'orientalisme inversé, reprenant les tropes d'une Inde fabuleuse et dangereuse pour se faire une place dans le paysage littéraire métropolitain [Brennan, 1989 ; Ahmad, 1992]. D'autres, au contraire, ont été prompts à y voir la manifestation d'une culture non-européenne, associant par là-même le réalisme magique à l'expression de conceptions indigènes de la réalité [Kluwick, 2011, p. 131] ou de l'expérience douloureuse et de la quête identitaire des peuples anciennement colonisés. Toutefois, tout en affirmant puiser aux sources des mythes indiens et orientaux, Rushdie lui-même met en garde contre l'association hâtive entre le mythe et l'Inde, écartant la notion d'authenticité, "enfant respectable du vieil exotisme" [Rushdie, 1993, p. 83]. Il faut donc déceler l'ironie cachée derrière les affirmations de Saleem sur l'inclination de l'Inde à l'irrationnel (II, p. 349), dont il se sert pour rendre ses pouvoirs magiques plausibles. La mise à distance des mythes dans le roman, recomposés, hybridés et souvent tournés en dérision, invite à penser l'écriture de Rushdie comme un jeu ironique avec les stéréotypes orientalistes, qui font de l'Orient une réserve infinie de mythes et de magie. Franco Moretti souligne ainsi la soif occidentale de ré-enchantement du réel, qui trouve une source dans des récits suffisamment européens pour être compréhensibles mais suffisamment exotiques pour échapper à la rationalité critique, autre manière de dire la complicité entre "la magie et l'empire" [1996, p. 249, notre traduction]. L'interprétation mythique de la réalité et de l'histoire qui est celle du narrateur est précisément montrée comme *une interprétation*, une construction du réel parmi d'autres.

Plus qu'une culture ou une identité, qui sont toujours plurielles chez Rushdie, ce que la manipulation des mythes et du surnaturel indique est surtout la puissance de reconfiguration de l'imagination, capable de transformer un tétrapode à la fois en rêve de modernité brute ou en objet de dévotion populaire, exaltant ainsi l'imagination du narrateur tout comme celle des "pauvresses" (II, p. 314) ou de Padma.

Religion et mythologie dans la tradition chinoise

Dans la Chine antique (dynasties royales des Shang et des Zhou de l'Ouest, XVIIIe-VIIIe siècles avant Jésus-Christ), le rapport au surnaturel se formule dans "un système religieux centré sur le roi et la divinité à laquelle il se réfère, le Ciel" [CHENG, 1997, p. 42]. Ce système se traduit par les pratiques de la divination, du sacrifice et des cultes, dont certains concernaient "diverses puissances de la nature, telle que le fleuve Jaune, la terre nourricière, certaines montagnes, les vents et les points cardinaux" [*ibid.*, p. 46], et d'autres, les ancêtres royaux, auxquels la famille régnante demandait d'intercéder "auprès de la divinité suprême" [*ibid.*, p. 47], c'est-à-dire le Ciel.

Or, une évolution se produit après la perte d'autorité des rois Zhou (à partir du VIIIe siècle), se caractérisant "par le passage d'une culture magico-religieuse à une culture éthique" [CHENG, 1997, p. 52]. Le maître d'œuvre de cette évolution est Confucius (551-479 avant Jésus-Christ) qui, en mettant au point ce qui deviendra les "classiques" (*jing*), opère une sorte de laïcisation de la religion antique qu'il reformule en termes moraux. Par exemple, la notion de "rite" (*li*) "pass[e] du sens sacrificiel et religieux à l'idée d'une attitude intériorisée de chacun, qui est conscience et respect d'autrui, et qui garantit l'harmonie des relations humaines, qu'elles soient sociales ou politiques. Le champ d'action des rites se déplace des relations entre l'humain et le surnaturel vers celles qui existent entre les humains eux-mêmes" [CHENG, 1997, p. 70]. Autre exemple : le Ciel, la "divinité suprême", qui formait comme la clef de voûte du système religieux, était personnalisée sous le titre de *Shangdi*, "Seigneur d'en-haut" ; après Confucius, le Ciel devient un principe régulateur abstrait, garant de l'ordre sur Terre (*tiandi*, le "ciel-terre", désigne le "cosmos").

Confucius marque donc une distance vis-à-vis de la "religion" et des phénomènes qui dépassent la sphère strictement pratique de la vie humaine : "Le Maître [*i.e.* Confucius] ne discutait pas des phénomènes étranges [*guai*], des faits de force [*li*], des désordres [*luan*] ni des esprits [*shen*]" [*Philosophes confucianistes*, 2009, p. 93]. Par la suite, les lettrés qui, au cours des siècles, appliquent et transmettent les valeurs confucéennes, perpétuent cette position qu'on qualifie parfois d'agnostique. Cela explique pourquoi la Chine n'a pas, à la différence de la Grèce, conservé ses mythes, à part dans quelques rares ouvrages comme le *Classique des montagnes et des mers* (*Shanhai jing*). En revanche, sans doute parce qu'ils étaient toujours vivants au sein de la population, les mythes ont fait l'objet d'une récupération à la fois "par les philosophes, qui au mieux s'en servent d'exemples dans leurs démonstrations, par les confucianistes agnostiques, qui voient derrière eux les traces d'un passé historique d'une Chine unifiée, par les taoïstes, qui en ont englobé des personnages dans leur panthéon [et] par les écrivains, qui les ont utilisés dans une perspective de création littéraire" [PIMPANEAU, 1988, p. 156]. Ainsi, les lettrés ont tenté de mettre de l'ordre dans un fonds à la fois divers et potentiellement déviant, en opérant, à son égard, tantôt une historicisation, tantôt une moralisation, tantôt une instrumentalisation rhétorique, tantôt enfin une exploitation littéraire.

Au début du XXe siècle, dans le climat de la Révolution littéraire, les mythes connaissent un regain d'intérêt parmi les écrivains : on peut mentionner le recueil de Lu Xun intitulé *Contes anciens à notre manière* (*Gu shi xin bian*, 1936) [POSTEL, 2012]. Puis, l'idéologie communiste, s'inscrivant à cet égard dans les pas des lettrés confucéens, marque une défiance vis-à-vis des mythes, des croyances et des pratiques religieuses en général, ravalés au rang de "superstition" (*mixin*, "croyances qui égarent"). Toutefois, dans les années 1980, à la faveur du mouvement littéraire de recherche des racines (v. Repères et Analyses), le surnaturel a de nouveau acquis une certaine légitimité.

Qu'en est-il de Yan Lianke ? comme nous l'avons vu (v. Repères et Analyses), il a forgé le mot de "mythoréalisme" (*shenshizhuyi*) et, partant, confère une légitimité au *shen*, que l'on peut associer au surnaturel. Par ailleurs, dans la plupart de ses romans, il met en scène le milieu paysan dont il entend restituer certains traits culturels, parmi lesquels devraient figurer en bonne part les mythes et les croyances. Jacques Pimpaneau fait état, dans son ouvrage sur les mythes et les dieux en Chine d'un sondage selon lequel "les histoires sur les *gui* [esprits ou revenants] n'étaient pas mises en doute par le tiers des personnes interrogées ; [...] pour un autre tiers, si tout ce qu'on racontait n'était pas forcément vrai, on ne pouvait pas ne pas croire à leur existence ; [...] le quart des gens n'osait rien affirmer, et moins d'un dixième seulement n'y voyait que des superstitions" [Pimpaneau, 1999, p. 252]. Si les croyances taxées de superstitions persistent à ce point dans la population générale en 1999, c'est-à-dire à l'époque du roman, il est certain qu'elles devaient être encore plus vivaces dans les campagnes. Nous verrons pourtant que si, dans son projet mimétique, le romancier reprend certaines croyances ou pratiques qui sont vivantes dans la communauté qu'il met en scène, il adopte surtout l'attitude du lettré vis-à-vis de la tradition populaire du surnaturel : il en exploite les ressources afin de donner à son roman des résonances culturelles multiples.

Dieux, revenants, immortels

Si l'on considère le projet réaliste de Yan Lianke, qui consiste à restituer la vie à la fois matérielle et intellectuelle d'un village chinois, on pourrait s'attendre à ce qu'apparaissent dans le roman trois des figures traditionnelles de la "religion populaire" : les "dieux" (*shen*), les "revenants" (*gui*), et les "immortels" (*xian*).

Le roman ne comporte pratiquement pas de *shen*. À part le "seigneur du ciel" (p. 512), sur lequel nous reviendrons, on ne rencontre pas de divinités qui occupent un rang élevé. On aurait pu rencontrer Shennong, le dieu des labours, ou "Liu le général intrépide", "le dieu des insectes qui protégeait surtout contre les nuages de sauterelles" [Pimpaneau, 1999, p. 11] ou encore Erlang shen, le dieu des constructions hydrauliques et des eaux [*ibid.*, p. 86]. On ne trouve pas non plus de "dieux de la vie quotidienne", attachés "à la maison, au foyer, à la terre, aux portes et aux routes" [*ibid.*, p. 132].

En revanche, le roman comporte des esprits de défunts visitant les vivants, qui correspondent à cet égard à la catégorie des *gui*, à cette différence près qu'ils ne sont pas animés par une motivation vengeresse à laquelle ils sont habituellement associés, notamment dans les contes traditionnels. Il s'agit tout d'abord des sept hommes morts lors du chantier du livre I, que voit Sima Hu alors qu'il tente de rejoindre le groupe des villageois dans l'attente joyeuse de la venue de l'eau du canal. Se livrant à une danse macabre, les morts "ri[e]nt", "bavard[e]nt" et "sautille[nt]" (p. 199), avant d'exposer des mines sombres et graves : ces revenants sont moins mis en scène pour eux-mêmes que pour remplir une fonction ironique consistant à annoncer le désastre de l'entreprise du canal au moment où tout le village est en liesse.

On compte aussi les parents défunts que les personnages vivants rencontrent dans les cimetières : Lan Sanjiu (p. 150-151), Lan Sishi (p. 190-192) et Sima Xiaoxiao (p. 384-385). Dans le cas de Lan Sishi et de Sima Xiaoxiao, ces esprits semblent subir une forme de rationalisation car ils sont présentés comme le résultat d'une vision causée, chez les survivants, par la souffrance du deuil. Sima Lan perçoit bien Lan Sishi qui est pourtant morte, mais, précise-t-on, "[i]l l'entend confusément répondre [à sa question], ce doit être : Le riz est dans la casserole [...]" (p. 191) : on introduit une modélisation qui fait basculer la scène dans le registre fantastique, où le surnaturel tend à recevoir une explication rationnelle. De même, la rencontre entre Sima Lan et son père Sima Xiaoxiao a quelque chose de conventionnel : le défunt prend l'allure d'un devin qui prédit que l'aménagement des champs en terrasses ne sera jamais terminé ; de plus, il délivre un message à son fils en l'enjoignant de prendre le pouvoir dans le village. La première rencontre mentionnée, entre la vivante Lan Sishi et sa sœur défunte Lan Sanjiu, peut aussi paraître conventionnelle, mais elle pose en plus la question du contact possible ou non entre les vivants et les morts : Lan Sanjiu appelle sa sœur à quitter le monde des vivants et Lan Sishi refuse par fidélité à Sima Lan, si bien que la frontière entre vivants et morts s'ouvre et se referme aussitôt.

Les "immortels" (*xian*) forment une troisième catégorie d'êtres surnaturels. Ce sont en fait "des humains qui ont accédé à l'immortalité" [*ibid.*, p. 265], ou plus précisément à la longue-vie (*changshou*), grâce à un mode de vie conforme au Dao. Nous avons vu qu'à ce type pouvait être associé le personnage de Du Bai, dans la mesure où il a mis au point une "soupe de longévité" dans la tradition de l'alchimie interne propre au courant taoïste (v. Thématiques, Le narrateur). Mais on peut considérer que la notion de *longue-vie* domine tout le roman puisqu'il s'agit pour les chefs de village de permettre aux villageois de prolonger leur vie au-delà de quarante ans. Autrement dit, tous les personnages du roman aspirent à devenir des "immortels", dans la mesure où ils souhaitent vivre une "longue vie", au-delà de l'âge qui leur est assigné.

Yan Lianke reprend donc des motifs ou des notions qu'il emprunte à la religion populaire, comme la visite des revenants ou la longue-vie, mais il ne fait pas pour autant de son roman un récit dans la tradition des contes fantastiques (*zhiguai xiaoshuo*) ni dans celle des romans mythologiques ou "romans des dieux et des démons" (*shenmo xiaoshuo*) : il maintient une certaine retenue, évitant ainsi de basculer dans un genre romanesque bien identifié, ce qui ôterait à son récit sa dimension réaliste. On aboutit donc à ce paradoxe : la visée réaliste aurait dû le conduire à intégrer dans son roman des éléments relevant des croyances populaires encore vives dans les campagnes, mais, d'un autre côté, ces éléments, en rattachant le récit à certains genres codifiés, exposaient celui-ci à une forme de déréalisation. On peut aussi penser que Yan Lianke ne veut pas apparaître comme souscrivant à ces croyances auquel il n'adhère pas lui-même et que condamne par ailleurs l'idéologie communiste, en place depuis cinquante ans à l'époque du roman.

Les rites

Le romancier incorpore bien dans son roman les pratiques rituelles qui jalonnent la vie des hommes, mais celles-ci ne font pas vraiment l'objet d'une description précise. On décrit à peine le rituel funéraire concernant les morts du chantier (p. 179-180). De même, l'enterrement de Sima Xiaoxiao est tout juste évoqué (p. 327-329). Seul celui de Lan Sanjiu comporte un détail pittoresque : les vêtements de deuil comptent "quatre couches en tout" (p. 225). L'enterrement de Lan Baisui (p. 225-226) est plus développé, mais il s'agit moins, dans ce passage, de décrire un rituel que de démontrer le pouvoir de l'agent cantonal, Du Yan, sur le chef de village, Sima Lan, dont il corrige les gestes. On est loin d'une "littérature de reportage" portant sur les pratiques religieuses dans les campagnes. Yan Lianke ne semble pas intéressé par ces aspects rituels, comme le montre, de façon exemplaire, le traitement qu'il réserve au mariage entre Sima Lan et Du Zhucui, auquel il consacre une ligne seulement : "L'automne passe. Sima Lan et Du Zhucui se marient" (p. 238).

Quand on ne respecte pas le protocole rituel, le narrateur le relève, ce qui contribue à créer un climat d'incertitude, voire de crainte religieuse. Yan Lianke semble en l'occurrence restituer le point de vue des villageois qui considèrent implicitement qu'il est nécessaire de se conformer aux rites. Ce climat de crainte religieuse est perceptible lors de la famine, quand Sima Xiaoxiao décide qu'un seul cercueil servirait pour tous les enterrements (p. 482), ou bien lorsque Sima Lan récupère le cercueil de Du Yan pour le vendre afin de financer la construction du canal (p. 257-259). De façon plus discrète, l'enterrement expédié de Lan Sanjiu donne lieu à cette mention, qui suggère qu'une forme de désordre s'introduit dans la communauté : "on a supprimé la cérémonie traditionnelle" (p. 145).

On peut aussi voir dans cette scène une certaine ironie vis-à-vis de la pratique rituelle elle-même, car il semble que l'on s'attache à des détails, dans un esprit formaliste : le type de nœud pour attacher les pieds, la nature des pièces de monnaie placées dans les mains et la bouche. L'ironie est claire quand le narrateur rapporte l'enterrement de la femme de Du Gen : le chant de Du Yan consiste à plaindre les vivants et célébrer les morts, comme si la mort était plus enviable que la vie : "Pauvres vivants, nous sommes riches une fois morts, / Sur le chemin obscur se trouve une maison dorée. / Ta vie a été courte, tu es partie trop tôt, / Mais tu seras centenaire dans ta prochaine vie !" (p. 487). Le ton ironique est confirmé par la scène de parodie enfantine qui suit (p. 487-495), procédé également utilisé pour l'enterrement de Du Guaizi (p. 617-620, v. Thématiques, Histoire).

Les superstitions

Le ton railleur est encore plus clair à propos des superstitions dont font preuve les villageois. Pour justifier la pratique eugénique à laquelle il a rallié les villageois, Sima Xiaoxiao invoque le *Lao Tian*, le "Ciel Vénérable" (traduit par le "seigneur du ciel"), c'est-à-dire la divinité populaire héritée du Ciel personnalisé (*Shangdi*) de la religion antique : "Ce n'est pas nous, pères et mères, qui sommes sans pitié, c'est le seigneur du ciel" (p. 512). L'ironie est grinçante. Au moment de l'invasion des sauterelles, on invoquait déjà le Ciel, ainsi que la Terre : "Ciel, notre empereur, [T]erre impératrice, les champs de colza sont rois entre vous deux ["entre le ciel et la terre", *tiandi*, qui signifie "cosmos"] ! Sauterelles, passez donc votre chemin et l'an prochain vous régnerez sur le monde des hommes ["vous serez les reines des hommes"]" (p. 443) ; or, non seulement la prière n'est pas sensée puisqu'elle consiste simplement à demander un répit d'un an au bout duquel se reproduira l'invasion des sauterelles, mais, de plus, elle n'aura aucun effet. C'est le même traitement que Yan Lianke applique à la "soupe de longévité" (p. 12), tout aussi inefficace, ainsi qu'à la ceinture de soie rouge portée par Lan Sishi, sorte de talisman censé "écarte[r] le mauvais sort" et "prolonge[r] la vie" (p. 118), mais qui n'empêchera pas les deux amants de mourir l'un et l'autre.

Dans la visée mimétique que nous avons considérée jusqu'ici, la question de l'adhésion du narrateur (et de l'auteur) aux croyances ou aux pratiques qu'il décrit ou évoque, ainsi qu'à l'existence des êtres surnaturels est essentielle : comme nous l'avons constaté, dans *La Fuite du temps*, le ton est soit neutre soit ironique, si bien qu'on peut penser que Yan Lianke, de façon consciente ou non, ne cherche pas à défendre le système culturel défini par ces croyances et ces pratiques : il ne fait que le restituer ou bien il le raille.

Nous considérons à présent le surnaturel non plus comme une des dimensions du monde que, dans une démarche réaliste, Yan Lianke entend mettre en scène dans la fiction, mais en tant que ressource littéraire : le surnaturel devient un procédé ou un outil qui permet d'obtenir certains effets que nous allons préciser en analysant l'usage des mythes, du merveilleux, de la merveille et du prodige.

Les mythes

Nous entendons simplement par "mythe" un récit qui met en scène une figure divine, ce qui correspond au sens du mot chinois *shenhua*, "histoire de dieux". Il se peut aussi que la figure mise en scène soit un héros plutôt qu'un dieu : dans ce cas, on pourrait parler de légende (*chuanshuo*, "ce qui est transmis par la parole"). Nous avons déjà relevé la plupart des références mythiques ou légendaires dans le roman (v. Thématiques, Le narrateur) : citons, en suivant peu ou prou l'ordre du récit, les exploits du Grand Yu qui maîtrise les eaux mais aussi aplanit les montagnes ; le récit de la source des fleurs de pêcher, qui évoque une sorte d'âge d'or dans la tradition chinoise (v. Thématiques, Histoire) ; la révolte de Sisyphe contre la mort sous les traits d'Hadès et Thanatos ; le récit de l'Apocalypse ; la légende de Yukong qui déplace les montagnes ; le récit de la sortie d'Égypte du peuple hébreu sous la conduite de Moïse et celui de la huitième plaie d'Égypte, c'est-à-dire l'invasion des sauterelles.

Ces références sont de natures très diverses. Elles sont chinoises ou occidentales, précisément grecques ou judéo-chrétiennes. Elles sont par ailleurs plus ou moins explicites : en fait, seuls les exergues fournissent des références explicites (dans le domaine judéo-chrétien), tout le reste est induit à partir du texte, et pourrait donc relever davantage de l'acte de lecture que de l'intention auctoriale. Toutefois, on peut sans aucun doute affirmer que la figure de Sisyphe, bien qu'implicite, est une donnée structurante du roman (v. Repères et Analyses), étant donné qu'elle a fait l'objet d'un développement dans un autre roman de Yan Lianke, *Les Quatre Livres*. La référence à l'invasion des sauterelles dans l'Exode [10:13-14] est également quasi certaine, dans la mesure où elle fait écho aux citations des exergues dans le livre IV. De même, le récit de la source des fleurs de pêcher est très probablement un texte matrice du roman, dans la mesure où il est possible de le repérer dans d'autres romans de Yan Lianke [POSTEL, p. 93-94].

En revanche, les figures de Yu le Grand ou de Yukong n'existent pas même à l'état de trace dans le roman, ce que Pierre Brunel requiert néanmoins *a minima* dans sa théorie de la mythocritique, sans quoi l'analyse semble à ses yeux "impruden[t]e" [BRUNEL, 1992, p. 6]. Il donne pourtant lui-même un contre-exemple avec la figure d'Électre qui, si elle n'est pas explicitement présente dans *Colomba* de Mérimée, est fortement suggérée, en particulier par le système des personnages [*ibid.*, p. 8]. Par ailleurs, on peut penser qu'une œuvre littéraire vaut aussi par la part interprétative qu'apporte le lecteur, à laquelle n'avait pas nécessairement songé l'auteur. Dans cet esprit, nous évoquerions volontiers, à propos du roman de Yan Lianke, une autre référence mythique, très fréquente dans la littérature chinoise, qui fait écho à la relation entre les amants Sima Lan et Lan Sishi : celle du bouvier et de la tisserande, deux personnages d'amoureux, l'un étant un homme et l'autre une déesse, qui ne se rencontrent qu'un seul jour dans l'année, le 7e jour du 7e mois, car ils correspondent à deux planètes situées de part et d'autre de la Voie lactée [*Anthologie des mythes et légendes de la Chine ancienne*, p. 34-35] (v. Thématiques, Amour).

Ces références mythiques, qu'elles soient explicites ou implicites, produisent plusieurs effets : elles peuvent tout simplement renforcer la cohérence du propos en créant une résonance avec le contenu du récit, dont le propos, en quelque sorte, se déploie sur plusieurs plans : c'est le cas de Sisyphe qui permet de comprendre que le combat mené par Sima Lan et les autres chefs de village est avant tout un combat contre la mort. Les références mythiques peuvent aussi constituer un commentaire ironique, quand la figure convoquée ou suggérée fonctionne à l'inverse des personnages du roman : c'est le cas de Yu le Grand, un anti-Sima Lan, ou de Moïse, un anti-Sima Xiaoxiao. L'effet peut être simplement satirique, si l'on songe que Yukong, auquel il serait fait référence dans le travail d'aménagement des champs en terrasses (v. Repères et Analyses), est une figure récupérée par la propagande maoïste. Yan Lianke se conforme ainsi à la tradition des "lettrés [qui] ont eu recours à des mythes, dans un contexte entièrement laïque, en tant que bonnes histoires ou en tant que fables pour faire la satire des humains." [Pimpaneau, 1999, p. 338].

Le merveilleux

Le conte merveilleux est une autre tradition littéraire intégrant une dimension surnaturelle que Yan Lianke exploite dans son roman. Il est possible que, dans le livre IV, il fasse référence au Petit Poucet, qui présente plusieurs similarités avec le roman. Dans le conte, il s'agit de sept frères, dont le Petit Poucet, correspondant aux six frères Sima, et de sept sœurs, les filles de l'ogre, correspondant aux sept sœurs Lan. De plus, la faim pousse les parents à abandonner leurs enfants dans la forêt, à quoi fait écho, dans le roman, la famine qui conduit la communauté à exposer leurs enfants infirmes afin d'"économiser les bouches" (p. 505-512).

Tout le roman peut être lu comme un conte tel que l'analyse Vladimir Propp [2015] : un "méfait initial" (la maladie de la gorge obstruée) appelle un "héros" (les chefs de village), qui se porte au secours des "victimes" (les villageois) – un conte néanmoins parodique, étant donné que les héros ne connaissent que des échecs dans leurs entreprises.

Le roman comporte également des motifs relevant du registre merveilleux. Le récit s'ouvre sur une malédiction qui touche tout un village : "Au village, [...] personne jamais n'a dépassé l'âge de quarante ans" (p. 9), ce qui fait penser à de nombreux débuts de conte. De même, les trois projets que les chefs de village imposent aux villageois (le canal, les champs en terrasses et la culture du colza) ressemblent la "mission impossible" que doit accomplir l'héroïne ou le héros d'un conte. Assez proche de ce motif est celui de la prédiction impossible prononcée dans un serment, mais qui en définitive se réalise bel et bien : ainsi Sima Lan s'engage à épouser Lan Sishi qui s'est dévouée pour "retenir" Lu au village, sans quoi il "mourra subitement le jour de [s]es quarante ans" (p. 407), ce qui arrive effectivement (p. 214). Un autre motif fréquent dans les contes est le tribut à verser régulièrement pour sauver la communauté, ce que représente l'envoi des femmes, seules (Lan Sishi, p. 48 et p. 394) ou collectivement (p. 129 et p. 402), à Jiudu ou bien auprès de Lu, ou encore les enfants infirmes à sacrifier pendant la famine, comme les trois frères Sima suivi des trois sœurs Lan (p. 508-509).

Indépendamment des motifs attestés dans les contes, si, en référence à la distinction entre fantastique et merveilleux établie par Tzvetan Todorov dans son *Introduction à la littérature fantastique*, on admet que le motif merveilleux se définit comme quelque chose d'extraordinaire présenté comme quelque chose qui va de soi, on peut repérer encore d'autres motifs dans le roman. Après avoir été informé par Lan Sishi que Sima Lan était le nouveau chef du village et que lui-même serait son assistant, Du Yan subit une métamorphose : "Sa barbe drue change instantanément de couleur ; de noir grisé elle devient mi-verte mi-violette, pareille aux feuilles des plaqueminiers en cette saison" (p. 227) ; or, le phénomène surnaturel ne suscite aucun étonnement chez les villageois : nous sommes bien dans la logique du merveilleux.

Cette absence de perplexité peut caractériser une scène entière, qui nous semble étrange *a priori* mais qui est perçue comme quelque chose d'ordinaire par les personnages. C'est le cas de la scène où Du Bai surprend son père Du Yan installé dans son cercueil. Celui-ci dit à son fils : "Je suis là, dans le cercueil. Tu n'es pas au travail ?" (p. 253), comme si la situation n'avait rien d'exceptionnel. Il est vrai que Du Bai exprime un étonnement : "Père ! tu es fou ?", mais ensuite il poursuit la conversation, "comme si de rien n'était" : il évoque l'examen qu'il doit passer, puis Du Yan lui demande de clouer le couvercle de son cercueil car il prévoit (ce qui sera bien le cas) que Sima Lan va s'en saisir pour le vendre ; alors, tandis que le klaxon du tracteur qui doit l'emmener au chef-lieu de canton pour qu'il passe son examen se fait entendre, Du Bai s'exécute, tout en posant des questions des plus banales à son père : "Tu n'as pas froid aux pieds ?" (p. 255). Nous nous trouvons là dans le cas d'un réalisme à "causalité zéro", selon la terminologie de Yan Lianke dans *À la découverte du roman* [2011, p. 63-86] : comme dans un récit de Kafka, on tire toutes les conséquences pratiques d'un fait ou d'un état étonnant, qui, en lui-même, n'est guère expliqué. Le merveilleux confine alors à l'absurde.

Les merveilles

Si le merveilleux est quelque chose d'extraordinaire présenté de façon ordinaire, la merveille, à l'inverse, peut alors être définie comme quelque chose d'ordinaire perçu ou présenté comme quelque chose d'extraordinaire. La plupart des merveilles viennent de l'extérieur, d'un monde éloigné, exotique, comme l'atteste le *Livre des merveilles* de Marco Polo. On peut citer, dans le roman de Yan Lianke, la roue de chariot achetée par Sima Lan après avoir vendu sa peau (au livre III) : il s'agit d'un produit occidental, une roue avec un pneu qui provoque la "stupeur" (p. 342). C'est le même effet que suscite la jeep du responsable Lu, observée par des villageois fascinés quand elle surgit sur la ligne faîtière (p. 351). Autre exemple : le vieillard de "soixante-dix ou quatre-vingts ans" qui arbore une longue barbe blanche, "rare trésor" (p. 570) qui provoque l'admiration des enfants.

La merveille peut toutefois venir de l'intérieur. Du point de vue des enfants, à la fin du roman, tout est merveille : "Sima Lan ne comprend pas pourquoi le soleil se lève [...]" (p. 566). De même, les enfants sont fascinés par les ébats sexuels des parents : il s'agit d'"une sorte d'opéra que les enfants écoutent, collés au mur" (p. 584). La merveille peut aussi faire partie de l'environnement familier des personnages, mais, par son aspect surdimensionné, provoquer l'étonnement. Ainsi la sauterelle rapportée par la jeune Du Zhucui chez ses parents : "une sauterelle énorme, plus grosse qu'un doigt d'adulte, le corps pareil à un rameau de saule vert parfaitement raboté, les pattes en fil de fer s'agitant comme des ressorts pour tenter de se libérer avec une vivacité incroyable. Du Yan [le père de Du Zhucui] n'en a jamais vu d'aussi grosse" (p. 435).

La merveille s'apparente donc à une logique hyperbolique par laquelle un phénomène à l'origine plausible devient hors normes parce qu'on l'a en quelque sorte distendu à l'extrême. Ainsi la vente de peau repose sur le principe, bien admis, du don d'organe. Mais, quand la surface de peau prend des proportions excessives, le phénomène devient une merveille. Sima Lan se fait prélever six pouces (*cun*), soit à peu près 20 cm, dans le livre II (p. 287). Il est vrai que l'opération ne suscite pas l'étonnement dans les quatre premiers livres : le motif relève alors du merveilleux. Toutefois, dans le livre V, situé le plus loin dans le temps, le jeune Sima Lan est admiratif devant le morceau de chair que son père (Sima Xiaoxiao) a consenti à se faire prélever : "Le soleil éclaire maintenant le morceau de peau prélevé, et Sima Lan le voit d'autant mieux : translucide, rouge et d'une brillance éblouissante, comme lorsqu'on se couvre les yeux d'un tissu pourpre face au soleil d'été. Les nervures tressaillent telles de minces fils brodés, toile d'araignée chahutée dans le vent" (p. 598). Le jeune garçon est aussi porté à croire que l'infirmier est le "dieu du couteau" (*daoshen*) (p. 597), ou peut-être même le "dieu-couteau", cas où un objet peut prendre le statut de *shen*. L'exagération, qui est ainsi associée à la merveille, donne lieu à quelques autres scènes : celle du restaurant où se rendent les hommes venus vendre leur peau dans le livre II, où le nombre de plats semble démesuré (p. 280-284). L'excès peut aussi s'orienter vers l'infiniment petit : c'est le cas du village des Trois Patronymes qui compte tout de même deux cents âmes, mais qui est considéré comme tellement petit qu'il pourrait être négligé sur les registres cadastraux (p. 350-351).

Certains passages du roman peuvent sembler excessifs alors qu'il s'agit de faits que la recherche scientifique a confirmés : la famine, telle qu'elle est décrite dans le livre IV, prend des proportions incroyables – on mange des rats, puis des herbes, puis des bébés, on pratique l'eugénisme –, et pourtant il s'agit de la réalité historique [DIKÖTTER, 2010]. Dans ce cas, il ne s'agit plus de merveille, d'une part parce que le caractère hors normes du phénomène n'est pas dû à un processus d'exagération visant à faire passer un fait ordinaire pour extraordinaire, comme dans le cas de la sauterelle de Zhucui, et d'autre part parce que l'effet produit n'est pas l'émerveillement ou l'étonnement mais la terreur. Ces scènes s'inscrivent plutôt dans une littérature du trauma, telle qu'Eugene Arva l'a analysée dans son ouvrage [2011].

Les prodiges

Le prodige est, comme le merveilleux, un phénomène extraordinaire qui, comme la merveille, est perçu comme extraordinaire, mais, en plus, il porte un sens, il est un signe à interpréter. En chinois, la "merveille" correspond au mot *guai*, que l'on peut traduire par "étrange, étonnant", et qui s'oppose à *chang*, "normal, fréquent, constant, courant", alors que le prodige se dit *qi*, un quasi synonyme de *guai* puisqu'on le traduit également par "étrange, étonnant", mais, quand on considère son antonyme *zheng*, qui signifie "correct, droit, orthodoxe, juste", on comprend que s'y ajoute une nuance de jugement en termes d'ordre et de désordre: le *qi* ("prodige") est ce qui renvoie au désordre soit moral entre les hommes, soit cosmique entre la terre et le ciel [Zeitlin, 1993, p. 5-6].

Le roman comporte de tels prodiges comme le moulin de l'enfant de sept ans, qui cesse de tourner dès que Du Yan s'en approche (p. 250). Le phénomène est bien un prodige, puisqu'il est surprenant en soi, provoquant la "stupéfa[ction]" chez le personnage. Il est suivi d'un deuxième phénomène, qui lui ressemble fortement: le réveil de Du Yan cesse de fonctionner dès qu'il le place dans son cercueil (p. 251). Puis, un troisième phénomène se produit: à l'inverse du réveil, le transistor de Du Yan ne fonctionne correctement que dans le cercueil et cesse de fonctionner s'il est hors du cercueil (p. 252). Ces trois signes ainsi groupés appellent une interprétation, comme le font les prodiges. Du Yan se prépare à la mort: il a économisé pendant des années pour se procurer un cercueil en bois de paulownia, et, à présent, il "souhaite s['y] coucher" (p. 250). On peut comprendre que le moulin ou le réveil qui cessent de fonctionner, marquant un phénomène de cessation du mouvement dans l'espace ou de l'écoulement du temps, annoncent la mort imminente de Du Yan. Quant au transistor qui ne fonctionne qu'à l'intérieur du cercueil, il peut vouloir dire que la mort consentie sera source de jouissance: "Le transistor suffira. Du Yan le place dans un coin, sous les vêtements. Une sensation tiède et sucrée, réconfortante, s'élève en lui" (p. 252).

Toutefois, le prodige est, la plupart du temps, un phénomène observable dans la nature. Comme dans le cas du moulin, puis du réveil et du transistor, les prodiges naturels sont organisés en série, comme s'il fallait plusieurs signes pour que le processus interprétatif se déclenche.

Ainsi, juste avant la venue de l'eau du canal, la nature offre un spectacle étrange : "La cloche solaire couvre le village ; de vieux arbres s'embrasent. Un bœuf obstiné, blessé d'avoir tiré sur sa longe, galope maintenant dans une ruelle, le mufle emperlé de sang. Un chien des Du, qui avait suivi Sima Hu, rebrousse chemin, court vers le toit de sa maison pour scruter l'ouest, et Sima Hu l'entend hurler à la mort" (p. 200). De même, à l'approche des sauterelles, dans le livre IV : "Perchés sur les arbres, les corbeaux croassent en sortant des langues pareilles à des haricots rouges accrochés aux branches ; les cigales grimpent le long des rameaux brûlés en émettant de brefs sons stridents qui cinglent la lumière. Les poules se précipitent allègrement à l'entrée du village et gloussent joyeusement à n'en plus finir. Les chiens suivent leur maître de près ; aucun coup de pied ne les éloigne. On pressent un événement incroyable" (p. 437-438).

Parfois, les signes émis par la nature sont plus discrets, si bien que les personnages peuvent ne pas les percevoir. Au début du roman, Lan Sishi met en garde Sima Lan contre son obstination à vouloir lutter contre la mort, en pensant survivre grâce à l'opération que financeraient ses deux frères cadets allés vendre leur peau au dispensaire. Une série de signes apparaît, que Sima Lan tout comme Lan Sishi ignorent : "Au-dessus des têtes, le soleil chauffe, peu à peu plus rouge, puis dense, et la terre fraîchement retournée exhale une odeur âcre qui, mêlée à la tiédeur, forme des bourrons de laine de mouton. De la ravine parfois s'élève le cri écarlate d'une belette ou d'un lièvre, et la ligne faîtière en est d'autant plus silencieuse et reculée" (p. 35).

Lan Sishi est plus attentive aux prodiges lorsqu'au terme de sa visite au cimetière familial, elle assiste à un spectacle de la nature qui la rend "hagarde" : "Brusquement, le couchant déverse ses eaux pourpres qui giclent sur les joues et aussitôt, le cimetière est noyé de sang" (p. 151). Ce prodige diffère des précédents non seulement parce que le personnage le perçoit, mais aussi parce qu'il ne s'inscrit pas dans une série et, enfin, parce qu'il est motivé (rationnalisé) par l'évocation conjointe du cimetière et du coucher du soleil : on se demande alors s'il s'agit vraiment d'un prodige ou d'une description de paysage assortie d'une métaphore.

Sima Lan peut aussi se montrer attentif aux signes émis par le paysage naturel : "On perçoit le souffle secret de la nuit auquel se mêle le murmure des insectes et Sima Lan croit entendre un esprit ou un dieu lui parler à l'oreille. Il ralentit le pas pour écouter plus attentivement et, comme s'il avait soudain compris le sens de paroles divines, reprend sa marche" (p. 178). L'incise modalisatrice ("comme si") suggère que Sima Lan interprète de travers les signes naturels : en effet, par la suite, il exprime sa confiance dans un avenir radieux dont le village devrait bénéficier grâce à l'eau du canal.

Les signes du désordre peuvent aussi être pris en charge par des comptines que les enfants médiums chantent pour annoncer à la communauté la venue du malheur [PIMPANEAU, 1999, p. 292 ; MATHIEU, 2000, p. 145-148], comme avant l'invasion des sauterelles : "[Les enfants] chantent en chœur : Les criquets volent, les criquets chantent, / Ils arrivent et les poules sourient, / Blancs d'œuf, jaunes d'œuf, / Mangeons encore les gésiers, / Et quand on aura tout mangé, / Chair de poule et chair humaine, / On ramassera les os pour la soupe…" (p. 431-432).

En fait, par ses signes, la nature ne fait que commenter l'action des hommes, auxquels elle renvoie un miroir du désordre dont ils sont responsables. C'est la conception de "l'interaction entre le ciel et les hommes" (*tianren ganying*) que le penseur Dong Zhongshu (c. 195-115) a théorisée sous la dynastie des Han. Le "ciel", que le *Dictionnaire Ricci des caractères chinois* traduit par "la totalité du mouvement de la vie et de ses lois" est ici un synonyme de la nature dans le sens grec de *phusis* : c'est l'ensemble des phénomènes observés dans la réalité en tant qu'ils s'organisent selon des lois naturelles [POSTEL, p. 98-104]. Aussi, dans l'expression "le ciel et les hommes interagissent", faut-il comprendre que la nature, dans le sens abstrait que nous avons posé, réagit par un certain nombre de signes à la façon dont les hommes agissent et se comportent sur terre : les "calamités et les prodiges" (*zaiyi*) sont "présentés comme autant d'avertissements et de sanctions célestes "répondant" (*ying*) aux dérèglements du monde humain" [CHENG, 1997, p. 292]. Ainsi, quand les villageois commencent l'aménagement des champs en terrasses, la nature réagit pour dire la violence que les hommes exercent sur elle :

> Les pioches s'enfoncent dans la montagne millénaire qui s'est mise à frissonner. Sa chair rouge exhale un souffle dense et fougueux, mêlé d'une tiédeur sèche ou croupie, jaillie sous les coups de pelles et de pioches – une odeur semblable à celle de la sueur des hommes en hiver et qui ruisselle abondamment. […] Les moineaux effrayés s'envolent sans plus savoir où se poser. (p. 362)

La vision holiste du ciel et la terre

La théorie de "l'interaction entre le ciel et les hommes", qui a marqué la culture populaire en Chine, est toutefois plus large que l'idée d'une réponse-sanction de la part de la nature ou du ciel vis-à-vis des hommes. Il s'agit d'un dialogue entre le ciel et les hommes, et ce dialogue peut revêtir deux aspects opposés. La nature peut révéler le désordre des hommes par des prodiges, mais elle peut aussi simplement accompagner la vie des hommes, leurs gestes, leurs émotions, leurs pensées, leurs paroles, qu'elle prolonge par toutes sortes de réponses : "Il n'y a plus de colère dans [l]es yeux [de Sima Lan] ; entièrement empreints de la tristesse grise du cimetière, son regard semble dépérir, pareils aux herbes sèches assoiffées de pluie et de lumière en plein hiver" (p. 19), ou bien "Les paroles de Du Bai glissent comme une eau limpide vers le bas de la falaise, ricochant sur les pierres, leur éclat frais brille sur la vaste montagne déserte" (p. 88).

Les exemples sont très nombreux dans le roman. Ils relèvent d'une vision holiste du monde consistant à englober dans un même geste cognitif les hommes et la nature, la terre et le ciel, en repérant de l'un à l'autre des liens, le plus souvent analogiques, dans l'esprit de la cosmologie corrélative (telle saison correspond à telle couleur, à tel animal, etc.) établie sous les Han : "La pensée corrélative, "anthropo-cosmologique" [associant l'homme et le ciel-terre, c'est-à-dire le cosmos, *tiandi*], célèbre […] l'unité retrouvée du Ciel et de l'Homme qui caractérise la pensée Han et lui confère la puissance d'une vision globalisante" [Cheng, 1997, p. 287]. Cet autre aspect de la théorie de "l'interaction entre le ciel et la nature" privilégie donc les notions d'harmonie et d'équilibre : "dans une perspective plus symbolique que cognitive, [la pensée cosmologique] s'attache moins à connaître qu'à maintenir dans le monde humain un équilibre constant sur le modèle le plus incontestable qui soit, celui du cours naturel des choses" (p. 286).

Nous avons rapproché cette conception du procédé poétique du *xing*, qui consiste à présenter ensemble le monde naturel et le monde humain (v. Repères et Analyses), mais la pensée holiste, englobant ciel et terre, ne peut être réduite à une simple ressource littéraire, comme il semble que ce soit le cas pour les mythes, le merveilleux et les merveilles. Nourrie par la tradition culturelle que nous avons évoquée, il s'agit bien d'une sensibilité qui, sans distance ironique ou posture satirique, s'ouvre à une dimension surnaturelle. Aussi peut-on penser que si Yan Lianke adhère à des croyances populaires encore vives dans le milieu rural, c'est par le biais de cette appréhension globalisante des hommes et de la nature.

En conclusion, nous avons vu que Yan Lianke, dans un esprit réaliste, s'employait à restituer la part de surnaturel qui fait partie de la vie des paysans qu'il met en scène, mais cette restitution nous a semblé à la fois limitée et accompagnée d'ironie. Le romancier s'appuie surtout sur les ressources littéraires que sont le mythe, le merveilleux et la merveille, pour créer des effets de sens. Il se montre toutefois ouvert à une forme de surnaturel, celui du dialogue entre l'homme et la nature, dans une vision holiste de la réalité. Cette dernière orientation se traduit par un style poétique que nous pourrons appeler, en suivant Charles Scheel, le "réalisme merveilleux" (v. Synthèse, Intention et extension).

AMOUR ET SEXUALITÉ

CENT ANS DE SOLITUDE

Cette thématique présente une complexité apparente, du fait qu'elle contient en son cœur même la question de l'inceste et qu'elle y ramène toujours, de près ou de loin, en son point de départ ou point d'arrivée. Comme l'a commenté Michael Palencia-Roth : "Tout Buendia, qu'il en soit conscient ou pas, éprouve une profonde attirance pour l'inceste" [1981, p. 72] ; à telle enseigne que "Cent ans de solitude est, en même temps, *Cent ans d'inceste*" [*ibid.* p. 79, notre traduction]. Et il présente une dimension métaphorique, symbolique et emblématique que la critique a diversement interprétée, en la prenant, selon nous, bien trop au pied de la lettre.

On l'a dit et répété, Macondo est un monde à part, un tout, un centre où se déploient des champs de forces contradictoires, aux proportions de plus en plus "extraordinaires" :

Les unes sont centrifuges, et associées à l'arrivée des étrangers. On s'en tiendra à quelques exemples significatifs, car si nous avons besoin de revenir ici sur ces sujets, nous les avons déjà partiellement abordés dans les autres thématiques :

– l'arrivée des premiers gitans avec l'aimant, dans l'incipit, amène un chaos menaçant la solidité des maisons (p. 9) et la cohérence des esprits (il sera la cause d'un premier détraquement de l'esprit pourtant notablement et admirablement organisé et structuré de José Arcadio Buendia, progressivement soumis, on a bien soin de nous l'expliquer, à la dispersion psychique, jusqu'à une folie radicale)... Gitans et aimant qui, surtout, entraînent une première tentative de sortie hors du village (l'expédition malheureuse de José Arcadio et ses hommes dans la fameuse "région enchantée") ;

– l'arrivée des "autres" gitans non seulement intensifie le processus de perturbation des espaces et des esprits, avec trois dispersions au sein du clan Buendia (celle de José Arcadio Buendia, qui s'est enfui avec les "étrangers" (p. 52), celle de sa mère, Ursula, partie à ses trousses (*ibid.*) et celle de José Arcadio, bien décidé à retrouver son épouse (p. 53) ;

– l'arrivée du représentant de l'administration centrale, don Apolinar Moscote, accompagné de soldats et de sa famille, causera une désorganisation dans la vie jusque-là bien réglée du village (voir le "détail" de la couleur de la peinture des maisons, p. 68), le trouble dans l'esprit d'Aureliano Buendia (voir sa passion pour Remedios, la benjamine des filles Moscote) et, finalement, une massive et durable dispersion des Buendia-Macondiens à partir du déclenchement de la guerre (on se souvient que le colonel part au front accompagné d'un membre de chacune des familles fondatrices de Macondo) ;

– l'arrivée de Fernanda, la *cachaca*, œuvre à désorganiser l'ordre de la vie domestique et à réformer les "valeurs" dans la maison des Buendia, et sera également la cause de la dispersion de la lignée – elle enverra ses enfants, Amaranta Ursula et José Arcadio, faire leurs "études" en Europe et, après les amours illégitimes de Meme avec Mauricio Babilonia, elle condamnera celle-ci à finir ses jours dans un couvent de la capitale. Meme est d'ailleurs bien la seule dont on ne nous narre pas la mort… comme si le fait qu'elle sorte de l'orbite de Macondo l'excluait de fait du récit-centre ;

– l'arrivée de Mr Herbert puis de Mr Jack Brown, de la United Fruit Company et, à leur suite, d'un tourbillon d'étrangers venus chercher fortune pendant la "fièvre de la banane" (p. 278) sème le chaos et la désolation… ;

– l'arrivée de Melquiades à la fin du roman, à travers les manuscrits qui envahissent, se fondent dans le récit et se substituent à lui, causant le vent de l'apocalypse finale, qui défait et emporte tout.

Les autres forces exercées sont, au contraire, centripètes. On remarque d'abord qu'en dehors de Meme, tous les Buendia reviennent toujours à Macondo, aussi loin et longtemps qu'ils soient partis et aussi déterminés qu'ils aient été à partir :

– José Arcadio Buendia a beau s'être perdu dans la "région enchantée", au beau milieu d'une nature qui se refermait littéralement sur ses pas, il a pourtant pu regagner son village (comme si cela allait de soi, cela ne nous est pas raconté) ;

– José Arcadio fils a beau s'être "fait gitan" (p. 44) et revenir d'un "voyage qui avait commencé à l'autre bout de la terre", pratiquement métamorphosé physiquement et parlant "un espagnol mêlé du jargon des gens de la mer" (p. 106), il finit par rentrer à Macondo ;

– le colonel Aureliano Buendia a beau avoir mené trente-deux guerres un peu partout dans le pays, il réclame que la sentence l'ayant condamné à être fusillé soit exécutée à Macondo, et c'est finalement bien à Macondo, dans sa maison familiale, qu'il mourra "bien des années plus tard" ;

– Amaranta Ursula et José Arcadio reviendront, eux aussi, d'Europe pour se réinstaller à Macondo.

Or, il est déterminant que ces forces centrifuges et centripètes soient liées à la question généalogique… car on revient moins au village pour le village ou, même, à la maison pour la maison. On revient à la famille – village et maison n'étant que des avatars de la famille. Le centre des centres (village et maison dans le village) demeure en effet la seule famille. Côté José Arcadio, le fondateur, pas anodin que l'on nous précise, dès l'ouverture du chapitre III : "Deux semaines après sa naissance, on apporta le fils de Pilar Ternera chez ses grands-parents. Ursula l'accepta bien à contrecœur, cédant une fois de plus à l'obsession de son mari qui ne pouvait se faire à l'idée qu'un rejeton de son sang restât abandonné à la dérive" (p. 48). Tout aussi significatif, Ursula se lance dans de grands travaux de réfection de sa maison parce qu'elle refuse que ses enfants quittent le giron familial et se retrouvent dispersés ("Ursula prit soudain conscience que la maison s'était remplie d'un tas de monde, que ses enfants allaient être en âge de se marier et d'avoir eux-mêmes des enfants, et qu'ils se verraient obligés de partir de droite et de gauche à cause du manque de place. Elle sortit alors l'argent qu'elle avait accumulé au cours de longues années de dur labeur, obtint quelques accommodements avec ses clients et entreprit d'agrandir la maison", p. 67). Le tourbillon que cela crée (avec l'irruption d'artisans, etc.) est la condition de sauvegarde de l'intégrité du village-maison-famille-centre. Et il est ensuite révélateur que quand elle organise un bal pour fêter la fin des travaux, elle "dressa une liste d'invités triés sur le volet, ne retenant que les seuls descendants des fondateurs de Macondo" (p. 81).

Ce lien entre forces centrifuges et généalogie se précise avec l'épisode des dix-sept fils du colonel Aureliano Buendia. S'ils finissent tous par converger à Macondo, et s'ils sont immédiatement reconnus et accueillis en rapport avec leurs origines paternelles (on les baptise du nom d'Aureliano, p. 178), à l'exception d'un seul, tous les autres s'en retournent de là où ils viennent ou de là où ils sont (on se contente de noter "dans un cahier le nom et l'adresse de chaque mère et le lieu de naissance de chaque enfant", p. 179), parce que, en déduit-on, s'ils sont à moitié Buendia et, à ce titre, attirés vers le centre, ils sont aussi à moitié "étrangers" et donc, *in fine*, expulsés du centre, pour que perdure la cohésion et l'intégrité de ce monde à part, de ce tout, de ce centre bâti par les Buendia.

De notre point de vue, c'est cette obsession première et primordiale pour la non-dispersion du sang qui amène vers l'inceste ; l'inceste n'étant jamais que la forme ultime de cette clôture, à déconnecter de la dimension sexuelle – en tout cas dans un premier temps – pour bien la comprendre. Cela explique certainement aussi pourquoi le terme "inceste" n'apparaît jamais dans le roman. On se souvient du lien étroit existant entre *Cent ans de solitude* et la nouvelle que García Márquez écrivit immédiatement avant, *Les Funérailles de la Grande Mémé*. La nouvelle constituait, en effet, un laboratoire afin d'apprendre à raconter et à écrire le roman. On l'a vue, des éléments de la nouvelle ont au passage été réinjectés au sein du roman, pour bien rendre visible le rapport entre les deux. Or, on lit dans la nouvelle une phrase d'une importance capitale pour une pleine compréhension de *Cent ans de solitude* : "La rigidité matriarcale de la Grande Mémé avait clôturé sa fortune et son nom avec un barbelé sacramentel, à l'intérieur duquel les oncles épousaient les filles des nièces, et les cousins avec les tantes, et les frères avec les belles-sœurs, au point de former un enchevêtrement inextricable de consanguinité qui avait transformé la procréation en cercle vicieux" [1988, p. 275].

Depuis cette perspective, l'inceste apparaît non plus comme une monstruosité qui relèverait soit d'un problème moral (on a beaucoup glosé sur l'inceste dans *Cent ans de solitude* comme preuve du refus ou de l'incapacité des Buendia à se soumettre à des normes sociales et religieuses), soit d'un problème historique (là encore, pour exposer le point extrême d'irréductible barbarie des Buendia-Macondiens-Caribéens-Latino-Américains), mais comme une monstruosité (au sens, cette fois, de hors de l'ordinaire) logique, normale, tout simplement légitime, en rapport avec un degré plus ou moins développé de conscience d'une responsabilité à l'égard d'un legs à préserver à tout prix.

Et cette "responsabilité" à l'égard de la lignée conditionne effectivement les paramètres de l'amour, du désir et de la sexualité.

Considérant le couple fondateur, par exemple, on note que si leur mariage fait peur à cause du risque de la naissance d'un enfant à queue de cochon (le fameux "précédent abominable"), il a toujours paru logique, normal et, en fin de compte, légitime à tout le monde, dans les deux branches de la famille Buendia du "hameau d'Indiens pacifiques" "qu'ils deviendraient mari et femme" "depuis leur venue au monde"). Et d'ailleurs, les parents ont beau s'efforcer "d'y mettre le holà" (la formule n'évoque pas une opposition bien vigoureuse), concrètement, non seulement on les laisse se marier, mais cela donne lieu à une fête "avec fanfare et feu d'artifice" qui dure "trois jours" (p. 29). Et le narrateur-auteur-Melquiades-García Márquez semble avoir peu d'états d'âme au moment de conclure : "Dès lors ils auraient pu vivre heureux si sa mère n'avait pas terrorisé Ursula avec toutes sortes de prédictions sinistres concernant sa descendance, au point qu'elle se refusât à consommer le mariage" (p. 29-30).

Pas de tabou moral ou religieux dans cette affaire, donc. Juste une entrave génétique entre soi et le paradis conjugal. On sait qu'en dépit d'un désir passionnel qui les engage nuit après nuit, pendant des heures, dans "un déchaînement de violence qui paraissait déjà tenir lieu entre eux de rapports amoureux" (p. 30), José Arcadio et Ursula ne pourront avoir de relations sexuelles qu'après l'assassinat de Prudencio Aguilar (lequel a injurié José Arcadio non pas à cause de son mariage incestueux, mais, précisément, de sa non-consommation, en une validation-normalisation supplémentaire), qu'après avoir planté sa lance-phallus dans la gorge de son adversaire et, surtout, dans la terre battue, pour la déchirer et y créer de force un centre, y tracer une matrice. Un acte donnant lieu à des ébats on ne peut plus épanouis : "C'était par une belle nuit de juin, l'air était frais, la lune brillait; ils restèrent à batifoler dans leur lit jusqu'à l'aube, indifférents au vent qui rentrait dans la chambre et portait jusqu'à eux les pleurs de la famille de Prudencio Aguilar" (p. 31). On remarquera que plus jamais on nous parlera par la suite de la vie intime du couple… parce qu'on nous laisse comprendre que, dans le couple incestueux, on a trouvé l'équilibre d'une relation amoureuse et sexuelle heureuse en dépit d'un fond "de mauvaise conscience" (*ibid.*).

Considérant à présent le couple formé par José Arcadio fils et Rebecca, s'il permet de montrer un épanouissement sexuel hors du commun, donnant lieu à une longue description de la scène de défloration de la jeune femme (le désir est attisé par cette exclamation de José Arcadio: "Ah petite sœur, ah petite sœur!", p. 108), il paraît privé d'un véritable épanouissement amoureux…, comme si la généalogie trouble de Rebecca (en raison du lien familial difficile à reconstituer avec les Buendia après la lecture de la lettre que la jeune fille apporte avec elle à son arrivée au village) constituait un élément perturbateur ou, plutôt, comme s'il manquait un ingrédient, en l'occurrence génétique, pour que l'alchimie de leur union soit parfaite, sur tous les plans. Ne laisse-t-on pas planer le doute quant à une éventuelle responsabilité de Rebecca dans l'assassinat de son mari?

Considérant enfin le dernier couple incestueux des Buendia de Macondo, celui formé par Amaranta Ursula et Aureliano, non seulement il n'y a plus d'entrave génétique (comme dans le cas de José Arcadio et de Rebecca) puisqu'ils sont bien directement liés par le sang, et il n'y a plus d'entrave morale, puisqu'ils sont délivrés du poids de la moindre faute (à la différence de José Arcadio et d'Ursula). Et significativement, ce sont eux qui connaissent la véritable extase sexuelle et amoureuse, avec de longues descriptions de leur fusion (p. 440-441).

Pour les autres Buendia, l'amour demeure à peu près toujours hors de portée. Il se trouve systématiquement associé à une pathologie mentale, comme dans les relations tempétueuses et impossibles entre les couples Rebecca-Pietro Crespi ("Folle de désespoir, Rebecca se leva au milieu de la nuit et s'en alla au jardin manger des poignées de terre avec avidité, à s'en faire mourir, pleurant de douleur et de rage, mastiquant la chair tendre des vers et se brisant les molaires sur les coquilles des escargots", p. 79) ou Amaranta-Pietro Crespi ou encore Amaranta-Gerineldo Márquez.

Surtout, la sexualité est décrite comme une maladie physique. On se souvient de l'enchaînement des initiations des deux frères, José Arcadio (p. 55-57) et Aureliano (p. 80-81). On la montre généralement comme effrayante, partiellement frustrante, ramenant à une terrible solitude. Tout d'abord parce qu'elle a lieu avec un "étranger". Par exemple s'agissant des amantes du colonel Aureliano Buendia ("Le soir, ou à l'heure de la sieste, il appelait dans son hamac une de ses femmes dont il retirait une satisfaction sommaire", p. 184, ou "Les innombrables femmes qu'il avait connues dans le désert de l'amour, et qui avaient dispersé sa semence sur tout le littoral, n'avaient laissé aucune trace dans son cœur. La plupart étaient entrées dans sa chambre en pleine obscurité et étaient reparties avant l'aube ; le lendemain, il ne subsistait d'elles qu'un peu de dégoût dans la mémoire du corps", p. 202). Ensuite, parce qu'on doit se contenter d'un substitut. On pense ici à Amaranta et son neveu Aureliano José. L'adolescent doit se contenter des prostituées : "Tous les samedis, il allait avec les militaires à l'établissement de Catarino. Il se consolait de sa brutale solitude et de son adolescence prématurée avec des femmes à l'odeur de feuille morte qu'il idéalisait dans les ténèbres et métamorphosait en Amaranta, moyennant de terribles efforts d'imagination" (p. 162).

La démonstration, répétée encore et encore, est donc on ne peut plus explicite et la conclusion claire : seuls l'amour et la sexualité apportent jouissance et exaltation véritables… parce que le sentiment et le désir relèvent de la passion-obsession généalogique.

Un constat compréhensible et "acceptable" uniquement dans une dimension, celle de la métatextualité et, plus encore, de l'autotextualité.

Pour saisir cette thèse, il faut revenir à la lecture de la première nouvelle de García Márquez, écrite en 1947, à savoir "La troisième résignation". On a déjà expliqué en quoi elle scénographiait de manière très singulière le rapport que l'auteur entretenait alors avec la réalité. Privé d'Aracataca, de la maison de famille et, surtout, de ses grands-parents, il avait en quelque sorte poussé à l'extrême les enseignements qu'il avait reçus d'eux, notamment qu'il n'existait pas de frontière entre le monde des vivants et le monde des morts et, par conséquent, que vivants et morts cohabitaient, tantôt dans le rôle de vivants, tantôt dans celui de morts. Raison pour laquelle il s'était lui-même enterré vivant dans une immense bibliothèque d'aventures extraordinaires de littérature… Le petit garçon mort-vivant ou vivant-mort, c'était lui-même, présent ou absent dans la réalité. Or, il est essentiel de préciser que ce statut du personnage situé entre-deux, ni totalement dans la mort, ni totalement dans la vie, qui se couchait dans un cercueil placé dans sa chambre et dans lequel il pouvait continuer à grandir n'était possible que parce que, suivant le diagnostic d'un médecin, il parviendrait à s'auto-alimenter. Cruciale question de l'existence dans une autre réalité grâce à l'auto-alimentation pour prendre la mesure de l'imaginaire marquézien. Il y a là tout un schéma mental, un authentique fantasme… à la base de l'intégralité du projet Macondo de *Cent ans de solitude*. Si dans "La troisième résignation", c'était l'enfant comme figuration de l'auteur qu'il fallait maintenir en vie hors de la réalité, dans *Cent ans de solitude*, c'est une famille entière qu'il faut maintenir en vie hors de la réalité grâce à une auto-alimentation. L'enfant et la famille peuvent produire un système interne qui les nourrit, sans dépendance à l'égard de l'extérieur, de l'"étranger".

La famille constitue donc en quelque sorte la figuration grandiose de l'auteur, dont l'univers fictionnel s'auto-alimente, s'ingurgite et se régurgite continuellement lui-même (d'où les sempiternelles duplications), jusqu'à l'empoisonnement de son sang. Même si cela n'est pas dit explicitement, on comprend que cela cause la "mort" du garçonnet de la nouvelle de 1947. Son corps ne grandit plus, se dégrade, attire les rongeurs… et cède finalement à l'ultime résignation. C'est donc également de cela que "meurent" les Buendia, leur corps-dernier rejeton dévoré par les insectes. La famille est emportée dans l'ultime résignation : celle de l'auteur. À ce détail près que cette ultime résignation coïncide avec l'entrée en scène des manuscrits de Melquiades, qui arrache les personnages-figurations de l'auteur à la réalité pour leur donner l'éternité de la littérature.

À ce titre, l'inceste constitue bien une incroyable métaphore de la génération de l'œuvre. Et, comme si cela ne suffisait pas, la multiplication des références intratextuelles dans *Cent ans de solitude*, ressemble à la trouée que José Arcadio fait dans la terre pour créer son propre centre. À travers ces déchirements, on agglomère le reste, les romans et nouvelles d'avant le roman de 1967 ainsi que les nouvelles et romans d'après. Au centre, il y a l'auteur, évidemment.

Cependant, on pourrait opérer une lecture critique de ce monde idéal de littérature que García Márquez s'est créé pour lui-même, et y lire l'expression de représentations machistes et hétéropatriarcales du monde, problématiques et encombrantes. Une belle utopie masculine, où l'on peut violer, où l'on peut convoler en justes noces avec des fillettes, où l'on fait son éducation sexuelle dans les bordels, où des femmes fantasment sur la virilité hors norme de José Arcadio fils, etc. Dans ce grand tout que compose l'œuvre marquézienne, l'éclairage que projette sur l'ensemble le dernier roman de l'auteur, *Mémoire de mes putains tristes* (2004) produit un effet des plus désastreux. Pour les lectures les plus actuelles de *Cent ans de solitude* depuis cet angle "amour et sexualité", on trouvera, on s'en doute, de très virulentes dénonciations de ce qui est vu comme le phallocentrisme de García Márquez. En 2014, Alexis Romay écrivait par exemple un article parodiquement intitulé "Cent ans de misogynie", qu'il concluait avec cette formule, tout aussi parodique : "car aux lignées condamnées à cent ans de misogynie, il n'était pas donné sur cette terre de seconde chance" [ROMAY, 2014, notre traduction]. Dans les colonnes de *The Garduian*, Sam Jordison se posait une question-clé en 2017 : "Le roman magique de Gabriel García Márquez est truffé de commentaires politiques sur des événements réels. Mais peut-on dire que la misogynie et la violence n'ont pas d'importance parce que rien de tout cela n'est réel ?" [JORDISON, 2017, notre traduction].

Exaltation de l'impureté et sexualités frustrées

Si le narrateur aime à se dépeindre comme un artiste perdu dans "les hauteurs de [s]on imagination" (III, p. 714), se débattant avec les fabulations, mythes et allégories forgés par son esprit, il est aussi sans cesse rappelé à la réalité incontrôlable de son corps. Comme dans tous les romans de Rushdie, le corps est en effet omniprésent dans *Les Enfants de minuit*, qui, dans la droite lignée de Rabelais et Sterne, exalte toutes les manifestations du bas corporel (v. Thématiques, Les sens). Le primat accordé aux sensations et aux pulsions va de pair avec une langue crue, parfois grossière, toujours inventive, portée par le narrateur mais aussi souvent par les personnages subalternes, comme Padma (I, p. 67) ou la prostituée Tai Bibi (qui insulte abondamment Saleem, II, p. 563). La dimension politique de cette poétique de la langue impure est analysée par Samir Dayal dans un article intitulé "Talking dirty" [1992].

Tai le batelier est un parfait exemple de l'exaltation de l'impureté, physique, verbale et métaphysique dans le roman, mais aussi du traitement grotesque de la sexualité, qui n'est jamais idéalisée, comme en témoigne le leitmotiv du nez phallique. Ainsi, le nez remarquable d'Aadam Aziz est associé par Tai à une fertilité exceptionnelle, mais aussi à la "morve" (I, p. 21), dans un mouvement de rabaissement grotesque, qui se confirme avec le "nez-concombre" (II, p. 273) de Saleem qui coule perpétuellement (II, p. 275). La représentation de la sexualité, tour à tour comique et dramatique, l'associe toujours à la transgression, et le narrateur se présente souvent en voyeur – rappelons que dans l'une des versions du texte, l'incipit montrait le narrateur épiant et filmant les ébats de sa logeuse dans une pension de Londres [Mishra, 2019, p. 83].

La scène de masturbation d'Amina Sinai dont est témoin Saleem depuis le coffre à linge, refuge de l'enfance désormais doublement profané par cette vision incompréhensible ainsi que par la vue du postérieur de sa mère, reprend sur un mode héroï-comique la vision d'Aadam de "la fesse rougissante" de Naseem aperçue à travers le drap troué (I, p. 45), annonçant déjà le thème du désir incestueux. Cette scène est particulièrement frappante tant elle donne à voir le plaisir sexuel féminin tout en l'associant à la transgression et au tabou moral (II, p. 286-287). Le texte insiste sur la chaleur étouffante de cet après-midi d'été, et alterne entre la parole d'Amina au discours direct libre et la description minutieuse du mouvement de ses mains, qui semble obéir à une volonté du corps autonome, guidé par les souvenirs de Nadir Khan. Les répétitions, les points de suspensions, la fusion des deux syllabes du prénom Nadir répétées à l'infini miment la montée incontrôlable du plaisir, rappelant sur un mode mineur, voire comique, le monologue final de Molly Bloom dans *Ulysse* (et l'on sait l'influence de Joyce sur Rushdie), mais aussi l'écriture de Philip Roth.

Cette scène de plaisir érotique, qui trouve un écho en sourdine dans la chorégraphie des mains des deux amants au café du Pionnier, est néanmoins la source du traumatisme du narrateur, et déclenche une chaîne de désastres familiaux. De fait, malgré l'exaltation du corps dans sa matérialité débordante, le désir et la sexualité sont souvent contrariés dans le roman. La sexualité peut s'avérer dangereuse (comme lorsque les rapports de Saleem avec Tai Bibi lui révèlent son amour pour Jamila), et les désirs sont souvent réprimés par les normes sociales (Amina Aziz et Nadir Khan), ou frustrés par l'impuissance sexuelle (Parvati ou Padma et Saleem). Cette dernière est objet d'une angoisse évidente du narrateur, mais même la puissance sexuelle de Shiva, performant ses attributs de "shiva-lingam, Shiva procréateur" (III, p. 774), est associée au malheur, puisqu'il sème derrière lui une dynastie d'enfants illégitimes, fruits du désir incontrôlable des femmes de la haute société indienne pour cet Apollon des rues. Cette sexualité problématique, tout comme les amours destructrices qui rythment le récit, semblent liées à la question difficile de la filiation.

Amours destructrices

L'amour est l'un des moteurs dramatiques de l'intrigue : Aadam Aziz tombe amoureux de Naseem Ghani, ce qui entraîne leur mariage et leur déménagement à Agra, où Aadam s'engage en politique, ce qui fait naître indirectement l'amour et le mariage infructueux de Nadir Khan et Mumtaz Aziz, qui a pour conséquence son deuxième mariage avec Ahmed Sinai et leur déménagement à Delhi puis Bombay, mais qui n'empêche pas son amour persistant pour Nadir Khan-Qasim Lal, qui suscite le désir de vengeance du narrateur et le conduit à dénoncer Lila Sabarmati et Homi Catrack, entraînant leur mort, et celle, par ricochet de son oncle Hanif, puis l'exil au Pakistan, tandis que son amour pour sa sœur entraîne son rejet et son enrôlement dans l'armée du Pakistan, le ramenant finalement vers Parvati et le triangle amoureux avec Shiva, qui donne naissance à Aadam, symbole d'une nouvelle génération qui donne une lueur d'espoir ténue à la fin du roman. Sans oublier l'amour dévoué de Padma pour Saleem, qu'elle refuse d'admettre (II, p. 216) mais qui donne au narrateur la force d'écrire son récit, et est donc ce qui permet au texte d'exister.

Toutefois, ce que cette chaîne d'événements amoureux donne à voir, c'est bien le courant de pessimisme vis-à-vis de l'amour qui traverse le roman, comme si tout acte d'amour portait en lui un potentiel destructeur. Là où le désir est souvent frustré ou inadéquat socialement et moralement, l'amour est souvent vecteur de catastrophes (sous la forme de trahison, d'infidélité, ou d'humiliation). En plus des nombreux exemples d'amours non réciproques (celui d'Alia Aziz pour Ahmed Sinai, de Sonny Ibrahim et du prince Mutasim pour Jamila, de Saleem pour Evie Burns puis pour sa sœur), deux exemples permettront d'amorcer une réflexion sur les enjeux poétiques et politiques de cette vision malheureuse de l'amour, ancrée dans un contexte social et historique particulier.

Le premier exemple est celui de la relation d'Aadam Aziz et Naseem Ghani, un amour victime de la malédiction du drap troué, qui se transmettra aux générations suivantes. Le roman s'ouvre sur le récit de cette cour de trois ans que le médecin fait à la jeune femme, orchestrée par Tai le batelier et supervisée par Ghani au sein de l'espace sombre et étouffant de sa maison, mise en scène stylisée de la tradition du mariage arrangé. Le drap troué, qui contraint Aadam à une découverte progressive du corps de Naseem dans une logique de voilement et dévoilement qui suscite son désir, est d'abord perçu par lui comme “quelque chose de sacré et de magique” (I, p. 45) parce que le sentiment amoureux qu'il suscite comble le vide créé par son retour d'Allemagne.

Néanmoins, la dégradation de leur relation conjugale après leur mariage transforme ce talisman en malédiction, la sensibilité libérale d'Aadam se heurtant à la chasteté de Naseem (à l'image du tableau de

Diane chasseresse sous lequel se tient Ghani, I, p. 30), scandalisée par ses requêtes sexuelles, et dont le refus de "bouger [...] comme une femme" (I, p. 57) s'étend à son existence entière, campée dans ses positions et figée dans un corps minéral. On peut y voir la critique libérale de Rushdie d'une société patriarcale traditionnelle qui réprime l'expression du désir, dans la mesure où l'échec de leur mariage provient de l'erreur initiale d'aimer l'autre "en fragments", en raison de la *purdah*, principe de séparation entre hommes et femmes [NEEDHAM, 1987, p. 97]. Mais l'on sent aussi poindre une forme de caractérisation misogyne dans la mesure où le personnage d'Aadam, tourmenté par ses contradictions, est dans l'ensemble présenté de manière plus positive que Naseem, dont les croyances sont réduites à de la bigoterie et de la pudibonderie, symbolisée par le surnom de Révérende Mère. Dévoilée fragment par fragment, auscultée, manipulée, elle est d'abord un objet de désir qui, lorsqu'elle ne se conforme pas aux attentes de son mari, devient une femme-monstre, matriarche frigide et redoutable, qui plonge sa famille dans un silence destructeur, transmet son amertume et sa frustration à toute la famille. Ce corps gigantesque cannibalise peu à peu le corps frêle et fissuré d'Aadam, "dévore les rêves" de ses enfants (I, p. 99).

Le deuxième exemple de désir frustré et d'amour destructeur est celui de la génération suivante, impliquant Nadir Khan, Mumtaz-Amina Aziz et Ahmed Sinai. D'une part, l'amour quasiment chaste de Mumtaz et du poète impuissant (avatar du narrateur qui ne peut combler les désirs de Padma), à rebours des normes sociales de la sexualité conjugale (soutenue par Padma, et dans une certaine mesure par le narrateur), est réprimé par la famille, qui contraint Nadir à fuir et à déclarer le divorce. Mumtaz-Amina et Nadir ne consommeront jamais leur amour directement, et lorsque leur plaisir s'exprime (par le jeu du crachoir, par la danse des mains et leur baiser indirect au café du Pionnier), il est associé au traumatisme de Saleem enfant, puis à la condamnation morale. Leur amour, toujours entravé, est néanmoins le plus durable du roman. Mais le texte présente cette sexualité indirecte et stylisée comme une frustration, un échec dû à l'impuissance du poète, qui prive Amina de plaisir (II, p. 385).

La malédiction du drap troué ressurgit au sein du couple Amina-Ahmed Sinai, nouvelle métaphore de l'amour contraint: Amina, dont l'amour pour Nadir Khan ne s'est pas éteint, se résout à "aimer son mari par morceaux" (I, p. 119), en le divisant mentalement en compartiments, mais ce labeur assidu (et le texte souligne cruellement tous les travers d'Ahmed qu'elle s'efforce d'aimer), s'il parvient à transformer son mari en un double de Nadir Khan (I, p. 120), ne va pas jusqu'à éveiller le plaisir sexuel. Le gel des testicules d'Ahmed, littéralisation du gel de ses biens financiers, prive à nouveau Amina de plaisir charnel et surtout de descendance (II, p. 240-242 et p. 312). Cela n'empêche pas le père de Saleem, devenu alcoolique et délirant, de harceler ses secrétaires, "Coca-cola girls" (II, p. 240 et p. 312), réduites à des objets de désirs indistincts, avant d'investir sa libido frustrée dans le rêve catastrophique des tétrapodes (II, p. 235-236 et p. 313).

Le lien entre la ruine financière d'Ahmed Sinai et son impuissance sexuelle montre bien le rapport étroit entre vie intime et vie publique dans le roman, confirmée par l'échec politique et sexuel de Nadir Khan par opposition à la puissance de Mian Abdullah, dont le bourdonnement suscite des érections en pagaille, ou encore par la vasectomie de Saleem, assimilée à une "espérectomie : l'ablation de l'espoir" (III, p. 768), privant le narrateur et la nation tout entière de tout espoir démocratique. Ce rapport allégorique entre sexualité et politique prend une tournure à la fois dangereuse et comique lors de la renaissance tardive et miraculeuse de l'amour du couple Amina-Ahmed à l'occasion de la guerre de l'Inde contre la Chine de 1962. Cet amour, associé au nationalisme belliqueux du pays, nouvelle épidémie d'optimisme destructeur, n'est pas vecteur de concorde et d'harmonie familiale mais suscite d'une part l'agacement d'Alia (II, p. 547), et se fait au détriment de Saleem, "agneau sacrificiel de leur amour" (II, p. 525). Nouvelle manifestation de son Œdipe, il y voit une force destructrice, responsable de la perte de connexion avec les enfants de minuit, et donc, de leur anéantissement : "ce qui détruisit toute possibilité de renouveau, ce fut l'amour d'Ahmed Sinai et d'Amina Sinai" (II, p. 525).

Pour Saleem, peut-être en raison de la trahison de sa mère, l'amour est maudit : sa découverte de la sexualité dans les bras de Tante Pia, prise au piège du rôle de séductrice qu'elle joue, le fait expulser de ce royaume de l'illusion qu'était l'appartement de son oncle et sa tante sur Marine Drive, son désir incestueux pour Jamila lui vaut d'être repoussé par sa sœur et d'être hanté à jamais par son visage, l'empêchant de désirer et d'aimer quiconque à nouveau. Même Parvati-la-Sorcière à la moue envoûtante ne parvient pas à faire disparaître ce spectre, et le narrateur se marie avec elle sous l'impulsion de Singh-la-Photo, mariage qui finira par la mort tragique de Parvati. Il refuse d'abord le mariage avec Padma, avant de céder, mais celle-ci ne semble pas être l'objet d'un désir charnel ou d'une passion amoureuse, même si sa musculature force l'admiration du narrateur. "Forte, gaie, la consolation de [s]es vieux jours" (I, p. 40), elle est, bien malgré elle, la muse du poète, l'objet d'un amour chaste lié à la créativité narrative. On ne peut néanmoins s'empêcher de lire cette relation au prisme d'un rapport de subordination entre le patron et l'ouvrière dévouée, dont le corps puissant, fruit du travail manuel, est érotisé. S'identifiant à une victime passive de son destin, Saleem se perçoit aussi comme étant à la merci des femmes placées sur sa route, à l'image des *houris* qui le vident de son flux vital dans les Sundarbans (III, p. 645-647).

Femmes menaçantes

La représentation des femmes dans le roman a suscité des lectures diverses. Certains critiques considèrent la caractérisation des femmes comme monstres, sorcières, ogresses castratrices à la sexualité démonisée dans les œuvres de Rushdie comme une faille, marque de son échec à sortir d'un cadre de représentation patriarcal [AHMAD, 1992; CUNDY, 1997; GURNAH, 2007]. D'autres y voient une stratégie narrative visant à interroger le rôle de la féminité et de la maternité dans le discours politique en Inde, renversant le trope de la mère-Inde [WEICKGENANNT, 2008]. Ambreen Hai affirme de manière convaincante que Rushdie met en scène des femmes marginales mais puissantes et créatives (et ici on peut penser aux exploits d'Evie Burns, à la force physique du Singe de Cuivre et à sa voix prodigieuse, aux muscles de Masha Miovic et de Padma, aux prodiges de Parvati, et même à la puissance d'Indira Gandhi), mais que cette puissance est représentée comme une menace, signe de la peur inconsciente de la sexualité féminine: "Ce qui coula d'Aadam Aziz en moi: une certaine vulnérabilité devant les femmes" (II, p. 485). À l'exception de Padma (même si son philtre d'amour rend Saleem malade), la force des personnages féminins qu'il désire est toujours hostile: Evie Burns, dont les connotations du nom de famille n'auront pas échappé au lecteur ("burns" renvoyant au verbe "brûler"), porte en elle une violence redoutable, le Singe de Cuivre, qui refuse sa sexualité et s'en protège en devenant Jamila la chanteuse, fait preuve d'une violence déchaînée. Saleem, toujours en quête de figures maternelles, fait lui-même à deux reprises l'inventaire des femmes qui ont joué un rôle dans sa vie (II, p. 341) :

> Des femmes m'ont fait ; et aussi défait. Depuis la Révérende Mère jusqu'à la Veuve, et même au-delà, j'ai été à la merci du soi-disant (et c'est une erreur à mon avis) sexe faible. C'est peut-être une question de rapports : l'Inde-Mère, Bharat-Mata, n'est-elle pas généralement considérée comme une femme ? Et, comme tu le sais, il est impossible d'y échapper [...]. Pendant soixante-quatre ans et après minuit, des femmes ont donné le meilleur d'elles-mêmes ; et aussi, je dois le dire, le pire. (III, p. 711-712)

L'interprétation allégorique, dont on sait maintenant qu'il faut toujours la mettre à distance, renvoie ainsi les femmes au mythe de la mère-nation, qui circonscrit le rôle de la femme à celui de mère sacrificielle, corps sacré qu'il faudrait protéger et au nom duquel on s'entretue. La mère-nation est identifiée dans le roman à Indira Gandhi, transformée en Veuve maléfique, une mère devenue Médée dévorant ses enfants, érodant ainsi l'imaginaire nationaliste et patriarcal de la femme, tout en tombant dans le trope de la mère castratrice. La représentation détaillée et cruelle de la violence extrême de la castration et de la cuisson des organes génitaux, mettant le lecteur dans une position inconfortable de voyeur (III, p. 772-773), accentue l'idée d'une puissance destructrice. Le portrait satirique d'Indira Gandhi en veuve démoniaque responsable des maux du pays s'appuie sur le *topos* théâtral et romanesque de la satire des veuves (chez Dickens par exemple), mais aussi sur le tabou social des veuves en Inde.

Le sort final réservé à Naseem est intéressant : gardienne farouche des traditions, notamment d'un code de l'honneur et de la soumission féminine présenté comme néfaste par le narrateur (et l'auteur), ayant toujours refusé l'injonction hypocrite de se libérer de son mari, elle accomplit pourtant à la mort de celui-ci son rêve incongru d'ouvrir une station-service au Pakistan, embarquant avec elle sa belle-fille éplorée. Placée au milieu de nulle part, cette station-service fait florès grâce à la "combinaison magique" ("magical combination", omis dans la traduction française) de la beauté de Pia et de la nouvelle faculté infinie d'écoute de Naseem, qui réjouit les automobilistes, faisant écho à la représentation miraculeuse de la technologie dans *Cent Ans de solitude*. Cette station-confessionnal, qui joint un symbole de la modernité capitaliste au besoin ancestral de se raconter et de "se réjouir les yeux"

(II, p. 577), incarne la conjonction de temporalités hétérogènes au sein de la modernité dans les semi-périphéries [Moretti, 1996, p. 243]. Cette entreprise féminine (tout comme la fabrique de conserves Bragance) est une marque d'indépendance pour Naseem, mais, d'une part, son succès est teinté de mélancolie, car l'écoute patiente des peines des hommes est présentée comme un refuge hors de ses malheurs familiaux et une manière d'attendre la fin (II, p. 578) ; d'autre part, on peut voir dans cette entreprise une tentative du romancier de neutraliser la puissance de Naseem, lui assignant une fonction passive, celle d'auditrice, enfermée dans son "confessionnal de verre" (II, p. 577) – semblable à Mary Pereira dans son usine, qui a renoncé à la compagnie des hommes. Toutefois, le corps débordant de Naseem, qui fait éclater la cabine de verre, tout comme le refus de Pia de se cantonner à son rôle d'appât, nuancent cette interprétation et font signe vers l'impossibilité de maîtriser la force de ces personnages féminins.

Hai montre que la peur de la sexualité féminine se manifeste dans le roman par son association à la menace de dévoration et de castration [*in* Booker, 1999, p. 40], figurée par la représentation obsessionnelle des bouches féminines (de la moue de Parvati aux lèvres serrées de Mère Révérende, de la bouche salivante de Toxy Catrack à la bouche métallique d'Evie Bruns, ou encore à la bouche qui chante de Jamila), qui renvoient au fantasme du vagin denté [Pesso-Miquel, 2007, p. 61], trouvant un emblème remarquable dans la figure mythique de la laveuse Durga "aux seins surnaturels" (III, p. 782), conteuse et nourrice intarissable qui cannibalise Singh-la-Photo : "un lézard suceur de sang à forme humaine !" (III, p. 783). Mais cette peur s'exprime aussi par la présence d'une pluralité indifférenciée de femmes humiliantes et menaçantes, telles les femmes "aux biceps de lutteur", spectatrices des rendez-vous d'Aadam et Naseem (I, p. 37), qui répandent des rumeurs sur le médecin et trouvent un écho dans les femmes musclées de l'usine de pickles ou dans les jeunes filles européennes musclées de Breach Candy. On peut aussi penser à la nébuleuse de femmes bourgeoises qui humilient Shiva (notamment Roshanara Shetty, III, p. 720), ou bien aux femmes de Narlikar, qui détruisent tout sur leur passage pour bâtir leur empire sur les cendres de celui de Methwold, et que l'on retrouve dans *La Terre sous ses pieds*. Si l'on peut nuancer, avec Catherine Pesso-Miquel, la reproduction de l'idéologie patriarcale et répressive dans le roman en pointant la complexité des personnages de Naseem et d'Amina, par exemple [PESSO-MIQUEL, 2007, p. 65], l'idée d'une sexualité menaçante semble pertinente, notamment quand on la met en rapport avec la question primordiale de la procréation.

En effet, si la sexualité est problématique dans le roman, si les femmes sont prédatrices ou inaccessibles et les hommes impuissants, si la fertilité comme l'infertilité prennent des dimensions surnaturelles, cela pourrait être aussi lié à la faute originelle de Mary Pereira, qui obscurcit l'acte de procréation et mine l'idée de filiation continue. Dans un roman où les *enfants* sont au centre et qui est obsédé par la filiation et la génération, il faut bien dire que les grossesses sont monstrueuses, transformant les femmes en ballons boursouflés, ployant sous le fardeau de bébés-enclumes (II, p. 593). Les accouchements, décrits en détail, sont longs et douloureux, et les nouveau-nés souvent difformes (même si leurs anomalies physiques sont associées à des facultés extraordinaires), associant la procréation à un châtiment. Face à cette difficulté à engendrer, la logorrhée de Saleem peut ainsi être pensée comme une forme de fertilité verbale, symbole d'une puissance poétique (certes bien masculine), à l'image des récits et de la poésie de Nadir Khan (II, p. 277), qui résiste à toute tentative d'assèchement et de mise en ordre.

"Lan, dis-moi, c'est moi que tu aimes ou mon corps ?" : c'est la question que pose Lan Sishi à Sima Lan, lors de leur dernière rencontre (p. 119). Ils se verront une dernière fois, mais Lan Sishi sera déjà morte et Sima Lan s'allongera auprès d'elle pour l'accompagner dans la mort (p. 191). Le roman pose en effet, à travers le couple formé par les deux héros, la question de la motivation de l'amour : élan amoureux ou pulsion érotique ? Le récit repose sur un ressort traditionnel du roman de mœurs : le triangle amoureux constitué de Sima Lan, son épouse Du Zhucui et son amante Lan Sishi. Mais Yan Lianke met aussi en scène d'autres personnages animés par le désir érotique. Par ailleurs, il se montre plus audacieux sinon en dénonçant, du moins en restituant les caractéristiques d'une société patriarcale, ainsi qu'en décrivant les étapes de la sexualité infantile.

Le triangle amoureux

Le triangle amoureux pourrait être considéré comme un des moteurs du roman : Du Zhucui et Lan Sishi se disputent le même homme, Sima Lan. Aussi le roman semble-t-il opposer un mariage raté (Sima Lan et Du Zhucui, livre I), nourri par la haine et la violence, à une belle histoire d'amour (Sima Lan et Lan Sishi), d'autant plus belle qu'elle est impossible. Très tôt, vers l'âge de cinq ans (livre V), Sima Lan croit résoudre le problème du triangle amoureux en envisageant d'épouser les deux petites filles : "c'est Sima Lan qui dirige tout, il est l'empereur et il a décidé que Sishi et Zhucui seraient ses épouses tout au long de sa vie de centenaire" (p. 601). Mais, tout au long du roman, on présente Du Zhucui comme constituant un obstacle à l'amour entre Sima Lan et Lan Sishi. Au livre IV, elle interrompt les jeux érotiques enfantins de Sima Lan et Lan Sishi : "J'ai tout vu ! Toi et Sishi... Elle veut être ta femme !", et rappelle à Sima Lan sa promesse : "Cousin, quand tu seras chef, épouse-moi aussi. Tu as bien dit que tu prendrais deux femmes..." (p. 462). Insistante, Du Zhucui réitère sa demande au livre III : "Cousin, je pense demander à un intermédiaire d'aller chez toi demander si tu serais d'accord pour m'épouser" (p. 356). Zhucui occupe ainsi la fonction du *xiaoren*, littéralement "être petit", mais ici "être méprisable", terme employé pour désigner les personnages qui font obstacle à l'union de deux amants dans le roman sentimental dit "roman de la belle et du lettré" (*caizi jiaren xiaoshuo*) [QIU, p. 83-84].

Le mariage entre Sima Lan et Du Zhucui a bien lieu (p. 238), mais Sima Lan n'y consent qu'en raison du chantage que lui fait subir Du Zhucui. En effet, au livre II, par dépit de ne pouvoir épouser Sima Lan, Du Zhucui envisage de se marier en dehors de la communauté. Elle est menacée par Sima Lan, nouvellement élu chef du village, de subir le sort des jeunes filles qui vont chercher un mari ailleurs : elle serait attachée au vieux févier et battue. Elle parvient à retourner la situation en menaçant à son tour Sima Lan de le faire destituer par son père, Du Yan, qui occupe un poste au niveau cantonal. Il s'agit, dans un premier temps, d'échapper aux coups : "Sans même parler de me battre à mort, touche un seul de mes cheveux, et mon père ordonnera aux cadres du canton de te retirer ta charge de chef" (p. 265) ; puis, la menace vise à obliger Sima Lan à l'épouser : "tu n'épouseras pas Sishi. C'est avec moi que tu vivras. Il te faudra m'épouser" (p. 236). Si Sima Lan épouse Du Zhucui, c'est donc par ambition politique.

Dans le livre I, la relation entre Sima Lan et Du Zhucui, désormais mari et femme, est caractérisée par une haine réciproque. Du Zhucui exprime son ressentiment dès le début du roman : elle lui en veut de ne pas lui avoir construit une maison neuve et se réjouit, au discours indirect libre, de lui survivre : "Son homme va mourir, il va disparaître de ce monde, et elle-même sortira enfin du cercle d'ombre de l'arbre, tous les liens dans lesquels elle se débat seront défaits" (p. 26). Sima Lan est également animé d'une haine meurtrière à l'égard de sa femme : après avoir été éconduit par Lan Sishi, il a "envie de tuer [sa femme]" lorsqu'elle se présente à lui, dans une "allure débraillée" (p. 101). Cette haine donne lieu à trois scènes de ménage, reliées les unes aux autres par des motifs qui se font écho. Dans la première, c'est Du Zhucui qui a l'initiative : elle s'empare du bol de soupe destiné à son mari pour le donner à sa fille (p. 40). Dans la suivante, elle renouvelle sa tactique, ainsi que le rapporte sa fille Teng à Lan Sishi lorsqu'elles sont à Jiudu : "le père a voulu boire un potage et la mère comme par fait exprès lui a apporté un petit pain dur". Lors de cette deuxième altercation, Du Zhucui en vient à étrangler Sima Lan, qui est fort malade à ce moment du roman (p. 69). Dans la troisième scène de ménage, c'est Sima Lan qui prend l'initiative : il demande à boire à sa femme, mais avec l'intention de refuser la boisson, dans le seul but de l'humilier (p. 103) ; il s'ensuit un corps à corps traité dans le registre burlesque, Du Zhucui étant comparée à une poule puis à un moineau qui échappe aux mains criminelles de son mari ; finalement, de même que, dans la scène précédente, Zhucui "serrait [le] cou [de Sima Lan]" (p. 69), dans celle-ci, les mains [de Sima Lan] enserrent [le] cou [de Du Zhucui] (p. 106).

Par opposition à une relation nourrie par la haine entre Sima Lan et Du Zhucui, un des fils directeurs du roman est l'histoire d'amour que partagent Sima Lan et Lan Sishi. Comme dans un roman sentimental traditionnel, le couple connaît un "amour prédestiné" (*yinyuan*), notion qui emprunte au bouddhisme l'idée que l'amour est le résultat du "karma" (*yuan*). Les deux bébés tètent la même "mère", Du Meimei, l'un au sein droit, l'autre au sein gauche, évoquant le couple mythique de Fuxi et Nüwa (v. Thématiques, Le narrateur) ; ils se sourient l'un à l'autre et le narrateur de commenter : "Ainsi font-ils connaissance, ainsi commence leur histoire d'amour" (p. 610). Cette histoire d'amour semble prendre racine avant même leur naissance puisque Sima Xiaoxiao, le père de Sima Lan, et Du Meimei, la mère de Lan Sishi, ont eu une relation adultérine : l'histoire de leurs enfants répètera leur propre histoire, selon la logique du karma. De plus, les deux parents décident de donner pour prénom au fils de Sima Xiaoxiao le patronyme de la famille de Du Meimei (épouse de Lan Baisui), c'est-à-dire *Lan* : "Ce serait bien de donner Lan pour prénom à ton quatrième fils", propose Du Meimei ; "ce serait un souvenir de notre couple" (p. 614). Ensuite, les deux jeunes enfants connaissent un amour mutuel, sur un mode qui nous fait penser à *Daphnis et Chloé* ou à *Paul et Virginie*, mais qui est bien attesté aussi dans le genre du roman sentimental chinois : il s'agit de la relation entre "un jeune prunier et un cheval de bambou" (*qing mei zhu ma*) : ainsi, Sima Lan prend la main de Lan Sishi (p. 586) ; un peu plus tard, dans le livre III, ils jouent à la dinette, Lan Sishi (cinq ans) préparant à Sima Lan son plat préféré, "la viande aux carottes à l'étuvée" (p. 454). Certes, l'amour mutuel des deux personnages ne s'accomplit pas dans le mariage, comme dans le roman sentimental traditionnel, puisque Sima Lan, mû par son ambition de pouvoir, est "contraint", comme nous l'avons vu, d'épouser Du Zhucui. La romance se termine néanmoins par un "dénouement sous forme de réunion" (*tuanyuan*), puisque Sima Lan rejoint Lan Sishi dans la mort :

"Sima Lan s'endort pour longtemps avec Sishi" (p. 191). Du point de vue du système des personnages, le roman fait penser au *Rêve dans le Pavillon rouge*, où le héros, Frérot-Jade (Jia Baoyu), est partagé entre une épouse qu'on lui a imposée (Grande Sœur Joyau, Xue Baochai) et celle qu'il aime (Sœurette Lin, Lin Daiyu).

On peut aussi considérer que cette prétendue romance n'est en fait qu'un malentendu. Tout d'abord la relation est loin d'être authentiquement réciproque. Même après avoir renoncé à vivre avec Sima Lan, car, explique-t-elle, la prostitution pratiquée à Jiudu l'a définitivement dégoûtée des hommes (p. 98), et même après le viol, ou la tentative de viol, que Sima Lan lui fait subir (p. 115), Lan Sishi continue à aimer Sima Lan puisque, tout d'abord, elle exprime le regret que la mort aille bientôt les séparer: "Comment se fait-il que tu n'aies pas songé que, si tu peux vivre encore des années, moi, Lan Sishi, à trente-sept ans, je ne suis déjà plus très loin de la mort?" (p. 120-121) ; puis, face à sa sœur défunte qui l'invite à la rejoindre dans la mort, elle refuse, car elle persiste à vouloir vivre auprès de Sima Lan: "si je meurs, que va devenir Sima Lan? Je lui ai promis que, le canal achevé, nous vivrions ensemble" (p. 150). De son côté, Sima Lan n'a jamais aimé que le corps de Lan Sishi, comme le lui fait remarquer celle-ci: "Lan, dis-moi, c'est moi que tu aimes ou mon corps?" (p. 119). Du reste, quand il était enfant, il a d'abord songé à sa sœur Liushi dont il tient en premier la main, avant que celle-ci lui demande de prendre celle de Sishi, restée seule parmi les couples d'enfants (p. 585-586).

De plus, certains indices font penser que la relation entre Sima Lan et Lan Sishi pourrait résulter de tractations, exactement comme le mariage de Sima Lan et de Du Zhucui. La scène où les deux parents, Sima Xiaoxiao et Du Meimei, décident que Sima Lan porterait pour prénom le nom de la famille Lan peut être lue comme une scène de mariage arrangé, dans la tradition chinoise, y compris littéraire: "Plus tard, dit Du Meimei, [ma fille Lan Sishi] pourra épouser Sima Lan!" (p. 615). Par la suite, Lan Baisui, le père de Lan Sishi, surprend Sima Lan en train d'enlacer sa fille d'à peine quatorze ans (p. 336) ; puis, il lui propose au garçon d'épouser sa fille (p. 339). De plus, à la mort de Lan Baisui, Sima Lan envisage d'épouser Lan Sishi afin d'augmenter ses chances de succéder à son père à la tête du village (p. 221).

La pulsion érotique

En fait, il semble que Sima Lan, comme la plupart des personnages du roman, ne connaissent que le "désir érotique" (*qingyu*). C'est le corps de l'adolescente devenue femme qui l'attire, alors que lui-même a environ quinze ans: "La maigre Lan Sishi au teint pâle a vu ses joues se colorer d'un rouge vermeil en moins d'un an. Ses seins se sont dressés en quelques jours alors qu'hier encore elle semblait aussi plate qu'une planche" (p. 337). La pulsion érotique est partagée par une série de couples adultérins: nous avons évoqué le père de Sima Lan et la mère de Lan Sishi, Sima Xiaoxiao et Du Meimei (p. 615), mais les deux autres parents des deux héros, la mère de Sima Lan et le père de Lan Sishi (Lan Baisui), ont par la suite aussi une liaison (p. 367, p. 377 et p. 382-383), ainsi que Sima Taohua et le "responsable Lu" (p. 373-375 et p. 383). L'amour physique auquel se livrent ces personnages est traité, le plus souvent, de façon elliptique ou bien par le procédé de la métonymie, à travers le motif du "grincement de lit" (dans la traduction, les mots "grincement" ou "grincer" correspondent toujours, dans l'original, à une onomatopée qui est bien entendu plus expressive: *(bai)bailiangliang* pour Lan Baisui et la mère Sima, p. 380 et 382 [traduit par "stridences" la troisième fois], et pour Lan Sishi et le "responsable Lu", p. 418; *henghenghehe*, p. 576 pour les parents de Sima Lan, mais dans la suite du texte, de nouveau *bailianggege* est utilisé pour décrire le bruit des os de la mère Sima faisant l'amour avec son mari, p. 581).

La pulsion érotique et ses conséquences sont en particulier illustrées par le personnage secondaire de Sima Teng, qui accompagne Lan Sishi à Jiudu. À l'origine, Teng n'a pas vocation à se prostituer, mais seulement à rabattre des hommes pour sa "tante" (p. 67). Toutefois, arrivée dans la grande ville, elle sent un désir irrépressible envahir son corps (p. 62), mais ce désir ne se fonde sur aucun objet. Par la suite, elle rencontre un client de Lan Sishi, qui la réclame; le narrateur omniscient précise qu'elle est encore dans un état d'indécision: "Elle se tourne vers Sishi telle l'enfant vers sa mère quand il ne sait pas s'il doit ou non faire quelque chose" (p. 72). Finalement, après avoir disparu quelque temps, elle revient auprès de Lan Sishi, accompagnée d'un homme. Yan Lianke décrit deux états successifs chez la jeune fille. Tout d'abord, elle semble impatiente de connaître le plaisir érotique: "Teng [...] semble ne plus pouvoir attendre; son visage maigre et jaune renvoie un éclat rouge sang, ses yeux miroitent d'une eau profonde et ses narines ne cessent de frémir. Tout emplie d'ardeur et d'impétuosité, elle semble sur le point d'exploser" (p. 77). Mais, dans un deuxième temps, lorsque l'homme s'approche d'elle, elle perd son assurance: "L'ardeur et l'indignation qui animaient son visage un instant auparavant s'éteignent complètement devant l'homme qui s'approche. Une épaisse couche blanche et glacée se forme sur son visage" (p. 80). Yan Lianke met ainsi en scène la naissance du désir érotique, en distinguant, semble-t-il, des étapes: le désir sans objet, puis l'hésitation, enfin la pulsion irrépressible qui s'accompagne néanmoins d'une certaine crainte. À la fin de l'épisode, Lan Sishi prétend, comme elle l'avait fait la fois précédente, que Teng a une hépatite, et la remplace auprès de l'homme. Teng, furieuse, déchire la culotte sur laquelle figure un motif de fleur de lotus, un cadeau reçu par Lan Sishi d'un client (p. 82-83). On peut penser que Yan Lianke associe le désir érotique à la perte du contrôle de soi, conduisant à la violence (*li*), chez certaines femmes, comme Teng, mais surtout, comme nous allons le voir, chez les personnages masculins.

Une société patriarcale

La domination masculine est en effet la caractéristique de la société qui est mise en scène dans le roman, correspondant au principe agnatique adopté et généralisé dès la haute antiquité en Chine selon Marcel Granet [1988, p. 180-183, et p. 231-243]. Les hommes exercent cette domination vis-à-vis de leurs épouses, comme à l'égard des jeunes filles et de leurs mères.

Plusieurs scènes montrent Sima Lan en train de violenter Du Zhucui (p. 106-107, lors de l'altercation consécutive au refus de Lan Sishi) ou son amante Lan Sishi (p. 221, pour la contraindre à déclarer que son père l'a désigné comme le nouveau chef du village, et, p. 383, après avoir compris que Lan Baisui, le père de Lan Sishi, avait une liaison avec sa mère). À l'égard de l'une et l'autre, Sima Lan pousse même la violence jusqu'au viol. Celui de Du Zhucui est explicite, Sima Lan passant de l'intention, restituée en discours indirect libre – "Si elle ne se laisse pas faire, il la battra, c'est sûr, il la battra jusqu'à ce qu'elle soit à demi-morte; ensuite, il la violera" –, à l'acte: "il s'empare d'elle – une trombe – et cela craque dans la cour avec des éclats limpides et crus. […] Elle est sous lui, le corps tordu, le visage enflé, de sa gorge sortent de légers cris aigus, étranges couinements d'insectes ou plaintes de malade ; elle geint comme sous la torture, les yeux écarquillés" (p. 108). Sima Lan se comporte avec la même violence vis-à-vis de Lan Sishi : "Il saisit Sishi par la taille – moitié la portant moitié la traînant – donne en passant un coup de pied dans la chaise longue, avant de l'entraîner vers la maison. Dans ses bras, elle se débat […]. Mais les mains la serrent, de vraies pinces de crabe, la tirent, l'entraînent, la font tomber sur la chaise […], la poussent jusque dans la maison sur le bord du lit" (p. 115) ; il s'arrête alors, juste avant de commettre le viol proprement dit. L'acte sexuel en lui-même semble associé à la violence exercée par l'homme sur la femme : après avoir écouté les ébats de ses parents, le jeune Sima Lan se dit que "le père est en train de malmener [*qifu*] la mère, et […] la mère se laisse faire [*shouqi*] bien volontiers" (p. 576).

L'analyse peut sembler délicate. En effet, on peut penser dans un premier temps que Yan Lianke admet cette asymétrie entre un homme dominant et une femme qui consent à cette domination. Le viol de Zhucui paraît confirmer cette hypothèse puisqu'à peine Sima Lan envisage-t-il le viol ("il la violera") qu'elle semble y consentir : "les paroles de sa femme se font soudain plus souples, ses mains s'écartent de sa poitrine, et d'elle-même elle défait son pantalon aussi docile et soumise qu'autrefois". Ensuite, elle affirmera que c'est à cette occasion qu'elle a joui pour la première fois : "c'est cette nuit seulement que j'apprends qu'une femme peut connaître un tel bonheur" (p. 108), ce qu'elle répètera à Lan Sishi, en l'absence de Sima Lan : "jusqu'alors je ne savais pas qu'une femme pouvait connaître autant de plaisir" (p. 152). En réalité, il ne s'agit pas d'un consentement, mais d'une attitude passive adoptée comme par instinct devant la force et la violence de l'homme. On peut même penser, dans le cas de la mère Sima, que la soumission à la domination masculine a été intériorisée puisque le narrateur précise que c'est "bien volontiers [*ganyuan*]" (p. 576) qu'elle se laisse "malmener" (*qi*) par Sima Xiaoxiao. Ces deux femmes, qui subissent la violence de leur partenaire, sont décrites en train de pleurer : "[Zhucui] sanglote, doucement, faiblement, comme l'eau murmure" (p. 109) ; la mère Sima pousse "une longue plainte [*kukuqiqi*, "sanglote"]" (p. 576). Quant à la jouissance éprouvée par Zhucui, elle peut s'expliquer par le fait que le viol est malgré tout l'occasion pour elle de faire l'expérience de la vitalité : "la vie est bonne", "moi aussi, je veux vivre" (p. 109 et p. 110), s'exclame celle qui, bien souvent, est associée à du bois mort ("[l]a la moindre branche desséchée fait immédiatement penser à son corps dénudé", p. 24, *et passim.*).

Les hommes se montrent également violents à l'égard des jeunes filles, notamment lorsqu'elles envisagent d'épouser un homme en dehors du village (Lan Xiangxiang, puis Du Zhucui, p. 232-233), ainsi qu'à l'égard de leurs mères : Sima Lan, à quinze ans, entend à travers la porte les "grincements du lit" que font sa mère et Lan Baisui, ce qui provoque en lui un geste de colère : "Il ramasse le battoir à linge qu'il lance vers la chambre. Le battoir siffle, tournoie et heurte la fenêtre en soulevant la poussière avant de tomber et rouler à terre" (p. 382).

Autre forme de violence exercée à l'égard des femmes : la prostitution à laquelle les hommes les contraignent. Le sujet n'est pas nouveau en littérature. Shen Congwen l'avait déjà abordé dans sa nouvelle "Le mari" (*Zhangfu*, 1930) :

> À bord [du bateau où se trouvent les prostituées] comme ailleurs, on appelait ça les 'affaires' [*shengyi*]. Les femmes étaient toutes venues pour 'faire des affaires'. Formulée ainsi, la chose ne paraissait ni immorale, ni nuisible, tout comme les autres travaux. Venues de la campagne, toutes les femmes étaient issues de familles de cultivateurs. Accompagnées par un villageois, elles avaient quitté leurs meules, leurs veaux et leurs jeunes maris solides, pour aller faire des affaires sur le bateau. [1982, p. 17-18]

Il est significatif que Yan Lianke utilise la même expression, *shengyi*, traduite par "faire des affaires" dans la citation de Shen Congwen, et par "faire commerce [de chair]" ([*rou*] *shengyi*) dans *La Fuite du temps*. C'est en particulier le sort de Lan Sishi, envoyée à Jiudu par les trois filles de Sima Lan pour financer l'opération de leur père (p. 48) – et, apprend-on, ce n'est pas la première fois (p. 52-53) –, puis, en réponse à la demande de Sima Lan qui lui promet le mariage (p. 394), se dévouant pour "retenir" le responsable Lu, afin de poursuivre l'aménagement des champs en terrasses. C'est aussi le sort d'une jeune fille parmi les "huit filles âgées de plus de quinze ans et qui ne sont pas promises" (p. 402), de Lan Sanjiu (p. 405) ainsi que de groupes entiers de femmes comme les "veuves" (p. 129) ou les "épouses" (p. 273).

Battues, violées, prostituées, les femmes sont en quelque sorte doublement victimes dans le roman : au même titre que les hommes, victimes moins du destin que de l'histoire, et victimes des hommes qui exercent leur domination à leur égard. Yan Lianke oppose-t-il à cet état de fait un discours féministe que prendraient en charge les personnages féminins ? Du Zhucui ne réplique à la violence de son mari que par des invectives ("Vas-y, tue-moi, et tu le paieras de ta vie", p. 106) : il ne s'agit pas d'un discours féministe. En revanche, lorsque Lan Sishi se refuse à Sima Lan momentanément guéri après l'opération, et lui dit : "Moi, maintenant, je n'ai aucune envie d'avoir un homme, ni même de voir un homme" (p. 97-98), on peut entendre l'amorce d'une position féministe. Mais il est vrai que l'on peut aussi comprendre que l'expérience de la prostitution lui a rendu la présence des hommes insupportable, d'autant, on l'apprendra par la suite, qu'elle a attrapé une maladie vénérienne à Jiudu (p. 113 et p. 188). Une autre explication reposerait sur l'association entre Lan Sishi et un "boddhisattva" (p. 27) : à l'excès de désir chez Sima Lan s'oppose alors non un discours féministe, mais la doctrine bouddhique du détachement vis-à-vis des passions. Dans la suite de cette scène, Lan Sishi parvient à retourner la situation : Sima Lan "s'agenouille, tel un pan de montagne qui s'écroule" (p. 116) et elle lui offre son corps mais de façon détachée, "semblablement à la vendeuse de légumes au bourg face à un client" (p. 118).

Une autre figure féminine pourrait davantage incarner une position féministe : c'est la femme du village de Xiaomazhai qui, à l'égard de Sima Lan venu lui acheter du roseau pour confectionner le cercueil de sa mère, se conduit comme un homme vis-à-vis d'une femme (d'après les critères de la société patriarcale de référence). Veuve depuis deux ans, elle attire Sima Lan à elle pour qu'il lui donne du plaisir :

> – Tu es mariée ? oui ça se voit tu es un homme marié.
>
> Et sans attendre qu'il réponde, elle le prend par le bras pour l'entraîner dans la maison.
>
> [...] Je te donne mon corps et je ne serai pas en reste, d'accord ?
>
> (p. 267-268)

Ce personnage secondaire, tout comme la jeune Sima Teng, incarne ainsi le désir érotique du point de vue féminin.

La sexualité infantile et adolescente

Yan Lianke est peut-être plus audacieux en ménageant une place dans le dernier livre de son roman à la sexualité infantile. Il évoque "la chaleur du liquide amniotique" dans lequel baigne Sima Lan (p. 620), puis l'expérience du sevrage (p. 605) que nous avons interprétée en termes philosophiques (v. Thématiques, Le temps). Ensuite, Sima Lan bénéficie pour un temps de l'allaitement au sein de Du Meimei, au côté de Lan Sishi ; c'est là encore une source de plaisir : "ils éprouvent ensemble la saveur infinie du lait qui déjà se raréfie mais qui enveloppe tout alentour de sa douceur extrême" (p. 611).

L'étape suivante ressemble fort à une "scène primitive" (*Urszene*, traduit aussi par "scène originaire"), développée sur quelque six pages (p. 576-581). À cinq ans, Sima Lan, qui avait l'habitude de dormir dans le lit de sa mère, s'aperçoit qu'il a été déplacé dans un autre lit ; il se lève et rejoint la chambre de sa mère d'où il entend les "grincements de lit", qu'il interprète en termes de violence, voire de viol (p. 576) ; puis il éprouve une sorte de colère irrépressible que le narrateur explique ainsi : "Il voudrait écarter son père tel un sac de jute et se blottir contre sa mère, prendre les seins dans ses mains" (p. 580) ; finalement, il s'approche du lit mais, quand ses parents, l'ayant vu, lui caressent la tête et le visage, il sort précipitamment et se dit "[Je] conna[is] maintenant la chose la mystérieuse de la vie" (p. 581). Yan Lianke se montre ainsi assez conforme à la théorie freudienne de la sexualité infantile.

L'éveil à la sexualité du garçon se prolonge dans l'adolescence. Dans le livre IV, on peut lire une assez longue scène (p 456-460) où Sima Lan et Lan Sishi, après avoir joué à la dinette, se déshabillent et s'observent mutuellement, pour constater leur différence. Il s'agit certes du premier regard de désir porté par Sima Lan sur le corps de Lan Sishi : "jamais il n'aurait imaginé que le corps d'une fille serait si brillant, si tendre, si rose et blanc […]" (p. 457). Mais cette expérience s'inscrit surtout dans une logique globale, le désir érotique des enfants faisant écho à la vitalité de la nature : "Il regarde la nuée blanche de son corps, les plants de colza débordant d'un parfum tendre et tiède. Il écoute la douceur des rayons solaires caressant les fleurs ; c'est aussi doux que des chatons de saule virevoltant dans les airs, aussi clair que des seins"

(p. 458). Dans le livre III est évoquée la première tentative d'approche physique, alors que Sima Lan a quinze ans et Lan Sishi quatorze : "il l'a entraîné près du paulownia où, à leurs pieds, une branche morte s'est embrasée sous leur feu" (p. 336). La comparaison renvoie de nouveau à la vision holiste de l'homme et la femme englobés dans la nature.

En définitive, il semble que le traitement de la sexualité dans le roman oscille entre deux pôles : la passion d'une part, généralement condamnée dans la tradition chinoise, à la fois par les confucéens (par souci de l'équilibre), les bouddhistes et les taoïstes (car, pour les deux courants, la passion est le fruit d'une illusion), et le principe vital d'autre part, qui est à l'œuvre à la fois dans les relations amoureuses et dans la nature tout entière.

LES SENS

CENT ANS DE SOLITUDE

Le préjugé voudrait qu'en ce qu'ils permettent de percevoir et de saisir le monde, l'odorat, l'ouïe, la vue, le toucher et le goût apparaissent particulièrement développés et singulièrement originaux chez les personnages de *Cent ans de solitude*, après tout destinés à évoluer dans la réalité "magique" – autrement dit amplifiée, ou démultipliée. On s'attendrait à ce que, à travers l'expérience d'une hypersensibilité au monde, le lecteur soit grâce à eux guidé vers cet ailleurs fabuleux de Macondo. Un ailleurs regorgeant d'odeurs enchanteresses, de mélodies captivantes, d'images merveilleuses, de contacts envoûtants et de saveurs extraordinaires. Or, on sera surpris de découvrir que si elle fait sens en rapport avec la logique et les enjeux généraux du récit et de ses acteurs, la palette des "sensations" auditives, olfactives, visuelles, tactiles et gustatives s'avère finalement plutôt réduite et guère exaltante en soi.

Les odeurs sont peu agréables et presque systématiquement synonymes de maladie ou de mort ;

– l'infernale cacophonie causée par les oiseaux que José Arcadio s'entête à introduire dans chaque maison de Macondo, provoquera, d'une part, qu'Ursula en vienne à craindre pour sa raison et, d'autre part, l'arrivée des premiers gitans dans le village, avec les conséquences que l'on sait (p. 18) ;

– la vue cause le traumatisme de José Arcadio, témoin direct du massacre de la bananeraie et des cortèges de wagons emportant des piles de cadavres ensuite jetés à la mer ;

– le toucher est généralement un malaise, ou un désagrément : par exemple, le colonel Aureliano Buendia trace un cercle autour de lui pour qu'on ne l'approche pas de trop près. On l'associe en outre à la douleur (lors de la perte de la virginité de la jeune gitane et de Rebecca) et il arrive qu'il laisse une blessure (comme la brûlure de l'arrière-grand-mère d'Ursula et celle d'Amaranta). Il renvoie également à une forme de désillusion : Aureliano a contemplé avec émerveillement le bloc de glace avant de le toucher, et de céder à la frayeur.

La dimension symbolique des évocations sensuelles ne présente guère d'originalité, par exemple dans l'association qui est faite entre cécité et lucidité s'agissant des deux seuls vrais piliers de la maison Buendia : Ursula et Melquiades. Cela soulève des interrogations, évidemment, sur ce qui génère la magie dans le roman, et y donne accès…

Pour expliquer ce qu'il faut moins envisager comme une "pauvreté" des sens que comme une sorte d'atrophie, révélatrice, nous procéderons ici à une analyse détaillée du sens qui nous semble faire l'objet d'un traitement représentatif et surtout le plus intéressant : l'odorat.

Qu'il s'agisse de s'orienter dans l'obscurité d'une chambre pour rejoindre son amante ou dans les ténèbres de la cécité, l'odorat envisagé comme sens en tant que tel n'apparaît que ponctuellement. Il constitue d'abord une béquille compensatoire de la vue – par exemple pour Ursula : "Plus tard elle devait découvrir le secours inattendu des odeurs qu'elle se mit à percevoir, dans les ténèbres, avec une force beaucoup plus convaincante que les volumes et les couleurs, et qui la sauvèrent de la honte qu'il y aurait et à renoncer" (p. 272).

Une sorte d'insensibilité "spontanée" aux odeurs qui explique sans doute qu'on ne trouvera à peu près aucune "bonne" (au sens où on l'entend habituellement) odeur dans *Cent ans de solitude*. Macondo n'est décidément pas un territoire enchanteur aux multiples fragrances merveilleuses. La poignée de celles que l'on nous décrit relève surtout, banalement, de la domesticité, tout aussi banalement associée à la féminité, en particulier autour du personnage d'Ursula et des différentes "versions" de la maison qu'elle créera.

Pour la version la plus "primitive", on nous apprend qu'en ménagère "active, méticuleuse, en tout sérieuse", Ursula "semblait partout présente dans la maison, du petit matin jusqu'à une heure avancée de la nuit. Par ses soins, le sol de terre battue, les murs de boue séchée qu'on n'avait pas blanchis à la chaux, les meubles rustiques qu'ils avaient fabriqués eux-mêmes, demeuraient toujours propres et les vieux coffres où l'on gardait le linge dégageaient une bonne odeur de basilic" (p. 17). Odeur simple du simple basilic.

Pour la deuxième version, on nous dit que "La maison ouvrit ses portes, encore pleine d'odeurs de résine et de chaux humide, et les fils et petits-fils des fondateurs de Macondo purent découvrir la véranda aux fougères et aux bégonias, les chambres silencieuses, le jardin saturé du parfum des roses" (p. 74-75). Odeur élaborée des fleurs élaborées.

C'est à cette tentative d'Ursula de "civiliser" la maison et ses habitants *via* les "bonnes" odeurs des fleurs que l'on peut relier son obsession à vouloir imprégner les cheveux de José Arcadio (le fils d'Aureliano le Second et de Fernanda) d'eau de Cologne. Cela nous est répété à trois reprises dans le roman. Certes, on l'a dit, il s'agit, au départ, de permettre à la vieille femme devenue aveugle de retrouver le garçonnet dans la maison (p. 399), mais (et cela rentre dans la logique et les enjeux généraux du récit et de ses acteurs), cet élément a surtout une portée symbolique en rapport avec l'obsession généalogique, entre force centripète et force centrifuge. En premier lieu, on mesure l'importance du constat que dans la maison-généalogie presque arrivée au bout de sa dégradation et au seuil du retour à la "sauvagerie", un enfant à l'odeur florale tranche à ce point dans son environnement. En second lieu, on comprend que la vieille femme cherche à s'y retrouver dans le noir de la cécité comme dans le noir de la généalogie, dans les méandres de la maison comme dans les méandres de la généalogie… et qu'à travers ce geste d'oindre la tête de l'enfant, qui rappelle évidemment le baptême, il s'agit de distinguer ce rejeton Buendia entre tous et d'assurer une coupure. La fleur artificielle du parfum "civilisé" remplacerait l'arbre (généalogique) "naturel", comme les roses avaient jadis remplacé le basilic. Or, ce marquage se révèle d'autant plus intéressant que s'il imprègne un temps les lieux après le départ pour Rome de l'adolescent (p. 276) et s'il devient intrinsèquement lié au personnage, concrètement "dissocié" du groupe (à son retour, bien des années plus tard: "Quand il lui ouvrit la porte de la rue, Aureliano n'aurait pas eu besoin de se demander qui c'était pour deviner qu'il venait de très loin. Sur son passage, la maison s'imprégna de l'odeur d'eau parfumée qu'Ursula lui mettait sur la tête, lorsqu'il était enfant…", p. 399), cela n'en fera jamais autre chose qu'un Buendia, en dépit même de sa ressemblance physique avec Fernanda, sa mère. Le narrateur n'a pas manqué de bien insister sur le sujet de cette ressemblance physique pour exposer comment, finalement, la logique généalogique buendienne l'emporte après le retour du personnage dans la maison.

Le seul changement que ce “nettoyage” olfactif aura apporté prend la forme d’une dénaturation-dégradation honteuse de ce qu’on attend d’un José Arcadio, à savoir d’incarner la force virile absolue. Là, il n’est certainement pas anodin qu’on évoque un personnage efféminé et se livrant à la pédérastie, qui finira (justement ?) assassiné par ses mignons.

On peut également évoquer l’odeur de lavande de Pietro Crespi, délicate et “civilisée”, mais guère “positive”. D’une part en ce que, de nouveau, cela incite à se moquer de sa virilité. D’autre part, en ce qu’elle devient réminiscence d’une blessure, d’un remords et de regrets pour Amaranta : “Amaranta se souvint de Pietro Crespi, de son gardénia crépusculaire, de son odeur de lavande, et au fond de son cœur flétri refleurit une haine toute neuve, purifiée par le temps” (p. 201). Et quand elle est sur le point de mourir : “C’est alors qu’elle perçut la signification du cercle vicieux des petits poissons en or, dans lequel s’était enfermé le colonel Aureliano Buendia. Le monde s’arrêta désormais à la surface de son épiderme et l’intérieur resta préservé de toute amertume. Elle souffrit de ne pas avoir connu cette révélation nombre d’années auparavant, quand il lui était encore possible de purifier ses souvenirs et de reconstruire l’univers sous un jour nouveau, d’évoquer sans frémir l’odeur de lavande de Pietro Crespi” (p. 306).

Quant aux autres odeurs, les plus nombreuses, elles renvoient aux femmes, en tant que mères, très ponctuellement, ou en tant qu’amantes. Des odeurs guère agréables en soi et à la portée symbolique plus qu’ambiguë.

Sur le volet de la maternité, la seule référence explicite implique Ursula, et pose de nouveau la question, absolument dé-idéalisée, du marquage généalogique : “Le colonel Aureliano Buendia se rendit compte alors, sans en être autrement surpris ni peiné, qu’Ursula était le seul être vivant à avoir vraiment réussi à déchiffrer sa propre misère, et pour la première fois depuis nombre d’années, il osa la regarder en face […] et il constata que la vue de ces ravages n’éveillait en lui aucun sentiment, même de pitié. Il fit alors un dernier effort pour chercher en son cœur l’endroit où s’était décomposé son amour, et ne put le trouver. Autrefois, du moins éprouvait-il une confuse impression de honte lorsqu’il découvrait sur sa peau l’odeur d’Ursula” (p. 194).

Quant aux amantes, chacune se trouve en général liée à une odeur particulière ("naturelle" ou "artificielle"), catégorisée en fonction d'elle, en particulier pendant l'acte sexuel – exclusivement, d'ailleurs, lors de la perte de sa virginité. Si la jeune gitane, avec laquelle José Arcadio s'enfuira ensuite de Macondo, dégage une "vague odeur de vase" (p. 44), Sainte Sophie de la Piété sent la "brillantine à la fleurette" (p. 129). La frontière s'établit ici, banalement, entre les amantes hypersexualisées qui sentent des odeurs naturelles fortes, "sexuelles", et celles, telle Sainte Sophie de la Piété, en quelque sorte sous-sexualisée et que l'on épouse.

Il y a surtout les odeurs enivrantes des femmes-femelles, avec le binôme Pilar Ternera et Remedios-la-belle, la putain (non Buendia) d'un côté, la vierge (Buendia) de l'autre… Des odeurs décrites comme s'il s'agissait d'un virus qui, inversant la fonction du sens de l'odorat, fait perdre le sens de la réalité, jusqu'à des conséquences terribles : le désir incestueux pour Pilar Ternera, la mort pour Remedios-la-belle.

Pilar Ternera (précisons, afin que le jeu onomastique ne soit pas perdu pour le lecteur francophone, qu'en espagnol, le terme *ternera* signifie "génisse") se trouve indéfectiblement associée à la fameuse "odeur de fumée qu'exhalaient ses aisselles" (p. 35), qui devient une véritable obsession pour les hommes Buendia. D'abord José Arcadio (dont la "peau resta imprégnée", *ibid.*, l'expression étant répétée à deux reprises) et qui se mit à la poursuivre partout, à penser à elle jour et nuit. Puis Aureliano, son frère, à son tour obsédé. Et, finalement, Arcadio, qui ignore le lien de sang qui les unit et la recherche comme amante : "Pilar Ternera, sa mère, qui lui avait fait pétiller le sang dans les veines lorsqu'il la vit dans le cabinet de daguerréotypie, l'obséda d'une manière aussi irrésistible qu'autrefois José Arcadio, puis Aureliano. Bien qu'elle eût perdu ses charmes et son rire éclatant, il la cherchait et la trouvait dans l'odeur de fumée qu'elle traînait derrière elle" (p. 128). Or, il faut remarquer que cette représentation de femme hypersexualisée, notamment à travers son odeur, ne s'accompagne pas de grandes et belles descriptions érotiques, *a fortiori* pas romantiques. Ce que perçoit José Arcadio au moment de l'orgasme, c'est : "ça ne sentait plus la femme mais l'ammoniac" (p. 37).

L'odeur de Remedios-la-belle, la superfemme, ou la super-vierge, aliène et rend malades non pas les hommes Buendia, mais tous les autres… et dans des proportions bien plus grandes. Car si l'on guérit de Pilar Ternera (avec la gitane, puis Rebecca dans le cas José Arcadio Buendia ; avec Remedios Moscote dans le cas d'Aureliano ; avec Sainte Sophie de la Piété dans le cas d'Arcadio), on ne se remet pas de Remedios-la-belle. À son propos, on évoque d'abord son "odeur naturelle", sans autre précision, sans comparaison. Certainement parce qu'on ne peut la comparer à rien. C'est d'ailleurs la seule femme à laquelle on attribue cet adjectif, "naturel" pour décrire son odeur. En lieu et place des parfums que les femmes "civilisées" se mettent pour séduire les hommes, elle se contente de s'asperger de "l'eau de la citerne" (p. 256), non par vanité, mais en un "rite solitaire […] exempt de toute sensualité" (p. 257). Significativement, cette odeur "naturelle" prend le pas sur les autres, en particulier celle des fleurs artificielles que l'on a plantées dans la maison pour la "civiliser" : "Sous la véranda aux bégonias, au salon, en n'importe quel lieu de la maison, il était possible de préciser l'endroit exact où elle était restée et depuis combien de temps elle avait cessé d'y être" (p. 256). Une odeur que "des hommes experts en désespoirs d'amour, dont le savoir était reconnu dans le monde entier, affirmaient n'avoir jamais connu de transes semblables à celles où les mettait l'odeur naturelle de Remedios-la-belle" (p. 255-256) et qui devient une contagion, fait perdre tout sens de la réalité et conduit à la mort :

> Les étrangers […] s'empressèrent d'enlever le cadavre sur la peau duquel ils purent déceler la suffocante odeur de Remedios-la-belle. Le corps était si imprégné de cette odeur que du crâne fissuré ne coulait pas du sang mais une huile ambrée tout imprégnée de ce parfum secret, et les gens comprirent alors que l'odeur de Remedios-la-belle continuait à torturer les hommes par-delà la mort et jusqu'à ce que leurs os ne fussent plus que poussière. […] Il s'en fallait encore d'une victime pour que les étrangers, et beaucoup de gens parmi les anciens de Macondo, donnassent crédit à la légende selon laquelle ce n'était pas un souffle d'amour qu'exhalait Remedios-la-belle, mais une émanation mortelle. (p. 258).

Or, l'impact de cette odeur est proportionnel à l'indifférence du personnage à l'amour et à la sexualité.

Là encore, une lecture féministe de cette description des femmes *via* leur odeur donnerait probablement matière à commentaires.

On distingue par ailleurs les odeurs de la mort, également associées à une dimension symbolique basique en rapport avec la logique du récit et de la construction des personnages.

Pour Ursula, c'est, nous dit-on, Sainte Sophie de la Piété qui "acquit la certitude qu'on allait la trouver morte d'un moment à l'autre car elle avait observé, ces jours-ci, un certain trouble dans la nature : les roses sentaient le parfum de la patte-d'oie" (p. 375). La lecture de la dimension symbolique associée à cette odeur ne fait pas difficulté : la bataille contre la nature pour "civiliser" la maison à travers l'installation d'un jardin sophistiqué a été perdue et le dérèglement commence, avec la substitution-dénaturation des odeurs. Il faut, là encore, signaler une approximation de traduction en français, pour bien en comprendre la portée – l'espagnol *quenopodio,* qui a été rendu par "patte-d'oie" (*Syngonium*) correspond au chénopode, une amaranthacée…

Intéressante description également de l'odeur du cadavre du père de Fernanda, qu'on lui envoie à Macondo en guise de cadeau et qui, évidemment, stigmatise l'héritage laissé à la famille ou au village ou au pays par l'aristocratie bogotane : "Devant l'impatience des enfants, Aureliano le Second dévissa les huit boulons et, soulevant la plaque de plomb, c'est à peine s'il eut le temps de pousser un cri et d'écarter les enfants à la vue de don Fernando tout habillé de noir, un crucifix posé sur la poitrine, son épiderme crevé éructant des gaz pestilentiels, et mijotant à petit feu dans un court-bouillon écumant de perles vives" (p. 236).

Dans le cas de José Arcadio, le fils, mystérieusement assassiné d'une balle dans la tête, on se souvient qu'en entrant dans la chambre où il gît, Ursula "faillit être étouffée par l'odeur de poudre brûlée" et qu'ensuite, "Il s'avéra […] impossible de débarrasser le cadavre de sa tenace odeur de poudre." Les pages 150 et 151 donnent ainsi lieu à une longue description du récurage auquel on soumet le corps. Une odeur qui perdure même après qu'on l'a enfermé hermétiquement dans son cercueil, après qu'on l'a porté en terre (p. 151), et qui résiste au temps. Bien des années plus tard, alors qu'elle est cloîtrée dans sa maison de veuve, Rebecca évolue dans "un air croupissant où se devinait encore une secrète odeur de poudre" (p. 177). Et de nouveau, l'odeur tenace et associée à un personnage, en l'occurrence à sa faute (avoir dévoyé le projet communautaire utopique de son père en spoliant les Macondiens de leurs terres et être devenu un *cacique* de la pire espèce) finit par devenir synonyme de contamination et de maladie pour les étrangers. À peine arrivés à Macondo, les Étasuniens de la United Fruit Company "édifièrent une forteresse de béton sur la tombe délavée de José Arcadio, afin que l'odeur de poudre n'allât pas contaminer les eaux" (p. 251).

Et pour finir, il faut parler de l'odeur de Melquiades, finalement le personnage qui fait l'objet du plus de descriptions sur ce plan, et toujours pour évoquer des odeurs désagréables :

– première occurrence : quand le gitan brise un flacon de bichlorure de mercure, Ursula s'écrie "C'est l'odeur du démon" (p. 15) ;

– deuxième occurrence : "Cette odeur âcre devait rester à jamais dans sa mémoire, inséparable du souvenir de Melquiades" (*ibid.*) ;

– troisième occurrence : "Le gitan [l'un des nouveaux] l'enveloppa de son regard terne avant de se trouver réduit à une flaque de goudron fumante et malodorante sur laquelle continuèrent à flotter les résonances de sa réponse : 'Melquiades est mort'" (p. 26) ;

– quatrième occurrence, alors qu'il s'est enfermé dans la pièce qu'on a mise à sa disposition et qu'il a commencé à rédiger ses manuscrits : "quand il respirait, son haleine dégageait une odeur d'animal endormi" (p. 85) ;

– cinquième occurrence : "lorsque son haleine finit par empester, Arcadio l'emmena se baigner dans la rivière tous les jeudis" (p. 86) ;

– sixième occurrence : "Malgré les protestations outrées d'Ursula [...] José Arcadio Buendia s'opposa à ce qu'on l'enterrât. 'Il est immortel, déclara-t-il, et c'est lui-même qui a révélé la formule de la résurrection'. Il rendit vie au vieil athanor et mit à bouillir un chaudron de mercure auprès du cadavre qui commençait à se couvrir de boursouflures bleues. Don Apolinar Moscote se risqua à lui faire observer qu'un noyé non enseveli représentait un danger pour la santé publique. 'Et pourquoi donc, puisqu'il est vivant ?' se borna à répliquer José Arcadio Buendia qui alla même jusqu'au bout des soixante-douze heures de fumigations au mercure, alors que déjà, le cadavre commençait à éclater en efflorescences livides dont les sifflements ténus imprégnaient la maison d'une vapeur pestilentielle" (p. 86-87) ;

septième occurrence : "Un jour, cherchant les traces d'un passé antérieur à la guerre, [le colonel Aureliano Buendia] rouvrit la chambre de Melquiades mais ne trouva que décombres, saletés, ordures accumulées au fil d'années d'abandon. Dans les reliures des livres que nul n'avait jamais relus et dans les vieux parchemins détrempés par l'humidité s'était développée une flore livide, et dans l'air de cette pièce, qui avait été le plus pur et le plus lumineux de toute la maison, flottait une insupportable odeur de souvenirs pourris" (p. 267).

Cela présente évidemment un grand intérêt, dans la mesure où Melquiades n'est pas qu'un (simple) personnage, mais devient aussi le narrateur-auteur des manuscrits que lit le dernier des Buendia et que, supposément, nous lisons en même temps, devenant lecteur-acteur et lecteurs-spectateurs de l'accomplissement de son destin.

Deux questions se posent à nous :

Est-ce parce que le Melquiades de Macondo apparaît hors de toute sensualité ou d'une quelconque forme de satisfaction-plaisir physique, entièrement dévolu et dévoué à l'étude et à la vie intellectuelle, une sorte d'ascète, que le monde qu'il décrit nous semble terne, voire repoussant sur le plan de ce qui est senti, entendu, vu, touché, goûté ? Le témoin-chroniqueur des Buendia-Macondiens-Caribéens-Latino-Américains désenchante-t-il la réalité ? Quelle distance entre le personnage-narrateur et le narrateur-auteur ?

Comment interpréter cet autoportrait peu favorable en "personnage lugubre", portant "un grand chapeau noir pareil aux ailes déployées d'un corbeau, et un gilet de velours tout patiné par le vert-de-gris des siècles", auquel le scorbut a "arraché toutes les dents", dont les tempes ruisselaient de "gouttes de graisse fondue" (p. 14) et qui, donc, devient un vieillard nauséabond et un cadavre en putréfaction ?

Pour le comprendre, il faut remarquer que tout cela est circonscrit à la seule personne, de chair et de sang, de Melquiades, tandis que l'autre, le conteur en quelque sorte désincarné (voilà comment il faut comprendre son retour après la mort), l'entité qui invente et déploie les récits, ne suscite que la fascination la plus absolue. José Arcadio, qui, on l'a vu, demeure insensible aux désagréments liés à la décomposition de son corps mort, parce qu'il "est vivant", répète-t-il, mais aussi ses fils. La description de la graisse dégoulinant sur son visage donne lieu à ce commentaire : "José Arcadio, son frère aîné, devait transmettre cette vision merveilleuse, comme un souvenir héréditaire à toute sa descendance" (p. 14). Se trouve exposée ici la dissociation entre l'horreur absolue de la réalité et le sublime absolu de la fiction, reliés ensemble par la proportionnalité : plus l'horreur est abominable – et, littéralement, pue –, plus le sublime sera cher et chéri. L'auteur a abandonné son enveloppe charnelle soumise à la dégradation et au pourrissement pour se métamorphoser en entité supra-réelle, immarcescible.

LES ENFANTS DE MINUIT

Une écriture multisensorielle

Reçu comme l'avènement de la "voix d'un continent" [Blaise, 1981], *Les Enfants de minuit* a beaucoup été lu comme une plongée dans l'univers sensoriel de l'Inde, celui de la cacophonie, des parfums entêtants et des goûts épicés du chutney, stimulant les cinq sens de manière extrême : "car l'écriture s'est donnée pour tâche de les livrer au lecteur qui doit sentir, qui doit goûter, qui doit toucher et voir" [Massery, 1996, p. 38]. Rushdie lui-mêmc, dans une nouvelle introduction publiée à l'occasion des quarante ans du roman, rappelle que son ambition était de trouver un langage lui permettant de rendre "la chaleur, le bruit, les odeurs, le désordre, la foule et l'excès de l'Inde", à rebours de l'anglais froid, précis, méticuleux de Forster [Rushdie, 2021, notre traduction]. De fait, loin d'un monde éthéré, le roman donne à voir, et surtout à sentir et à entendre, l'Inde des années 1930 aux années 1970 dans toute sa matérialité, proposant au lecteur de *goûter* les bocaux qui contiennent les épisodes de la vie mouvementée de Saleem. Mais plutôt qu'une forme de mimétisme, il faut voir dans cette insistance sur l'excès des sensations le reflet de l'impulsion totalisante de ce récit-monde, ainsi qu'une stratégie littéraire visant d'une part à célébrer l'hybridité et l'impureté et d'autre part à jouer avec les stéréotypes orientalistes de l'Inde sensorielle et sensuelle.

La dimension visuelle de l'écriture de Rushdie, qui décrit avec précision les paysages glacés de la vallée du Cachemire, la bigarrure des paysages urbains ou encore les couleurs psychédéliques de la jungle des Sundarbans, a été abondamment étudiée par la critique [Pesso-Miquel, 2007 ; Mendes, 2012 ; Stadtler, 2014]. Fidèle aux couleurs saturées des films en Technicolor dont Rushdie s'inspire pour redonner vie à son passé [1993, p. 19], la gamme chromatique du roman est intense, faite de contrastes symboliques forts. C'est ainsi par les couleurs que le narrateur retrouve Bombay après son premier exil : "l'éclat des bougainvillées, le vert livide du bassin du temple de Mahalaxmi, le noir et le blanc violent des parasols abritant les policiers réglant la circulation, et leurs uniformes bleus et jaunes ; mais surtout, le bleu bleu bleu de la mer" (II, p. 253). Ces teintes vives semblent s'opposer aux couleurs fades du Pakistan, tandis que le "vert et safran" du drapeau national qui envahit le texte lors de la naissance de Saleem (I, p. 201) prend une teinte inquiétante, jusqu'à se transformer en vert et noir dans les cauchemars du narrateur (II, p. 368-369), symboles de la corruption du rêve national par le régime autoritaire d'Indira Gandhi.

L'auteur s'inspire aussi du langage cinématographique pour faire le récit de la vie de Saleem et de l'Inde *en morceaux*, transposant la technique du montage alterné ou du champ, ou contre-champ, pour donner un tour dramatique aux scènes-clés du roman (v. Thématiques, Roman populaire). Le spectacle de la confrontation entre Evie Burns et le Singe de Cuivre (II, p. 398), contemplé depuis le balcon par tous les enfants du domaine de Methwold, est lu par Catherine Pesso-Miquel comme une parodie de bande-dessinée : "l'absence de ponctuation, le rythme heurté et essoufflé et la juxtaposition brutale de parties corporelles isolées recréent l'impression visuelle [...] d'un dessin humoristique de corps à corps, un cercle hérissé de bras, de poings et de pieds, roulant sur lui-même à toute vitesse dans le bruit et la poussière" [Pesso-Miquel, 2007, p. 75-76]. Le pistolet d'Evie et son apostrophe aux "Indiens", jouant sur l'ambiguïté du terme, rendent manifeste l'allusion à la bande-dessinée *western*.

L'incapacité de Saleem enfant à fermer les yeux symbolise son rêve d'une narration panoramique qui engloberait toute l'Inde, sans rien laisser hors de son champ de vision, à l'image du kaléidoscope de Lifafa Das, rêve brisé par la malédiction du drap troué qui le condamne à une vision fragmentée du réel. Tandis que son nez est perpétuellement obstrué, l'empêchant de saisir les odeurs de Bombay, ses yeux, eux, sont grand ouverts, et ses paupières qui ne clignent pas font aussi de Saleem un témoin, malgré lui. Le roman regorge de scènes et d'images qu'il n'aurait pas dû voir, comme celles des atrocités de la guerre du Bangladesh, ou bien, dans une veine plus comique, celle de "l'accident dans un coffre à linge" – coffre dans lequel il se réfugie précisément parce qu'il ne sent pas les odeurs. Le texte détaille le champ de vision restreint et le mouvement précis des yeux du narrateur enfant, qui découvrent malgré lui le postérieur de sa mère :

> Des pupilles qui ne cillent pas enregistrent l'image sens dessus dessous d'un sari qui tombe sur le sol [...], par mes yeux bleus et glacés, je vois un slip suivre le sari ; et alors – ô horreur ! – ma mère, encadrée par le linge sale et les lattes de bois, se penche pour ramasser ses vêtements ! Et voici, marquant ma rétine au fer rouge – la croupe de ma mère, noire comme la nuit, arrondie et convexe, ressemblant comme deux gouttes d'eau à une mangue gigantesque. (II, p. 287)

Le registre farcesque de cette scène déjà analysée (v. Thématiques, Amour), dans laquelle s'exhibe ce qui ne doit pas être montré, mettant le monde "sens dessus dessous", se double d'une dimension héroï-comique, qui fait de cet épisode un drame, à travers les exclamations et hyperboles du narrateur ("mes nerfs craquent sous la violence du coup de tonnerre", II, p. 288), devenu voyeur malgré lui.

Comme nous l'avons dit auparavant, *Les Enfants de minuit* est inspiré par la tradition du conte oral et est porté par la voix de Saleem, qui donne un ton conversationnel au texte (v. Thématiques, Le narrateur). Cette voix narrative, si distincte, est entourée, interrompue, accompagnée par de multiples voix, mises en valeur par l'art du dialogue de l'auteur et sa sensibilité aiguë aux styles de chaque personnage, allant de l'argot populaire de Bombay parlé par Shiva à l'accent espagnol du professeur Zagallo et au langage des films hindi de la tante Pia. La polyphonie du texte fait s'entrechoquer des discours et des voix contradictoires, confrontant le discours du narrateur-protagoniste à celui de sa narrataire privilégiée Padma et à celui d'autres personnages (en particulier Shiva, antagoniste de Saleem), faisant coexister une pluralité de sens qui peut ainsi être lue au prisme de l'hétéroglossie bakhtinienne [Gurnah, 2007, p. 97]. L'univocité, associée à la répression de voix dissidentes, qu'elles soient celles des opposants à la Révérende Mère dans la maisonnée Aziz ou celles, plus tragiques, qui sont réprimées par le règne de la terreur d'Indira Gandhi, est toujours rejetée au profit du désordre et de l'ambiguïté.

Si le paysage sonore des villes de Bombay et de Delhi est central, avec les bruits du *mohalla* du vieux Delhi (I, p. 121), ceux du quartier de Malabar Hill où grandit le protagoniste (II, p. 290), ou le bruit de l'usine de conserves où il écrit (II, p. 371-372), ce sont aussi les sonorités intérieures de Saleem qui sont mises en avant, celles des enfants de minuit qui se bousculent dans "l'auditorium" de son cerveau (II, p. 288). Suite à la vision traumatique depuis le coffre à linge qui déclenche un "reniflement cataclysmique" (II, p. 288), Saleem devient en effet récepteur, une "radio Inde", illustrant la correspondance entre les sens que met en jeu le roman, mais aussi le désir de perception totale du réel de Saleem, capteur de tous les signaux : "le système nerveux de Saleem devient un média qui transmet le bruit du réel dans son esprit, sans distinction" [Mukherjee, 2006, p. 56, notre traduction]. Ainsi, le désir de ne rien exclure de son champ de perception conduit Saleem, sous les traits du Bouddha, à ne pas se boucher les oreilles, contrairement à ses compagnons, lorsque les voix accusatrices de la forêt lui rappellent ses crimes passés dans les Sundarbans (III, p. 644), royaume du surnaturel où la perception du réel est déformée. Le texte lui-même donne l'impression d'être une captation de signaux sans hiérarchie apparente, incorporant tout ce qu'il peut, y compris le plus bas et le plus vulgaire. Ce rejet de la distinction trouve sa manifestation la plus forte dans la valorisation de l'odorat dans le texte, sens le moins noble dans la hiérarchie sensorielle.

Revaloriser le bas corporel

L'écriture de Rushdie dissèque et fragmente les corps, elle donne à voir leur fonctionnement et leur dysfonctionnement : "le travers anatomique du roman définit le corps comme lieu de conflits" [Massery, 1996, p. 57]. Dans la droite lignée d'un Rabelais ou d'un Sterne, Rushdie met sur le devant de la scène le bas corporel, la matérialité organique qui rappelle l'animalité de l'être humain. Catherine Pesso-Miquel, dans son analyse de l'écriture de l'excès de Rushdie, souligne que les corps des personnages débordent littéralement, exsudent, suent, sécrètent des substances visqueuses (les nez saignent et coulent, les pieds ont des verrues, les bouches crachent ou salivent...). Ils sont aussi souvent difformes (les tempes sont creuses ou bombées, les cheveux gras, les jambes torses ou les têtes plates) et grossissent ou rétrécissent de manière prodigieuse, à l'image du corps montagneux de Naseem, de la croissance accélérée du corps puis du nez de Saleem, et de l'amenuisement d'Aadam Aziz et d'Amina Sinai. Enfin, ils subissent de nombreuses violences : orteil fracturé, joue giflée, doigt coupé, nez drainé, organes génitaux sectionnés, comme le résume cette liste de qualificatifs douloureux du protagoniste : "neuf doigts, tempes cornues, tonsuré, visage taché, jambes torses, nez en concombre, châtré, et maintenant vieilli prématurément [...], une créature grotesque libérée de l'ordre du destin, qui l'avait tellement rouée de coups qu'elle en était devenue à moitié insensible" (III, p. 785). Ces corps en excès, ouverts, donc grotesques, à rebours du corps clos et sans faille de l'idéal humaniste, sont aussi souvent dotés d'une sensibilité extrême, qui amplifie la perception du réel. Le nez gigantesque d'Aadam perçoit les dangers à venir, l'odorat devenant son sens de l'histoire, celui de Saleem amplifie son audition de manière surnaturelle, les genoux hypertrophiques de Shiva sont dotés d'une force surhumaine, et les oreilles éléphantesques d'Aadam en font un autre récepteur surpuissant.

Dans son article sur la langue vulgaire de Rushdie, Samir Dayal met en rapport cette préférence pour le bas corporel et le rejet des illusions d'unité nationale, la valorisation de l'olfactif et la célébration de l'impureté [Dayal, 1992, p. 434]. Il analyse en détail la figure polymorphe du nez, héritage de Ganesh, de Sterne, de Cyrano, qui montre bien la tension du texte entre réalisme et allégorie, grotesque et héroïsme, incarnée par l'oscillation du batelier Tai entre les prophéties grandioses et la grossièreté. D'une part, Rushdie élève ce qui est bas, en faisant de l'odorat une faculté surnaturelle. Toute la première partie du livre exalte les propriétés extraordinaires du nez d'Aadam Aziz, dont la forme est perçue comme le signe d'une destinée hors norme. Première chose que remarque Naseem à propos d'Aadam, ce "monstre aquilin" (I, p. 479) devient une métonymie du personnage. Dans un pastiche de blason poétique, l'appendice nasal est ainsi exalté : "des narines évasées, rondes comme des danseuses. Entre elles s'élevait l'arc de triomphe du nez, tout d'abord vers le haut et l'extérieur, puis vers le bas et le dessous, pour venir toucher la lèvre inférieure d'une pichenette superbe et maintenant rouge". Le nez semble doté d'une vie propre, d'une grâce fluide annonciatrice d'exploits, mais l'on sait que l'éloge de ce "colossal appareil" (I, p. 21), "acte de naissance" supposé du narrateur, est trompeur : le symbolisme du nez sur lequel repose toute l'intrigue se révèle être un signifiant vide.

D'autre part, l'élévation du nez en un organe hors du commun est contrebalancée par un mouvement de dégradation inéluctable : le nez majestueux d'Aadam se voit dégradé dans le nez-concombre de Saleem, un nez plein de mucus qui ne cesse de couler. La question rhétorique "Qu'y a-t-il dans un nez? [...] de la morve" (II, p. 275) est un écho comique à la question de Juliette à Roméo: "Qu'y a-t-il dans un nom? Ce qu'on appelle une rose sous un tout autre nom sentirait aussi bon" [SHAKESPEARE, 2002, p. 271, II, 1]. La méditation shakespearienne sur l'arbitraire du signe, qui prend appui sur le parfum de la rose, est ici rabaissée au trivial, puisque le nom devient nez (avec un jeu sur la proximité phonique entre *nose* et *rose*), et le parfum devient mucus surabondant, le passage restant avec jubilation au niveau du viscéral, de l'organique, sans jamais s'élever au symbolisme. On voit bien ici la logique de renversement des hiérarchies esthétiques propre au réalisme grotesque, inspirées des rituels carnavalesques.

Cette obsession de l'olfactif va donc de pair avec une célébration de l'impureté, incarnée par la puanteur de Tai, par l'attrait pour les odeurs profanes de Karachi du narrateur, et par les odeurs de Tai Bibi. Dayal s'attarde sur le cas de Tai le batelier, dont la "puanteur délibérée est un corollaire ironique à son exaltation de l'organe de l'odorat" [DAYAL, 1992, p. 436, notre traduction]. Le choix de la saleté est une manifestation de son hostilité envers la saleté symbolique d'Aadam l'apostat, en une sorte de mimétisme réprobateur. Mais la puanteur de Tai n'en fait pas un repoussoir pour autant, et Saleem en fait même son ancêtre, conteur clairvoyant et repoussant comme lui. Comme Tai, le protagoniste attribue des facultés génératives, narratives et presque cognitives au nez: c'est par lui que le narrateur entre en contact avec le monde, c'est lui qui lui fait détecter les affects d'autrui.

Synesthésies magiques

En effet, c'est dans ce nez monstrueux et dysfonctionnel que se situe le pouvoir magique du narrateur de réception des pensées. Même lorsqu'il perd cette faculté magique, il retrouve l'odorat, et c'est cette fois cette faculté naturelle qui est amplifiée, devenant flair exceptionnel, capable de détecter les odeurs comme manifestations concrètes d'affects ou de valeurs. L'odorat surpuissant que recouvre Saleem le fait à nouveau se tourner vers l'impureté, et ce sont les bas-fonds de Karachi qu'il aime à fréquenter, les odeurs les plus horribles qu'il aime à humer: "les relents des corps pustuleux des jeunes hommes [...], les fumées irritantes des rickshaw à moteur [...], l'arôme des cigarettes de contrebande", mais aussi les "effluves de la dévotion" (II, p. 557-558).

En effet, l'autre personnage subalterne qui montre le lien entre l'olfactif et la célébration politique de l'impureté est la prostituée Tai Bibi, réincarnation féminine de Tai, concubine caméléon de cinq cent douze ans qui révèle à Saleem son désir incestueux pour Jamila grâce à son pouvoir olfactif de contrôle des odeurs qu'elle exsude. Le texte insiste sur la dimension physiologique de ce pouvoir de métamorphose, situé dans ses glandes (II, p. 562). Ce cas montre bien le lien inextricable entre le réel et le surnaturel dans le roman, et la manière dont le surnaturel advient d'en bas, et est ancré dans les propriétés physiques des personnages. Les sens sont le lieu de bascule du réel à l'irréel, la zone où le littéral et le figuré se confondent.

Le roman donne à voir une forme exacerbée de synesthésie, en mettant en lien les sens entre eux, mais aussi l'odorat ou le goût aux affects. Le passage amusant où Saleem élabore une "théorie générale de l'odorat" qui attribue aux odeurs des couleurs, un poids, des formes géométriques (III, p. 560), puis des valeurs morales, le menant à la conclusion qu'il est attiré par le profane, l'impur et le vulgaire (III, p. 560-561), témoigne à nouveau de son obsession de classer et de trouver un sens à ce réel désordonné et incompréhensible. Saleem est aussi capable de renifler la puanteur de la jalousie, de l'amertume et des esprits fermés qui l'entourent au Pakistan, et "l'exhalaison glutineuse d'hypocrisie" de sa tante Alia (II, p. 540), dont l'odeur de la haine en vient même à avoir une présence tangible envahissante : elle "s'installa sur la carpette du salon comme un grand gecko sentant le vomi" (II, p. 580).

Les affects se transmettent ainsi par l'odeur et le goût, renvoyant à la centralité de l'ingurgitation dans le roman. Ainsi, Naseem Aziz transmet le sentiment de la honte à ses filles à travers sa cuisine, et ses filles après elle transmettent leur amertume dans leurs mets. Mais tante Alia est surpassée par Saleem dans cet art de transmettre une idée ou un sentiment par le goût, qui lui est enseigné par Mary Pereira. Son travail de supervision de la fabrique de conserves se double d'une mission de fabrique de bocaux contenant l'histoire de l'Inde moderne. Ce "grand chef de la marinade" (III, p. 581) détaille ainsi les ingrédients et les éléments nécessaires à la "chutnification" de l'histoire, insistant à nouveau sur l'inextricable lien entre l'aspect sensoriel (des matières premières, des doigts, un nez) et spirituel (souvenirs, rêves, idées, III, p. 807). La fin du roman suggère que l'histoire, par une sorte de procédé alchimique, se transforme en chutney et se transmet par le corps, achevant de célébrer l'union indissociable du haut et du bas, du corps et de l'esprit.

Goûter l'Inde : un piège tendu au lecteur ?

Mais faut-il croire à cette transmutation des idées en choses comestibles ? Graham Huggan, dans son étude de l'exotisme stratégique de Rushdie, analyse l'analogie centrale de la consommation de l'Inde comme spectacle exotique, et avance que les métaphores gastronomiques renforcent la parodie rushdienne du lecteur-consommateur. Le roman est fondé sur l'image trompeuse que les gens, les lieux et les événements, et le pays lui-même, deviennent comestibles, et que l'histoire peut être contenue et conservée pour l'avenir, moyennant un procédé de conservation transformateur, dans des bocaux [HUGGAN, 2001, p. 72]. L'analogie de l'ingestion de l'histoire par le lecteur sous forme de mets se retrouve en effet dans de nombreux passages, comme celui-ci, difficile à rendre en français, qui renvoie à la flexibilité variable des lecteurs : "but what others will swallow [*avaler*] as effortlessly as a laddoo [*laddu, une pâtisserie*], Padma may just as easily reject" (dans la traduction française : "mais ce que les autres laisseront passer comme une lettre à la poste, Padma pourra le refuser aussi aisément", I, p. 97). Il faut peut-être y voir en effet une stratégie d'orientalisme ironique, un piège tendu au lecteur, partie prenante d'une stratégie d'orientalisme ironique (v. Repères et Analyses, et Thématiques, Mythes).

Au-delà de l'acte de manger, l'écriture de l'excès sensoriel de Rushdie participerait donc d'une forme d'"exotisme stratégique", qui reprend et parodie les stéréotypes orientalistes sur une Inde autre, toujours en excès, sensuelle, objet de fascination mais aussi de répulsion, qui met en difficulté le sujet étranger (voyageur colonial ou touriste, dont le narrateur se moque, I, p. 84), à l'image des Anglais qui refusent d'être transportés par Tai le malodorant, "tas de fumier humain" (I, p. 46), et qui renvoie le lecteur à sa position de voyeur et à ses attentes vis-à-vis de la littérature indienne, mais qui suggère aussi l'imbrication du roman lui-même dans l'"industrie de l'altérité" qu'est la littérature postcoloniale.

LA FUITE DU TEMPS

Pour étudier les sens dans *La Fuite du temps*, nous analyserons tout d'abord les sensations qui relèvent d'une perspective réaliste, pour lesquelles nous dégagerons deux logiques, la perception globale et la perception animée, puis nous tenterons d'explorer deux dimensions non-réalistes du monde perçu tel qu'il est représenté dans le roman : une dimension merveilleuse ainsi que, peut-être, une dimension symbolique.

Dans une logique réaliste

Le roman regorge de notations et d'évocations sensorielles qui, pour la plupart, entrent dans une logique réaliste. Ainsi chaque saison semble dotée de ses couleurs propres. Sans surprise, dans la première description du roman, le printemps est associé au "vert", ou, plus précisément, à "une teinte émeraude et poudrée", auquel se joint le jaune éclatant du "disque d'or du soleil" (p. 10) ; sans surprise non plus, l'hiver est associé au blanc (p. 239). S'agit-il d'un système ? Il ne semble pas car le rouge caractérise à la fois l'été (p. 421) et l'automne (p. 231), saison qui peut aussi paraître "bleu océan" (p. 299). Comme nous le verrons par la suite, c'est moins une sensation isolée et constante qu'un assemblage de sensations elles-mêmes changeantes qui caractérise le mode de perception du roman, et en particulier les descriptions de paysage. Ainsi, dans la description suivante, l'automne parle à la fois aux yeux, au nez et au palais : "la *chair rouge* de la terre apparaît entre les plants à moitié desséchés. L'*odeur* ténue de l'automne est aussi tenace que du *sucre* régurgité par des enfants qui auraient mangé là-bas, au marché d'un bourg, trop de bonbons" (p. 231).

Comme les saisons, les lieux peuvent être associés à certaines sensations spécifiques. Par exemple, les jeux de la lumière dans la campagne – "un soleil matinal, frais et tendre, brille au-dessus du village, éclairant d'une lumière pure et dorée toute la crête montagneuse, ses villages, ses maisons, rues et ruelles, ses arbres. L'eau accumulée dans les rues reflète, tel un miroir, les rayons blancs" (p. 44) – contrastent avec les "lumières de la gare" de Jiudu, donnant aux visages "une teinte verdâtre cadavérique" (p. 60). De même, ce n'est qu'en ville que l'on éprouve cette double sensation, visuelle et olfactive : "Le goudron de la chaussée brille, noir dans la lumière du soleil, en exhalant une odeur de brûlé. Des effluves d'essence rouge pâle flottent" (p. 63).

Dans d'assez nombreux épisodes, les sens des personnages et, par transfert, l'imagination sensorielle des lecteurs sont sollicités de façon intense. Ainsi, dans le livre IV, l'invasion des sauterelles fait éprouver aux villageois des sensations à la fois très aiguës et très diverses : elles apparaissent d'abord comme un "noir tourbillon" (vue), puis elles émettent un "vrombissement" (ouïe) auquel répond la "cacophonie de cuivres et de fers" (p. 442) que font résonner les villageois, qui, à la fin de leur lutte contre le fléau, respirent une "épaisse odeur d'herbe et de sang d'insectes" (p. 444, odorat) ; quelques pages plus loin, les sauterelles seront mangées (p. 451, goût).

Certaines sensations se répètent et par conséquent se constituent en motifs. Si elle est répétée sur quelques pages consécutives, la sensation, marquant un moment du récit, revêt une forte intensité : c'est le cas de l'odeur pestilentielle de l'eau du canal (quatre occurrences sur deux pages, p. 207-208). Le plus souvent, elle réapparaît selon une fréquence moindre. Dans ce cas, elle peut caractériser un personnage : le goût des œufs sur le plat pour le "responsable Lu" (p. 365 *et passim.*) ou l'odeur de médicament pour Lan Sishi après son retour de Jiudu (p. 161 et p. 184-185). Il existe enfin des motifs sensoriels qui structurent l'ensemble du récit : parmi les sensations auditives, mentionnons les plaintes des femmes en deuil (p. 169, p. 202, p. 223, p. 522), les "grincements de lit" (v. Thématiques, Amour) ou encore le retentissement du gong qui sert à rassembler les villageois (p. 125 *et passim.*).

Une perception globale

Ces perceptions s'organisent entre elles de telle façon qu'elles renvoient à un système de perception qui est non pas propre à la culture chinoise, mais que celle-ci privilégie. Il s'agit tout d'abord d'une perception globale. Comme nous l'avons déjà remarqué à travers les citations précédentes, une sensation est rarement isolée ; elle est au contraire reliée à d'autres sensations. Il ne s'agit pas du phénomène de la synesthésie que nous analyserons par la suite : dans cette perception globale, les sensations se succèdent ou se mêlent, tandis que dans une perception synesthétique, les sensations s'appellent les unes les autres ("les couleurs, les parfums et les sons *se répondent*").

Premier type de perception globale : les sensations se succèdent les unes aux autres. Ainsi, avant de constater *de visu* que l'eau du canal de Lingyin est polluée, les villageois ont d'abord été sollicités sur le plan olfactif, puis sur le plan auditif :

> Sur la montagne subitement muette, lumière et vent se figent ; chacun s'immobilise, ahuri, pour *sentir* l'odeur de l'eau, une odeur de plus en plus dense, âcre et salé, pestilentielle. Elle est maintenant tout près d'eux, ils *l'entendent* clapoter sous le soleil, et la terre *bruit* doucement. (p. 207)

> Personne ne dit mot. De chaque côté du canal, on *regarde* les flots gicler bruyamment à ses pieds. (p. 209)

Dans certains cas, on ne saurait dire si les sensations sont encore distinctes ou bien si elles se mêlent les unes aux autres (second type de perception globale). Dans cette évocation de l'automne, les trois sens de la vue, de l'ouïe et du toucher cohabitent : "Le village entier est en ébullition, la joie *vermeille* dilate les cœurs prêts à exploser. Le temps lui-même est exceptionnel ; le monde, un bassin *doré*, *crépitant* doucement, *clair*, *sonore*. La *douceur* du début de l'automne est une *caresse*" (p. 162).

Les sensations sont indubitablement indistinctes quand le narrateur emploie des expressions qui, explicitement, signalent le mélange : "Une puissante *odeur* de lait cru *se mêle* à la *clarté* lunaire constellant de ciel" (p. 109) ; "La terre *rouge* sang exhale son *parfum* brun, *doux et brûlant* tout *à la fois*" (p. 420) ; ou bien encore : "au-dessus des têtes le soleil *chauffe*, peu à peu plus *rouge*, puis dense, et la terre fraîchement retournée *exhale* une *odeur* âcre qui, *mêlée* à la *tiédeur*, forme des bourrons de laine de mouton. De la ravine parfois s'élève le *cri écarlate* d'une belette" (p. 35).

Une perception animée

Par ailleurs, la perception telle qu'elle est représentée dans le roman est caractérisée par le changement et le mouvement : il s'agit d'une perception animée. On le vérifie en particulier à propos des couleurs : il est rare qu'un visage ou un paysage soient dotés d'une couleur constante. Cela semble assez ordinaire s'agissant des visages qui, en fonction de l'émotion éprouvée par le personnage, présentent des aspects changeants. Ainsi, "le pourpre des joues [de Lan Sishi] s'estompe au profit d'une teinte grise et nuageuse", lorsque les trois filles de Sima Lan l'implorent de faire "commerce de chair" à Jiudu (p. 48). De même, quand Sima Lan se voit rejeté par Lan Sishi à son retour de Jiudu, l'effet est immédiat : "Sur son visage, la légère teinte de rouge vivifiant sous le gris ferreux disparaît complètement ; la pâleur grimpe pour le gagner tout entier" (p. 98). Parmi les exemples ponctuels, très nombreux dans le texte, on peut encore relever les "lèvres [de Lan Sishi, qui] passent du vert au noir avant de virer au violet", quand elle apprend la mort de sa sœur Lan Sanjiu (p. 148). Dans cet exemple concernant la jeune Sima Teng à Jiudu, le procédé est au contraire "filé" sur plusieurs pages : quand elle décide de recevoir elle-même un client, "son teint vire du rouge au gris" (p. 78) ; puis "[u]ne épaisse couche blanche et glacée se forme sur son visage" quand la peur monte (p. 80) ; mais, une fois que Lan Sishi a attiré l'homme à elle, "le visage de Teng a perdu sa teinte blafarde ; il s'est coloré de vert pareil à une prairie florissante" (p. 81).

Plus surprenant, les variations de couleur peuvent affecter la barbe : après avoir été informé que c'est Sima Lan et non son fils Du Bai qui prend la tête du village en tant que chef, Du Yan présente "[une] barbe [qui] change instantanément de couleur ; de noir grisé, elle devient mi-verte mi-violette, pareille aux feuilles des plaqueminiers en cette saison" (p. 227). Comme nous l'avions vu, ce phénomène relève de la merveille (v. Thématiques, Mythes) et dépasse la logique proprement mimétique du roman réaliste. Une autre barbe, dans le roman, est soumise au changement : c'est celle du vieillard que les enfants aperçoivent en haut des monts ; plus précisément Sima Lan recueille un poil de cette barbe qui non seulement révèle, à bien l'observer, plusieurs couleurs, mais déclenche de surcroît des sensations diverses (couleur, odeur, saveur) :

> [Sima Lan] reste là, à examiner le poil de barbe. En réalité, il n'est pas complètement *argenté* ; il y a une nuance *jaune*, sombre et profonde sous la couche brillante, et si on le laisse longtemps chauffer au soleil, la teinte le parcourt tel un liquide, brouillant à un bout l'aspect argenté et laissant l'autre plus *blanc* encore. En outre se mêle à la *saveur* aigre une forte *odeur* de chair crue, surtout à la racine du poil. (p. 571)

Il faut sans doute comprendre que c'est l'âge de l'individu ("quatre-vingt-quatre ans", p. 572) et, par conséquent, l'expérience qu'il a accumulée tout au long de sa vie, qui donne au poil cette haute teneur sensorielle. Quoi qu'il en soit, on retrouve, dans cette description ancrée à l'origine dans une logique réaliste mais qui se déploie ensuite vers quelque chose de plus inattendu, le principe de la "nouvelle objectivité" (*neue Sachlichkeit*) que Franz Roh renomme "réalisme magique" en 1925 (v. Synthèse, Intention et extension).

La variation des sensations peut enfin affecter un paysage. Ainsi, la terre prend différents aspects, relevant de plusieurs sens, en fonction du moment considéré dans la même journée :

> À l'aube, depuis l'entrée du village, après une nuit de fraîcheur, la terre semble une pièce de tissu *humide* que l'on *entend* goutter. À midi, elle reprend sa *teinte* sombre, brun et rouge, sa carnation *brûlante* de noix *sautée à l'huile*. Enfin, au crépuscule, lorsque le couchant pourpre la baigne de son sang, que, noircie, elle expire de nouveau son *odeur* crue, elle paraît plus épaisse, *pâte* impossible à pétrir, posée sur le village, les hommes et les arbres. (p. 421)

La perception animée repose non seulement sur les phénomènes de variation, mais aussi sur l'impression de mouvement : ce que l'on perçoit, ce sont moins des couleurs, des sons, des odeurs, etc., qu'un dynamisme qui renvoie au "principe vital" (*qi*, le "souffle") animant à la fois les hommes et la nature, paysage et animaux. La perception des saisons, par exemple, est caractérisée par le mouvement :

> L'été recouvre toute la chaîne des Balou. Des *flots* sombres de chaleur torride *ondulent*, *roulant* sur les monts. (p. 86)

> Nuit de neige. / Les flocons *tombent* à grand bruit, entrecoupés de grêlons *dégringolant* des montagnes. Le jour pointe enfin, et c'est une folle *danse* dans le ciel. Le monde est blanc. (p. 355)

On relève aussi un phénomène de circulation des sensations entre des éléments distincts du récit, le plus souvent entre un élément naturel et un personnage : "Sur le chemin, *l'odeur* de céréales donne à Du Bai l'envie d'éructer. Ces derniers jours une *sensation de fruit* mûr, de plénitude, abonde *dans ses veines*" (p. 86). On retrouve dans cet exemple l'idée d'un dialogue muet entre la nature et les hommes, que traduit en particulier le procédé du *xing* (v. Thématiques, Mythes). Cet échange peut se faire de la nature vers l'homme – "Lan Baisui, Lan Liushi et Lan Wushi, mains tendues près du brasier, semblent vouloir en contenir les flammes et leurs mains écarlates sont traversées de lumière, rubans de soie pourpre sous le soleil" (p. 338) – ou bien, à l'inverse, passer de l'homme à la nature : de retour d'une séance de vente de peau, grâce à laquelle il a pu se procurer en particulier un nouveau vêtement, "[Sima Lan] porte une veste bleue, si neuve que la lumière elle-même en est teintée" (p. 342).

Selon une logique réaliste, parfois poussée dans ses retranchements comme dans l'exemple du poil de la barbe du vieillard, le système de perception à l'œuvre dans le roman est à la fois synthétique et dynamique. On pourrait parler d'une perception organique : ce que l'on perçoit est comme un organisme vivant complexe. Du point de vue occidental, cela peut se comprendre s'agissant d'un être humain dont on décrit le visage ou les gestes. Mais, dans la tradition chinoise, le paysage est aussi vu et décrit comme un être doté non seulement de couleurs, d'odeurs, etc., mais aussi de mouvements et de vie. Ainsi, la chaîne montagneuse des Balou, qui constitue le cadre spatial du roman, se dit *Balou shanmai*, c'est-à-dire "veines [*mai*] des montagnes des Balou", car elle est assimilée à un organisme (très souvent un dragon, mais le mot n'est pas utilisé dans le roman), dans lequel circule le souffle (*qi*), conception qui peut s'appliquer à l'ensemble des paysages : "La perception de la terre [en Chine est celle d']un organisme ayant une respiration, des accumulations ou des dispersions d'"énergie", des vaisseaux où se propage le *qi*" [Obringer, 2004, p. 81]. La perception est ainsi nourrie par une tradition culturelle que l'on nomme *géomancie* ou *fengshui* ("vent-eau") : on comprend alors combien la frontière entre perception "réaliste" et perception "magique" est poreuse.

Le "réalisme merveilleux"

C'est donc dans la continuité des développements précédents que nous considérons à présent les notations sensorielles qui semblent excéder la stricte logique mimétique, mais qui n'en sont en fait que le prolongement. L'effet de telles notations est bien celui que Charles Scheel associe au "réalisme merveilleux" : le narrateur nous livre une "vision exaltée, traduite en un langage d'une poésie tendant au lyrisme" [Scheel, 2005, p. 116] et privilégiant le "mystère" au "surnaturel" [*ibid.*, p. 108-109]. Nous distinguerons trois modes de la perception relevant du réalisme merveilleux.

Le mystère peut être introduit à la faveur d'une comparaison : "La terre fraîchement retournée, d'un rouge aqueux, *ressemble à* du sang dégoulinant d'une tête blessée" (p. 333). Dans un registre assez proche, on relève encore : "L'aménagement en terrasse prend forme, les parcelles achevées parfaitement lisses et duveteuses, les autres *pareilles aux* viscères d'un ventre ouvert" (p. 369). Parfois, le narrateur fait l'économie du mot de comparaison. Ainsi, lorsque Sima Taohua a été surprise par Sima Lan chez le "responsable Lu" : "Taohua a déjà repoussé la porte : la boule de feu pourpre s'est étouffée comme à l'intérieur d'une jarre" (p. 373) ; il y a comparaison car le comparant (Taohua portant la veste rouge) et le comparé (la boule de feu) coexistent dans le texte, mais l'absence de terme de comparaison augmente encore le caractère hallucinatoire de la vision. Toutefois, même sans terme de comparaison, le registre n'est pas toujours aussi spectaculaire : au terme de la longue séance de vente de peau au livre II, "on gémit encore un peu, mais les plaintes n'emplissent plus de ciel ; elles chutent, feuilles mortes, derrière les pas qui s'amenuisent doucement" (p. 310) ; dans cet exemple, on retrouve le principe de l'"interaction entre le ciel (*i.e.* la nature) et les hommes" (*tianren ganying*) (v. Thématiques, Mythes), ainsi que la perception globale.

Le deuxième mode de la perception "réaliste-merveilleuse" est proche du précédent, si ce n'est que non seulement le terme de comparaison disparaît, mais le mode descriptif est remplacé par une action : "[les] regards [de Sishi et de Teng] se heurtent dans le clair-obscur de la pièce et jettent sur le sol des étincelles rougeoyantes" (p. 78). L'effet est plus radical : on a l'impression d'assister à un phénomène magique. Un exemple très proche : "La blancheur éclatante de [l]a peau [de Lan Sishi] jette des éclairs dans la pièce" (p. 117). Enfin, on peut lire à la fin du roman : "Les effluves de lait et de liquide amniotique ruissellent dans les rues" (p. 616), puis "le liquide amniotique inonde la maison, franchit la porte pour aller former dans la cour deux petits ruisseaux qui se prolongent encore dans la rue" (p. 620).

Le troisième mode est la synesthésie, qu'il faut distinguer de la perception globale consistant en une succession ou en un mélange des sensations : la synesthésie est une association entre sensations. Par ailleurs, nous entendrons le terme *synesthésie* dans un sens littéraireet non pas comme le phénomène cognitif : nous ne chercherons pas à démontrer que Yan Lianke est ou n'est pas un "synesthète" ; en revanche, nous proposons d'analyser son habitude consistant à associer plusieurs sensations, le plus souvent par le procédé syntaxique de la simple juxtaposition.

Les énoncés synesthésiques sont très nombreux dans le roman. L'association entre un son et une couleur (ou la lumière) est sans doute la plus fréquente, par exemple dans le titre du livre III : "Ballade jaune et brune" (*hehuang minyao*, p. 325), le premier terme renvoyant à une tradition de poésie chantée, les deux adjectifs aux couleurs de la terre dans le nord de la Chine (le lœss). On relève encore un "noir silence" (p. 50) ou, à l'inverse, une "obscurité" qui "vrombit" (p. 116). Le son produit par la tête des villageois heurtant le sol dans l'intention de retenir le "responsable Lu" est un "choc jaune et blanc" (p. 353) ; peu après, la jeep du cadre démarre : "Bruit de moteur noir et vert" (*ibid.*). Dernier exemple : "[Sima Lan] écoute bruire la lumière" (p. 567).

La couleur peut aussi s'allier à une odeur – "l'odeur jaune et brune provenant du four à briques vient chatouiller les narines [de Du Zhucui] comme celle du maïs mûr et des céréales" (p. 26) – ou à une sensation gustative – "Le soleil d'été est une épaisse pâte dorée dans un bol" (p. 431).

Parfois, l'association est plus complexe et concerne trois sensations : "Teng peut entendre la lumière glisser sur sa peau" (p. 62) ; la femme du village de Xiaomazhai a une voix "très légèrement humide, une moiteur sucrée dans le timbre" (p. 269). Enfin, il arrive que la synesthésie associe une sensation non pas à une autre sensation, mais à quelque chose d'abstrait comme la "joie vermeille" des villageois attendant la venue de l'eau du canal (p. 162) ou "l'affaire rose vif" à laquelle se consacre Lan Sishi qui reçoit un client à Jiudu.

Une logique symbolique ?

On est tenté de voir une logique symbolique à l'œuvre dans la façon dont s'organisent les sensations dans le roman. Deux raisons expliquent cette tentation : tout d'abord, ces sensations, surtout quand elles semblent aller au-delà de ce qui est admis par l'observation commune, demeurent mystérieuses, résistent à une analyse "rationnelle" et appellent par conséquent une explication allégorique : pourquoi Yan Lianke intitule-t-il le livre II, "Balade jaune et brune" ? que peut signifier "écouter la lumière" ? La deuxième raison tient au système analogique de la "cosmologie corrélative" établie à partir du IIIe siècle avant Jésus-Christ [CHENG, 1997, p. 237-253 et p. 276-306]. Il s'agit d'un système de correspondances entre divers éléments de la réalité pris cinq par cinq. Parmi ces éléments, on compte les saisons, les directions (au nombre de cinq toutes deux), les couleurs, les sons, les saveurs, les odeurs, les animaux, les aliments ou encore les organes, tous associées aux cinq "agents" (*xing*, éléments actifs) : le bois, le feu, la terre, le métal et l'eau. Ainsi, au bois sont associés le printemps, l'est, le bleu-vert (*qing*), la note *jue*, le goût acide, l'odeur rance, les animaux à écailles, le blé et la rate [*Grand Dictionnaire Ricci*, "Dossiers et index", p. 393-400]. Il ne semble pas que Yan Lianke applique à la lettre ni même qu'il s'inspire de cette tradition symbolique, mais il est certain que, culturellement, il en est l'héritier.

Toutefois, on ne saurait dégager un "système" de correspondances exactes dans le roman car, si le contexte dans lequel apparaissent les énoncés sensoriels permet parfois d'établir des équivalences entre les sensations et certaines valeurs, ces équivalences n'ont rien de constant et peuvent varier d'un passage à l'autre. C'est pourquoi nous nous limiterons à une seule analyse : celle du vert et du rouge.

Les prunelles vertes de Sima Lan forment un motif dans le livre I (notre analyse se fonde sur les occurrences du mot vert dans la traduction ; en réalité, Yan Lianke utilise trois termes, dont deux sont utilisés quasiment comme des synonymes (*lü* et *qing*) et un autre, *cangmang*, qui signifie plutôt "flou", mais le premier caractère de ce mot composé, *cang*, signifie "vert-azur"). Le motif apparaît tout d'abord lorsque Sima Lan rassemble les villageois au pied du févier pour leur expliquer son projet de reprendre la construction du canal : "Sima Lan est là, bras croisés sur la poitrine, le teint foncé de vert [*lü*] et de violet, les prunelles saillantes, pareils à deux fruits verts [*qing*]" (p. 126). Le vert est manifestement associé au pouvoir ou plutôt au sentiment de puissance exercée sur autrui. Le motif réapparaît quelques pages plus loin, avec, semble-t-il la même signification (deux occurrences p. 131, avec les mots chinois *cangmang*, puis *qinglü*). Au retour du chantier, Sima Lan a perdu ses prunelles vertes : "ses yeux ne sont plus verts [*lü*] mais troubles" (p. 163) : c'est probablement le signe de l'échec de l'entreprise, dont la première manifestation est le nombre de morts que l'on rapporte dans leurs cercueils (p. 164). Ainsi, la valeur symbolique de la couleur verte semble se confirmer : le vert renvoie à l'ambition politique.

Toutefois, Du Zhucui donne à Lan Sishi une explication qui tend à brouiller cette équivalence :

> Je sais que, une fois le canal achevé, je ne pourrai pas empêcher [Sima] Lan de vivre avec toi. Quand il est parti, il en avait tellement envie que ses yeux en étaient verts [*lü*] de désir. J'ai compris tout de suite qu'il était fou de toi, à en perdre l'âme, et que c'est parce qu'il n'a plus d'âme que ses yeux sont devenus verts [*lü*]. (p. 151)

Il semble que le vert soit ici associé au désir érotique plutôt qu'à l'ambition politique. On peut certes croire que cette interprétation est à rapporter à la seule Zhucui, malade de jalousie à l'égard de Sishi. Mais le narrateur lui-même associe le désir de Sima Lan pour Lan Sishi à la couleur verte : Sima Lan "se rappelle qu'avant de quitter le village, lorsque ses yeux étaient devenus verts, il pensait tout le temps à [Lan Sishi], à en perdre le sommeil" (p. 176). Lan Baisui est également "vert" au moment où il tente de saisir la mère Sima, sa maîtresse (p. 367). Du reste, quand il est associé au rouge, le vert renvoie systématiquement au désir érotique : les "salons de beauté" de Jiudu sont "rouges et verts" (p. 59) ; de même, les ébats de Sima Xiaoxiao et Du Meimei dans l'étable exhalent "un effluve [...] rouge et vert" (p. 615). Une même couleur (le vert) peut donc correspondre à deux valeurs symboliques : l'ambition politique et la pulsion érotique, ce qui confirme que le "système" symbolique des couleurs dans le roman est assez souple.

Nous allons voir que le rouge, comme parfois le vert, est le symbole du désir érotique. Mais il prend aussi deux autres valeurs dans le roman. C'est, traditionnellement, la couleur du mariage et des réjouissances en général, ce qui explique que lorsqu'elle revient avec un fiancé qu'elle est allée chercher en dehors du village, Du Zhucui porte des chaussures "à semelles en plastique rouge" et un "sac de toile rouge" (p. 232). C'est aussi la couleur de la Chine communiste, si bien qu'elle contribue à la charge satirique du roman dans l'épisode des drapeaux rouges fichés sur les chariots des travailleurs étrangers (p. 361), ainsi que des formulaires à l'encre rouge que brandissent les jeunes adolescents au moment de quitter le village pendant la famine, faisant écho aux petits livres rouges agités par les gardes rouges pendant la Révolution Culturelle (p. 553).

Mais le rouge est surtout le signe du désir. Comme nous l'avons fait pour le motif des prunelles vertes de Sima Lan, on peut suivre ainsi le motif de la veste rouge de Sima Taohua. C'est tout d'abord la mère Sima qui la lui prête, comme le signe d'une complicité entre ces deux femmes adultères (la mère Sima avec Lan Baisui, Sima Taohua avec le "responsable Lu") : "La mère Sima va chercher sa veste rouge dans la malle où elle l'a précieusement rangée, flambant neuve. Taohua la revêt : la voilà tout entière écarlate, éblouissante" (p. 359). Taohua peut alors parader aux yeux des villageois, du haut des monts Balou : "le jour splendide éclaire sa veste : une flamme sautille sur la ligne faîtière. Ceux qui l'ont accompagnée la trouvent soudain bien rajeunie, bien maligne également" (p. 360). Le motif réapparaît, vu, en focalisation interne, par Sima Lan se rendant chez Lu : "[Sima Taohua] porte la veste rouge de la mère Sima et ressemble à une fleur pleinement épanouie" (p. 372). Puis, quand elle revient au village, la veste est déchirée, probablement un acte de vengeance de l'épouse de Lu (p. 378). Finalement, une fois que Lu l'a délaissée, Taohua transforme la veste rouge en "chemise de printemps" (p. 409). Ainsi, Yan Lianke se sert d'un motif associé à une couleur pour dérouler le fil d'une intrigue secondaire.

Le rouge signifie le désir érotique, mais, dans une teinte plus sombre, il est aussi un symbole mortifère. Associé au sang, il annonce la mort de Sima Lan : "L'effroyable pensée, la pensée de sa mort prochaine, retentit de nouveau dans son cerveau ; c'est un terrible ébranlement, le rideau rouge sang de la tragédie humaine s'ouvre subitement, les nuages s'écartent devant le soleil levant", déclare le narrateur à la fin du chapitre I (p. 21). Le rouge annonce aussi la mort de Lan Sishi : lors de sa dernière rencontre avec Sima Lan (avant l'ultime rencontre dans la mort), elle dispose une "bassine emplie d'un liquide rouge, chaud, exhalant une odeur de médicament" (p. 113) pour, explique-t-on, éloigner les moustiques, mais on comprend par la suite qu'il s'agit de soigner la maladie vénérienne qu'elle a contractée à Jiudu. Dans la même scène, la couleur rouge réapparaît dans le motif de la "ceinture de soie rouge" censée protéger du mauvais sort, mais que l'on compare à "une mare de sang" (p. 118). Quand Sima Lan découvre Lan Sishi morte, à nouveau le rouge est présent :

> À la lumière de sa lampe, quelque chose de rouge et de sombre, quelque chose dont l'odeur est étrange, se répand. Et cela s'étend, se disperse puis se rassemble. Et l'étrange effluve de sang lui déchire la gorge, s'y enfonce loin pour former une boule compacte de sorte qu'il ressent de nouveau les symptômes d'autrefois, sécheresse et obstruction [...], à ne plus pouvoir ni inspirer ni expirer. Il voit, dans la lumière rouge sombre, l'odeur mi-verte mi-violette longer les bords de la pièce avant de s'écouler au-dehors (p. 186).

Le rouge revêt donc deux valeurs apparemment opposées : le désir érotique et la mort, mais on peut comprendre que la mort est la conséquence du désir.

On peut aussi penser que toute couleur vive renvoie au désir, conformément au sens que le mot *se*, "couleur", prend dans la tradition bouddhique, où il désigne la "forme" ou la "corporéité" (*rūpa* en sanskrit) qui est produite par le désir (*yu* ou *kāma*), ainsi que l'énonce le Sūtra du cœur : "la forme [*se*] est vacuité [*kong*], la vacuité est forme : la vacuité n'est autre que la forme, et la forme n'est autre que la vacuité" [NAN, p. 33]. La notion de *forme* (*se*) désigne toute sorte de perception, qu'il s'agisse d'une couleur (sens étroit de *se*), d'un son, d'une odeur, etc. : "dans la vacuité il n'y a pas de forme, pas de sensation, pas de représentation, pas de volition ni de faculté de connaissance ; il n'y a pas d'œil, d'oreille, de nez, de langue, de corps, ni de mental ; il n'y a pas de forme [*i.e.* couleur], de son, d'odeur, de saveur, de tangible ni d'objet mental" (*ibid.*). Quant à la *vacuité*, le terme est à comprendre dans le sens d'illusion. "[L]a forme est vacuité" signifie donc que tout ce que l'on perçoit, quel que soit le sens impliqué, est le fruit de l'illusion.

Les sens dans le roman renvoient à cette notion de désir qui, certes, est signe de vitalité, mais qui, en définitive, mène à la mort. Le désir est du reste symbolisé par le motif de la soif associé à la maladie de la gorge obstruée et à la mort : Teng a la "gorge sèche" (p. 65) quand elle découvre la sexualité ; envahi par le désir face à Lan Sishi, Sima Lan "a subitement soif, le feu lui dévore la gorge (p. 117).

ROMAN POPULAIRE, ROMAN SAVANT

CENT ANS DE SOLITUDE

Eu égard aux présentations, hypothèses et thèses que nous avons faites, avancées et exposées jusqu'ici sur *Cent ans de solitude*, cette thématique a presque valeur de conclusion récapitulative donnant lieu à quelques réflexions générales.

Parler de roman populaire, c'est d'abord évoquer le succès reçu par une œuvre.

Un succès nécessairement massif: on a déjà évoqué les 40 millions d'exemplaires de *Cent ans de solitude* vendus à travers le monde. Or, on connaît les préjugés qui pèsent sur les auteurs de best-sellers. À se demander si on ne les accuserait pas de l'impardonnable péché de prostituer l'art.

Un succès en outre habituellement caractérisé par la nature et l a forme de l'enthousiasme exprimé : pour beaucoup, *Cent ans de solitude* est le meilleur roman qu'ils ont lu et ils l'expriment avec ce que d'aucuns estimeront, sans doute du haut de leur "supériorité" académique, relever de clichés et confiner à une candeur de midinettes : "Il fait partie des livres que l'on emporte sur une île déserte" ; "c'est à mes yeux ma plus belle rencontre littéraire, j'ai eu beaucoup de coups de cœur en littérature, mais cette fois-ci c'est beaucoup plus ; c'est le coup de foudre !" peut-on trouver, par exemple, sur l'une des nombreuses plateformes en ligne de partage sur la lecture.

Et, finalement, un succès auprès d'un public large et divers, du plus au moins "érudit" : nombreux sont ainsi les lecteurs de García Márquez à assumer une approche "amatrice" et "empirique" de la littérature ("Je ne suis pas une grande lettrée", écrit Jalaco sur Amazon). On a eu l'occasion de l'expliquer, García Márquez se fait une gloire de toucher ce public-là, arguant même que, de son point de vue, il serait certainement le plus à même de percevoir et de saisir le cœur de la dimension sociopolitique, culturelle et intime de ce qu'il cherche à exprimer.

Tout cela cumulé peut certes faire envisager *Cent ans de solitude* comme une version colombienne, tout juste adaptée "à la sauce" locale, du roman populaire tel qu'il émerge dans la France du début du XIXe siècle, sous la plume d'écrivains qui, à l'instar d'un Eugène Sue, s'installent à la marge de la littérature dite savante, destinée à une élite noble et à la bourgeoisie, pour proposer une littérature techniquement peu élaborée (avec des intrigues superficielles et des personnages sans beaucoup d'épaisseur), destinée à un public pauvre, sous la forme de romans-feuilletons publiés dans la presse pour massifier leur diffusion et qui finissent à la poubelle en fin de journée. Une approche superficielle de *Cent ans de solitude* et une écoute (assortie d'un peu de mauvaise foi) des déclarations épitextuelles de l'auteur le feront probablement évaluer ainsi, et, *in fine*, le disqualifieront irrémédiablement. Car sur la base de ce qui (au fil du temps et en dépit de la reconnaissance de ce que l'on désigne aujourd'hui sous l'étiquette de "littératures de genre") a dérivé en un préjugé à l'égard de la littérature populaire, s'est imposée une hiérarchie stricte et tenace entre les œuvres et entre les auteurs. Et, à travers elle, une frontière entre une supposée "Grande littérature" et une supposée "petite littérature". Le principal élément "discréditant" du roman populaire et de ses héritiers ou dérivés tenant surtout (on le comprend même lorsque cela se trouve noyé sous les sophismes), au "problème" du lectorat, jugé pas assez reluisant, au "problème" d'une ambition perçue comme trop limitée, et au "problème" de son accessibilité considérée comme trop directe, trop facile, trop basique – pour résumer: du prémâché et du prédigéré pour des lecteurs-consommateurs de fast-food et de fast-littérature, de la sous-littérature.

En se penchant, en guise de rapide sondage, sur les versions francophones de plateformes telles Amazon, Babelio, Goodreads, etc., où s'expriment ces fameux lecteurs-consommateurs de littérature populaire, on remarque ceci: si beaucoup expliquent évidemment avoir cédé de manière directe au charme d'un univers dépaysant et distrayant ("Ce livre m'a transportée dans une autre dimension, son univers très singulier m'a déconnectée du monde réel et ça fait du bien"), presque tous, y compris ceux qui l'ont apprécié, évoquent l'impression forte et troublante de s'être trouvés face à un roman hors de l'ordinaire ("Sorte d'Objet Littéraire Volant Non Identifié. Voilà les premiers mots qui m'étaient venus à l'esprit lorsque je refermai jadis ce livre. Je n'avais jamais rien lu de comparable à l'époque"; "ce livre ne ressemble vraiment à aucun autre", "lecture atypique") et, surtout, présentant de réelles difficultés, parfois jamais surmontées et rédhibitoires, d'accès au texte ("Hyper ennuyeux au début"; "La lecture de ce roman semble au début sans queue ni tête"), de compréhension lexicale ("J'avoue avoir été heureuse de lire ce roman sur [une liseuse électronique] qui m'a permis d'avoir accès aux définitions de certains mots qui m'étaient inconnus") et, tout court, d'interprétation: "Ce ne fut pas un roman facile à lire"; "ne pas lire en dilettante, il demande de la concentration et de la mémoire".

Même s'il serait aisé d'instrumentaliser à bon compte ces aveux de faiblesse formulés avec honnêteté pour, d'une part, démontrer que, non, *Cent ans de solitude* n'entre pas dans la catégorie de la littérature populaire, puisque les "simples" lecteurs "populaires" ne la reçoivent pas et ne la considèrent pas comme telle (théoriquement, ils sont supposés le faire, puisqu'elle s'adresse supposément à eux), ne semblent réussir à l'interpréter que (très) partiellement; et donc, d'autre part, pour prouver que ce roman vaut mieux que les œuvres dans le voisinage desquelles on le range, mieux que le lectorat auquel on cherche à la cantonner. Notre démarche prend au contraire le contre-pied d'une telle position, car de notre point de vue, si l'on dépasse le snobisme voulant que le lecteur populaire soit ignare par définition et que la discussion s'arrête là, on se rend vite à l'évidence que *Cent ans de solitude* est une œuvre dont l'accès (total) ne se conquiert qu'aux prix de vrais efforts. Une œuvre dont le sens résiste par-delà l'apparente de douce petite musique, des apparentes gentillettes histoires et que, par conséquent, ce que l'on entend par lisibilité ne va pas de soi... En somme, toutes les vertus que l'on attribue à la "Grande littérature". Il se trouve que cela ne constitue jamais qu'un fil, grâce auquel García Márquez réussit à amener son destinataire, quel qu'il soit, où qu'il se trouve, vers une littérature hautement complexe, singulièrement exigeante et fondamentalement "importante" pour l'effet qu'elle produit dans une "carrière" de lecteur et dans la conception qu'il se fera de ce que la littérature est, et peut être, dans le monde.

Une littérature complexe, exigeante, en effet, parce qu'éminemment savante. Si, à la différence de la plupart de ses contemporains latino-américains (il faut bien l'avouer souvent lancés dans une surenchère référentielle d'ailleurs pas toujours exempte de prétention), García Márquez ne fait pas de l'érudition un préalable à l'accès, à la compréhension et à l'interprétation de son roman, réservé aux "initiés", cela ne signifie pas que son lecteur modèle (pour reprendre le concept d'Eco [1979]) puisse aborder et parcourir les pages de *Cent ans de solitude* sans un très solide bagage au moment de percevoir l'écho de ce que le texte ne dit pourtant pas, pour être en mesure d'actualiser les multiples contenus de signification et, enfin, de décoder les mondes possibles du récit. En effet, la matière intertextuelle et intratextuelle a beau, la plupart du temps, n'apparaître que sous la forme de clins d'œil en passant, ou de vagues allusions, ou encore, de recyclages de citations difficilement repérables, il n'en constitue pas moins ce que l'on pourrait désigner comme le système nerveux du roman. Dans ces conditions, même ce fameux grand lecteur de grande littérature pourrait bien passer à côté des qualités et de la puissance de *Cent ans de solitude* s'il ne prenait pas la peine d'opérer un patient repérage, un jeu de piste – avec, en bout de parcours, une infinité de portes dérobées à ouvrir.

On a déjà évoqué l'existence d'une liste interminable, à proprement parler, une bibliothèque entière, de textes exogènes agglomérés au roman, et suggéré la démultiplication des effets de sens produits. S'agissant de Sophocle (avec *Œdipe roi*) et de Rulfo (avec *Pedro Páramo*), on peut considérer qu'il existe des zones de partage si nombreuses, qu'on parlera de phénomène transfictionnel (au sens où l'entend Saint-Gelais [2011]), d'une ampleur telle (la question filiation-généalogie constitue le cœur de *Pedro Páramo*, déployé dans un monde "magique" où les morts et les vivants se côtoient sans cesse…) qu'il ne nous semble pas excessif de poser que *Cent ans de solitude* entretient une relation de type hypertextuel avec ces deux œuvres. Elles eurent le même genre d'impact sur lui en tant que lecteur.

Dans *Une Odeur de goyave*, Mendoza raconte, au sujet de la période où García Márquez vécut, à l'âge de vingt ans, à Carthagène des Indes : "Dans cette ville frivole, qui adore la danse, les concours de beauté et les matchs de base-ball, il eut soudain un coup de foudre pour les Grecs, en particulier pour Sophocle" [García Márquez, 1982, p. 57] et à la question "Ton livre préféré", l'auteur répond "*Œdipe roi*" [*ibid.*, p. 155].

Il mentionne ensuite la même influence en tant qu'auteur (toujours dans *Une Odeur de goyave*, il explique : "J'ai beaucoup appris dans *Œdipe roi*", p. 115). Et comme l'explique Karim Benmiloud dans un article que nous invitons à lire *in extenso* : "Chez García Márquez, tout se passe comme si, par cette fixation même sur le produit de l'inceste, et par une prodigieuse mise en abyme, le roman ne disait pas autre chose que la nature même de sa relation à l'Œuvre de Sophocle : à la perfection du modèle grec (tragique) répondrait ainsi, vingt-quatre siècles plus tard, l'imperfection d'un avatar (romanesque) marqué par la dégénérescence (Gérard Genette, parlant de la littérature au second degré, c'est-à-dire ce que l'on appelle l'intertextualité, ne parle-t-il pas de *littérature palimpsestuelle*) ?" [BENMILOUD, 2009, p. 32].

Concernant *Pedro Páramo*, García Márquez s'est souvent expliqué sur son influence, notamment dans un long texte intitulé "Ma fascination pour Juan Rulfo" :

> La découverte de Juan Rulfo [...] fera l'objet d'un chapitre à part entière de mes mémoires. J'étais arrivé à México [...] le 2 juillet 1961 ; et, outre que je n'avais pas lu le moindre livre de Juan Rulfo, je n'avais jamais entendu parler de lui [...]. J'avais 32 ans [...]. Six ans plus tôt, j'avais publié mon premier roman, *Des Feuilles dans la bourrasque* et trois livres inédits : *Pas de Lettre pour le colonel* [...] ; *La Mala Hora* [...] et *Les Funérailles de la Grande Mémé*. J'étais donc en quelque sorte l'auteur de cinq livres clandestins. Mais tel n'était pas mon problème, car ni à cette époque-là ni jamais je n'ai écrit pour être célèbre [...]. Mon grand problème, en tant que romancier, venait de ce qu'après ces livres, j'avais l'impression d'être arrivé dans une impasse et je cherchais partout une brèche pour m'en échapper. J'ai bien rencontré de bons et de mauvais auteurs qui auraient pu me montrer le chemin, pourtant, j'avais l'impression de tourner en cercles concentriques et je me sentais épuisé ; j'avais l'intuition qu'il me restait quantité de livres à écrire, sans trouver une manière convaincante et poétique de le faire. Voilà où j'en étais quand Alvaro Mutis a grimpé à grandes enjambées les sept étages menant jusqu'à chez moi avec un paquet de livres. Là, il a écarté du lot le plus petit et le plus court et il m'a lancé, mort de rire : 'Lis ce machin, putain, et apprends !' Il s'agissait de *Pedro Páramo*. Cette nuit-là, je n'ai pas réussi à dormir avant d'avoir fini de le lire pour la deuxième fois ; jamais, depuis la nuit incroyable où j'avais lu *La Métamorphose* de Kafka dans une lugubre pension pour étudiants de Bogotá, presque dix ans auparavant, je n'avais subi pareille commotion.
>
> [GARCÍA MÁRQUEZ, 2003, notre traduction]

Pas étonnant, dans ces conditions, puisque c'est ce roman de Rulfo qui lui a permis de trouver le chemin vers *Cent ans de solitude*, que l'amorce ("Bien des années plus tard, face au peloton d'exécution, le colonel Aureliano Buendia devait se rappeler ce lointain après-midi au cours duquel son père l'emmena faire connaissance avec la glace", p. 17) constitue une reprise-appropriation-prolongement de phrases-clés de *Pedro Páramo* :

> Le Père Rentería devait se rappeler, bien des années plus tard, la nuit où la dureté de sa couche l'empêcha de trouver le sommeil et finit par l'obliger à sortir. Ce fut cette nuit-là que Miguel Páramo mourut. Il parcourut les rues solitaires de Comala, chassant sur son passage les chiens qui reniflaient les poubelles. Il parvint jusqu'à la rivière, où il s'arrêta pour regarder dans les eaux dormantes le reflet des étoiles qui tombaient du ciel. Il lutta pendant des heures contre ses pensées, les jetant dans l'eau noire de la rivière. [RULFO, 1986, p. 39, notre traduction]

Dans un cas comme dans l'autre, le dialogue entre les deux œuvres est si dense et étroit que se crée une sorte de rapport de dépendance réciproque, dans la mesure où, précisément, García Márquez raconte *Cent ans de solitude* depuis sa position de lecteur-auteur. En effet, son univers fictionnel se nourrit de l'univers fictionnel des autres écrivains, prend tout son sens grâce à eux. Mais, beaucoup plus intéressant encore, il modifie l'hypotexte par le truchement d'une sorte de glose critique fictionnalisée. Pour schématiser : le texte référentiel A (*Œdipe roi/ Pedro Páramo*), aggloméré au texte référence B (*Cent ans de solitude*), devient fatalement pour la bibliothèque du destinataire-lecteur que nous sommes ce que l'on pourrait appeler texte C, c'est-à-dire un texte dont la signification se trouve à jamais modulée, voire métamorphosée, *macondisée*… Qu'est-ce qu'*Œdipe roi* après *Œdipe roi* dans *Cent ans de solitude* ? Qu'est-ce que *Pedro Páramo* après *Pedro Páramo* dans *Cent ans de solitude* ? Cela ouvre une multitude de pistes d'analyse qui n'en finiront jamais de déployer le sens et la portée de *Cent ans de solitude*.

Quant à l'intratextualité, on l'a signalé, les reprises sous forme d'allusions, de citations, etc., aux œuvres antérieures au roman de 1967 sont très nombreuses et, là encore, cette auto-alimentation ou rétro-alimentation s'avère extrêmement pointue et exigeante. Elle s'avère pourtant indispensable pour comprendre l'immense rhizome souterrain que bâtit l'œuvre complète, au sein de laquelle le roman dans sa version livre ne constitue jamais qu'un simple état. Tout repose sur la distinction entre texte de l'œuvre (complète) et texte du (seul) roman. S'agissant de García Márquez, comment comprendre pleinement le texte du roman sans connaître et comprendre les mondes et les langues du texte de l'œuvre ? Et puis, pour donner un exemple, *Cent ans de solitude* fait-il totalement sens quand on ne repère pas la presque imperceptible allusion à un immense vent qui aurait poussé un vieil ange déchu au beau milieu d'un village de la côte dans la première nouvelle, intitulé "Un monsieur très vieux avec des ailes immenses" (du recueil *L'Incroyable et Triste Histoire de la candide Eréndira et de sa grand-mère diabolique*), que García Márquez écrit après son grand roman, en 1968 ? Subtile relation intratextuelle, en effet, qui, à travers ce portrait d'une figure délittérarisée et désacralisée, en qui plus personne ne croit, que nul n'a plus envie d'écouter, ne comprend et que l'on repousse par des jets de pierres, imagine la possibilité d'une écriture post-apocalyptique, post-macondienne, post-réalisme magique macondien.

Une littérature hautement complexe, singulièrement exigeante, certes, aussi parce que sur bien des points expérimentale, comme on l'a vu en particulier dans la section consacrée à la structure particulièrement élaborée du roman. Cela va plus loin qu'un simple et strict désordonnancement du récit avec le recours à des analepses et des prolepses… Pour bien repérer la façon dont le récit s'engraine, à la jonction entre microfiction et macrofiction, il faut à n'en pas douter une solide maîtrise des outils de la narratologie. De notre point de vue, l'apport le plus notable de *Cent ans de solitude* à l'"expérimentation littéraire" tient à la manière dont il procède à la dissolution de la forme roman et à l'étendue de l'interrogation sous-jacente qu'elle porte sur sa légitimité, plus encore que sur sa capacité au moment de cristalliser un discours sur le monde.

Dans ces conditions, ne sortons pas *Cent ans de solitude* du champ de la littérature populaire ; situons-le au contraire en bonne place en son cœur, comme modèle et comme emblème, sans complexes et sans états d'âme, afin de forcer à repenser les paramètres et les périmètres de ce que l'on entend précisément par "littérature populaire", et afin de forcer à réévaluer la place qu'elle occupe ainsi que le rôle qu'elle joue dans la construction des imaginaires comme des discours. Quel roman latino-américain du *Boom* brandir pour égaler l'impact que *Cent ans de solitude* aura eu depuis 1967 sur ce plan ? Une dé-hiérarchisation et une dé-catégorisation de la littérature depuis ces chefs-d'œuvre qui ont su parler à l'oreille de tous les publics ne sont-elles pas la condition pour que la parole de la littérature continue d'avoir une incidence sur le réel, aujourd'hui et demain ? Voilà, à notre avis, l'une des questions que pose (encore) magistralement *Cent ans de solitude*.

LES ENFANTS DE MINUIT

Le réalisme magique, une esthétique populaire ?

Franco Moretti affirme dans son ouvrage sur l'épopée moderne que *Cent ans de solitude* comble le fossé entre modernisme et culture de masse identifié par Adorno : œuvre d'avant-garde néanmoins fondée sur une intrigue captivante, le roman réaliste magique de Marquez signalerait le retour du récit et le renouvellement du roman depuis les périphéries du système-monde, issu d'un écosystème littéraire non dominé par le roman européen dans lequel de multiples formes de récit qui brouillent la frontière entre fait historique et fiction ont pu ainsi se développer [MORETTI, 1996, p. 235-236]. Peut-on en dire de même des *Enfants de minuit*, qui hérite à bien des égards du succès du roman marquézien ?

La question de la nature populaire, savante et expérimentale du roman met en jeu des considérations internalistes et externalistes, les caractéristiques formelles du texte étant inévitablement liées à la position de l'auteur dans un champ littéraire donné. Ainsi, le terme "populaire" renvoie à la fois au succès commercial d'un roman et aux codes formels et thématiques qu'il met en œuvre, empruntés à la culture populaire, notamment au roman-feuilleton, *a priori* opposé au roman savant, appartenant au pôle légitime de la culture, et dont la recherche formelle le rend moins accessible à un public large. Le roman savant, lui, renverrait à la mise en jeu et à l'élaboration de savoirs (scientifiques, historiques, philosophiques, artistiques…) au sein de la fiction, à travers une intertextualité riche que le lecteur, riche d'un bagage culturel conséquent, est invité à décoder. Mais ces distinctions, qui renvoient à une hiérarchie entre *high* et *low* cultures, demandent peut-être à être bousculées dans le contexte d'un marché littéraire mondial qui, depuis les années 1960, a incorporé la littérature dite "sérieuse", y compris le roman postcolonial anglophone, en tant que niche éditoriale [BROUILLETTE, 2007].

L'intégration au marché littéraire mondial et au canon universitaire

Sarah Brouillette affirme en effet que la littérature postcoloniale anglophone a été un moyen pour les grands groupes éditoriaux de capter un lectorat cultivé, ceux qu'on appelle les "grands lecteurs", curieux de la culture dite du tiers-monde, notamment celle de pays en pleine expansion depuis les années 1990, comme l'Inde. En faisant entrer sur le marché des littératures associées à des nationalités ou des diasporas spécifiques, et en mettant en avant la représentativité culturelle du livre et de l'auteur, ces grands groupes métropolitains ont assis et finalement légitimé leur domination du marché éditorial mondial. Le succès mondial du roman de Rushdie, dont les ventes furent propulsées par la récompense du Booker Prize en 1981, puis du Booker of Bookers en 1993 et en 2008 et, il faut bien le dire, par la fatwa, repose en partie sur ses affinités avec la fiction de García Márquez (comme le montrent les rapprochements entre les deux auteurs faits par les critiques à la sortie du livre [Blaise, 1981 ; Pritchett, 1981 ; Taubman, 1981], mais aussi sur l'attrait d'un certain lectorat pour les cultures dites du tiers-monde.

Rushdie lui-même évoque les encouragements de son entourage littéraire (éditeurs, écrivains) à écrire un "livre indien" [2011]. Timothy Brennan, qui met en avant l'aspect expérimental du réalisme magique et l'associe à l'expression des contradictions de la condition postcoloniale, affirme que le potentiel critique de cette esthétique a été neutralisé par l'incorporation de romans tels que celui de Rushdie au marché littéraire mondial en tant que "romans exotiques", appartenant au domaine reconnaissable de l'Orient plein de mystère : "le réalisme magique est devenu cette esthétique marchandisée à travers laquelle l'histoire de cultures diverses est aplanie" [*in* Huggan, 2001, p. 70]. En d'autres termes, la fiction réaliste magique de Rushdie serait populaire (entendre, un succès commercial) parce qu'elle répondrait aux attentes des lecteurs "métropolitains", entretenues par les représentations visuelles et littéraires archétypales de l'Orient.

Mais, au-delà de la diversité de son lectorat, qui englobe les lecteurs anglophones des "centres" et ceux d'une élite anglophone des "semi-périphéries", qui complique légèrement la question, nous avons vu avec Graham Huggan qu'une autre lecture du réalisme magique de Rushdie était possible, celle d'une stratégie littéraire à la fois complice et critique de cette marchandisation de la différence culturelle, qui invite à penser la mise à distance ironique de ces codes orientalistes, et à mettre en avant l'aspect expérimental du roman.

Emprunts et détournements

D'une part, comme nous l'avons montré précédemment, le roman s'approprie et détourne certains codes thématiques et formels de la littérature populaire, à la fois indienne et occidentale, celle du conte, de la farce, de la science-fiction, du roman policier, de la bande-dessinée et du cinéma populaire (v. Thématiques, Mythes). Il en va ainsi du récit enchâssé du prince de Kif à la fin de la deuxième partie du roman, qui mêle la temporalité abstraite du conte et les codes de la romance à la satire politique du Pakistan (II, p. 564-574). Le rôle de corbeau de Saleem dans l'affaire Sabarmati, mis en valeur par la reproduction typographique des lettres découpée dans les journaux, reprend de manière comique les codes du roman policier ou du fait divers. Comme l'écrit Alexis Tadié, "on constate la présence de schèmes romanesques connus (appel de l'Inde, amours éternelles, héros digne ou non du monde, magie et surnaturel, histoires rêvées) mais ils sont ironiquement convoqués par une fiction qui s'en nourrit et s'en distancie" [Declercq, 2004, p. 219].

D'autre part, nous l'avons montré, le roman met en jeu un savoir encyclopédique vaste, allant de l'histoire des origines de l'islam au mysticisme soufi et à la cosmologie hindoues, par des références directes que le narrateur relie à sa vie personnelle et par des allusions intertextuelles (v. Thématiques, Mythes). Il dialogue aussi par sa forme et sa matière avec la culture littéraire légitime, celle du roman anglais du XVIIIe siècle, du roman moderniste et postmoderniste, entre autres. On a noté la mise en œuvre de techniques littéraires expérimentales tirées du modernisme (flux de conscience, polyphonie, fragmentation narrative, réflexivité de l'écriture…), qui font de l'écriture de Rushdie une prose dense, touffue, sinueuse, susceptible de décourager certains lecteurs.

La position de Rushdie dans le champ éditorial, ses stratégies d'emprunts et de détournements, d'ébranlement de la hiérarchie entre culture savante et culture populaire, expliquent sans doute que *Les Enfants de minuit* ait été adoubé par l'université et intégré au canon littéraire et universitaire aussi rapidement. Sa publication coïncide avec l'émergence du champ des études postcoloniales en Angleterre et aux États-Unis, dont les représentants, eux-mêmes souvent issus de diasporas, s'emparent de ce roman pour théoriser la condition postcoloniale (v. Repères et Analyses). Inclus dans les anthologies de littérature-monde, étudié dans les universités du monde entier, le roman fait donc partie du canon littéraire britannique, postcolonial et mondial.

En plus du cas intéressant de l'humour, dont les manifestations diverses témoignent de l'éclectisme culturel de Rushdie et de la variété des publics qu'il souhaite toucher [Pesso-Miquel, 2007, p. 69-102], le cinéma populaire indien, qui est omniprésent dans le roman, offre une illustration très riche de la tension entre avant-garde et culture de masse, tentative de légitimation et divertissement qui habite l'œuvre de Rushdie. L'incorporation souvent parodique de codes du cinéma hindi illustre à la fois l'aspiration de Rushdie à écrire un roman populaire, accessible à un public large et divers, et son désir d'être incorporé au canon littéraire expérimental, par l'élaboration d'une écriture cinématographique sophistiquée.

Entre mythe et réalité, un hommage au cinéma populaire

L'influence du septième art sur les romans de Rushdie, notamment dans *Les Enfants de minuit*, *Les Versets sataniques* et *La Terre sous ses pieds*, a été étudiée par la critique [Mendes, 2012 ; Stadtler 2014]. Le romancier, qui baigne dans l'univers du cinéma depuis son enfance (sa tante, Zohra Segal, était une actrice célèbre), ne cesse de réaffirmer dans ses essais l'influence prépondérante du cinéma sur son écriture, allant du cinéma d'avant-garde européen (Buñuel, Godard) à Hollywood (Hitchcock, Welles, Fleming) et au cinéma de Bombay (Raj Kapoor, Mehboob Khan). Mais sa connaissance intime du langage cinématographique va au-delà de l'expérience du spectateur, puisqu'il a lui-même écrit et réalisé un documentaire sur les quarante ans de l'indépendance indienne, *The Riddle of Midnight* (1988) pour la chaîne britannique Channel 4, écrit le scénario du film de *Midnight's Children* réalisé par Deepa Mehta (2012) et travaillé à l'écriture de plusieurs séries télévisées, l'une adaptée du même roman, l'autre de science-fiction, qui n'ont toujours pas vu le jour, mais qui témoignent de son intérêt pour cette forme audiovisuelle [Rushdie, 2011].

Les Enfants de minuit apparaît comme un hommage au cinéma populaire indien des années 1950, qui imprègne à la fois l'intrigue, la caractérisation, les dialogues, mais aussi la méthode narrative de l'auteur. Comme le dit Vijay Mishra, "chez Rushdie, le cinéma fonctionne comme l'esthétique de l'Inde par excellence, la forme culturelle dominante du pays" [*in* BOOKER, p. 16, notre traduction]. On note en particulier l'influence du film patriotique *Mother India* (1957), qui déploie le mythe moderne de la mère-nation sacrificielle et dont Rushdie s'emploie à montrer les limites, de *Mughal-e-Azam* (1960), ou encore de *Shree 420* (1955) ou *Funtoosh* (1956), qui, s'ils ne sont pas explicitement cités, sont présents en filigrane à travers des indices, tels que les dix-sept occurrences du nombre 420 dans le roman.

Il n'est donc pas fortuit que l'intrigue du roman se déroule principalement à Bombay, ville où se développe le cinéma indien dans les années 1930 et où le cinéma est omniprésent. La production cinématographique nationale, qui forge peu à peu des codes distincts, connaît un essor fulgurant dans les années 1950, période au cours de laquelle se multiplient les salles de cinéma mais aussi les séances de cinéma itinérant à travers tout le pays (auquel le roman fait référence, I, p. 87), et l'émergence d'acteurs stars. Lieu d'exploration de l'identité nationale, il accompagne le développement de la jeune nation indienne et évolue au gré de ses transformations, jusqu'à l'avènement de "Bollywood" (mot-valise dont Vijay Mishra retrace l'origine dans son article [*in* BOOKER, 1999, p. 13-15]) dans les années 1990, en lien avec la montée en puissance de la diaspora indienne.

Rushdie reprend à son compte l'esthétique syncrétique de ce cinéma qui, s'il trouve sa source dans le cinéma parsi du XIXe siècle, absorbe aussi les codes du roman victorien anglais, du mélodrame, de la farce et de la danse. C'est donc une forme narrative éminemment hybride, qui mêle les genres, et se caractérise par l'excès sentimental et la non-linéarité, visant à toucher et à divertir un public divers, urbain et rural, de tous milieux sociaux. On retrouve chez Rushdie ce goût pour la théâtralité et pour les personnages hors normes, aux prises avec des intrigues familiales mélodramatiques, surtout dans la deuxième partie du livre. Florian Stadtler démontre que le syncrétisme du cinéma populaire indien est devenu un marqueur esthétique de la fiction rushdienne : les outils cinématographiques utilisés dans le roman puisent dans les divers genres du cinéma hindi, souvent sous forme parodique, et participent à sa construction d'une identité indienne plurielle, hybride, et donc à l'érosion des mythes d'identité nationale homogène [2014, p. 43-45].

L'intermédialité apparaît tout d'abord à travers des références directes à des films vus par le narrateur enfant à Bombay au ciné-club hebdomadaire (*Metro Cub Club* en anglais, qui donne ses initiales à la "Midnight's Children's Conference", le "Congrès des enfants de minuit"), qui témoigne de la prégnance du cinéma américain : sont mentionnés des classiques, tels que la romance historique adaptée du roman de Walter Scott *Quentin Durward* (Richard Thorpe, 1955), le film de cape et d'épée *Scaramouche* (George Sidney, 1952), la série télévisée *The Lone Ranger* (1949-1957) (II, p. 320-321), ou encore la comédie *Francis dans la maison hantée* (Charles Lamont, 1956) (II, p. 460). La métamorphose d'Indira Gandhi en "Vilaine Sorcière de l'Est", tirée du *Magicien d'Oz,* ou encore, à un degré moindre, la fusion entre le prêtre confesseur de Mary Pereira et le personnage de *La Loi du silence* (Hitchcock, 1953) sont des exemples de l'empreinte d'Hollywood sur l'imaginaire du narrateur. Ce sont surtout les figures de héros qui marquent le narrateur, ainsi que les acteurs et actrices qui hantent son imaginaire, tel que le couple célèbre de Spencer Tracy et Katharine Hepburn, qui deviennent dans son imaginaire des mythes au même titre que Radha et Krishna, Rama et Sita, et Laila et Majnu ou encore Roméo et Juliette, eux-mêmes considérés comme des prédécesseurs de Lila Sabarmati et Homi Catrack (II, p. 457).

Le traitement cinématographique de l'affaire Sabarmati permet une réflexion oblique sur la confusion entre mythologie hindoue, cinéma hindi et réalité dont est victime la société indienne au sortir de l'indépendance selon le narrateur [Thomas, *in* Breckenridge, 1995, p. 180 ; Stadtler, 2014, p. 41-42]. On note toutefois la distance caractéristique de Rushdie vis-à-vis des codes mélodramatiques du cinéma dans le détail comique du commandant hébété qui se retrouve à faire la circulation en sortant de la scène du crime (II, p. 461). Le cas de l'intertexte fictif de *Gaiwallah* est aussi emblématique de l'indistinction entre l'art et la réalité pour les personnages. Le film, inventé par Rushdie, est défini comme un "western oriental" (I, p. 87), traduction du jeu de mot oxymorique *eastern western*, genre hybride qui renvoie au syncrétisme de la production cinématographique indienne de l'époque. La défense de l'hybridité culturelle se poursuit dans la mesure où c'est Rashid, personnage musulman, qui se passionne pour ce film pourtant anti-musulman, et imite le *cowboy* hindou sur son rickshaw (I, p. 88), l'ironie étant qu'il sauve héroïquement non l'animal sacré de la religion hindoue mais Nadir Khan, militant politique musulman qui lutte contre les divisions communautaires. La fusion de la réalité et du cinéma dans cette scène apparaît comme un commentaire oblique sur les violences inter-communautaires mais aussi l'identité inévitablement hybride de l'Inde. Le retour de ce film dans son roman *La Honte* (1984), qui explore la violence intercommunautaire provoquée par la projection du film à Delhi, mentionnée en passant dans *Les Enfants*, signale un infléchissement pessimiste de l'écriture de Rushdie des tensions religieuses qui traversent le sous-continent indien.

L'oncle de Saleem, Hanif Sinai, réalisateur de films à Bombay, considère le romanesque du cinéma hindi et son attrait pour les récits archétypaux comme un archaïsme simpliste et paralysant, une passion pour le rêve et l'illusion qui empêche le pays de se "réveiller" et d'aller de l'avant : "Hanif aimait beaucoup s'en prendre aux démons, aux dieux et aux héros, en fait, il aimait s'en prendre à toute l'iconographie du cinéma de Bombay ; dans le temple des illusions, il était devenu le grand prêtre de la réalité" (II, p. 431). Sa rébellion s'incarne dans son projet de film social sur le quotidien d'une usine de conserves (II, p. 432), mais sa tentative de conciliation d'une esthétique commerciale et du réalisme social est vue comme un échec, et son suicide, qui devient, dans une ironie tragique, le cœur d'un mélodrame familial, marque la défaite du réalisme. Sa femme actrice, privée de rôles en raison du déclin de la carrière de son mari, se réfugie dans la fiction et transforme sa vie en scénario de film hindi : "ma *mumami* – ma tantine – la divine Pia Aziz : vivre avec elle, c'était se retrouver au cœur chaud et gluant d'un film parlant de Bombay" (II, p. 426). Le narrateur en exil est ainsi intégré aux multiples scénarios de Pia, et devient tour à tour fidèle serviteur, confident, fils adoptif, image déformée de ses multiples identités. Cette tendance à percevoir la réalité à travers le cinéma caractérise également le narrateur : les scènes de confrontation à son rival Shiva, par exemple, portent l'empreinte des films d'action hindi des années 1970, faisant de Shiva un avatar implicite du *angry young man* (souvent joué par Amitab Bhacchan à l'écran), offrant un commentaire oblique de ces films [Stadtler, 2014, p. 40] (II, p. 389, III, p. 756).

Si l'on peut imputer certaines transfigurations filmiques à l'imagination débordante du narrateur, il faut aussi l'analyser comme une stratégie auctoriale visant, au-delà d'effets comiques ou mélodramatiques, à incarner la vision pluraliste de l'Inde. Rushdie déploie habilement ces archétypes du cinéma populaire indien, tels que le personnage de l'*ayah* dévouée ou l'incarnation de la nation par les mères, tout en les mettant à distance par l'exagération, la parodie ou l'ironie. Stadtler voit dans la reprise du trope des enfants échangés à la naissance, procédé typique du mélodrame familial [RUSHDIE, 1985, p. 4] mais qui renvoie aussi aux récits mythologiques hindous (v. Thématiques, Mythes), un moyen de souligner l'identité hétérogène de Saleem et de déstabiliser l'image patriarcale de la famille et de la nation, puisque la structure familiale est éclatée, les parentés incertaines, Saleem un assemblage de lignées multiples et hybrides, mettant à mal le mythe de la nation indienne pure [STADTLER, 2014, p. 40]. Notons que ces références aux archétypes du cinéma hindi sont une matière qui peut être décryptée et appréciée principalement par un public indien, et fait signe vers l'ambition de l'auteur de toucher un lectorat varié.

Une écriture cinématographique

Cet élan vers le populaire teinté d'ironie se manifeste non seulement dans la distance amusée vis-à-vis des schèmes du cinéma populaire, mais aussi dans la transposition de techniques de l'écriture cinématographique dans le texte. Plus encore que la bande-dessinée américaine, autre intertexte populaire du roman, c'est bien le cinéma qui fournit son langage narratif à l'auteur, jusqu'à en imprégner son phrasé : "Salman Rushdie trouve encore dans le cinéma une technique narrative, le montage alterné qui permet de passer, la nuit des naissances, des rues de Delhi à Lahore, de Narlikar à Nehru ; la construction en épisodes s'apparente aux séries télévisées ; les effets d'annonce sont autant de *previews*" [MASSERY, 1996, p. 59]

La première métaphore structurante du roman, celle de l'écran dont le spectateur s'approche, met en image les modulations et distorsions à l'œuvre dans la représentation narrative du passé proche, qui acquiert des "proportions grotesques" (II, p. 295), comme on le voit dans le troisième livre du roman. Le leitmotiv du drap troué devient aussi métaphore de la méthode narrative de Rushdie, qui s'apparente à une caméra restreignant le point de vue, offrant un éclairage toujours fragmentaire du passé, comme le montre le traitement oblique de l'assassinat de Gandhi, vu, de manière significative, depuis une salle de cinéma (v. Thématiques, Histoire). Mais on peut aussi lire cette métaphore à l'aune d'une variation de cadrages, puisque le récit ne cesse d'alterner entre plans larges et plans rapprochés, visions du pays dans son ensemble et gros plan sur la vie intime des personnages [STADTLER, 2014, p. 59]. L'oscillation entre le gros plan et le plan large est employée pour rendre compte de l'agitation qui s'empare d'Amritsar en 1919, passant d'un plan large sur la ville à un plan rapproché : "gros plan sur la main droite de mon grand-père : les ongles, les jointures, les doigts eux-mêmes, tous plus grands qu'on ne l'aurait cru. Des touffes de poils roux. Le pouce et l'index serrés l'un contre l'autre et séparés seulement par l'épaisseur d'une feuille de papier" (I, p. 56), puis à un *flashback* sur la distribution des tracts anticolonialistes. Le jeu sur le cadrage a toujours un effet (mélo)dramatique, comme lors de la découverte par Saleem de son groupe sanguin à la fin du chapitre "L'Alpha et l'Oméga", qui se clôt sur le visage effaré d'Ahmed Sinai ("un long zoom au téléobjectif", II, p. 419), accompagné des chansons de Tony Brent à la radio qui font office de bande originale, suivi d'un zoom arrière "la scène s'éloigne, s'éloigne, s'éloigne… (Fondu au noir)" (II, p. 419).

Le narrateur fait référence à des possibilités de mise en scène de son récit, comme s'il l'imaginait avant tout comme un film, comme si le texte n'était finalement qu'un scénario destiné à être joué par des acteurs de cinéma hindi, y compris de mauvais acteurs, comme Amina Sinai et Nadir Khan au café du Pionnier (II, p. 383). Dans cette scène centrale, la fenêtre sale du café devient le cadre qui limite la vision du narrateur, dont l'œil devient l'œil de la caméra : "Incapable de regarder le visage de ma mère, je me concentrai sur le paquet de cigarettes, allant du plan d'ensemble des amants jusqu'au gros plan de nicotines (II, p. 384). Le texte rend avec précision le mouvement de ses yeux sur cette scène décrite sur le mode du plan-séquence, notamment sur la chorégraphie étrange et poétique des mains des deux amants, qui semblent dotées d'une volonté propre. La reprise du procédé du baiser indirect, inventée par son oncle pour suggérer l'érotisme tout en évitant la censure, suggère à quel point la scène est reconstruite par l'imagination cinématographique de Saleem enfant, mais aussi à quel point sa condamnation morale de l'adultère supposé de sa mère est imprégnée du moralisme patriarcal véhiculé par ces films [Stadtler, 2014, p. 61], mis à distance par la perspective du narrateur adulte à travers des images grandiloquentes à visée comique, tenant du registre héroï-comique, telle que "le véhicule de la perfidie maternelle" (II, p. 379).

D'autres techniques narratives donnent son rythme au roman, telles que la bande-annonce, qui condense les événements les plus marquants (I, p. 15), comme le passage réflexif proleptique au début du livre III par exemple: "j'ai recours aux films-annonces [...]. Il doit y avoir une électrocution et une forêt vierge; une pyramide de têtes sur un champ imprégné par ce qui coule d'os à moelle; des fuites et un minaret qui hurlait!" (III, p. 608-608). Ici la référence cinématographique est teintée d'une ironie sombre puisque les films-annonces de son enfance au cinéma Métro, qui lui inspirent cette technique et suscitent l'anticipation heureuse de l'avenir, contrastent avec l'horreur de cette *preview* de la guerre du Bangladesh offerte par le narrateur. Les années qui séparent la fin du livre II du livre III, passées sous silence par une ellipse, sont représentées sous forme accélérée par le biais d'un artifice cinématographique exhibé comme tel: "un gros plan comme dans les films de Bombay — un calendrier feuilleté par le vent, et les pages se suivent rapidement et disparaissent pour marquer le passage des années" (III, p. 609).

C'est en effet dans le traitement du temps que le langage cinématographique offre des possibilités fécondes, et c'est là que se niche la dimension expérimentale de l'écriture de Rushdie à l'échelle de la phrase, notamment par l'usage du montage alterné (ou montage parallèle continu). L'article d'Elsa Sacksick offre une analyse détaillée de la transposition de cette technique, qui superpose deux scènes simultanées et les développe en alternance, le glissement de l'une à l'autre étant effectuée par des structures syntaxiques parallèles (*while*, "tandis que") ou par des points de suspension, signalant une transition au ralenti mimant un lent mouvement de caméra rappelant les flous de transition des films populaires indiens. Le double dialogue orchestré par le narrateur entre Amina Sinai et Ahmed Sinai contre les mœurs et les exigences de William Methwold, qui apparaît en contrepoint de la conversation entre Ahmed Sinai et Methwold lors de leur rituel quotidien du cocktail, illustre cette technique, assortie de celle du champ-contre champ (I, p. 97 *sqq*.).

L'exemple le plus emblématique est le récit parallèle de la visite clandestine d'Amina au voyant Ramram Seth près du Fort Rouge de Delhi et de l'autre scène nocturne d'ascension clandestine, celle d'Ahmed et de ses acolytes dans des ruines du Vieux Fort, allant déposer des sacs de billets pour le gang de Ravana (I, p. 149 *sqq.*). La récurrence de la même structure syntaxique, plus claire dans l'originale anglais : *...While, at the Old Fort*, repris par *While, down below*, atténuée dans la traduction française (I, p. 144, p. 148 et p. 150), ainsi que les points de suspension qui signalent typographiquement les frontières (incertaines) entre chaque plan, accentuent l'effet de simultanéité des deux scènes, toutes deux traitées sur le mode parodique de la scène de magie. La juxtaposition souligne également le parallèle entre les deux membres du couple, chacun s'enfermant dans le secret à la suite de cette visite des bas-fonds de Delhi. Le même procédé est démultiplié lors de la mort de la famille de Saleem pendant la guerre indo-pakistanaise de 1965, avec la prolifération de "*while*, *when*, *meanwhile*, traduit par un polysyndète (II, p. 601-602), qui permet de noter les activités triviales de toute la famille alors qu'ils s'apprêtent à mourir. Le montage alterné culmine avec le récit dc la naissance de Saleem, qui juxtapose l'histoire personnelle et collective, l'accouchement de Vanita et celui d'Amina d'une part, le discours de Nehru marquant l'avènement de l'Inde indépendante d'autre part, et les scènes de liesse populaire mais aussi de violence qui entoure l'annonce de l'indépendance (I, p. 204-207). Cette superposition figure aussi la confusion du narrateur entre synchronicité et causalité. Sacksick insiste sur le rôle central de la ponctuation dans ce processus de transposition, un montage syntaxique qui mime le raccord et le fondu enchaîné entre les scènes (par opposition à l'écriture du faux raccord des *Versets sataniques*) et fait signe vers l'écriture de la fluidité et du mouvement des *Enfants de minuit* [2012, p. 9].

L'influence du cinéma transparaît donc à chaque niveau du texte, de la structuration de l'intrigue au ton à la syntaxe et à la ponctuation. Cet ancrage cinématographique permet de pousser encore plus avant la dimension métafictionnelle du roman, en offrant une réflexion en action sur la mise en récit, l'impact de l'art sur la vie, et finalement, sur les frontières incertaines entre la fiction et la réalité, sujets de questionnement chers à Rushdie. Mais cet ancrage a aussi indéniablement contribué au succès du roman, et il est révélateur que Rushdie se soit par la suite tourné vers l'écriture de scénarios de films et de séries télévisées, format qui selon lui a supplanté la littérature dans la capacité à transmettre ses idées à un public le plus large possible [2011].

LA FUITE DU TEMPS

Les catégories esthétiques de *littérature populaire* et *littérature savante* ne sont pas absolues mais relatives dans le sens où une œuvre est plus ou moins populaire, plus ou moins savante, ou les deux à la fois. Aussi, à la logique de qualification, il faut préférer une logique de circulation : il s'agit moins de savoir si une œuvre est populaire ou si elle est savante que d'observer et d'analyser ce qui dans l'œuvre relève d'une ou de plusieurs traditions populaires ou savantes d'une part, et d'autre part de comprendre comment l'auteur a pu transformer l'apport savant ou populaire pour lui donner un nouvel aspect.

En Chine, les deux catégories correspondent à la paire notionnelle de *ya* et de *su*. *Ya* est un terme qui, dans le *Classique des poèmes*, désigne à la fois un genre, l'ode, et un style. Il est généralement traduit par "distingué", "élégant" ou "raffiné". *Su* désigne les "coutumes", les "usages", et peut être utilisé comme adjectif pour signifier "ordinaire", "populaire" ; mais le caractère *su* (俗), qui unit les deux caractères "homme" (亻) et "vallée" (谷), semble indiquer qu'on se réfère aux usages et coutumes de la campagne. Les deux termes, *ya* et *su*, sont employés spécifiquement dans le domaine littéraire pour désigner deux options créatives. La littérature "savante" (*ya*) s'inscrit dans la tradition des lettrés (*wenren*) auxquels elle s'adresse et dont elle utilise la langue (le *wenyan*) ; elle prétend répondre, sur le plan du style, à un idéal de clarté et de rigueur, et, du point de vue de la pensée, elle entend se conformer à l'orthodoxie confucéenne. La littérature "populaire" (*su*) accueille une pensée plus diversifiée, faisant en particulier une place aux courants hétérodoxes du taoïsme et du bouddhisme, et s'adresse à un public plus large que celui des lettrés, en utilisant une langue accessible dite "vulgaire" (le *baihua*). Les deux régimes littéraires ne sont pas étanches car parmi les lecteurs de la littérature populaire se trouvent de nombreux lettrés qui, de plus, sont souvent les auteurs des œuvres populaires, comme par exemple ceux des "romans à la portée de tous" (*tongsu xiaoshuo*).

La situation dans laquelle écrit Yan Lianke est bien entendu fort différente. La grande rupture dans l'histoire littéraire de la Chine est celle de la révolution littéraire des années 1910, à l'époque républicaine. En effet, la langue classique est progressivement abandonnée au profit de la langue vulgaire. Toutefois, celle-ci n'est nullement une langue standardisée car les écrivains s'efforcent d'inventer une langue qui soit à la fois littéraire et accessible au grand nombre. Par ailleurs, à partir du tournant des XIXe et XXe siècles, on commence à aborder des sujets jusqu'alors peu traités, comme le monde paysan dans le roman *L'Odyssée de Lao Can* de Liu E ou, plus tard, dans les nouvelles et les romans de Shen Congwen. Enfin, on accueille l'influence d'une littérature expérimentale, notamment à Shanghai [*Le Foxtrot de Shanghai*, 1996], si bien que, dans la nouvelle littérature savante, à la référence à un style idéal que l'on situe dans le passé (le style "élégant") se substitue l'audace des expérimentations formelles.

Le régime communiste accentue, voire radicalise ces options initiales, mais marque aussi une nouvelle rupture sur le plan formel. La langue littéraire tend certes à se standardiser mais elle continue de faire l'objet d'un travail constant tout au long du XXe siècle. Les sujets abordés tendent aussi à la standardisation : l'ouvrier, le soldat et le paysan sont les figures privilégiées des romans. Du point de vue formel, en revanche, on met fin aux expérimentations jugées "bourgeoises". Ce n'est que dans les années 1980, dans le contexte de l'Ouverture et à la faveur des traductions et retraductions d'œuvres étrangères, que renaît le goût de l'expérimentation littéraire. Lorsqu'il écrit *La Fuite du temps* à la fin des années 1990, Yan Lianke se situe dans cette configuration : d'une part, la littérature populaire bénéficie du soutien des autorités politiques et de l'appréciation du public et, d'autre part, un nouvel élan expérimental se fait jour, du moins chez certains écrivains.

Une ballade populaire

Yan Lianke intitule un des livres de son roman une "ballade [*minyao*] jaune et brune". Le roman tout entier peut être comparé à une "ballade populaire" avec son histoire, sa structure et son style. L'histoire est celle d'une communauté villageoise qui, malgré les efforts qu'elle fournit, ne parvient pas à échapper à ce qui ressemble à une destinée tragique ; les chefs qui se succèdent à la tête du village ont beau élaborer et mettre en œuvre diverses actions pour améliorer le sort des villageois, rien n'y fait. La structure du roman, comme nous l'avons vu (v. Repères et Analyses) est en partie fondée sur la répétition : c'est donc celle d'une chanson où les multiples échos ménagés d'un livre à l'autre tiennent lieu de refrain tandis que les couplets correspondent à chacun des livres. Le style enfin peut être qualifié de populaire, en raison de la présence d'un narrateur omniscient qui domine le récit, mais aussi en raison de la fréquence des onomatopées et des expressions idiomatiques, ainsi que de certains éléments dialectaux.

Nous avons analysé les onomatopées qui restituent dans le texte le bruit que font les lits qui grincent lors des ébats sexuels (v. Thématiques, Amour). Voici d'autres exemple d'un "style populaire", extraits du premier chapitre du roman. À la première page, on peut lire la phrase suivante : "La mort tombe comme la pluie, à longueur d'année, sur le village, et les sépultures y poussent, florissantes, comme les champignons après l'averse" (p. 9). Sans que cela transparaisse dans la traduction, Yan Lianke utilise à deux reprises un mot formé sur le redoublement syllabique, procédé fort expressif dans la plupart des langues : ainsi, notre *c'est pas joli joli* ou, en italien, *mogio mogio*, "très triste". Il s'agit tout d'abord d'une onomatopée (non traduite), *huahualala*, qui est censée restituer le bruit de la pluie. Dans la deuxième partie de la phrase, le mot "florissantes" traduit un adverbe qui modifie le verbe traduit par "poussent" (en chinois, simplement "naissent", *sheng*), adverbe lui-même formé sur l'adjectif aux syllabes redoublées *pengpengbobo*. Ainsi, une traduction littérale (mais peu satisfaisante bien entendu) serait : "La mort tombe comme la pluie [qui fait plic ploc plic ploc], à longueur d'année, sur le village, et les sépultures y poussent [et poussent], florissantes, comme les champignons après l'averse". Dans une même phrase, assez brève, Yan Lianke emploie donc deux fois le procédé expressif du redoublement qui, certes, est plus fréquent dans la langue chinoise commune que dans les langues européennes, mais qui donnent une coloration populaire au style du roman.

Un autre procédé emprunté à la langue populaire est le *chengyu*, ou expression idiomatique de quatre caractères qui introduit dans la chaîne parlée une dimension métaphorique plus pittoresque que réellement inventive, comme nos expressions figurées telles que "chercher midi à quatorze heures". La phrase "À trente-neuf ans, Sima Lan n'a donc rien à redire : son tour est venu [de mourir]" (p. 10) contient une telle expression idiomatique, traduite par "n'a rien à redire". Il s'agit de l'expression *tian dong di xi*, qui est une variante apparemment assez peu fréquente de *tian nan di bei*, signifiant "[aussi éloignés que] le ciel, au Sud, l'est de la terre, au Nord" ; dans la variante utilisée par Yan Lianke, la traduction littérale serait : "[aussi éloignés que] le ciel, à l'est, l'est de la terre, à l'ouest". Dans un sens figuré, qui est celui employé dans notre texte, l'expression signifie "se perdre dans des digressions".

Les éléments dialectaux sont essentiellement concentrés dans la parole des personnages, c'est-à-dire dans les dialogues. Le trait qui revient le plus souvent est l'emploi du pronom interrogatif *za* (咋), comme dans cette question que Sima Hu, passablement emporté, pose à son frère Sima Lu qui prétend qu'étant de petite taille, son cadet et son épouse pourraient se contenter d'une tombe plus petite : "ta femme et toi êtes de petite taille […] – Comment ça [*za*], de petite taille ?" (p. 15).

Certains éléments relevant du fond et de la forme font donc penser à la ballade, mais, au-delà d'une correspondance stricte avec ce genre populaire, le roman présente un aspect populaire dans le choix des personnages mis en scène : il s'agit d'hommes et de femmes appartenant au "petit peuple", relevant de trois des "cinq catégories rouges" (*hongwulei*) que l'on distinguait sous la Révolution Culturelle, à savoir des "paysans pauvres", des "paysans de la classe moyenne inférieure" (*pingxia zhong nong*) ainsi que des "cadres révolutionnaires" (*geming ganbu*).

Populaires, voire populistes peuvent apparaître certaines positions idéologiques qui transparaissent dans le roman, en particulier ce que l'on pourrait nommer le réflexe communautaire, c'est-à-dire la préférence accordée au monde qui est familier sur celui qui est éloigné et étranger. Ainsi, la ville est décrite comme un concentré de vices

(v. Thématiques, Espaces), alors que les paysages de la campagne inspirent des descriptions lyriques. Le même réflexe communautaire, que l'on qualifiera en ce cas de nationaliste, est manifeste dans l'accusation adressée aux "compagnons d'Occident" (p. 215-246) (v. Thématiques, Histoire). Il existe toutefois plusieurs objections à cette analyse. Il faut parfois savoir repérer l'ironie derrière des propos qui paraissent complaisants vis-à-vis d'un public populaire. De plus, la campagne que Yan Lianke décrit est loin d'être exempte des défauts associés à la ville. Enfin, le romancier entend restituer la mentalité du milieu rural qu'il ne reprend pas nécessairement à son compte.

Un certain hermétisme

D'autres aspects que nous allons détailler à présent rattachent le roman à une logique plus savante. Du reste, aux yeux de la plupart des Chinois, Yan Lianke apparaît comme un écrivain élitiste, comme le révèle l'enquête menée par Alessandra Pezza : "il est considéré par les personnes que nous avons rencontrées, comme un écrivain difficile, capable de parler uniquement aux élites intellectuelles" [2019, p. 431].

Le contenu même du récit est parfois tout simplement difficile à comprendre, du moins à première lecture. Cela est dû en grande partie au parti pris structurel de la construction temporelle inversée, qui contrevient à la perception commune du temps linéaire s'écoulant du passé vers l'avenir. Le lecteur est dérouté, gêné, ne comprend pas. Le sentiment de perplexité est de plus réactivé au livre V, lorsque le narrateur applique le principe de la narration à rebours à l'intérieur même du livre où l'on suit, à reculons, l'évolution de Sima Lan depuis l'âge de cinq ans jusqu'à sa naissance. Nous avons vu que ce choix structurel avait une signification aux yeux de Yan Lianke (v. Repères et Analyses), mais il s'inscrit également dans un courant romanesque expérimental auquel participent, chacun à sa façon, d'autres écrivains de la même génération que notre auteur. Nous donnerons deux exemples de romans dont la structure présente un aspect expérimental. Dans *La Montagne de l'âme* (*Lingshan*, 1990), Gao Xingjian joue avec les pronoms *je*, *tu* et *il/elle*, dotés chacun de son récit spécifique, que le romancier entend opposer au récit collectif associé au *nous*. *Le Pays de l'alcool* (*Jiuguo*, 2000) de Mo Yan fait alterner le récit d'une enquête qu'un inspecteur délégué par le pouvoir central mène à propos de pratiques supposées de cannibalisme dans la ville de Jiuguo, avec la correspondance échangée entre un jeune écrivain apprenti et un écrivain expérimenté, un certain Mo Yan.

Une autre difficulté de compréhension tient aux références, explicites et implicites, que l'on ne repère que si l'on possède une certaine connaissance dans le domaine de la culture chinoise, compétence *a priori* moindre pour un lecteur occidental que pour un lecteur chinois, qui repèrera sans trop de difficultés les allusions au bouddhisme ou au taoïsme par exemple. En revanche, il sera peut-être moins facile à ce même lecteur chinois de saisir le sens des exergues empruntés à l'Ancien et au Nouveau Testament. Par ailleurs, comme nous avons pu le remarquer, certaines références implicites sont peut-être plus le fruit d'un travail interprétatif que d'une intention véritablement consciente de la part de Yan Lianke (v. Thématiques, Mythes).

Enfin, ce qui rattache le roman à une tradition savante, c'est le style poétique de certaines descriptions (v. Thématiques, Les sens). L'effet poétique est essentiellement dû au procédé du *xing* consistant à replacer l'homme dans un environnement naturel, ce qui crée entre l'un et l'autre un rapport d'analogie ou de comparaison [JULLIEN, 2003, p. 67-68]. Ainsi, dans le premier portrait qu'il lui consacre, Yan Lianke situe Sima Lan vieillissant entre le ciel et la terre : "La lumière glisse sur ses épaules en un torrent continu, et la terre jaune, les herbes sèches que ses pieds soulèvent, dessinent de troubles bruissements dans les airs" (p. 17). Du ciel tombe une lumière (*riguang*) elle-même comparée à un "torrent continu", littéralement "un cours d'eau qui coule (*liu)* sans s'arrêter" : la phrase fait écho au titre du roman, *Riguang liunian*, "la lumière (ou le soleil) rayonne, les années s'écoulent". À terre se trouvent d'une part la "terre jaune" (*huangtu*), qui renvoie au lœss de la "plaine centrale", considérée traditionnellement comme le "berceau de la Chine", et d'autre part des "herbes sèches" : on suggère peut-être que le pays (la "terre jaune") est dans un état de "dessèchement". On note enfin une synesthésie littéraire qui clôt le portrait : le dessin produit par les pas de Sima Lan sur le sol se traduit par du bruit.

Une dimension réflexive

Dans *La Fuite du temps*, Yan Lianke ne procède pas comme dans les *Chroniques de Zhalie* (2013), en créant un personnage qui porte son nom et qui double la narration proprement dite par une réflexion sur le travail d'écriture romanesque. Néanmoins, on peut relever deux procédés qui mettent à distance le récit de telle façon que le lecteur est implicitement invité à réfléchir sur son caractère fictionnel.

Le premier procédé consiste à désigner l'épisode romanesque que l'on est en train de lire comme un spectacle, une représentation théâtrale. De nombreux épisodes romanesques du roman sont en effet organisés selon un dispositif théâtral : l'espace figure une scène face à un public. Quelques-unes de ces scènes ont lieu dans le village même. Ainsi on assiste à un combat chez les Sima : Du Zhucui s'attaque à son mari Sima Lan, mais bientôt c'est toute la famille, non seulement le mari et sa femme mais leurs enfants et les trois frères, qui forme une mêlée traitée dans le registre burlesque : "Du Bai s'élance brusquement et, d'un coup de pied, envoie valser sa sœur par-delà la grande porte […]" (p. 41). Or, la scène se déroule sous les yeux d'un public constitué par les voisins curieux : "À l'extérieur, les pas affluent. […] Les villageois arrivent par vagues" (p. 41-42).

La plupart des scènes ainsi théâtralisées se déroulent néanmoins en haut des monts, visibles depuis le village situé en contrebas. L'arrivée du "responsable Lu", en jeep, "sur la ligne faîtière", sollicite les regards étonnés des villageois qui, dans un deuxième temps, participent à l'action : "les villageois se précipitent vers les hauteurs" (p. 351) ; "[h]ommes, femmes, enfants, les voilà agenouillés devant l'auto" (p. 353). À l'entrée du "responsable Lu" correspond la sortie de sa future maîtresse Sima Taohua. Quand elle quitte le village pour rejoindre Lu au chef-lieu de canton, elle apparaît bien visible avec sa veste rouge "sur la ligne faîtière" (p. 360).

De même, Yan Lianke met en scène l'entrée puis la sortie des travailleurs étrangers que le "responsable Lu" amène au village des Trois Patronymes pour réaliser les champs en terrasses. Leur entrée est particulièrement spectaculaire : on en a "plein la vue" ("les drapeaux rouges") et "plein les oreilles" ("la ligne faîtière grince sous les roues des chariots, crisse sous les bâtons des palanches", p. 361). Leur sortie est plus discrète, réservée à un seul spectateur, le chef du village, qui comprend que ce départ signifie la perte de son poste : "Lan Baisui, devant chez lui, finit par regarder le dernier groupe d'étrangers grimper vers la ligne faîtière" (p. 397). Signalons encore la rentrée des villageois au terme de leur pérégrination de quinze jours pendant la période de famine ; on a l'impression d'assister à une sorte de parade : "Lan Baisui apparaît sur la ligne faîtière. […] [S]a femme Meimei le suit de près et, derrière eux, leur fille […]" (p. 561).

Le dispositif théâtral de la ligne faîtière est enfin utilisé non pour une entrée ou une sortie mais pour une apparition fugace, celle du vieillard de quatre-vingt-quatre ans. On songe alors un spectacle de théâtre d'ombres, destiné aux enfants : "les enfants, venez vite voir !" (p. 569) ; le personnage est réduit à une silhouette avec sa barbe et ses gestes découpés dans l'espace : "pour boire, [le vieil homme] retient d'une main sa barbe avant de poser ses lèvres sur le bord du bol" (p. 570).

La dimension réflexive est encore plus claire quand, dans de telles scènes, Yan Lianke emploie des termes qui renvoient explicitement au théâtre. Dès le chapitre I, la métaphore du théâtre est utilisée comme une sorte d'embrayeur du récit : "le rideau [*damu*] rouge sang de la tragédie humaine s'ouvre subitement" (p. 21). Ainsi, le lecteur est invité à lire l'ensemble du roman comme une pièce de théâtre. Cette idée est confirmée à la fin du roman où l'image du rideau, que l'on tire cette fois-ci, réapparaît. Les enfants viennent d'entendre leurs parents faire l'amour. Or, pour commenter la fin des ébats, le romancier écrit : "c'est comme un rideau [*damu*] que l'on tire une fois le spectacle terminé" (littéralement, "une fois le masque de maquillage retiré", p. 584). On suggère ainsi que toute la vie depuis l'enfance jusqu'à la mort est une vaste pièce de théâtre, thème bien connu de notre tradition culturelle, en particulier à l'âge baroque.

Le théâtre dont il s'agit fait référence à la tradition de l'opéra chinois (*xiju*), une forme de spectacle associant musique, danse, chant, chorégraphie, costumes et maquillage, née de la "ballade populaire" évoquée dans le titre du livre II : "[l'opéra] fut la transposition sur scène de ballades dont il conserva les mélodies et l'alternance entre passages en prose dits et passages en vers chantés" [Pimpaneau, 2014, p. 34]. Il ne s'agit toutefois pas de l'opéra chinois tel qu'on le connaît en Occident, à travers l'opéra de Pékin ou le *kunqu*, mais d'une forme locale, l'opéra du Henan (le *yuju*), connu toutefois sur l'ensemble du territoire chinois. Cet opéra local est en effet intégré comme un élément du récit : au moment où les villageois attendent avec impatience la venue de l'eau du canal, ils écoutent "un air d'opéra du Henan [*yuju*] que la radio diffuse" (p. 182).

Le premier épisode traité sous la forme d'un opéra de village est la sortie de Lan Sishi se rendant à Jiudu pour se prostituer, afin de financer l'opération de Sima Lan : "[Teng] s'avance promptement, s'agenouille brusquement, à même le sol détrempé, comme dans un opéra [*yanxi*]" (p. 48). La scène suivante de ce même opéra a lieu peu après, lorsque Lan Sishi quitte le village sous les yeux de tous les villageois qui "s'écartent pour lui laisser passage au centre du chemin, telle une héroïne locale [*yingjie*]" (p. 52). Ce type de personnage fait songer à un opéra militaire (*wuda*), même si l'on ne décrit pas d'exploit acrobatique de la part de Lan Sishi.

Deux autres scènes sont liées au séjour à Jiudu. La première scène, qui se situe trois jours avant le départ de Lan Sishi, est traitée dans un registre non plus héroïque mais comique. Du Zhucui insulte publiquement Lan Sishi : "vite alertés, les villageois rassemblés semblent assister à un spectacle chanté" (p. 54). La deuxième scène correspond au moment où Du Bai, accueillant Lan Sishi à son retour de Jiudu, lui promet qu'elle pourra bientôt vivre avec Sima Lan : "Le rideau [*mubu*] vient de s'ouvrir sur le dernier acte d'un grand opéra (*daxi*) et Lan Sishi y tient le premier rôle. Aux Trois Patronymes, chacun s'est mis, sans même s'en rendre compte, à chanter, au son des gongs et des tambours emplissant le ciel, le grand opéra (*daxi*) de la vie et de la mort" (p. 89).

Du Zhucui est encore au centre d'une scène sinon comique du moins à forte teneur dramatique, lorsque, revenant au village avec un fiancé qui vient de l'extérieur, elle est sur le point d'être corrigée par Sima Lan : "un bon spectacle [*xi*] se prépare" ; aussi, femmes et enfants se bousculent vers la ruelle des Du" (p. 233).

On compte encore deux scènes fortement théâtralisées, dont le héros est Sima Lan haranguant les villageois pour les convaincre – ou les contraindre – d'adhérer et de participer à son projet de construction du canal de Lingyin. Revenant de l'hôpital, il apparaît sur la crête et expose une première fois son projet : "les tambours battent le début d'une représentation [*xi*]" (p. 96). Par la suite, une fois marié, il réitère la manœuvre de façon tout aussi théâtrale, comme le signale le texte : “les portes d’un théâtre [*xiyuan*] semblent s’ouvrir” (p. 241).

Le dispositif théâtral ainsi que les métaphores renvoyant à l’opéra ne font qu’ouvrir une piste interprétative, invitant le lecteur à considérer le monde fictif représenté dans le roman comme illusoire, à l’image du monde lui-même dans la pensée bouddhique. Cette association entre la doctrine bouddhique et une réflexion sur la fiction n’est pas nouvelle : on peut en particulier la trouver dans le grand roman de Cao Xueqin, *Le Rêve dans le pavillon rouge* [POSTEL, 2010, p. 136-141].

Il est un second aspect du roman, qui ouvre une dimension réflexive : ce sont les jeux auxquels se livrent les enfants dans les deux derniers livres. On peut en effet assimiler ces pratiques ludiques consistant à imiter les adultes, en en inversant parfois les données, à une métaphore de la création fictionnelle. Nous avons évoqué le moment où les enfants assistent aux ébats sexuels des parents, épisode narratif présenté comme une scène d’opéra, ainsi que le souligne le commentaire du narrateur : “tout cela s’élève en une sorte d’opéra [*xi*] que les enfants écoutent” (p. 584). Or, après cette expérience que nous avons analysée comme une étape dans l’apprentissage de la sexualité (v. Thématiques, Amour), les enfants se mettent naturellement à former des couples (p. 586), en miroir des adultes. Ainsi, les enfants jouent un jeu qui peut être assimilé sur le plan métaphorique à la pratique fictionnelle mimétique.

Avant de découvrir la sexualité en écoutant subrepticement ses parents dans leur chambre à coucher, Sima Lan a découvert la mort qu’il ne comprend pas dans un premier temps (p. 566), puis qu’il comprend avec effroi lorsqu’il voit le cadavre de son oncle de dix-sept ans : “Sima Lan comprend alors ce qu’est véritablement la mort” (p. 573). À la fin du livre V, on procède à l’enterrement de l’ancien chef Du Guaizi ; les enfants imitent alors les adultes en procédant à l’enterrement de Sima Lan, le “chef” des enfants (p. 617-618). Ainsi, la sexualité et la mort constituant en quelque sorte l’horizon des enfants, ceux-ci, par leurs jeux, tantôt miment et tantôt inversent le monde des adultes, encore une fois à la façon d’un romancier qui, par la fiction, tente d’édifier un monde alternatif à la réalité vécue.

Alors que les couples adultes vivent leurs relations dans la violence donnée ou subie (p. 576) ou dans le mensonge (si l'on songe à Lan Baisui et la mère Sima, p. 613-615), les enfants s'unissent librement, comme nous l'avons vu (p. 586), de même qu'ils organisent des mariages entre les enfants que les adultes ont sacrifiés pendant la famine (p. 539-540). En particulier, grâce au jeu, Sima Lan et Lan Sishi enfants forment le couple qu'ils ne parviennent pas à former adultes dans le récit. Ils se couchent nus l'un auprès de l'autre (p. 457), ce qu'ils ne feront dans la "réalité" qu'une fois morts l'un et l'autre (p. 191). De même, en jouant à la dinette (p. 454-456) ou bien en disposant des offrandes imaginaires lors de la cérémonie en l'honneur du dieu de la longévité (p. 490-494), les enfants créent fictivement une abondance qui inverse la famine qu'ils sont en train de subir : "ils croient voir de véritables morceaux de viande et de carottes" (p. 494).

Ainsi, à travers les jeux des enfants, Yan Lianke semble figurer une fonction de la fiction romanesque qui peut soit imiter soit inverser soit encore réparer la réalité des adultes.

SYNTHÈSE

INTENTION ET EXTENSION DU “RÉALISME MAGIQUE”

La présence de guillemets isolant l’expression *réalisme magique* dans la formulation de la question au programme nous invite à nous interroger sur la pertinence de cette expression propre au vocabulaire critique. Cette interrogation vaudrait en fait pour tous les termes du langage critique qui intervient après que les œuvres ont été créées. Ce décalage entre le temps de la création et le temps de la critique est constitutif de l’histoire de la littérature. Mais, en réalité, le problème est plus complexe car il n’est pas toujours vrai que la création précède la critique ; elle peut au contraire se conformer à un discours critique qui lui préexiste : un romancier peut par exemple vouloir écrire à roman qui ressemble à ce que la critique a déjà consacré comme relevant du “réalisme magique”. Le problème de la pertinence de l’usage d’un terme critique appliqué à un ensemble d’œuvres est encore accentué dans le cas du réalisme magique car l’expression, on l’a souvent remarqué, est particulièrement floue ; c’est du reste peut-être ce flou qui explique son succès : “l’attrait irrésistible [de l’expression *réalisme magique*] est dû, justement peut-être, à son flou théorique” [Scheel, 2005, p. 84] ; il reste qu’une expression qui est comprise de multiples façons est, *a priori*, moins pertinente qu’une expression univoque.

APPROCHE HISTORIQUE

Nous suivrons tout d'abord une approche historique, consistant à décrire les étapes successives par lesquelles l'expression est passée du point de vue de l'histoire littéraire, autrement dit nous tenterons de formuler ainsi une définition "en extension" du réalisme magique.

Le parcours de l'expression a fait l'objet de multiples études [dans un ordre chronologique, citons : WEISGERBER, 1987, p. 11-22 ; FARIS, 1995, Part One ; SCHEEL, 2005, première partie ; HUBERT, 2011 ; BOWERS, 2014 ; SASSER, 2020 ; BESAND, 2022]. Pour notre part, dans un souci de clarté, nous retiendrons trois étapes seulement : l'Europe, où l'expression est née ; puis l'Amérique latine, où elle a conquis une légitimité, notamment avec *Cent ans de solitude* ; enfin le monde entier, puisqu'on n'hésite pas, aujourd'hui, à employer l'expression pour qualifier des œuvres de tous les pays.

Europe

Si l'expression est couramment associée au boom de la littérature latino-américaine, et en particulier au roman de Gabriel García Márquez *Cent ans de solitude*, la critique a reconnu depuis longtemps qu'elle était née en Europe, sous la plume d'un historien de l'art allemand, Franz Roh.

- **Novalis (1772-1801)**

Il ne faut toutefois pas en faire un absolu, car la critique évoque aussi des prédécesseurs, parmi lesquels Novalis qui, dans ses *Brouillons*, à l'entrée portant le numéro 638 (2e groupe), intitulée "Philosophie pathologique", note : "celui qui ne veut pas [se fixer de limites], est parfait [*vollk[ommen]*]. [...] C'est un idéaliste magique [*magischer Idealist*], comme il y a des réalistes magiques [*magische Realisten*]. Celui-là [*l'idéaliste magique*] cherche un phénomène merveilleux – un sujet merveilleux [*eine Wunderbewegung – ein Wundersubject*] – celui-ci [*le réaliste magique*] [cherche] un objet merveilleux – une forme merveilleuse [*ein Wunderobject – eine Wundergestalt*]" [NOVALIS, 1993, p. 384-385, notre traduction]. Il semble que le poète envisage une voie alternative, mais distincte, à l'idéalisme magique sur lequel porte ses réflexions : "l'Idéal se révèle [*offenbart*]" de façon "subjective" dans le cas de l'idéalisme magique tandis qu'il "se reflète [*spiegelt*]" par l'intermédiaire d'un "objet" dans le cas du réalisme magique. Chez Novalis, l'expression prend son sens dans une réflexion philosophique qui semble éloignée du sens qu'elle prendra dans le domaine littéraire, mais le réalisme magique demeurera redevable au romantisme car, comme lui, il cultive la nostalgie d'un monde perdu (ou d'un Idéal), à reconquérir par la poésie.

- **Franz Roh (1890-1965)**

C'est toutefois Franz Roh qui introduit le vocable dans le champ de la critique d'art. L'expression apparaît dans le titre d'un ouvrage qu'il publie en 1925 : *Post-expressionnisme. Réalisme magique (Nach-Expressionnismus. Magischer Realismus)*, le sous-titre étant "Problèmes de la nouvelle peinture européenne" ("Probleme der neusten Europäische Malerei"). Le livre est lié à une exposition de peinture organisée sous la direction de Gustav Friedrich Hartlaub (1884-1963), qui s'est tenue à la Kunsthalle de Mannheim entre le 14 juin au 18 septembre 1925, intitulée "La nouvelle objectivité. La peinture allemande depuis l'expressionnisme" ("Neue Sachlichkeit. Deutsche Malerei nach der Expressionnismus"). On pouvait y voir 124 tableaux de 32 peintres, dont les plus connus sont Otto Dix (1981-1969) et George Grosz (1893-1959).

En fait, Franz Roh hésite entre quatre expressions. La première est celle de *réalisme magique* qui figure en second dans le titre de son ouvrage et qui correspond à une des sections de l'exposition. La deuxième expression est celle qui figure en premier dans le titre : *post-expressionnisme*. Mais Franz Roh considère que ce mot ne fait que définir par défaut la nouvelle esthétique que promeut l'exposition ; c'est pourquoi il le corrige en reformulant *post-expressionnisme* par l'expression *réalisme magique*. Ce qu'il entend définir, c'est un art qui fait, à ses yeux, la synthèse entre deux courants picturaux : d'une part l'impressionnisme qui s'emploie à représenter le réel dans sa matérialité, en particulier par le jeu des couleurs, et d'autre part l'expressionnisme correspond à une approche formelle et abstraite visant une dimension spirituelle. Par-delà ces deux orientations esthétiques, le réalisme magique consiste à revenir à la matière, à l'objet saisi dans sa matérialité, mais en pénétrant cet objet au-delà de sa surface, pour en révéler un "jour nouveau" : "notre monde réel réapparaît sous nos yeux, baigné dans la clarté d'un jour nouveau" [*in* FARIS, 1995, p. 17, notre traduction à partir de l'anglais, comme pour tous les extraits cités de cet ouvrage]. En allant au-delà de la surface matérielle, il s'agit d'atteindre le mystère : "Ce nouveau monde des objets [...] emploie diverses techniques [...] qui dotent les choses d'une signification plus profonde et révèle des mystères" [*ibid.*]. Mais il ne s'agit pas d'une signification qui viendrait recouvrir artificiellement l'objet, dans une logique symbolique ou transcendante ; c'est pourquoi Roh rejette une troisième expression, celle de *réalisme mystique* : "avec le mot *magique*, par opposition à *mystique*, je voudrais indiquer que le mystère ne descend pas vers le monde représenté, mais se cache plutôt et vibre derrière ce monde" [*ibid.*, p. 15]. Par la suite, l'expression *réalisme magique* est abandonnée par Franz Roh [SCHEEL, 2005, p. 37, note 2] pour celle de *nouvelle objectivité* qui était l'expression générique de l'exposition.

Il faut rappeler le contexte général dans lequel paraît l'ouvrage de Franz Roh : c'est celui de l'après Première Guerre mondiale, un contexte traumatique caractérisé par une explosion des avant-gardes, qui se traduisent souvent par une exploration artistique du réel au-delà des conventions réalistes. Pour nous limiter à quelques exemples, on évoquera une extension du réel vers l'intériorité psychologique avec les écrivains modernistes tels que Woolf, Joyce, Proust ou Dostoïevski, ou bien une extension du réel vers l'inconscient avec les surréalistes. Il semble que le réalisme magique tel que le conçoit Franz Roh envisage une dimension spirituelle du réel, au sens d'un monde invisible qui se situe néanmoins au cœur de la matière [WEISGERBER, 1987, p. 12].

- **Massimo Bontempelli (1878-1960)**

C'est dans ce contexte des avant-gardes qu'en 1927, dans le quatrième numéro de la revue qu'il a fondée avec Curzio Malaparte et qu'il dirige, *900 [Novecento], Cahiers d'Italie et d'Europe*, Massimo Bontempelli emploie la formule *réalisme magique* pour définir la "tendance" qui caractérise le mouvement auquel il appartient, le Novecento. S'appuyant sur le modèle des peintres primitifs du Quatrocento, il écrit : "Plus [le peintre du XVe siècle] donnait de poids et de solidité à sa matière, plus il tenait à nous suggérer que son amour le plus intense était pour autre chose qui se trouvait autour ou au-dessus. [...] Dans aucun autre art, nous ne voyons pleinement réalisé ce 'réalisme magique' que nous pourrions prendre pour une définition grossière de notre tendance" [Bontempelli, 1927, p. 9, traduction de Patrizia Farinelli]. On retrouve certes l'idée d'un art qui conjoint à la fois la "matière" et "quelque chose d'autre", que Bontempelli semble assimiler à quelque chose de spirituel, par exemple dans ce texte daté de 1938, "La Limità della magia", publié dans *L'Avventura noventista*: "L'esprit magique est antithétique de l'esprit tragique [...] car la magie est la domination partielle que l'homme peut acquérir sur des forces qui lui sont ordinairement supérieures" [Bontempelli, 1974, p. 48-49].

Il n'est pas certain que Bontempelli reprenne l'expression *réalisme magique* à Franz Roh, mais plusieurs indices vont dans ce sens [Weisgerber, 1987, p. 15]. Quoi qu'il en soit, dans le milieu des années 1920, en Europe, après une première vague d'avant-gardes qui pouvaient être ressenties comme une façon de se détourner de la réalité, certains critiques, comme Roh, constatent, et certains intellectuels, comme Bontempelli, promeuvent une sorte de retour à la "matière", au réel, comportant toutefois, de façon paradoxale, une dimension "magique".

Amériques

Une traduction en espagnol d'extraits de l'ouvrage de Roh est parue en juin 1927 dans la revue moderniste madrilène *Revista de Occidente* sous un titre qui inverse l'ordre initial: "Reaslimo mágico. Postexpressionismo". L'expression circule ensuite, en particulier à Buenos Aires, pour caractériser des auteurs surtout européens [Weigerber, 1987, p. 18]. Mais il ne faudrait pas penser que le réalisme magique est simplement transféré d'Europe vers l'Amérique latine. Tout d'abord, il existe d'autres sources possibles du réalisme magique européen, en particulier le poète et essayiste italien Massimo Bontempelli, qui emploie l'expression *realismo magico* dans un article paru en été 1927 dans la revue moderniste qu'il dirige, *900 (Novecento)* [*ibid.*, p. 15-16].

- **William Faulkner**

Surtout, il ne faut pas écarter la possibilité d'une naissance parallèle en Europe et en Amérique latine d'un courant que la critique unifie *a posteriori* : c'est ce que l'on nomme parfois *polygénisme* [*ibid.*, p. 215]. Ainsi, à la fin des années 1930, l'écrivain nord-américain, William Faulkner (1897-1962), Américain mais natif d'un État du Sud, le Mississippi, écrit le roman *Le Hameau* (*The Hamlet*, 1940), qui présente des caractéristiques dont certaines se retrouvent dans les romans que l'on associera au courant du réalisme magique, en particulier le principe d'un lieu fictif isolé mais en même temps relié au monde extérieur, à travers le comté fictif de Yoknapatawpha, principe qu'imiteront Gabriel García Márquez et bien d'autres écrivains.

- **Alejo Carpentier (1949, 1964, 1975)**

Autre preuve du "polygénisme" : l'écrivain cubain Alejo Carpentier (1904-1980) conduit une réflexion concurrente de celle que mène Franz Roh, en forgeant l'expression *réel merveilleux* (*lo real maravilloso*). Cette réflexion, qui porte également sur la nécessité de renouveler le réalisme, est menée à travers trois textes étalés sur 25 ans.

Le premier est le prologue à son roman intitulé *Le Royaume de ce monde* (*El reino de este mundo*, 1949). Pour Carpentier, le merveilleux se situe dans la réalité même, comme il l'affirme, après avoir effectué un voyage en Haïti en 1943 : "lors de mon séjour en Haïti, je me trouvais en contact quotidien avec quelque chose que l'on pourrait appeler le réel merveilleux" [*in* SCHEEL, qui traduit, p. 47]. On peut qualifier cette formulation de transgressive dans la mesure où elle mêle deux ordres *a priori* incompatibles en juxtaposant un mode littéraire (le merveilleux) et le réel même.

De plus, Carpentier oppose ce merveilleux, ancré dans le réel, à celui que, selon lui, la littérature européenne tente artificiellement de produire, en particulier la littérature surréaliste : "la réalité merveilleuse dont je venais de faire l'expérience", déclare-t-il, contraste avec "la prétention exténuante de certaines littératures européennes des trente dernières années, à susciter le merveilleux" [*in* SCHEEL, p. 44].

On comprend que Carpentier adopte une position essentialiste : la réalité d'Haïti comporte en elle-même un merveilleux qui lui est consubstantiel, par opposition au merveilleux européen en particulier. Toutefois, la pensée du romancier est bien plus nuancée. Tout d'abord, il a bien conscience que ce "réel merveilleux" est un phénomène construit, un artefact culturel: "la sensation du merveilleux suppose une foi" [*ibid.*, p. 46]. On peut donc requalifier la position de Carpentier comme étant non pas essentialiste mais culturaliste: Haïti a produit une culture qui se caractérise par un merveilleux qui lui est propre. Or, cette position culturaliste semble dépassée aujourd'hui car, comme l'indique Charles Scheel: "L'embrigadement du réalisme magique dans un engagement culturaliste me semble décidément regrettable et curieusement rétrograde à l'heure du village global" [2005, p. 30].

En fait, Carpentier admet que le merveilleux dont il parle concerne non pas seulement Haïti mais l'ensemble de l'Amérique latine: "il me vint aussi que cette présence et vigueur du réel merveilleux n'était pas le privilège unique de Haïti, mais le patrimoine de toute l'Amérique" [*in* SCHEEL, 2005, p. 47]. Dans un texte qu'il publie en 1964, "Du réel merveilleux américain", il semble élargir encore davantage l'extension du merveilleux, puisqu'il "trait[e] respectivement de la République de Chine Populaire, du monde islamique, de l'Union Soviétique, de l'Europe centrale", en plus de "l'Amérique latine et antillaise" [SCHEEL, 2005, p. 51]. Cet élargissement pourrait même atteindre une dimension universelle à ses yeux, du moins si on prend en compte un passage de la conférence qu'il a donnée à l'Ateneo de Caracas le 25 mai 1975, publiée par la suite, sous le titre "Le baroque et le merveilleux", puisqu'il désigne le *baroque*, ou *baroquisme*, termes qui semblent dans le texte des équivalents de *réel merveilleux*, comme une "constante humaine universelle" [*in* SCHEEL, 2005, p. 55].

Autre nuance: c'est le paradoxe selon lequel, pour Carpentier, la spécificité culturelle de l'Amérique latine serait l'hybridité: dès le prologue de 1949, il parle de "la présence faustienne de l'indien et du noir" et de "la féconde hybridisation"; puis, dans la conférence de 1975, il insiste sur le métissage qui caractérise le baroque ou le réel merveilleux: "chaque métissage engendre un baroquisme. Le baroquisme américain se développe avec la créolité. [...] Avec ces éléments [créoles], nous rencontrons directement ce que j'ai appelé le 'réel merveilleux'" [*in* SCHEEL, 2005, p. 56-57]. Précisons que par *créolité* Carpentier ne fait pas du tout référence au mouvement littéraire antillais qui est postérieur, ni au sens restreint d'une personne d'origine européenne née dans une colonie ou une ancienne colonie, mais au sens d'une culture qui se construit et s'élabore dans le métissage.

Malgré toutes ces nuances, le réel merveilleux de Carpentier, réduit à sa dimension culturaliste, servira de caution à la critique postcoloniale sur laquelle nous reviendrons.

- **Le phénomène médiatique autour de *Cent ans de solitude* (1967)**

La publication du roman *Cent ans de solitude* en 1967 a donné lieu à un phénomène médiatique que Caroline Lepage analyse dans ce volume (v. Repères et Analyses, Gabriel García Márquez), phénomène largement amplifié par l'obtention du Prix Nobel en 1982. Le roman est perçu à la fois comme le représentant absolu du courant dénommé *réalisme magique*, ce courant lui-même étant représentatif d'une littérature, celle de la Colombie ou d'une ère caribéenne dans une vue restreinte, ou bien de l'Amérique latine et antillaise dans une vue plus large.

Citons la page française de l'encyclopédie en ligne Wikipédia concernant *Cent ans de solitude*. À la 14e ligne du deuxième paragraphe, on peut lire : "*Cent ans de solitude* est cité comme le texte le plus représentatif du réalisme magique" ; dans l'encadré figurant à droite sur cette page, le genre du roman est "Réalisme magique" (la page espagnole correspondante est à cet égard plus prudente). De même, on peut lire dans des sites pédagogiques comme "étudier.com" ou "fichesdelecture.com" la même association. En somme, une *doxa* critique prévaut, selon laquelle le roman et son auteur sont à la fois des représentants d'une nouvelle littérature qu'on labellise *réaliste magique* et qu'on associe de façon essentialiste et culturaliste à l'Amérique latine.

Or, il existe de nombreuses objections, formulées en particulier par Caroline Lepage dans ce volume, pour déconstruire cet édifice mythique bâti par la "critique". Ainsi, la dimension autobiographique indéniable tout comme l'influence, reconnue par García Márquez lui-même, de l'Américain William Faulkner, contredisent ou du moins nuancent l'idée d'un roman à l'origine d'un courant né spontanément en Amérique latine, dont il serait la parfaite concrétisation sur le plan littéraire. On peut également évoquer *Le Tambour* (*Die Blechtrommel*, 1959) de Günter Grass qui présente, quelques années avant la publication de

Cent ans de solitude, des traits qui caractériseront le réalisme magique. La critique mentionne du reste plusieurs romans antérieurs au roman de García Márquez, qu'elle associe au réalisme magique, comme celui de l'écrivain mexicain Juan Rulfo (1917-1986), *Pedro Páramo* (1957).

Il existe néanmoins un point commun entre tous ces auteurs. Faulkner, Grass, Rulfo et García Márquez écrivent dans des pays que l'on peut qualifier de "subalternes", dans le sens où ils connaissent ou ont connu une situation de dépendance sur le plan politique et/ou économique, par rapport à d'autres pays : Danzig (Gdánsk), prise en étau entre l'Allemagne et la Pologne, est une cité-État créée par la Société des nations après la Première Guerre mondiale ; le Mississippi est un État du Sud des États-Unis, qui a perdu la Guerre civile contre les Yankees du Nord ; le Mexique et la Colombie sont deux anciennes colonies.

Élargissement au monde entier

- **Critique postcoloniale à partir des années 1980**

C'est bien ce qu'a repéré la critique postcoloniale des années 1980, qui, dans une de ses options, élargit le champ auquel s'applique le réalisme magique. Mais dans un premier temps, partant de la perspective culturaliste, voire essentialiste que nous avons repérée chez Carpentier, elle tente de démontrer l'idée selon laquelle le mouvement littéraire est propre à la culture latino-américaine. C'est par exemple le point de vue du chercheur brésilien Irlemar Chiampi dans son ouvrage *O realismo maravilhoso : forma e ideologia no romance hispano-americano* (1980, une version en espagnol est publiée en 1983) : le réel merveilleux, que l'on ne distingue pas en l'occurrence du réalisme magique, est défini comme "une unité culturelle intégrée dans un système d'idéologèmes de l'américanisme, dont le signifié de base est la non-disjonction" [*in* SCHEEL, 2005, p. 83]. Il faut comprendre, derrière cette formulation un peu absconse, que le réalisme magique est associé à un système culturel spécifique à l'Amérique du Sud. On relève par ailleurs la notion fort intéressante de *non-disjonction*, que l'on peut faire remonter, en Europe, à la réflexion que mènent les romantiques à propos d'une façon de percevoir le monde fondée sur l'harmonie, par opposition à la perception parcellisée qui prévaut dans la modernité, orientation que l'on peut également repérer dans le roman chinois du programme, sous la modalité d'une vision holiste englobant les hommes et la nature (v. Thématiques, Les sens, Yan Lianke).

Dans un second temps, la critique postcoloniale passe du critère culturaliste à un critère politique, ce qui lui permet d'opérer un élargissement du champ de la notion du réalisme magique. Dans une conférence donnée en 1986 au colloque de l'Association des études canadiennes qui se tenait en Australie et en Nouvelle-Zélande, publiée ensuite en 1988 et intitulée "Magic realism as postcolonial discourse", le chercheur américain Stephen Slemon constate que l'expression est employée en dehors de l'Amérique latine dans des pays qui ont connu une histoire similaire, c'est-à-dire dans des pays anciennement colonisés comme le Canada ou encore l'Inde et le Niger. Il en conclut que "le réalisme magique, du moins dans un contexte littéraire, semble plus manifestement opératoire dans des cultures situées aux marges des traditions littéraires dominantes" et constitue "une forme de résistance à l'égard du centre impérial" [*in* FARIS, 1985, p. 408]. On peut encore citer un autre critique, Homi Bhabha, qui, dans l'introduction de *Nation et Narration* affirme que "le réalisme magique est la langue littéraire du monde post-colonial émergent" [BHABHA, 1990, p. 6-7, notre traduction].

- **"Littérature mondiale"**

Aujourd'hui, il n'est pas rare de trouver l'expression *réalisme magique* qualifiant des romans qui n'appartiennent pas à des pays "subalternes", contrairement à ce que postule la critique postcoloniale. Nous mettons à part l'écrivaine africaine américaine Tony Morrison (1931-2019), dont le roman *Beloved* (1987), considéré comme représentatif du courant magico-réaliste, entre, par son contenu (l'esclavage), dans la grille d'analyse des études postcoloniales. Citons plutôt cet extrait de la revue *Les Libraires* de février 2021 : "Si les assises du réalisme magique sont portées, historiquement, par les auteurs issus de l'Amérique du Sud, le genre a poursuivi son chemin et a trouvé à s'épanouir sur tous les continents." Parmi les onze auteurs présentés, on compte le Japonais Murakami Haruki (1949-) ou la Britannique Angela Carter (1940-1992).

La littérature chinoise contemporaine est encore peu étudiée sous l'angle du réalisme magique, mais le discours médiatique applique l'étiquette à des écrivains comme Mo Yan (1955 ou 1956-) [*Libération*, 11 octobre 2012 ou *Le Devoir*, 12 octobre 2012] ou Yan Lianke (1958-)

[*Le Monde diplomatique*, janvier 2016 ou *Libération*, 24 avril 2017]. Une influence de Kafka, Faulkner et García Márquez est avérée, comme en témoignent certains témoignages des auteurs ainsi que leurs romans eux-mêmes (v. Répères et Analyses, Yan Lianke).

- **Les trois romanciers et l'étiquette "réalisme magique"**

On peut toutefois se demander si nos trois auteurs reprennent à leur compte l'appellation *réalisme magique*. Il semble que Gabriel García Márquez se soit accommodé, ait même peut-être même instrumentalisé cette appellation. S'agissant de Salman Rushdie, on peut se référer à la conférence qu'il a tenue à Austin au Texas en 2014, à l'occasion de l'acquisition des archives de Gabriel García Márquez par le Centre Harry Ransom (conférence publiée sous le titre "Gabo et moi", dans *Langages de vérité*, en 2021). Malgré de fortes réticences qu'il formule dans cette phrase au ton humoristique : "Non seulement j'allais devoir subir un siècle entier de solitude mais au cours de cet isolement interminable j'allais devoir écouter des histoires de paysans misérables" [2022, p. 141], il lit le roman de Gabriel García Márquez en 1975, et est clairement conquis : "Je suis tombé totalement amoureux et cet amour dure maintenant depuis quarante ans" [*ibid.*, p. 142]. Il reconnaît que la voix que l'on perçoit dans le roman de García Márquez est unique : "la singularité de García Márquez tient, je pense, dans le ton précis qu'il fait entendre, un ton situé quelque part entre douceur et amertume, entre douce acceptation de son sort et révolte contre lui" [*ibid.*, p. 145]. Mais il semble bien établir un lien entre le romancier colombien et lui-même :

> En lisant les livres de García Márquez [...], j'ai compris à quel point, à ma façon de réagir pratiquement à chaque page, je reconnaissais leur univers du fait de ma propre expérience en Inde et au Pakistan. Les deux régions, l'Amérique latine et l'Asie du Sud, connaissaient et connaissent toujours un conflit entre la cité et le village et sont marquées par les mêmes gouffres profonds entre les riches et les pauvres, les puissants et les misérables, les grands et les petits. Les deux sont des endroits qui ont vécu une histoire coloniale très forte, des colonialismes différents avec des résultats semblables. [2022, p. 150]

On comprend donc que si Salman Rushdie admet qu'entre García Márquez et lui-même il y a des différences qui tiennent à la personnalité, néanmoins ils partagent *grosso modo* une expérience commune dont on peut penser qu'elle transparaît dans leurs romans respectifs.

La réception de Gabriel García Márquez par Yan Lianke a été analysée (v. Repères et Analyses). Dans un texte de 2006, intitulée "Faire face à l'attitude à l'égard de l'histoire et faire face à la vérité romanesque", le romancier chinois, comme Salman Rushdie, exprime son enthousiasme à la lecture qu'il fait probablement en 1984 ou 1985, de la traduction du roman dont l'auteur venait de recevoir le prix Nobel (1982). Dans cet article, qui traite successivement de sa lecture de Kafka puis de García Márquez, il explique que l'écrivain latino-américain lui a permis de comprendre l'écrivain pragois. En effet, c'est seulement la lecture de *Cent ans de solitude* qui lui a fait comprendre la perplexité dans laquelle l'avait plongé la lecture de *La Métamorphose* : à ses yeux, Kafka ne donne aucune explication tandis que García Márquez fournit une explication, certes irrationnelle, à propos des faits surnaturels qu'ils mettent en scène dans leurs récits. Mais, dans son essai intitulé *À la Découverte du roman* (2011), il prend ses distances vis-à-vis du réalisme magique en lui opposant ce qu'il nomme le *mythoréalisme*.

On peut aussi relever d'éventuels transferts entre le roman *Cent ans de solitude*, encore une fois considéré comme le modèle du roman magico-réaliste, et les deux romans de Rushdie et de Yan, même si, à cet égard, le romancier indien est davantage redevable à Günter Grass qu'à García Márquez [Merivale, *in* Faris, 1995, p. 329-347]. L'incipit célébrissime de *Cent ans de solitude* – "Bien des années plus tard, face au peloton d'exécution, le colonel Aureliano Buendia devait se rappeler [...]" (*CAS*, p. 9) fait l'objet de reprises tant pour l'expression inaugurale "bien des années plus tard" que pour le procédé d'anticipation associé à l'annonce, abrupte, de la mort d'un personnage : "Et, des années plus tard, [...] Amina se souviendrait [...]" (*EM*, p. 289) ou "quelques années plus tard, lorsque son père mourra, [Sima Lan] comprendra [...]" (*FT*, p. 573) ou bien encore la phrase qui clôt le chapitre "Un accident dans un coffre à linge" dans *Les Enfants de minuit* : "[Amina] mourut neuf ans plus tard sans avoir découvert la vérité [à propos des voix que Saleem commence à entendre]" (*EM*, p. 294). Il peut s'agir aussi de type de personnages comme Shiva, dont les exploits ainsi que la progéniture abondante (*EM*, p. 717-719) font écho aux qualités du colonel Aureliano (*CAS*, p. 238-239), ou de motifs communs comme celui sang qui s'écoule du corps de José Arcadio de la deuxième génération ("Un filet de sang passa sous la porte, traversa la salle commune, sortit dans la rue [...]", *CAS*, p. 150), que Yan Lianke a peut-être transposé à la fin de son roman ("Le liquide amniotique [dans lequel baignent les enfants à naître] inonde [l]a maison, franchit la porte pour aller former dans la cour deux petits ruisseaux qui se prolongent encore dans la rue", *FT*, p. 620). C'est parfois la configuration générale de l'espace, décrivant un centre subjectif (Macondo et le village des Trois Patronymes, mais aussi quelques lieux qui fonctionnent de la même manière dans le roman de Rushdie, comme le domaine de Methwold ou le ghetto de Dehli), qui est en réalité à la périphérie d'un autre centre qui lui-même est invisible (on n'évoque pas Pékin dans *La Fuite du temps*) ou désigné par une périphrase ("la cité lugubre" d'où vient Fernanda dans *Cent ans de solitude*).

Au terme de cette présentation (fort incomplète) de l'évolution de l'expression *réalisme magique* dans l'histoire de la littérature mondiale, on constate que la confusion terminologique règne. Plusieurs raisons peuvent l'expliquer. Tout d'abord, si l'expression *réalisme magique* a fait florès, c'est que de nombreux agents, au-delà du cercle restreint des critiques et des chercheurs, se sont approprié la formule. Une première catégorie, elle-même hétérogène, regroupe journalistes, éditeurs, rédacteurs de sites littéraires ou de pages Wikipédia, membres de jurys littéraires : leur point commun est qu'ils relèvent plutôt d'une logique de communication. Un deuxième groupe est formé par les écrivains eux-mêmes, qui soit acceptent l'appellation, soit la réclament, soit encore la rejettent : on se situe alors dans une logique de stratégie de carrière littéraire, c'est-à-dire une logique fondamentalement sociologique.

Par ailleurs, selon l'adage "qui trop embrasse mal étreint", on pouvait prévoir qu'une même expression perde de sa pertinence quand on tente de l'appliquer à un espace aussi vaste que la littérature mondiale. Il s'agit d'un problème constant qui se pose à la critique, à différentes époques, à différentes échelles : on a débattu, par exemple, pour savoir si le roman picaresque pouvait s'appliquer en dehors de l'Espagne à *Gil Blas* (1715-1735) ou à *Moll Flanders* (1722), voire à *L'Odyssée de Lao Can* (1907) de Liu E. Sur ce point, on peut considérer qu'un des rôles de la théorie critique est précisément d'élaborer un vocabulaire qui permette de désigner des œuvres qui présentent des similitudes, de façon à pouvoir réfléchir sur la littérature en général, au-delà des œuvres concrètes prises individuellement.

APPROCHE THÉORIQUE

Cette confusion est certes le signe de la richesse du débat littéraire autour des œuvres concernées, mais elle pose toutefois un problème pratique pour la communauté des chercheurs : comment s'entendre dans cette cacophonie ? Pour, éventuellement, sortir de l'impasse où nous a conduit l'approche historique, nous proposons à présent une approche théorique qui consiste à définir le réalisme magique non plus en extension mais en intention, c'est-à-dire en formulant des critères définitoires.

L'avantage de cette approche théorique et que l'on ne limite pas le champ d'application du réalisme magique à un ensemble de pays, aussi nombreux soient-ils, parce qu'ils présentent une culture considérée comme homogène (position culturaliste) ou bien parce qu'ils connaissent une situation historique et politique semblable (position postcoloniale). On adopte une position ouverte, laissant la possibilité à des œuvres qui échappent aux deux critères précédents de rentrer malgré tout dans le périmètre du réalisme magique. C'est la position que François Jullien associe au "commun ouvert" dans son ouvrage *De l'Universel* (2008) : "le commun a [...] son idéalité [par rapport à l'universel], idéalité propre, à part entière, celle précisément, dérivant de l'expérience, de pouvoir s'accroître en étendue comme en intensité" [2011, p. 45]. Deux chercheurs en particulier se sont attachés à formuler des critères pour définir le réalisme magique.

Amaryll Chanady : *Réalisme magique et fantastique* (1985)

Amaryll Chanady a publié en 1985 un ouvrage intitulé *Magical Realism and the Fantastic : Resolved Paradigms Versus Unresolved Antonomy*, où, comme le titre l'indique explicitement, elle redéfinit le réalisme magique en le distinguant du fantastique. Les deux ont un point commun : ils font coexister deux ordres dans le même espace romanesque, à savoir un ordre "naturel" et un ordre "surnaturel". Par *naturel*, il faut entendre un monde dont le mode de fonctionnement est semblable ou proche non pas du monde dont nous faisons l'expérience de façon personnelle et intime, lequel accueille volontiers la fantaisie, voire l'irrationnel, mais semblable ou proche du monde réel tel qu'il est admis communément, avec sa rationalité, sa logique et ses normes, notamment dans le domaine culturel. Le *surnaturel* désigne par conséquent des phénomènes qui échappent à ce monde communément admis.

La différence entre le réalisme magique et le fantastique tient au mode de coexistence entre les deux ordres, naturel et surnaturel. Dans le réalisme magique, les deux ordres cohabitent de façon pacifique : c'est ce que la chercheuse nomme "l'antinomie résolue", entendant par là que les lois (νομοι en grec) pourtant contradictoires entre les deux mondes n'entrent pas en conflit, se résolvent d'elles-mêmes, sans qu'une instance (le narrateur) intervienne. Il faut admettre que le mot de *résolution* est particulièrement ambigu, comme le remarque Charles Scheel [2005, p. 91] : en effet, on pourrait penser qu'une façon de résoudre la contradiction serait précisément une intervention du narrateur qui fournisse une explication permettant de comprendre qu'en fait, il n'y a pas contradiction, le surnaturel étant par exemple imputé à la perception singulière d'un personnage. Au contraire, Chanady conçoit la résolution comme une façon de passer sous silence la contradiction entre les deux ordres, naturel et surnaturel : en fait de *résolution*, il s'agit de faire comme si la contradiction n'existait pas.

À l'inverse, propose Chanady, dans le fantastique l'antinomie n'est pas "résolue" dans le sens où la contradiction est sinon relevée explicitement, au moins suggérée : on fait comprendre au lecteur que le surnaturel contrevient à la norme commune, par le moyen de personnages qui expriment leur étonnement ou par une intervention du narrateur. Pour résumer : "Alors que dans le fantastique le surnaturel est perçu comme problématique, le surnaturel dans le réalisme magique est accepté comme faisant partie de la réalité" [*in* SCHEEL, p. 90-91].

Chanady distingue encore un troisième critère, mais qui nous semble indissociable du précédent : c'est la position que prend l'auteur (ou le narrateur, nous ne ferons pas la distinction) par rapport au surnaturel mis en scène, position qui est censée orienter la lecture soit vers la perplexité – on se situe alors dans le fantastique –, soit vers une forme d'adhésion ou du moins de neutralité à l'égard de ce surnaturel, les moyens mis en œuvre pour obtenir l'un ou l'autre effets étant par exemple la focalisation ou le discours indirect libre.

Charles Scheel :
Réalisme magique et réalisme merveilleux (2005)

Charles Scheel s'appuie à son tour sur cet effort de clarification de Chanady pour donner sa propre définition du réalisme magique. Il reprend les mêmes critères pour définir le réalisme magique : coexistence de deux univers, l'un "naturel", l'autre "surnaturel", "antinomie résolue" entre ces deux univers et, ce qui découle de ce qui précède selon nous, neutralité de l'auteur vis-à-vis du surnaturel, ce qu'il nomme une "réticence auctoriale" [SCHEEL, 2005, p. 88]. Toutefois, tout en conservant l'expression *antinomie résolue* empruntée à Chanady (pour définir le réalisme magique), il en met à jour l'ambiguïté en associant la neutralité de l'auteur à une forme d'"esquive" qui n'est pas sans susciter chez le lecteur un sentiment de perplexité, d'irrésolution… [*ibid.*, p. 111] : passer sous silence la contradiction entre l'ordre naturel et l'ordre surnaturel coexistant dans le récit ne résout en rien cette contradiction, au contraire. Le troisième critère (la position de l'auteur), lié au deuxième, est également redéfini, au point d'être lui aussi compris dans le sens quasiment opposé à celui qu'il avait initialement : la "réticence auctoriale", qui devrait être une neutralité absolue de la part du narrateur, n'empêche pas, selon Scheel, la "distanciation ironique" [*ibid.*, p. 113].

Cet infléchissement de la définition du réalisme magique entre Chanady et Scheel s'explique parce que celui-ci entend distinguer le réalisme magique non pas par rapport au fantastique, comme Chanady, mais par rapport au "réalisme merveilleux". Le réalisme magique, selon Scheel, associe d'une part une "antinomie résolue", qui est en réalité une façon d'esquiver la contradiction entre les ordres naturel et surnaturel et d'autre part une neutralité proche de l'ironie à l'égard du surnaturel, parce qu'à l'inverse, le réalisme merveilleux se définit par une antinomie "fondue", au sens où les deux univers, naturel et surnaturel, se mêlent et se fondent l'un dans l'autre, et une neutralité bienveillante vis-à-vis du surnaturel. Alors que le réalisme magique se caractérise par "une absence remarquée" de l'auteur, "s'accommod[ant même] d'une distanciation ironique", le réalisme merveilleux ménage à l'auteur une "présence envahissante" lui permettant de tenir "un discours extraordinairement poétique" [SCHEEL, 2005, p. 113], ce qui n'est que la traduction d'une "empathie" [*ibid.*, p. 112], autre mot pour dire l'adhésion de l'auteur à l'égard du surnaturel mis en scène dans le roman.

Prenons un exemple dans *Cent ans de solitude* pour illustrer la distanciation ironique qui se rencontre, selon Scheel, dans les romans du réalisme magique. Amaranta est persuadée d'avoir causé la mort de Remedios car, la nuit précédant l'événement, elle a prié Dieu que quelque chose survienne pour empêcher qu'elle recoure à l'empoisonnement, comme elle en avait l'intention, afin de se débarrasser de Rebecca sa rivale vis-à-vis de l'Italien Crespi (*CAS*, p. 101-102). L'ironie tient au motif de la cible manquée : voilà que Dieu lui-même, pourtant réputé omniscient, s'est trompé de victime, et a empoisonné Remedios au lieu de Rebecca.

Le réalisme merveilleux défini par Charles Scheel comme une fusion entre les deux univers, naturel et surnaturel, fondée sur une forme d'adhésion de l'auteur au surnaturel mis en scène dans le récit, et donnant lieu à un style "empathique" ne sera pas inutile pour caractériser certains aspects de nos romans, chaque fois que le ton adopté suggère cette forme d'adhésion à une appréhension du monde qui contrevient à la norme commune, qu'il s'agisse d'un style poétique renvoyant à la conception organique ou holiste du monde chez Yan Lianke, d'un style élégiaque nourri par la nostalgie chez Gabriel García Márquez, ou bien, dans un tout autre registre, du style vif, énergique, humoristique de Salman Rushdie. Toutefois, devons-nous préciser, la narration dans le roman indien est conduite par le personnage Saleem : aussi, cette adhésion au niveau du personnage-narrateur peut s'accompagner d'une ironie de la part de l'auteur.

On pourrait même élargir la définition du réalisme merveilleux de Scheel, en considérant qu'il repose sur le principe poétique de la mise en relation analogique de deux éléments ou deux faits relevant *a priori* de deux ordres différents, comme dans les références mythiques ou, plus communément, certaines comparaisons ou correspondances formulées ou suggérées par le texte, car il s'agit bien d'une façon pour le narrateur et/ou l'auteur d'adhérer, par un acte poétique (s'affranchissant de la *mimèsis*), à une forme de surnaturel. Pour illustrer cette modalité du réalisme merveilleux pris au sens large, mentionnons l'analogie établie par Salman Rushdie (ou Saleem) entre d'une part le doigt du pêcheur figurant dans le tableau de John Everett Millais (*The Boyhood of Raleigh*, 1870) qui est accroché au-dessus du lit de Saleem, ce doigt que tend un pêcheur génois vers l'océan face au futur explorateur du temps d'Élisabeth Ière, Walter Raleigh, doigt qui renvoie à l'ambition coloniale, et d'autre part le doigt tendu de Padma orienté lui-même vers un troisième doigt, le sexe impuissant de Saleem (*EM*, p. 216-217).

APPROCHE OUVERTE

Repassant de la théorie aux œuvres concrètes, il nous apparaît nécessaire de reconsidérer la question de la pertinence de l'appellation *réalisme magique*, en replaçant cette catégorie à l'intérieur d'une série de notions connexes, relevant toutes d'une sorte de "contravention" à la forme du roman réaliste traditionnel par la place qu'elles font ou semblent faire au surnaturel : il s'agit du réalisme traumatique, de la merveille, des registres merveilleux et fantastique, du réalisme magique au sens strict ainsi des procédés hyperboliques, enfin du surnaturel expliqué, parfois moqué, ou encore parodié (nous ne reviendrons pas sur la catégorie du "réalisme merveilleux" défini ci-dessus). Ainsi, nous nous inscrivons dans une logique continue, estimant que ces catégories critiques, que l'on doit certes distinguer les unes des autres, sont toutefois reliées ensemble dans une sorte de prisme à l'intérieur duquel le réalisme magique a sa place.

Le réalisme traumatique

La première de ces catégories fonctionne en trompe-l'œil : on ne cherche pas à créer du surnaturel, on se situe au contraire dans une esthétique réaliste mimétique, mais le type de réel représenté comporte en soi un tel degré de charge émotionnelle et/ou de caractère terrifiant qu'il apparaît comme excéder la normalité jusqu'à sembler surnaturel. Il s'agit d'un réel traumatique dont soit une collectivité soit, plus rarement, un individu ont fait l'expérience.

À ce titre, on peut évoquer la fusillade lors de la grève des travailleurs de la compagnie bananière (*CAS*, p. 333-337), qui est une transposition du "massacre des bananeraies" opposant les ouvriers de la United Fruit Company et l'armée, ayant eu lieu le 6 décembre 1928 à Ciénaga, non loin d'Aracataca, qui est le modèle de Macondo. De même, dans son livre IV, le roman chinois décrit une famine prenant des proportions inimaginables, au point de donner lieu à des pratiques relevant du cannibalisme (*FT*, p. 498) et de l'eugénisme (p. 505-506), et pourtant ces scènes ne font que restituer une réalité factuelle telle que la documente le travail des historiens [DIKÖTTER, 2010]. Dans un registre moins hyperbolique, on peut considérer que la description de la rivière polluée correspond à une réalité de la Chine moderne : "Herbes maculées, rats morts aux ventres gonflés, sacs de plastique emplis de fange, vêtements et chapeaux usagés, ventres rouges, peaux et poils blanc de bestiaux, tout cela se bouscule et se heurte à la surface de l'eau" (p. 209). Rushdie restitue la terreur des bombardements lors de la guerre indo-pakistanaise de 1965, en mettant en scène la mort de quelque dix parents de Saleem : à Rawalpindi, sa grand-mère Naseem, ses tantes Pia et Emerald, son cousin Zafar (qui, lui, est empoisonné), et, à Karachi, ses parents putatifs Ahmed et Amina et sa tante Alia, autrement dit : "[s]es père mère tante et frère ou sœur non encore né(e) et qui n'était qu'à une semaine de ses débuts dans la vie, tous tous tous [...] aplatis comme des gaufres de riz" (*EM*, p. 602). Telle que la décrit Saleem, Dacca "libérée" au terme de la troisième guerre, en 1970, est un spectacle qui, de son aveu même, semble irréel : "Shaheed et moi nous avons vu quantité de choses qui n'étaient pas vraies, qui n'étaient pas possibles, [...] nous avons vu des hommes avec des lunettes et des têtes comme des œufs qu'on fusillait dans des ruelles, nous avons vu l'élite intellectuelle de la ville se faire massacrer par centaines, mais ce n'était pas vrai parce que ça ne pouvait pas être vrai [...]" (p. 661). Ce réalisme traumatique a fait l'objet de travaux académiques, notamment par Eugene Arva [2011, v. aussi Arva et Roland, 2014].

Le traumatisme peut aussi relever d'une expérience personnelle, mais, à moins d'avoir accès à des témoignages directs ou indirects authentifiant un lien entre tel épisode du récit et une expérience vécue par les auteurs, il est difficile d'être affirmatif en la matière. On peut néanmoins faire l'hypothèse que relèvent sans doute d'une expérience traumatique personnelle les descriptions relevant du registre abject comme le sexe contaminé de Lan Sishi (*FT*, p. 185-186) et les vers s'agitant sur la cuisse de Sima Hu (p. 198) ou bien l'impuissance masculine si souvent évoquée dans *Les Enfants de minuit*, comme par exemple lorsqu'il se confie sur ce point au Dr Narlikar (*EM*, p. 311-313) ou encore des épisodes où l'on a vu ce que l'on ne devrait pas voir, comme le jeune Saleem qui, dissimulé dans le coffre à linge, ne peut s'empêcher de regarder la "croupe de [s]a mère, noire comme la nuit, arrondie et convexe" (p. 287) ou une série de personnages masculins qui, au péril de leur vie, observent une jeune fille dans sa baignoire (un inconnu pour Remedios-la-belle, *CAS*, p. 257-258, ou Mauricio Babilonia pour Meme, p. 320).

La merveille

La merveille semble située à l'opposé du réalisme traumatique: elle provoque non la terreur, mais *l'émerveillement* et, de plus, semble ne pas relever de la sphère du réel. Or, la merveille se présente certes comme un phénomène étrange, mais elle n'est pas pour autant exclue de la nature: au contraire, elle doit être considérée comme un phénomène naturel extrême qu'il s'agit de replacer dans un ensemble plus vaste, soit la chaîne temporelle des événements historiques, soit l'espace naturel global. Jean Céard, dans son livre sur *La Nature et les prodiges* (1996) cite l'ouvrage *De Rerum varietate* (1557) du philosophe italien de la Renaissance Gerolamo Cardano qui, conformément à la tradition des recueils de *mirabilia* du Moyen Âge, considère la merveille (qu'il nomme "propriétés") comme un produit de la nature, simplement situé à l'extrémité de la Création: "Les propriétés sont comme l'expression de la diversification à laquelle la nature s'exerce inlassablement" [*in* CÉARD, 1977, p. 238].

Un exemple de merveille courant dans les recueils de *mirabilia* est par exemple l'aimant, comme dans cette citation du *Livre des Merveilles* (1209-1214) de Gervais de Tilbury:

> L'Inde produit la pierre d'aimant, qui attire le fer avec une très grande violence, comme on le lit dans le livre de *La Cité de Dieu:* Augustin approcha un anneau de fer d'un aimant, et celui-ci l'ayant attiré à lui, il approcha un autre anneau du premier: le deuxième anneau s'étant attaché au premier, il en rajoute un troisième, attiré lui aussi, puis un quatrième, attiré par la force qui n'a rien perdu de son intensité: il fit pendre alors une sorte de chaîne d'anneaux, composée d'un ensemble de maillons non pas entrelacés intérieurement, mais adhérant extérieurement l'un à l'autre. [GERVAIS, 1992, p. 22]

Le rédacteur ajoute ce commentaire qui atteste bien que la merveille n'est pas une anomalie mais un phénomène inconnu de certains hommes qu'il faut célébrer comme une preuve de l'excellence de la Création divine:

> Si nous avons rappelé ces faits concernant la nature des pierres, c'est pour que notre état d'imperfection s'émerveille de ce que nous ne sommes pas capables d'expliquer, à cause de l'ignorance de notre faiblesse humaine: en effet, les impies à qui, comme dit Augustin, nous annonçons les miracles de Dieu, passés ou futurs, sans pouvoir en faire la preuve,

> les hommes impies, dis-je, nous en réclament l'explication ; or nous ne savons pas la leur donner, car les miracles excèdent les forces de l'esprit humain. Aussi estiment-ils que tout ce que nous disons est faux, alors qu'eux-mêmes ne peuvent pas rendre raison de ce que nous voyons tous les jours. [*Ibid.*, p. 22-23]

Considérée du point de vue de l'espace, la merveille est essentiellement exotique, comme l'atteste l'ouvrage de Marco Polo, un autre *Livre des merveilles* (dicté en 1298), où sont décrits des objets, des animaux, des coutumes qui frappent par leur caractère étrange, mais qui n'en sont pas moins des représentations du réel.

Nous définirons donc la merveille comme quelque chose de "naturel" (au sens où elle appartient bien à la nature entendue au sens de réalité), qui provoque l'étonnement (parce que la réalité à laquelle elle appartient se situe en dehors du champ de notre expérience), comme s'il s'agissait d'un phénomène surnaturel. Par conséquent, la merveille s'oppose, logiquement, au réalisme magique, où, au contraire, il s'agit de phénomènes surnaturels qui ne provoquent pas l'étonnement.

Pourtant, nos romans comportent des merveilles, qui fonctionnent à l'égard du réalisme magique "ambiant" sur le régime de la complémentarité. Certes les deux modes s'opposent : la merveille met à distance ce qui est familier, là où le réalisme magique présente comme évident ce qui est surnaturel ; mais ils créent tous les deux une forme de déplacement de la perception ordinaire.

C'est sur le mode de la merveille que fonctionnent les aimants de Melquiades (*CAS*, p. 9), qui font écho à la pierre d'aimant de Gervais de Tilbury mentionnée plus haut, tout comme la glace (p. 26-27) ou le train et ce qu'il transporte (cinéma, phonographe, téléphone, p. 247-249), mais aussi le kaléidoscope de Lifafa Das, présentant des vues des sites célèbres du monde entier (*EM*, p. 130-133) ou la barbe du vieillard que croisent les enfants à la fin de *La Fuite du temps* (*FT*, p. 569-570).

Le merveilleux

La merveille est toujours une image fixe, un motif, par opposition au récit qui avance : c'est une autre raison pour considérer qu'elle est *a priori* éloignée du réalisme magique. Avec le merveilleux, on a bien affaire à un récit : on pense donc se rapprocher du réalisme magique, d'autant qu'il partage avec celui-ci une caractéristique : l'absence d'étonnement. Comme l'a magistralement démontré Tzvetan Todorov, il constitue un genre ou un registre dont on admet par avance qu'il échappe à la logique mimétique, si bien que le surnaturel qu'il contient ne suscite pas l'étonnement : "Dans le cas du merveilleux, les éléments surnaturels ne provoquent aucune réaction ni chez les personnages ni chez le lecteur implicite" [1970, p. 49]. En revanche, il ne met en scène qu'un univers surnaturel, il opère un basculement dans un Autre Monde dont on ne sort jamais, alors que le réalisme magique juxtapose des univers naturel et surnaturel entre lesquels il fait des allers-retours.

Nos romans comportent parfois un moment de basculement dans un "Autre monde". On songe par exemple à la "réalité imaginaire" mise au point par Pilar Ternera, dans laquelle certains habitants Macondo ont la tentation de plonger après avoir été contaminés par la "peste de l'insomnie" :

> Nombre de gens succombèrent au charme d'une réalité imaginaire sécrétée par eux-mêmes [...]. Ce fut Pilar Ternera qui contribua le plus à répandre cette mystification quand elle eut l'idée ingénieuse de lire le passé dans les cartes comme, jadis, elle lisait l'avenir. Par ce biais, ces gens qui ne dormaient pas commencèrent à vivre en un monde issu des intercurrences et du hasard des cartes, où le souvenir du père s'identifiait bon gré mal gré à celui de tel homme brun arrivé début avril, et l'image de la mère à celle de telle femme brune qui portait un anneau d'or à la main gauche, et où telle date de naissance ne pouvait que remonter au dernier mardi qu'on entendit chanter l'alouette dans le laurier. (*CAS*, p. 59-60).

Quand cet Autre monde s'étend sur une longueur significative, on peut parler de registre merveilleux. Ainsi, dans l'épisode des Sundarbans des *Enfants de minuit*, Saleem et ses compagnons d'infortune qui viennent de déserter l'armée pakistanaise lors de la guerre d'indépendance du Bangladesh pour s'enfoncer dans la jungle du Sud, plongent dans un monde onirique : "Et c'est ainsi que Ayooba, Farooq, Shaheed et le Bouddha s'abandonnent aux terribles fantasmes de la forêt de songe" (*EM*, p. 639) ; dans leur pérégrination, ils perçoivent les cris accusateurs de leurs propres victimes dans le contexte de la guerre, contraignant les compagnons de Saleem à se boucher les oreilles, mais Saleem lui-même, nouvel Ulysse, persiste à vouloir les entendre (p. 644) ; ils finissent par être recueillis par "quatre jeunes filles d'une beauté dépassant toute description" (p. 645), rappelant les houris (le mot est employé dans le texte) promises aux hommes dans le paradis musulman (*jannah*) [Coran, sourate 56, versets 22-23 *et passim.*].

Les scènes d'enfants à la fin du roman chinois peuvent aussi fonctionner comme des passages relevant du merveilleux (*FT*, la dinette de Sima Lan et Lan Sishi, p. 454-455 ; les offrandes au dieu de la longévité, p. 487-494 ; l'enterrement, pour jouer, de Sima Lan, p. 617-620). Ces analyses ont toutefois un caractère relatif. Tout d'abord, on peut hésiter, à la lecture de ce passage, entre plusieurs interprétations : l'épisode des Sundarbans, par exemple, relève aussi bien du réel traumatique que du merveilleux. De plus, les analyses ne valent que si l'on isole les passages mentionnés du reste du roman : une fois replacés dans l'ensemble du roman, le principe de la juxtaposition avec l'univers réaliste est rétabli, entraînant l'abolition du merveilleux. On peut donc considérer le registre merveilleux comme une tentation à laquelle cèderaient les romans magico-réalistes.

Les romans comportent de nombreux motifs qui font songer au genre du conte merveilleux. Mais, s'ils restent à l'état de simples motifs, sans donner lieu à un récit dans la tonalité du conte, le fonctionnement merveilleux n'est pas vérifié. On peut néanmoins évoquer, dans le roman chinois, la malédiction de la maladie de la gorge obstruée qui empêche les habitants du village des Trois Patronymes de dépasser l'âge de quarante ans, appelant un "Héros" (Sima Lan et, avant lui, Lan Baisui et Sima Xiaoxiao) pour sauver les villageois "Victimes" de cette "Agresseur" que serait le destin, les termes de *Héros*, *Victime* et *Agresseur* renvoyant à la terminologie mis au point par Vladimir Propp dans son ouvrage *La Morphologie du conte* [Propp, 2015] : dans la mesure où une logique de conte imprime l'ensemble du roman que l'on analyse comme la tentative par des héros successifs, les chefs de village successifs de "réparer le méfait" dont sont victimes les villageois, *La Fuite du temps* peut être lu comme un conte, mais un conte parodique, puisque tous les héros échouent à rétablir l'ordre perturbé par la malédiction initiale.

Le fantastique

Avec le fantastique, on introduit dans la représentation romanesque une part de réalisme qui vient coexister avec le surnaturel, pour, bien souvent, le contrôler ou tenter de le contrôler en en livrant ou en en suggérant une explication naturelle. Cette coexistence entre les deux ordres s'établit donc sur le mode de la discontinuité : le surnaturel vient heurter le "naturel", suscitant chez le lecteur, relayé souvent par un ou plusieurs personnages et parfois par le narrateur, l'étonnement, l'interrogation, la perplexité. Si le fantastique pur veut qu'aucune explication ne soit donnée sans quoi le surnaturel se dissout dans un naturel "étrange" [TODOROV, 1970, p. 46], il reste que, si l'explication n'est pas fournie par le narrateur, *a minima*, dans l'expérience de lecture, le lecteur est amené à émettre des hypothèses d'explication, en se disant par exemple que le phénomène surnaturel doit être rapporté à la vision d'un personnage dont le fonctionnement psychique s'écarte de la norme.

À l'inverse du fantastique, dans le réalisme magique, c'est la continuité qui caractérise les deux ordres, naturel et surnaturel, ce qui se traduit par une absence d'étonnement, comme le formule Vincent Message dans sa préface à *Cent ans de solitude*, où des "événements qui sortent nettement de l'ordre du possible, sont racontés sur le ton de l'évidence, affirmé mais placide" [*CAS*, p. i]. Il faudrait toutefois préciser qu'il s'agit une *relative* absence d'étonnement, car il arrive assez souvent que l'étonnement soit thématisé à la marge, ainsi dans la scène de *La Fuite du temps* où Du Bai, surprenant son père couché dans son cercueil, commence par traiter son père de "fou" (*FT*, p. 253), après quoi les deux personnages entament une conversation on ne peut plus ordinaire.

Quoi qu'il en soit, les deux régimes, fantastique et magico-réaliste, sont *a priori* incompatibles : soit le lecteur éprouve une "hésitation entre explication naturelle et explication surnaturelle" [TODOROV, 1970, p. 37], c'est-à-dire sur le sens à donner aux phénomènes surnaturels (régime fantastique), soit il est amené, par la façon dont le récit est conduit, à admettre que ces phénomènes puissent advenir (régime merveilleux), du moins à l'intérieur de la fiction, car il sait parfaitement que ce n'est pas le cas "dans le monde réel". Or, la situation semble plus compliquée dans le cas des *Enfants de minuit*, où le récit est pris en charge de bout en bout par un personnage-narrateur (sauf dans l'épisode des Sundarbans où il est conduit à la troisième personne,

Saleem ayant perdu son individualité), si bien que, conformément à la logique fantastique, le lecteur peut toujours rapporter le surnaturel à la vision subjective de ce personnage. Le lecteur peut ainsi considérer, en s'appuyant sur des éléments du texte, que Saleem est un être fragile sur le plan psychologique et que c'est son imagination pathologique qui donne à son récit une coloration hors norme. Le profil pathologique est bien suggéré lorsque Saleem affirme se sentir responsable de la mort de son oncle Hanif (car il a couché avec sa femme Pia pendant son "exil"), de son voisin Homi Catrack (car il a envoyé une lettre anonyme au commandant Sabarmati pour dénoncer sa liaison avec la femme de celui-ci), mais aussi de son grand-père… et de Nehru (*EM*, p. 491). Il imagine ensuite qu'Indira Gandhi se serait servi de son oncle Mustapha, un haut fonctionnaire, qu'elle aurait contraint à constituer un dossier désigné sous le sigle de "C.E.M" (pour Congrès des enfants de minuit), afin d'éliminer les enfants de minuit, ses rivaux (p. 751-752).

On peut penser que l'origine de la pathologie de Saleem est la coïncidence entre sa date de naissance et celle de l'indépendance de l'Inde, entre sa venue au monde et le discours prononcé par Nehru devant l'Assemblée (*EM*, p. 201-207), qu'il a interprétée en destin, ce qui explique qu'il soit convaincu que ce sont ses agissements individuels qui sont à l'origine des événements historiques collectifs de son pays. La chanson qu'il chante après avoir percuté à vélo les manifestants gujarati de Bombay devient le "chant de guerre" de cette communauté linguistique : "sur l'air de ma petite chanson, la première émeute linguistique fit quinze morts et plus de trois cents blessés" (*EM*, p. 341), semble dire un enfant pas peu fier de jouer à l'âge de dix ans un rôle historique. De même, Saleem pense avoir contribué au coup d'État d'Ayub Khan au Pakistan, pour avoir déplacé sur la table du repas chez sa tante Emerald et son oncle Zulfikar, "le ragoût au piment" ainsi que "les salières et les bols de chutney", figurant les différents groupes armés qui agiront au moment venu pour s'emparer du pouvoir : "j'aidai mon oncle à faire la révolution" (p. 511).

Comme un fou qui cherche à justifier ses raisonnements inappropriés, Saleem ira jusqu'à échafauder une théorie de la causalité inversée (*EM*, p. 421-422), par laquelle un individu déclenche par son action un événement historique, soit de façon littérale (le chant gujarati de Sima Lan devient un "chant de guerre"), soit de façon métaphorique (les mutilations corporelles de Saleem renvoient à la partition de l'Inde qui est amputée du Pakistan en 1947, puis du Bangladesh en 1971). Saleem va jusqu'à appliquer sa théorie à son grand-père Aadam Aziz qui, comme lui-même, serait capable d'être à l'origine d'événements historiques majeurs comme la fin de la Première Guerre mondiale : dès lors qu'il tombe amoureux de Naseem, après avoir vu son visage, Aadam semble en effet provoquer la défaite de l'Allemagne (p. 45-46). De même, Saleem associe la naissance de son "fils" l'autre Aadam (Sinai) qui clôt le roman, avec la proclamation de l'état d'urgence par Indira Gandhi (p. 737).

Ainsi, tout le récit étant porté par ce personnage peu fiable, le lecteur est amené à douter de sa véracité, exactement comme dans un récit fantastique. Du reste, Rushdie crée au moins deux personnages qui rappellent les contes fantastiques du XIXe siècle, dans le goût gothique. Mary Pereira est hantée par le fantôme de Joseph D'Costa, qu'elle croit voir une première fois dans la tour de l'horloge près du domaine de Methwold ("Mary Pereira, debout devant ma fenêtre, remarqua une ombre qui se déplaçait sur les toits, [...] qui l'emplit d'une terreur non identifiable", *EM*, p. 261) puis à nouveau, quelques années plus tard : "Visible [...] seulement par [elle], [le fantôme de Joseph] commença à la poursuivre dans toutes les pièces de la maison [...]" (p. 363) ; mais le narrateur (Saleem) intervient pour fournir l'explication du phénomène : en évoquant le "fantôme de sa conscience" (p. 364), il suggère que Joseph le révolutionnaire étant celui au nom de qui la sage-femme Mary avait interverti Saleem et Shiva (pour faire en sorte que l'enfant né dans une famille pauvre, c'est-à-dire Saleem, fils de Vanita, connaisse le sort de celui qui naît dans une famille riche, comme Shiva, fils d'Ahmed et Amina), son fantôme représente le sentiment de culpabilité d'avoir commis un tel forfait. Ainsi le surnaturel reçoit une explication rationnelle et, selon la terminologie de Todorov, le fantastique (Mary voit-elle vraiment un fantôme ?) se résout en "étrange" (elle ne fait que concevoir du remords pour son "acte révolutionnaire", p. 206). Saleem le narrateur procède de même à propos des fantômes que Zafar, le cousin de Saleem, croit voir dans les marécages du Rann de Kutch et qui s'avèrent être finalement des contrebandiers (p. 591).

Le fantastique est donc bien vérifié dans le roman indien, mais en théorie seulement car, à vrai dire, le ton distancié, humoristique qui marque constamment la narration empêche d'éprouver la peur ou l'inquiétude est censée saisir le lecteur d'un récit fantastique.

Le réalisme magique *stricto sensu*

Confronté aux autres diverses modalités d'un récit qui contrevient aux normes du récit réaliste conventionnel, le réalisme magique se définit de façon restrictive comme la coexistence de deux logiques de représentation fictionnelle, l'une réaliste, l'autre accueillant des éléments surnaturels, selon un mode qui est, par opposition au fantastique, l'absence d'étonnement ou d'inquiétude, ou, pour le dire positivement, la neutralité. On peut envisager deux façons de s'écarter de cette neutralité : l'une est l'adhésion, mais alors on rejoint ce que Charles Scheel définit comme le réalisme merveilleux (nous n'intégrons pas ici cette notion connexe du réalisme magique, que nous avons analysée plus haut) ; l'autre est la distance ironique, voire railleuse, que nous analyserons sous la rubrique du "surnaturel moqué".

D'autres critères, moins formels, sont susceptibles de caractériser le réalisme magique, comme la configuration générale de l'espace représenté que nous avons analysé plus haut, opposant un centre subjectif qui est en fait un espace périphérique soumis à un centre objectif qui reste le plus souvent implicite. Toutefois, si les romans colombien et chinois entrent bien dans ce schéma, c'est moins clair pour le roman de Salman Rushdie : *Les Enfants de minuit* comporte certes des espaces périphériques qui se pensent comme le centre du monde, comme Methwold ou Bombay en général, peut-être aussi le Cachemire d'où est originaire le grand-père Aadam Aziz, mais, d'une part, le centre politique, New Dehli, est bien représenté (*EM*, p. 686-699) et, surtout, ces lieux ne font pas l'objet d'une mythologisation aussi poussée que Macondo et le village des Trois Patronymes. Cet écart du roman indien par rapport aux deux autres romans s'explique par le fait que *Cent ans de solitude* et *La Fuite du temps* relèvent d'une logique fondamentale autocentrée et cyclique, alors que *Les Enfants de minuit* épouse la linéarité d'une histoire évolutive.

En revanche, on relève une orientation générale commune entre les trois romans, plus nettement il est vrai entre les romans colombien et indien, qui se lisent comme le récit de la disparition d'un monde présenté comme un idéal subjectif. Macondo s'engage dans un processus de disparition à partir du chapitre XVI, lorsque la pluie tombe pendant cinq ans (*CAS*, p. 344), puis à partir de la mort d'Ursula (dernière représentante de la génération initiale ayant fondé le village, p. 375). Concernant *Les Enfants de minuit*, plusieurs lieux symboliques disparaissent :

le domaine de Methwold, tout d'abord racheté en partie par les "femmes de Narlikar" (*EM*, p. 467-468), puis détruit (p. 477-478), à l'image de l'Inde d'avant l'Indépendance ; parallèlement, le Congrès fictif (*Conference* dans l'original) que forment les enfants de minuit se disperse, une première fois (p. 525-526), puis définitivement après l'opération de stérilisation sous les auspices de la cheffe du Parti du Congrès historique (p. 770-771) ; autre disparition symbolique : celle du ghetto des magiciens à Delhi, détruit par des bulldozers (p. 754-758) ; c'est enfin Bombay qui paraît tout d'abord complètement transformé aux yeux de Saleem (p. 793-794), puis, au terme du roman, est symboliquement désintégré avec le motif final de la bombe de Bombay, associée à Saleem lui-même (p. 812).

Pas de disparition du village des Trois Patronymes dans le roman chinois, même si, à un moment donné, au plus fort de la famine, il semble que le récit s'oriente dans cette direction : les villageois quittent le village pour aller mendier de la nourriture, et se dispersent : "Ils arrivent à un croisement et Sima Xiaoxiao ordonne : Séparons-nous. Lan Baisui quitte le groupe, entraînant à sa suite tous les Lan. Quelques lis plus loin, un nouvel embranchement. [...] Du Yan s'y engage, avec ceux de son patronyme. Et ils continuent ainsi à se scinder en petits groupes à chaque croisement, laissant quelqu'un à chaque village" (*FT*, p. 558) ; mais au bout de quinze jours, les villageois reviennent au village des Trois Patronymes.

C'est plutôt la disparition d'une époque que met en scène Yan Lianke, du moins selon une certaine lecture du roman. En effet, Sima Lan, le personnage principal, incarnerait, selon cette analyse, le dernier représentant d'une époque idéale, fondée sur des valeurs authentiquement communistes, comme le primat de la collectivité sur l'individu, par opposition au modèle d'épanouissement individuel, essentiellement fondée sur le "système de marché" (*mǎimài*, ou *shengyi*, le terme utilisé pour les "commerce[s] de chair"), consistant à vendre (*mài*) et acheter (*mǎi*). Ainsi, lorsque Du Bai impose au chef du village Sima Lan d'appliquer les nouvelles dispositions de la politique de l'Ouverture relatives à l'économie de marché, il s'exclame : "Mais si tout est redistribué, il n'y aura plus de volonté commune [*renxin*, littéralement "cœur humain", mais l'expression renvoie à l'idée de "volonté populaire"] !" (p. 321). Toutefois, il ne faut pas croire que Yan Lianke regrette l'époque maoïste : il se moque bien souvent de ce personnage attaché à l'ancien monde. Il reste que cette époque est celle de son enfance, et qu'elle s'accompagne d'une certaine nostalgie : la structure inversée du roman mime cet élan nostalgique vers l'enfance. Sur un plan philosophique, le roman décrit un éloignement progressif du Dao, c'est-à-dire le passage d'un état de fusion dans le Dao à celui des déterminations ou discriminations (*fen*), qui entraînent la dysharmonie entre les hommes d'une part et entre les hommes et la nature d'autre part (v. Thématiques, Le temps, Yan Lianke).

À l'échelle non plus de la structure générale, mais des motifs, le réalisme magique au sens strict est vérifié chaque fois qu'un phénomène surnaturel ne suscite pas l'étonnement. Il faudrait alors distinguer entre deux sortes de motifs : ceux qui s'inscrivent dans une tradition littéraire, parfois folklorique, et ceux qui résultent manifestement de l'invention des romanciers. Les premiers, par le processus de référentialité qu'il engage, peuvent être interprétés en termes de parodie, et relever par conséquent de l'ironie, ce qui contredit alors le principe de neutralité que nous avons posé dans la définition du réalisme magique *stricto sensu*. Ainsi, le motif du tapis volant, qui apparaît dans *Cent ans de solitude*, est d'emblée associé au folklore : le traitement ironique est confirmé par le texte même qui qualifie d'"amusette" (*CAS*, p. 41) cette nouveauté apportée par les gitans à Macondo. De même, les sauterelles qui envahissent les champs autour du village des Trois Patronymes (*FT*, p. 440-448) rappellent aussitôt la huitième plaie de l'Égypte dans l'Ancien Testament (Exode, 10:13-19), d'autant que l'on peut suivre l'exode des Hébreux conduits par Moïse (mais pas l'épisode des sauterelles) dans les exergues du livre IV. Nous reviendrons sur ce genre de motifs dans le surnaturel parodié.

Seul le second type de motifs, entièrement inventé par les romanciers, pourrait donc être qualifié de *magico-réalistes*. Mais en fait, ces motifs entièrement neufs sont assez rares dans les romans. On peut mentionner l'apparition des papillons jaunes autour de Meme quand elle pense à son amoureux Mauricio Babilonia (*CAS*, p. 315) ou la scène où Du Bai surprend son père installé dans son cercueil (*FT*, p. 252-257). Salman Rushdie a tout de même créé un certain nombre de motifs ou de scènes relevant d'un surnaturel totalement neuf lorsqu'il utilise le procédé de la littéralisation, emprunté à la tradition fantastique (v. Thématiques, Mythes, Salman Rushdie). C'est le cas lorsqu'Ahmed, le père de Saleem, devient pâle, puis blanc, "secrètement ravi que [les médecins] fussent incapables d'expliquer le phénomène ou de lui prescrire un remède, parce qu'il avait toujours envié aux Européens leur pigmentation" (*EM*, p. 318). Dans cet exemple, Salman Rushdie applique littéralement ce qui relèverait en fait d'une comparaison ou d'une métaphore : Ahmed voudrait être comme un Européen à la peau blanche, donc il le devient dans l'ordre du récit magico-réaliste. Nous verrons toutefois que la plupart de ces phénomènes surnaturels peuvent recevoir une explication ou une interprétation qui les éloigne dès lors d'un réalisme magique pur.

En pratique, la plupart des motifs surnaturels, ne sont pas créés, inventés par les romanciers, mais puisés dans un imaginaire déjà formalisé. À propos de ces motifs surnaturels traditionnels, il faut néanmoins tenir compte de la compétence du lecteur, plus ou moins apte à repérer la référence de tel ou tel motif, et considérer que les motifs dont les références sont trop érudites relèvent bien du réalisme magique, même entendu au sens strict. Ainsi, l'insensibilité (hormis pour l'odorat) et l'amnésie de Saleem le bouddha dans l'épisode de la guerre d'indépendance du Bangladesh qui peuvent s'expliquer par le traumatisme de la perte de ses parents lors de la guerre précédente, renvoient aussi au détachement requis pour l'adepte du bouddhisme, vis-à-vis des sensations qui sont à l'origine de l'illusion généralisée dans laquelle vivent les hommes ordinaires. Saleem est décrit "assis sous un arbre" (*EM*, p. 613), ce qui rappelle le Bouddha historique qui connaît l'éveil ou illumination (*bodhi*) alors qu'il est assis sous un "figuier" (précisément un pipal, ou figuier des pagodes, *ficus religiosa*, ou encore "arbre de la bodhi"), référence qui est du reste expliquée par la suite : le "bouddha 'qui-a-atteint-l'illumination-sous-l'arbre-bodhi'" est "un prince qui, incapable de supporter la souffrance du monde, devint un non-vivant-dans-le-monde, tout en y vivant ; il était présent, mais aussi absent ; son corps était à un endroit, et son esprit était partout" (p. 615). On pourrait faire la même analyse à propos de la "soupe de longévité" (*FT*, p. 13) que concocte Du Bai, espérant vivre au-delà de quarante ans : la référence à l'alchimie interne de la tradition taoïste (v. Thématiques, Le narrateur, Yan Lianke). Dans ces exemples, la référence, même quand elle est explicitée, est peu familière à un lecteur non averti ; aussi peut-on considérer que, dans ce cas, le surnaturel conserve une fraîcheur qui le met à l'abri de la logique parodique.

Il faut aussi prendre en compte la modalité précise sous laquelle un auteur met en scène un motif traditionnel : c'est à ce niveau que peut se situer la part d'invention. Ainsi, le motif des pouvoirs magiques attribués à un ou plusieurs personnages est bien ancré dans la tradition du conte. C'est aujourd'hui le principe même de la plupart des romans de *fantasy* ou des films sortis des studios Marvel. Mais la modalité précise sous laquelle apparaissent ces pouvoirs magiques varie selon les auteurs. On rencontre ce motif de façon furtive dans *Cent ans de solitude* : Aureliano (2e génération, le futur colonel) parvient, à l'âge de trois ans, à déplacer des objets à distance (c'est la télékinésie) : il déplace ainsi une "marmite de bouillon brûlant", "bien posée au milieu de la table" pour la faire tomber par terre, au grand dam de sa mère (*CAS*, p. 24). C'est toutefois le roman indien qui présente le plus de personnages dotés de pouvoirs magiques : non seulement Saleem, qui commence par entendre des voix (non seulement celles des enfants de minuit, mais de toutes sortes de personnes de son entourage, *EM*, p. 289-294) et même par percevoir les pensées intérieures d'autrui (on parle alors de "télépathie", p. 299), et qui finit par sentir (il va humer les parfums de la ville de Karachi, p. 557-561 ; puis met son pouvoir au service de l'armée pakistanaise, en devenant "homme-chien", p. 611), mais aussi bien chacun des enfants de minuit (p. 352-356) : ainsi Parvati a le don de guérison (elle guérit Saleem de ses mutilations, p. 705-707) et de magie (elle fait disparaître Saleem dans un panier à linge, p. 667-338, mais, dans la mesure où elle renvoie au tour de prestidigitation bien connue, cette modalité est sans doute à interpréter en termes parodiques) ; de même, conformément à la religion hindoue, Shiva possède le don de destruction (il s'est illustré lors de la guerre indo-pakistanaise de 1971, p. 655 ; et c'est lui qui dirige la destruction du ghetto des magiciens, p. 756). On peut encore mentionner Mian Abdullah qui, par le bourdonnement qu'il produit, fait éclater l'œil d'un de ses assassins (p. 83-84, cette modalité du pouvoir magique fait écho à celle d'Oskar dans *Le Tambour* de Günter Grass) ou encore la prostituée Tai Bibi capable d'émettre des odeurs sur commande (p. 562).

On pourrait tout aussi bien analyser les diverses modalités du motif traditionnel de la rencontre avec un mort. Ainsi, les apparitions de Prudencio Aguilar, après que José Arcadio (1ère génération) l'a tué, ne se ressemblent pas. La première est conforme à la tradition fantastique : on nous fait comprendre que c'est la "mauvaise conscience" (*CAS*, p. 31) qui est à l'origine du fantôme. La seconde est bien plus originale puisqu'on présente un Prudencio Aguilar en quête de son ancien ennemi, devenu ami, et un José Arcadio nostalgique (p. 91-92). Le récit de la troisième apparition, survenant alors que José Arcadio est en train de mourir, avec sa "succession de chambres à l'infini" (p. 157-158), revêt une dimension poétique unique. De même, dans le roman chinois, l'apparition des esprits des parents défunts (*FT*, p. 149, p. 160, p. 186-188 et p. 384-386) ne comporte pas la dimension terrifiante qui caractérise presque toujours ce motif tant dans la littérature populaire (les contes *huaben*) que dans la littérature en langue classique (les nouvelles *chuanqi*).

Le réalisme magique *stricto sensu* est en définitive assez rare, mais il est possible de le repérer en tenant compte d'une part de la compétence du lecteur à propos des références littéraires, culturelles ou langagières (si elles lui échappent, le surnaturel relève du réalisme magique) et d'autre part de la modalité du motif surnaturel traditionnel employé (si elle est inventive, là aussi, on considèrera qu'on a bien affaire au réalisme magique).

Les procédés hyperboliques

Très souvent, le phénomène surnaturel tient à la façon dont les romanciers distendent, hypertrophie le réel. Nous traitons à part cette catégorie, mais, selon nous, elle relève pleinement du réalisme magique, car, dans ce processus de distension du réel, on repère bien le principe de continuité entre le "naturel" et le surnaturel. Toutefois, comme les motifs du réalisme magique *stricto sensu* que nous avons analysés, les multiples exagérations peuvent elles aussi faire l'objet d'une mise à distance ironique ou bien d'un traitement parodique : en ce cas, la continuité entre "naturel" et surnaturel se voit menacée.

Le procédé hyperbolique, qui est quantitatif, peut opérer par multiplication. Ce sont les "soixante-quatre hommes" qui défilent dans la chambre de la "mulâtresse" dans le bordel de Catarino (*CAS*, p. 64), les "dix-sept", voire les cent fils d'Auréliano (p. 238-239 et p. 244, où l'on mentionne un Aureliano le Centième), les "soixante-huit camarades" que Meme ramène à la maison (p. 286), les mille et un enfants de minuit (*EM*, p. 347), les innombrables plats que les villageois commandent dans un restaurant du chef-lieu de district (*FT*, p. 280-284). C'est encore l'âge très avancé qu'atteignent certains personnages : on songe à Ursula qui meurt à un âge situé "entre cent quinze et cent vingt-deux ans" (*CAS*, p. 376), battue sur ce terrain par la prostituée Tai Bibi, de "cinq cent douze ans" (*EM*, p. 561).

L'hyperbole peut aussi consister en l'élargissement, la distension d'un phénomène à l'origine plausible dans le monde réel : ainsi, la vente de peau par la dimension des surfaces prélevées (20 cm pour Sima Lan, *FT*, p. 287), mais surtout par la fréquence du motif, devient un phénomène surnaturel. Cette distension peut se trouver non dans le contenu du récit, mais sur l'espace de la page : c'est le procédé de l'énumération, par exemple lorsqu'on fait le bilan des coûts que représente la construction du canal dans *La Fuite du temps :* "Il a fallu trente mille mètre cubes de terre, cent dix mille mètres cubes de pierres [...]" (p. 154), mais ce peut être aussi le nombre de pages consacré à un même épisode ou un même motif, comme dans le passage où l'on détaille les mutilations infligées à Saleem par son professeur de géographie, M. Zagallo (*EM*, p. 406-411).

Nous allons à présent nous éloigner du réalisme magique au sens strict en envisageant trois mises à distance que l'auteur et / ou le lecteur pratiquent à l'égard du surnaturel, entraînant une rupture avec le principe d'évidence qui caractérise le mode magico-réaliste. Le surnaturel peut être expliqué, moqué ou encore parodié.

Le surnaturel expliqué

Le surnaturel constitue une forme de résistance à l'intelligence humaine. Aussi appelle-t-il de lui-même une explication. Ce phénomène s'applique à toutes les formes de surnaturel, si bien que toutes les catégories de surnaturel que nous avons distinguées jusqu'à présent peuvent donner lieu à la recherche d'une explication.

Le surnaturel peut être expliqué à l'intérieur du récit lui-même, sur la base d'indices fourni par le texte. Si le récit a une tonalité fantastique, cette explication se résout dans ce que Todorov nomme l'"étrange" : "Si [le lecteur, sinon le personnage] décide que les lois de la réalité demeurent intactes et permettent d'expliquer les phénomènes décrits, nous disons que l'œuvre relève d'un autre genre [que le fantastique] :

l'étrange", ou le "surnaturel expliqué" [Todorov, 1970, p. 46 et p. 47]. Ainsi, le festin que partagent les villageois de *La Fuite du temps* alors que la famine sévit (*FT*, p. 543-548) a quelque chose de surnaturel.

Or, Yan Lianke fournit un indice avec l'exergue du chapitre précédent, qui est une citation des cailles tombant du ciel alors que les Hébreux traversent le désert, affamés (Nombres, 11:31-34 et *FT*, p. 528) : il ne faut pas confondre cet épisode de l'Ancien Testament avec celui de la manne céleste ; ces cailles ne sont pas un don de Dieu, mais la conséquence du vent que Dieu fait souffler ; en fait, les Hébreux commettent un acte non-conforme en ramassant, puis en mangeant les cailles ; c'est pourquoi Dieu se met en colère et les "frappe d'une très grande plaie". En plus de l'exergue qui constitue un indice, le texte fournit l'explication du festin surnaturel en mettant en scène les enfants, conduits par Sima Lan, qui découvrent que les corbeaux dont se repaissent les adultes sont en fait attirés par les cadavres des enfants exposés (p. 549).

En l'absence d'indice ou d'explication explicite, le surnaturel expliqué se résout en une allégorie. Toujours dans le roman chinois, la vente de chair comme la vente de peau renvoie (par métonymie) à l'économie de marché à laquelle s'est convertie la Chine depuis l'Ouverture. De même, l'activité de la compagnie bananière dans *Cent ans de solitude* (*CAS*, p. 250 *sqq.*) renvoie non seulement à l'authentique United Fruit Company, mais plus généralement à l'emprise économique des États-Unis sur les pays de l'Amérique du Sud. Les mutilations successives de Saleem – sa surdité de l'oreille gauche, consécutive à la gifle que lui donne Ahmed (*EM*, p. 293), les cheveux arrachés par le professeur de géographie M. Zagallo (p. 410), un doigt sectionné lors d'une bagarre (p. 415), les sinus que l'on vide dans son nez (p. 534) et, enfin, la bombe finale qui le désintègrera ("je suis la bombe de Bombay", p. 812) – renvoient non seulement à la partition de l'Inde, mais surtout à une disparition progressive de l'Inde d'avant 1947, entendue comme un espace où prévaut le pluralisme culturel.

L'allégorie telle que nous l'avons définie ne repose pas sur des indices précis dans le texte, mais elle est tout de même conforme au sens global que portent les romans : elle s'inscrit dans une cohérence générale qui est bien un apport du texte lui-même. Nous parlerons d'interprétation quand l'explication d'un phénomène surnaturel représenté dans la fiction s'opère plutôt dans l'acte de lecture, c'est-à-dire quand elle tient moins à l'auteur qui, de façon plus ou moins précise, plus ou moins diffuse, peut orienter le sens du roman, qu'au lecteur, libre d'interpréter ce qu'il lit.

Cette interprétation peut rapporter le texte à divers champs d'explication : personnel, politique et métalittéraire. Dans le champ personnel, elle consiste à comprendre le surnaturel en fonction d'une expérience vécue par l'auteur : c'est l'autobiographie ou la psychanalyse qui peut alors rendre compte de ce qui paraît insolite. Il est vrai que les trois romans disent la perte progressive et douloureuse de l'enfance, dans une tonalité nostalgique.

On a interprété de nombreux motifs ou scènes relevant du surnaturel en termes politiques. Ainsi la "peste de l'insomnie" (*CAS*, p. 56-58), dont le symptôme est l'amnésie, renvoie certainement à la perte de la mémoire du passé pré-colonial, d'autant que le diagnostic initial réalisé sur Rebecca est fait par Visitacion, une Indienne guajira (v. Thématiques, Le narrateur, Gabriel García Márquez). Selon la même logique, on peut interpréter la maladie de la gorge obstruée du roman chinois comme une image de la censure et de l'absence de liberté d'expression. Les exemples sont sans doute moins nombreux dans *Les Enfants de minuit* sans doute parce que le narrateur fournit les indices qui permettent d'interpréter le sens politique associé au surnaturel : l'interprétation n'est donc plus le fait du lecteur.

Le lecteur est tenté d'élaborer une interprétation en termes de réflexion sur l'activité romanesque elle-même chaque fois qu'il rencontre des motifs renvoyant à un acte de création ou de recréation, comme le laboratoire de daguerréotypie mis en place par José Arcadio à l'instigation de Melquiades (*CAS*, p. 61) ou bien l'usine de bocaux de chutney présenté comme une merveille, que l'on décrit à la fin du roman indien (*EM*, p. 806-809), mais il est vrai que dans ce cas l'interprétation est en grande partie inscrite dans le texte lui-même.

Relèvent enfin du surnaturel expliqué les prodiges qui sont des phénomènes surnaturels appelant une interprétation. La pluie qui ne cesse de tomber sur Macondo pendant presque cinq ans (*CAS*, p. 344) et la sécheresse de dix ans qui lui succède (p. 361) qui font que "les oiseaux désorientés frappaient les murs comme des volées de plomb et rompaient les grillages des fenêtres pour venir mourir dans les chambres" (p. 376) annoncent bien évidemment la disparition du village.

On trouve des prodiges similaires dans *Les Enfants de minuit* : "on avait vu exploser des comètes au-dessus de Back Bay ; on disait avoir vu des fleurs saigner du sang ; et, en février, les serpents s'échappèrent de l'institut Schaapsteker" (*EM*, p. 243). Quant aux prodiges dans le roman chinois, ils ont déjà fait l'objet d'une analyse (v. Thématiques, Mythes, Yan Lianke).

Il faut bien avoir à l'esprit que dès lors qu'il est expliqué, notamment en développant une interprétation sur un plan personnel, politique, métalittéraire, cosmique ou encore philosophique, le surnaturel est en quelque sorte neutralisé, nié dans ce qui le définit en propre, puisque l'explication consiste précisément à le soumettre à un système de normes rationnelles qui, en définitive, permettent de le "naturaliser".

Le surnaturel moqué

Le surnaturel moqué opère la même négation du surnaturel puisque la satire des croyances ou pratiques revient à en nier la légitimité, même quand le ton sur lequel s'opère la critique est bienveillant. Certaines croyances sont assimilées à de la superstition, et, dès lors, sont non pas condamnées à proprement parler, mais présentées avec distance et ironie. La potion à base d'"herbes de la virilité" de Padma pour guérir l'impuissance de Saleem (*EM*, p. 343) et celle de Parvati pour soigner la tuberculose de Aadam Sinai (p. 743-744) sont tout aussi inefficaces que la "soupe de longévité" (*FT*, p. 13) de Du Bai. La lévitation du Père Nicanor Reya ("Personne ne mit en doute l'origine divine d'une pareille démonstration, excepté José Arcadio", *CAS*, p. 97) et l'assomption de Remedios-la-belle (que les "étrangers" désignent comme une "mensongère histoire de lévitation", p. 262) subissent la charge satirique de Gabriel García Márquez contre la religion chrétienne. Yan Lianke raille, de même, le "seigneur du ciel" (*FT*, p. 512), c'est-à-dire le "Vieux Ciel" (*Lao Tian*), cette divinité populaire que l'on accuse d'avoir contraint les villageois à exposer leurs enfants infirmes pour pouvoir survivre à la famine, alors qu'il s'agit bien d'une décision qui leur incombe à eux. Salman Rushdie aussi se moque de la fabrication des gourous, à travers le "Seigneur Khusro" (p. 474), *alias* son ancien camarade Cyrus Dubash, que sa mère, une "fanatique religieuse" (p. 473) a transformé en chef de secte.

Le surnaturel parodié

Parfois, les romanciers recourent à des motifs surnaturels tellement marqués par la tradition qu'ils sont perçus comme relevant d'une logique parodique. Les créatures chimériques nées sous la plume de Gabriel García Márquez, comme les "cétacés à la peau délicate, avec une tête et un tronc de femme" (*CAS*, p. 19) et, bien entendu, les deux enfants de la famille Buendia affublés d'une queue de cochon (p. 29 et p. 448). Certaines mises en scène de la mort empruntent au registre gothique comme la danse macabre des sept morts du chantier du canal dans *La Fuite du temps* (*FT*, p. 199) ou la mort venant "en personne" chercher Amaranta : "Elle la vit par un midi brûlant, en train de coudre à côté d'elle sous la véranda [...]. [L]a mort était une femme vêtue de bleu, aux cheveux longs, l'air un peu passé de mode [...]. [Elle] ne lui précisa pas quand elle devait mourir [...] mais elle lui donne à l'ordre de commencer à tisser son propre linceul" (*CAS*, p. 305-306).

Les romans imitent parfois le genre du conte : Yan Lianke semble s'inspirer du *Petit Poucet* dans l'épisode de la famine où les enfants, en particulier les six frères Sima et les sept sœurs Lan, sont sur le point de mourir de faim et, pour certains, exposés à la mort dans une "ravine profonde", "derrière la crête ouest" (*FT*, p. 518) ; Salman Rushdie pastiche le style du conte : "Il était une fois, dans la lointaine principauté de Kif, au nord, un prince qui avait deux très belles filles, un fils d'allure également très belle, une Rolls Royce toute neuve et d'excellents contacts politiques" (*EM*, p. 564) ; les deux dernières mentions ; la "Rolls Royce" et les "contacts politiques" associés par zeugme aux personnages attendus du conte de fées relèvent d'une logique burlesque.

Le mythe est encore une forme de surnaturel que les auteurs introduisent dans leurs romans en suivant, semble-t-il, une logique ludique. Par l'onomastique, Salman Rushdie convoque une série de figures mythiques : le couple constitué de Mary Pereira et Joseph D'Costa fait penser à Marie et Joseph du Nouveau Testament ; Ravana (*EM*, p. 125), désignant le groupe d'Hindous antimusulmans sévissant à Bombay, renvoie au monstre à dix têtes de la mythologie hindoue ; de même, Shiva, Parvati, Padma et Durga (p. 782) sont les divinités les plus importantes du Panthéon hindou ; enfin, de façon plus allusive, Saleem s'identifie à Ganesh, le dieu éléphant, sans doute en raison de son nez proéminent (p. 347), mais peut-être aussi parce qu'on attribue à Ganesh la rédaction du Mahābhārata ; dans la mythologie hindoue, le dieu est par ailleurs le fils de Parvati et Shiva : c'est pourquoi Aadam, le fils des personnages Shiva et Parvati, est doté de très grandes oreilles (p. 737).

L'usage du mythe est-il seulement ornemental ? Dans le cas du roman indien, cela semble le cas, ce qui ne signifie pas que le recours au mythe soit gratuit et ne serve finalement à rien : il permet de mettre en perspective le récit, de le déployer en lui conférant une dimension qui vient se superposer au niveau purement littéral.

Lorsqu'il éclaire le sens du récit, le mythe est plus qu'un emprunt effectué dans une logique globalement ludique et parodique. C'est le cas des références à la Genèse dans *Cent ans de solitude* (Genèse, Apocalypse et entre-temps le Déluge ; v. Repères et Analyses, Gabriel García Márquez), qui confèrent au roman la dimension d'une totalité close sur elle-même, ou de la figure de Sisyphe, qui fonctionne comme une ombre dans le roman de Yan Lianke, incarnant la lutte contre la mort et les efforts toujours recommencés (v. Repères et Analyses, Yan Lianke).

Le jeu parodique, entendu au sens large des pratiques intertextuelles, relève donc *a priori* d'une pratique ludique qui contribue à la jubilation du lecteur. Mais, les motifs ou figures parodiés, redoublant en quelque sorte le récit littéral, contribuent à augmenter la cohérence sémantique des récits. Enfin, certains de ces motifs sont en plus porteurs de sens, et contribuent dès lors à une compréhension plus achevée des romans.

Au terme de ce parcours de notions connexes à celle du réalisme magique *stricto sensu*, nous devons préciser que, le plus souvent, un même motif ou un même épisode donne lieu à des analyses qui croisent les différentes catégories passées en revue, lesquelles ne sont donc pas exclusives les unes des autres. Ainsi, le festin des corbeaux raconté dans le livre IV de *La Fuite du temps* (*FT*, p. 544-548) est à la fois un épisode fantastique qui se résout dans l'"étrange" (ce festin extraordinaire s'explique après coup), mais aussi traumatique (il prend sa source dans l'expérience de la famine et de ses conséquences), satirique (on vise la politique du Grand Bond en avant) et parodique (dans le sens où l'exergue rapportant le festin de cailles auquel se livrent les Hébreux relève d'un phénomène intertextuel).

En conclusion, l'expression *réalisme magique* pâtit d'une certaine confusion si l'on tente de la saisir dans l'histoire de ses usages. La définition théorique est plus opératoire certes, mais elle semble parfois éloignée de la réalité des textes. Nous avons donc voulu la replacer dans une chaîne continue de notions visant à circonscrire les diverses modalités d'une écriture romanesque ouverte au surnaturel. Le réalisme magique apparaît alors comme une façon de concilier prise sur le monde réel et maintien d'un esprit d'enfance qui s'emploie à préserver le surnaturel du démon de l'herméneutisme, cherchant à l'expliquer, l'interpréter et, en définitive, à le nier.

LA PRISE EN CHARGE D'UNE HISTOIRE NATIONALE

De façon plus ou moins explicite, les trois romanciers inscrivent leur récit dans un cadre général qui est celui de la grande histoire de leurs pays respectifs : la Colombie, l'Inde et la Chine (v. Thématiques, Histoire pour les trois auteurs).

QUELLE HISTOIRE ?

S'ils évoquent les origines du lieu de référence de leurs romans (Macondo, le village des Trois Patronymes et Bombay), ils se concentrent toutefois sur l'histoire récente, en remontant suffisamment loin dans le temps pour que le lecteur ait l'impression d'une histoire longue. Cette histoire incorporée dans les romans se caractérise enfin par une violence, source parfois de traumatismes collectifs.

Les origines

Les origines évoquées par les trois romanciers sont plus ou moins lointaines. C'est Salman Rushdie qui remonte le plus loin. Saleem décrit, dans un temps d'avant l'histoire, "le plus grand port naturel d'Asie", où les "premiers" hommes étaient des pêcheurs (*EM*, p. 161) : bref, il esquisse le récit d'un âge d'or. Il mentionne aussi le nom de la déesse tutélaire de Bombay. Mais il évoque aussitôt la colonisation portugaise, puis la colonisation anglaise (p. 162). Le ton est inhabituellement lyrique et le registre élégiaque : "Où sont maintenant les premiers habitants ?" (p. 163). Mais Salman Rushdie ne fait pas de l'origine mythique de Bombay un absolu puisque même la déesse semble avoir disparu de la mémoire des habitants de la ville : elle disparaît du calendrier (p. 164), évincée par Ganesh. Du reste, en se référant au comput de la tradition hindoue, Saleem nie la notion même d'un absolu temporel : sa naissance est replacée dans l'ère appelée Kali-Yuga, d'une durée de de 432 000 années, ère elle-même comprise dans le cycle Maha-Yuga, dix fois plus long, lequel n'est qu'un dix-millième d'une journée de Brahma (p. 345).

Gabriel García Márquez ne remonte pas aussi loin : il n'évoque pas le temps d'avant la colonisation, mais fait au contraire de l'aventure coloniale une origine mythique ou légendaire, à laquelle les habitants de Macondo se réfèrent. Le début de *Cent ans de solitude* est en effet traversé par les traces des premiers colons : une ancienne "armure" datant du XVe siècle apparaît à la deuxième page (*CAS*, p. 10), des "pièces de monnaie coloniale" (p. 11), qui font partie du trésor familial d'Ursula, des "cartes portugaises" et des "instruments de navigation" (p. 12), ou bien encore un "énorme galion espagnol" (p. 20), gagné par la végétation.

Le passé le plus lointain dont on se souvienne est le temps du corsaire Francis Drake (c. 1540-1596), qui a causé à l'arrière-grand-mère d'Ursula un tel effroi qu'elle et son mari, un "commerçant aragonais" (p. 28), ont dû déménager de Riohacha, situé sur la mer, pour s'installer dans un hameau peuplé d'Indiens. De nouveau, c'est une figure venue d'Europe, Francis Drake, à tonalité mythique ou légendaire, qui est associée à l'origine des personnages principaux du roman, qui sont eux-mêmes des créoles au sens de personnes originaires d'Europe mais nées dans une colonie ou une ancienne colonie. Le roman n'ignore pas les Indiens, qui habitent le hameau où se réfugient les arrière-grands-parents d'Ursula, mais, privés de nom et d'histoire, ils ne sont pas constitués en personnages.

Les origines de la famille Buendia sont donc marquées par un premier exil de Riohacha vers le hameau indien auquel fait écho un second exil, du hameau vers Macondo, après que José Arcadio a tué Prudencio Aguilar. Ce second commencement ressemble à celui des trois familles qui fondent le village des Trois Patronymes dans le roman chinois. Une note du chapitre I nous apprend en effet qu'à la fin de la dynastie des Ming, dans la première moitié du XVIe siècle, les Lan, les Du et les Sima, venant de trois provinces différentes du Nord de la Chine, ont dû fuir la famine et se sont installées ensemble dans des "terres inhabitées" (*FT*, p. 21), qui deviennent leur village.

On remarque donc que pour Salman Rushdie et Gabriel García Márquez, l'histoire commence avec la colonisation. Avant les Espagnols en Colombie, avant les Portugais, puis les Anglais en Inde, il y a bien des hommes, mais García Márquez n'en parle guère et Rushdie les situe hors de l'histoire, en évoquant à la fois un cadre naturel (le port de Bombay) et une déesse mythique. La Chine n'ayant pas été à proprement parler colonisée, le problème ne se pose pas de la même façon pour Yan, qui inscrit d'emblée l'origine du récit dans un processus historique.

Une histoire récente

Les romanciers évoquent les origines historiques, légendaires et mythiques de leurs personnages, mais ils concentrent l'essentiel de leur récit sur une période récente. Il est admis que Gabriel García Márquez fait référence dans *Cent ans de solitude* aux événements de la Violencia, une guerre civile opposante libéraux et conservateurs en Colombie entre 1948 et 1958, qui serait transposée dans la guerre à laquelle participe le colonel Aureliano à partir de la fin du chapitre V (p. 113) jusqu'au chapitre IX (p. 201), mais certains indices, comme le traité de Néerlandia (p. 197), font penser que les événements de la fiction renvoient aussi à la guerre des Mille Jours (1899-1902) à laquelle a participé le grand-père du romancier. Dans une lecture mimétique, le terminus ad quem du roman serait donc le milieu des années 1950 (lors de la Violencia), soit une dizaine d'années avant le moment de sa rédaction : en 1965, au Mexique.

La structure narrative des *Enfants de minuit* repose sur une double temporalité, celle du personnage Saleem et celle du narrateur Saleem, mais le temps de l'énoncé et celui de l'énonciation se rejoignent – sommet du triangle isocèle dont les côtés représentent le présent et le passé (*EM*, p. 344) – à la page 803, lorsque Saleem le narrateur parle au présent pour boucler l'aventure de Saleem le personnage : "Aujourd'hui, je me suis donné un jour de congé et je suis allé voir Mary [Pereira, *alias* Madame Bragance], à l'usine de conserves", présent que l'on situe en 1978 (Saleem, né en 1947, a presque trente et un ans à la fin du roman, *EM*, p. 369-370, où il déclare avoir attrapé la même fièvre “il y a presque vingt et un ans” quand il avait dix ans, mais la traduction française, erronée, donne “il y a vingt-deux ans”), soit deux ans avant la publication du roman.

Le calcul proposé pour situer le roman de Yan Lianke dans l'histoire de la Chine (v. Repères et Analyses) envisage que le récit se termine en 1989, soit huit ans avant la publication, en 1998.

Une histoire longue

Le calcul évoqué à l'instant à propos de *La Fuite du temps* propose de compter une durée de quarante ans s'écoulant entre la naissance de la République populaire de Chine, en 1949, et les événements de Tian'anmen, en 1989, même si aucun de ces deux moments de l'histoire récente de la Chine n'est explicitement énoncé dans le roman. Cette durée est inférieure à celle qu'occupe le récit des deux autres romans. *Les Enfants de minuit* commence au moment du retour d'Europe d'Aadam Aziz, le grand-père putatif de Saleem, et la première date mentionnée est 1915 (*EM*, p. 29). Le roman s'étend donc sur une durée d'environ soixante-trois ans. La durée du roman de Gabriel García Márquez est annoncée dans son titre même : cent ans. Mais il faut considérer que ce chiffre a une valeur symbolique. On compte en effet sept générations qui se succèdent dans la famille Buendia, depuis le couple fondateur de Macondo, Ursula et José Arcadio jusqu'au dernier des Aureliano, l'enfant né et aussitôt mort dans les dernières pages du roman (*CAS*, p. 447-448), ce qui, selon une lecture réaliste bien entendu inappropriée, excède les cent ans en termes de durée.

Une histoire violente

La dernière caractéristique commune que nous relèverons à propos de l'histoire à laquelle il est fait référence dans les romans est la violence. L' histoire est tout d'abord rythmée par des guerres qui se répètent, tant dans *Cent ans de solitude*, avec les multiples conflits auxquels participe le colonel Aureliano, que dans *Les Enfants de minuit*, où l'on ne compte pas moins de quatre guerres : la guerre sino-indienne en 1962 à propos de l'Himalaya (*EM*, p. 524-525), deux guerres indo-pakistanaises, la première en 1965 (p. 594-604), à propos du Cachemire, et la deuxième en 1971 (p. 658-660), qui aboutit à l'indépendance du Bangladesh, elle-même précédée d'une guerre civile opposant l'armée du Pakistan (dans les rangs de laquelle sert Saleem) aux indépendantistes de la province du Pakistan oriental, futur Bangladesh (p. 609-619).

En plus des guerres, ce sont les massacres collectifs qui donnent à l'histoire mise en scène un caractère traumatique : le massacre des indépendantistes indiens par les troupes britanniques en 1919 (l'incident dit de Jallianwala Bagh, *EM*, p. 61-62) à Amritsar où séjourne le couple Aadam et Naseem alors en route pour Agra ; la fusillade perpétrée par l'armée nationale à la gare de Macondo à la suite de la grève générale déclarée par les ouvriers de la compagnie bananière (*CAS*, p. 331-336) – faisant écho au "Massacre des bananeraies" de 1928 –, précédée de la fusillade qui atteint la foule des Macondiens lors du carnaval des "matrones" (p. 223-224).

On peut assimiler à un massacre la famine décrite dans le livre IV du roman chinois, en écho à la "Grande famine de trois ans" (*San nian da jihuang*, 1959-1961) qui fit entre 20 et 30 millions de morts. De même, pour les actions meurtrières dirigées contre une communauté dans *Les Enfants de minuit* : le gang appelé Ravana, contre les musulmans, parmi lesquels Ahmed (*EM*, p. 126-127) ainsi que, sous le gouvernement d'Indira Gandhi, la destruction du bidonville où se trouvent les "magiciens" de Delhi (p. 754-756), à quoi succède la stérilisation des enfants de minuit à Bénarès (p. 770-771).

La violence peut aussi avoir une origine naturelle. C'est le motif du fléau repérable dans *Cent ans de solitude* et dans *La Fuite du temps :* la pluie de cinq ans, suivie d'une sécheresse de dix ans (*CAS*, p. 344 et p. 361) ou l'invasion des sauterelles (*FT*, p. 438-448), la peste de l'insomnie (*CAS*, p. 55) comme la "maladie de la gorge obstruée" (*FT*, p. 14).

On peut aussi relever la quantité de morts violentes survenant dans *Cent ans de solitude* : José Arcadio (2e génération, *CAS*, p. 159-160), Arcadio (3e génération, p. 135), Aureliano José (3e génération, p. 173-174), les dix-sept fils du colonel Aureliano, marqués d'une croix au front (p. 264) ainsi qu'Aureliano l'Amoureux, un autre de ses fils (p. 410), et enfin Mauricio Babilonia, qui reste "clou[é] au lit pour le reste de ses jours" (p. 320), tous fusillés. Leur font écho les pendus, certes moins nombreux, de *La Fuite du temps :* Sima Hu (*FT*, p. 213) et Lan Baisui (p. 220). Les romanciers recourent encore à d'autres modes opératoires mais toujours pour mettre en scène une mort violente : José Arcadio (5e génération) est noyé par les enfants qu'il ramenait du village (*CAS*, p. 410) ; Sima Xiaoxiao se laisse "dévorer par les corbeaux" (*FT*, p. 328). Enfin, certaines morts violentes ont lieu dans le cadre d'une guerre : c'est le cas des membres de la famille de Saleem, morts sous les bombes lors de la guerre de 1965 (p. 602-603 et p. 691-692), ainsi que deux de ses compagnons déserteurs après la guerre de 1971 : Ayooba (p. 652) et Farook (p. 656).

LES MODALITÉS DU RÉCIT HISTORIQUE

Comment l'histoire est-elle incorporée dans les romans ?

Une histoire partielle et partiale

Il s'agit toujours, quel que soit le roman, d'une histoire partielle dans la mesure où, par nécessité, nul récit ne saurait contenir toute l'histoire, même restreinte à l'espace d'un pays et à une période de temps définie. Ce ne peut être qu'une tentation irréalisable comme le laisse entendre la figure du peintre ami de Nadir Khan qui finira par se suicider et "dont les toiles étaient devenues de plus en plus grandes au fur et à mesure qu'il essayait de mettre la totalité de la vie dans son art" (*EM*, p. 85).

Partiale également car l'histoire passe nécessairement par le prisme d'une subjectivité. Celle des personnages : on songe d'abord à Saleem par le point de vue duquel toute l'histoire est en quelque sorte filtrée. Dans les autres romans, qui ne sont pas rédigés à la première personne, il arrive aussi que le récit soit momentanément pris en charge par un personnage. Ainsi, c'est par les yeux de José Arcadio le Second que l'on suit le transport en train de ce personnage juste après la fusillade de la gare (p. 336-337), ce qui donne lieu, à son retour à Macondo, à une dispute avec les villageois à propos du nombre de morts (p. 337-339) : version subjective contre version officielle, où est la vérité ? Mais l'histoire est partiale même sans le recours aux artifices de la voix subjective et de la focalisation interne, car le romancier n'entend pas au fond concurrencer l'historien, dont l'objectivité est elle aussi illusoire.

Une histoire explicite ou allusive

Les romans diffèrent grandement dans leur façon de se référer à l'histoire. *Les Enfants de minuit* est le plus explicite des trois : les événements historiques y sont clairement nommés et précisément datés. Ainsi l'incident de Jallianwala Bagh à Amritsar le "13 avril 1919" (*EM*, p. 61), les manifestations linguistiques dans l'état de Bombay en "février 1957" (p. 277), la victoire du Parti du Congrès aux élections de "1957" (p. 393), la tentative d'assassinat du Président pakistanais Ayub Khan le "1er avril 1965" (p. 587 ; en réalité, l'événement a eu lieu le 10 novembre 1968), la déclaration de l'état d'urgence par Indira Gandhi le "25 juin 1975" (p. 737), etc.

Parfois, les dates sont placées en tête de paragraphe, faisant du récit le pastiche d'une chronique historique objective, par exemple à propos de la guerre sino-indienne (p. 524). L'histoire explicite va jusqu'à citer (ou paraître citer) des extraits de journaux, comme pour cette même guerre sino-indienne : "Le 9 octobre – L'ARMÉE INDIENNE PRÊTE À UN EFFORT INTENSE" (*ibid.*), ou bien on cite un discours officiel, comme le discours de Jawahralal Nehru, le jour de l'indépendance de l'Inde, le 15 août 1947 (*EM*, p. 203-207).

Yan Lianke est également très explicite, en particulier dans les notes ajoutées à la fin de certains chapitres. Il explique ainsi, en historien, les transformations du dispensaire des grands brûlés (*FT*, p. 22), la visite de fonctionnaires de l'ONU (p. 216), l'aménagement des champs en terrasses, datant des "années soixante" (p. 354) ou encore la fabrication de l'acier pendant le Grand Bond en avant (p. 562 et p. 559). Il est tout aussi explicite lorsqu'il évoque les réformes concernant l'organisation administrative : les communes populaires et les coopératives de production en 1958 (p. 589-590), la redistribution des terres à la fin des années 1970 (p. 267), les comités de village remplaçant les brigades de production à la fin des années 1980 (p. 135).

Il se montre en revanche plus allusif lorsqu'à travers un motif, il renvoie à une phase de l'histoire de Chine : la vente de peau et le commerce de chair renvoient à l'économie de marché qu'adopte la Chine à la fin des années 1970 ; le canal de Lingyin peut renvoyer au Barrage des Trois-Gorges réalisé par la Chine communiste sur une période d'environ vingt ans ; la Révolution Culturelle conduite par Mao est suggérée sans doute par le chant à la phraséologie révolutionnaire qu'entonnent les ouvriers du chantier (*FT*, p. 357) ou par la scène de départ des villageois lors de la famine, lorsqu'ils agitent chacun un formulaire écrit à l'encre rouge (p. 552-553), rappelant les Gardes Rouges agitant le *Petit Livre rouge*. Le mode allusif repose alors sur un procédé métaphorique dans la tradition poétique chinoise (le *bi*).

Le romancier chinois recourt à un autre mode allusif, bien plus vague et diffus : les projets de chefs de village successifs, par exemple, se réfèrent sans précision et de façon générale à la politique volontariste, qui est une constante de l'histoire de la Chine. C'est aussi de cette façon que procède Gabriel García Márquez pour faire signe vers l'histoire de la Colombie : si le récit renvoie en effet à certaines périodes la guerre des Mille Jours et à la Violencia ou bien à certains événements comme le Massacre des bananeraies, il n'énonce jamais explicitement les références historiques, et parfois les confond volontairement, comme pour les deux guerres civiles.

Ces différences dans la façon d'incorporer l'histoire dans le roman tiennent sans doute à l'orientation esthétique que chaque romancier entend suivre. Le mode allusif s'explique par la volonté de se démarquer de l'histoire-chronique, mais sans doute aussi par la prudence vis-à-vis de la censure. Cela ne signifie pas qu'à l'inverse, le caractère explicite des références historiques fonctionne dans *Les Enfants de minuit* comme une soumission à la logique d'une histoire objective ; au contraire, il s'agit pour Rushdie d'affronter à bras-le-corps l'histoire officielle pour lui tordre le cou par le pastiche et la parodie.

Une histoire continue ou discontinue

La première impression à la lecture des romans est plutôt celle d'un récit où l'histoire intervient sur le mode de la discontinuité. Cela est dû au principe du va-et-vient entre grande histoire et histoire individuelle : l'histoire semble intervenir de façon toujours abrupte dans la vie des personnages. Cette irruption de l'histoire s'apparente chez Rusdie à des flashes d'informations, comme lorsque les personnages apprennent l'assassinat du Mahatma Gandhi, alors qu'ils regardent un film d'amour au cinéma (*EM*, p. 255). Dans le roman chinois, l'histoire intervient plutôt comme un bruit extérieur que le village des Trois Patronymes perçoit de loin, de temps en temps, et qu'ils tentent d'imiter avec plus ou moins de succès.

Mais on peut repérer une opposition générale entre un mode continu, celui des *Enfants de minuit* et de *La Fuite du temps*, où l'histoire se déroule étape par étape, tout au long de la durée de la période retenue, à un mode discontinu qui caractérise davantage *Cent ans de solitude*, où l'histoire est le plus souvent traitée par l'ellipse. Salman Rushdie et Yan Lianke pratiquent aussi l'ellipse : entre 1965 et 1970, c'est-à-dire entre la guerre indo-pakistanaise et la guerre civile opposant les deux parties du Pakistan, le narrateur se contente d'"introduire ici un gros plan comme dans les films de Bombay – un calendrier feuilleté par le vent, et les pages se suivent rapidement et disparaissent pour marquer le passage des années" (*EM*, p. 609). De même dans le livre III de *La Fuite du temps*, tout à coup, "[l]e temps s'accélère, ruban de soie qu'un magicien fait apparaître et disparaître" (*FT*, p. 327), si bien qu'une période de six ans, pendant laquelle les villageois ont tenté de retourner la terre, est pratiquement passée sous silence. Mais, d'une part, ces ellipses sont rares et, d'autre part, elles se justifient par le vide historique des années qui ne sont pas décrites. De plus, l'impression générale à la lecture des *Enfants de minuit* et de *La Fuite du temps* est celle d'une fresque continue suivant de façon plus (Rushdie) ou moins (Yan) précise le cours de l'histoire.

Chez Gabriel García Márquez, en revanche, les guerres dans lesquelles s'engage le colonel Aureliano ne sont pas décrites ou font tout au plus l'objet d'un "récit" au sens dramatique du terme, comme celui de la "vieille femme toute cendrée" sous l'identité du colonel Gregorio Stevenson (*CAS*, p. 132-133), ou bien de télégrammes et de communiqués (p. 147-148). En fait, on ne quitte jamais Macondo où l'on voit partir, puis revenir, à de multiples reprises, le colonel. Il est vrai que l'autre référence historique du roman, le Massacre des bananeraies, n'est pas traitée par l'ellipse (p. 328-340), mais cet événement confirme l'impression d'une histoire discontinue par le caractère abrupt de son irruption dans le récit : "Le nouvel Aureliano [de la 6e génération] venait d'avoir un an lorsque la tension populaire, sans prévenir, explosa brusquement" (p. 328).

La continuité, que l'on peut percevoir dans le roman indien et le roman chinois, rapproche le récit de la chronique ou de la fresque mais l'impression de discontinuité qui domine chez les trois romanciers à des degrés divers et de façon différente renvoie à l'idée d'une histoire passée par le filtre de la subjectivité, lointaine mais pouvant néanmoins s'inviter tout à coup dans la vie de chacun, une histoire souvent dérangeante ou perturbatrice.

LES PERSONNAGES DANS OU HORS DE L'HISTOIRE

Il nous reste à analyser quel type de lien les personnages tissent avec l'histoire. On distinguera quatre modalités.

La participation

De façon attendue, le personnage participe à l'histoire en train de se faire, soit par son action, soit, au contraire, en subissant l'histoire. C'est ce que Saleem nomme, dans sa théorie des "modes de connexion" entre personnages individuels et histoire collective (*EM*, p. 421-422) la "combinaison" "active-littérale", par laquelle le personnage contribue à la marche de l'histoire, et la combinaison "passive-littérale", par laquelle "des événements nationaux [pèsent] directement sur" les personnages. Au titre de la participation active, Saleem mentionne le chant en gujarati qu'il a dû effectuer sur la demande des manifestants défendant cette langue, chant qui est devenu ensuite l'hymne de la cause gujarati

(p. 339-341), contribuant en définitive à la partition de l'État de Bombay. Bien entendu, cette participation active relève du fantasme mégalomaniaque de Saleem, si bien qu'elle comporte déjà un caractère métaphorique (et non littéral). On peut aussi évoquer l'engagement du colonel Aureliano dans la guerre aux côtés des libéraux (sur le modèle du grand-père de Gabriel García Márquez et du général Rafael Uribe Uribe) : le personnage entre ainsi dans le jeu de l'histoire.

Au titre de la participation passive (l'histoire subie), mentionnons l'exil plus ou moins forcé depuis l'Inde vers le Pakistan de la famille de Saleem (p. 500 *sqq.*), la "modernisation", sous la houlette d'Apolinar Moscote, de Macondo, où une école est construite, une garnison installée et le bordel éloigné (*CAS*, p. 103).

Les exemples semblent plus ambigus dans le roman chinois car on présente parfois une décision vraisemblablement imposée de l'extérieur comme un projet dont l'initiative revient apparemment au chef du village : c'est le cas de l'aménagement des champs en terrasses, mené sous la direction du "responsable Lu" venu du canton (*FT*, p. 362 *sqq.*), mais qui, au départ, se présente comme une décision du chef Lan Baisui, sous l'appellation "retourner la terre" (*fandi huantu*, p. 329). En revanche, il semble que ce soit sous la contrainte que s'opère la redistribution des terres : "Le village des Trois Patronymes a naguère appris à suivre la voie du monde et les terres ont été partagées. C'est Du Bai qui, au retour d'une réunion cantonale, a rapporté l'information, et quoique Sima Lan eût brisé un bol, la répartition a eu lieu" (p. 93).

Le parallèle

La deuxième modalité semble propre au roman de Salman Rushdie : il s'agit du parallèle entre le personnage et l'histoire, ce qui correspond aux deux dernières catégories énoncées par Saleem dans sa théorie des "modes de connexion". La première est la combinaison "active-métaphorique", où l'action d'un personnage est "reflétée dans le macrocosme les affaires publiques" (p. 422). Saleem donne l'exemple des chaussures brûlées par sa sœur Singe de Cuivre, qui font écho à la crise du Canal de Suez en 1956 (*EM*, p. 267), l'analogie reposant sur le fait de bloquer aussi bien la marche des membres de sa famille que celle des bateaux.

Avec la combinaison "passive-métaphorique", il s'agit toujours d'une analogie entre l'histoire et un personnage individuel, mais il semble que s'y ajoute l'idée d'une relation causale partant de l'histoire vers le personnage (ce que ne postule pas la combinaison active-métaphorique), puisque cette combinaison est définie par Saleem en ces termes : "toute tendance, tout événement sociopolitique qui, par le simple fait d'exister, m'a *affecté* métaphoriquement" (*EM*, p. 421, nous soulignons). De plus, d'après l'exemple qu'il donne, à savoir le "doigt du pêcheur" qui désigne l'océan face au jeune Walter Raleigh et son frère, qui figure dans la gravure *The Boyhood of Raleigh* de John Everett Millais se trouvant au-dessus du berceau du nourrisson Saleem (p. 216-219), on peut comprendre que la combinaison "passive-métaphorique" correspond à l'idée du destin s'exerçant sur les individus. Le doigt du pêcheur annonce le destin de Raleigh qui, sous Élisabeth Ière, a contribué à l'expansion coloniale de l'Angleterre (en Irlande et en Amérique du Nord), et qui a effectué deux voyages en quête d'une île qu'il nomme Eldorado, située en Amérique du Sud. Rapporté à Saleem, le doigt peut annoncer, dans un sens restreint, l'obligation qui lui fut faite, enfant, de revêtir une "tunique exactement semblable" (p. 217) à celle du jeune garçon sur la gravure ; de façon plus générale, le doigt annoncerait soit la célébrité de Saleem puisqu'il pointe vers la page du journal *Times of India* où est parue sa photo comme "enfant de minuit", soit, au contraire, les vicissitudes qu'il va traverser : le doigt sectionné lors d'une bagarre à l'école avec ses camarades (p. 414-415), une forme de surveillance qui s'exercera sur lui, comme le craint la nourrice Mary Pereira, apparemment avec naïveté, mais non sans prescience, puisqu'il sera persécuté par Indira Gandhi, ou bien encore le sort de son sexe, lui aussi métaphoriquement "sectionné" lors de l'opération de stérilisation (p. 770-771). On comprend donc que cette combinaison "passive-métaphorique" renvoie à un lien causal secret qui sollicite le travail interprétatif du lecteur – et, en amont, l'élaboration d'un réseau d'analogies complexe de la part du romancier –, entre l'histoire et la vie essentiellement psychique d'un individu.

La modalité du parallèle peut-elle s'appliquer aux deux autres romans ? Oui, dès lors que, dans cette activité herméneutique qui s'opère dans la lecture, on établit une analogie entre ce que font les personnages ou ce qu'il leur arrive d'une part et un événement historique le plus souvent implicite d'autre part. Nous avons proposé de lire les pérégrinations de José Arcadio (1ère génération) au début du roman comme un reflet de la colonisation de l'Amérique du Sud par les Européens. De même, la vente de peau que les hommes du village des Trois Patronymes effectuent régulièrement s'apparente à la nouvelle orientation capitaliste de la politique chinoise dans les années 1980, ou bien, à l'inverse, à une forme de corvée, au sens d'une obligation imposée à des hommes dans un système esclavagiste, cette double interprétation confirmant la polysémie des motifs du récit que le lecteur met en relation avec l'histoire.

La résistance

La participation active peut s'inverser en résistance : les personnages luttent contre le "sens de l'histoire" qu'on veut leur imposer. La signification politique est alors assez claire. José Arcadio (1ère génération) négocie avec Apolinar Moscote, qui représente l'État, pour que les façades des maisons de Macondo ne soient pas repeintes en bleu, la couleur des conservateurs qui occupent momentanément le pouvoir, et pour qu'aucun soldat ne s'installe dans le village (*CAS*, p. 70-71). L'ironie veut que Moscote fasse quand même venir "six policiers armés de fusils" (p. 103), en dépit de l'accord initial.

La lutte peut revêtir un aspect plus violent. C'est le cas lorsqu'Arcadio (3e génération), auquel le colonel Aureliano a confié la direction de Macondo, refuse d'obéir à l'ordre de celui-ci de remettre le village aux conservateurs ; cette résistance, qualifiée de "folie" (p. 135), est traitée dans un registre partiellement héroï-comique (p. 133-137).

Les deux autres romans comportent des formes de résistance moins violentes, voire purement symboliques : il s'agit de constituer une sorte de contre-pouvoir au pouvoir en place, plutôt que de s'y opposer, armes à la main. Cela peut se traduire par la formation d'une communauté secrète susceptible de proposer une alternative à l'autorité officielle : c'est le cas du Congrès des enfants de minuit que Saleem décide de rassembler en "une bande qui s'étend[r]ait sur tout le pays" (*EM*, p. 367). Certes, le Congrès des enfants de minuit n'agit pas de façon concrète contre le pouvoir et entreprend même un processus de "désintégration" (p. 448) au moment de la guerre sino-indienne, puis semble disparaître tout à fait après l'exil au Pakistan, mais, par la persécution dont il est victime à la fin du roman à travers le motif de la stérilisation forcée (p. 770-771), il apparaît bien comme un groupe opposé au pouvoir.

La résistance de Saleem devient individuelle quand il envisage de "sauver son pays" (*EM*, p. 679), lui, le frère jumeau de l'Inde, face à la cheffe du Parti du Congrès, qui, selon le slogan, incarne l'Inde elle-même : "Indira c'est l'Inde, l'Inde c'est Indira" (p. 751). Mais cette résistance fait long feu car Saleem ne reçoit pas l'appui de son oncle Mustapha à New Delhi (p. 695), qui semble même, du moins sur un plan symbolique, le livrer à Sanjay Gandhi, le fils d'Indira Gandhi chargé de la campagne de stérilisation imposée pendant l'état d'urgence (1975-1977 ; p. 695-696).

La résistance est moins démonstrative dans *La Fuite du temps*, mais elle semble bien s'incarner dans le personnage de Sima Lan qui, à l'époque où la Chine est engagée dans la conversion à l'économie de marché, persiste à vouloir imposer une politique dans la plus pure tradition communiste : un grand projet, le canal de Lingyin, financé par des réquisitions forcées (*FT*, p. 127-129), et bien peu réaliste étant donné les moyens dont il dispose et l'état de pollution de la rivière.

Le retrait

Enfin, les personnages peuvent s'extraire de l'histoire en opérant un retrait volontaire ou, plus souvent, subi. Dans le roman chinois, le retrait prend la forme d'un renoncement à l'action, formulé à leur corps défendant par les chefs de village (Sima Lan, p. 317-318 ; Lan Baisui, p. 405 ; Sima Xiaoxiao, quand il décide de disperser le village, p. 550). Ce retrait des chefs se traduit par le motif de la mort choisie ou consentie, que l'on peut interpréter comme la conséquence de l'échec politique (Sima Lan, p. 191-192, et, en début de livre, Lan Baisui, p. 220 et Sima Xiaoxiao, p. 327).

Saleem, comme certains personnages de *Cent ans de solitude*, est régulièrement tenté de se retirer de l'histoire. Il choisit une première fois de quitter l'armée pakistanaise pour faire désertion en compagnie de trois camarades (*EM*, p. 634). Puis, au terme de la guerre, après l'indépendance du Bangladesh, alors qu'il est transporté en avion de Dacca à Delhi dans le "panier d'invisibilité" de Parvati, il décide de ne plus “porter le fardeau de l’histoire” (p. 674), une évidente allusion au célèbre poème de Rudyard Kipling, “Le fardeau de l’homme blanc” (“The White Man’s Burden”, 1899), souvent compris comme une justification de la colonisation. Auparavant, c’est sans vraiment l’avoir choisi que Saleem sort de l’histoire, en conséquence de son opération des sinus, qui le prive de son don de réception des voix de l’Inde (p. 536), et qui coïncide avec l’installation de la famille au Pakistan. Par la suite, le retrait définitif a lieu quand Saleem s’installe dans l’usine de conserve et se met à écrire sa vie en trente chapitres, sous la forme métaphorique de trente bocaux de chutney (p. 806-809).

La tentation du retrait est censée affecter les Aureliano de la famille Buendia, par opposition aux José Arcadio : “Alors que les Aureliano étaient renfermés, mais perspicaces, les José Arcadio étaient impulsifs et entreprenants” (*CAS*, p. 202). Si les personnages se conforment parfois à leur prénom – ainsi José Arcadio (1ère génération) est bien le pionnier qui a fondé Macondo, etc. – toutefois, comme pour démentir cette formule caractérologique, Gabriel García Márquez présente des José Arcadio qui s’enferment dans des ateliers ou des bibliothèques, comme le même José Arcadio pratiquant l’alchimie dans son “laboratoire” (p. 34), et des Aureliano attirés par l’action, comme le colonel engagé dans la lutte politique. On peut néanmoins relever le parcours général de ce dernier, qui passe de l’étude – “Aureliano passait de longues heures dans le laboratoire” (p. 50) – à l’action (p. 111 *sqq.*), puis, après de multiples va-et-vient entre Macondo et les théâtres d’opération, de nouveau de l’action à un retrait quasi définitif (car il envisage ensuite de reprendre la lutte, mais ce n’est qu’un “dernier sursaut”, p. 200) : “il s’occupa de détruire toute trace de son passage en ce monde” et, acte symbolique, “enterr[e] ses armes” (p. 194), pour ne conserver qu’un pistolet afin de se donner la mort, ce qu’il ne parviendra pas à réaliser. Par la suite, il consacre son temps à la fabrication de petits poissons en or (p. 284).

En définitive, les personnages des trois romans oscillent entre deux attitudes contraires, l’engagement et le retrait, l’un comme l’autre revêtant une certaine ambiguïté : se retirer, c’est renoncer à agir, à lutter ; s’engager, sous la forme d’une participation active ou d’une action de résistance, c’est soit se compromettre, soit s’épuiser inutilement.

JEUX ET ENJEUX DE POUVOIR

Peut-on lire, doit-on lire, dans les romans, une critique à l'égard du pouvoir ? C'est ce que la critique postcoloniale affirme souvent à propos des romans magico-réalistes, en en faisant parfois une caractéristique essentielle. Le réalisme magique est alors assimilé à une tribune où, enfin, peuvent s'exprimer des peuples colonisés ou, plus souvent, anciennement colonisés, mais alors maintenus sous la domination économique d'autres États : c'est ce que Salman Rushdie a résumé à travers la célèbre formule "The Empire writes back" (l'article, de 1982, s'intitule en fait "The Empire writes back with a vengeance"), expression que l'on pourrait paraphraser ainsi : "Les anciennes colonies de l'Empire prennent la parole pour adresser une réponse au centre métropolitain". En partant de cette hypothèse, nous allons étudier quel type de discours politique nos trois romanciers sont susceptibles de tenir, en distinguant deux logiques de jeux de pouvoir : une logique de domination, qui postule un rapport de dépendance, que nous analyserons dans le contexte international, puis à l'échelle du pays, et une logique de rivalité, où prévaut un rapport de concurrence.

LES LIENS DE DÉPENDANCE EXTERNE

Si l'on considère, dans un premier temps, la logique de domination à l'échelle internationale, on doit distinguer le regard que le romancier porte sur l'héritage colonial de celui qu'il porte sur l'impérialisme économique.

Un regard sur l'héritage colonial

La question n'est tout simplement pas pertinente dans le cas du roman chinois puisque la Chine qui, certes, a subi, à partir du XVIIe siècle et surtout au XIXe siècle, une forme d'ingérence de la part des puissances européennes, nord-américaine et japonaise, n'a jamais été dans la situation d'un pays colonisé, c'est-à-dire dépossédé de son autonomie politique, mis à part les colonies de Macao (Portugal, 1557-1999), de Hongkong (Grande-Bretagne, 1841-1997) et de Taïwan (Japon, 1895-1945).

• Salman Rushdie, à distance d'une logique communautaire

En revanche, les références à la période coloniale sont massives dans *Les Enfants de minuit*, notamment dans certains passages précis du roman, comme dans l'évocation du passé de Bombay (*EM*, p. 161-165), de la fusillade d'Amritsar (p. 61-62), ou de la gravure *The Boyhood of Raleigh*, qui donne lieu à un développement sur le "doigt du pêcheur", qui renvoie à l'entreprise coloniale de l'Europe (p. 216-219). Dans ces passages, Salman Rushdie condamne sans ambiguïté la dépossession que les Indiens ont subie de la part des puissances coloniales. Les Portugais sont désignés comme des "envahisseurs" (p. 162) ; ensuite, les Anglais, avec les "pilotis qu'ils ont installés" (au premier chef, l'ancêtre Methwold) pour gagner du terrain sur la mer, "ont volé" (p. 164) les premiers habitants. Dans cette évocation des origines de Bombay, Rushdie s'exclame, sur un ton élégiaque : "Où sont-ils maintenant, les premiers habitants ?" (p. 163), et suggère l'amertume des femmes descendantes de ces pêcheurs *kolis* "avec l'éclair douloureux des défaites et des dépossessions anciennes dans leurs yeux globuleux et vitreux" (p. 165). Il exprime même, semble-t-il, un vague sentiment de culpabilité en décrivant le "doigt du pêcheur" comme "[u]n doigt accusateur, qui nous obligeait à regarder les dépossédés de la cité" (p. 219). À cet égard, on peut comprendre que Salman Rushdie adhère à l'action de héros qui comme Pushpa Roy, le "premier Indien à avoir traversé la Manche", qui "a déclaré la guerre à la politique des piscines réservées aux Blancs" (p. 224) et a fini par "remporte[r] une victoire" (p. 225), même si, dans le portrait du sportif perce une légère ironie : "un bonnet jaune safran sur la tête, un maillot de bain vert, enveloppé dans une serviette à la couleur du drapeau" (p. 224).

En réalité, Salman Rushdie conçoit une certaine défiance vis-à-vis de ceux qui défendent une cause en fonction d'une logique communautaire. En témoigne son aversion à l'égard d'un pays, le Pakistan, dont l'existence repose sur un critère religieux : "[S]ur la Terre de la Pureté [traduction littérale de Pakistan : *pâk*, "pur", et *stân*, "pays"], la pureté devint notre idéal. Mais Saleem restait atteint de bombayite, il avait toujours la tête pleine de toutes sortes de religions" (p. 546). Cette défiance est celle d'Aadam Aziz devant les indépendantistes d'Amritsar en 1919, qui transforment le "jour de deuil" (*hartal*) décrété par le non-violent Mahatma Gandhi en un jour de violence : "Aziz n'est pas sûr que le *hartal* du tract mosquée mur journal soit son combat" (p. 57), même si, d'un autre côté, le grand-père de Saleem critique la politique à contre-courant des colons : "Les Britanniques ont tort d'essayer de faire tourner la pendule à l'envers" (p. 57). Cette défiance se traduit stylistiquement par une distance ironique qui, dans l'exemple de l'épisode d'Amritsar, passe d'abord par la focalisation interne, à la façon de Stendhal décrivant la bataille de Waterloo du point de vue de Fabrice ("Il y a un bruit [...]. Quelque chose de rouge [...]", p. 62), mais aussi par un comique de situation (Aadam se met à éternuer au moment critique) et, au début de l'épisode, par l'emprunt d'expressions à l'art cinématographique : "On lui avait mis [le tract] dans la main (plan d'ensemble)" (p. 56), ce qui désigne le récit comme un artefact fictionnel et le met effectivement à distance.

Les références à l'héritage colonial ne se limitent pas à certains passages du roman. Elles sont présentes de façon diffuse dans une quantité de *realia* : les bâtiments qui composent le domaine de Methwold, à savoir Versailles, Buckingham Palace, l'Escurial et Sans-souci (p. 166) ; l'école de Saleem, la Cathedral and John Connon School (p. 273) ; la cathédrale Saint-Thomas fréquentée par Mary Pereira (p. 181), la Rover familiale des Sinai (p. 377), et jusqu'à la langue même, puisque le roman est rédigé dans la langue des colons.

En définitive, Salman Rushdie, loin de s'attacher à l'idée d'une culture indienne qui serait menacée dans son essence par des siècles de colonisation, fait le constat d'une situation matérielle, culturelle et spirituelle, proprement inextricable, et c'est plutôt cette diversité et cette hybridité qu'il voit menacées, voire détruites sous les coups de boutoir des intégristes entendus comme des défenseurs radicaux et violents d'une cause communautaire.

- **Gabriel García Márquez, discret sur la culture autochtone et désabusé vis-à-vis de la colonisation**

Les références à l'héritage colonial dans *Cent ans de solitude* sont bien présentes, mais elles ne sont pas clairement associées à une forme de dépossession ou de destruction d'une culture ou d'une communauté qui aurait précédé l'arrivée des colons. Certes, on évoque des "Indiens" (*CAS*, p. 28), les habitants du hameau où résident José Arcadio et Ursula avant de fonder Macondo, mais ces Indiens n'ont pas de nom ni de passé : tout se passe comme s'ils n'avaient pas d'identité. Par la suite interviennent dans le récit deux Indiens qui sont dotés d'un nom, Cataure et sa sœur Visitacion, mais on ne révèle rien de leur histoire, sinon pour énoncer ce qui constitue sans doute des clichés coloniaux dépréciatifs (ils font "boire [aux enfants] du bouillon de lézard et [...] manger des œufs d'araignée") et pour dire qu'ils ont fui "une peste de l'insomnie qui frappait [leur] tribu depuis plusieurs années" (p. 48). Cette peste de l'insomnie, de façon assez étrange, se traduit par la perte de la mémoire : le pays d'où viennent les deux Indiens est donc privé de mémoire, ce que l'on peut comprendre de deux façons : soit le peuple auquel Cataure et Visitacion appartiennent, voire les peuples autochtones d'Amérique du Sud de façon générale, n'ont pas d'histoire, soit ils ont été privés de leur histoire. La première interprétation attribue à Gabriel García Márquez une position assez délicate selon les critères du XXIe siècle, tandis que la seconde en fait un défenseur de la cause anticoloniale. Le déclassement vécu par Cataure et Visitacion qui, autrefois "princes" dans "leur royaume millénaire" (p. 55), se mettent "[au] service d'Ursula pour l'aider aux travaux domestiques" (p. 48) une fois arrivés à Macondo, va peut-être dans ce sens. Quoi qu'il en soit, cette défense de la cause anticoloniale est extrêmement discrète et se voit comme neutralisée par la présentation de la colonisation comme l'origine même de l'univers du roman, ce que nous avons analysé dans "La prise en charge d'une histoire nationale".

Tout au plus pourrait-on lire le roman comme le constat désabusé d'un échec de la colonisation entendue comme le transfert d'une culture vouée à évoluer et se transformer une fois implantée dans le pays "hôte". C'est ce que suggère le motif des pièces d'or. Ce sont tout d'abord les "pièces de monnaie coloniale" (*CAS*, p. 11) qu'Ursula a héritées de son père et que José Arcadio et son fils Aureliano tentent de transformer en or... sans y parvenir : "le précieux héritage d'Ursula fut réduit à quelques graillons carbonisés qu'on ne parvint pas à détacher du chaudron" (p. 16). Toutefois, par la suite, ils réussissent à "réduire les débris métalliques et à isoler l'or d'Ursula" (p. 38). On peut voir dans cette opération alchimique une allusion au transfert culturel que la colonisation est censée accomplir : il échoue mais peut tout aussi bien réussir. Le motif de l'or réapparaît, toujours en lien avec Ursula : ce sont les pièces contenues dans la statue de San José (renvoyant à son mari José Arcadio ainsi qu'à la religion chrétienne importée d'Europe) qu'un ouvrier découvre à l'occasion de travaux dans la maison familiale. Ursula les cache aussitôt dans trois sacs qu'elle enterre "en un lieu secret" (p. 213), cachette que découvrent à leur tour les jeunes compagnons sexuels du José Arcadio de la cinquième génération (p. 406) : ils finissent par emporter cet or dans leur fuite après avoir noyé José Arcadio (p. 410). Doit-on comprendre que l'aventure coloniale, que représenteraient ces pièces d'or venues d'Europe, suit un cours quasiment aléatoire, que personne ne peut véritablement contrôler ? Le motif de l'or est enfin présent dans les poissons que fabrique Aureliano, qui sont peut-être une métaphore de la création littéraire (p. 221), ultime refuge de l'aventure coloniale ?

Quoi qu'il en soit, le discours perceptible dans le roman de Gabriel García Márquez à propos de l'héritage colonial est loin d'épouser certaines thèses de la critique postcoloniale, selon lesquelles il constituerait l'expression d'un peuple colonisé qui, dans un processus d'émancipation, prendrait la parole pour passer en revue une histoire douloureuse, faite de domination subie, et pour conduire une quête identitaire sur le plan culturel.

- **L'anti-christianisme**

Il est néanmoins un domaine où García Márquez pourrait faire entendre un discours anticolonial : c'est la religion chrétienne que les Européens ont importée en Amérique du Sud. Mais, s'il critique la religion, ce n'est sans doute pas parce qu'elle est un produit d'importation coloniale, mais plutôt parce qu'elle constitue une forme d'aliénation pour la liberté de pensée, conformément à la *doxa* marxiste à laquelle il est resté globalement fidèle. Aussi la satire de la religion chrétienne dans le roman n'est-elle pas à mettre au compte d'un discours anticolonial : mentionnons les personnages de prêtres, dont le père

Nicanor Reyna et sa lévitation associée au chocolat (*CAS*, p. 97-98); le personnage de Fernanda qui impose à ses enfants une religion mortifère (pour Meme) ou donnant lieu à un comportement homosexuel présenté dans le roman comme une perversion (pour José Arcadio, p. 270 et passim.); les motifs satiriques comme l'assomption de la vierge Remedios-la-belle (p. 262) ou les prières qui se retournent contre le vœu initial: Amaranta prie pour empêcher le mariage de Rebecca, ce qui la dispenserait de recourir au poison, mais c'est Remedios qui meurt... par empoisonnement (p. 101-102); Ursula prie pour redevenir pauvre comme avant, au moment des travaux onéreux qu'elle a entrepris pour rénover la maison: "ces prières furent écoutées mais c'est tout le contraire qui fut entendu" (p. 214) car, en effet, on retrouve les pièces d'or de la statue de San José.

Le traitement du christianisme dans le roman indien est tout à fait différent. Certes, la foi naïve de Mary Pereira est bien souvent moquée, notamment dans la scène du confessionnal (p. 181-185), mais là où on attendrait une condamnation, comme celle que formule Joseph D'Costa à l'égard de la "religion des Blancs" (p. 184), on découvre la possibilité d'une croyance syncrétique où le Christ aurait le visage bleu de Krishna, le "dieu hindou de l'amour" (p. 181). De même, le sort final de la sœur de Saleem n'est pas traité de façon dépréciative ni même ironique: Jamila la chanteuse, qui incarnait par sa voix la pureté du Pakistan musulman, trouve asile dans un cloître chrétien de Karachi: "la voici en sûreté, pas disparue, pas aux mains de la police qui tape bas affame, mais au calme" (p. 693).

Une critique de l'impérialisme

Autant le discours de Gabriel García Márquez à propos du colonialisme donne lieu à une analyse relativement complexe, autant sa position vis-à-vis de l'impérialisme économique des États-Unis est claire, sans doute parce que, comme pour la religion, elle s'appuie sur la grille marxiste. *Cent ans de solitude* décrit la façon dont l'emprise économique, fondée sur l'exploitation des bananeraies (*CAS*, p. 252 *sqq.*), se décline en termes politiques, policiers et culturels: les Américains installent au pouvoir des conservateurs à leur solde; ils installent aussi "de vrais sicaires armés de machettes" et séduisent les Macondiens par leurs belles automobiles, sous les yeux ahuris du vieux colonel Aureliano (p. 263). Cette critique de l'impérialisme se traduit dans deux registres opposés : la satire et l'"épouvante" (p. 262). Cette dernière est illustrée par l'incident survenu au frère du colonel Magnifico Visbal et à son petit-fils de sept ans qui renverse malencontreusement sa boisson sur l'uniforme d'un brigadier, lequel tue l'enfant et décapite le grand-père (p. 263-264). La terreur domine aussi dans la scène de la fusillade, lorsque la troupe tire sur les ouvriers en grève, ainsi que dans la scène du train plein de cadavres, dans lequel est emmené José Arcadio le Second (p. 331-337).

Salman Rushdie ne s'intéresse pas à l'emprise économique étrangère en Inde après l'indépendance. Quant à Yan Lianke, l'emprise à l'échelle internationale est quasi nulle dans son roman : on évoque, dans une des notes parodiques du premier livre, le rôle des fonctionnaires de l'ONU dans la politique sanitaire de la rivière Lingyin, rôle ambigu dans la mesure où si le danger sanitaire a bien été repéré, cela n'a donné lieu qu'à "de longs soupirs" (*FT*, p. 216). On peut aussi repérer dans le roman chinois des traces de l'influence idéologique de l'Occident dans ce qui apparaît pourtant comme spécifiquement national, à travers la pratique politique de planification héritée de l'URSS et, de façon générale, la foi dans le progrès, illustrée par les projets des chefs de village censés améliorer le sort des villageois.

Somme toute, le discours critique à l'égard d'une logique de domination coloniale ou post-coloniale ne correspond pas à l'idée simple selon laquelle les romans du réalisme magique constitueraient comme un bilan accusateur vis-à-vis des anciens colons. Quant à l'impérialisme, que seul Gabriel García Márquez traite dans *Cent ans de solitude*, il fait en effet l'objet d'une critique, qui apparaît toutefois comme relativement conventionnelle.

LES RAPPORTS DE FORCE À L'ÉCHELLE DU PAYS

C'est en fait surtout à l'échelle du pays que les trois romanciers mettent en scène des jeux de pouvoir, en montrant tout d'abord comment l'autorité politique exercée à un niveau administratif supérieur s'exerce sur des espaces situés à un niveau inférieur.

Dans le champ politique

- **Les capitales**

Les romans colombien et chinois se concentrent sur un village – Macondo et le village des Trois Patronymes – qui se situe à l'intérieur d'un système administratif vertical, au sommet duquel devrait se trouver la capitale du pays. Or, la capitale n'est jamais nommée. Dans *La Fuite du temps*, on ne fait aucune référence ni à la capitale Pékin, pourtant le centre politique du pays, ni même à la capitale provinciale, Zhengzhou pour la province du Henan. Cette totale invisibilité est significative : elle pourrait être la conséquence d'une autocensure de la part de Yan Lianke, mais elle donne plutôt l'impression qu'on ne peut désigner l'origine du pouvoir, ce qui, selon le principe de la litote qui "dit le moins pour suggérer le plus", laisse entendre le caractère quasi absolu du pouvoir central.

La capitale de la Colombie, Bogotá, n'est pas nommée à proprement parler dans *Cent ans de solitude*, mais elle est désignée par une périphrase : la "cité lugubre". C'est la ville d'où vient la sévère Fernanda del Carpio, associée à la fois à la mort, à la religion et à un pouvoir calqué sur le modèle (stéréotypé) de la cour royale espagnole (*CAS*, p. 227-228 et p. 324-325). Le pouvoir politique central est également évoqué à travers le déplacement à Macondo d'"émissaires du Président de la République chargés de remettre enfin la décoration maintes fois refusée par le colonel Aureliano Buendia" (p. 377-378), mais, d'une part, il ne s'agit pas du Président lui-même, qui reste invisible, et, d'autre part, il s'agit de remettre une décoration : on suggère ainsi que ce centre quasi invisible n'exerce qu'un pouvoir formel. Si García Márquez ne décrit pas la capitale comme le centre d'un pouvoir politique authentique, c'est sans doute qu'à ses yeux, le pouvoir se joue, dans l'histoire de la Colombie, sur le champ de bataille, entre les partis qui s'affrontent par l'intermédiaire de leurs armées respectives (nous y reviendrons).

Cette invisibilité absolue (Yan Lianke) ou relative (Gabriel García Márquez) du centre politique situé *a priori* dans la capitale du pays contraste avec l'évocation de New Delhi dans *Les Enfants de minuit*. Évocation toutefois indirecte, car le système politique au centre du pays est décrit de façon métaphorique à travers la famille de Mustapha, l'oncle de Saleem (*EM*, p. 686-689). On relève, d'un côté, la violence de Mustapha, notamment à l'égard ses propres enfants réduits à des êtres "sans sexe sans âge et sans visage" (p. 695), et, de l'autre, la "folie" de sa femme, qui rejette Saleem parce qu'il "pue" (p. 688), parce qu'il est un "criminel de guerre" (pour avoir déserté), et parce qu'il n'est pas le vrai fils d'Amina, la sœur de Mustapha (p. 691). Le haut fonctionnaire Mustapha, et, par conséquent, le système politique dont New Delhi est le centre présentent trois caractéristiques : une "loyauté" sans faille, pouvant aller jusqu'au sacrifice (p. 689), mais "contradictoire", Mustapaha étant "manifestement victime de préjugés antimusulmans" (p. 688) ; la frustration, Mustapha étant un "éternel numéro deux" (p. 694) ; et, enfin, le secret : l'oncle aurait été chargé de constituer un dossier appelé C.E.M., en vue d'éliminer le Congrès des enfants de minuit, considéré comme un ennemi politique majeur (p. 751-752).

- **Les strates du pouvoir**

Si l'on considère à présent les échelons intermédiaires entre le pouvoir central et les personnages des romans, on constate une opposition entre le roman chinois, où l'on insiste sur le système hiérarchique des différents niveaux où s'exerce le pouvoir, et les deux autres romans, avec, toutefois, une gradation entre *Cent ans de solitude* et *Les Enfants de minuit*. Dans *La Fuite du temps*, on évoque à de multiples reprises le canton (*xiang*), qui se confond avec la commune populaire (*gongshe*), auquel sont rattachés, administrativement, Du Bai et son père Du Yan, dont le rôle est de transmettre les directives du pouvoir central (v. Thématiques, Histoire, Yan Lianke ; et, par exemple, p. 135 pour Du Bai et p. 226 pour Du Yan), tout comme le "responsable Lu" (p. 363), lui-même chapeauté par un "dirigeant venant du district [*xian*]" (p. 379), venu inspecter le travail accompli dans le village pilote. Cette logique verticale du pouvoir à l'échelle du pays est en particulier évoquée lors du trajet effectué par Lan Sishi et Sima Teng, depuis le village jusqu'à Jiudu (p. 57) : elles passent par le chef-lieu du canton, puis le chef-lieu du district – ni l'un ni l'autre ne sont nommés dans le roman –, et atteignent la ville-préfecture (*dijishi*) de Jiudu, correspondant à la ville de Luoyang dans une lecture mimétique.

Un voyage similaire est décrit dans *Cent ans de solitude* : il s'agit du voyage effectué par Fernanda et sa fille Meme (*CAS*, p. 322-325) : elles traversent, en train, mais sans y porter attention, "l'ancienne région enchantée" (p. 322) qui entoure immédiatement Macondo, puis, dans une voiture à cheval, une "cité désolée" (p. 323) ; elles remontent ensuite une rivière, dans un bateau à aube, et parcourent, à dos de mulet un désert, puis la cordillère des Andes qui conduit à la "cité lugubre" (p. 324). Mais, à la différence du voyage décrit par Yan Lianke, celui-ci ne consiste pas à suivre les échelons administratifs du pouvoir politique ; il s'agit plutôt de suggérer l'éloignement entre Macondo et la ville quasi étrangère qui fait office de capitale.

Dans *Cent ans de solitude*, le pouvoir ne s'exerce pas tant depuis un centre ou des centres relais vers le lieu de référence du récit, comme c'est le cas dans le roman chinois, qu'il ne s'impose en fonction du résultat des élections ou de l'issue des guerres civiles, résultat et issue qui sont seulement transmis au village, sans que les élections ou les guerres soient à proprement parler décrites pour elles-mêmes au lecteur. La source du pouvoir située aux échelons supérieurs par rapport au village n'est donc pas aussi précisément désignée que dans *La Fuite du temps*. Toutefois, ce pouvoir hiérarchique s'exerce de façon spectaculaire lorsqu'Arcadio (3e génération), à qui le colonel Aureliano avait confié la direction du village pour le compte du parti libéral, est sommé de faire reddition face aux conservateurs victorieux sur le terrain (p. 133-135) : l'affrontement avec le pouvoir hiérarchique est bien visible car il se déroule dans le village même, si bien que Gabriel García Márquez ne déroge donc pas au principe selon lequel les événements politiques situés hors de Macondo sont traités en ellipse.

- **L'autorité locale des chefs de village dans *Cent ans de solitude* et dans *La Fuite du temps***

Dans les deux romans, colombien et chinois, la logique verticale du pouvoir s'exerce essentiellement à l'intérieur du village même, entre l'autorité locale et les habitants. Le motif de l'assemblée au pied du vieux févier (*FT*, p. 55 puis p. 124 *et passim.*) marque le pouvoir des chefs de village (Sima Lan, Lan Baisui et Sima Xiaoxiao) sur les habitants du village des Trois Patronymes. Dans *Cent ans de solitude*, on décrit la façon dont Macondo est dirigé par trois chefs successifs : les conservateurs Moscote et Moncada et le libéral Arcadio. Apolinar Moscote se montre tour à tour conciliant (p. 68-71), puis plus directif (p. 103). José Raquel Moncada fait preuve de souplesse : une fois maire de Macondo, ce militaire "antimilitariste" "revêtit son costume civil, remplaça les militaires par des agents de police sans armes, fit respecter les lois sur l'amnistie et vint en aide à quelques familles de libéraux morts au combat" (p. 165). À l'inverse, Arcadio le libéral est qualifié de "tyran" (p. 121) : son mandat est en effet marqué par les uniformes, les décrets et le peloton d'exécution, et seule sa grand-mère Ursula est en mesure de limiter les effets de ce pouvoir dictatorial (p. 120-123). Cette opposition entre des conservateurs plutôt ouverts et un libéral despote à la tête de Macondo n'est pas sans brouiller la ligne politique générale défendue dans le roman, à l'avantage des libéraux. Ainsi l'idée d'un ordre politique qui doit s'imposer coûte que coûte dans le roman chinois contraste avec l'impression de désordre, voire de confusion dans le roman de Gabriel García Márquez. On peut aussi relever une autre opposition : la violence manifeste de *Cent ans de solitude* contraste avec une violence sourde à l'œuvre dans *La Fuite du temps*.

- **Saleem, nouveau Don Quichotte en guerre contre le pouvoir**

L'affrontement entre le pouvoir central et les personnages des *Enfants de minuit* est traité comme un duel épique opposant Saleem à Indira Gandhi qui, elle-même, n'apparaît pas en personne, mais est représentée par trois figures successives : son fils Sanjay, qui a joué un rôle politique clé pendant l'état d'urgence (1975-1977) ; Shiva, l'enfant de minuit dont Saleem a usurpé la place ; et le tortionnaire Abott-et-Costello. Le premier acte de cet affrontement est la destruction du bidonville de Delhi, conduite par Sanjay Gandhi (*EM*, p. 754) face à "l'armée"

(p. 755) improvisée que forment les magiciens ; s'ensuit un duel entre Saleem et Shiva (p. 756-757). Ce combat est traité dans le registre héroï-comique, mais Salman Rushdie parvient à en décrire l'extrême violence : "Les genoux du héros de la guerre [*Shiva*] sont de plus en plus près alors je m'enfuis, [...] les jambes du héros de la guerre volent en l'air, elles se referment comme des mâchoires autour de mon cou, des genoux me coupent le souffle (p. 756). Le deuxième et troisième actes se situent non pas dans la capitale mais "dans la pension des Veuves de Bénarès" (p. 758). Saleem subit tout d'abord la torture destinée à le faire parler. De nouveau, le traitement est comique : on donne au tortionnaire le nom d'un duo comique des années 1950, Abbott et Costello ; de plus, on répète la lâcheté invétérée qui caractérisait déjà Aadam Aziz (p. 57) et dont Saleem, "extrêmement loquace" (p. 762) face à son tortionnaire, semble avoir hérité (même si Aadam n'est pas son "vrai" grand-père). Mais la violence est encore une fois bien décrite concernant Saleem lui-même ("j'étais enchaîné dans une pièce minuscule avec pour seul meuble une paillasse et je partageais mon bol de riz quotidien avec les cafards et les fourmis", p. 762), comme les autres enfants de minuit (p. 765). Enfin, le dernier acte du duel mettant en scène non pas Indira Gandhi en personne mais la "Main de la Veuve", désignant à nouveau son fils Sanjay, dont le portrait entretient volontairement l'ambiguïté : "une fille magnifique avec des hanches larges et mouvantes [...]... Pendant l'état d'urgence elle était effectivement chargée de la stérilisation" (p. 770-771). Le fils est un simple relais car Salman Rushdie vise explicitement la mère, cette "Veuve qui n'était pas seulement le Premier ministre de l'Inde, mais qui aspirait également à devenir Devi, la Déesse Mère, dans son aspect le plus terrible, une divinité aux membres multiples" (p. 770). Le ton employé est encore comique mais emprunte au registre de l'horreur, digne d'une pièce de Sénèque : "certaines parties ectomisées étaient préparées avec des oignons et des piments verts et données aux chiens sauvages de Bénarès" (p. 773).

Dans les trois romans, la violence, une violence plus ou moins manifeste, plus ou moins parodique, dominent dans la représentation du pouvoir s'exerçant, dans une logique verticale, sur les individus, ce qui nous permet de dire que les romanciers tiennent effectivement un discours critique vis-à-vis des responsables politiques de leur pays respectifs. Cette violence prend une modalité moins démonstrative, à travers la corruption dénoncée unanimement par nos trois auteurs :

élections truquées (*CAS*, p. 112 ; *FT*, p. 140 ; *EM*, p. 392) et tractations secrètes à propos du successeur à la tête du village des Trois Patronymes par exemple (*FT*, p. 221-222), de titres de propriété (*CAS*, p. 131 et p. 177), ou encore d'un contrat obtenu par l'homme d'affaires Ahmed Sinaï (*EM*, p. 124 ; voir aussi les révélations de Singh-la-Photo à Saleem, p. 703-704).

En dehors du champ politique

La logique de domination s'exerce aussi en dehors du champ proprement politique, entre communauté majoritaire et communautés minoritaires, entre classes sociales ou encore entre les hommes et les femmes. *Les Enfants de minuit* montre qu'après l'Indépendance et la Partition de l'Inde, les musulmans ont été la cible de persécutions de la part de la majorité hindoue, comme l'illustre le groupe Ravana qui s'attaque aux biens détenus par les entreprises gérées par des musulmans (*EM*, p. 124 *sqq*.). Mais, comme toujours dans le roman indien, on rapporte la situation inverse : un hindou, Lifafa Das, poursuivi par une foule constituée de musulmans (p. 133-134). Gabriel García Márquez ne traite pas vraiment dans son roman de la domination des créoles sur les populations indigènes. Quant au roman chinois, qui se déroule en pleine "terre jaune" peuplée de Han (l'ethnie majoritaire en Chine), la question ne se pose pas.

Salman Rushdie entend aussi dénoncer l'inégalité sociale qui sévit en Inde, à travers le regard de Saleem ou d'Amina, comme le signale Marianne Hillion (v. Thématiques, Mouvements, Salman Rushdie et *EM*, p. 142-143 et p. 380) ainsi que dans le motif des enfants échangés, repérable de façon universelle, mais sans doute emprunté au roman populaire : Saleem et Shiva intervertis par Mary Pereira dans la clinique du docteur Narlikar (*EM*, p. 206). En revanche, dans les romans de Gabriel García Márquez et de Yan Lianke, la question sociale n'est pas vraiment abordée, sinon de façon diffuse.

Nous avons analysé la domination masculine dans le roman chinois (v. Thématiques, Amour, Yan Lianke). Ce thème relève partiellement d'un impensé de la part de Salman Rushdie : la relation entre le narrateur Saleem et Padma, présentée comme une auditrice naïve et comme une femme soumise. Mais Saleem lui-même est bien l'objet d'une raillerie continue en matière de courage et de virilité… Gabriel García Márquez est sans doute aussi peu conscient de certaines implications de son récit en termes d'assignation générique. Salman Rushdie et lui créent, à travers Naseem, la "Révérende Mère", et Ursula, un personnage féminin puissant, mais non dénué de stéréotypes : elles incarnent des mères, garantes de la tradition. À l'inverse, seuls les personnages masculins dans les trois romans ont accès au statut de héros actif du récit, même si bien souvent il s'agit d'anti-héros.

LA LOGIQUE DE RIVALITÉ

La logique verticale de domination s'accompagne d'une logique horizontale de rivalité, où les forces en jeu s'opposent les unes aux autres.

Les guerres

Les Enfants de minuit contient trois guerres internationales opposant l'Inde et la Chine en 1962 (*EM*, p. 527-535) et surtout l'Inde et le Pakistan en 1965 (p. 587-605) et en 1971, cette dernière guerre étant pratiquement confondue avec la guerre civile de 1970-1971 entre les deux parties du Pakistan issues de la Partition (p. 610-633). On peut ajouter les affrontements qui opposent les deux communautés linguistiques de Bombay : les Gujaratis et les Marathis (p. 335-341). Parallèlement, *Cent ans de solitude* évoque une guerre civile perlée qui oppose les libéraux et les conservateurs, dans laquelle est engagé le colonel Aureliano.

Chez les deux romanciers, la guerre fait l'objet d'un traitement satirique. Chez Rushdie, concernant les conflits de 1962 et de 1965, le ton comique tient essentiellement à la juxtaposition incongrue entre une histoire collective traitée sur le mode héroï-comique et les tracas quotidiens des membres de la famille Sinai, mais aussi, sur le plan formel, entre le style habituel du récit romanesque et les titres de journaux typographiés en petites capitales, mimant l'irruption de la grande histoire dans le déroulement des histoires individuelles des personnages (p. 524, p. 529-532 et p. 587). Pour le conflit de 1970-1971,

Saleem étant directement impliqué comme “homme-chien” au service de l’armée régulière pakistanaise, le procédé de la juxtaposition entre l’officiel et l’intime ne peut être maintenu. En effet, Saleem n’a plus d’intimité, car il n’a plus d’identité : il cesse de s’exprimer à la première personne. Cela s’explique par le trauma vécu au Pakistan lors de la mort des membres de sa famille, mais aussi par la logique d’aliénation de l’individu qui caractérise le milieu de l’armée. Le ton est donc clairement antimilitariste. Saleem finit du reste par déserter.

La satire de la guerre dans *Cent ans de solitude* tient à l’absurdité des multiples va-et-vient opérés par Aureliano entre Macondo et le champ de bataille, ainsi qu’à l’alternance des défaites et des victoires des deux camps, libéraux et conservateurs, comme si, par dérogation au principe marxiste, l’histoire n’avait plus de sens. Aureliano s’engage une première fois, avec son camarade Gerineldo Marquez, pour défendre la cause des libéraux auprès du général Victorio Medina (*CAS*, p. 110-118), mais c’est un échec. Puis, une deuxième fois (p. 146), après son exécution ratée, et c’est un succès (p. 152) ; mais Aureliano repart aussitôt (p. 154). Au terme de cette troisième expédition, il refuse de participer aux négociations de paix avec les conservateurs (p. 162) et forme un groupe résistant. C’est donc un quatrième départ (p. 163), qui se termine par la prise de Macondo alors dirigée par le conservateur Moncada (p. 175) ; mais le colonel repart une nouvelle fois (p. 180), jusqu’à la conclusion d’un accord, que, convaincu par Gerineldo Marquez, il ne signe pas non plus (p. 189-190). Tous deux repartent à nouveau se battre : c’est le sixième départ, jusqu’à la conclusion d’un armistice dans le village de Néerlandia, qui marque la défaite des libéraux (p. 195-198). Gabriel García Márquez renvoie ainsi dos à dos les deux camps, et dénonce la guerre en elle-même.

Mais la satire porte aussi sur le processus d’héroïsation dont, à son corps défendant, Aureliano fait l’objet : on le met en scène en héros guerrier (*CAS*, p. 119-120 et p. 147) ou triomphant (p. 152), ce qui suscite chez lui, dans un premier temps, un sentiment de puissance enivrant (p. 184-185) ; pourtant, désillusionné sans doute par les tractations politiques, il renonce à la lutte et s’apprête à se donner la mort (p. 194-199) ; mais l’ironie veut qu’il se rate et, de plus, que le pouvoir ensuite le proclame “martyr” (p. 200), puis cherche à l’honorer en héros en voulant lui décerner l’ordre du Mérite, ce que le vieil Aureliano refuse violemment (p. 237).

La haine et la jalousie

Le roman chinois ne comporte pas de guerre mais met en scène de multiples rivalités, à la fois dans la sphère politique, entre chefs potentiels du village, et dans la sphère privée, au sein des deux couples que forme Sima Lan, l'un avec sa femme Du Zhucui, l'autre avec sa maîtresse Lan Sishi. Ces conflits sont traités à travers des scènes à caractère burlesque : des scènes de ménage entre Sima Lan, son épouse et son amante (*FT*, p. 39-42, p. 69 et p. 104-109 pour Du Zhucui, et p. 115 pour Lan Sishi), ou bien des duels spectaculaires entre les deux ennemis jurés Du et Sima (p. 260-261 et p. 322-324). L'approche de Yan Lianke est au fond essentiellement morale : il révèle chez les personnages des passions – la haine, la jalousie, l'ambition personnelle, la pulsion érotique, etc. – qui toutes renvoient à la notion de désir (*yu*), présenté comme une source d'illusion, ce qui se traduit parfois par l'usage de procédés symboliques, notamment le jeu des couleurs (v. Thématiques, Les sens, Yan Lianke) : Sima Lan, qu'il soit ambitieux ou amoureux, est décrit avec des yeux de couleur verte (*FT*, p. 126 et p. 151). La rivalité entre les hommes s'appuie peut-être sur une conception à la fois anthropologique et philosophique : une fois détaché de sa mère, le nouveau-né voit "se leve[r] dans (son cœur) haine et jalousie" (p. 605), ce qui renvoie à l'idée taoïste d'un monde caractérisé par les différences (*fen*) et, partant, les conflits, dès lors qu'on s'éloigne du Dao originel (v. Thématiques, Le temps et Histoire, Yan Lianke).

On peut donc conclure que les romans renferment indéniablement un discours critique à l'égard du pouvoir, qu'il soit de nature politique, à l'échelle internationale comme au niveau de chaque pays, ou bien de nature communautaire, sociale, ou encore portant sur les rapports entre les hommes et les femmes. Mais ce discours est souvent plus complexe que ce à quoi on pouvait s'attendre *a priori*. De plus, il comporte certainement une part d'impensé.

Trois tentations du discours des romanciers

Nous évoquerons, pour terminer, trois tentations qui semblent menacer, à des degrés divers, l'un ou l'autre de nos romanciers ou, parfois, les trois ensemble. La première est la première est une "tentation anti-occidentale", qui serait vérifiée chez Gabriel García Márquez dans sa charge contre l'impérialisme nord-américain, ainsi que, mais à l'extrême marge, chez l'auteur chinois, lorsqu'il semble viser les "compagnons d'Occident" venus inspecter, au titre de l'ONU, l'état sanitaire des cours d'eau dans le Nord de la Chine : la charge passe, d'une part, par le contraste, chez ces fonctionnaires internationaux, entre un trop-plein de savoir (on cite à l'envi des chiffres censés donner à leurs propos une apparence de scientificité) et l'absence de mise en garde, et, d'autre part, par un comportement qui rappelle des marionnettes et qui traduit peut-être aussi une forme de condescendance : "[ils] secouaient continuellement la tête" (*FT*, p. 215) et "n'ont fait que pousser de longs soupirs, aller et venir en secouant la tête de désarroi" (p. 216). Il ne faudrait toutefois pas exagérer l'importance d'un passage qui, dans le roman, n'occupe que deux demi-pages tout au plus. Salman Rushdie ne laisse pas entendre un tel mouvement d'humeur contre l'Occident. Au contraire, nous avons vu que García Márquez conçoit le début historique de Macondo avec la colonisation (v. Synthèse, La prise en charge de l'histoire nationale). Quant à Rushdie, par son éducation, sa formation, son parcours professionnel mais surtout son analyse de l'état du monde, il s'inscrit clairement dans une dimension culturelle globale.

Néanmoins, ne peut-on déceler, sous cette apparente position mondialiste de Salman Rushdie, censée garantir un équilibre entre les cultures, une tentation occidentaliste cette fois-ci ? On a reproché à l'auteur indien d'associer l'Inde aux contes fabuleux peuplés de génies et remplis de diamants [Huggan, 2001]. Il est difficile de trancher tant il faut toujours faire la part du jeu parodique qu'une approche trop littérale risque de négliger. D'un autre côté, il est certain que nos trois auteurs, y compris Yan Lianke, formulent une critique de certaines croyances ou certaines pratiques propres aux pays dans lesquels se situent leurs romans : est-ce là une manière d'adopter, sans trop y avoir réfléchi, un point de vue rationnel issu de la logique occidentale ?

Il est enfin une troisième tentation, fonctionnant également de façon impensée : c'est la tentation populiste. Les romanciers ne cèdent-ils pas parfois à une forme de facilité consistant à aller dans le sens d'une opinion qui se satisfait de discours simplificateurs ? Ce peut être le cas, selon nous, pour Yan Lianke, qui oppose par exemple la ville, source de vices et de pollution, à la campagne (qui n'est toutefois pas dotée de toutes les vertus !), ainsi que pour Gabriel García Márquez, qui semble parfois s'engager sur une pente dangereuse lorsqu'il évoque Cataure et Visitacion ou encore la prostituée Nigromenta (v. Thématiques, Mythes, Gabriel García Márquez). Mais, encore une fois, cette tendance reste marginale. Il faut de plus l'opposer à la position de Salman Rushdie qui ne cesse, tout au long des *Enfants de minuit*, de présenter de façon systématiquement négative et dépréciative les personnages enclins à critiquer les étrangers et, au-delà, à défendre une conception essentialiste de l'identité : le vieux Tai qui regarde d'un mauvais œil le "gros sac plein de machins étrangers" (*EM*, p. 32) qu'Aadam Aziz a rapporté d'Allemagne, Tai qui semble bien avoir tué une allemande (Ilse) ainsi que trois Anglaises ; la cousine Zohra qui dit à Ahmed qu'elle n'apprécie pas la peau noire ou foncée (elle vise Amina) : "le blanc est plus beau, tucroispas ?" (p. 122) ; Ahmed lui-même et Methwold qui rivalisent d'ancêtres glorieux dans le jardin de Buckingham (p. 193-195) ; enfin Sonia, l'épouse de l'oncle Mustapha (lui-même féru de généalogie, p. 690), qui rejette Saleem au prétexte qu'il est un enfant illégitime (p. 691)…

ROMANS-MONDE(S)

On entre dans un roman comme dans un monde qui apparaît à la fois familier et inconnu. Cette impression est sans doute consubstantielle au genre même, qui repose sur un principe mimétique d'une part et sur une invitation à l'aventure ou au voyage d'autre part. Mais sans doute est-elle plus vive encore pour ces longs et vastes romans associés au réalisme magique, qui font passer d'un univers "naturel" à des univers "surnaturels". Nous nous demanderons ce qui motive cette impression. Nous verrons que nos romans comportent une visée totalisante et qu'ils semblent même comme portés à toujours transgresser les limites dans lesquelles on croit pouvoir les "cerner".

UNE VISÉE TOTALISANTE

La visée totalisante des romans se vérifie à travers deux notions opposées : l'unité et la diversité.

L'un

- **Le volume**

Tiphaine Samoyault, dans son essai intitulé *Excès du roman*, emploie le mot *longueur* [SAMOYAULT, 1999, p. 51] qu'elle distingue de la *quantité* entendue comme "l'abondance de matière" [*ibid.*, p. 14], qui peut comporter une dimension qualitative, celle de la diversité : "Le premier mode par lequel l'excès dispose du roman vient [...] de ce que sa quantité est mélange, détermination *qualitative* de la quantité" [*ibid.*, p. 27]. Nous envisageons ici l'aspect purement quantitatif du roman, que nous nommons *volume*.

C'est en effet tout d'abord par le volume (en termes de pages), qui induit un certain mode de lecture, que les romans semblent pouvoir contenir une totalité. Ce ne sont pas tout à fait des "romans-fleuves" au sens de romans publiés en plusieurs tomes, mais deux des trois romans se présentent tout de même comme une succession de "livres". Quoi qu'il en soit, il s'agit indéniablement de romans volumineux : entre quatre cents et huit cents pages environ. Sans atteindre la taille des romans baroques du XVIIe siècle, ils rappellent à cet égard les longs romans du XVIIIe siècle européen, en particulier anglais : on songe à *Clarissa* (1748), *Tom Jones* (1749) ou *Tristram Shandy* (1759), et se rapprochent des grands romans de la tradition chinoise comme *Le Roman des Trois Royaumes*, *Au Bord de l'eau*, *Fleur en fiole d'or*, La *Pérégrination vers l'Ouest* ou encore *Le Rêve dans le pavillon rouge*, ou bien encore les longs poèmes épiques indiens, comme le *Mahābhārata* (certes bien plus volumineux) et le *Rāmāyana.*

Par leur volume, les romans produisent deux effets contraires. Le premier effet est celui d'une désorientation qui risque de ruiner la tension du roman vers l'unité : le lecteur est perdu parmi les multiples intrigues impliquant de multiples personnages. Si le romancier peut limiter cet effet en faisant des rappels, ou en offrant aux lecteurs le bénéfice d'un résumé un peu comme dans une série télévisée (*EM*, p. 188-191), certains phénomènes peuvent au contraire accentuer cette perte de repères comme la fréquence des digressions ou, dans *Cent ans de solitude*, l'emploi d'un même nom pour plusieurs personnages. Mais on s'accommode finalement, à la lecture, de cette désorientation, un peu comme dans un rêve où les contours de ce que l'on perçoit perdent de leur netteté, ou plutôt comme dans la vie, qu'il s'agisse de la vie sociale ou de la vie psychique, d'autant que le modernisme, avec Joyce, Woolf ou Proust, nous y a accoutumé. Le second effet du roman volumineux est, à l'inverse, une progressive accoutumance avec les divers aspects de l'univers romanesque. Là aussi comme dans la vie quotidienne telle que nous l'expérimentons, la longueur des romans laisse au lecteur le temps de se familiariser avec les personnages, du moins ceux qui sont présents pendant une grande partie, sinon toute la durée du roman : Saleem bien sûr, mais aussi Ursula et surtout le colonel Aureliano ainsi que Sima Lan, Lan Sishi et Du Bai.

- **Le monde entier**

Au-delà de cet aspect quantitatif, c'est la qualité du contenu qui donne l'impression que le roman contient le monde entier. Bien que l'espace des trois romans soit clairement circonscrit à certaines régions précises du monde – quelque part en Amérique latine, en Chine, et dans les pays issus de la Partition de l'Inde (l'Inde moderne, le Pakistan et le Bangladesh) –, bien d'autres pays sont incidemment évoqués au cours du récit, si bien que cet espace semble en même temps s'étendre au monde entier. Des "matronnes venues de France" (*CAS*, p. 217) débarquent à Macondo sur le seul radeau qui y accoste ; de même, les Américains s'y rendent, par le train cette fois-ci, et des "étrangers" s'y installent, en nombre, pour exploiter les bananeraies (p. 250-252) ; dans un mouvement inverse, certains membres de la famille Buendia quittent Macondo pour l'Europe : José Arcadio (5e génération) pour Rome (p. 368), Amaranta Ursula pour Bruxelles (p. 385), d'où ils reviennent ; Gabriel pour Paris (p. 439) et le libraire catalan pour son pays natal (p. 434), de façon définitive. Significativement, lorsque José Arcadio (2e génération) revient à Macondo, après avoir suivi une gitane, on apprend qu'il a "fait soixante-cinq fois le tour du monde" (p. 106).

De la même façon, au début des *Enfants de minuit*, Aadam Aziz revient de Heidelberg, en Allemagne (*EM*, p. 17). Des colons portugais, puis britanniques sont venus occuper Bombay (p. 162) ou Goa, où Marie Pereira retourne, auprès de sa mère (p. 495), avant de revenir à Bombay sous le nom de Madame Bragance (p. 802), en référence à Catherine de Bragance, épouse de Charles II d'Angleterre qui acquit ainsi le port de Bombay. Au cours de sa chronique indienne, il arrive à Saleem d'évoquer d'autres continents : l'Europe, lorsqu'il rapporte la défaite de l'Allemagne en 1918 (p. 45) ou la victoire du "premier Indien à avoir traversé la Manche à la nage" (p. 224), ou bien le Proche-Orient, à l'occasion de la crise du Canal de Suez en Égypte (p. 207). On a l'impression que le récit est toujours prêt à se transporter vers un horizon lointain, comme lorsqu'Emerald, la tante de Saleem, songe à émigrer dans le Suffolk (p. 593), si bien que Saleem pourrait s'adresser à ses lecteurs comme le fait Lifafa Das avec son kaléidoscope, exhibant des cartes postales (représentant essentiellement des sites célèbres de l'Inde) : "'venez voir le monde entier, venez voir tout !'" (p. 132). Cette ambition folle d'inclure dans une œuvre la totalité est emblématisée par l'ami peintre de Nadir Khan "dont les toiles étaient devenues de plus en plus grandes au fur et à mesure qu'il essayait de mettre la totalité de la vie dans son art" (p. 85).

Contrairement au roman colombien et indien, le roman chinois ignore pratiquement le monde en dehors de la Chine. On mentionne, à la fin du livre I, les "compagnons d'Occident" (*FT*, p. 215-216), mais il s'agit d'une évocation très furtive et peu précise. Cette absence du monde s'explique sans doute parce que l'histoire de la Chine ne connaît pas la colonisation d'une part et que le pays est resté fermé au reste du monde jusque dans les années 1980.

- **Microcosmes**

Toutefois, s'il ne mentionne pas directement des pays étrangers qui auraient inscrit l'espace chinois dans le monde entier, Yan Lianke présente son roman comme un corrélat du monde, en recourant à l'allégorie : le monde décrit dans *La Fuite du temps*, comme du reste dans les deux autres romans, fonctionne comme un microcosme. Le village des Trois Patronymes dispose, à travers Sima Lan et Du Bai, de "l'empereur et son ministre" (*FT*, p. 19), si bien qu'il constitue une Chine en miniature.

De plus, le nom du village n'est pas sans rappeler la période historique des Trois Royaumes (220-280), qui a donné lieu à un des romans traditionnels les plus célèbres de l'histoire littéraire chinoise, le *Roman des Trois Royaumes* : ces "trois royaumes" (le Wei, le Shu et le Wu) désignent trois parties de la Chine autrefois unies sous la dynastie précédente, les Han, et vouées à se réunir à nouveau sous la dynastie suivante, les Jin, de même que dans le roman, trois familles issues de trois provinces du nord de la Chine (le Shandong, le Shanxi et le Shaanxi, *FT*, p. 21) se sont unies pour fonder le village des Trois Patronymes.

Enfin la Chine elle-même, traditionnellement, se présente comme le centre du monde, voire comme le monde même, à travers l'expression *Tian xia*, "Sous le ciel", par laquelle on pouvait la désigner à l'époque impériale, et sur laquelle Yan Lianke joue dans une de ces déclarations, où il situe son pays natal, au centre du centre du monde : "Je ne suis pas simplement un Chinois, je suis un Chinois de la Plaine centrale. […] [A]près tout la Chine est au centre du monde et le Henan est au centre de la Chine" [*in* Pezza, 2019, p. 214].

Les Enfants de minuit repose sur un système consistant à établir des correspondances entre les histoires individuelles des personnages et la grande histoire de l'Inde, système que Saleem en vient même à théoriser (*EM*, p. 421-422). Ainsi, comme dans le roman chinois, le monde circonscrit dans lequel évoluent les personnages est une image du pays tout entier. Néanmoins, à moins de faire jouer l'idée, en vogue au XIXe siècle, selon laquelle l'Inde est la terre des origines, ce qui ne semble pas le cas de la part de Salman Rushdie dans *Les Enfants de minuit*, l'Inde n'est pas elle-même une image du monde entier, comme peut l'être la Chine à la faveur de l'expression "Sous le ciel". Toutefois, le roman indien contient bien un microcosme : c'est le domaine de Methwold, dont les quatre bâtiments portent le nom de quatre palais européens (p. 166) ; mais, il s'agit du monde limité à l'Europe, si bien que, de nouveau, le fonctionnement microcosmique n'est pas tout à fait abouti.

Gabriel García Márquez recourt aussi à plusieurs procédés symboliques pour suggérer que le monde décrit dans son roman est une *imago mundi*. On peut faire l'hypothèse que s'il a retenu le nom de Macondo pour désigner le village de son roman, c'est pour sa proximité sonore avec *mundo*, le "monde", comme le remarque le critique italien Franco Moretti (le jeu de mots fonctionne mieux dans la langue italienne) : "Macondo come un M(ac)ondo, insomma" [MORETTI, 2022, p. 224]. On sait, du reste, que le nom de *Macondo*, qui désigne un lieu authentique, avait frappé le jeune Gabriel "pour sa sonorité poétique" lorsqu'il l'a découvert à l'occasion de voyages en train en compagnie de son grand-père : c'est ce qu'il rapporte dans son autobiographie *Vivre pour la raconter* [GARCÍA MÁRQUEZ, 2003, p. 29].

Un autre procédé, souvent relevé, consiste à associer l'histoire de Macondo à celle de la Bible, le livre total. Le village au début du roman renvoie à la Genèse : "Le monde était si récent que beaucoup de choses n'avaient pas encore de noms" (*CAS*, p. 9), ce qui rappelle l'acte de nomination de "tout être vivant" par l'homme au tout début de la Création (Genèse, 2:19). Peu après, José Arcadio se comporte comme un "patriarche" des premiers temps de la Bible :

> Au début José Arcadio Buendia était une sorte de jeune patriarche qui donnait ses directives pour les semailles, des conseils pour élever les enfants et les animaux, et collaborait avec chacun, jusque dans les travaux manuels, pour la bonne marche de la communauté. (p. 17)

Par la suite, Fernanda évoque Moïse sauvé des eaux, lorsqu'elle prétend avoir "trouvé [Aureliano, le fils de sa fille Meme et de Mauricio Babilonia] flottant dans une corbeille (*CAS*, p. 328). Bien avant dans le récit, on compare, de façon ironique, la traversée de la sierra qu'effectue José Arcadio avant de fonder Macondo à la traversée du désert par Moïse vers la Terre Promise : "Plusieurs amis de José Arcadio [...] emmenèrent avec eux femmes et enfants vers cette terre qui ne leur avait été promise par personne" (p. 32). Puis, Macondo connaît le déluge : la pluie pendant cinq ans (p. 344), qui oblige Aureliano le Second, nouveau Noé, à de grands efforts sauver les animaux de la ferme qu'il dirige avec Petra Cotes (p. 350). Enfin, après une série de prodiges qui font penser à l'Apocalypse, comme la maison envahie par les "fourmis", les "mites" et les "herbes sauvages" (p. 447) ou la naissance d'un enfant doté d'une queue de cochon (p. 448), le monde de Macondo disparaît, balayé par un vent de fin du monde (p. 452 453).

En citant l'Apocalypse dans les exergues du livre II, et, dans ceux du livre IV, l'Exode, relatant la sortie d'Égypte des Hébreux conduits par Moïse jusqu'à la Terre Promise, le roman chinois rattache pareillement le récit au parcours mythique du récit total de la Bible, partant d'un commencement (l'Exode, ou la formation du peuple juif) et orienté vers une fin (l'Apocalypse et la disparition du Royaume terrestre).

- **Parcours anthropologiques**

Les romans de Gabriel García Márquez et de Yan Lianke renvoient aussi à l'idée de totalité dans la mesure où ils peuvent être lus comme des récits anthropologiques, c'est-à-dire relatant l'histoire de l'humanité, depuis les premiers âges jusqu'au stade de ce que l'on tient pour la civilisation. Macondo est d'abord décrit comme un village situé dans la préhistoire : "Macondo était un village d'une vingtaine de maisons en glaise et en roseaux, construites au bord d'une rivière dont les eaux diaphanes roulaient sur un lit de pierres polies, blanches, énormes comme des œufs préhistoriques" (*CAS*, p. 9). Ensuite viennent les inventions importées par les gitans (p. 9 et p. 12) ou bien, plus tard, par les Américains (p. 247-248), la connaissance (José Arcadio apprend à ses fils à "lire, écrire et compter", p. 24), la mémoire (recouvrée grâce à Melquiades, p. 61), c'est-à-dire la conscience du temps, les institutions étatiques comme l'école et l'armée (avec la venue d'Apolinar Moscote, p. 103), l'art et les loisirs associés à l'Italien Pietro Crespi (avec la danse, p. 72 et p. 88), enfin la religion associée au père Nicanor Reyna (p. 96).

Le parcours anthropologique dans *La Fuite du temps* est plus philosophique qu'historique et ne comporte pratiquement qu'une seule étape, celle de l'éloignement des hommes vis-à-vis du Dao dans lequel tout se confond à l'origine : c'est alors que naissent les différenciations ou discriminations (*fen*), ainsi que les passions. En termes philosophiques, on passe de l'*il-n'y-a-pas (wu*, traduit parfois par "vide" ou "néant") originel, puis de l'un, au multiple :

> Dao engendre un
>
> Un engendre Deux.
>
> Deux engendre Trois.
>
> Trois engendre tous les êtres
>
> [*Laozi*, stance XLII, *in Philosophes taoïstes*, p. 45]

Ce passage est figuré à la fin du roman à travers le motif du sevrage des nouveau-nés : "brutalement sevrés, ils connaissent alors haine et jalousie" (*FT*, p. 605).

Le multiple

La visée totalisante du roman-monde repose, comme nous venons de le voir, sur une approche globalisante, qui se traduit à la lecture par l'impression de voir représenté dans le roman le monde ou un monde dans son unité. Mais elle résulte également d'une impression inverse, celle d'un monde multiple, divers et complexe. Ces deux orientations opposées concourent ensemble à créer l'effet de totalisation. Nous verrons que, chez Gabriel García Márquez et Yan Lianke, cette seconde orientation du roman-monde n'est pas sans susciter une forme d'appréhension. L'acceptation, s'agissant de ces deux auteurs, ou la revendication pour Salman Rushdie, de la diversité passe d'abord par des contre-modèles : on commence par élaborer des figures repoussoirs qui incarnent ou professent l'intolérance vis-à-vis de l'autre. De façon positive, nous observerons ensuite que les trois romans mettent en scène des sociétés plurielles et des individus hybrides. Cette pluralité et cette hybridité devraient se traduire par la possibilité d'un débat au sein de la société, mais les romanciers devront admettre la faillite de cette logique de l'échange. L'échec de la fusion sociale dans la réalité historique se voit néanmoins compensée par une pratique littéraire qui consiste à mêler les références culturelles.

- **La crainte de l'aliénation**

Chez l'auteur colombien comme chez le romancier chinois, l'élément extérieur ou étranger par rapport au centre que constituent le village de Macondo et le village des Trois Patronymes semble *a priori* associé à quelque chose de négatif, de toxique, voire de diabolique. On peut le vérifier à travers deux motifs : d'une part les importations d'objets et les irruptions de personnages dans l'univers du village et d'autre part les unions mixtes.

La venue de Melquiades et des gitans semble ainsi déclencher un processus de dégénérescence dans l'univers jusqu'alors à l'abri de Macondo : José Arcadio, premier récipiendaire des "merveilles du monde" introduites par les gitans dans le village, "d'entreprenant et propre qu'il était [...], eut bientôt l'air d'un vagabond négligé dans la façon de se vêtir, avec une barbe hirsute qu'Ursula réussissait à grand-peine à tailler avec un couteau de cuisine" (*CAS*, p. 18). Aussi, lors de leur troisième visite, les gitans seront-ils perçus comme des "colporteurs d'amusettes" (p. 41) ; par la suite, en lien avec la disparition de José Arcadio fils (2e génération) qui a suivi une gitane, ils seront proscrits à l'exception de la tribu de Melquiades (p. 49). Celui-ci revient en effet avec de nouveaux "produits" comme la photographie (p. 62), ce qui annonce les inventions des Américains (cinéma, phonographe et téléphone, p. 247-248), sans parler de leur système économique qui provoque à terme la catastrophe de la fusillade à la gare de Macondo (p. 334-335).

Ce sont parfois des personnages qui, venant de l'extérieur, font irruption dans le village qu'ils viennent perturber. On peut distinguer à cet égard trois catégories de personnages dans *Cent ans de solitude*. Ce sont d'abord les indigènes comme Cataure et Visitacion, qui sont associés à la "peste de l'insomnie" (*CAS*, p. 48). Il faut compter aussi les étrangers : on a évoqué les Américains ; on peut mentionner, en outre, les Arabes qui développent le commerce (p. 49), les "matrones venues de France dont les magnifiques compétences changèrent les méthodes traditionnelles de l'amour" (p. 217) ou encore les "étrangers" que font venir les Américains pour l'exploitation des bananeraies, qui sont à l'origine d'un quartier louche dénommé la "rue aux Turcs" (p. 251). Ne semblent trouver grâce aux yeux du narrateur que les "Noirs des Antilles", associés au "seul havre de tranquillité dans ce quartier des étrangers" (p. 252). Enfin, les personnages extérieurs peuvent être des personnages en dehors de la famille Buendia. Là encore, on peut penser que le principe toxique s'applique : Pilar Ternera, pourtant membre de l'expédition conduite par José Arcadio avant de fonder Macondo (p. 37), et Petra Cotes pourraient être assimilées aux tentatrices sexuelles qui détournent les Buendia mâles (José Arcadio le fils, p. 34-36, et Aureliano, p. 79-81, d'une part ; José Arcadio le Second et Aureliano le Second, p. 208-209, d'autre part) de leurs épouses respectives. Remarquons aussi que Petra contamine les deux jumeaux José Arcadio le Second et Aureliano le Second (p. 209).

Mais on peut opposer en fait de nombreuses objections à cette interprétation repérant dans le roman l'expression d'une forme d'appréhension, ou même une forme d'intolérance, vis-à-vis de l'élément extérieur ou étranger. Dans le détail, il faut remarquer que les deux personnages féminins, Pilar Ternera et Petra Cotes, ne font pas que détourner les hommes de la famille Buendia de leur "devoirs conjugaux" : ce sont elles qui les initient au plaisir de l'amour. Il faut donc peut-être penser que, par ces personnages, Gabriel García Márquez fait un pied de nez aux conventions bourgeoises où, dans le couple régulièrement marié, la frustration sexuelle est fréquente, ce qui est en effet le cas des couples formés par Ursula et José Arcadio ainsi que par Fernanda et José Arcadio le Second, où les époux sont soumis à l'abstinence (*CAS*, p. 29-30 et p. 231). De plus, ces deux femmes sont des figures de la fertilité (Pilar est la mère d'Arcadio de la 3e génération, et d'Aureliano José tandis que Petra dirige avec Aureliano le Second une ferme où se produit une "prolifération surnaturelle [d'] animaux", p. 211), par opposition à d'assez nombreux personnages féminins associés à la stérilité, dont Rebecca, épouse de José Arcadio (2e génération), et Remedios, épouse d'Aureliano. Une autre objection de détail concerne Cataure et Visitacion : il faut en effet préciser que c'est bien Rebecca, une parente d'Ursula, qui contamine le village, et non les Indiens, Visitacion étant au contraire celle qui pose le diagnostic (p. 55) ; de plus, c'est le chef des gitans, Melquiades, qui guérit le village (p. 61).

De façon générale, on repère plutôt dans le roman de Gabriel García Márquez une tension entre le désordre de la vie, qui s'accommode et même requiert la diversité, et un idéal de repli dans un monde clos qui doit moins être interprété en termes idéologiques que comme une nostalgie de l'enfance, voire la trace d'un stade antérieur à la naissance, se traduisant en effet par une crainte de l'aliénation.

On peut proposer la même analyse pour *La Fuite du temps* où le "monde extérieur" (*waimian shijie*, *FT*, p. 37) est la plupart du temps associé à un phénomène négatif ou présenté comme tel (la vente de peau au chef-lieu de district, la prostitution dans la ville-préfecture) et où les transferts opérés depuis ce monde extérieur vers le village des Trois Patronymes se traduisent par des catastrophes (l'eau du canal de Lingyin, l'aménagement des champs en terrasses sur le modèle du village pilote, les sauterelles qui, d'un point de vue des références historiques, correspondent à la politique du Grand Bond en avant, provoquant la plus grande famine qu'aient connus la Chine et peut-être le monde).

Au titre des objections de détail, on peut remarquer que la plupart de ces phénomènes décrits comme extérieurs relèvent en fait d'initiatives internes : ce sont les chefs de village successifs qui entreprennent des projets se soldant par un échec et qui envoient les hommes vendre leur peau et les femmes se prostituer en ville. Par ailleurs, comme pour *Cent ans de solitude*, il faut moins y voir un rejet de l'autre que la mise en scène romanesque d'une dynamique associant deux logiques complémentaires : celle d'une ouverture sur le monde extérieur et celle du repli sur soi – ce dernier mouvement étant sans doute accentué dans le cas de la Chine en raison de la "Grande Divergence" qu'elle opère vis-à-vis de l'Europe entre le XVIIIe siècle et la fin du XXe siècle [POMERANZ, 2010], c'est-à-dire le recul qu'elle connaît par rapport aux économies européennes et nord-américaines.

Le second motif qui suscite une discussion à propos de la position des deux écrivains Yan Lianke et Gabriel García Márquez à l'égard de la diversité est celui des unions mixtes. Celles qui sont célébrées ou évoquées dans *Cent ans de solitude* sont presque toutes stériles : le mariage, accepté du bout des lèvres par Ursula (*CAS*, p. 82), entre Aureliano et Remedios, fille de l'"étranger" Moscote, se termine de façon tragique par la mort spectaculaire de Remedios portant dans son ventre deux jumeaux à peine formés (p. 101-102) ; ni Amaranta ni Rebecca n'épousent l'Italien

Pietro Crespi (p. 87), dont le frère cadet, Bruno, finit par épouser Amparo, l'autre fille de Moscote (p. 166; remarquons au passage Ursula n'avait consenti qu'avec réticence au mariage entre sa fille Amaranta et Pietro Crespi, p. 110); quant à Rebecca, elle épouse un autre Buendia, José Arcadio le Second (ce mariage intrafamilial ne rencontre au contraire aucune objection de la part d'Ursula, puisqu'il a lieu seulement trois jours après le coup de foudre initial, p. 107-108).

Est-ce à dire que García Márquez prône l'idée de mariage consanguin, voire incestueux? En fait, le couple formé par Rebecca et José Arcadio le Second ne donne lieu à aucune descendance; on peut également relever que les deux couples incestueux au début et à la fin du roman ne donnent naissance qu'à des monstres affublés d'une queue de cochon (p. 29 et p. 448), le dernier né n'étant pas viable. En revanche, le couple mixte formé par Meme, fille d'Aureliano le Second et Fernanda, et l'étranger Mauricio Babilonia, bien que totalement rejeté par Fernanda au point qu'elle tentera de faire tuer le garçon, donne naissance à un enfant, Aureliano. De plus, nous avons déjà repéré deux autres couples illégitimes et pourtant fertiles: Petra Cotes et José Arcadio (qui ont pour fils Arcadio) et la même Petra Cotes et Aureliano (avec pour fils Aureliano José). Le bilan n'est donc peut-être pas en faveur des couples endogames.

Si Gabriel García Márquez décrit le dernier rejeton des Buendia, Aureliano, né du couple incestueux formé par Amaranta Ursula et son neveu Aureliano, comme "le seul en tout un siècle à avoir été engendré avec amour" (p. 448), c'est sans doute moins pour exprimer une opposition à la diversité ou à l'hybridité que pour formuler le fantasme d'un monde fermé et protecteur où domine en maître absolu un amour qui, selon nous, renvoie avant tout à la fusion intra-utérine entre la mère et l'enfant qu'elle porte.

Les couples mixtes sont apparemment interdits dans *La Fuite du temps*. On évoque le sort de celles qui, comme autrefois Lan Xiangxiang et, à l'époque du récit, Du Zhucui, s'aventurent à vouloir épouser un homme en dehors du village: elles sont attachées et battues (*FT*, p. 232). Mais, en réalité, il s'agit plus d'une situation à laquelle on se résigne qu'à une option anthropologique (l'endogamie): ainsi, la fin des travaux du canal permettra, espère-t-on, de mettre fin à la "discrimination extérieure" (*qishi*) et de marier les filles du village à l'extérieur (p. 163).

De plus, dans l'imaginaire chinois, un village est idéalement associé à une seule famille : c'est le cas du village nommé Xiaomazhai où "la plupart des gens se nomment Ma" (*FT*, p. 266), ou bien du "Village des Ding" dans le roman *Le Rêve du Village des Ding* (*Ding zhuang meng*, 2006). Ainsi, les trois familles du village des Trois Patronymes sont à analyser comme des "clans" (*xing*) (au-delà de la "famille" [*jia*]) : elles correspondent, symboliquement, à des communautés. Or, en raison du tabou qui interdit, en Chine, le mariage entre deux individus portant les mêmes "patronymes" (*xing*), on ne voit dans le roman que des mariages "mixtes", au sens où il s'agit toujours d'unions entre des familles distinctes, c'est-à-dire entre communautés distinctes.

La crainte de l'aliénation est certes repérable dans *Cent ans de solitude* et dans *La Fuite du temps*, mais d'une part elle renvoie selon nous aux fantasmes de la fusion intra-utérine y compris chez Yan Lianke, ou bien, tout au plus, à une situation à laquelle il faut se résigner, ou encore à une vision dynamique où mouvements centripètes et centrifuges s'équilibrent.

Y a-t-il des unions mixtes dans *Les Enfants de minuit ?* Contre toute attente, il y en a peu : Aadam Aziz, pourtant ouvert aux idées venues d'ailleurs, épouse la musulmane Naseem Ghani (p. 51-52) ; ses enfants épousent aussi des personnes de confession musulmane (Emerald et Zulfikar, p. 111 ; Muntaz *alias* Amina et Ahmed, p. 112 ; Hanif et Pia, p. 195 ; Mustapha et Sonia, p. 688, qui est iranienne il est vrai). Il s'agit probablement d'un reflet de la réalité sociologique en Inde. Seul Saleem, et c'est sans doute significatif, forme des couples plus ou moins aboutis avec des "étrangères" : il épouse Parvati, dont le nom évoque une déesse hindoue (p. 711), et engage auparavant une liaison avec l'Américaine Evelyn Burns (p. 321), puis avec Masha Miovic (p. 412) dont on peut penser qu'elle est originaire des Balkans. Il est vrai qu'il est aussi fortement attiré par sa sœur Singe de Cuivre (p. 556), mais celle-ci n'est pas la "vraie" sœur de Saleem. Peut-être cet amour incestueux de Saleem pour sa sœur est-il à mettre au compte de la pratique parodique de Salman Rushdie, qui imiterait en l'occurrence les romans ou les pièces où un personnage, comme Moll Flanders par exemple, tombe amoureux et parfois épouse celui ou celle dont on découvre après coup qu'il ou elle est en réalité son frère ou sa sœur.

- **Les contre-modèles**

A minima, les romanciers condamnent des personnages qui expriment une opposition ou un refus du pluralisme. Par exemple, Gabriel García Márquez construit le personnage négatif de Fernanda, associée à l'enfermement : elle enferme sa fille dans un couvent (p. 325) ; maîtresse de la maison Buendia après la mort d'Ursula, "non seulement elle se refusa à ouvrir les portes [...], mais elle fit condamner les fenêtres à l'aide de planches clouées en croix" et "finit par s'enfermer à clef dans sa chambre" (p. 379) ; enfin, sur la recommandation de ses "médecins invisibles", elle placera un pessaire dans son vagin pour empêcher la descente de l'utérus, une façon de fermer son corps intime à toute intrusion extérieure. García Márquez entend bien s'élever contre la peur pathologique de l'autre dont témoigne un tel personnage.

Les contre-modèles sont nombreux dans *Les Enfants de minuit* (v. Synthèse, Jeux et enjeux de pouvoir). C'est toute la logique antipluraliste qui a présidé à la création du Pakistan, "Pays des Purs", qui lui inspire des phrases au ton inhabituellement sombre sous sa plume : "ce n'était pas mon pays, même si j'y suis resté [...] pendant quatre longues années. / Quatre années de rien." Un pays au "puritanisme fanatique", qui a transformé sa sœur, Singe de Cuivre, "autrefois révolté et sauvage" en Jamila la Chanteuse, une femme entièrement soumise (*EM*, p. 514).

- **Des sociétés plurielles**

De façon positive, les trois auteurs mettent en scène des sociétés multiculturelles et parfois multinationales. Cet aspect est clairement illustré et assumé par Salman Rushdie dans *Les Enfants de minuit*. Dans le domaine de Methwold se mêlent des hindous (le docteur Narlikar et les Sabarmati), des parsis (Homi Catrak et les Dubash) et des musulmans (les Sinai et les Ibrahim) (*EM*, p. 171-172), sans compter le passage de l'Américaine Evelyn Lilith Burns et de son père veuf (p. 321), ainsi que d'autres communautés, en particulier des descendants de colons anglais et portugais à travers le dernier représentant de la famille Methwold qui, il est vrai, quitte le pays (v. la négociation de l'appartement de Buckingham Palace, p. 167-168 et la conversation avec Ahmed à propos des ancêtres, p. 193-195) et surtout le couple d'origine portugaise formé par la nourrice de Saleem, Mary Pereira, et l'activiste révolutionnaire, Joseph D'Costa.

Macondo est aussi un carrefour de nationalités: on y voit les trafiquants arabes (*CAS*, p. 49), les matrones françaises (p. 217) ainsi que l'extravagant médecin français (p. 348), l'Italien Pietro Crespi, les "étrangers" (p. 251) venus travailler dans les bananeraies, le "libraire catalan" (p. 390), sans compter les quelques rares autochtones comme Cautaure et sa sœur Visitacion, des "Indien[s] guajira" (p. 48), c'est-à-dire la population *wayuu* établie dans la péninsule de Guajira située à cheval entre la Colombie et le Venezuela.

Il faut toutefois noter une différence entre García Márquez et Rushdie à propos de la façon dont ils présentent la pluralité communautaire: le premier est bien plus souvent tenté de recourir aux stéréotypes, non dans un réflexe paresseux que l'on serait en droit de condamner, mais, selon nous, pour accentuer le ton populaire (populiste?) de son récit: les "[A]rabes [sont] chaussés de babouches" et portent "des anneaux aux oreilles" par exemple (p. 49).

La pluralité communautaire est bien moins profuse chez l'auteur chinois mais, comme nous l'avons expliqué, elle est figurée, de façon minimale et, partant, symbolique, par la coexistence de trois familles qui valent communautés, les Du, les Lan et les Sima, qui se sont réunies pour former et fonder le village des Trois Patronymes: le village est par définition multicommunautaire. De plus, l'épisode de la dispersion des familles consécutive à la famine tendrait à prouver que cette pluralité est une exigence: les trois familles quittent le village, se séparent à chaque bifurcation, mais ensuite elles font retour vers le village où elles sont à nouveau réunies (p. 558).

- **Des individus hybrides**

L'hybridité opère le mélange ou la fusion des communautés, par opposition à la pluralité qui est juxtaposition ou coexistence entre communautés. Comme nous l'avons vu, du fait du tabou qui interdit les unions entre deux personnes portant le même nom, les personnages du roman chinois se marient toujours en dehors de la famille, si bien que, si l'on admet que, symboliquement, la famille correspond à une communauté, la société mise en scène dans *La Fuite du temps* est bien une société hybride.

Cent ans de solitude compte assez peu d'individus hybrides : Aureliano de la 6e génération, fils du couple mixte, Meme et Mauricio Babilonia, mais aussi, à condition de considérer que la mixité s'entend aussi dans le cas où un Buendia se marie à l'extérieur de sa famille, Arcadio et Aureliano José, appartenant tous deux à la 3e génération.

Le roman de Salman Rushdie semble au contraire suivre une logique de fusion entre les communautés en faisant de ses personnages principaux des êtres hybrides : Aadam, le grand-père de Saleem est originaire du Cachemire, c'est-à-dire un pays situé "entre deux eaux", entre l'Inde et le Pakistan, sans doute à l'image du pays des Cachoubes d'où est originaire Oskar dans *Le Tambour* de Günter Grass ; de plus, sur le plan culturel et non plus strictement génétique, il revient d'Allemagne où il a reçu une formation médicale ; de même, Saleem lui-même est le fils d'un colon anglais (Methwold) et d'une hindoue (Vanita désignant une "femme" en sanskrit et en hindi, mais il est sans doute possible de gloser sur le latin *vanitas*) ; on compte aussi, parmi les personnages secondaires, des individus hybrides, comme Mutasim, le fils du prince de Kif, décrit comme un *playboy* occidentalisé (p. 565).

- **Le débat impossible**

Des personnages appartenant à différentes communautés ou qui présentent eux-mêmes un caractère hybride coexistent dans les romans pour former des sociétés plurielles ou hybrides, mais parviennent-ils pour autant à échanger, à débattre, pour constituer une "intelligence collective" ? García Márquez met en scène des négociations qui ont lieu au terme des guerres civiles opposant libéraux et conservateurs. Or, en fait de débats, on constate que les vainqueurs imposent leurs conditions aux vaincus (*CAS*, p. 188). Ces "négociations" ou bien échouent – le colonel Aureliano refuse d'emblée de participer à l'armistice qui se négocie en son absence (p. 162-163) – ou bien ont un goût amer : après le traité de Neerlandia, désabusé, Aureliano décide de se retirer du jeu (p. 194).

Salman Rushdie met également en scène la possibilité d'un débat idéologique équilibré, sans doute sur le modèle britannique : il évoque le parti des musulmans modérés avec le "Rassemblement islamique libre" de Mian Abdullah et de Nadir Khan (*EM*, p. 82-83), le perdant face à la Ligue musulmane favorable à la création du Pakistan séparé de l'Inde.

Il crée surtout une sorte de contre-Parlement avec le Congrès des enfants de minuit, assemblée idéale dont les membres sont en quelque sorte tirés au sort dans la tradition de la démocratie grecque, puisque ce sont les enfants nés autour de minuit le jour de l'Indépendance de l'Inde. Cela commence avec "Radio Inde" (p. 307-311), lorsqu'il entend toutes sortes de voix : il éprouve alors "le sentiment qu'[il était] en train de créer un monde" (p. 311) ; mais ces voix sont confuses. Ensuite, il décide de constituer "une vague fédération de gens égaux, où tous les points de vue peuvent s'exprimer" (p. 389), dit-il à Shiva, un "forum où [les enfants de minuit] pou[rr]aient se parler les uns aux autres à travers moi" (p. 401). Mais, aussitôt fondé, l'enceinte parlementaire se perd en discussions oiseuses, sans déboucher sur une orientation commune : "un monstre à plusieurs têtes, parlant des milliers de langues de Babel, [les enfants de minuit] était l'essence même de la multiplicité" (p. 405). Finalement le débat se clôt lorsque le point de vue humaniste de Saleem et le point de vue matérialiste de Shiva s'opposent sans déboucher sur aucun compromis (p. 449-451). Ensuite, le Congrès des enfants de minuit sommeille, puis meurt, malgré la bonne volonté de Parvati (p. 686).

Quant au romancier chinois, il met en scène des pseudo-débats : les villageois réunis au pied du vieux févier ne font qu'écouter les harangues des chefs de village qui leur imposent de façon autoritaire leur projet irréaliste. Mais ce fonctionnement antidémocratique peut se retourner. C'est alors un chef qui doit affronter les insultes ainsi que la violence de la foule. Ainsi, dans une parodie d'autocritique du temps de la Révolution Culturelle, Lan Baisui non seulement doit subir les récriminations verbales et les attaques physiques des villageois mais il se gifle lui-même : "L'un de ses frères, âgé d'à peine plus d'un an que lui, s'approche pour lui donner un coup de pied mesuré : Tu n'es plus capable d'être le chef ! [...] Lan Baisui accuse le coup sans relever la tête puis, brusquement, s'inflige une averse de gifles grises et blanches" (*FT*, p. 400) ; finalement il avoue : "Je vous ai fait venir pour vous dire que je suis indigne de vous" (p. 401).

Les romanciers, au mieux, envisagent la possibilité théorique d'un débat respectueux et constructif au sein des sociétés plurielles qu'ils mettent en scène, mais ils font le constat que, dans la réalité historique de leurs pays respectifs, ce type de débat n'a pas lieu.

- **Références culturelles croisées**

Pour Salman Rushdie et Yan Lianke, tout se passe comme si cet échec de la construction d'un espace démocratique trouvait une forme de compensation dans le croisement des références culturelles qu'en écrivains mondialisés ils pratiquent l'un et l'autre. Yan Lianke mêle mythes chinois (Yu le Grand, Yukong) et occidentaux (Sisyphe), renvoie à la tradition philosophique chinoise (confucianisme taoïsme et bouddhisme, ce dernier étant en lui-même en fait un produit importé d'Inde) ainsi qu'à la Bible (Exode et Apocalypse).

Salman Rushdie fait un usage semblable des ressources culturelles du monde entier, en mêlant aux références proprement indiennes (comme la désignation du groupe d'hindous anti-musulmans sous le nom du démon aux dix têtes Ravana, *EM*, p. 125) ou assimilées (comme *Les Mille et une nuits*, p. 347), de nombreuses références occidentales (on pense par exemple au Christ à travers les personnages de Mary (Pereira) et Joseph (D'Costa)), ou bien aux modèles littéraires que constituent *Le Tambour* de Günter Grass, mais aussi à *Tom Jones* d'Henry Fielding pour le motif des enfants échangés et la structure jouant sur des chapitres introductifs dévolus au niveau narratif de l'énonciation.

ROMANS DU DÉBORD

Nous avons analysé comment les romanciers plaçaient à l'horizon de leurs œuvres l'idée d'une totalité qui renvoie au monde soit en direction de l'unité soit au contraire en direction de la multiplicité. Mais, comme le développe Tiphaine Samoyault dans son essai, cette totalité n'est pas l'équivalent d'un monde clos sur lui-même, même si la clôture peut représenter une tentation pour Yan Lianke et Gabriel García Márquez : les auteurs placent en effet leurs romans sous le régime de l'"excès", que nous nommerons plutôt le *débord*, entendant par ce mot la logique consistant à transgresser systématiquement la limite que l'on pensait tracée, la tendance à sortir du champ dans lequel le roman semblait se situer *a priori*. Cette orientation, poussée à l'extrême, correspond à l'approche "intégrationniste" que décrit Thomas Pavel dans *Univers de la fiction* : "Appelons 'intégrationniste' cette approche qui nous encourage à considérer les comportements marginaux [de type ludique, comme la fiction] comme des manifestations du côté créateur des comportements sociaux et à attribuer leur comportement marginal à la "canonisation" indue d'une normalité passagère" [PAVEL, 1988, p. 38]. Appliquée spécifiquement à la lecture de la fiction, cette approche consiste à s'appuyer sur le critère, relatif et extensible, de la possibilité du monde qui est donné à lire. C'est en pensant qu'il a accès à ce monde, parce qu'il lui paraît possible, que le lecteur l'intègre dans son expérience :

> Dans beaucoup de situations historiques, les écrivains et leur public tiennent pour acquis que l'œuvre littéraire décrit des contenus qui sont effectivement possibles et en rapport avec le monde réel. Cette attitude correspond à la littérature réaliste, dans le sens large du terme. Vu ainsi, le réalisme n'est donc pas uniquement un ensemble de conventions stylistiques et narratives, mais une attitude fondamentale concernant les relations entre l'univers réel et la vérité des textes littéraires. Dans une perspective réaliste, le critère de la vérité ou fausseté d'une œuvre littéraire et de ses détails est fondé sur la notion de possibilité (possibilité qui n'est assurément pas de nature purement *logique*) par rapport à l'univers réel.
>
> [PAVEL, 1988, p. 63]

Pavel décrit ainsi la logique d'intégration à l'œuvre au cours de la lecture d'une fiction réaliste : le lecteur est pris dans une "structure duelle" composée du "monde réellement réel" dans lequel il vit et du "monde réellement fictif" qu'il élabore au fur et à mesure de sa lecture, selon le processus d'intégration [*ibid.*, p. 75]. Dans le cas des fictions du réalisme *magique*, la structure duelle devient ce que le critique nomme une "structure saillante", définie comme une structure duelle dans laquelle "l'univers secondaire est existentiellement novateur et contient des entités et des états de choses sans correspondant dans le premier univers" [*ibid.*, p. 76]. Le processus d'intégration demande alors plus de disponibilité de la part du lecteur. Nous allons suivre ce processus d'intégration qui s'opère dans l'acte de la lecture en distinguant le point de vue du contenu (les mondes autres et l'Autre monde) et le point de vue formel (les jeux fondés sur la variation et la transgression).

Les mondes autres

• Le dedans et le dehors

On rencontre deux logiques d'intégration. La première, repérable dans *Cent ans de solitude* et dans *La Fuite du temps*, oppose un dedans à un dehors. Le centre du roman colombien est la maison familiale des Buendia située dans le village de Macondo lui-même entouré à l'est de "montagnes infranchissables" (*CAS*, p. 18), au sud par un "grand marigot" (p. 19), à l'ouest par une "étendu d'eau sans horizons" (p. 19) et au nord par une "contrée enchantée" (p. 20) qui donne sur la mer, sur laquelle le groupe conduit par José Arcadio ne se risque pas. Cet espace clos de toutes parts, ce dedans, est pourtant en lien avec d'autres espaces : les champs de bataille où s'affrontent les armées des libéraux et des conservateurs ainsi que la "cité lugubre" d'où vient Fernanda.

Un système spatial moins flou caractérise le roman chinois. Le village des Trois Patronymes forme le dedans à partir duquel s'étale un dehors constitué d'aires essentiellement étagées selon une logique administrative : au-delà des champs entourant le village et délimités par la "crête faîtière" des Balou, se succèdent les chefs-lieux du canton et du district, ainsi que la ville-préfecture de Jiudu qui fait office de capitale (*du* signifie "capitale").

Peut-on repérer un centre ou des centres dans le roman indien? Le domaine de Methwold à Bombay et le ghetto des magiciens à Delhi partagent avec Macondo et le village des Trois Patronymes la qualité de refuge. Après la destruction de l'un, Methwold (*EM*, p. 477 et p. 537), et de l'autre, le ghetto des magiciens (p. 754), Saleem semble s'en inventer un troisième, dans l'usine de conserves de Bombay (p. 801 et p. 806), où il écrit son histoire. Bombay pourrait bien jouer le rôle de centre car c'est le lieu de naissance de Saleem et c'est aussi le lieu où il revient à la fin du roman, mais, si l'on associe le centre à un lieu originel, il faudrait plutôt évoquer le Cachemire d'où est originaire la famille Aziz; or, le Cachemire, comme nous l'avons vu, est un espace par définition hybride.

- **Passage d'un lieu vers un autre**

En fait, *Les Enfants de minuit* obéit à une autre logique spatiale. Au quasi immobilisme des romans chinois et colombien il oppose un dynamisme car les personnages, qu'il s'agisse d'Aadam Aziz et Naseem, d'Amina et Ahmed, ou de Saleem, ne cessent de se déplacer d'un lieu vers un autre, invitant le lecteur à intégrer progressivement au monde fictif le Cachemire (*EM*, p. 15), Amritsar (p. 59), Agra (p. 68), Delhi (p. 115), Bombay (p. 158) – avec un séjour à Agra (p. 335) et un exil de Saleem chez son oncle Hanif dans un autre quartier de Bombay (p. 422-443) –, puis le Pakistan, d'abord Rawalpindi (p. 502), puis, après un bref retour à Bombay (p. 522), Karachi (p. 538), ensuite le Pakistan oriental (p. 610), où Saleem a été envoyé par sa sœur pour combattre, les Sundarbans (p. 634), où il déserte, Dacca (p. 661), puis Delhi (p. 679) – avec une incursion à New Delhi (p. 683) et un transfert à Bénarès (p. 760), et finalement Bombay (p. 785), où Saleem s'installe jusqu'au temps de la rédaction du roman. Le processus d'intégration de nouveaux espaces s'opère moins en fonction d'une logique concentrique que par passage d'un lieu à un autre, selon une logique plutôt accumulative.

L'Autre monde

Le débord opéré par nos romans concerne non seulement l'espace représenté dans une logique mimétique, mais aussi la norme censée permettre d'évaluer ce qui est possible et vraisemblable de ce qui ne l'est pas : les romans glissent en effet d'un régime naturel, c'est-à-dire globalement conforme à la norme commune, vers un régime surnaturel ; ils s'ouvrent sur l'"Autre monde", où les lois ordinairement admises ne s'appliquent pas, ou plutôt sont remplacées par d'autres lois que l'on découvre au fur et à mesure de la lecture. Le réalisme magique se caractérise par un principe de continuité entre les deux univers, naturel et surnaturel, si bien que les phénomènes qui *a priori* échappent à la norme commune ne provoquent pas pour autant l'étonnement. Ce type de passage dans l'Autre monde qui caractérise le roman magico-réaliste a été précisément étudié (v. Synthèse, Intention et extension).

Nous évoquerons seulement une extension particulière dans le domaine du surnaturel, le lien entre les vivants et les morts. Conformément au principe de continuité, les vivants, dans nos romans, semblent apprendre à maintenir un lien avec les défunts. Le spectre de Prudencio Aguilar ne fait pas "peur" à José Arcadio ni à Ursula, mais provoque la "pitié" (*CAS*, p. 31), comme s'il implorait le couple de ne pas couper le lien qui le rattache encore aux vivants. C'est ensuite avec une extrême douceur que le mort attire José Arcadio dans son Royaume (p. 157-159). On comprend aussi pourquoi Melquiades justifie son retour d'entre les morts par la crainte terrible d'être oublié des vivants : "Il se sentit oublié, victime non pas d'un oubli du cœur auquel on pouvait remédier, mais d'un autre oubli plus cruel et inguérissable qu'il connaissait fort bien, c'était l'oubli de la mort" (p. 60-61) ; c'est pourquoi il administre à José Arcadio, puis aux autres habitants de Macondo atteints de la peste de l'insomnie, un breuvage dont la vertu consiste à recouvrer la mémoire, à l'inverse du Léthé des enfers.

L'appel de la défunte Lan Sanjiu adressée à sa sœur vivante Lan Sishi n'est en revanche pas entendu : Lan Sishi refuse de suivre sa sœur parmi les morts (*FT*, p. 150). Dans d'autres passages du roman chinois, on croit comprendre que les vivants tissent le lien qui les conduira à la mort. La mort fait en effet l'objet d'un apprivoisement à travers le cercueil que Du Yan se procure (p. 249) et dans lequel il s'installe confortablement (p. 252). De même, la mère Sima s'habitue à la mort le temps que ses fils lui "tresse[nt] son cercueil" (p. 270), avec grand soin: "ils défont la botte de roseaux, lavent les tiges, les assouplissent sous le rouleau de pierre de l'aire de battage jusqu'à ce qu'elles soient blanches et fines comme des nouilles" (p. 271). Dans *Cent ans de solitude*, c'est Amaranta qui, après avoir tissé un linceul destiné à son ennemie jurée Rebecca, se voit intimer l'ordre par la Mort elle-même de tisser son propre linceul, une façon peut-être de s'accoutumer à un nouvel état présenté comme apaisant: "[La mort] l'avertit qu'elle devait mourir sans douleur ni peine ni amertume, à la tombée du jour où elle en viendrait à bout" (*CAS*, p. 306).

Saleem fait l'expérience de la mort quand il est transporté dans le panier d'invisibilité de Parvati de Dacca à Delhi. Il comprend bien que le lien entre les morts et les vivants est voué à se distendre, puis à se rompre, mais il envisage une progressivité dans ce passage de la vie à la mort: "dans le panier de Parvati, j'ai appris [...] que la mort continue pendant longtemps après la mort" (*EM*, p. 671).

Variations stylistiques

Le débord du roman porte sur le contenu spatial et sur le type d'univers fictionnel, mais il opère aussi sur le plan stylistique à travers des transgressions formelles venant briser les habitudes de lecture.

• Effets de suspension

Nous avons évoqué les digressions ainsi que les analepses et les prolepses, procédés qui marquent bien la transgression stylistique, en forçant le lecteur à passer d'un plan à un autre, qu'il s'agisse du thème traité ou du temps de référence du récit, transgression redoublée quand Salman Rushdie pratique le montage alterné signalé par des points de suspension en début de paragraphe (*EM*, p. 29-35 et p. 138-159). La transgression stylistique peut se manifester tout aussi bien à travers les énumérations comme celles des odeurs senties par Saleem à Karachi (p. 557-558), celle des inventions apportées à Macondo par la troisième génération de gitans (*CAS*, p. 25) ou encore celle des moyens utilisés pour construire le canal de Lingyin (*FT*, p. 154-155).

- **Variation de registres**

Ce sont encore les changements de registre, du ludique, dominant chez Rushdie et García Márquez, au sérieux, plus fréquent chez Yan, et inversement, par exemple quand les scènes de rixe entre époux (Sima Lan et Du Zhucui, *FT*, p. 39-42) ou entre rivaux (Sima Lan et Du Bai, p. 322-324), traitées dans le registre burlesque, font suite à des scènes plus graves : l'échec de la vente de peau d'une part et celui du financement du canal dans le livre II.

- **Variation générique**

Le débord stylistique est encore sensible dans les changements de genre adoptés à l'intérieur des romans, comme lorsque Salman Rushdie passe du conte à la chronique (*EM*, p. 564-566) ou de la littérature au cinéma. Le septième art est en effet incorporé dans le récit de plusieurs façons : par la thématisation, à travers des personnages comme le producteur Homi Catrack (p. 171) ou le scénariste Hanif et sa femme actrice Pia (p. 253), oncle et tante de Saleem, et à travers des scènes qui se déroulent dans un cinéma (p. 253-256 et p. 320), mais aussi par le modèle narratif que propose l'art cinématographique, comme dans l'épisode d'Amritsar (p. 56) et celui du café du Pionnier (p. 383-385), outre les passages en montage alterné que nous avons évoqués.

Il faut reconnaître que l'auteur indien recourt bien davantage que Yan Lianke et Gabriel García Márquez aux variations stylistiques, sans doute, comme le fait remarquer Franco Moretti lorsqu'il compare *Cent ans de solitude* et *Les Enfants de minuit*, parce que Rushdie est fortement redevable à la "polyphonie" caractéristique du modernisme européen dans la première moitié du XXe siècle, tandis que García Márquez posséderait une "écriture transparente" et "monologique" [Moretti, 2022, p. 232].

- **Métalepses**

Cette singularité relative du roman indien semble encore vérifiée dans la pratique du changement de niveau de narration, ou métalepse. Tout le roman est en effet structuré par une double narration : celle de Saleem enfant à Bombay, puis jeune homme au Pakistan, puis à Delhi, et celle du même Saleem fabriquant ce récit de son enfance et de sa jeunesse dans la conserverie de Bombay, en interaction avec sa compagne Padma. Le lecteur passe sans cesse d'un niveau de narration à l'autre, généralement en début de chapitre, système probablement emprunté à *Tom Jones* où le personnage-auteur intervient pleinement la plupart du temps dans les premiers chapitres de chaque livre.

Si la métalepse est structurelle chez Rushdie, elle n'est pas absente des deux autres romans. On apprend, à la fin de *Cent ans de solitude*, que Melquiades a rédigé en sanskrit des manuscrits qui racontent toute l'histoire de la famille Buendia, manuscrits lus par Aureliano de la 6e génération (*CAS*, p. 451-453, v. aussi la lecture qu'en fait José Arcadio le Second, p. 343) : ainsi, un personnage du roman est en même temps et, de façon inattendue, l'auteur ou du moins le rédacteur du roman que l'on est en train de lire.

Chez Yan Lianke, on peut repérer un procédé métaleptique à travers les fictions qu'inventent les enfants à la fin du roman : ils mangent (*FT*, p. 454-455) au moment où il n'y a plus rien à manger ; ils se marient (p. 601-602) quand les couples adultes se déchirent ; ils prient pour vivre plus longtemps (p. 487-494) alors que les villageois ne dépassent pas l'âge de quarante ans : bref, ils élaborent une fiction au second degré, venant contredire la fiction principale.

Le phénomène du débord propre à la métalepse entendue dans un sens large se répète chaque fois que, dans les romans, est introduit un niveau réflexif, chaque fois que, par tel ou tel procédé, le lecteur est invité à réfléchir sur l'acte même qui consiste à raconter une histoire. C'est ce qui se produit, dans *Cent ans de solitude*, avec le motif de l'alchimie introduite par Melquiades (*CAS*, p. 13), qui se poursuit dans la fabrique des poissons en or qui occupe le vieil Aureliano (p. 284), lequel avait, dans sa jeunesse, composé des vers pour faire l'éloge de Remedios ou pour célébrer ses exploits (p. 141-142), ou bien avec le motif de la daguerréotypie, autre don de Melquiades (p. 61), qui incite

José Arcadio à tenter de photographier Dieu (p. 65) : un créateur défiant le Créateur.

Dans *Les Enfants de minuit*, la cuisine est présentée comme une métaphore de la création littéraire dès le début du roman, Saleem prétendant "posséder à la fois des dons culinaires et des dons de langage" (*EM*, p. 65). Il fait déjà référence à l'usine de conserves de chutney qu'il dirige à la fin du roman (p. 806), et dans laquelle il rédige le récit qu'on est en train de lire. La description de la "chutnification" doit être lue de façon allégorique – cela est explicite – comme renvoyant aux soins délicats et subtils qu'exige l'art de conter ou d'écrire : il faut "des yeux [...] qui ne se laissent pas tromper par l'aspect flatteur et superficiel des fruits ; [...] des doigts qui, plus légers qu'une plume, peuvent tâter le cœur inconstant des tomates vertes ; et, par-dessus tout, un nez capable de discerner les langages cachés de ce-qui-doit-être-conservé, son humour, ses messages, ses émotions" (p. 807). Le phénomène du débord qu'implique la métalepse est encore redoublée à la toute fin du roman lorsque Saleem envisage un trente-et-unième bocal correspondant au trente et unième chapitre qui n'est pas encore écrit (p. 809-812), où il se désintégrerait comme la "Bombe de Bombay", mais il s'agit d'une hypothèse, le roman se terminant sur une suite qui reste à imaginer.

On mentionne, pour finir, une dernière catégorie de métalepse plus traditionnelle, consistant à inscrire dans la fiction des éléments qui de fait relèvent de l'univers de l'auteur réel, ce que Genette nomme les "métalepses de l'auteur" [1972, p. 244]. De façon relativement discrète, il est question d'un "Rushdie" parmi les "chefs de classe" de l'école de Saleem (*EM*, p. 412) ; par ailleurs, le prénom *Saleem* renvoie à *Salman* (Rushdie) : deux prénoms qui ont la même origine (avec Salomon également), renvoyant à la "paix" (*salam*). De façon tout aussi discrète, Yan Lianke fait une sorte de clin d'œil à l'écrivain Mo Yan quand il mentionne "Gaomi dans le Shandong" (*FT*, p. 216) parmi les lieux visités par les "compagnons d'Occident" venus inspecter le niveau de pollution en Chine : Gaomi est le lieu où Mo Yan est né et où il situe une grande partie de ses romans. Gabriel García Márquez fait aussi un clin d'œil à l'auteur Carlos Fuentes, lorsqu'il évoque incidemment un certain Artemio Cruz du nom d'un des personnages les plus connus du romancier mexicain (*CAS*, p. 329). Mais c'est surtout le personnage de Gabriel Marquez, arrière-petit-fils de Gerineldo Marquez (p. 425), le compagnon du colonel Aureliano Buendia, qui crée un effet de confusion entre la fiction et la réalité. Outre le nom (sans García), le personnage présente des similarités avec le romancier : avec ses trois amis (en référence au “groupe de Baranquilla”), il est passionné par les livres auxquels l’initie le libraire catalan (p. 423), et il embarquera seul pour Paris (p. 439) comme l’a fait l’auteur du roman en 1955.

On comprend que, par de nombreux procédés, les romanciers suscitent chez le lecteur cette impression qu’il y a toujours un champ à explorer au-delà de celui que l’on a déjà parcouru, aussi bien, comme nous l’avons vu, du point de vue spatial que du point de vue des univers et, enfin, du point de vue du style.

ÉPOPÉES OU ARCADIES

Il semble *a priori* difficile de mieux cerner en termes génériques ces romans caractérisés par l'"excès" [Samoyault, 1999] ou le "débord". Nous proposons néanmoins de convoquer deux anciennes catégories de la poétique, non pas pour réduire les romans-monde(s) à des classes, mais plutôt pour tenter de déterminer ce qui, dans ces trois romans, se joue dans le renouvellement des formes de l'épopée et de l'arcadie.

ÉPOPÉES RENOUVELÉES

Si l'on suit l'analyse conduite par Mikhaïl Bakhtine à propos de l'épopée et du roman, il apparaît que les romans ne relèvent que partiellement du genre épique. En effet, l'épopée est définie comme un récit portant sur "un passé absolu" ou, à l'époque romantique, un "passé héroïque national", "le monde des 'commencements' et des 'sommets' de l'Histoire nationale, celui des pères et des ancêtres, des 'premiers' et des 'meilleurs'" [Bakhtine, 1978, p. 449]. Le critique insiste sur la distance quasi ontologique qui sépare les personnages épiques d'un côté et les auditeurs autant que le récitant de l'autre : "le monde des héros se situe à un tout autre niveau du temps et des valeurs, inaccessible, coupé par la distance épique" [*ibid.*, p. 450]. Il explique que la "légende nationale" [*ibid.*], source de l'épopée, donne lieu de la part du récitant et du public à une "attitude révérencieuse" [*ibid.*, p. 452].

On peut bien entendu contester cette approche, mais si on la suit, on constate que les trois romans ne se conforment que partiellement à cette définition. Certes les romanciers mettent en scène un passé collectif rythmé par des "'commencements' et des 'sommets' de l[eur] histoire nationale" : à titre d'exemple, la guerre des Mille Jours, l'Indépendance de l'Inde, le Grand Bond en avant. Mais il ne s'agit pas d'un passé "héroïque" ni d'un passé strictement "national" ou "absolu", à l'égard duquel les auteurs auraient une "attitude révérencieuse". La position qu'ils adoptent est au contraire essentiellement critique, prenant souvent la forme de l'ironie vis-à-vis de l'histoire officielle : c'est pourquoi on parle de *roman*.

Néanmoins nous conserverons le mot *épopée* en lui adjoignant le qualificatif de *moderne*, nous appuyant sur la proposition que formule Franco Moretti dans son essai sur les "œuvres-monde" (*opere mondo*). Insatisfait par les termes que la critique utilise pour désigner une série d'œuvres qui à ses yeux forment un tout et parmi lesquels il place, au terme de la série chronologique, *Cent ans de solitude* ainsi que *Les Enfants de minuit*, le critique forge l'appellation d'*épopée moderne* : ces œuvres "appartiennent toutes à un champ unique que je nommerai 'épopée moderne'. *Épopée* : en raison des nombreuses similitudes structurelles qui la relient à un lointain passé [...]. Mais *épopée moderne*, car les discontinuités ne manquent pas, c'est certain, en particulier la dimension supranationale de l'espace représenté" [MORETTI, 2022, p. 3-4, notre traduction]. Il s'agit là d'un premier écart entre l'épopée ancienne et les romans-monde(s) dont nous avons vu qu'ils prétendaient embrasser le monde entier. Mais, selon Moretti, la principale différence tient à la conjonction, dans le roman-monde, entre une visée totalisante (associée au genre épique dans son analyse) et le projet de représenter une réalité qui, dans le contexte de la modernité, se caractérise par l'hétérogénéité et la fragmentation : il constate "une sorte d'inimitié entre le substantif [*épopées*] et l'adjectif [*modernes*] : une antinomie [*discrepanza*] entre la visée totalisante de l'épopée, et la réalité fragmentée [*suddivisa*] du monde moderne" [*ibid.*, p. 6]. Nous verrons que cet aspect moderne de l'épopée se traduit dans nos romans par un questionnement portant sur la notion d'identité collective, communautaire ou nationale ainsi que sur les notions de destin, de progrès et de vérité, mais auparavant nous allons repérer la logique épique à l'œuvre dans les romans.

Une logique épique

- **La menace de l'amnésie**

Cette logique épique repose fondamentalement sur une sorte d'appel entendu par nos auteurs qui se sont engagés, par leur roman, à réparer l'oubli de l'histoire collective. Dans *Cent ans de solitude*, l'oubli collectif était thématisé au terme de l'épisode de la fusillade de la gare, correspondant au massacre des bananeraies de 1928, quand José Arcadio le Second revient à Macondo après s'être échappé du train qui, vraisemblablement, l'emportait vers la mort. Il est tout d'abord recueilli par une femme avec laquelle il engage une conversation :

> – Ils devaient donc être au moins trois mille, murmura-t-il.
>
> – Quoi donc ?
>
> – Les morts, expliqua-t-il, ce devait être tous ceux qui se trouvaient à la gare.
>
> La femme le considéra avec pitié. 'Il n'y a pas eu de morts par ici, [...]. [I]l ne s'est rien passé à Macondo'.
>
> (*CAS*, p. 337-338).

Par la suite, ni l'épouse du colonel Gavilan, dont José Arcadio le Second a reconnu le corps dans le train, ni le colonel Aureliano n'admettent qu'un massacre a eu lieu la veille, tuant des ouvriers et peut-être d'autres habitants du village du fait de l'armée, elle-même aux ordres du gouvernement. L'oubli ainsi mis en scène n'est pas exactement un processus naturel : c'est le résultat d'un contexte politique qui non seulement impose le silence ou plutôt une "version officielle" (p. 339), mais qui maintient au sein de la population un climat de terreur : l'épouse de Gavilan est décrite comme "effrayé[e]" (p. 338).

L'oubli touche aussi les magiciens du ghetto de Delhi :

> [L]es magiciens eux-mêmes perdaient la mémoire. Quelque part, au cours des nombreux déplacements des bidonvilles itinérants, ils avaient égaré leurs possibilités de se souvenir [...]. L'état d'urgence lui-même fut rapidement voué à l'oubli, et les magiciens se concentrèrent sur le présent avec une obstination d'escargots. Ils n'avaient pas remarqué non plus qu'ils avaient changé ; ils avaient oublié qu'ils avaient été autres [...]. [I]ls commençaient à oublier leur art dans les troubles de la faim, de la maladie, de la soif et des tracasseries de la police. (*EM*, p. 781)

Selon cette analyse, le phénomène de l'oubli collectif n'est pas nécessairement lié à un dispositif de propagande, même si la mention de la police laisse entendre qu'une forme de violence s'exerce sur les individus ; il s'agit plutôt de dénoncer une situation sociale d'une telle précarité qu'elle empêche non seulement de se projeter dans l'avenir, mais de retenir le passé.

Dans *Les Enfants de minuit*, l'oubli concerne aussi un événement traumatique dont Saleem est la victime. La guerre indo-pakistanaise de 1965, qui décime une grande partie de sa famille, provoque chez Saleem une amnésie : "dépouillé du passé présent souvenir temps honte amour [...], je suis vide et libre, parce que tous les Saleem sortent de moi" (*EM*, p. 603). Cette amnésie se poursuit pendant plusieurs années y compris lors de l'épisode des Sundarbans que Rushdie a lui-même défini comme une "descente aux enfers" [*in* GRANT, 2014, p. 71], passage obligé de l'épopée classique.

Yan Lianke suggère, sans l'expliciter, mais par l'ellipse, ou plutôt par le silence même, que les hommes oublient les vicissitudes qu'eux-mêmes ou leurs aînés ont endurées au cours de leur vie passée. Comment comprendre sinon que les mêmes folles entreprises se reproduisent de génération en génération, voire sur une seule génération ? La dimension répétitive, qui caractérise la structure de *La Fuite du temps* (v. Repères et Analyses, Yan Lianke) et qui s'éclaire en référence à la figure de Sisyphe, trouve son explication dans l'oubli. Mais ce n'est pas la seule explication : Yan Lianke laisse aussi entendre que, comme dans *Cent ans de solitude*, un climat de terreur entretenu par le pouvoir fait taire ceux qui pourraient s'opposer aux chefs de village. L'auteur s'est exprimé sur le phénomène de l'amnésie collective qui touche son pays : il s'agit d'une "amnésie politiquement organisée", qu'il analyse ainsi : "Cet effacement de la mémoire est pris en charge par la censure des journaux, des magazines, des journaux télévisés, de l'Internet et de tout ce qui conserve les souvenirs" [2013]. Dans cet article, Yan évoque le Grand Bond en avant, mais on serait tenté d'interpréter l'absence de référence au massacre de Tian'anmen (1989), qui, selon notre hypothèse (v. Repères et Analyses, Yan Lianke) se situerait au terme de la période historique couverte par le roman, comme une façon radicalement discrète de dénoncer l'oubli collectif qui concerne ce point sensible de l'histoire politique récente de la Chine, oubli volontairement créé par l'État et à présent effectif auprès d'une grande partie de la jeunesse chinoise.

Face à l'oubli des événements souvent traumatiques de l'histoire, les romanciers éprouvent probablement une forme de responsabilité. Ils ressentent le besoin, voire la nécessité, de prendre en charge cette mémoire, dont ils constatent qu'elle pourrait disparaître à jamais, à l'instar de Dante promettant aux damnés de l'Enfer de leur apporter une forme de salut par la poésie épique. S'adressant par exemple à Ugolino en train de se repaître du crâne de son bourreau, il déclare : "Je m'engage / si c'est à raison que tu te plains de lui, / sachant qui vous êtes et quel est son crime, / à t'en récompenser là-haut sur la terre, / si cette langue qui parle ne se sèche pas [*Enfer*, chant XXXII, v. 136-139, traduction de Jacqueline Bisset].

Salman Rushdie évoque dans son roman une "nation amnésique" (*EM*, p. 807), à laquelle sont destinés les bocaux de chuntney qu'il fabrique dans les conserveries Bragance. La transposition épique de la mémoire collective trouve dans *Les Enfants de minuit* une expression allégorique dans la "chutnification". Sur le modèle de la madeleine proustienne, mais convoquant des métaphores tout autres, le narrateur Saleem rapporte tout d'abord une expérience de la réminiscence provoquée par une sensation gustative :

> [U]ne des serveuses [du club Minuit à Bombay] [nous] apporta [...] un petit bol d'aluminium de chutney vert [...] ; je goûtai et je faillis m'évanouir [...], parce que cela me ramena en arrière, un jour où je sortais avec neuf doigts de l'hôpital et où je partais en exil chez Hanif Aziz, et on me donna le meilleur chutney du monde... Le goût du chutney était plus que l'écho de ce goût d'autrefois – c'était le goût lui-même, le même goût, qui avait le pouvoir de ramener le passé comme s'il avait toujours été là. (*EM*, p. 799-800)

Par la suite, Saleem décrit le processus de "chutnification" qui, comme nous l'avons relevé (v. Synthèse, Romans-monde(s)), est un exercice de transformation des "matières premières" (*EM*, p. 807) que l'on doit savoir choisir, puis assaisonner, avec délicatesse.

- **Des figures d'aèdes**

La logique épique consistant à transformer dans une forme littéraire l'histoire ou une partie de l'histoire menacée par l'oubli est thématisée dans le roman à travers des personnages de conteur que nous nommerons *aèdes*. Le personnage de Francisco-l'Homme, qui apparaît incidemment dans *Cent ans de solitude*, est l'un de ces aèdes. Son surnom "l'Homme" (*El Hombre*) ainsi que son âge, "presque deux cents ans" (*CAS*, p. 62), suggèrent sans doute la visée universelle ou totalisante propre à l'épopée. Mais c'est surtout son activité qui fait songer à la poésie des aèdes : il "passait fréquemment par Macondo, chantant des airs de sa composition. Francisco-l'Homme y relatait avec force détails les événements survenus dans les villages qui jalonnaient son itinéraire, depuis Manaure jusqu'aux confins du marigot" (p. 62-63). Cette activité est efficace puisqu'au moins un personnage, Aureliano le Second, chante à l'occasion les "vieux airs" ou exécute à l'accordéon les "airs oubliés de Francisco-l'Homme (p. 213 et p. 385).

Aureliano Buendia est une autre figure de poète épique : "le colonel Aureliano Buendia, relisant ses vers, vit repasser dans son esprit les instants décisifs de son existence. Il se remit à écrire. Pendant de longues heures, en marge des soubresauts d'une guerre sans avenir, il récapitula en vers rimés ses expériences à la lisière de la mort. Ses pensées se firent alors si claires qu'il put les examiner sur l'endroit et sur l'envers" (*CAS*, p. 153-154). Il semble que si Francisco-l'Homme incarne l'aède qui chante oralement les récits concernant la communauté, Aureliano représente le poète épique qui écrit de façon à perpétuer la mémoire d'une expérience certes individuelle et personnelle, mais prenant place dans une expérience collective : la guerre.

Melquiades est logiquement la troisième figure de l'aède dans le roman, dans la mesure où, à la fin, on apprend qu'il a rédigé en sanskrit l'histoire de la famille Buendia, texte que lit Aureliano de la sixième génération. Il représente, bien plus qu'Aureliano, la visée totalisante de l'épopée. De plus, le texte épique qu'il produit, se confondant vraisemblablement avec le texte du roman lui-même, correspond précisément à l'*épopée moderne* que nous essayons de définir.

Dans *Les Enfants de minuit*, c'est bien sûr Saleem qui occupe la fonction d'aède. À cet égard, on peut penser que le dispositif de la double narration – Saleem et Padma d'une part, Saleem et les enfants de minuit d'autre part – fait écho à ce même dispositif parfois démultiplié dans les épopées indiennes : ainsi, dans le *Mahābhārata*, indépendamment de la question des multiples versions, le texte qu'on écoute ou qu'on lit est censé être le poème récité par Sauti à un groupe de sages ermites, poème entendu de son maître Vaishampayana, lequel l'avait autrefois en effet récité au roi Janamejaya descendant des Pandavas. Il faut encore préciser que Vaishampayana, le maître de Sauti l'aède, avait récité le poème en présence de Vasya, lequel est le véritable auteur de l'épopée qu'il a, à l'origine, dictée à Ganesh. Or on sait que Ganesh est lié à Saleem dont l'appendice nasal rappelle la trompe du dieu-éléphant (p. 346, v. aussi la comparaison avec Ganesh pour Aadam le grand-père, p. 21 et pour Aadam le fils, qui hérite des oreilles du dieu, p. 737). Salman Rushdie multiplie par ailleurs les références à l'épopée indienne, en baptisant certains de ces personnages *Shiva* ou *Parvati*, ou en appelant *Ravana* (le rival de Rāmā dans le *Rāmāyana*) le gang antimusulman qui sévit à Delhi (p. 144) et *Arjuna* (le guerrier Pandava dans le *Mahābhārata*) l'entrepôt de bicyclettes incendié par ledit gang (p. 130).

Comme le suggère Damian Grant dans son étude sur Salman Rushdie [2014, p. 64], d'autres personnages dans le roman assument la fonction de poète, comme Nadir Khan (*EM*, p. 78-79) ; on pourrait aussi mentionner le clown Wee Willie Winkie, qui divertit les résidents du domaine de Methwold avec ses chansons et ses plaisanteries (p. 178). Nous proposons d'analyser le personnage de Tai comme une figure d'aède : comme Francisco-l'Homme, il bénéficie de son grand âge – "il se réclamait d'une si ancienne antiquité qu'elle défiait le compte des ans" (p. 23) – pour emmagasiner des histoires remontant jusqu'à la "nai[ssance d]es montagnes" entourant le lac Srinagar (p. 25). Comme dans *Cent ans de solitude*, les figures d'aède dans *Les Enfants de minuit* se distribuent entre l'écrit (Saleem) et l'oralité (Tai) : "je sais, bien que je ne sache pas lire" (p. 26). De plus, l'épopée de Tai est associée, comme le suggère la citation précédente, à un savoir : "le vieil imbécile connaissait les lacs et les collines mieux que n'importe lequel de ses détracteurs" (p. 23). Il s'agit d'un savoir "éternel", par opposition de l'idée de "changement" (p. 24). Bref l'épopée de Tai est une épopée ancienne alors que celle de Saleem, comme nous le verrons, est une *épopée moderne*, tout comme celle de Melquiades.

S'agissant de *La Fuite du temps*, il faut avoir à l'esprit que l'épopée, souvent considérée comme un genre à l'origine de la littérature, est absente de l'histoire littéraire chinoise, du moins sous la forme que prennent l'*Iliade*, le *Mahābhārata* ou le *Shāhnāmeh* ou *Livre des rois* de Ferdowsi. Le genre qui, en Chine, occupe approximativement la fonction de l'épopée par rapport au roman est l'histoire, non seulement parce que nombre d'épisodes consignés, conservés et transmis par la tradition historiographique chinoise donnent lieu à des romans célèbres, mais surtout parce que des procédés, des motifs et des modèles structurels sont passés des *Vingt-Quatre Histoires* (*Ershisi shi*) officielles dans le genre romanesque, ainsi le *Roman des Trois Royaumes* qui est issu de l'histoire officielle, comme son titre chinois, *Sanguo zhi yanyi*, l'indique clairement : il s'agit de l'"adaptation" (*yanyi*) de la *Chronique des Trois royaumes* (*Sanguo zhi*) [Postel, 2004]. Or nous avons vu que le narrateur de *La Fuite du temps* pouvait s'apparenter à un chroniqueur, c'est-à-dire à un historien qui, non sans ironie, se contenterait de consigner les faits relatifs au village des Trois Patronymes (v. Thématiques, Le narrateur, Yan Lianke).

Le principe d'incertitude

La logique épique est donc bien vérifiée dans les romans. Néanmoins un "principe d'incertitude" semble venir brouiller le caractère assertif que l'on associe, au prix bien sûr d'une simplification, à l'épopée classique. L'expression *principe d'incertitude* est employée en mécanique quantique pour désigner l'aporie logique dans laquelle se trouve la science moderne quand il s'agit de déterminer avec précision pour une même particule à la fois sa position et sa quantité de mouvement, selon que l'on considère le même objet physique sous son aspect d'onde ou sous son aspect de corpuscule. Nous emploierons l'expression pour désigner les questionnements que l'épopée moderne soulève à propos d'un certain nombre de notions que l'épopée classique et romantique tenait pour acquises : l'identité, le destin, le progrès et la vérité.

- **À propos de l'identité**

Si la logique épique est bien à l'œuvre dans les romans, le genre lui-même connaît un renouvellement, voire une révolution dans la mesure où, loin d'exprimer ou plutôt de contribuer à constituer une identité communautaire (ce qui est considéré comme une des fonctions de l'épopée, surtout à partir de la période latine, avec l'*Énéide*), il s'emploie, à des degrés divers selon les romans, à interroger la question même de l'identité d'une communauté. Comme nous l'avons vu (v. Synthèse, Romans-monde(s)), les romans mettent en scène des sociétés plurielles, composites, ce qui pourrait être une première atteinte à l'idée d'une identité communautaire supposant *a priori* une certaine homogénéité. Mais ils remettent aussi en cause deux absolus associés à la notion d'identité : l'origine et le sang.

En replaçant l'acte fondateur de la communauté dans un processus historique, les romans nient que celle-ci puisse avoir une origine absolue, et écartent ainsi toute tentative d'essentialisation identitaire. Dans la première page de son roman, García Márquez décrit Macondo comme un commencement, notamment avec la mention des "œufs préhistoriques", mais le village est déjà construit, comportant "une vingtaine de maisons" (*CAS*, p. 9). Le roman s'ouvre donc sur l'histoire de Macondo non pas à son commencement, mais quelque temps après. En fait, la fondation du village est évoquée pour la première fois à l'intérieur d'une analepse : "Dans sa jeunesse [José Arcadio] et ces hommes, accompagnés des femmes, des enfants et des bêtes, avec toutes sortes d'ustensiles et d'effets, traversèrent la sierra à la recherche d'un débouché sur la mer mais, au bout de vingt-six mois, ils renoncèrent à leur entreprise et fondèrent le village de Macondo pour éviter de revenir sur leur pas" (p. 19). Le narrateur évoque dans ces lignes l'expédition que José Arcadio entreprend après avoir dû quitter le hameau des Indiens à la suite du meurtre de Prudencio Aguilar. Cette expédition est à nouveau racontée dans le chapitre suivant, jusqu'au moment de la fondation de Macondo que l'on réalise à défaut de créer une "cité" "avec des maisons dont les murs étaient des miroirs" (p. 33), et parce qu'il fallait bien renoncer à trouver le chemin qui mène à la mer (p. 34). La fondation de Macondo ainsi relatée appelle deux remarques. Tout d'abord, l'acte fondateur de la communauté est précédé d'un autre événement, la traversée de la sierra depuis le hameau des Indiens, qui elle-même succède au départ des ancêtres d'Ursula et de José Arcadio de Riohacha vers ce hameau (p. 28). Il sera suivi d'un autre déplacement, précisément raconté dans le récit cadre de l'analepse citée plus haut, une nouvelle expédition entreprise par José Arcadio pour essayer de repérer des voies de communication avec le monde extérieur, et qui se solde par un échec : "Macondo est entourée d'eau de toutes parts" (p. 21). C'est en fait l'intervention d'Ursula qui, lasse des projets à répétition de son mari, va ancrer la famille et ceux qui les accompagnent dans le village de Macondo (p. 21-22). Ainsi la fondation du village, insérée dans une chaîne d'événements, s'inscrit dans une logique relative : elle résulte d'un processus historique et n'a pas le caractère absolu d'un mythe. Par ailleurs, cette fondation est présentée comme un pis-aller : Macondo est le fruit d'un double renoncement, à la cité où les murs des maisons seraient faits de miroirs et à un débouché sur la mer. Le village perd ainsi tout caractère sacré.

La même logique de désacralisation est à l'œuvre dans *La Fuite du temps*. La fondation du village des Trois Patronymes s'inscrit en effet dans une histoire qui remonte à la dynastie des Ming : "l'origine du village remonte à la fin de la dynastie des Ming et au début de celle des Qing. Les Lan venaient du Shandong, les Du du Shanxi et les Sima du Shaanxi ; tous avaient fui la famine et, découvrant ces terres inhabitées, avaient construit des chaumières pour s'y installer" (*FT*, p. 21). Or, c'est aussi la famine qui oblige à nouveau les hommes et les femmes à quitter le village à la fin du roman (p. 558), comme si tout pouvait recommencer, selon le même schéma : la fuite en raison de la famine, puis la fondation d'un (ou de plusieurs) village(s). Même si les villageois finissent par revenir au village des Trois Patronymes, Yan Lianke entend certainement, comme Gabriel García Márquez à propos de Macondo, inscrire la fondation du village dans une série sans commencement ni fin, dans une suite d'événements de nature historique propre à la relativiser.

Salman Rushdie opère aussi une déconstruction de ce qui pourrait relever du mythe dans la fondation du "Pays des Purs", le Pakistan, notamment à travers le personnage de la sœur de Saleem. Créée de toutes pièces par un imprésario autrefois général dans l'armée pakistanaise, la chanteuse prend un nouveau nom, Jamila, un nouveau visage ou plutôt une absence de visage, puisqu'elle porte un "tchador de soie blanche" (*EM*, p. 551), et devient "l'Ange du Pakistan", la "Voix de la nation", le “Rossignol de la foi” (p. 552) : elle incarne en fait le programme idéologique du pays nouvellement fondé. Rushdie dénonce ainsi la construction d’un mensonge identitaire qui concerne le personnage de la chanteuse, mais qui vise bien plus un pays fondé sur le critère religieux.

Le second absolu que s’emploie à déconstruire deux des trois romanciers, Gabriel García Márquez et Salman Rushdie, concerne la sacralisation du sang : c’est l’absolu génétique. *Cent ans de solitude* compte de nombreuses naissances illégitimes, c’est-à-dire hors mariage : Arcadio et Aureliano José, de la troisième génération, les fils respectifs de José Arcadio et d’Aureliano, de la deuxième génération, et de Pilar Ternera ; mais aussi tous les autres fils conçus par le colonel sur les champs de bataille et qui se nomment tous Aureliano ; enfin, Aureliano (6e génération), le fils de Meme et de Mauricio Babilonia. Il semble que par la fréquence de ces naissances illégitimes, García Márquez entend contredire de façon ironique la fétichisation de la famille close sur elle-même dont l’expression ultime est l’inceste. Remarquons qu’une des clauses du traité de Neerlandia, présenté comme un recul sur le plan des droits, consiste à abroger “l’égalité des droits entre enfants naturels [*i.e. illégitimes*] et légitimes” (*CAS*, p. 188). Le romancier vise ainsi la tradition espagnole de l’honneur lié au sang (*honra*) : “L’imaginaire ancien fait en effet du sang le support de traits permanents qui se transmettent de père en fils : vecteur d’une essence partagée par tous les individus d’une même *gens*, le sang permet, dès lors, de définir des groupes d’individus apparentés et, partant, des identités collectives” [Orobitg, 2018, § 1 de la version en ligne].

Le motif de la naissance illégitime est également présent dans *Les Enfants de minuit* à travers le personnage axial du roman, Saleem, qui apparaît comme doublement “illégitime” : après l’affaire du doigt sectionné, une prise de sang révèle que son groupe sanguin ne correspond pas à celui de sa mère présumée, Amina (*EM*, p. 416), au point qu’Ahmed pense que sa femme l’a trompée avec un autre homme (p. 417) ; de plus, Saleem est le fruit d’une union adultérine (Methwold et Vanita, l’épouse de Wee Willie Winkie).

Salman Rushdie conteste aussi la légitimité du sang à travers le motif connexe des enfants échangés. L’échange des nourrissons qui se produit entre Saleem et Shiva (*EM*, p. 206), mais aussi entre Aureliano le Second et José Arcadio le Second (*CAS*, p. 202-203, l’échange est dans ce cas le fait des deux jeunes garçons), sert à interroger la légitimité par la filiation. Le motif des enfants échangés est une sorte de pied de nez au déterminisme génétique, comme semble le reconnaître le narrateur de *Cent ans de solitude*: "Alors que les Aureliano étaient renfermés mais perspicaces, les José Arcadio étaient impulsifs et entreprenants, mais marqués d'un signe tragique. Dans les seuls cas de José Arcadio le Second est d'Aureliano le Second, la classification s'avérait impossible" (p. 202). On peut certes comprendre, à l'inverse, que la "classification est impossible" simplement parce qu'il y a eu échange de noms. Ce serait donc une façon, pour Gabriel García Márquez, de confirmer la prégnance génétique: celui que l'on nomme José Arcadio le Second se conduit comme les Aureliano parce qu'il est, génétiquement, un Aureliano, et inversement pour Aureliano. Mais le détail du récit montrerait que cette assertion trouve de très nombreuses exceptions: les Arcadio peuvent se montrer "renfermés" (songeons à José Arcadio retiré dans la chambre de Melquiades, p. 34 *et passim.*) et, inversement, les Aureliano ne sont pas rebutés par l'action (songeons au colonel).

Salman Rushdie prend plus clairement le contrepied du déterminisme génétique en niant la notion d'inné au seul profit de celle d'acquis: Saleem ne cesse, tout au long du roman, de se placer dans la généalogie "acquise" des Aziz et des Sinai (même si on doit admettre qu'il hérite aussi de Methwold). Ainsi, lorsqu'il réfléchit aux déterminations qui ont présidé à sa propre naissance (*EM*, p. 188-192), il se dit qu'elles sont si nombreuses et si diverses – "Pour comprendre une seule existence, il nous faut avaler le monde entier" (p. 191-192) – qu'il est impossible de s'en tenir à la conception étroite d'un déterminisme génétique, si bien que Saleem reçoit le "don de [s]'inventer de nouveaux parents à chaque fois que c'est nécessaire" (p. 191).

Ainsi, en remettant en cause la notion d'origine absolue et le primat du sang, les trois romanciers semblent déroger à deux principes constitutifs de l'identité, elle-même associée au genre épique traditionnel. Il est encore deux autres notions habituellement associées à l'épopée et qui sont déconstruites par nos auteurs: le destin, qui caractérise l'épopée ancienne, et le progrès, qui pourrait définir l'épopée romantique.

- **À propos du destin**

La notion de destin semble parfois reprise à leur compte par nos romanciers. Il nous semble néanmoins qu'il s'agit d'une concession faite, sur un mode ironique et parodique, à la tradition romanesque qui fait du destin le moteur invisible des événements du récit. Dans *Les Enfants de minuit*, de nombreux personnages déjouent le sort que le destin aurait dû leur réserver : leur parcours semble effectivement échapper aux déterminations : Aadam Aziz devient athée, puis retrouve la foi, mais la foi chrétienne, par exemple (*EM*, p. 486-487).

La notion de destin est également contestée par Yan Lianke. On a pu interpréter la structure inversée du roman chinois en termes de destin [Gan, 2022, p. 53] : sachant à l'avance que telle entreprise tournera mal, le lecteur peut en effet comprendre que le sort des villageois a quelque chose d'inéluctable. Mais, dans son écrit autobiographique intitulé *Songeant à mon père*, Yan Lianke oppose le "destin" (*mingyun*) à la "vie humaine" (*rensheng*) [2017b, p. 69-72]. Deux exemples permettent de comprendre l'opposition entre les deux expressions : le "destin", c'est "une pierre qui dévale du haut de la montagne" [*ibid.*, p. 70], provoquant la mort d'un individu, tandis que la "vie humaine", c'est la faim ou le froid qui, poussés à l'extrême, peuvent également causer la mort. Le "destin" est quelque chose d'imprévu, d'imprévisible, qui fait irruption dans la vie des hommes et semble, en raison de son caractère inopiné et brutal, échapper à toute logique, si bien qu'on ne peut pas lutter contre lui. Il ne faut pas le confondre avec la "vie humaine", expression par laquelle Yan Lianke désigne l'enchaînement des causes et des conséquences, dans lequel un événement s'inscrit, ce que, dans un contexte bouddhique, on appelle le *karma*. Ainsi replacé dans une chaîne logique, l'événement prend sens, non pas qu'il trouve une justification, mais il reçoit une explication logique. Les malheurs subis par les villageois du village des Trois Patronymes ne doivent donc pas être analysés en termes de destin, mais bien de vie humaine. C'est pourquoi les exergues citant l'Exode et l'Apocalypse, qui font jouer cette notion de destin pour le peuple juif ou le peuple chrétien, sont à lire de façon ironique. C'est pourquoi la maladie de la gorge obstruée, présentée comme une malédiction relevant d'un ordre transcendant, est en réalité le résultat d'une logique entièrement immanente. C'est pourquoi, enfin, le romancier tourne en dérision les efforts des responsables politiques, en l'occurrence le chef de village Sima Xiaoxiao, pour faire croire aux villageois que c'est le Ciel, le Vieux Ciel (*Lao Tian*), qui exige de sacrifier les enfants infirmes lors de la famine consécutive à l'invasion des sauterelles, c'est-à-dire, dans une perspective historique, le Grand Bond en avant (*FT*, p. 512).

Il nous semble que Gabriel García Márquez joue lui aussi avec la notion de destin. Dès la première phrase du roman, il annonce la mort du héros "au peloton d'exécution" (*CAS*, p. 9), prolepse qui est ensuite maintes fois répétée : le lecteur est ainsi amené à penser, comme dans le cas du roman chinois, qu'un destin s'applique au personnage. Mais, comme on sait, l'exécution du colonel Aureliano Buendia n'aura pas lieu (p. 144-145). García Márquez nous a donc habilement manipulés en jouant sur nos habitudes de lecteur : nous nous attendions à l'accomplissement d'un destin qui, finalement, ne se réalise pas. À la notion de destin se substitue alors le sentiment de l'absurde.

Par ailleurs, le motif de la loterie associée à Petra Cotes et à Aureliano le Second fonctionne aussi comme une pointe ironique à l'égard du destin. Lorsque Petra Cotes rencontre pour la première fois Aureliano le Second, "elle tricha lors du tirage au sort pour lui faire gagner l'accordéon" (*CAS*, p. 209) : elle donne un coup de pouce au destin, pourrait-on dire, pour séduire le jeune homme ; ensuite, Aureliano le Second tente par trois fois de relancer la loterie. Les deux premières tentatives ne sont pas des succès : tout d'abord, il parvient tant bien que mal à vendre des billets de tombola : "Aureliano le Second faisait du porte-à-porte, proposant les petits billets qu'il dessinait lui-même avec des encres de couleur pour les rendre plus attractifs et convaincants, sans s'apercevoir que beaucoup ne lui en achetaient que par gratitude, et la plupart des gens par pitié" (p. 369). Puis, il devient la risée de Macondo : "On finit par se moquer de lui, et, dans les derniers mois, on ne l'appelait plus don Aureliano [...], on disait Monsieur Divine Providence" (p. 384). Enfin, la troisième loterie revêt un aspect "fabuleu[x]", puisqu'il s'agit de mettre en jeu "les terres ravagées par le déluge" (p. 385) ; elle rencontre un certain succès, mais semble bien provoquer la mort d'Aureliano le Second en même temps que celle de son frère jumeau, José Arcadio le Second (p. 387).

- **À propos du progrès**

Les romanciers contestent encore une autre notion qui a pu constituer une valeur dans certaines épopées romantiques comme dans *La Légende des siècles* : "Ces poëmes divers, par le sujet mais inspirés par la même pensée", écrit Hugo dans la préface, "n'ont entre eux d'autres nœuds qu'un fil, ce fil qui s'atténue quelques fois au point de devenir invisible, mais qui ne casse jamais, le grand fil mystérieux du labyrinthe humain, le Progrès". La valeur du progrès est contestée à travers des motifs et certains aspects structurels des romans. Les inventions apportées par Melquiades et les gitans, puis par les Américains, sont censées permettre au village isolé de Macondo de connaître une amélioration, au moins matérielle. Elles provoquent rapidement la déception : s'agissant des aimants de Melquiades, "[l]a seule chose que [José Arcadio] réussit à déterrer, ce fut une armure du XVe siècle, dont tous les éléments étaient soudés par une carapace de rouille et qui sonnait le creux comme une énorme calebasse pleine de cailloux" (*CAS*, p. 10) ; s'agissant du phonographe des Américains, "les gens examinèrent tant et si bien qu'ils en arrivèrent très vite à la conclusion qu'il ne s'agissait pas de moulins à sortilèges, [...] mais d'une vulgaire mécanique qui ne pouvait se comparer avec quelque chose d'aussi émouvant, d'aussi humain, d'aussi chargé de vérité quotidienne qu'un orchestre de musiciens" (p. 248). Gabriel García Márquez se moque également des machines imaginées, parfois réalisées, mais jamais fonctionnelles, par José Arcadio comme la "machine de la mémoire" pour laquelle il en vient "à rédiger près de quatorze mille fiches" (p. 60), ou celle que l'on finit par détruire comme le piano mécanique : il "entreprit d'ouvrir et de décarcasser le piano mécanique afin de percer les secrets de sa magie [...]. [I]l acheva de détraquer complètement l'instrument" (p. 74).

On pense encore aux motifs de l'embellissement de la maison des Buendia, qui pourrait suggérer le progrès, mais qui fonctionne de façon ironique. Ursula "entrepr[end] d'agrandir la maison" (*CAS*, p. 67) ; puis elle entend la "rajeuni[r]" (p. 201) ; ensuite, en opposition à l'initiative d'Aureliano le Second qui avait tapissé les murs de billets d'un peso, elle "repei[nt] la maison en blanc" (p. 214) ; après les dégâts provoqués par la pluie, mais aussi devant le "laisser-aller" (p. 366) de son entourage, elle décide de nettoyer à nouveau la maison ; enfin, son arrière-arrière-petite-fille, qui hérite de son prénom, Amaranta Ursula "se lan[ce] dans une nouvelle entreprise de restauration de la maison" (p. 410) à la fin du roman. Par sa répétition, le motif, censé renvoyer à l'idée d'une amélioration, se retourne, pour suggérer au contraire l'impossibilité de lutter contre une dégradation inéluctable. En définitive, la maison des Buendia, malgré les efforts d'Ursula puis d'Amaranta Ursula, équivaut à la maison de Rebecca, laissée à l'abandon et finalement tellement délabrée qu'on ne peut la réparer (p. 377).

La répétition, motif niant la notion de progrès, est illustrée dans le roman de García Márquez à travers d'autres motifs, comme par exemple le bain que prend un personnage surpris ou épié ou accompagné par d'autres personnages, à l'occasion duquel se produit une mort accidentelle ou intentionnelle : Remedios-la-belle et l'étranger (*CAS*, p. 256-258) ; Meme et Mauricio, que Fernanda tente de faire tuer (p. 319-320) ; José Arcadio (5e génération) et les enfants qui le noient (p. 410) ; enfin, Amaranta Ursula, violée par Aureliano (6e génération) à la sortie de son bain (p. 432-433). On peut mentionner pour finir les morts ratées du colonel : son exécution, annoncée à plusieurs reprises, n'a pourtant pas lieu (p. 146-147) ; le café empoisonné ne le tue pas (p. 153) ; sa tentative de suicide échoue (p. 198-199).

La répétition peut revêtir un aspect structurel comme dans *La Fuite du temps*, où chaque livre semble répéter le précédent : un nouveau chef de village succède au précédent, puis entreprend un projet qui se traduit par la ruine du village (v. Repères et Analyses, Yan Lianke). Comme le déclare Ursula, c'est "comme si le monde faisait des tours sur lui-même" (*CAS*, p. 326).

Ainsi les mondes représentés dans les romans, loin de progresser, semblent se répéter, et parfois régresser. La dernière partie de *Cent ans de solitude* est ainsi marquée par une forme de régression : la maison familiale est transformée par José Arcadio (5e génération) en "paradis décadent" (*CAS*, p. 406) et, de façon générale, une logique de dégradation atteint le monde de Macondo à partir du moment où tombent les pluies diluviennes (p. 344).

Les Enfants de minuit semble moins marqué par l'idée de répétition et de régression : l'histoire collective comme les histoires personnelles semblent aller de l'avant, progresser, même si on peut repérer çà et là des motifs répétés et même si l'auteur laisse entendre que certaines évolutions de son pays représentent un recul sur le plan de la liberté.

Il est tout de même un motif qui semble bien suggérer la méfiance de Salman Rushdie à l'égard du progrès, c'est le jeu des serpents et des échelles pour lequel Saleem se prend de passion lorsqu'il est enfant. Le principe du jeu repose sur une alternance entre la montée de l'échelle (progrès) et la morsure du serpent qui fait redescendre de l'échelle (régression) : "le jeu des serpents et des échelles contient, comme aucune autre activité ne peut le faire, la vérité éternelle, car pour chaque échelle que vous escaladez, un serpent vous attend juste au coin" (p. 252).

- **À propos de la vérité**

Mais le jeu des serpents et des échelles est surtout un emblème du caractère toujours insaisissable de la vérité. En effet, commente Saleem, "le jeu contient implicitement la dualité des choses, la dialectique du haut et du bas, du bien et du mal (*EM*, p. 252). Le roman indien suggère en effet que toute position avancée comme la vérité est susceptible d'être contredite par une position contraire.

Ainsi, souvent, une première explication fournie par Saleem à propos d'un événement du récit, comme les gains réalisés par Amina sur les champs de courses, est complétée sinon contredite par une seconde explication, les pouvoirs surnaturels de Saleem (p. 251). Autre procédé remettant en cause l'idée de vérité unique : le récit sous forme de questions successives, comme pour le sort de Mary Pereira après avoir quitté Bombay, une fois retournée à Goa (p. 495-496). On songe encore aux deux prénoms de la jeune Américaine dont s'éprend un temps Saleem à l'école : se nommant Evelyn Lilith, elle conjugue en elle le bien et le mal. Encore un autre motif allant dans le même sens, motif non pas circonscrit à un passage précis, mais apparaissant tout au long du roman, c'est la fragmentation : on ne saisit jamais qu'un ou quelques fragments de la réalité, comme, au début du roman, le corps de Naseem, découvert, morceau par morceau, par Aadam (p. 41-43).

Le genre de l'épopée se voit donc renouvelé à travers une série de remises en question – identité, destin, progrès, vérité –, qui sont commandées par le monde moderne caractérisé précisément par l'incertitude.

ARCADIES RÊVÉES

Nous avons rencontré plusieurs notions qui entament le caractère globalement héroïque de l'épopée et qui, poussées l'extrême, font basculer l'épopée dans son envers, l'arcadie. La situation géographique de Macondo, bordé à l'est par "une chaîne de montagnes infranchissables" (*CAS*, p. 18), de même que celle du village des Trois Patronymes, situé "[d]ans la ride profonde de la chaîne montagneuse des Balou" (*FT*, p. 9) fait écho à celle de la province grecque d'Arcadie, entourée de montagnes. Le prénom Arcadio que se partagent cinq personnages de *Cent ans de solitude* (les quatre José Arcadio des première, deuxième, quatrième et cinquième générations, ainsi qu'Arcadio de la troisième génération, sans compter les arrière-grands-pères respectifs d'Ursula, Aureliano Arcadio, *CAS*, p. 374, et de José Arcadio de la première génération, don José Arcadio, p. 28), est une référence claire à la tradition littéraire antique de l'arcadie, illustrée par Théocrite (*Idylles*, IIIe siècle avant Jésus-Christ) et Virgile (*Les Bucoliques*, 37 avant Jésus-Christ), et réactivée à la Renaissance avec Jacopo Sannazaro (*Arcadia*, 1502), Philippe Sidney (*Arcadia*, 1593) et Lope de Vega (*La Arcadia*, 1598). Le nom d'Aureliano désigne également cinq personnages (le colonel et son fils Aureliano José, Aureliano le Second et les deux derniers Aureliano, de la sixième et septième générations, ainsi que les multiples fils du colonel qui s'appellent tous Aureliano, et encore le père d'Ursula, Aureliano Iguaran, et son arrière-grand-père, Aureliano Arcadio, p. 374). On peut penser que le motif de l'or auquel est associé le futur colonel au début et à la fin du roman à travers l'alchimie (p. 38) et les poissons (p. 284) est motivé par l'étymologie de son prénom qui est formé sur *aurum*, évoquant, nous y reviendrons, l'âge d'or. L'arcadie, suggérée par l'onomastique, se vérifie surtout dans la formulation d'un idéal qui se révèle néanmoins à jamais inaccessible.

L'expression d'un idéal

- **En termes politiques**

Les trois romans formulent un idéal qu'on peut tout d'abord analyser en termes politiques. Il s'agit de fonder une communauté sur le principe de l'égalité, comme l'illustre l'aménagement de Macondo au début du roman : "[José Arcadio] avait réglé la disposition des maisons de telle manière que, de n'importe laquelle, on eût accès à la rivière et pût se ravitailler en eau sans avoir à fournir plus d'efforts que le voisin, et il traça les rues avec tant de soin et de bon sens qu'aucune maison ne recevait plus de soleil qu'une autre aux heures de grosse chaleur" (*CAS*, p. 17). On connaît la proximité de Gabriel García Márquez avec l'idéologie marxiste, notamment à travers son amitié indéfectible avec le *Lider maximo* Fidel Castro. Aussi pourrait-on qualifier cet idéal politique de *communiste* au sens propre, dans la mesure où tous les villageois se trouvent dans une situation absolument identique. Il ne s'agit pas bien entendu d'affirmer que García Márquez prouve ainsi son adhésion à un système politique existant, qu'il s'agisse de Cuba ou de l'URSS, mais seulement de décrire encore une fois un idéal politique purement théorique.

Yan Lianke n'exprime pas non plus son adhésion à la politique conduite par le Parti communiste chinois. Au contraire, nous avons vu combien il était critique à l'égard des dirigeants qui se sont succédé à la tête du pays (v. Thématiques, Histoire, Yan Lianke). Mais, à travers le personnage de Sima Lan, il construit tout autant une caricature du dirigeant autoritaire qu'il condamne, comme dans la scène des réquisitions forcées (*FT*, p. 124-129), qu'une figure incarnant un idéal communiste pur, originel, notamment quand il déclare avec amertume à Du Bai qui insiste pour que le village passe à l'économie de marché : "Mais si tout est redistribué, il n'y aura pas de volonté commune" (p. 321). Le terme traduit par "volonté commune" est *renxin*, littéralement un "cœur" ou un "esprit humain". Sima Lan oppose ainsi la logique capitaliste, qui commence à se mettre en place dans le village, à un esprit communautaire, qui est en train de disparaître.

La logique capitaliste est associée pour lui aux passions telle que la "haine et [la] jalousie" (p. 605), qui divisent les hommes, tandis que l'idéal communiste devrait être un reflet de la communauté décrite dans la stance LXXX du *Laozi* (*Livre de la Voie et de la Vertu*), dont les membres doivent “savoir se contenter de ce qu’[ils ont]” (p. 568), comme le formule le jeune Sima Lan. Dans l’idéal taoïste, en effet, “[il faut que le peuple] trouve savoureux sa propre nourriture, qu’il trouve beau ses vêtements, qu’il se contente de son habitation, qu’il se réjouisse de ses coutumes” [*in Philosophes taoïstes*, p. 83], ce qu’il ne faut pas interpréter comme une invitation à endurer le pire, comme le formulent les exergues de l’Apocalypse, mais comme la nécessité de ne pas céder aux passions, source de conflits entre les individus.

Saleem avoue qu’au contact des magiciens du ghetto de Delhi, des “communistes”, des “émeutiers, une menace publique, le rebut de la terre”, écrit-il sur un ton ironique, il devient lui-même “un rouge zélé, et de plus en plus rouge”, alors qu’il avait “été élevé dans l’autre vraie foi de l’Inde, à savoir le sens des affaires, notamment par l’exemple de son père Ahmed Sinai (*EM*, p. 699). Faut-il croire la profession de foi communiste de Saleem ? Nous y reviendrons.

- **En termes mythiques**

En termes mythiques, cet idéal arcadien ressemble à l’âge d’or, que nous avons déjà rencontré en commentant le prénom des Aureliano de *Cent ans de solitude*. Si l’on s’appuie sur les modèles d’Hésiode (*Les Travaux et les Jours*, VIIIe-VIIe siècle avant Jésus-Christ) et d’Ovide (*Les Métamorphoses*, 8 après Jésus-Christ, livre I, v. 89-112), l’âge d’or est caractérisé par l’abondance naturelle, l’absence de loi et de système judiciaire, l’absence aussi de l’argent et des armes. On peut ajouter à ces caractéristiques de l’âge d’or celles de l’utopie, en particulier le retrait spatial hors du monde.

Macondo et le village des Trois Patronymes présentent partiellement de telles caractéristiques. Il s’agit de lieux situés à l’écart : l’un est “entouré d’eau de toutes parts” (*CAS*, p. 21) et l’autre est “complètement coupé du reste du monde” (*FT*, p. 13). Yan Lianke fait de plus sans doute allusion au texte qui, dans la tradition chinoise, correspond à l’évocation de l’âge d’or en Occident, à savoir le “Récit de la Source des fleurs de pêcher” (*Taohua yuan ji*) dont le poète Tao Yuanming (IVe-Ve siècles) a donné la formulation la plus célèbre. En effet, autrefois, les trois familles Du, Lan et Sima “avaient fui la famine” (*FT*, p. 21) pour s’installer dans la vallée des Balou, où ils vivent “en vase clos” (p. 22) ;

de même, dans le récit mythique les “ancêtres”, des habitants qui vivent séparés du monde par une montagne quasiment infranchissable, “avaient fui les troubles de l’époque des Qin [IIIe siècle avant Jésus-Christ] ; ils étaient venus avec femmes, enfants et voisins dans cette région reculée pour ne plus jamais en sortir” [TAO, p. 246].

Les multiples tentatives pour raccorder Macondo à d’autres villes se soldent par des échecs : ni le service de navigation mis en place par José Arcadio le Second (*CAS*, p. 215-216) ni les liaisons aériennes envisagées par Gaston, le mari d’Amaranta Ursula (p. 418) ne fonctionnent; quant aux trains qu’Aureliano le Triste souhaite faire venir à Macondo, ils y arrivent effectivement (p. 245-246), mais notons tout de même que, par la suite, les “trains déraillent” (p. 348) du fait des pluies insistantes incessantes qui s’abattent sur la région. Dans *La Fuite du temps*, le canal de Lingyin est censé relier le village des Trois Patronymes à la ville, mais il draine une eau polluée (p. 208-209).

Macondo ne connaît pas l’argent à l’origine : il y a bien des “pièces de monnaie coloniale” (*CAS*, p. 11), mais il s’agit d’objets précieux et non de numéraire ; c’est pourquoi on pratique le troc : “[José Arcadio] troqua son mulet et un troupeau de chèvres contre deux lingots aimantés” (p. 10). L’argent semble ne pas circuler non plus dans le village des Trois Patronymes puisque, quand Sima Lan, à son retour du chef-lieu de district où il est allé, seul, vendre un morceau de peau, rapporte une roue de chariot occidentale, les villageois “réalisent qu’en se laissant prélever un morceau de peau mince comme une feuille d’arbre, on peut non seulement acheter une roue mais encore de l’étoffe, une paire de chaussettes et une livre de bonbons” (*FT*, p. 343-344). Quand, par la suite, les hommes, en masse, reviennent d’une séance de vente de peau, ils dépensent aussitôt l’argent qu’ils ont gagné (p. 314-317), signe que l’argent fonctionne comme un agent corrupteur pour le village.

Gabriel García Márquez et Yan Lianke font une pause dans leur récit pour décrire cet âge d’or. L’auteur colombien regarde du côté de l’Ancien Testament : “Au début, José Arcadio Buendia était une sorte de jeune patriarche qui donnait ses directives pour les semailles, des conseils pour élever les enfants et les animaux, et collaborer avec chacun, jusque dans les travaux manuels, pour la bonne marche de la communauté” (*CAS*, p. 17). De même, Yan Lianke décrit un village calme et immuable après le départ des hommes allés vendre leur peau

(*FT*, p. 134) ou après celui des travailleurs "étrangers" venus pour aménager les champs en terrasses : "Aussitôt le village a retrouvé le calme, le silence après la tempête. Hormis la terre, rien n'a changé, les hommes sont toujours les mêmes ; les porcs, les chiens, les rues cabossées, identiques à eux-mêmes" (p. 396).

La représentation de l'âge d'or se limite dans *Les Enfants de minuit* à l'évocation de l'origine de Bombay. La ville est alors une "île" où les activités humaines se limitent à la pêche (on ne mange pas de viande). C'est le temps où les hommes vivent sous la protection de la déesse Mumbadevi (p. 161-162).

- **En termes psychanalytiques**

L'idéal arcadien décrit dans les romans a été analysé en termes politiques et en termes mythiques, mais une lecture psychanalytique est aussi possible. Ce monde clos idéalement immuable et autosuffisant correspond sans doute au fantasme de la famille telle qu'elle peut être perçue dans l'enfance, ainsi qu'au fantasme de la vie intra-utérine, à l'abri du monde extérieur. Saleem décrit assez longuement – mais moins longuement que Tristram Shandy – les derniers moments de sa gestation (en fait, tout se passe comme s'il pensait être porté par Amina, comme s'il avait oublié que sa mère biologique était Vanita, mais, en réalité, il ne se situe pas dans une perspective strictement génétique et envisage plutôt l'acquis que l'inné), moments pendant lesquels il absorbe toutes les expériences vécues par ses ancêtres (p. 188-205), si bien que toutes les pages qui précèdent sa naissance, environ deux cents pages, peuvent être associées au stade intra-utérin.

Yan Lianke décrit également, à la fin de son roman, le séjour des enfants et de Sima Lan en particulier dans le ventre maternel (*FT*, p. 605 et p. 620). Il décrit, dans un registre "magique", l'écoulement du liquide amniotique jusque dans les rues du village des Trois Patronymes : "Le liquide amniotique inonde sa maison, franchit la porte pour aller former dans la cour deux petits ruisseaux qui se prolongent encore dans la rue" (p. 620). Le village tout entier semble baigner dans le liquide amniotique et, partant, se trouver dans la situation du fœtus dans le ventre maternel. Remarquons que cette image rappelle celle du filet de sang de José Arcadio le Second, tué d'une balle de revolver

(*CAS*, p. 150), mais sur le mode de l'inversion car la mort dans *Cent ans de solitude* s'oppose à la vie dans *La Fuite du temps*.

Le fantasme de la famille conçue comme un espace protecteur est très présent dans *Cent ans de solitude* ainsi que dans *Les Enfants de minuit*, au point que dans les deux romans on rencontre le motif de l'inceste qui peut s'analyser comme le moyen fantasmatique pour ne pas sortir de la famille idéale. Saleem est attiré par sa sœur (qui ne l'est pas en fait), lorsqu'elle est devenue Jamila la Chanteuse : elle est comme présente, par son odeur ou par sa vue, lorsqu'il fait l'amour avec la prostituée Tai Bibi (*EM*, p. 563) et avec Parvati (p. 707), mais c'est surtout dans le roman de García Márquez que l'on ne compte plus le nombre d'unions incestueuses : Arcadio (3e génération) et sa mère Pilar (*CAS*, p. 128) ; Amaranta et son neveu Aureliano José (p. 160-161) ainsi qu'avec José Arcadio de la cinquième génération (p. 304) ; Aureliano de la sixième génération et sa tante Amaranta Ursula (p. 427-428, puis p. 432-433) qui ont pour fils un dernier Aureliano, doté d'une queue de cochon, tout comme le premier couple incestueux que forment les cousins de José Arcadio et Ursula (p. 29). Le motif de l'inceste, si fréquent dans le roman colombien, renvoie au fantasme d'une vie vécue à l'abri de toute intrusion extérieure, qu'il s'agisse de celle d'un village ou d'une famille vivant "en vase clos", ou de celle d'un fœtus dans le ventre maternel.

- **Un idéal pluraliste chez Salman Rushdie**

L'idéal formulé dans le roman indien ne recoupe que très partiellement celui que l'on trouve chez García Márquez et Yan. À un monde où un village, Macondo et le village des Trois Patronymes, voire une famille, les Buendia, vivent "en vase clos" s'oppose un monde d'emblée multiculturel. Ce qui, dans *Les Enfants de minuit*, est associé à un paradis perdu, ce n'est pas seulement ni essentiellement le cercle familial ou le ventre maternel, c'est plutôt une communauté plurielle telle qu'elle existait dans le domaine de Methwold ou à l'école que fréquente Saleem, ou encore au sein du Congrès des enfants de minuit, communautés où se mêlent diverses confessions et même parfois plusieurs nationalités.

C'est pourquoi l'idéal rushdien en termes politiques n'est pas, comme nous l'avons envisagé, le communisme, même entendu en sens large. L'adhésion de Saleem aux idées professées dans le ghetto des magiciens est sans doute une adhésion, sinon de façade, du moins temporaire. Certes, Salman Rushdie partage avec Gabriel García Márquez et Yan Lianke la valeur de l'égalité, mais cette égalité se comprend dans une logique démocratique où chaque individu ainsi que chaque communauté peuvent faire entendre leur voix. En créant le Congrès des enfants de minuit, Saleem entend former "une fédération de gens égaux, où tous les points de vue peuvent s'exprimer" (*EM*, p. 389). À l'idéal communiste (au sens large) de García Márquez et de Yan s'oppose donc un idéal démocratique chez Rushdie.

Un idéal inaccessible
est perdu

S'ils formulent un idéal que l'on peut associer à la tradition de l'arcadie, les romanciers font aussi le constat de la perte de plus fondamentalement, du principe de réalité. Les romans peuvent en effet être lus comme la description d'un processus de disparition d'un monde spécifique qui se présente *grosso modo* sous deux aspects : le monde clos et homogène de Macondo et du village des Trois Patronymes d'une part et le monde ouvert, pluriel et composite du domaine de Methwold d'autre part. Dans son analyse de *Cent ans de solitude* et des *Enfants de minuit*, Franco Moretti exprime la même idée, mais de façon plus positive. L'"œuvre-monde", selon lui, décrit non pas une disparition, mais l'"incorporation" à marche forcée d'un monde spécifique dans le système-monde : "*Cent ans de solitude* raconte [...] l'histoire [*storia*] d'une "incorporation" : [celle] d'une communauté isolée qui, prise dans le système-monde moderne, en subit une accélération inattendue et très violente" [2022, p. 228-229, notre traduction]. Cette appréciation s'applique tout aussi bien aux *Enfants de minuit* qu'à *La Fuite du temps*. Deux motifs signalent en effet la disparition de l'idéal arcadien : d'une part la stérilité, entendue non pas au sens médical mais au sens large de l'absence d'enfant, pour *Cent ans de solitude* et *La Fuite du temps*, et d'autre part la destruction pour les trois romans.

Nous avons déjà évoqué les nombreux personnages sans descendance dans *Cent ans de solitude*: Remedios, l'épouse du colonel Aureliano; Rebecca, l'épouse de José Arcadio de la deuxième génération; Remedios-la-belle, l'épouse de José Arcadio le Second; enfin, Amaranta, qui reste sans mari. On relève aussi les enfants morts, soit dans le ventre maternel (les deux jumeaux de Remedios, *CAS*, p. 102), soit une fois nés comme Aureliano, le dernier rejeton de la famille Buendia: "une outre gonflée et desséchée que toutes les fourmis du monde étaient en train de péniblement traîner vers leurs repaires souterrains" (p. 451). Le motif de l'enfant mort est également présent dans *La Fuite du temps*. Du Zhucui perd son enfant (*FT*, p. 245) et, surtout, de nombreux enfants meurent durant la famine, de faim effectivement, mais aussi par accident (Gour, le fils de Lan Changshou, p. 554-555), ou bien encore parce qu'ils ont été sacrifiés délibérément (Du Zhuang, le fils de Du Gen, p. 466; puis les enfants infirmes, sur une décision de Sima Xiaoxiao, p. 505-506).

Le motif de la stérilité, cette fois-ci au sens médical, ou de l'impuissance masculine, est également manifeste dans *Les Enfants de minuit*. Ahmed voit ses capacités sexuelles gelées après que ses avoirs ont été gelés par le gouvernement (qui veut ainsi inciter les musulmans à quitter l'Inde pour le Pakistan, *EM*, p. 241-242 et p. 311-312). Son fils Saleem, lui, souffre de stérilité après l'opération subie dans la pension des Veuves de Bénarès, aux côtés de tous les enfants de minuit: "Testec- et hystérectomisés, les enfants de minuit n'eurent pas la possibilité de se reproduire" (p. 771). Saleem reste en effet sans descendance génétique. Par la suite, il est atteint d'impuissance, comme son père, ce que lui reproche Padma, en désignant son sexe au début du chapitre intitulé "Le doigt tendu du pêcheur": "elle pointa un index dédaigneux dans la direction de mes organes reconnus comme non fonctionnels" (p. 216).

La stérilité ou l'absence de descendance ou encore l'impuissance masculine, repérables chez les trois auteurs, suggèrent que le monde représenté dans les romans ne pourra pas se perpétuer. Le motif de la destruction laisse clairement entendre que ce monde sera finalement définitivement perdu. Dans les derniers chapitres de *Cent ans de solitude*, Macondo disparaît progressivement sous l'effet des intempéries (la pluie, puis la sécheresse), comme on le constate après le départ des Américains: "Macondo était en ruine"; les "rues" deviennent "marécageuses"; les "maisons" sont "abandonnées"; la "région enchantée" où se trouvaient les bananeraies "n'était plus qu'une immense fondrière de souche en putréfaction"; cette dégradation est la "préfiguration de ce vent prophétique qui, des années plus tard, devait faire disparaître Macondo de la face du monde" (*CAS*, p. 361-362), ce qui se produit effectivement dans les toutes dernières pages du roman (p. 452-453).

Lorsque Saleem évoque la "Bombe de Bombay", également dans les dernières pages des *Enfants de minuit*, il s'agit aussi d'une destruction totale: "je suis la Bombe de Bombay, regardez-moi exploser, des os qui éclatent se cassent sous la pression horrible de la foule, un sac d'os qui tombe tombe tombe" (*EM*, p. 812). Saleem ne fait toutefois qu'imaginer la suite de sa vie qu'il formule au futur, du moins au début de ce récit final (p. 810). Une autre différence par rapport à *Cent ans de solitude*, c'est que cette destruction totale, mais hypothétique, est précédée de deux autres destructions dans le roman. C'est tout d'abord le domaine de Methwold, dont les appartements sont vendus par les Catrack, les Sabarmati, les Ibrahim et les Dubash (seul Ahmed résiste, p. 467-470), rachetés par les "femmes de Narlikar", qui finiront par raser trois des quatre bâtiments (p. 477). Buckingham Palace, occupé par Ahmed, tient encore un temps, mais finira lui aussi par être "livré aux griffes des femmes de Narlikar" (p. 537). Par la suite, c'est le ghetto des magiciens à Delhi qui est démoli par les bulldozers, dans le cadre d'une politique d'assainissement de la ville (p. 754).

La destruction, portée symboliquement par le personnage de Shiva, le dieu de la destruction (à l'intérieur de la triade hindou constituée aussi de Brahma, dieu de la création, et de Vishnu, dieu de la préservation), revêt un caractère plus progressif dans *Les Enfants de minuit* par rapport à *Cent ans de solitude*: elle correspond en fait au processus de partition continue des Indes d'avant 1947, processus figuré dans le morcellement physique que subit Saleem au cours du roman. On relève que les bâtiments du domaine de Methwold sont certes rasés, mais ils sont remplacés par un "triomphant obélisque rose" (p. 469), où Mary Pereira trouve à se loger à la fin du roman (p. 803). Aussi la destruction n'a-t-elle pas le caractère absolu, mythique de Macondo qui disparaît à jamais, un peu comme le monde des Phéaciens que Poséidon fait disparaître après le passage d'Ulysse dans l'*Odyssée* (livre XIII, v. 149-152). La destruction, dans *Les Enfants de minuit*, s'inscrit dans une logique historique qui est bien celle que formule Franco Moretti: il s'agit de l'"incorporation" à marche forcée dans le "système-monde" [2022, p. 229].

On peut penser que la perpétuation du village des Trois Patronymes est menacée par la mort par suicide de Du Liu lors de la construction du canal (*FT*, p. 212-213), puisqu'il est le fils de Du Bai, lui-même fils de Du Yan, les deux représentants successifs du canton, et parce qu'on avait envisagé qu'il succédât à Sima Lan comme chef de village (p. 138-140 et p. 149). Par ailleurs, le motif de la destruction apparaît bien à travers les citations de l'Apocalypse dans les exergues du livre II, ainsi que dans le motif du fléau des sauterelles qui, dans le livre IV, dévastent les champs (p. 449) et provoquent, à terme, l'abandon du village (p. 558). Cependant, comme nous l'avons vu, les villageois retournent au village et la vie recommence. C'est donc la logique cyclique qui prévaut dans le roman chinois : à la destruction succède un effort de reconstruction, en écho au mythe de Sisyphe.

Cette arcadie perdue, mise en scène dans les romans, donne lieu à un ton élégiaque, qui est plus manifeste chez Yan Lianke et chez Gabriel García Márquez, mais qui est également sensible chez Salman Rushdie. Sans vouloir réduire le roman à une dimension autobiographique, on doit bien admettre que les auteurs évoquent somme toute une part de leur enfance, l'enfance dont on s'éloigne nécessairement, quelles que soient les circonstances familiales ou historiques, et que l'on perd, à moins de la restituer sous une forme littéraire, opération de transposition de la vie à la littérature, de la réalité à la fiction, que *Cent ans de solitude* et *Les Enfants de minuit* thématisent à travers les personnages de Saleem-Salman et de Melquiades.

OUTILS

GÉNÉALOGIES

Les tableaux se lisent ainsi : dans *Cent ans de solitude*, à la première génération (Gén. 1), José Arcadio et Ursula Iguaran ont d'une part un fils, José Arcadio, qui épouse Rebecca et a pour partenaire Pilar Ternera*, et d'autre part une fille, Amaranta ; à la deuxième génération (Gén. 2), José Arcadio et son épouse Rebecca n'ont pas d'enfant ; José Arcadio et sa maîtresse Pilar Ternera* ont un fils, Arcadio, etc.

X correspond à un personnage masculin non nommé et Y à un personnage féminin non nommé.

GÉNÉALOGIE DANS *CENT ANS DE SOLITUDE*

Gén.	Pères	Mères	Fils	*Épouses ou partenaires**	Filles	*Époux*
1	José Arcadio Buendia	Ursula Iguaran	José Arcadio	*Rebecca (adoptée)*	Amaranta	
				*Pilar Ternera**		
			Aureliano (le colonel)	*Remedios*		
				*Pilar Ternera**		
	Apolinar Moscote	Y			Remedios	*Aureliano (le colonel)*
					Amparo	*Bruno Crespi*
	Nicanor Ulloa	Rebecca Montiel			Rebecca	*José Arcadio*
2	José Arcadio Buendia (2)	Rebecca Ulloa				
		Pilar Ternera*	Arcadio (ignorant son ascendance, adopté)	*Sainte Sophie de la Piété*		
	Aureliano Buendia (le colonel)	Remedios Moscote				
		Pilar Ternera*	Aureliano José			
		Y*…	17 fils dont l'Amoureux, le Triste,			

			Serrador, Arcaya et un Centième			
3	Arcadio Buendia	Sainte Sophie de la Piété	José Arcadio le Second	*Petra Cotes**	Remedios-la-belle	
			Aureliano le Second	*Fernanda del Carpio*		
				*Petra Cotes**		
4	José Arcadio Buendia le Second	Petra Cotes*				
	Aureliano Buendia le Second	Fernanda del Carpio	José Arcadio		Renata-Remedios (Meme)	*Mauricio Babilonia**
					Amaranta Ursula	*Gaston**
		Petra Cotes*				
5	Mauricio Babilonia*	Renata-Remedios (Meme) Buendia	Aureliano Babilonia	*Amaranta Ursula*		
6	Aureliano Babilonia	Amaranta Ursula Buendia	Aureliano doté d'une queue de cochon			

GÉNÉALOGIES DANS *LES ENFANTS DE MINUIT*

Gén.	Pères	Mères	Fils	*Épouses*	Filles	*Époux*
1	Aadam Aziz	Naseem Ghani	Hanif	*Pia*	Alia	
			Mustapha	*Sonia*	Mumtaz, aka Amina	*Nadir Khan*
						Ahmed Sinai
					Emerald	*Général Zulfikar*
	Ibrahim Ibrahim (Sans-Souci)	Y	Ismail Ibrahim	*Nussie*		
			Ishaq Ibrahim			
2	Mustapha Aziz	*Sonia Khorovani*	Enfants réduits au silence			
	Général Zulfikar	Emerald Aziz	Zafar			
	Ahmed Sinai (Buckingham)	Mumtaz, aka Amina Aziz	Shiva	*Parvati**	Singe de Cuivre aka Jamila la Chanteuse	
	William Methwold*	Vanita (épouse de Wee Willie Winkie)	Saleem Sinai	*Parvati*		
				*Padma**		
	Ismail Ibrahim (Sans-Souci)	Nussie	Sonny Ibrahim			
	Adi Dubash (L'Escorial)	Mrs Dubash	Cyrus, aka Khusro			

	Commandant Sabarmati (L'Escorial)	Lila Sabarmati	Œil-Fendu			
			Cheveux-Gras			
	Homi Catrack (Versailles)	Y			Toxy	
		Pia Aziz*				
		Lila Sabarmati*				
3	Shiva	Parvati*	Aadam Sinai (adopté par Saleem)			

GÉNÉALOGIES DANS *LA FUITE DU TEMPS*

Les Du

Gén.	**Pères**	**Mères**	**Fils**	***Épouses***	**Filles**	***Époux***
1	Du Guaizi	Y	Du Yan	*Sima Taohua*	Du Meimei	*Lan Baisui*
2	Du Yan	Sima Taohua	Du Bai	*Lan Sanjiu*	Du Zhucui	*Sima Lan*
3	Du Bai	Lan Sanjiu	Du Liu	*Sima Teng*		
4	Du Liu	Sima Teng				

Les Lan

Gén.	**Père**	**Mère**	**Filles**	***Époux***
2	Lan Baisui	Du Meimei	Lan Jiushi	
			Lan Bashi	
			Lan Qishi	
			Lan Liushi	
			Lan Wushi	
			Lan Sishi	
			Lan Sanjiu	*Du Bai*

Les Sima

Gén.	Pères	Mères	Fils	*Épouses*	Fille	*Époux*
1	X	Y	Sima Xiaoxiao	*"Mère Sima"*	Sima Taohua	*Du Yan*
2	Sima Xiaoxiao	"Mère Sima"	Sima Sen			
			Sima Lin			
			Sima Mu			
			Sima Lan			
			Sima Lu			
			Sima Hu			
3	Sima Lan	Du Zhucui	Enfant mâle mort-né (p. 245)		Sima Teng	*Du Liu*
					Sima Ge	
					Sima Man	

GLOSSAIRE CHINOIS

A Cheng 阿城
Ba Jin 巴金
Baibailiangliang 白白亮亮
Baihua 白话
Bailianggege 白亮咯咯
Balou shanmai 粑耧山脉
Balou tiange 粑耧天歌
Balou xilie 粑耧系列
Balou 粑耧
Ban yinguo 半因果
Baochan daohu 包产到户
Baojia 保甲
Baoqao wenxue 报告文学
Bi 比
Bian 变
Bo luan fan zheng 拨乱反正
Caizi jiaren xiaoshuo 才子佳人小说
Cangmang 苍茫
Cao Xueqin 曹雪芹
Chang 常
Changshou jing 长寿经
Changshou 长寿
Chen Sihe 陈思和
Chen 臣
Chengyu 成语
Chuan shen 传神
Chuanqi 传奇
Chuanshuo 传说
Ci 刺
Cong 从
Cun (pouce) 寸
Cun (village) 村
Cunlu wanwan 村路弯弯
Cunmin weiyuan hui 村民委员会
Da hui zonggao 大慧宗杲
Da Xu 大徐
Da Xue 大学
Da Yu zhi shui 大禹治水
Da yue jin 大跃进
Da Yunhe 大运河
Dahan 大寒
Damu 大幕
Dao 道
Daode jing 道德经
Daoshen 刀神
Daxi 大戏
Dazhai 大寨
Dazibao 大字报

Deng Xiaoping 邓小平
Dijishi 地级市
Dingxing 定形
Dingzhuan meng 丁庄梦
Dong Zhongshu 董仲舒
Dongfang hong 东方红
Du (capitale) 都
Du Bai 杜柏
Du Baisui 杜百岁
Du Gaoshou 杜高寿
Du Meimei杜梅梅
Du Zhucui 杜竹翠
Duilian 对联
Erlang shen二郎神
Ershisi shi 二十四史
Ershishiji waiguo wenxue congshu 二十世纪外国文学丛书
Fan di huan tu 翻地换土
Fan 反
Fanyi gao 翻译稿
Fanying 反映
Fen 分
Feng (critiquer) 讽
Feng (vent) 风
Feng Ya Song 风雅颂
Fengci xiaoshuo 讽刺小说
Fengjian 封建
Fengshui 风水
Fenjiexian 分界线
Fu 赋
Fuxi 伏羲
Gan Bao 干宝
Ganbu 干部
Ganyuan 甘愿
Gao Xingjian 高行健
Gaokao 高考
Gaoyou 高邮
Ge pi mai pi 割皮卖皮
Geming ganbu 革命干部
Geming 革命
Gong 恭
Gu shi xin bian 故事新编
Gu 骨
Guai 怪
Gui 鬼
Gujia 骨架
Guo 果
Gusui 骨髓
Guyu 谷雨
Han Shaogong 韩少功
Hangzhou 杭州
Hao Ran 浩然
Hehuang minyao 褐黄民谣
Helixing 合理性
Henan 河南
Henghenghehe 哼哼哈哈
Hezuoshe 合作社
Honglou meng 红楼梦
Hongwulei 红五类
Hua 化
Huabing 话柄
Huacheng 花城
Huahualala 哗哗啦啦

Huangdi neijing 黄帝内经
Huangdi 黄帝
Huangtu黄土
Hulanhe zhuan 呼蘭河傳
Jia Zhangke 贾樟柯
Jia 家
Jian 谏
Jiang Qing 江青
Jiang Zemin 江泽民
Jiangsu 江苏
Jianying ru shui 坚硬如水
Jieqi 节气
Jiguan 籍贯
Jin Jingmai金敬迈
Jing 经
*Jinhuang dong*金黄洞
*Jiqiao yu hunling*技巧与魂灵
Jiqing 激情
Jishi wenxue 纪实文学
Jiudu 九都
Jiudu lu 九都路
Jiuguo 酒国
Jue 角
Jun 君
Junren 君人
Keneng 可能
Kong 空
Konggou xianshizhuyi 控购现实主义
Ku 苦
Kukuqiqi 哭哭泣泣
Kunqu 昆曲
Lan Baisui 蓝百岁
Lan Sishi 蓝四十
Lao Can youji 老残游记
Lao She 老舍
Lao Tian 老天
Laozi 老子
Li (force ou violence) 力
Li (rite) 礼
Liang Hong 梁鸿
Lianluoyuan 联络员
Lidong 立冬
Liezi 列子
Lin Shu 林紓
Ling yinguo 零因果
Ling 灵
Linghun xianshizhuyi 灵魂现实主义
Lingshan 灵山
Lingyin si 灵隐寺
Liu E 刘鹗
Liu Shaoqi 刘少奇
Liu流
Lu Xinhua 卢新华
Lü 绿
Lu Xun 鲁迅
Luan 乱
Lunyu 论语
Luoyang 洛阳
Luoye yu shijian 落叶与时间

Mai (veine, chaîne montagneuse) 脉
Mài (vendre) 卖
Mǎi (acheter) 买
Mǎimài (commerce) 买卖
Maitian 麦田
Mao Zedong毛泽东
*Mao zhuxi yulu*毛主席语录
Mao Dun 矛盾
Mengyouzhe 梦游者
Ming 明
Mingong 民工
Mingyun 命运
Minyao 民谣
Minzhu 民主
Mixin 迷信
Mo Yan 莫言
Mohuan shenshizhuyi 魔幻绅实主义
Mu 目
Mubu 幕布
Nei yinguo 内因果
Nei 内
Neidan 内丹
Nian yue ri 年月日
Nongye xue Dazhai 农业学大寨
Nüwa 女娲
Ouyang Hai zhi ge 欧阳海之歌
Pékin (Beijing) 北京
Pengpengbobo 蓬蓬勃勃
Pingxia zhong nong 贫下中农
Piping dahui 批斗大会
Pirou 皮肉
Qi (maltraiter) 欺
Qi (prodige) 奇
Qi (souffle) 气
Qianze xiaoshuo 谴责小说
Qifu 欺负
Qin 亲
Qing (bleu-vert) 青
Qing (dynastie) 清
Qing mei zhu ma 青梅竹马
Qingyu 情欲
Qishi 歧视
Quan yinguo 全因果
Renmin daxue 人民大学
Renmin gongshe 人民公社
Rensheng 人生
Riguang liunian 日光流年
Riguang 日光
Rixi 日熄
Rou shengyi 肉生意
Rulin waishi 儒林外史
San guo zhi 三国志
San guo zhi yanyi 三国志演义
San guo 三国
San jiao 三教
San nian da jihuang 三年大饥荒
San xia daba 三峡大坝
San xia haoren 三峡好人
San zi jing 三字经
Sanxingcun 三姓村
Se 色
Shaanxi 陕西
Shang shan xia xiang yundong 上山

下乡运动
Shangdi 上帝
Shanghai yiwen chubanshe 上海译文出版社
Shanghen wenxue 伤痕文学
Shanghen 伤痕
Shan hai jing 山海经
Shandong 山东
Shanjieben 删节本
Shanxi 山西
Shanxiang xue huo 山乡血火
Shaoshu minzu 少数民族
Shehuizhuyi de xianshizhuyi 社会主义现实主义
Shehuizhuyi shichang jingji 社会主义市场经济
Shen Congwen 沈从文
Shen 神
Sheng (naître, apparaître) 生
Sheng (province) 省
Shengchan dadui 生产大队
Shengchan dui 生产队
Shengming xianshizhuyi 生命现实主义
Shengshuai 盛衰
Shengyi 生意
Shenhua 神话
Shenmi qimiao 神秘奇妙
Shenmo xiaoshuo 神魔小说
Shennong神农
Shenshizhuyi 神实主义
Shi (période) 时
Shi (plein) 实
Shi jing 诗经
Shidiancun 试点村
Shijian 时间
Shixiang xianshizhuyi 世相现实主义
Shouhuo (*Bons Baisers de Lénine*) 受活
Shouhuo (revue) 收获
Shouqi 受欺
Shuangjiang 霜降
Shuihu zhuan 水浒传
Si Shu 四书
Si 似
Sima Ge 司马葛
Sima Hu 司马虎
Sima Lan司马蓝
Sima Lu 司马鹿
Sima Man 司马蔓
Sima Taohua 司马桃花
Sima Teng 司马藤
Sima Xiaoxiao 司马笑笑
Sima Yan 司马炎
Sima 司马
Sishitongtang 四世同堂
Song xiang fu qu 送享福去
Song 嵩
Sou shen ji 搜神记
Su 俗
Sun Zhongshan (Sun Yatsen) 孙中山
Tanqiu 探求
Tao Yuanming 陶渊明
Taohua yuan ji 桃花源记
Taxi Dawa 扎西达娃
Tian nan di bei 天南地北
Tian dong di xi 天东地西

Tian xia 天下
Tian 天
Tiandi 天地
Tianhu 田胡
Tianming 天命
Tianren ganying 天人感应
Tianyi 天意
Tingke nao geming 停课闹革命
Tongsu xiaoshuo 通俗小说
Tuanyuan 团圆
Tujia 土家
Wai yinguo 外因果
Wai 外
Wang Zengqi 汪曾祺
Wangdao 王道
Wanli 萬曆
Wannian li shu 万年历书
Wei Jingsheng 魏京生
Wei renmin fuwu 为人民服务
Wei 魏
Wenqing 温情
Wenren 文人
Wenxue de gen 文学的根
Wenyan 文言
Wo yu fubei 我与父辈
Wu Cheng'en 吳承恩
Wu Jingzi 吴敬梓
Wu 无
Wuchanjieji de xianshizhuyi 无产的现实主义
Wuda 武打
Wulun 五论
Wuwei 无为
Wuxin 无心
Xi Jinping 习近平
Xi 戏
Xia Riluo 夏日落
Xian (apparaître, présent, réel) 现
Xian (district) 县
Xiang (apparence) 相
Xiang (canton, campagne) 乡
Xiangnian fuqin 想念父亲
Xiangtu wenxue 乡土文学
Xianshi 现实
Xianshizhuyi 现实主义
Xiao cun, xiao he 小村小河
Xiao Hong萧红
Xiao jing 孝经
Xiao 孝
Xiaoren 小人
Xiaoshuo yuebao 小说月报
Xiaoshuo 小说
Xidan 西单
Xiju 戏剧
Xin 心
Xing (agent) 行
Xing (forme) 形
Xing (patronyme ou clan) 姓
Xing (procédé poétique) 兴
Xinxiang 新乡
Xiu jian ti tian 修建梯田
Xiyou ji 西游记
Xiyuan 戏园
Xu 虚
Xue Shengli 薛胜利

Xungen wenxue 寻根文学
Ya 雅
Yan Lianke 阎连科
Yan'an 延安
Yangban xi 样板戏
Yanghuo 洋伙
Yanxi 演戏
Yanyi演义
Yaogou xilie 瑶沟系列
Yaogou 瑶沟
Yi he伊河
Yi jing 易经
Yi 易
Yi he 伊河
Yin 因
Ying (enfançon) 婴
Ying (réagir) 应
Yingjie 英杰
Yinguo 因果
Yinyuan 姻缘
Yongsu xianshizhuyi 庸俗现实主义
You 有
Yu 禹
Yu Hua 余华
Yuan 缘
Yuju 豫剧
Yukong yi shan愚公移山
Yuyan moshenghua 语言陌生化
Za 咋
Zai Yan'an wenyi zuotanhui shang de jianghua 在延安文艺座谈会上的讲话
Zaiyi 灾异
*Zhalie zhi*炸裂志
Zhang Chengzhi 张承志
Zhang Kangkang 张抗抗
Zhangfu 丈夫
Zhejiang 浙江
Zhen 镇
Zheng 正
Zhi (chronique) 志 (ou 誌)
Zhi (gouverner, guérir) 治
Zhiguai xiaoshuo 志怪小说
Zhiguai 志怪
Zhiqing 知青
Zhishi qingnian 知识青年
Zhong 忠
Zhongguo meng 中国梦
Zhongguo xiaoshuo shilüe 中国小说史略
Zhongguo 中国
Zhonghua wenxue xuankan 中华文学选刊
Zhongpian xiaoshuo 中篇小说
Zhongyuan 中原
Zhou Zuoren 周作人
Zhuangzi 庄子
Zhuyi 主义
Ziran 自然
Zishengzimie de juejing自生自灭的绝境

BIBLIOGRAPHIE

Textes fondateurs (en langue originale)

BONTEMPELLI, Massimo, *in 900, Cahiers d'Italie et d'Europe*, n° 4, 1927, p. 7-13.

BONTEMPELLI, Massimo, *L'Avventura novecentista*, Firenze, Vallecchi, 1974.

CARPENTIER, Alejo, "Prólogo", *in El reino de este mundo*, Barcelone, Austral, coll. "Contemporánea Narrativa", 2015 [1949 ; auparavant, *in El Nacional*, 1948]. Version française du texte paru dans *El Nacional* : "Le réel merveilleux en Amérique", *in* CARPENTIER, Alejo, *Chroniques*, traduit de l'espagnol par René L. F. Durand, Paris, Gallimard, 1983, p. 342-348.

CHANADY, Amaryll Beatrice, *Magical Realism and the Fantastic, Resolved versus Unresolved Antinomy*, Abingdon/New York, Routledge, 2020 [1985].

CHIAMPI, Irlemar, *O realismo maravilhoso : forma e ideologia no romance hispano-americano*, São Paulo, Perspectiva, "Debates, Literatura", 1980. Version en espagnol : *El Realismo maravilloso : forma e ideología en la novela hispanoamericana*, Caracas, Monte Avial, "Estudios", 1983.

FLORES, Angel, "Magical Realism in Spanish American Fiction", *Hispania* 38/2, 1955, p. 114-129.

LEAL, Luis, "El Realismo mágico en la literatura hispanoamericana", *Cuadernos Americanos*, 4, juillet-août 1967, p. 230-235.

NOVALIS, *Das Allgemeine Brouillon. Materialen zur Enzyklopädistik 1798/1799*, Hamburg, Meiner, "Philosophische Bibliothek. BoD", 1993.

ROH, Franz, *Nach Expressionismus. Magisher Realismus. Probleme der Neusten Europäischen Malerei*, Leipzig, Kinkhardt & Biermann, 1925. Version en français : *Post-expressionnisme. Réalisme magique. Problèmes de la peinture européenne la plus récente*, traduit de l'allemand par Jean Reubrez, Dijon, Les Presses du réel, "Œuvres en sociétés", 2013.

SLEMON, Stephen, "Magic Realism as Postcolonial Discourse", *Canadian Literature*, n° 116, 1988, p. 9-23.

Études générales

Bowers, Maggie Ann, *Magic(al) Realism*, London et New York, Routledge, "The New Critical Idiom", 2004.

Chevalier, Victoria et Perez, Richard (dir.), *The Palgrave Handbook of Magical Realism in the Twenty-First Century*, Basingstoke, Palgrave Macmillan, 2020.

Garnier, Xavier (dir.), *Le Réalisme merveilleux*, Centre d'Études Littéraires Francophones et Comparées de l'Université Paris XIII, Paris, L'Harmattan, 1998.

Faris, Wendy B. et Zamora, Lois Parkinson (dir.), *Magical Realism. Theory, History, Community*, Durham, Duke University Press, 1995.

Hart, Stephen et Ouyang, Wen-chin, *A Companion Book To Magical Realism*, Woodbridge, Tamesis, 2005.

Sasser, Kim Anderson et Warnes, Christopher (dir.), *Magical Realism and Literature*, Cambridge, Cambridge University Press, 2020.

Weisgerber, Jean (dir.), *Le Réalisme magique. Roman, peinture, cinéma*, Lausanne, Éditions L'Âge d'homme, 1987.

Études croisées

Meng, Fanhua, "El realismo mágico en China", traduit du chinois en espagnol par Chantihirath Somsy, *Estudios de Asias y Africa*, Mexico, mai-août 1993, p. 281-288.

Rushdie, Salman, "Gabo et moi", *in Langues de vérité. Essais 2003-2020*, Arles, Actes Sud, 2022, p. 141-154 [2021].

Yan, Lianke, *À la découverte du roman*, traduit par Sylvie Gentil, Arles, Philippe Picquier, 2017 [2011].

Études sur l'appellation "réalisme magique"

Besand, Vanessa, "Réalisme magique et réalisme merveilleux : autour de quelques enjeux terminologiques depuis Alejo Carpentier", *Savoirs en lien*, Université de Bourgogne, n° 1, 2022.

ROLAND, Hubert, “La catégorie du réalisme magique dans l’histoire littéraire du XXe siècle : impasses et perspectives”, *in* Roland, Hubert et Vanasten, Stéphanie (dir.), *Les Nouvelles voies du comparatisme*, Gent, Academia Press, 2011, p. 85-98.

SCHEEL, Charles W., *Réalisme magique et réalisme merveilleux. Des théories aux poétiques*, Paris, L’Harmattan, 2005.

**Approches postcoloniale,
subalterne, culturaliste, littérature mondiale, etc.**

ARVA, Eugene, *The Traumatic Imagination. Histories, of Violence in Magical Realist Fiction*, Amherst, Cambria Press, 2011.

ARVA, Eugene et ROLAND, Hubert (ed.), “Writing Trauma : Magical Realism and the Traumatic Imagination/L’écriture des traumatismes et le réalisme magique” (Université catholique de Louvain), [s.n.], 2014 (publié en ligne sur *Dial.pr. Research Publications* : http://hdl.handle.net/2078.1/158203).

ASHCROFT, Bill *et al.*, *The Empire Writes Back*, London and New York, Routledge, “New Accents”, 1989.

BAKHTINE, Mikhaïl, “Récit épique et roman”, *in Esthétique et théorie du roman*, Paris, Gallimard, “Tel”, 1978 [1941].

BHABHA, Homi K., *Les Lieux de la culture. Une théorie postcoloniale*, Paris, Payot, 2007 [1994].

BHABHA, Homi K., *Nation and Narration*, London, Routledge, 1990.

BRUNEL, Pierre, *Mythocritique. Théorie et parcours*, Paris, Presses universitaires de France, 1992.

CASANOVA, Pascale, *La République mondiale des lettres*, Paris, Seuil, “Points Essais”, 2008 [1999].

CÉARD, Jean, *La Nature et ses prodiges. L’insolite au XVIe siècle en France*, Genève, Droz, 1996 [1977].

CLAVARON, Yves (dir.), *Études postcoloniales*, Nîmes, Lucie éditions, “Poétiques comparatistes”, 2011.

DE LA CAMPA, Román, “Magical Realism and World Literature : A Genre for the Times?”, *Revista Canadiense de Estudios Hispánicos, Invierno*, 1999, vol. 23, n. 2, p. 205-219.

DURIX, Jean-Pierre, *Mimesis, Genres and Postcolonial Discourse. Deconstructing Magic Realism*, Basingstoke et New York, Macmillan Press, 1998.

GENETTE, Gérard, *Figures III*, Paris, Seuil, "Poétique", 1972.

GENETTE, Gérard, *Palimpseste*, Paris, Seuil, "Poétique", 1982.

GERVAIS de Tilbury, *Le Livre des merveilles. Divertissement pour un empereur (troisième partie)*, traduction d'Annie Duchesne, Paris, Les Belles Lettres, "La Roue à Livres", 1992.

JULLIEN, François, *De l'Universel. De l'uniforme, du commun et du dialogue entre les cultures*, Paris, Seuil, "Points Essais", 2011.

MESSAGE, Vincent, *Romanciers pluralistes*, Paris, Seuil, "Le Don des langues", 2013.

MORETTI, Franco, *Opere mondo. Saggio sulla forma epica dal Faust a* Cent'anni di solitudine [*Œuvres-monde. Essai sur la forme épique de Faust à* Cent ans de solitude], Turino, Einaudi, "Piccola Biblioteca Einaudi", 2022 [1994].

OTTMAR Ette, *TransArea. Une histoire littéraire de la mondialisation*, traduction de Chloé Chaudet, Paris, Classiques Garnier, 2019.

PAVEL, Thomas, *Univers de la fiction*, Paris, Seuil, "Poétique", 1988 [1986].

PROPP, Vladimir, *Morphologie du conte*, Paris, Seuil "Points Essais", 2015 [1928].

SAMOYAULT, Tiphaine, *Excès du roman*, Paris, Maurice Nadeau, 1999.

SASSER, Kim Anderson, *Magical Realism and Cosmopolitanism. Strategizing Belonging*, Basingstoke et New York, Palgrave Macmillan, 2014.

SCHEEL, Charles W., "Le réalisme magique : mode narratif de la fiction ou label culturaliste ?", *Actes du XXXV*e *congrès de la SFLGC, Études culturelles : Anthropologie culturelle et comparatisme*, volume II, Neuilly-lès-Dijon, éditions Le Murmure, 2010.

SPIVAK, Gayatri Chakravorty, *Les Subalternes peuvent-elles parler ?*, traduit par Jérôme Vidal, éditions Amsterdam, 2020 [1988].

TODOROV, Tzvetan, *Introduction à la littérature fantastique*, Paris, Seuil, 1970.

WARNES, Christopher, *Magical Realism and the Postcolonial Novel. Between Faith and Irreverence*, Basingstoke et New York, Palgrave Macmillan, 2009.

GABRIEL GARCÍA MÁRQUEZ

Écrits et discours
(dans l'ordre chronologique de publication)

GARCÍA MÁRQUEZ, Gabriel, *Pas de lettre pour le colonel*, Biarritz, Julliard, 1963 [1961].

GARCÍA MÁRQUEZ, Gabriel, *L'Automne du patriarche*, Paris, Grasset, 1977a [1975].

GARCÍA MÁRQUEZ, Gabriel, *Les Funérailles de la Grande Mémé*, Paris, Grasset, 1977b [1962].

GARCÍA MÁRQUEZ, Gabriel, *L'Incroyable et triste histoire de la candide Erendira et de sa grand-mère diabolique*, Paris, Grasset, 1977c [1972].

GARCÍA MÁRQUEZ, Gabriel, *Des Feuilles dans la bourrasque*, Paris, Grasset, 1983 [1961].

GARCÍA MÁRQUEZ, Gabriel, *L'Amour aux temps du choléra*, Paris, Grasset, 1985.

GARCÍA MÁRQUEZ, Gabriel, *Des Yeux de chien bleu*, Paris, Grasset, 1991 [1972].

GARCÍA MÁRQUEZ, Gabriel, *De l'Amour et autres démons*, Paris, Grasset, 1995 [1994].

GARCÍA MÁRQUEZ, Gabriel, *Vivre pour la raconter*, Paris, Grasset, 2003 [2002].

GARCÍA MÁRQUEZ, Gabriel, "Asombro por Juan Rulfo", lu le 18 septembre 2003, à l'occasion du cinquantième anniversaire de la publication de l'anthologie *Le Llano en flammes*, dans l'émission radiophonique *De 1 a 3 (*Mexique), reproduit dans le quotidien mexicain *La Jornada*, 19 septembre 2003.

GARCÍA MÁRQUEZ, Gabriel, *Mémoire de mes putains tristes*, Paris, Grasset, 2004.

GARCÍA MÁRQUEZ, Gabriel, "El Fidel Castro que yo conozco", *Cubadebate*, 13 août 2009 .

GARCÍA MÁRQUEZ, Gabriel, "Préface pour un nouveau millénaire", *in Je ne suis pas ici pour faire un discours*, Paris, Grasset, 2012.

Entretiens

GARCÍA MÁRQUEZ, Gabriel, "Entrevista a G. García Márquez", *El Tiempo* (Bogotá), 30 juillet 1972, p. 2A.

GARCÍA MÁRQUEZ, Gabriel, *Une Odeur de goyave : entretien avec Plinio Apuleyo Mendoza*, Paris, Belfond, 1982.

OSORIO, Manuel, "Entretien avec Gabriel García Márquez", *Le Courrier de l'Unesco*, n° 9110, octobre 1991.

Autres textes littéraires

ISAACS, Jorge, *María*, Paris, Plon, 1959.

RIVERA, José Eustasio, *La Voragine,* Paris, Bellenand, 1951.

RULFO, Juan, *Padre Páramo*, Madrid, Cátedra, 1986.

Études générales

ARENAS, Reinaldo, "La insoportable fealdad de García Márquez", texte inédit de 1989 reproduit par Valdès, Zoe, *Note de blog*, zoevaldes.net, 21 mars 2010 (https://tinyurl.com/3a6rs55u).

BERTRAND, Denis et FONTANILLE, Jacques (dir.), *Régimes sémiotiques de la temporalité*, Paris, Presses universitaires de France, 2006.

BERTRAND, Denis, *Précis de sémiotique littéraire*, Paris, Nathan, 2000.

BUSHNELL, David, *The Making of Modern Colombia : A Nation in Spite of Itself*, Oakland (California, USA), University of California Press, 1993.

CABALLERO, Antonio *et al.*, "La herencia de García Márquez sigue abriendo caminos nuevos. Narradores colombianos llegaron a Buenos Aires para presentar sus obras", *La Nación* (Buenos Aires), 12 novembre 2006 (https://tinyurl.com/3thfk8kk).

COBO BORDA, Gustavo, *À la rencontre de Gabriel García Márquez*, Montpellier, Éditions Espaces 34, 2000.

COLIN, Philippe et QUIROZ, Lissell, *Pensées décoloniales. Une introduction aux théories critiques d'Amérique latine*, Paris, La Découverte, 2023.

DABLA, Séwanou, *Nouvelles Écritures africaines : Romanciers de la seconde génération*, Paris, L'Harmattan, 1986.

DAMOUR, Charlie, "Enchantement, désenchantement et réenchantement des rapports entre l'humain et la nature chez Gabriel García Márquez", *Líneas* (Pau, Université de Pau et des Pays de l'Adour), n° 13, *Enchantement et réenchantement des rapports entre humains et non-humains dans le monde hispanophone*, 2021.

DECANTE, Stéphanie, "Réalisme virtuel contre réalisme magique : préface et nouvelles de *McOndo*", *América, Cahiers du CRICCAL* (Paris, Presses de la Sorbonne Nouvelle), n° 25, *Les Nouveaux Réalismes, Autre réel, autre écriture*, 2000, p. 105-114.

DELEUZE, Gilles, *Différence et répétition (*1968), Paris, Presses universitaires de France, "Épiméthée", 2011.

DEVÉSA, Jean-Michel, *Sony Labou Tansi, écrivain de la honte et des rives magiques du Kongo*, Paris, L'Harmattan, 1996.

DONOSO, José, "El fenómeno de la publicidad", *in Diarios, ensayos, crónicas : la cocina de la escritura*, RIL Editores, 2009.

DONOSO, José, *Historia Personal del "boom"*, Barcelona, Editorial Anagrama, 1972.

EBAKA, Boris Kharl, "Congo-Brazzaville : Lire ou relire *Cent ans de solitude* de Gabriel García Márquez", *Les Dépêches de Brazzaville/ Agence d'Information d'Afrique Centrale*, 2018.

ECO, Umberto, *Lector in fabula*, Paris, Grasset, 1979.

ETTE, Omar, "Una literatura sin résidencia fija. Insularidad, historia y dinámica sociocultural en la Cuba del siglo XX", *Revista de Indias*, vol. LXV, n° 235, 2005.

FAUCHIER, Joël, "L'amnésie chez G. García Márquez. De la disparition physique des peuples à la disparition de la mémoire collective", *Babel Littératures plurielles* (Toulon, Université de Toulon), n° 13, *Figures de la disparition dans le monde hispanique et latino-américain*, 2006.

FEZE, Yves-Abel, "Sony Labou Tansi ou la posture intellectuelle du refus", thèse de doctorat en Lettres modernes, Université de Lille 3, 2002.

FOGEL, Jean-François, "Les lumières de García Márquez", *Le Monde des Livres*, 27 février 1997.

FONTANILLE, Jacques, *Sémiotique du discours*, Limoges, Presses universitaires de Limoges, 1999.

FUENTES, Carlos, "Gabriel García Márquez", *Gabriel García Márquez*, selección de Juan Cobo Borda, Santafé de Bogotá, Siglo del Hombre Editores, 1992.

FUGUET, Alberto, "La sociedad de los escritores 'Mac'", *Caras* (Santiago), n° 220, 9 septembre 1996, p. 56-58.

GILARD, Jacques, "Des orishas à Cartagena ? À propos de *Del amor y otros demonios* de Gabriel García Márquez", *in* LEPAGE, Caroline (dir.), *Soixante ans de lévitation*, Bordeaux, Presses Universitaires de Bordeaux, 2008, p. 11-36.

GUEVARA, Ernesto "Che", "Carta a Carlos QuijaNo. El socialismo y el hombre nuevo", *Marcha* (Uruguay), n° 1246, 12 mars 1965.

GUTIÉRREZ, Loreto, "Regards transatlantiques", *Canarias* 7, 17 mars 2020.

HAMON Philippe, *Le Personnel du roman*, Paris, Droz, "Titre courant", 2000.

HEFFES, Gisela, "Introducción. Para una ecocrítica latinoamericana : entre la postulación de un ecocentrismo crítico y la crítica a un antropocentrismo hegemónico", *Revista de Crítica Literaria Latinoamericana* (Lima-Boston), Año 40, n° 79, 2014, p. 11-34.

KLINE, Carmenza, *Los orígenes del relato. Los lazos entre ficción y realidad en la obra de Gabriel García Márquez*, Salamanca, Ediciones Universidad de Salamanca, 2003.

KRAUZE, Enrique, "Fidel Castro fue el punto ciego de Gabriel García Márquez", *Clarín* (Buenos Aires), 2 juin 2014.

KULIN, Katalin, *Creación mítica en la obra de García Márquez*, Budapest, Akademiai Kiado, 1980.

LANÇON, Philippe, "García Márquez, le temps de la solitude", *Libération*, 17 avril 2014.

LANÇON, Philippe, *Epok*, n° 40, octobre 2003.

LEANTE, César, *Gabriel García Márquez, el hechicero*, Madrid, Edoriales Pliegos, 1996.

LEPAGE, Caroline (dir.) *Soixante ans de lévitation*, Bordeaux, Presses universitaires de Bordeaux, 2008.

LEPAGE, Caroline, *L'Univers de Gabriel García Márquez*, Paris, Ellipses, "Découvrir/Décrypter", 2008.

MARCONE, Jorge, “Fiebre de la selva : ecología de la desilusión en la literatura hispanoamericana”, *Centro Cultural del BID*, novembre 2007, n° 58.

MARTIN-GRANEL, Nicolas, “Le réalisme ‘tropical’ de Sony Labou Tansi : un discours doublement contraint ?”, *in* Garnier, Xavier (dir.), *Le Réalisme merveilleux*, Paris, L’Harmattan, 1998.

MENTON, Seymour, *Historia verdadera del realismo mágico*, México, Fondo de Cultura Económica, 1998.

MENTON, Seymour, *Latin America’s New Historical Novel 1979-1992*, Austin, Texas University Press, 1993.

MORALES PIÑA, Eddie, “Brevísima relación de la nueva novela histórica en Chile”, *Notas Históricas y Geográficas* (Universidad de Playa Ancha, Chili), n° 12, 2001, p. 177-190 (https://tinyurl.com/bdf45svk).

OROBITG, Christine, *Le Sang en Espagne : Trésor de vie, vecteur de l’être. XVe-XVIIIe siècle*, Aix-en-Provence, Presses universitaires de Provence, 2018.

OVIEDO VALDIVIESO, Ramiro, *Los poemas del coronel Buendia*, Quito (Ecuador), Editorial Pedro Jorge Vera de la Casa de la Cultura Ecuatoriana, 2007.

PAGEAUX, Daniel-Henri, “Gabriel García Márquez en français. De la traduction au modèle”, *Lendemains* (Berlin), n° 27, 1982.

PARAVY, Florence, “Écrivains africains en quête d’un tiers monde”, *Silène* (Nanterre, Centre de Recherches en Littérature et Poétique Comparées de Paris Ouest-Nanterre-La Défense), 2011.

PAZ ZAMORA, Jaime, “Gabo y la elección de Mitterrand”, *El País* (Madrid), 14 avril 2017 (https://tinyurl.com/4bkvrdax).

PUDLOWSKI, Charlotte, “Gabriel García Márquez et l’aveuglement castriste”, *Slate.fr*, 17 avril 2014 (https://tinyurl.com/yc7u73bz).

RÉDJÉMÉ, Jean-Claude, “Intertextualité et création romanesque chez Sony Labou Tansi”, *Synergies Afrique des Grands Lacs*, n° 3, 2014, p. 113-125 (https://tinyurl.com/455vbyzt).

RINALDI, Angelo, “Cent ans de platitude”, *Le Nouvel Observateur*, supplément *TéléObs*, n° 1788, février 1999.

ROMAY, Alexis, “Cien años de misoginia”, *Revista Replicante. Periodismo digital/Cultura crítica*, 16 mars 2014.

SAINT-GELAIS Richard, *Fictions transfuges. La transfictionnalité et ses enjeux*, Paris, Seuil, "Poétique", 2011.

SANTOS, Juan Manuel, *La batalla por la paz*, Bogotá, Planeta Colombiana, 2019.

SHATTUCK O'KEEFE, Arthur, "The Role of Politics in Gabriel García Márquez's *One Hundred Years of Solitude*", *Core* (Showa Women's University), juin 2018 (https://tinyurl.com/36wz3wa9).

TAMÉS LÓPEZ, Ramón, *La narrativa actual de Colombia y su contexto social*, Valladolid, Universidad de Valladolid, 1975.

VARGAS LLOSA, Mario, *García Márquez : historia de un decidio*, Barcelona, Barral Editores, 1971.

VOLKENING, Ernesto, "Gabriel García Márquez ou le tropique désensorcelé", *in García Márquez, El escritor y la crítica*, Madrid, Taurus Ediciones, 1981 [1963], p. 19-29.

VOLPI, Jorge, *El insomnio de Bolívar*, Barcelone, Debate, 2009.

WATERS HOOD, Edward, "El mundo natural en la narrativa y el cine de Gabriel García Márquez", *Argus-a, Artes & Humanidades* (California / Argentina), vol. VI, Edición n° 22, octobre 2016.

YEPES, Enrique, "Derroteros de la ecocrítica en tierras americanas", *Latin American Research Review* (Cambridge University Press), 2014, p. 243-252 (https://tinyurl.com/ycxf7bhr).

Études sur *Cent ans de solitude*

ARRIGOITIA, Luis de, "La naturaleza en tres novelas colombianas", *Cuadernos de la Facultad de humanidades* (San Juan, Universidad de Puerto Rico), n° 2, 1979, p. 3-30.

AUBÈS, Françoise (dir.), *Gabriel García Márquez*, Cent ans de solitude. *Fondations, héritages et crises*, Paris, Ellipses, 2009.

BENMILOUD, Karim, "Le thème de l'inceste : "*Incesto*" et "*insecto*" dans *Cien años de soledad* (métamorphoses d'une anagramme)", *in* Aubès, Françoise (dir.), *Gabriel García Márquez*, Cent ans de solitude. *Fondations, héritages et crises*, Paris, Ellipses, 2009, p. 31-47.

CACHO BLECUA, Juan Manuel, "Del *Amadís de Gaula* al nostálgico Gerineldo en *Cien años de soledad*", *in* Pellicer Domingo, Rosa et

Saldaña Sagredo, Alfredo (dir.), *Quinientos años de soledad: actas del Congreso "Gabriel García Márquez"* (dir.), Zaragoza, Universidad de Zaragoza, 1997, p. 209-220.

Chirol, Marie-Magdeleine, "Autobiographie et consumérisme : *Cent ans de solitude* de García Márquez dans les inter-ruines de *Batailles dans le désert* de J. E Pacheco", *Revue de littérature comparée*, vol. 69, n° 2, avril 1995, p. 193-202.

Cortés Tique, James et Lepage, Caroline, *Lire* Cent ans de solitude. *Voyage en pays macondien*, Paris, Presses universitaires de France, 2008.

Cortés, Karina et Valesini, Silvina, "El tiempo en *Cien años de soledad"*, *Question*, vol. 1, n° 7, Buenos Aires, Universidad Nacional de la Plata, Facultad de Periodismo y Comunicación Social – UNLP, 2005.

Fuentes, Carlos, "Para darle nombre a América", *Gabriel García Márquez, Cien años de soledad*, Madrid, Edición conmemorativa, Real Academia Española – Asociación de Academias de la Lengua Española, 2007.

González Fernández, Marisol Fernanda et Mora Rodriguez, Fernanda Belén, "Enfoque ecocrítico presente en las obras *Cien años de soledad* y *El amor en los tiempos del cólera* de Gabriel García Márquez", Memoria para optar al Título Profesional de Profesora de Educación Media en Castellano y Comunicación, Universidad del Bío-Bío, Chillán, 2018 (https://tinyurl.com/yc6x44du).

Hurtado, Sebastián, "Colombia desde *Cien Años de Soledad"*, *Cámara cívica*, 2017 (https://tinyurl.com/s3jwdjsr).

Jordison, Sam, "Can *One Hundred Years of Solitude* be read as more than just fantasy?", *The Guardian*, 16 mai 2017.

Joset, Jacques, "Autores traduttori traditori : *Don Quijote* y *Cien años de soledad*", *in* Vilanova Antonio (dir.), *Actas del X Congreso de la Asociación Internacional de Hispanistas* (Centro Virtual Cervantes), 1989, p. 737-744.

Kulin, Katalin, "Mito y realidad en *Cien años de soledad*, de Gabriel García Márquez", *in* De Bustor Tovar, Eugenio (dir.), *Actas del IV Congreso de la Asociación Internacional de Hispanistas*, 1971, p. 91-100.

Lago Graña, Josefa, "La colmena y el hormiguero : una lectura eco-crítica de *Cien años de soledad*", *Kãñina, Revista de artes y letras* (San José, Universidad de Costa Rica), vol. 39, n° 1, mars 2015, p. 141-151.

LEPAGE, Caroline, "*Cien años de soledad* de la première à la dernière page : l'*incipit* et l'*excipit* de la "Bible" de l'Amérique latine", *Les Langues néo-latines*, n° 347, décembre 2008, p. 69-82.

LEPAGE, Caroline, "Microlectures macondiennes : le premier chapitre de *Cien años de soledad* par-delà systèmes et grilles interprétatifs à visée globalisante", inédit d'Habilitation à Diriger des Recherches, Université Paris-Nanterre, 2010.

LEPAGE, Caroline, "Les débuts hors la norme : étude de cinq cas", *Crisol* (Nanterre, Université Paris-Nanterre), n° 14, série numérique, *Débuts et fins du texte dans les mondes hispaniques*, 2020, p. 29-35.

LEVINE, Suzanne Jill, *El espejo hablado : un estudio de* Cien años de soledad, CaraMonte Avila, 1975.

MÄCHLER TOBAR, Ernesto, "Dans les coulisses de *Cien años de soledad* : la Colombie en toile de fond", *in* Aubès, Françoise (dir.), *Gabriel García Márquez,* Cien años de soledad. *Fondations, héritages et crises*, Paris, Ellipses, 2008, p. 109-115.

MENA, Lucila Inés, *La función de la Historia en* Cien años de soledad, Barcelona, Plaza & Janes, 1979.

MONTANER, María Eulalia, *Guía para la lectura de* Cien años de soledad, Barcelona, Editorial Castalia, 2006.

ORTEGA, Julio, "Gabriel García Márquez, *Cien años de soledad"*, *9 asedios a García Marquez*, Santiago de Chile, Editorial Universitaria, 1969, p. 74-88.

OVIEDO, José Miguel, "Macondo, un territorio mágico y americano", *9 asedios a García Marquez*, Santiago de Chile, Editorial Universitaria, 1969, p. 89-106.

PALENCIA-ROTH, Michael, "La imagen del Uroboros : el incesto en *Cien años de soledad*", *Cuadernos hispanoamericanos* (Madrid), vol. 40, n° 4, 1981, p. 67-81.

PERNETT, Nicolás, *El mapa de Macondo*, Bogotá, Universidad Nacional de Colombia, 20 mai 2022 (https://tinyurl.com/4n25m2vk).

VARGAS LLOSA, Mario, "*Cien años de soledad.* Realidad total, novela total", *in* García Márquez, Gabriel, *Cien años de soledad*, Edición conmemorativa, Madrid, Real Academia Española – Asociación de Academias de la Lengua Española, 2007, p. XXX-XXXI.

SALMAN RUSHDIE

Écrits
(dans l'ordre chronologique de publication)

RUSHDIE, Salman, *Grimus*, Paris, J.C. Lattès, 1977 [1975].

RUSHDIE, Salman, "The Empire Writes Back with a Vengeance", *The Times*, 3 juillet 1982.

RUSHDIE, Salman, *La Honte*, Stock, Paris, 1984 [1983].

RUSHDIE, Salman, *Le Sourire du jaguar : un voyage au Nicaragua*, Paris, Stock, 1987 [1987].

RUSHDIE, Salman, *Les Versets sataniques*, Paris, Bourgois, 1989 [1988].

RUSHDIE, Salman, *Haroun et la mer des histoires*, Paris, Plon, 1991 [1990].

RUSHDIE, Salman, *The Wizard of Oz*, London, British Film Institute, 1992.

RUSHDIE, Salman, *Patries Imaginaires : essais et critiques*, 1981-1991, Paris, Bourgois, 1993 [1992].

RUSHDIE, Salman, *Le Dernier Soupir du Maure*, Paris, Plon, 1996 [1995].

RUSHDIE, Salman, *Est, Ouest*, Paris, Plon, 1997a [1994].

RUSHDIE, Salman et West, Elizabeth (éd.), *Mirrorwork : Fifty Years of Indian Writing*, *1947-1997*, New York, Holt, 1997b.

RUSHDIE, Salman, *La Terre sous ses pieds*, Paris, Plon, 1999 [1999].

RUSHDIE, Salman, *Furie*, Paris, Plon, 2001 [2001].

RUSHDIE, Salman, *Franchissez la ligne : essais, 1992-2002*, Paris, Plon, 2003 [2002].

RUSHDIE, Salman, *Shalimar le Clown*, Paris, Plon, 2005 [2005].

RUSHDIE, Salman, *L'Enchanteresse de Florence*, Paris, Plon, 2008 [2008].

RUSHDIE, Salman, *Luka et le feu de la vie*, Paris, Plon, 2010 [2010].

RUSHDIE, Salman, *Joseph Anton : une autobiographie*, Paris, Plon, 2012 [2012].

RUSHDIE, Salman, *Deux ans, huit mois et vingt-huit nuits*, Arles, Actes Sud, 2016 [2015].

RUSHDIE, Salman, *La Maison Golden*, Arles, Actes Sud, 2018 [2017].

RUSHDIE, Salman, *Quichotte*, Arles, Actes Sud, 2020 [2019].

RUSHDIE, Salman, "Salman Rushdie on *Midnight's Children*: India is no longer the country of this novel", *The Guardian,* 3 avril 2021.

RUSHDIE, Salman, *Langages de vérité : essais, 2003-2020*, Arles, Actes Sud, 2022 [2021].

RUSHDIE, Salman, *La Cité de la Victoire*, Arles, Actes Sud, 2023 [2023].

Conférences et entretiens

CHAUHAN, Pradyumna. S. (ed.), *Salman Rushdie Interviews, A Sourcebook of His Ideas,* London, Bloomsbury, 2001.

DURIX, Jean-Pierre, "Interview, Salman Rushdie", *Kunapipi*, vol. 4, No. 2, 1982, p. 17-26 (https://ro.uow.edu.au/kunapipi/vol4/iss2/6).

NIVEN, Alastair, "Salman Rushdie Talks to Alastair Niven", *Wasafiri*, vol. 13, No. 26, 1997, p. 52-57.

REDER, Michael, (ed.), *Conversations with Salman Rushdie*, Jackson, University of Mississippi Press, 2000.

RUSHDIE, Salman, "*Midnight's Children* and *Shame*", *Kunapipi*, vol. 7, No. 1, 1985, p. 1-19 (https://ro.uow.edu.au/kunapipi/vol7/iss1/3).

RUSHDIE, Salman, "A collective fantasy called India", *India Today*, 18 août 1997.

RUSHDIE, Salman, "*Midnight's Children*: Salman Rushdie in Conversation", BBC Radio 4, Août 2017.

THORPE, Vanessa, "Salman Rushdie says TV dramas comparable to novels", *The Observer*, 12 juin 2011.

Études générales

AHMAD, Aijaz, *In Theory: Class, Nations, Literatures*, London and New York, Verso, 1992.

ALI, Tariq, *An Indian Dynasty : the Story of the Nehru-Gandhi Family*, New York, Picador, 1985.

ASHCROFT, Bill *et al.*, *L'Empire vous répond : théories et pratiques des littératures postcoloniales*, Pessac, Presses Universitaires de Bordeaux, 2012.

BAKHTINE, Mikhaïl, *L'Œuvre de François Rabelais et la culture populaire au Moyen Âge et sous la Renaissance*, Paris, Gallimard, 1982.

BENJAMIN, Walter, “Le Narrateur”, *Écrits Français*, Paris, Gallimard, 1991, p. 219-220.

BHARDWAJ, Ashutosh et Misrahi-Barak, Judith (ed.), *Kala Pani Crossings : Revisiting 19th Century Migrations from India's Perspective*, New York, Routledge, 2021.

BISWAS, Pooja Mittal, “Salman Rushdie as a Diaspora Myth Maker”, *Journal of Commonwealth Literature and Aesthetic*, vol. 43, No. 1, 2020, p. 95-108.

BOOKER, Michael Keith (ed.), *Critical Essays on Salman Rushdie*, New York, G.K. Hall, 1999.

BRENNAN, Timothy, *Salman Rushdie and the Third World: Myths of Nation*, London, Macmillan, 1989.

BROUILLETTE, Sarah, *Postcolonial Writers in the Global Literary Marketplace*, London, Palgrave, 2007.

CASANOVA, Pascale, *La Langue mondiale : traduction et domination*, Paris, Seuil, 2015.

CASTAING, Anne *et al.* (dir.), *La Modernité littéraire indienne*, Rennes, Presses Universitaires de Rennes, 2009.

CASTAING, Anne *et al.* (dir.), *Dictionnaire encyclopédique des littératures de l'Inde*, Paris, Classiques Garnier, 2023 (à paraître).

CHAUDHURI, Amit, *Clearing a Space : Reflections on India, Literature and Culture*, Oxford, Peter Lang, 2008.

CLARK, Roger, *Stranger Gods : Salman Rushdie's Other Worlds*, Montréal, McGill-Queen's University Press, 2001.

CUNDY, Catherine, *Salman Rushdie*, Manchester, Manchester University Press, 1997.

DECLERCQ, Gilles et MURAT, Michel (dir.), *Le Romanesque*, Paris, Presses de la Sorbonne Nouvelle, 2004.

FANON, Frantz, *Les Damnés de la terre*, Paris, Maspero, 1961.

FOUCAULT, Michel, “Des espaces autres”, *Architecture, Mouvement, Continuité*, vol. 5, octobre 1984 [1967], p. 46-49.

GAYER, Laurent et JAFFRELOT, Christophe (eds), *Muslims in Indian Cities : Trajectories of Marginalisation*, Karachi, Oxford University Press, 2012.

GOONETILLEKE, D.C.R.A., *Salman Rushdie*, London, Macmillan, 1998.

GOPAL, Priyamvada, “Sir Salman's long journey”, *The Guardian*, 18 juin 2007.

GRANT, Damian, *Salman Rushdie, romancier*, traduit par Madeleine Descargue, Lille, Presses universitaires du Septentrion, “Domaines anglophones”, 2014.

GUILHAMON, Lise, “Poétique de la langue autre dans le roman indien d’expression anglaise”, thèse de doctorat, Université de Rennes, 2007.

GURNAH, Abdulrazak (ed.), *The Cambridge Companion to Salman Rushdie*, Cambridge, Cambridge University Press, 2007.

HILLION, Marianne, “Entre l’épique et l’ordinaire, l’écriture politique de la ville dans la littérature contemporaine indienne de langue anglaise”, thèse de doctorat, Sorbonne Université et University of Warwick, 2021.

HUGGAN, Graham, *The Postcolonial Exotic : Marketing the Margins*, London and New York, Routledge, 2001.

HUTCHEON, Linda, “Historiographic Metafiction : Parody and the Intertextuality of History”, *in* O’Donnell, Patrick, and Con Davis, Robert (eds), *Intertextuality and Contemporary American Fiction*, Baltimore, John Hopkins University, 1989.

HUTCHEON, Linda, *The Politics of Postmodernism*, London, Routledge, 2002 [1989].

JAFFRELOT, Christophe et PRATINAV, Anil, *India’s First Dictatorship : The Emergency, 1975-77*, London, Hurst, 2020.

KHANNA, Stuti, “Postcolonial Politics of the Possible : City and Nation in the Fiction of Salman Rushdie”, *Journal of Postcolonial Writing*, vol. 45, No. 4, 2009, p. 401-413.

KHANNA, Stuti, *The Contemporary Novel and the City : Re-conceiving National and Narrative Form*, New York, Macmillan, 2013.

KLUWICK, Ursula, *Exploring Magic Realism in Salman Rushdie’s Fiction*, New York, Routledge, 2011.

KORTENAAR, Neil, “*Midnight’s Children* and the Allegory of History”, *ARIEL*, vol. 26, No. 2, 1995, p. 41-62.

KOVEN, Seth, *Slumming : Sexual and Social Politics in Victorian London*, Princeton, Princeton University Press, 2004.

LE BLANC, Claudine, *Histoire de la littérature de l’Inde moderne : le roman, XIXe-XXe siècle*, Paris, Ellipses, 2006.

LECERCLE, Jean-Jacques, *Une Philosophie marxiste du langage*, Paris, Presses Universitaires de France, 2004.

MASSERY, Alexis et PORÉE, Marc, *Salman Rushdie*, Paris, Seuil, 1996.

McClintock, Anne, *Imperial Leather: Race, Gender and Sexuality in the Colonial Contest*, New York, Routledge, 1997.

Mee, Jon, "After midnight: the Indian novel in English of the 80s and 90s", *in* Arvind, Krishna Mehrotra (ed.), *An Illustrated History of Indian Literature in English*, London, Hurst, 2003, p. 318-336.

Mendes, Ana Cristina (ed.), *Salman Rushdie and Visual Culture: Celebrating Impurity, Disrupting Borders*, Abingdon and New York, Routledge, 2012.

Mendes, Ana Cristina, *Salman Rushdie in the Cultural Marketplace*, Surrey, Ashgate, 2013.

Mishra, Vijay, *Salman Rushdie and the Genesis of Secrecy*, London, Bloomsbury Academic, 2019.

Moretti, Franco, *Modern Epic: The World System from Goethe to Garcia Marquez*, London and New York, Verso, 1996 [1994].

Mukherjee, Meenakshi "The Anxiety of Indianness: Our Novels in English", *Economic and Political Weekly*, vol. 28, No. 48, 27 novembre 1993, p. 2607-2611.

Needham, Anuradha D., "Marriage and Sexuality in Two of Salman Rushdie's Novels", *Journal of South Asian Literature*, vol. 22, No. 2, p. 95-102.

Niranjana, Tejaswini, *Siting Translation: History, Post-Structuralism, and the Colonial Context*, Berkeley, University of California Press, 1992.

Pesso-Miquel, Catherine, *Salman Rushdie: l'écriture transportée*, Pessac, Presses universitaires de Bordeaux, 2007.

Pour Rushdie. Cent intellectuels arabes et musulmans pour la liberté d'expression, Paris, La Découverte, 1993.

Prakash, Gyan, "The Urban Turn", *Sarai Reader 02: The Cities of Everyday Life*, Delhi, Sarai SCDS, 2002, p. 2-8.

Prakash, Gyan, *Emergency Chronicles: Indira Gandhi and Democracy's Turning Point*, Princeton, Princeton University Press, 2019.

Prakash, Gyan, *Mumbai Fables: A History of an Enchanted City*, Princeton, Princeton University Press, 2010.

Pratt, Marie-Louise, *Imperial Eyes: Travel Writing and Transculturation*, London, Routledge, 1992.

Sacksick, Elsa "Transpositions cinématographiques dans l'œuvre de Salman Rushdie", *Polysèmes*, vol. 12, 2012, p. 203-225.

SAID, Edward, *Réflexions sur l'exil et autres essais*, Arles, Actes Sud, 2008.

STADTLER, Florian, *Fiction, Film, and Indian Popular Cinema : Salman Rushdie's Novels and the Cinematic Imagination*, London, Routledge, 2013.

STADTLER, Florian (ed.), *Salman Rushdie in Context*, Cambridge, Cambridge University Press, 2023.

TADIÉ, Alexis, "La théorie de la littérature selon Salman Rushdie", Séminaire Littératures et théories postcoloniales, ENS Ulm, 11 mai 2012 (https://savoirs.ens.fr/expose.php?id=859).

THAPAR, Romila, "Perceiving the Forest : Early India", *Studies in History*, vol. 17, No. 1, 2001, p. 2-16.

THOMAS, Rosie, "Melodrama and the Negotiation of Morality in Mainstream Hindi Film", *in* Breckenridge, C.A. (ed.), *Consuming Modernity : Public Culture in a South-Asian World*, Minneapolis, University of Minnesota Press, 1995, p. 157-182.

Études sur *Les Enfants de minuit*

BLAISE, Clark, "A Novel of India's Coming of Age", *New York Times*, 19 avril 1981.

PRITCHETT, Victor Sawden, "Salman Rushdie's Fantastical Tour de Force", *The New Yorker*, 19 juin 1981.

TAUBMAN, Robert, "Experiments with Truth", London *Review of Books*, 7 mai 1981 [recension de *Midnight's Children*].

DAYAL, Samir, "Talking Dirty : Salman Rushdie's *Midnight's Children*", *College English*, vol. 54, No. 4, 1992, p. 431-445.

GANE, Gillian, "Postcolonial Literature and the Magic Radio : The Language of Rushdie's *Midnight's Children*", *Poetics Today*, vol. 27, No. 3, 2006, p. 569-596.

HAWES, Clement "Leading History by the Nose : The Turn to the Eighteenth Century in *Midnight's Children*", *Modern Fiction Studies*, vol. 39, No. 1, 1993, p. 147-168.

LIPSCOMB, David, "Caught in a Strange Middle Ground : Contesting history in Salman Rushdie's *Midnight's Children*", *Diaspora*, vol. 1, No. 2, 1991, p. 163-88.

MERIVALE, patricia, "Saleem Fathered by Oskar : Intertextual Strategies in *Midnight's Children* and *The Tin Drum*", *ARIEL*, vol. 21, No. 3, 1990, p. 5-21.

MUKHERJEE, Ankhi, "Fissured Skin, Inner-Ear Radio, and a Telepathic Nose : The Senses as Media in Salman Rushdie's *Midnight's Children*", *Paragraph*, vol. 29, No. 3, 2006, p. 55-76.

REGE, Joshna, "Victim into Protagonist? *Midnight's Children* and the Post-Rushdie National Narratives of the Eighties", *Studies in the Novel*, vol. 29, No. 3, 1997, p. 342-375.

RUNDHOLZ, Adelheid et KIRCA, Mustafa, "Reading Rushdie in Translation : *Midnight's Children*, Postcolonial Writing/Translation, and Literatures of the World", *Translation and Literature*, vol. 30, 2021, p. 332-355.

SU, John J., "Epic of Failure : Disappointment as Utopian Fantasy in *Midnight's Children*'", *Twentieth Century Literature*, vol. 47, No. 4, 2001, p. 545-568.

TROUSDALE, Rachel, "City of Mongrel Joy : Bombay and the Shiv Sena in *Midnight's Children* and *The Moor's Last Sigh*", *Journal of Commonwealth Literature*, vol. 39, 2004, p. 95-110.

WEICKGENANNT, Nicole, "The Nation's Monstrous Women : Wives, Widows and Witches in Salman Rushdie's *Midnight's Children*", *The Journal of Commonwealth Literature*, vol. 43, No. 2, 2008, p. 65-83.

YAN LIANKE

Écrits (dans l'ordre chronologique de publication)

YAN, Lianke, "Miandui gushi de taidu he miandui xiaoshuo de zhenshi. Du Bianxing ji yu Bai nian gudu" ["Faire face à l'attitude à l'égard de l'histoire et faire face à la vérité romanesque. En lisant *La Métamorphose* et *Cent ans de solitude*"], *Jiqiao yu hunling, Yan Lianke dushu biji* [*La Technique et l'Esprit. Essais critiques de Yan Lianke*], Guangzhou, Huacheng chubanshe, 2008, p. 9-15.

YAN, Lianke, *Les Jours, les mois, les années*, traduit par Brigitte Guilbaud, Arles, Philippe Piquier, "Picquier poche", 2009a [2002].

YAN, Lianke, *Le Rêve du Village des Ding*, traduit par Claude Payen, Arles, Philippe Piquier, "Picquier poche", 2009b [2006].

YAN, Lianke, *Bons baisers de Lénine*, traduit par Sylvie Gentil, Arles, Philippe Piquier, "Picquier poche", 2012 [2004].

YAN, Lianke, "On China's State-Sponsored Amnesia", *The New York Times*, 1er avril 2013.

YAN, Lianke, *Les Quatre Livres*, traduit par Sylvie Gentil, Arles, Philippe Picquier, "Picquier poche", 2015 [2010].

YAN, Lianke, *À la découverte du roman*, traduit par Sylvie Gentil, Arles, Philippe Picquier, 2017a [2011].

YAN, Lianke, *Songeant à mon père*, traduit par Brigitte Guilbaud, Arles, Philippe Picquier, "Picquier poche", 2017b [2008].

YAN, Lianke, *Servir le peuple*, traduit par Claude Payen, Arles, Philippe Piquier, "Picquier poche", 2018 [2005].

YAN, Lianke, *Un Chant céleste*, traduit par Sylvie Gentil, Philippe Piquier, "Picquier poche", 2019 [1999].

YAN, Lianke, *Les Chroniques de Zhalie*, traduit par Sylvie Gentil, Arles, Philippe Picquier, "Picquier poche", 2020 [2013].

YAN, Lianke, "À la recherche de la force de l'infériorité. Une possibilité de la littérature dans la Chine d'aujourd'hui : discours de réception du prix *Honglongmeng* par Yan Lianke", traduction de Gan, Lu, *in Impressions d'Extrême-Orient* [revue en ligne], n° 12, *Mélanges de littérature asiatiques d'hier et d'aujourd'hui*, 2021.

YAN, Lianke, "Un Maître ès poésie et ses sensuelles disciples. Un chapitre du roman *Feng Ya Song* de Yan Lianke", traduction d'un extrait du roman *Feng Ya Song* par Gan, Lu et Guyot, Michèle, *in Impressions d'Extrême-Orient* [revue en ligne], n° 13, *Maître(s) et disciple(s) dans les littératures d'Asie*, 2021.

YAN, Lianke, *La Mort du soleil*, traduit par Brigitte Guilbaud, Arles, Philippe Picquier, "Picquier poche", 2022 [2015].

Entretiens

BRANIGAN, Tania, "Chinese intellectuals avoid key issues amid censorship fears, says author", *The Guardian*, 6 février 2013.

HASKI, Pierre, "L'Interview. Yan Lianke : 'Pas de pensée indépendante en Chine'", *Rue89*, 4 août 2008, 26 août 2012, 4 novembre 2016.

MENG, Mei et YAN Lianke, "Talks About Literature and Translation", *Yiyi (Art of translation)*, 2014 [site aujourd'hui inaccessible].

NIVELLE, Pascale, "“Chaque Chinois a dans le cœur quelque chose sur le point d'exploser", Yan Lianke raconte son métier d'écrivain censuré", *Libération*, 30 décembre 2009.

TOY, Mary-Anne, "A Pen for the People", *The Age* (Melbourne, Australie), 28 juillet 2007.

Études générales

Anthologie de la poésie chinoise classique, sous la direction de Paul Demiéville, Paris, Gallimard, "Poésie", 1962.

Anthologie des mythes et légendes de la Chine ancienne, textes choisis, présentés, traduits et indexés par Rémi Mathieu, Paris, Gallimard, "Connaissance de l'Orient", 1989.

BARRAL, Céline, "La littérature chinoise d'après 1978 face à l'histoire : entre l'impératif de 'rehabilitation' et l'impossible 'objectivité'", *Fabula / Les colloques*, 28 septembre 2013, "Littérature et histoire en débats".

BERGÈRE, Marie-Claire *et al.* (dir.), *La Chine au XXe siècle*, Paris, Fayard, tome 2, 1990.

BIRRELL, Anne, *Mythes chinois*, Paris, Seuil, "Points Sagesses", 2005.

BONNEFOY, Yves (dir.), *Dictionnaire des mythologies*, Paris, Flammarion, "Mille et une pages", 2 vol., 1999.

CAMPANY, Robert Ford, *Strange Writing: Anomaly Accounts in Early Medieval China*, Albany, State University of New York Press, 1996.

CAMUS, Albert, *Le Mythe de Sisyphe*, Paris, Gallimard, "Folio Essais", 1985 [1942].

CHEN-ANDRO, Chantal, "Les grands problèmes du roman en Chine au XXe siècle", *in* Chen-Andro, Chantal *et al.*, *Littératures d'Extrême-Orient au XXe siècle. Essais*, Arles, Philippe Picquier, 1993, p. 73-94.

CHENG, Anne, *Histoire de la pensée chinoise*, Paris, Seuil, 1997.

Le Classique des trois caractères, traduit et commenté par André Kircher [Dubreuil] et Zhu Xiaoya, Beijing, Foreign Language Press, 1995.

CRÉPON, Pierre (éd.), *Les Grands textes du bouddhisme*, Paris, Albin Michel, "Spiritualités vivantes", 2016.

DIKÖTTER, Frank, *Mao's Great Famine, The History of China's Most Devastating Catastrophe, 1958-1962*, London, Bloomsbury Books, 2010.

DUTRAIT, Noël, *Petit Précis à l'usage de l'amateur de littérature chinoise contemporaine (1976-2001)*, Arles, Philippe Picquier, 2002.

DUZAN, Brigitte, Site *La nouvelle dans la littérature chinoise contemporaine* (http://www.chinese-shortstories.com/Auteurs_de_a_z_YanLianke.htm).

ÉRACLE, Jean (éd.), *Paroles du Bouddha tirées de la tradition primitive*, Seuil, "Points Sagesses", 1991.

FAIRBANK, John King, *La Grande Révolution chinoise*, 1800-1989, traduit de l'anglais par Sylvie Dreyfus, Paris, Flammarion, "Champs", 1989.

GENTELLE, Pierre (dir.), *Chine, peuples et civilisation*, Paris, La Découverte, 2004.

GIAFFERRI-HUANG, Xiaomin, *Le Roman chinois depuis 1949*, Paris, Presses Universitaires de France, 1991.

Grand Dictionnaire Ricci de la langue chinoise, Paris et Taipei, Desclée de Brouwer, 2001, 6 vol.

GRANET, Marcel, *La Civilisation chinoise*, Paris, Albin Michel, "Bibliothèque de l'évolution de l'humanité", 1994 [1929].

GRANET, Marcel, *La Pensée chinoise*, Paris, Albin Michel, "L'Évolution de l'Humanité", 1968 [1934].

HUOT, Marie-Claire, *La Petite Révolution Culturelle*, Philippe Picquier, 1994.

JULLIEN, François, *La Valeur allusive*, Paris, Presses universitaires de France, "Quadrige", 2003 [1985].

Le Fox-trot de Shanghai, nouvelles traduites par Angel Pino et Isabelle Rabut, Paris, Albin Michel, "Grandes traductions", 1996.

Le Livre de la piété filiale, traduit par Roger Pinto, Paris, Le Seuil, "Points", 2009.

LÉVY, André, *Dictionnaire de la littérature chinoise*, Paris, Presses universitaires de France, coll. "Quadrige", 2000.

LEYS, Simon, *Les Habits neufs du Président Mao. Chronique de la "Révolution Culturelle"*, Paris, Le Livre de poche, "Biblio essais", 1989.

LIU, Xiang, *Lie-sien tchouan, Biographies légendaires des immortels taoïstes de l'antiquité*, traduit et annoté par Max Kaltenmark, Paris, Collège de France, 1987.

LU XUN, *Brève Histoire du roman chinois*, traduit par Charles Bisotto, Paris, Gallimard, "Connaissance de l'Orient", 1993.

MAO, Zedong, "Interventions aux causeries sur la littérature et l'art à Yan'an", *Œuvres choisies de Mao Tse-toung*, Pékin, Éditions en langues étrangères de Pékin, 1968 [1942], tome III, p. 67-99.

MATHIEU, Rémi, *Démons et merveilles dans la littérature chinoise des Six Dynasties. Le fantastique et l'anecdotique dans le* Soushen ji *de Gan Bao*, Paris, You Feng, 2000.

NAN, Huaijin, *Le Sūtra du cœur*, traduit du chinois par Catherine Despeux, Paris, Les Deux océans, 2015.

NIENHAUSER, William H., Jr. (dir.), *The Indiana Companion Book to Traditional Chinese Literature*, vol. I, Bloomington and Indianapolis, Indiana University Press, 1986.

OBRINGER, Frédéric, "Le *fengshui*, ou la recherche d'un dragon très humain", *Diogène*, n° 207, 2004, p. 72-82.

OWEN, Stephen, *Readings in Chinese Literary Thought*, Cambridge (Massachusetts, USA), Harvard University Press, "Harvard-Yenching Intitute monograph series", 1992.

Philosophes confucianistes, traduction de Charles Le Blanc et Rémi Mathieu, Paris, Gallimard, "Bibliothèque de la Pléiade", 2009.

Philosophes taoïstes, traduction de Benedykt Grynpas et Liou Kia-hway, Paris, Gallimard, "Bibliothèque de la Pléiade", 1980 [1961].

PIMPANEAU, Jacques, *Chine : l'opéra classique. Promenade au jardin des poiriers*, Paris, Les Belles Lettres, 2014.

PIMPANEAU, Jacques, *Chine. Culture et Traditions*, Arles, Philippe Picquier, 1988.

PIMPANEAU, Jacques, *Chine. Histoire de la littérature*, Arles, Philippe Picquier, 2016 [2004].

PIMPANEAU, Jacques, *Chine. Mythes et Dieux*, Arles, Philippe Picquier, 1999.

POMERANZ, Kenneth, *Une Grande Divergence. La Chine, l'Europe et la construction de l'économie mondiale*, Paris, Albin Michel, "Bibliothèque de l'évolution de l'humanité", 2010 [2000].

POSTEL, Philippe, "En Chine, une épopée introuvable ? Le cas du *Roman des Trois Royaumes*", *in* Labarthe, Judith (dir.), *Formes modernes de la poésie épique, Nouvelles approches*, Bruxelles, Peter Lang, "Nouvelle poétique comparatiste", n° 12, 2004, p. 421-449.

POSTEL, Philippe, "Comment la fiction vint aux Chinois", *in* Duprat, Anne et Lavocat, Françoise (dir.), *Fiction et Cultures*, Nîmes, Lucie édition et SFLGC, "Poétiques comparatistes", 2010, p. 127-148.

POSTEL, Philippe, “Le mythe, une voie de renouveau pour la littérature chinoise au XXe siècle. Le cas de Lu Xun dans *Contes anciens à notre manière*”, in Lucie Lagardère (dir.), *Textuel*, n° 68, “Mythe(s) : construction, traduction, interprétation”, 2012, Publications de l’Université Paris Diderot-Paris 7, p. 187-214.

QIU, Jiangning, *Qing chu caizi jiaren xiaoshuo xushi moshi yanjiu* [*Recherches sur les modes narratifs du roman de la belle et du lettré du début des Qing*], Shanghai, Shanghai sanlian shudian, 2005.

RAHULA, Walpola, *L’Enseignement du Bouddha d’après les textes les plus anciens*, Seuil, “Points Sagesses”, 2014 [1961].

ROBINET, Isabelle, *Introduction à l’alchimie intérieure taoïste : de l’unité et de la multiplicité*, Paris, Éditions du Cerf, “Patrimoines, Taoïsme”, 1995.

ROUX, Alain et XIAO-PLANES, Xiaohong (dir.), *Histoire de la République populaire de Chine. De Mao Zedong à Xi Jingping*, Paris, Armand Colin, 2018.

SHAO, Baoqing, “Écrire le cannibalisme dans la littérature chinoise moderne”, *in* SIARY, Gérard *et al.*, *Le Corps dans les littératures modernes d’Asie orientale*, Paris, Collège de France, “Institut des civilisations”, 2022.

SHEN, Congwen, *Nouvelles*, Beijing, Éditions de la revue *Littérature chinoise*, “Panda”, 1982.

SHITAO, *Les Propos sur la peinture du moine Citrouille-amère*, traduction et commentaire de Pierre Ryckmans, Paris, Hermann, “Savoir sur l’art”, 1984.

SHŪZŌ Kuki, “La notion du temps et la reprise sur le temps en Orient”, *in* Shin Abiko *et al.* (dir.), *Annales bergsoniennes*, VI, *Bergson, le Japon, la catastrophe*, Paris, Presses universitaires de France, “Épiméthée”, 2013, p. 45-56.

TAO, Yuanming, *Œuvres complètes*, traduit par Paul Jacob, Paris, Gallimard, “Connaissance de l’Orient”, 1990.

VANDERMEERSCH, Léon, “L’institution chinoise de remontrance”, *Études chinoises*, vol. 13, n° 1-2, 1994, p. 31-45.

WEDELL-WEDELLSBORG,, Anne, “Haunted Fiction : Modern Chinese Literature and the Supernatural”, *The International Fiction Review*, 32, n° 1–2, 2005.

YAN, Chunde, “Les nouvelles tendances littéraires en Chine”, *in* Dutrait, Noël (dir.), *Littérature chinoise. État des lieux et mode d’emploi*, Aix, Publications de l’Université de Provence, 1998, p. 29-37.

YING, Xing, "L'"école rurale" et les études chinoises sur la gestion autonome villageoise", *Cahiers internationaux de sociologie*, Nouvelle série, vol. 122, *La Chine en transition : Regards sociologiques*, janvier-juin 2007, Paris, Presses universitaires de France, p. 105-121.

ZEITLIN, Judith, *Historian of the Strange, Pu Songling and the Chinese Classical Tale*, Stanford, Stanford University Press, 1993.

ZHANG, Yinde, *Le Monde romanesque chinois au XXe siècle*, Paris, Honoré Champion, "Littérature générale et comparée", 2003.

ZHAO Xifang, "Traduction et Chine moderne", *in* Pino, Angel et Rabut, Isabelle (dir.), *La Littérature chinoise hors de ses frontières. Influences et réceptions croisées*, Paris, You Feng, 2013, p. 53-80.

Études sur Yan Lianke

CHOY, Howard Yuen Fung et MORATTO, Riccardo (eds), *The Routledge Companion to Yan Lianke*, New York, Routledge, 2022.

FOREST, Philippe, "La Chine et le roman, le réel et le mythe", *Artpress*, n° 444, mai 2017, p. 64-65.

GAN, Lu, *Étude sur la traduction et la réception des œuvres de Yan Lianke en France*, thèse sous la direction de Pierre Kaser, Université d'Aix-Marseille, 2022.

HASKI, Pierre, *Le Sang de la Chine. Quand le silence tue*, Paris, Grasset, 2005.

LIANG, Hong, "Yan Lianke xiaoshuo chuangzuo lun" ["Sur la création littéraire de Yan Lianke"], *Jiefangjun yishu xueyuan xuebao* [*Revue académique de l'Institut de l'Art de l'Armée de libération*], n° 3, 2004.

LIU, Jianmei, "Joining the Commune or Withdrawing the Commune : A Reading of Yan Lianke's *Shouhuo [Bons Baisers de Lénine]*", *Modern Chinese Literature*, vol. 19, No. 2, Fall 2007, p. 1-33,

PEZZA, Alexandra, "La construction d'une identité cosmopolite depuis le cœur de la Chine : les "*sanwen*" de Yan Lianke", in Pino, Angel et Isabelle Rabut (dir.) *Prose libre. L'Essai moderne en Chine*, Inalco Presses, "Asie(s), Arts et lettres", 2023, p. 206-232.

PEZZA, Alexandra, *Une Réécriture du Grand Bond en avant en Chine contemporaine. Subversion et conciliation dans le* Si Shu (Les Quatre Livres) *de Yan Lianke*, thèse sous la direction d'Isabelle Rabut, Inalco, 2019.

POSTEL, Philippe, “Entre ciel et terre : l’homme et la nature dans les romans de Yan Lianke”, *in* Postel, Philippe (dir.), *Imaginaires de l’environnement en Asie (Inde, Chine, Taïwan)*, *Atlantide*, n° 10, 2020, p. 82-127.

TSAI, Chien-hsin, “In Sickness or in Health : Yan Lianke, and the Writing of Autoimmunity”, *Modern Chinese Literature and Culture*, vol. 23, No. 1, *Discourses of Disease*, Spring 2011a, p. 77-104.

TSAI, Chien-hsin, “The Museum of Innocence : The Great Leap Forward and Famine, Yan Lianke, and *Four Books*”, *Modern Chinese Literature and Culture*, May 2011b.

VEG, Sebastian, “La Création d’un espace littéraire pour débattre de l’ère maoïste : La fictionnalisation du Grand Bond en avant dans *Les Quatre livres* de Yan Lianke”, traduit par Céline Letemplé, *Perspectives chinoises*, 2014/4, p. 7-16.

VEG, Sebastian, “Harmoniser les dissensions : exemples récents de censure dans la littérature et le cinéma chinois”, traduit par Pierre Martin, *Perspectives chinoises*, n° 100, 2007/3, p. 70-77.

VEG, Sebastian, “Yan Lianke, *Le Rêve du Village des Ding*”, compte rendu, traduit par Laure Couret, *Perspectives chinoises*, “La société chinois face au sida”, janvier-mars 2009/1, p. 124-128.

Dossier de presse

AHL, Nils C., “Retourner dans la matrice. *La Fuite du temps*, de Yan Lianke”, *Le Monde*, 9 janvier 2014 (https://www.lemonde.fr/livres/article/2014/01/09/yan-lianke-retourner-dans-la-matrice_4345103 _3260.html).

BULARD, Martine, “Yan Lianke ou comment les âmes partent du paradis et finissent en enfer”, *Le Monde* diplomatique, “Les Blogs du Diplo : Planète Asie”, 4 décembre 2012 (https://blog.mondediplo.net/2012-12-04-Yan-Lianke-ou-comment-les-ames-partent-du-paradis).

CLAVEL, André, “Quête d’un paradis chinois”, *Le Temps*, 31 janvier 2014, 8 octobre 2015 (https://www.letemps.ch/culture/livres/quete-dun-paradis-chinois).

CORONA, Marco del, “Lo scrittore Yan Lianke : il ‘Sogno cinese’ non esiste”, *Corriere della serra*, “Le Vie dell’Asia”, 25 août 2013 (https://leviedellasia.corriere.it/2013/08/25/lo-scrittore-yan-lianke-il-sogno-cinese-non-esiste/).

LÊ, Linda, “Yan Lianke, le ‘fils impie du réalisme’”, *Mediapart*, 1er avril 2017 (https://www.mediapart.fr/journal/culture-idees/010417/yan-lianke-le-fils-impie-du-realisme).

MIALARET, Bertrand, “Après deux romans interdits, un livre primé du Chinois Yan Lianke”, *Rue89*, 1er mars 2009, 14 juin 2009, 7 novembre 2016 (https://www.nouvelobs.com/rue89/rue89-rue89-culture/20090301.RUE8654/apres-deux-romans-interdits-un-livre-prime-du-chinois-yan-lianke.html).

MIALARET, Bertrand, “Yan Lianke écrit le roman chinois de la folie maoïste”, *Rue89*, 27 août 2012, 11 octobre 2012, 17 novembre 2016 (https://www.nouvelobs.com/rue89/rue89-chine/20120827.RUE2053/yan-lianke-ecrit-le-roman-chinois-de-la-folie-maoiste.html).

MIALARET, Bertrand, “L'écrivain Yan Lianke, la piété filiale et les changements de la Chine”, *Rue89*, 7 avril 2010, 9 avril 2010, 8 novembre 2016 (https://www.nouvelobs.com/rue89/rue89-rue89-culture/20100407.RUE5859/l-ecrivain-yan-lianke-la-piete-filiale-et-les-changements-de-la-chine.html).

MIALARET, Bertrand, “Chronique absurde d'un village chinois devenu mégapole”, *Rue89*, 13 septembre 2015, 21 novembre 2016 (https://www.nouvelobs.com/rue89/rue89-chine/20150913.RUE0501/chronique-absurde-d-un-village-chinois-devenu-megapole.html).

NIVELLE, Pascale, “Encré dans le Parti”, *Libération*, 8 mars 2007 (https://www.liberation.fr/portrait/2007/03/08/encre-dans-le-parti_86887/)

WASSERSTORM, Jeffrey, “On Yan Lianke's Fiction. Q & A with Translator and Literary Scholar Carlos Rojas”, *BLARB* (Blog Los Angeles Review of Books), “China Blog”, 7 août 2015 (https://blog.lareviewofbooks.org/chinablog/yan-liankes-fiction-q-translator-literary-scholar-carlos-rojas/).

WATTS, Jonathan, “Censor Sees Through Writer's Guile in Tale of China's Blood-selling Scandal”, *The Guardian*, 9 octobre 2006 (https://www.theguardian.com/world/2006/oct/09/books.china).

ZHANG, Ying, “Being Alive Is Not Just An Instinct”, *Southern Weekly*, édition du week-end du *Southern Daily*, traduit par Roland Soong et publié sur son blog *EastSouthWestNorth* (http://zonaeuropa.com, 27 mars 2006.

Éditions Atlande F - 92200 Neuilly www.Atlande.eu

Achevé d'imprimer sur les presses de la Sepec Numérique
à Peronnas (Ain) en novembre 2023.
Numéro d'impression : N10017230929

Dépôt légal novembre 2023. PEFC 10-31-3532